KLASSISCHE ROSEN

Im Uhrzeigersinn von links oben: 'Lamarque', 'La Reine Victoria', 'Maréchal Niel' *und* 'Mme Grégoire Staechelin'

PETER BEALES

KLASSISCHE ROSEN

Blütenträume für jeden Garten

Vorwort zur deutschen Ausgabe
von Heinrich Schultheis

Dieses Buch ist meiner Familie gewidmet
und all denen in meiner Umgebung,
die so oft einer Rose den ersten Platz eingeräumt haben
und ohne deren Verständnis
ich nicht einmal eine Heckenrose hätte vermehren können.

Die Deutsche Bibliothek – CIP-Einheitsaufnahme

Klassische Rosen: Blütenträume für jeden Garten / Peter Beales.
Übers. Helga und Klaus Urban. – : DuMont-Monte Verl., 2002
Einheitssacht.: Classic roses (dt.)
ISBN 3-8320-8736-2

0101 deutsche buecherei

Titel der englischen Originalausgabe: Classic Roses
© der Erstausgabe: The Harvill Press, London, 1985
© der deutschsprachigen Erstausgabe: DuMont Buchverlag, Köln, 1992
© der erweiterten, aktualisierten und neu illustrierten englischen Originalausgabe:
Peter Beales, 1985, 1988, 1992, 1997
© Fotografien: Peter Beales, 1997

© der erweiterten deutschsprachigen Ausgabe: DuMont monte Verlag, Köln, 2002

Alle Rechte vorbehalten

Übersetzung aus dem Englischen und Bearbeitung der
deutschen Ausgabe von Helga & Klaus Urban

Fachliche Beratung der deutschen Bearbeitung
durch Heinrich Schultheis

Gestaltung: Vera Brice
Lektorat: Lesezeichen Verlagsdienste, Köln
Satz der deutschen Ausgabe: Hans-Joachim Maschek-Schneider, Köln

Printed in Great Britain

ISBN 3-8320-8736-2

Inhaltsverzeichnis

Vorwort von R. C. Balfour zur ersten Auflage   vii
Vorwort von R. C. Balfour zur zweiten Auflage   viii
Vorwort von Heinrich Schultheis zur deutschen Ausgabe der ersten Auflage   ix
Vorwort von Heinrich Schultheis zur deutschen Ausgabe der zweiten Auflage   x
Danksagung   x
Einleitung   xi

TEIL I	Geschichte und Entwicklung der Rose	1
TEIL II	Die Anfänge der Modernen Rosen	33
TEIL III	Rosen in Garten und Park	53
TEIL IV	DAS LEXIKON	93

Die Gattung *ROSA*

HULTHEMIA   101
Hulthemia und × *Hulthemosa*, Formen und Hybriden

HESPERHODOS   104
R. stellata, Formen

PLATYRHODON   106
R. roxburghii, Formen

EUROSA (ROSA)   107

BANKSIANAE   108
R. banksiae, Formen und Hybriden; *R. cymosa*; *R.* × *fortuniana*

LAEVIGATAE   111
R. laevigata, Formen und Hybriden

BRACTEATAE   114
R. bracteata und Hybride

PIMPINELLIFOLIAE   117
R. ecae, Formen und Hybriden; *R. foetida*, Formen und Hybriden; *R. hemisphaerica*; *R. hugonis*, Formen und Hybriden; *R.* × *involuta*; *R. koreana*; *R. pimpinellifolia* (Bibernell-Rosen), Formen und Hybriden; *R.* × *hibernica*; *R. primula*; *R.* × *pteragonis*; *R.* × *reversa*; *R.* × *sabinii*; *R. sericea*, Formen und Hybriden; *R. xanthina*, Formen und Hybriden

GALLICANAE   135
R. gallica (Gallicas), Formen und Hybriden; *R. centifolia* (Zentifolien, Kohlrosen), Formen und Hybriden; *R. centifolia muscosa* (Moosrosen), Formen und Hybriden; *R. damascena* (Damaszener-Rosen), Formen und Hybriden; Portlands; *R. macrantha*, Formen und Hybriden; *R. richardii*

CANINAE 183

R. agrestis; *R. alba* (Alba-Rosen), Formen und Hybriden; *R. biebersteinii*; *R. britzensis*; *R. canina* (Hunds-Rose), Formen und Hybriden; *R. × collina*; *R. corymbifera* *R. × dumalis*; *R. rubiginosa*, Formen und Hybriden; *R. glauca*, Formen und Hybriden; *R. inodora*; *R. jundzillii*; *R. micrantha*; *R. mollis*; *R. orientalis*; *R. pulverulenta*; *R. serafinii*; *R. sherardii*; *R. sicula*; *R. stylosa*; *R. tomentosa*; *R. villosa*; *R. × waitziana*

CAROLINAE 199

R. carolina, Formen und Hybriden; *R. foliolosa*; *R. × kochiana*; *R. × mariae graebnerae*; *R. nitida*; *R. palustris*; *R. virginiana*, Formen und Hybriden

CASSIORHODON (CINNAMOMEAE) 203

R. acicularis; *R. amblyotis*; *R. arkansana*; *R. banksiopsis*; *R. beggeriana*; *R. bella*; *R. blanda*; *R. californica*; *R. caudata*; *R. coriifolia froebelii*; *R. × coryana*; *R. corymbulosa*; *R. davidii*; *R. davurica*; *R. elegantula-persetosa*; *R. fedtschenkoana*; *R. forrestiana*; *R. gymnocarpa*; *R. hemsleyana*; *R. × kamtchatica*; *R. kordesii*, Formen und Hybriden; *R. latibracteata*; *R. × l'heritierana* (Boursault-Rosen), Formen und Hybriden; *R. macrophylla*, Formen und Hybriden; *R. majalis*; *R. marretii*; *R. maximowicziana*; *R. melina*; *R. × micrugosa*; *R. mohavensis*; *R. moyesii*, Formen und Hybriden;*R. fargesii*; *R. holodonta*; *R. multibracteata*, Formen und Hybriden; *R. murielae*; *R. nanothamnus*; *R. nutkana*, Formen und Hybriden; *R. × paulii*; *R. pendulina*; *R. pisocarpa*; *R. prattii*; *R. pyrifera*; *R. rugosa* (Rugosas), Formen und Hybriden; *R. sertata*; *R. setipoda*; *R. spaldingii*; *R. suffulta*; *R. sweginzowii macrocarpa*; *R. ultramontana*; *R. wardii*; *R. webbiana*; *R. willmottiae*; *R. woodsii fendleri*; *R. yainacensis*

SYNSTYLAE 240

R. anemoneflora; *R. arvensis* (Ayrshire-Rosen), Formen und Hybriden; *R. brunonii* und Hybride; *R. dupontii*; *R. filipes*, Formen und Hybriden; *R. gentiliana*; *R. helenae* und Hybride; *R. henryi*; *R. longicuspis*; *R. luciae*; *R. moschata* (Moschus-Rosen), Formen und Hybriden; *R. mulliganii*; *R. multiflora*, Formen und Hybriden; Moschata-Hybriden; Multiflora-Rambler; Moderne Kletterrosen; Moderne Strauchrosen; Polyantha-Rosen; Floribundas (»Büschelblütige«) Rosen; kletternde Floribundas; Miniatur-Rosen; Kleinstrauchrosen und Bodendecker; *R. phoenicia*; *R. × polliniana*; *R. rubus*; *R. sempervirens*, Formen und Hybriden; *R. setigera* und Hybriden; *R. sinowilsonii* und Hybriden; *R. soulieana* und Hybriden; *R. wichuraiana* und Hybriden

CHINENSIS 351

R. gigantea und Hybriden; *R. chinensis* (China-Rosen), Formen und Hybriden; Bourbon-Rosen; Kletternde Bourbon-Rosen; Noisette-Rosen; Teerosen; Bermuda-Rosen; Remontant-Rosen; Englische Rosen; Teehybriden ("Großblütige Rosen"); Kletternde Teehybriden

TEIL V Die Kultur von Rosen 437

Anhang
   A. Welt-Klimakarte 467
   B. Rosengruppen nach Höhe und Farbe 468
   C. Rosengesellschaften weltweit 480
   D. Rosengärten weltweit 481
   E. Rosenfirmen weltweit 484
Glossar 486
Weiterführende Literatur 487
Sachregister 490
Verzeichnis der Rosen 492

Vorwort zur ersten Auflage

Dieses Buch wurde von einem begeisterten Rosenfreund geschrieben, der sich mit Alten Rosen beschäftigt hat, seit er im Garten seiner Kindheit zum ersten Mal von einer 'Maiden´s Blush' verzaubert wurde. Seine vier populären kleinen Bücher haben viele Rosenliebhaber auf den Geschmack gebracht für ein umfassendes Buch über Alte Rosen aus der Feder eines Mannes, der – wie Graham Thomas vor ihm – so viel dazu beigetragen hat, Alte Rosen bekannt zu machen und der zahlreiche Alte Rosen wiederentdeckt hat, von denen viele vergessen waren oder als verloren galten. Oft mußte er Sherlock Holmes nacheifern, um mit detektivischem Spürsinn die Identität unbekannter Alter Rosen aufzuklären, die in manch kleinem Bauerngarten gehütet wurden oder bei der Erneuerung eines alten Gartens wiederentdeckt wurden.

Nach und nach hat er eine bedeutende Sammlung aufgebaut, Alte Rosen und einige Lieblinge unter den moderneren. Seine Rosen reisen heute in alle Welt, um Rosenliebhaber zu erfreuen, deren Kenntnis dieser Rosen bis dahin oftmals auf einer kurzen Beschreibung in irgendeinem alten Buch beruhte. Ich vermute, daß einige Rosen auf diese Weise in ihr Ursprungsland zurückgekehrt sind.

Seine Geschichte der Entwicklung der Rosen beruht auf gesicherten Fakten und auf eigener Forschung anstatt auf den Angaben von ein oder zwei früheren Autoren. Dabei stellt er durchaus einige verbreitete Theorien über den Ursprung einiger Alter Rosen in Frage.

Seine Vorschläge zur Verwendung von Strauchrosen sollten viele ermutigen, die die vielseitigen Verwendungsmöglichkeiten der Strauchrosen bisher nicht voll erkannt hatten: Sie umfassen Rosen für Parks und für Waldgelände, für die Landschaftsgestaltung, für geschnittene und für frei wachsende Hecken, für die Pflanzung unter Bäumen, mit anderen Ziersträuchern und am Wasser, auf Terrassen, in Innenhöfen, in Kübeln und in Gewächshäusern. Er behandelt umfassend die vielseitigen Möglichkeiten, wie man mit Alten und Modernen Kletterrosen Gärten jeglicher Größe abwechslungsreicher gestalten kann. Ich hoffe, daß viele Leserinnen und Leser einige der vielen aufgeführten Gärten mit Sammlungen Alter Rosen im In- und Ausland besuchen werden, um die Schönheit, den herrlichen Duft so vieler und die Vielseitigkeit der Alten Rosen zu erleben.

Im Lexikonteil führt er über 1000 Rosen auf. Dabei verwendet er eine Kombination der alten botanischen Klassifikation – die Einteilung nach Wildrosenarten, von denen die heutigen Züchtungen abgeleitet sind bzw. vermutlich abstammen – und der modernen Klassifikation, die eher für den Gebrauch durch Gartenliebhaber als durch Botaniker entwickelt wurde. Die Beschreibung der Rosen beruht auf seinem eigenen Wissen und seiner Erfahrung mit jeder Rose. Als besonders nützlich werden die Leser die Hinweise zur Verwendung der Rosen finden, die er bei jeder Rose mit Hilfe von Symbolen gibt, z. B. ob sie in einen hohen Baum klettert oder auch im Halbschatten gedeiht.

Das Buch ist verschwenderisch illustriert mit fast 550 Farbfotos. Die Bilder werden nicht nur alle diejenigen erfreuen, die sie anschauen, sondern den Lesern auch helfen, die Rosen im eigenen Garten zu identifizieren oder den Garten noch schöner zu gestalten. Die Zeichnungen sollten helfen, das Schneiden, die Vermehrung und weitere Aspekte der Pflege von Rosen zu erleichtern.

Ich hoffe, daß das Buch alle Leserinnen und Leser ermutigen wird, mehr von den Rosen, die Peter Beales beschreibt, zu pflanzen und so zur Popularität der älteren Rosen beizutragen, die unsere heutigen Gärten so sehr bereichern können.

Vorwort zur zweiten Auflage

Es ist mir eine große Freude, meinem Vorwort zur ersten Auflage dieses bedeutenden und ausgezeichneten Buches – einem Klassiker in der Fülle der heute verfügbaren Gartenbücher, der seinem Titel voll gerecht wurde – diese Ergänzung hinzufügen zu können. Es wird nicht viele Rosenfreunde auf der Welt geben, die von Peter Beales noch nichts gehört haben. Viele Glückliche haben ihn persönlich erlebt und seine Vorträge gehört, andere haben von seinem breiten Wissen profitiert und den Ratschlägen in der ersten Auflage dieses Buches und seinen beiden anderen großen Büchern, *Twentieth Century Roses* und *Roses: An Illustrated Encyclopedia*.

Diese aktualisierte und erweiterte Ausgabe enthält Beschreibungen vieler weiterer Rosen, die er sorgfältig aus neueren Züchtungen ausgewählt hat, sowie einige ältere Rosen, die er wiederentdeckt und neu auf den Markt gebracht hat, Schätze der Vergangenheit. Er hat auch neuere Rosengruppen entdeckt wie Bodendecker und Kleinstrauchrosen und zeigt, wie man sie am besten verwendet.

Es ist Ausdruck der Wertschätzung der Rosenwelt für Peter Beales, daß er kürzlich mit der Dean Hole-Medaille ausgezeichnet wurde, der höchsten Auszeichnung der Royal National Rose Society, die vor ihm zum Beispiel Ihre Majestät Königin Elizabeth, die Königinmutter, Ralph Moore und Sam McGredy erhalten haben.

Ich hoffe, daß Ihnen die Lektüre dieser neuen Auflage viel Freude bereiten wird und daß Sie Peter Beales' Begeisterung und Liebe zur Rose teilen werden. Schenken Sie dieses Buch Ihrer Familie und Ihren Freunden und weisen Sie ihnen den Weg in eine rosige Zukunft.

R. C. BALFOUR, MBE, DHM
Ehemaliger Präsident des Weltverbandes der Rosengesellschaften und der Royal National Rose Society, Ehemaliger Master of the Worshipful Company of Gardeners und Träger der Dean Hole-Medaille, der Goldmedaille des Weltverbandes und des Australian Rose Award.

Vorwort zur deutschen Ausgabe der ersten Auflage

Mit dieser Ausgabe von *Klassische Rosen* liegt das Standardwerk über alte Rosen nun endlich auch in deutscher Sprache vor. Übersetzungen ins Französische und Italienische sind bereits vor einigen Jahren erschienen.

Peter Beales versteht es ausgezeichnet, den Leserinnen und Lesern seine Liebe zu seinen klassischen Rosen nahezubringen. Den Übersetzern, die den Autor seit Jahren persönlich kennen und selbst begeisterte Freunde Alter Rosen sind, ist es gelungen, den typischen Beales-Stil auch in der deutschen Ausgabe zu bewahren.

Der Autor trifft genau die Wünsche der Rosenfreunde in aller Welt: Er befriedigt in überwältigendem Maße die Neugier, indem er die Fülle der Wild- und Gartenrosen in anschaulicher Sprache und herrlichen Farbfotos erschließt, wobei seine besondere Liebe den Rosen im alten Stil gilt – den Strauchrosen, Kletterrosen und Ramblern, seinen ›klassischen Rosen‹. Darunter sind viele, die in Deutschland bisher wenig oder gar nicht bekannt sind und in der deutschen Rosenliteratur bisher allenfalls erwähnt, aber kaum beschrieben waren.

Zugleich kommt er – hier ist er überraschend aktuell – den umweltbewußten Rosenfreunden entgegen, indem er den Blick vor allem auf gesunde und robuste Sorten lenkt und ermöglicht, die Auswahl solcher Sorten zu vermeiden, die für Krankheiten oder Schädlinge besonders anfällig sind. Auch seine präzisen Angaben über Anforderungen an Standort, Boden, Klima und Pflege werden helfen, Fehler bei der Kultivierung und die daraus folgende Anfälligkeit zu vermeiden und damit den Einsatz umweltbelastender Mittel zu reduzieren.

Wir Rosisten in Deutschland dürfen uns auf rege zusätzliche Nachfrage freuen. Allerdings werden wir unser heute schon breites Sortiment nochmals kräftig ausweiten müssen.

Ich wünsche der deutschen Ausgabe, daß sie bei den Rosenfreunden deutscher Sprache den gleichen Anklang findet, den *Classic Roses* in der englischsprachigen Welt gefunden hat.

HEINRICH SCHULTHEIS
Inhaber der ältesten Rosenschule Deutschlands

Vorwort zur deutschen Ausgabe der zweiten Auflage

Diese aktualisierte und erheblich erweiterte zweite Auflage von *Klassische Rosen* spiegelt die rasante Entwicklung der letzten Jahre bei der Nachfrage nach Rosen auch im deutschen Sprachraum wider. Die Leserinnen und Leser werden die Aufnahme vieler Sorten des 20. Jahrhunderts, die inzwischen selbst ›klassisch‹ geworden sind, begrüßen, insbesondere das neue Kapitel über Englische Rosen. Unter den vielen Verbesserungen ist die Neugestaltung der Symbolleisten im Lexikonteil besonders augenfällig: Sie sind übersichtlicher gestaltet und um Angaben über Duft, Krankheitsanfälligkeiten und Verfügbarkeit erweitert. Auch die ausführlichen Tabellen im Anhang mit einer Gliederung der Sorten nach Blütenfarben und Wuchshöhen werden sich als sehr hilfreich erweisen. Ich wünsche auch dieser zweiten Auflage von *Klassische Rosen* wieder vollen Erfolg.

HEINRICH SCHULTHEIS
*Inhaber der ältesten Rosenschule
Deutschlands*

Danksagung

Unzählige Rosenfreunde haben mir im Lauf der Jahre berichtet, daß sie meine Liebe zur Gattung Rosa teilen und haben mich dadurch angeregt und ermutigt, weiter zu schreiben und meine Rosensammlung auszubauen. Ihnen und allen, die mich bei meinen früheren Büchern unterstützt haben: Danke!

Darüber hinaus möchte ich für ihre unmittelbaren und wertvollen Beiträge zu dieser Ausgabe danken: Richard Balfour für sein Vorwort, William Grant für seinen Beitrag über *Rustling Roses* (Wiederentdeckte Rosen) in den USA, Lorna Mercer für das Kapitel *Geheimnisvolle Rosen in Bermuda*, Malcolm Manners für seine Ausführungen über den *Rosenmosaikvirus* und Mike Lowe für seine Ergänzungen des Kapitels über Schädlinge und Krankheiten.

Mein Dank gilt meiner Frau Joan, meiner Tochter Amanda und meinem Sohn Richard, ja meiner gesamten Familie, für ihre andauernde Unterstützung. Dies ist auch die Gelegenheit, meiner Schwester Rosemary und meiner Mutter Evelyn May für ihre harte Arbeit in Nordnorfolk zu danken sowie dem Management und den Mitarbeitern von Peter Beales Roses Ltd. – und nicht nur für die Zeit, die ich abwesend war, um mich dem Schreiben zu widmen.

Dank nicht zuletzt an Christopher MacLehose und sein Team bei Harvill Press, Katharina Bielenberg, Patty Rennie, Donna Poppy, Annie Lee, Vera Brice und Michael Mitchell und alle bei Libanus Press. Der Einsatz, den sie alle bei der Herstellung und Herausgabe dieses Buches gezeigt haben, ist enorm und nur denen ganz ersichtlich, die es, wie ich, in der Rohfassung gesehen haben, sechs Monate vor Erscheinen.

Einleitung

Ich bin auf dem Lande geboren und aufgewachsen, und obwohl ich erst mit sechzehn Jahren anfing, Rosen zu vermehren, kannte ich die Wildrosen in der freien Natur schon lange vorher: die Rosen entlang der gewundenen Wege, wenn ich an heißen Tagen im Juni von der Schule nach Hause ging. Es war Krieg und die vernachlässigten Hecken wucherten großartig, so zwischen Tagträumen erspähte ich Hundsrosen in voller Schönheit – denn wo Hecken sind, gedeiht auch die Hundsrose. Später im Jahr, wenn im Herbst die Hagebutten reif und orange waren, sammelte ich sie, sie brachten einen Schilling für drei Pfund ein, zur Unterstützung des Krieges. Ich lernte kleinste Unterschiede in Farbe, Form und Wuchs dieser Wildrosen erkennen, und ab und zu stieß ich auf eine mit weißen Blüten, bei der nicht nur die Farbe der Blüten anders war, sondern auch die Farbe der Triebe, die Blattform und der Wuchs. Später lernte ich, daß es sich um die Feldrose handelte, *Rosa arvensis,* und daß die Hundsrose *Rosa canina* heißt. Die Hecken sind längst verschwunden, aber eine einzige Pflanze von *R. arvensis* und einige wenige *R. canina* gibt es noch auf einem kleinen Feldstück, das vom Pflug verschont geblieben ist. Eine schlichte Kindheitserinnerung, aber der Beginn eines Lebens, das erfüllt ist von der Faszination der Rose und dem unersättlichen Wunsch, so viel wie möglich über sie zu erfahren – und mittlerweile bereitet es mir große Freude, meine Bezauberung an andere weiterzugeben.

Seit ich sehr früh anfing, mich mit Rosen zu beschäftigen, habe ich eine umfassende Sammlung aufgebaut. Der größere Teil davon besteht aus Alten Rosen – ich habe eine starke Vorliebe für sie, seit ich ihnen kopfüber verfallen bin.

In allen Teilen dieses Buches versuche ich, die vielen Fragen zu beantworten, die man mir im Laufe der vergangenen rund vierzig Jahre gestellt hat, und, gemeinsam mit dem Verlag, habe ich auch versucht, etwas von dem schier unersättlichen Durst nach guten Farbabbildungen zu stillen, den Rosenfreunde zu haben scheinen. Die meisten der Abbildungen in dieser Neuauflage sind neu, viele davon wurden noch nie veröffentlicht.

Auch der Text wurde erweitert. Einer kurzen Geschichte der Rose und ihrer Entwicklung folgen meine Ideen, wie man die Rosen von gestern und heute in unsere modernen Gärten integrieren kann und einige praktische Ratschläge zu ihrer Kultur, die ich im Lauf der Jahre gesammelt habe. Auch dieser letzte Teil wurde erweitert.

In dem Bewußtsein der Notwendigkeit, daß viele der reizenden alten Sorten bewahrt und erhalten werden sollten, allerdings ohne dem Irrtum zu verfallen, daß alles, was alt ist, notwendigerweise auch gut ist, habe ich im Lexikonteil eine breite Vielfalt von Wild- und Gartenrosen der Vergangenheit und der Gegenwart beschrieben, mit vielen persönlichen Anmerkungen.

Überhaupt werden Sie beim Blättern in diesem Buch viele meiner lehmigen Fußstapfen erkennen. Vielleicht wird Sie das eine oder andere Blütenblatt entschädigen.

R. virginiana

TEIL I
Geschichte und Entwicklung der Rose

Die ersten Rosen

Die Entstehung der Rosen und ihre folgende Entwicklung bleibt zwangsläufig eine Sache der Vermutung. Fossile Funde und die heutige Verteilung der Wildrosen erlauben aber den Schluß, daß es die Rose in irgendeiner Form schon in weit zurückliegender, vorgeschichtlicher Zeit gab, lange vor der Entwicklung des Homo sapiens. Die Kultur von Rosen in Gärten erfolgte wohl erstmals vor etwa 5000 Jahren, wahrscheinlich in China. Man ist versucht zu glauben – obwohl es eine romantische Vorstellung sein mag –, daß schon der Mensch in der Jungsteinzeit den praktischen Nutzen und den Reiz der Rosen erkannt hat, vielleicht sogar unabhängig voneinander in weit voneinander entfernten Kontinenten vor langer, langer Zeit.

Es besteht eine gewisse Wahrscheinlichkeit, daß die Rose zuerst als Nahrungsmittel geschätzt wurde, ehe man ihrer Schönheit Beachtung schenkte. Die nussigen, süßen, sowie saftigen jungen Spitzen der Triebe von Wildrosen wie *R. canina,* der gemeinen Hundsrose, sind – wie ich mich aus meiner Kindheit erinnere – recht schmackhaft. Etwas später im Jahr könnte aus der fleischigen Schale der Früchte dieser oder ähnlicher Wildrosen etwas Nahrhaftes und, wie wir heute wissen, auch Vitamin C gewonnen worden sein. Es wäre allerdings anmaßend anzunehmen, daß unsere Ururahnen keine Freude über den Duft, die Form und die Farbe der Rose empfunden hätten, die selbst in jenen frühen Tagen der Menschheit schon eine unvergleichlich schöne Blume gewesen sein muß.

Schreiten wir in der Zeit etwas vorwärts, dürfen wir vermuten, daß die frühesten Gartenliebhaber der Geschichte – je nachdem, wo sie lebten – unter vielen der etwa 150 Arten der Gattung *Rosa* wählen konnten, die sich bis dahin entwickelt hatten. Sie bildeten den Grundstock für die vielen Tausend natürlicher Mutationen oder Züchtungen, wie wir sie heute kennen.

Gleichgültig, ob Sie die Meinung teilen oder nicht, daß die Rose zu viel und zu häufig durch Menschenhand manipuliert worden ist und daß die moderne Gartenrose zu weit von dem entfernt ist, was die Natur ursprünglich beabsichtigte, auf jeden Fall ist sie das Produkt einer wahrlich vielrassigen Pflanzengesellschaft.

Die ursprünglichen wilden oder »reinen« Rosen der Natur, die damals natürlich noch keine Namen trugen, hatten wahrscheinlich einfache, ungefüllte Blüten mit fünf Blütenblättern, ausgenommen vielleicht *R. sericea,* die einzige Art mit vier Blütenblättern. Sie alle werden sich in ihrem natürlichen Lebensraum bereitwillig und artgetreu aus Samen fortgepflanzt haben. Schon früh mußte für die Erhaltung der Art gesorgt werden, etwa durch die Ausstattung mit Stacheln, um Freßfeinde abzuschrecken und durch Duft und Farbe, um für die Fortpflanzung lebenswichtige Insekten anzulocken.

Die Verbreitung der Wildrosen

Die Arten der Gattung *Rosa* lassen sich grob in vier Hauptgruppen einteilen, und zwar nach Gebieten der nördlichen Halbkugel, wo wahrscheinlich alle Rosen entstanden, nämlich Europa, Asien, der Mittlere Osten und Amerika. Es gibt keine Anhaltspunkte für die Annahme, daß irgendeine Art südlich des Äquators entstanden sein könnte.

Europäische Wildrosen

Zu den europäischen Wildrosenarten zählen *R. canina* (Hundsrose) und zwei ihr wahrscheinlich verwandte Arten: *R. rubiginosa*, die Weinrose, und *R. villosa,* die Apfelrose. Sie alle sind in unterschiedlichen Lebensräumen nachweisbar, vor allem in Mittel- und Nordeuropa. *R. arvensis*, die Feldrose, ist hingegen ein natürlicher Kletterer. Sie kommt in denselben Breiten vor, aber vorwiegend in Hecken, wo sie durch andere Sträucher kriecht und von diesen gestützt wird. *R. pimpinellifolia*, bis vor kurzem besser bekannt als *R. spinosissima* oder Schottische Rose, bewohnt Küstenregionen und weniger fruchtbare, insbesondere kältere Gebiete. Sie hat sehr viele Stacheln und zeichnet sich durch einen buschigen Wuchs aus.

Weiter südlich findet man *R. gallica,* heute allerdings immer seltener wegen der gestiegenen Bevölkerungszahl und all der Probleme, die diese für die Natur mit sich bingt. Ihr ursprüngliches Verbreitungsgebiet war vermutlich weit größer als das der

R. canina *R. rubiginosa*

GESCHICHTE UND ENTWICKLUNG DER ROSE • 3

R. arvensis, Hagebutten

R. pimpinellifolia

übrigen europäischen Wildrosen, denn sie findet sich gelegentlich in freier Natur auch viel weiter östlich. Eine weitere Art, die man in südlicheren Regionen wildwachsend finden kann, nämlich im wärmeren Klima der Mittelmeerküsten, ist *R. moschata*. Aber auch diese Rose war vermutlich weiter östlich heimisch.

Über die Jahrhunderte hinweg haben alle diese Rosen mehr oder weniger zur Entwicklung der Rosen, die wir heute kennen, beigetragen.

Amerikanische Wildrosen

Die beiden wichtigsten Wildrosen, die in Nordamerika heimisch sind, sind *R. virginiana* und *R. carolina*. Sie haben zwar keine bedeutende Rolle bei der Züchtung unserer heutigen Gartenrosen gespielt, aber sie haben zusammen mit der niedriger wachsenden *R. nitida* ihren eigenen Wert als Gartenpflanzen bewiesen – sei es für Hecken oder als Bodendecker. *R. palustris,* die Sumpfrose, wird im Garten ähnlich eingesetzt, wenn auch in geringerem Umfang als die erstgenannten. *R. blanda* und *R. gymnocarpa* sind von allen Wildrosen Nordamerikas der europäischen Hundsrose wohl am ähnlichsten, zumindest im Gesamteindruck und im Wuchs. *R. foliolosa* hingegen unterscheidet sich wegen ihres stachellosen Wuchses und des grasähnlichen Laubs am stärksten von den uns bekannten Arten. Sie bevorzugt außerdem die milderen Klimazonen.

Bei der Beschreibung amerikanischer Wildrosen sollte erwähnt werden, daß einige während der letzten 200 Jahre importierte Rosen zwar aus den Gärten verbannt wurden, sich aber in der Natur so gut weiter behauptet haben und den neuen Lebensraum so schätzen, daß sie unter den Wildrosen weiter verbreitet sind als viele in Amerika endemische Arten. Besonders *R. multiflora,* die eigentlich in Asien heimisch ist, gilt heute regelrecht als Unkraut, und in den wärmeren Klimazonen ist *R. laevigata* so allgegenwärtig, daß sie auch als 'Cherokee Rose' bekannt ist. Die ebenfalls importierte *R. gigantea* gedeiht bestens in den Gegenden mit geringeren Niederschlägen im Süden und im Westen.

Wildrosen aus dem Orient und aus Asien

Die wichtigste der ausgesprochen zahlreichen Arten aus Asien, und besonders aus dem Orient, war wohl *R. indica*, die heute korrekterweise *R. chinensis* genannt wird. Ohne Zweifel gab es sie bereits zur Zeit der frühen chinesischen Dynastien. Heute scheint sie, zumindest in der freien Natur, ausgestorben zu sein. Sicher ist aber, daß es sie einmal gab, und es ist gut möglich, daß sie, oder Varianten dieser öfterblühenden Rose, in China bereits um 3000 v. Chr. als Gartenrosen kultiviert wurden. Sehr viel später bildeten Gene dieser Wildrose bei der Kreuzung durch Züchter den Grundstein für die Entwicklung unserer modernen remontierenden Rosen. Es ist bedauerlich, daß die Wildform einer derart bedeutenden Rose selbst in ihrem Heimatland ausgestorben ist. Dafür verantwortlich ist vermutlich die arrogante Annahme von Rosenzüchtern in aller Welt, daß neuere Sorten grundsätzlich besser sind als alte.

Andere faszinierende Arten, die im Fernen Osten wildwachsend vorkommen, sind *R. laevigata* und *R. bracteata*. Sie unterscheiden sich zwar optisch, haben jedoch ähnliche Eigenschaften. Beide sind Kletterrosen mit sehr großen, ungefüllten weißen Blüten und auffallend vielen Staubgefäßen, glänzendem Laub und großen, hakenförmigen Stacheln. Diese Rosen kommen auch in Amerika wildwachsend vor. Ganz anders ist die Erscheinung von *R. banksiae* mit ihrem glatten, hellgrünen Laub, den langen, biegsamen, stachellosen Trieben und den großen Blütenbüscheln.

Die riesigen und üppigen Büschel der *R. multiflora* bieten in der freien Natur einen großartigen Anblick. Ihre Üppigkeit ist die Basis vieler moderner büschelblütiger Rosen, von den Floribunda-Rosen über Strauchrosen bis zu Ramblern. Eine weitere

R. bracteata

GESCHICHTE UND ENTWICKLUNG DER ROSE • 5

R. moyesii, Hagebutten

R. foetida persiana

büschelblütige Art mit einer Neigung zum Klettern ist *R. wichuraiana*. Die Verwendung dieser Art als weibliche Elternsorte um die Wende vom 19. zum 20. Jahrhundert brachte einige unserer beliebtesten Rambler-Rosen hervor, insbesondere 'Albertine', 'Emily Gray' und 'New Dawn'. Viele andere, weniger bekannte alte Arten gediehen in verschiedenen Gegenden Asiens und des Orients, darunter *R. brunonii* und *R. filipes*. Im selben Gebiet finden sich Arten mit ungewöhnlichen länglichen oder flaschenförmigen Hagebutten, z. B. *R. moyesii*. Südasien und Japan sind die Heimat von *R. rugosa*, die dort reich aus Samen wächst. Ihre Vermischung mit anderen Arten des Okzidents hat zu sehr verschiedenen Abkömmlingen geführt, insbesondere zu 'Roseraie de l'Hay', 'Blanc Double de Coubert' und 'Fru Dagmar Hastrup'.

Die Wildrosen aus dem Mittleren Osten

Der Mittleren Osten umfaßt »botanisch« den Osten Europas und den Westen Asiens sowie das Gebiet dazwischen. Hier finden wir die einzige wirklich gelb blühende Art, *R. foetida*. Heute sind gelb blühende Wildrosen sehr selten. Es gibt zwei nah verwandte Formen, deren Entstehungszeit nicht mehr zu ermitteln ist: *R. foetida bicolor* und die gefüllte *R. foetida persiana*. Die eigenartig geformte, dicht gefüllte *R. hemisphaerica* ist offensichtlich mit *R. foetida* eng verwandt, kommt aber wild wachsend nicht vor. Beide sind in Europa nicht ganz winterhart, deshalb stammen sie vermutlich aus den wärmeren Teilen des Ostens. *R. foetida* ist in aller Regel steril, deshalb ist sie wohl selbst eine Hybride einer heute ausgestorbenen gelben Art.

R. centifolia

R. phoenicia

Die Ursprünge zweier weiterer Rosen, nämlich *R. damascena* und *R. centifolia*, sind ebenfalls nicht mehr zu ermitteln. Es handelt sich bei beiden um Hybriden. Die Arten, aus denen sie entstanden, sind heute vermutlich ausgestorben und kamen unzweifelhaft im Mittleren Osten vor. Beide bringen dicht gefüllte Blüten hervor, die sich nicht selbst aus Samen fortpflanzen können, sondern nur vegetativ vermehrt werden können. *R. damascena* und einige ihrer Erscheinungsformen waren in Teilen der Region jahrhundertelang als Lieferant für Rosenöl von Bedeutung. Es ist deshalb unvermeidlich, daß eine Rose, die in so großen, beinahe landwirtschaftlichen Mengen angebaut wird, gelegentlich Mutationen oder Zufallshybriden erzeugt. Die Entstehung von *R. centifolia* liegt hingegen völlig im Dunkeln. Es wird vermutet, daß sie auf natürliche Weise aus einer einfachen, fruchtbaren Form entstanden ist, die einmal wildwachsend vorkam. Wahrscheinlicher ist jedoch, daß es sich um eine Kreuzung handelt, die wegen ihrer Schönheit geschätzt wurde und als weiterer Lieferant von Rosenöl Bedeutung erlangte. Händler haben sie nach Europa gebracht und Holländer, die im 17. und 18. Jahrhundert viele Sorten gezüchtet haben sollen, entwickelten sie zu ihrer heutigen Form.

Die Alten Gartenrosen und ihre Ursprünge

Zentifolien

Seit dem 16. und 17. Jahrhundert greift der Mensch mit größerem Erfolg in die Nachkommenschaft der Rosen ein. Vor allem die Holländer leisteten hier Pionierarbeit, besonders indem sie verbesserte Sorten von *R. centifolia* und ihren Hybriden aussuchten. Beweise dafür sind uns in den zahlreichen Abbildungen dieser »pausbäckigen«, vielblättrigen Rosen in den Werken der alten Meister überliefert, manchmal zusammen mit ebenso wohlproportionierten Damen ihrer Zeit.

Untersuchungen der Chromosomen von *R. centifolia,* die während der letzten Jahre von Zellforschern durchgeführt wurden, brachten den untrüglichen Beweis, daß es sich bei ihr um eine komplexe Kreuzung handelt und nicht, wie man bis dahin annahm, um eine echte Art. Offensichtlich waren an der Entstehung der Zentifolien Gene von *R. gallica, R. phoenicia, R. moschata, R. canina* und *R. damascena* beteiligt. Der verstorbene Dr. C. V. Hurst* stellte fest, daß sie zu den jüngsten Gruppen gehören, entstanden in Holland vor etwa 300 Jahren. Er widerlegte damit die Annahme – die auf der Erwähnung »hundertblättriger Rosen« bereits um 300 v. Chr. beruhte –, daß *R. centifolia* zu den ältesten Gruppen gehört. Wann und wie genau eine solch komplexe Kreuzung entstand, muß Spekulation bleiben. Wenn es stimmt, daß die Holländer zwischen 1580 und 1710 über 200 Sorten von Zentifolien in den Handel brachten, dann ist dies eine immense Anzahl, selbst wenn man davon ausgeht, daß alle zur Züchtung verwendeten Rosen fruchtbar waren. Es fragt sich, wieviel Eigenes die Holländer wirklich hinzufügten. Eventuell haben sie einfache oder halbgefüllte Klone aus wärmeren Klimazonen verwendet und so auf der Arbeit früherer Züchter aufgebaut. Waren sie vielleicht beteiligt am allmählichen Aussterben einiger ursprünglicher Arten zugunsten von über 200 Neuheiten? Es gibt leider keine Aufzeichnungen über die genaue Herkunft der *R. centifolia,* deshalb wird sie wahrscheinlich eine der faszinierenden Geheimnisse des Gartenbaus bleiben.

Als Pflanzen für den Garten, das muß man eingestehen, lassen sie einiges zu wünschen übrig. Sie haben einen staksigen, unordentlichen Wuchs und sind ziemlich anfällig für Mehltau. Mit einer Stütze kann man sie aber leicht bändigen und bei schöner Witterung sind ihre wunderschönen, herrlich duftenden, kohlartigen Blüten sehr lohnend. Das Laub ist grob und dunkelgrün, die Triebe sind sehr stachelig.

Moosrosen

Die erste Moosrose entstand offensichtlich als eine zufällige Mutation aus einer Zentifolie vor Mitte des 18. Jahrhunderts. Anfang des 19. Jahrhunderts tauchten Formen mit einfachen Blüten auf, was einige Züchter in die Lage versetzte, sie mit Hybriden anderer Gruppen zu kreuzen. Auf diese Weise versuchte man, ihre Blütezeit zu verlängern. Diese Bemühungen wurden aber bald aufgegeben.

Die Kataloge von Rivers, Woods und Hooker führten etwa 30 Moosrosen auf, und William Paul nennt in *The Rose Garden* (10. Auflage 1903) 32 Moosrosen. Viele davon entstanden wohl aus Sämlingen, die nach dem Zufallsprinzip in großer Zahl gezogen wurden. Dabei ergab sich ein kleiner Anteil bemooster Abkömmlinge, die wiederum wegen dieser Eigenschaft ausgewählt wurden – und nicht wegen der hohen Qualität der Blüten. Auch heute noch schätzen viele Gärtner die Moosrosen, allerdings sind sie heute hinsichtlich der Qualität wählerischer.

---

* Dr. Hursts Arbeiten sind gesammelt und dokumentiert in dem Buch von Graham Stuart Thomas *The Old Shrub Roses*, auch verfügbar in *The Graham Stuart Thomas Rose Book.*

'Common Moss'

'Mme Hardy'

Damascena-Rosen

Mit dem Niedergang des römischen Reiches verloren die Rosen viel von ihrer Bedeutung. Sie wurden in Europa erst wieder populär, als im 12. und 13. Jahrhundert die Kreuzfahrer einzelne Exemplare aus dem Osten mitbrachten. Als sich herausstellte, daß sie ausreichend winterhart waren, um die kalte Jahreszeit in den nördlicheren Breiten zu überstehen, fanden sie bald ihren Weg in die Gärten von Adligen und reichen Kaufleuten. Manche verdienten auch Geld mit ihnen: Aus den Blütenblättern gewann man Essenzen für Parfums und Heilmittel für den Gebrauch in den damalige Apotheken. Die 'Autumn Damask' (in Frankreich 'Quatre Saisons' genannt) dürfte wegen ihrer zweifachen Blüte – und somit Ernte – pro Saison besonders begehrt gewesen sein. Vermutlich gab es damals mehr Sorten; heute umfassen die Damascena-Rosen weniger Sorten als jede andere Gruppe. Für Kenneraugen sind sie leicht an dem graugrünen, weichen Laub zu identifizieren und den immer sehr stacheligen Trieben. Die Blüten erscheinen an ziemlich kurzen, flexiblen Stengeln.

Gallica-Rosen

Vor der Einführung der Damascena-Rosen diente vermutlich die 'Apotheker-Rose' oder 'Rote Damascena-Rose', *R. gallica officinalis*, für die Herstellung von Heilmitteln und von Rosenöl. Später wurde sie zum Wappenzeichen des Hauses Lancaster. Das war die Rose, die als »Sport« (so nennt man eine natürliche Mutation bei Pflanzen) die legendenumwobene gestreifte Rose *R. gallica versicolor* hervorbrachte. Sie ist auch bekannt als 'Rosa Mundi', deren Name sich von »Schön Rosamund« herleitet, der Geliebten König Heinrichs II. Sollte diese romantische Legende einen realen Hintergrund haben – und es erscheint glaubhaft, daß eine solch auffällige Sorte für die damalige Zeit eine ziemliche Sensation gewesen sein muß – würde dies auf die Mitte des 12. Jahrhunderts

R. gallica officinalis

hinweisen. Sie könnte ebensogut von einem heimkehrenden Kreuzfahrer als Neuheit nach England mitgebracht worden sein, was einen noch früheren Ursprung bedeuten würde. Was auch immer der Ursprung von 'Rosa Mundi' sein mag, ich zweifle nicht daran, daß es zur Zeit Heinrichs II. irgendeine Form einer gestreiften Rose gegeben hat, denn die Gallica-Rosen sind in der Tat sehr alt. Man findet sie als Ahnen in vielen anderen Rosen, auch in einigen der Hybriden unserer Zeit. Als Gartenpflanzen sind sie sehr gefügig, keine Sorte wird höher als 1,20 m. Während der Blütezeit im Hochsommer kommt ihr keine andere Gruppe Alter Rosen an Üppigkeit des Blütenflors gleich, und meistens auch nicht in der Schönheit der Blüten. Darüber hinaus sind sie leicht zu kultivieren und gedeihen auch auf armen Böden. Das Laub ist unterschiedlich gefärbt, meist aber dunkelgrün, und die Triebe haben wenige nennenswerte Stacheln*.

*) Peter A. Fane de Salis of Norwich schickte mir kürzlich folgenden faszinierenden Auszug aus *The Annals of Horticulture*, 1844/45. Ich enthalte mich eines Kommentars bezüglich der Richtigkeit des Inhalts, außer daß dadurch bestätigt wird, wie zufallsbedingt die Methoden der Rosenzüchtung Anfang des 19. Jahrhunderts waren.

»Rosa Gallica. Die Französische Rose. Die Rosenzüchter in Frankreich, ebenso wie die in England, sind derart schlau, daß sie vorgeben, die Einteilung in Familien nach der Abstammung vorzunehmen. Und nachdem sie Rosen aus Hagebutten gezogen haben, wo immer sie sie finden konnten, haben sie die Eigenschaften der ausgewählten Sämlinge geprüft und sie zugeordnet wo sie dachten, daß sie hingehören. All die schönen Französischen Rosen, wie sie genannt werden, stammen von der ursprünglichen Tuscany ab, andere von der frühen Rosa Gallica, die diesen Namen mit gerade so viel Recht trägt wie die 'Louis XVI'-Tulpe den Namen Französische Tulpe. Van Eden und andere, in Haarlem, zogen alle diese Sorten in Holland. Der erste Franzose, der erfolgreich neue Sorten züchtete, war Descemet in St. Denis. Er begann, Rosen auszusäen, bevor er nach Odessa ging. Vibert kaufte seinen kompletten Bestand und setzte die Produktion von Sämlingen fort. Rosa Gallica ist deshalb eine Familie, deren beste und früheste Mitglieder aus Holland kamen, angefangen bei der ehrwürdigen Tuscany.«

Alba-Rosen

Obwohl ich es normalerweise ablehne, wenn man unter Rosen irgendeine Rangordnung herstellt, denn alle Rosen haben ihre besonderen Eigenschaften, Fehler und Vorzüge – je nach persönlichem Geschmack –, nehmen die Alba-Rosen doch einen bevorzugten Platz auf der Liste meiner Favoriten ein.

Es handelt sich um eine Gruppe schöner und kraftvoller Rosen, deren Ursprung weit in der Vergangenheit liegt. Und obwohl Ursprung und Abstammung nicht sicher feststehen, muß es einige Formen – vielleicht sogar die ursprüngliche Form – im Europa des Mittelalters gegeben haben. Ihr Laub, ihre Früchte und ihre Triebe sind etwas feiner als bei *R. canina*. Das deutet darauf hin, daß sie alle von dieser Wildrose abstammen, wobei das andere Elternteil entweder *R. damascena* oder *R. gallica* gewesen sein dürfte.

Alle der etwa ein Dutzend Alba-Sorten, die heute noch kultiviert werden, zeichnen sich durch eine starke Konstitution aus. Die Blüte beginnt Mitte bis Ende Juni. Nur wenige andere Gruppen von Rosen können in Feinheit der Struktur und der Qualität des Duftes mit ihnen konkurrieren. Bei allen sind die Blüten pastellfarben, von Reinweiß bis hin zu reinem, dunklem Rosa.

Das Gartenbuch *The Flower Garden* von 1840 führt 42 verschiedene Sorten auf. Ich habe den Verdacht, daß einige davon, deren Namen ich nirgendwo sonst gefunden habe, nichts anderes waren als Formen von *R. alba* 'Maxima' oder 'Maiden's Blush', Rosen, die ich häufig mehrmals jährlich zur Bestimmung erhalte. Diese beiden Sorten haben mehr Namen, als irgendeine andere Sorte, die ich kenne. 'Maiden's Blush' hieß im Laufe der Zeit 'La Royale', 'La Séduisante', 'La Virginale', 'Incarnata' und 'Cuisse de Nymphe'; eine etwas dunklere Sorte heißt 'Cuisse de Nymphe Emue'. Sicher war es diese Rose, die im Garten meiner Kindheit im Norden Norfolks wuchs und die wir liebevoll »Großvaters Rose« nannten. Sie erweckte meine erste Neugier und führte mich zu meiner lebenslangen Verbindung mit Rosen. Ich kann mich an diese Rose meiner Kindheit lebhaft erinnern, weil ich ohne Zweifel von ihrem kostbaren Duft angezogen wurde, der jedes Jahr im Juni den ganzen Garten zu durchströmen schien. Trotz jahrelanger Vernachlässigung wächst diese alte Pflanze immer noch genau an der Stelle, an der ich sie in Erinne-

'Maiden's Blush'

'Old Blush'

GESCHICHTE UND ENTWICKLUNG DER ROSE • 11

rung habe. Sie wird mich gewiß überleben. Zu meiner Freude wachsen unzählige Abkömmlinge dieser Pflanze heute an vielen Orten der Welt, denn von ihr nahm ich meinen Anfangsbestand von Augen zur Vermehrung, als ich vor gut 30 Jahren meine eigene Rosenschule eröffnete.

Die verschiedenen Namen von *R. alba* 'Maxima' deuten auf eine außergewöhnliche Rose hin, denn sie lauten 'Bonnie Prince Charlie's Rose', 'Jacobite Rose', 'Cheshire Rose' und 'White Rose of York'. Die wahre 'White Rose of York' war aber wohl eine einfach blühende Form von *R. alba,* obwohl ich mich manchmal frage, ob es nicht vielleicht sogar eine weiße Form der gewöhnlichen Hundsrose war.

China-Rosen

Gemälde und andere Kunstgegenstände mit Rosenabbildungen beweisen vielfach die Existenz hochentwickelter Züchtungen bereits im 10. Jahrhundert und möglicherweise lange davor. Während des 16. Jahrhunderts berichteten gelegentliche Besucher Chinas und anderer Gegenden des Fernen Ostens von Rosen mit sehr langer Blütezeit. Später, während des 18. Jahrhunderts, als immer mehr Europäer gen Osten reisten, wurde in größerem Umfang Pflanzenmaterial gesammelt. Auf diesem Weg gelangten einige der alten China-Rosen nach Europa.

1781 wurde eine rosa blühende Form von *R. chinensis* – heute 'Old Blush' genannt – in Holland kultiviert und erreichte bald England. Etwa acht Jahre später wurde in Kalkutta eine rot blühende Form gefunden und durch einen Kapitän der Ostindischen Kompanie nach England gebracht. Sie fand bald Anklang und erhielt verschiedene Namen,

R. chinensis, eine rote Form

u. a. *R. semperflorens*, 'Bengal Rose' und 'Slater's Crimson China'. Diese Rose und 'Old Blush', die man damals 'Parson's Pink China' nannte, sind gemeinsam verantwortlich für die Remontierfähigkeit der meisten modernen Rosen. 'Slater's Crimson China' ist heute nur noch selten zu sehen; sie wurde durch solch exzellente rote Sorten wie 'Gloire de Rosomanes' (1825) und 'Cramoisi Superieur' (1832) verdrängt. 'Old Blush' hingegen ist noch ziemlich verbreitet. Sie ist gesegnet mit einer außerordentlichen Langlebigkeit und hat scheinbar eine merkwürdige Vorliebe für Vernachlässigung.

Wie bereits erwähnt, gilt *R. chinensis* heute in der freien Natur als ausgestorben, und ich war entsprechend begeistert, als ich 1983 ein paar als *R. chinensis* etikettierte Stecklinge und Samen erhielt. Sie trafen zu einer für die Vermehrung ungünstigen Jahreszeit ein, aber einige Mitarbeiter des John Innes Institutes in Norwich und der inzwischen verstorbene Jim Russel von Castle Howard erklärten sich sofort zur Hilfe bereit, um das Risiko so zu minimieren. Gemeinsam haben wir einige Exemplare gezogen, sowohl aus Samen als auch aus einigen der Stecklinge. Obwohl sie alle von derselben Mutterpflanze stammen, ist die Anzahl der rötlich-rosafarbenen Blütenblätter sehr unterschiedlich und reicht von fünf bei einzelnen Exemplaren bis zu 18 bei anderen.

Ich erhielt diese und ein oder zwei weitere chinesische Gartenrosen von Hazel le Rougetel, die 1982 China bereiste. Eine dieser Rosen ist besonders reizvoll mit hübschen Blüten in schwefelgelb überhauchtem Rosarot. Hazel erzählte, der Name laute übersetzt »Die beschwipste kaiserliche Konkubine«.

Portland-Rosen

Gegen Ende des 18. Jahrhunderts tauchte in Frankreich eine Rose von besonderer Bedeutung auf. Ihr Ursprung ist, wie so oft, nicht mehr zu ergründen, aber die Eigenschaft, daß sie während fast der gesamten Saison blüht, verschaffte ihr sofortige Beliebtheit. Sie kam über England unter dem Namen *R. portlandica* nach Frankreich, wurde aber später unter dem Namen 'Duchess of Portland' – zu Ehren der 3. Herzogin von Portland* – bekannt, die sie angeblich aus Italien nach England gebracht haben soll. Sie soll eine Kreuzung zwischen einem Damascena- × Gallica-Sämling und einer unbekannten China-Rose sein, vielleicht 'Slater's Crimson'. Auf diese Verbindung führt man zumindest teilweise die unschätzbare Eigenschaft des Remontierens unserer heutigen Rosen zurück.

Ich habe die 'Portland-Rose', wie man sie später nannte, viele Jahre lang beobachtet und bin davon überzeugt, daß bei dieser Kreuzung überhaupt keine China-Rose beteiligt war. Die Damascena- und die Gallica-Rose spielten allerdings eine Rolle: die Damascena-Rose in Form der *R. damascena bifera* ('Quatre Saisons'), die für das Remontieren verantwortlich zeichnete, und die Gallica-Rose in Form der *R. gallica officinalis* (der 'Apotheker-Rose'), die für den hübschen, kompakten Wuchs sorgte. Wer auch immer ihre

---

* Ein kürzlich erfolgter Schriftwechsel mit Sally Festing, die eine Biographie der 2. Herzogin von Portland (1715–85) geschrieben hat, ergab, daß diese Rose nach dieser 2. und nicht nach der 3. Herzogin benannt wurde. Die 3. Herzogin von Portland war keine ausgesprochene Gartenliebhaberin und hat England niemals in ihrem Leben verlassen. Mr. John C. McGregor IV., ehemals vom US Huntington Botanic Garden, machte Sally Festing auf diesen Umstand aufmerksam und wies darauf hin, daß die Rose in einem alten Baumschul-Katalog von 1782 aufgeführt ist und drei Jahre später in Frankreich auftauchte. Dies erlaubt Zweifel bezüglich Italien als Ursprungsland.

GESCHICHTE UND ENTWICKLUNG DER ROSE • 13

'Comte de Chambord'

Eltern waren, diese Rose wurde von den französischen Züchtern sofort zur Zucht verwendet. Der Comte Lelieur, damals in Frankreich verantwortlich für die kaiserlichen Gärten, züchtete die 'Rose Lelieur', die später auf Verlangen Ludwigs XVIII. in 'Rose du Roi' umbenannt wurde. Um diese Rose zu züchten, hat Lelieur, so wird berichtet, die 'Portland Rose' mit *R. gallica officinalis* gekreuzt. Dies ist ein weiterer merkwürdiger Umstand, brachte doch eine solche Kreuzung noch mehr Gallica-Erbgut in die kleine Dynastie der Portland-Rosen. Und noch merkwürdiger wird die Angelegenheit, wenn man 'Rose du Roi' und ihre Abkömmlinge näher betrachtet. Man erwartet hier ein Elternteil oder einen Ahnen mit einer höheren Anzahl Blütenblätter. Ich zweifle ja nicht daran, daß eine Gallica-Rose verwendet wurde, aber warum ausgerechnet eine solch gewöhnliche Rose wie *R. gallica officinalis,* wenn Kaiserin Josephine zu der Zeit, als die Kreuzung erfolgte, mehr als 150 verschiedene Gallica-Sorten in ihrer Sammlung hatte?

Mit meinen bescheidenen Mitteln habe ich es mit weiteren Gallica-Rosen versucht, sowohl mit Samen als auch mit Pollen. Mit wenigen Ausnahmen neigten ihre Abkömmlinge zu niedrigem Wuchs. Vor einigen Jahren kreuzte ich verschiedene benannte Gallica-Rosen mit 'Scharlachglut', einer starkwüchsigen Gallica-Hybride. Es ergaben sich einige Sämlinge, alle von eher niedrigem bis mittelhohem Wuchs. Eine der größeren davon habe ich inzwischen unter dem Namen 'James Mason' in den Handel gebracht. Aufgrund meiner Erfahrungen komme ich zu dem Schluß, daß 'Scharlachglut' entweder falsch eingeordnet ist oder ihr Gallica-Erbgut längst keine Rolle mehr spielt. Interessanterweise verwendete der verstorbene Edward LeGrice Pollen verschiedener purpurfarbener Gallica-Rosen für die Züchtung seiner Floribunda-Rosen, die in ungewöhnlichen Farben blühen. Die meisten davon neigten zu niedrigem Wuchs, wobei ihre Remontierfähigkeit durch die Gallica-Gene nicht beeinträchtigt wurde.

Die kleine Dynastie von Portland-Rosen, die im 19. Jahrhundert gezüchtet wurde, gehörte zu den am besten für den Garten geeigneten Alten Rosen, denn sie remontieren nicht nur, sondern sind wegen ihrer geringen Größe auch für kleinere Gärten gut geeignet. Meine bevorzugten Sorten sind 'Comte de Chambord' und 'Jacques Cartier'*.

'Souvenir de la Malmaison'

Bourbon-Rosen

Bald nach der Einführung der Portland-Rose ergab sich durch Zufall eine weitere neue Gruppe von Rosen. Beteiligt waren die alte China-Rose 'Parson's Pink', die heute besser bekannt ist unter dem Namen 'Old Blush', und die Damascena-Rose 'Quatre Saisons'. Beide wuchsen auf der Ile de Bourbon (heute: Réunion), einer Insel im Indischen

---

* 'Jacques Cartier' wird in den USA als 'Marquise Boccella' vertrieben.

Ozean, auf der Rosen als Heckenpflanzen verwendet wurden. Das Ergebnis dieser Verbindung war eine nur dort vorkommende Rose, die die Inselbewohner 'Rose Edouard' nannten. Monsieur Bréon, der Direktor des kleinen botanischen Gartens der Insel, sammelte Samen dieser Rose und schickte sie zu Freunden nach Frankreich. Einer davon war Monsieur Jacques, Obergärtner des Herzogs von Orléans, der die daraus entstandenen Sämlinge als Vorläufer einer neuen Gruppe von Rosen erkannte und die erste 'Bourbon Rose' nannte. Zwar wird nach allgemein anerkannter Auffassung so die Entstehung der Bourbon-Rosen erklärt, jedoch gibt es Anlaß zu glauben, daß einige Jahre bevor Monsieur Bréon den Samen sammelte, eine andere 'Rose Edward' im Botanischen Garten von Kalkutta wuchs. Vielleicht hat die Réunion-Rose ihren Weg zuerst nach Indien gefunden, möglicherweise als Samen, aus dem leicht verschiedene Abkömmlinge gezogen werden konnten. Seit 1984 besitze ich eine 'Rose Edward' von Trevor Griffiths aus Neuseeland. Nancy Steen hatte sie zuvor von einem Rosenzüchter in Neu Delhi als die ursprüngliche Kalkutta-Form erworben. Die Rose hat die typische Portland-Form, die Blüte ist rötlich-pink mit hoher Mitte.

Was auch immer ihre Herkunft war, einige französische Züchter erkannten ihre Bedeutung und verwendeten sie gerne und oft für Züchtungen. So entstand eine Palette meist dauerblühender Strauchrosen, die Gärten in aller Welt zieren sollten und bis weit ins 19. Jahrhundert hinein ohne ernsthafte Konkurrenz blieben. Einige davon sind heute noch beliebt. Erwähnenswerte Bourbon-Rosen, die wertvolle Strauchrosen darstellen, sind 'Bourbon Queen', 'Souvenir de la Malmaison', 'Louise Odier', 'Mme Isaac Pereire' und natürlich die stachellose 'Zéphirine Drouhin'. Die meisten Bourbon-Rosen sind recht wüchsige Strauchrosen, einige aber sind ausgezeichnete Kletterrosen und hätten eine breitere Verwendung verdient. Die Bourbon-Rosen lassen sich grob in zwei Gruppen einteilen: solche mit der Blütenform der China-Rosen (die besten Beispiele dafür sind 'La Reine Victoria' und ihr blasserer Sport 'Mme Pierre Oger') und diejenigen, die mehr ihren Damascena-Ahnen ähneln (z. B. 'Bourbon Queen' und 'Souvenir de la Malmaison'). Auffällige Unterschiede bestehen auch in der Wuchsform sowie in der Form und Struktur des Laubs und der Anordnung der Stacheln. Das läßt vermuten, daß im Laufe der Zeit gelegentlich anderes Erbgut hinzugekommen ist. In der Regel jedoch kann man von der Blütenform auf den Wuchs und damit auf die jeweilige Abstammung schließen: wenig Stacheln und zweigiges, biegsames Holz deutet auf die China-Rosen hin und stacheliger, steifer Wuchs auf die Damascena-Rosen. Autoren der viktorianischen Zeit, besonders William Paul, pflegten die Bourbon-Rosen nach der vorherrschenden Ähnlichkeit mit ihren Ahnen in Klassen einzuteilen.

Noisette-Rosen

Die Noisette-Rosen, die etwa zur gleichen Zeit wie die Portland- und die Bourbon-Rosen aufkam, hatten ihre Anfänge in Amerika. Auch hier war die China-Rose beteiligt, diesmal in Verbindung mit der Moschus-Rose, *R. moschata*.

'Parson's Pink China' oder 'Old Blush' wurde durch den Reisanbauer John Champneys aus Charleston/Süd-Carolina mit *R. moschata* gekreuzt. Dieser gab die anfallenden Sämlinge als Dankeschön für die geschenkte 'Parson's Pink' weiter an seinen Freund und Nachbarn Philippe Noisette, einen französischen Einwanderer. Dieser probierte

'Champneys' Pink Cluster'

'Blush Noisette'

weitere Kreuzungen und schickte sowohl Samen als auch Pflanzen an seinen Bruder Louis nach Paris. Als der Bruder sie blühen sah, erkannte er die Bedeutung des Geschenks und gab dem ersten Sämling den Namen 'Rosier de Philippe Noisette', später verkürzt zu 'Noisette'. Die ursprüngliche 'Champney's Pink Cluster' und einer ihrer ersten Sämlinge, 'Blush Noisette', sind heute noch zu recht beliebt.*

William Paul schreibt in seiner Einführung über die Noisette-Rosen: »Die besonders hervorzuhebenden Eigenschaften sind ihre Winterhärte, ihre Wüchsigkeit und Blüten in großen Büscheln sehr spät im Jahr. Das sind in der Tat außergewöhnliche Eigenschaften.«

Abkömmlinge der ersten Noisette-Rose unterscheiden sich sowohl im Wuchs als auch in der Blühfreudigkeit. Die meisten beginnen mit der Blüte eher später als z. B. die Bourbon-Rosen und viele blühen mehrmals oder fast kontinuierlich während des ganzen Sommers. Im Laufe der Zeit wurden sie vielfach mit anderen Gruppen, insbesondere

---

*) Interessanterweise schickte mir Peter A. Fane de Salis of Norwich den folgenden Auszug aus *The Annals of Horticulture,* 1846, mit der Überschrift »Anekdoten über Rosen«:

»Laut Mr. Rivers wurde die Noisette-Rose in Amerika von Monsieur Philippe Noisette gezüchtet und von ihm seinem Bruder nach Paris geschickt. Das entspricht nicht der Wahrheit. Sie wurde in Long Island gezüchtet und von dort durch Monsieur Landorms, einen engen Vertrauten des Züchters, nach Rouen gebracht, wo sie in großen Stückzahlen kultiviert wurde. Als Noisette von Paris eine Pflanze von seinem Bruder in Amerika erhielt (der sich vermutlich weigern würde, uns zu berichten, wie er sie aus Long Island bezog) zog Paillard, ein Gartenliebhaber in Rouen, sie in einem seiner Häuser zu ihrem Schutz in einem Eisenkäfig, während sie in Rouen zu einem angemessenen Preis verkauft wurde. Prevost, der bekannte Rosenkultivateur in Rouen, kann das bezeugen.«

Anmerkung des Autors: Ich halte das für sehr glaubwürdig, denn es wurde nur 45 Jahre nach der Einführung von 'Champneys' Pink Cluster' geschrieben. Vielleicht war ein anderer Noisette, über den wir nichts mehr wissen, der Erste!

mit Teerosen, gekreuzt. Dabei gingen einige der charakteristischen Noisette-Merkmale verloren, nicht zuletzt ihre Winterhärte. Zu den bedeutendsten Sorten dieser Gruppe gehören 'Blush Noisette', 'Aimée Vibert', 'Bouquet d'Or', 'Céline Forestier' und 'Mme Alfred Carrière', um nur einige zu nennen. Sie sind immer noch erhältlich und leisten hier in Großbritannien in vielen Gärten gute Dienste.

Zweifellos würden viele dieser Gruppe in weniger rauhem Klima noch besser gedeihen. Während einer Reise nach Neuseeland war ich ziemlich neidisch auf die dort wachsenden Noisette-Rosen. 'Lamarque' blühte wunderbar, aber unvergeßlich bleibt mir ein Prachtexemplar von 'Alister Stella Gray'. Sie stand im Garten von Sally und Bey Allison of Fernside, in der Nähe von Christchurch. Die beiden haben einen malerischen Garten und setzen Rosen optimal ein, so wie es mir schon bei vielen neuseeländischen Rosenliebhabern aufgefallen ist.

Teerose

Zu der Zeit, als die ziemlich zufälligen und weithin undokumentiert gebliebenen Kreuzungen entstanden, aus denen die Bourbon-, Noisette-, Portland- und Remontant-Rosen entstanden, gelangten einige neue, bis dahin unbekannte Kreuzungen in die Hände von Rosenzüchtern. Sie kamen, wie die ihnen sehr nahe verwandten China-Rosen, aus dem Orient und waren vermutlich das Ergebnis sehr viel früherer Züchtungen der Chinesen auf Basis einer zufälligen Kreuzung zwischen *R. gigantea* und *R. chinensis*. Wie die China-Rosen, besaßen sie die gefragte Eigenschaft des Öfterblühens. Die erste davon, die nach Europa gelangte, war *R. indica odorata*, und wurde zu Ehren von Sir

'Hume's Blush Tea-scented China'

'Parks' Yellow Tea-scented China'

Abraham Hume in 'Hume's Blush' umbenannt. Die Fa Tee Baumschule in Canton hatte sie 1810 an Hume geschickt. Die zweite tauchte 1824 auf. Sie wurde während einer Expedition in China entdeckt, die im Auftrag der Royal Horticultural Society Pflanzen sammelte. Diese erhielt später den offiziellen Namen *R. odorata ochroleuca*, aber ihr ursprünglicher Name 'Parks' Yellow Tea-scented China' zu Ehren ihres »Entdeckers« John Parks ist immer noch üblich. Gelb mit Schwefel überzogen und duftend, war es diese Rose, die im Jahre 1830 die erste von einigen gelben oder fast gelben Noisette-Rosen hervorbrachte, deren Reihe mit 'Lamarque' begann und mit der letzten bedeutenden Einführung, 'William Allen Richardson', 1878 auslief. Diese Parks' Rose und 'Fortune's Double Yellow', die Robert Fortune 1845 im Garten eines chinesischen Mandarins fand, brachten die wertvolle gelbe Farbe in einige der vielen Teerosen, die im frühen 20. Jahrhundert gezüchtet und in den Handel gebracht wurden.

Obwohl diese Rosen viele Jahre lang als verloren galten, glaube ich, daß ich – dank der Freundlichkeit verschiedener Spender – nun Exemplare aller drei Rosen besitze. Ich hoffe nur, daß sie unser ungemütliches Klima in Norfolk tolerieren.

Anscheinend kamen die ersten Teerosen, wie schon die China-Rosen, in Schiffen der Ostindischen Kompanie, deren Hauptaufgabe der Transport von Tee war. Da aber ein kleiner Teil ihrer Ladung eine neue Gruppe von Rosen hervorbrachte, ist es denkbar, daß dieser Umstand – verbunden mit ihrem ungewöhnlichen Duft – zu der Bezeichnung Teerose geführt hat, vielleicht als Spitzname, geprägt von den Seeleuten, denen man die Aufgabe übertragen hatte, sie während der Überfahrt zu versorgen.

Wo auch immer der Name herkommen mag, Teerosen kamen sehr bald in Mode, besonders in den wärmeren Regionen Europas. Viele waren nicht ganz winterhart, aber

GESCHICHTE UND ENTWICKLUNG DER ROSE · 19

dieser Umstand – zusammen mit ihrer Schönheit – machte sie nur noch begehrenswerter, und die Rosenliebhaber der viktorianischen Epoche pflanzten sie im Überfluß, die härtesten Sorten im Freien, die empfindlicheren Sorten in Wintergärten und Gewächshäusern. Die Blüten wurden von ziemlich schlanken, schwachen Stengeln getragen, und die Knospen hatten meist eine hohe, spitze Mitte, was sie von den anderen damaligen Rosen unterschied. In der viktorianischen Zeit wurden Rosen gern im Knopfloch getragen und viele Teerosen wurden speziell zu diesem Zweck gepflanzt.

Die geheimnisvollen Rosen von Bermuda

Mitglieder der Rosengesellschaft von Bermuda bewahren seit ihrer Gründung 1954 all die vielen heimisch gewordenen Wildrosen und Gartenrosen, die sie finden können. Denjenigen, die die geheimnisvollen Rosen von Bermuda nicht kennen, möge der folgende Bericht von meinem ersten Besuch dieser reizenden Insel als Einführung dienen.

Ich nahm an einer Konferenz teil und hatte nur sehr wenig Zeit, nach Rosen Ausschau zu halten, aber diejenigen, die ich fand oder die man mir zeigte, faszinierten mich. Viele davon hatte ich noch nie gesehen. Eine Woche lang wimmelte die Insel vor Rosenfachleuten, und es wurde viel diskutiert. Wer kennt die feinen Abweichungen, die sich ergeben, wenn Rosen das ganze Jahr über wachsen und blühen und niemals Frost erleben? Kann man solche Rosen vergleichen mit jenen, die sich in weniger milden Klimazonen jeden Winter eine Ruhepause von sechs Monaten gönnen? Unter den Rosen, die ich bestimmen konnte, war 'Cramoisi Supérieur', dort 'Agrippina' genannt, sicherlich identisch mit unserer europäischen Form, wenngleich stärker im Wuchs. Mir fielen fein-

Der Garten der Rosengesellschaft von Bermuda

ste Unterschiede auf bei 'Archduke Charles', die europäische Form hat weniger Blütenblätter, aber unsere 'Safrano' hat mehr Blütenblätter als die dortige. 'Slater's Crimson' hat meiner Erinnerung nach mehr Blütenblätter als die in Bermuda. Die Blüten meiner 'Sanguinea' sind mit der dortigen Form identisch, aber während die Bermuda-Form mehr als 1,50 m hoch wird, wird meine mit Mühe 60 cm hoch. Die dortige 'Anna Olivier' ist mit meiner identisch, aber ich glaube, deren und meine Sortenbestimmung sind falsch. Mit Hilfe von Bill und Lorna Mercer konnte ich eine Verwechslung von 'Maman Cochet' und 'White Maman Cochet' in meiner Rosenschule aufklären. Ebenfalls dank den Mercers kehrte ich im Hinblick auf die wahre Identität von 'Homère' und 'Mme de Tartas' sehr verunsichert zurück.

Bei der Bestimmung einer der geheimnisvollen Rosen erscheint es mir noch am wenigsten gewagt zu sagen, daß 'Miss Attwood' in Bermuda meiner 'Arethusa' sehr ähnlich ist, obgleich sie höher wächst. So interessant eine korrekte Bestimmung sein würde, vermute ich, daß viele der Bermuda-Rosen Geheimnisse bleiben werden, denn wer versuchen wollte, sie durch Vergleich mit anderen heutigen Rosen zu bestimmen, müßte schon sehr mutig sein. Deshalb sollten die Bermuda-Rosen, bis Beweise vorliegen, ihre reizenden Namen behalten – 'Smith's Parish', 'Trinity', 'St. Davids' oder 'Brightside Cream' – und sie sollten unter diesen Namen nicht nur in Bermuda, sondern in der ganzen Welt bekannt sein. *)

Wenn ich mir sicher wäre, daß all die Namen, unter denen wir die Alten Rosen kennen, diejenigen sind, die ihre Züchter ihnen gegeben haben, würde ich vielleicht anders denken. Bereits seit mehreren Jahren bin ich von der Unmöglichkeit überzeugt, daß die Kataloge von vor 1920 mit Sicherheit den Name einer Rose aufführen, den der Züchter ihr gegeben hat. Das hat mir Kummer bereitet. Heute frage ich mich: Wenn es sicher ist, daß es sich um eine Gartenrose handelt, was kümmert mich der Name? Rosen tragen keine Signaturen wie Kunstwerke, entscheidend ist, daß die Rose existiert, unter welchem Namen auch immer. Da mögen Vermutungen und Forschungen auch noch so interessant sein.

Natürlich bin ich mir der Bedeutung richtiger Namen voll bewußt. Aber wegen des Fehlens eines Namens sind viele gute Rosen der Vergangenheit für immer für unsere Gärten verloren gegangen. Ich habe mehrere gute, aber bislang namenlose Rosen, die mir von engagierten Rosenfreunden im Laufe der Jahre geschickt wurden und die vermutlich niemals jenseits des Geländes unserer Rosenschule gelangen werden. Ich nenne sie »was-not«-Rosen – »wait and see – official name tomorrow« (etwa: *sehen und abwarten – offizieller Name morgen*).

Herzlichen Glückwunsch, Rosengesellschaft von Bermuda, daß Sie Ihren »was-not«-Rosen Namen gegeben haben. Die Welt ist dadurch reicher geworden.

Remontant-Rosen

Als Ergebnis einer Vereinigung der Bourbon-Rosen mit irgendeiner anderen Rose, die sich anbot, entstand eine Gruppe von Rosen, die unter dem Namen Remontant-Rosen (englisch: *Hybrid Perpetuals*) bekannt wurde. Die Anerkennung als neue Gruppe erfolgte irgendwann in den 1820er Jahren, und später füllten viele Sorten die Kataloge. Ihre große

---

*) Ein eigener Abschnitt von Lorna Mercer über die geheimnisvollen Rosen von Bermuda findet sich im Lexikonteil auf Seite 391.

GESCHICHTE UND ENTWICKLUNG DER ROSE • 21

'Reine des Violettes' (oben), 'Baronne Prévost' (unten)

Anzahl und ihre Überzüchtung bedeuteten jedoch für viele den Untergang, und nur die besten überlebten. Diejenigen, die heute noch erhältlich sind, verdienen durchaus ihren Platz als Sträucher in unseren Gärten. Einige sind wirklich schön, und die meisten duften stark. Ich mag besonders 'Reine des Violettes', 'Baroness Rothschild', 'Baronne Prévost', 'Dupuy Jamain', 'Paul Neyron' sowie 'Ulrich Brunner Fils'. Eine der letzten, die gezüchtet und in den Handel gebracht wurde, war die unermüdliche 'Frau Karl Druschki', die in England später den Namen 'Snow Queen' erhielt, weil sie ihre höchste Popularität bei Ausbruch des Ersten Weltkriegs erreichte, als alles, was mit Deutschland in Zusammenhang stand, nicht gern gesehen war. Diese Rose duftet zwar nicht, aber keine Rose kann alles und die 'Druschki', wie sie oft liebevoll genannt wird, kompensiert diesen kleinen Mangel überreich in jeder anderen Hinsicht.

Wie bereits erwähnt, lassen sich die meisten Remontant-Hybriden gut als Sträucher verwenden, und obwohl das »Am-Boden-Festpflocken« (s. S. 84) heute nicht mehr allgemein üblich ist, eignen sich einige der höher wachsenden Sorten hervorragend für diese Technik des Rosenziehens. Diese Technik wurde von den Obergärtnern herrschaftlicher Gärten speziell für sie entwickelt, zu einer Zeit, als Arbeit sparen keine Priorität hatte.

Einzelne haben kletternde Sports hervorgebracht, darunter auch 'Frau Karl Druschki'. Die Kletterformen sind meist sehr starkwüchsig und benötigen viel Platz, aber wo das ein Problem ist, lassen sich viele Buschformen sehr gut an einer Wand ziehen.

Pimpinellifolia-Rosen (Schottische Rosen)

Ich habe die Pimpinellifolia-Rosen bereits kurz erwähnt. Zu Beginn des 19. Jahrhunderts waren diese reizenden kleinen Rosen sehr beliebt. Das Interesse an ihnen ging erst zurück, als Rosen mit längerer Blütezeit aufkamen. Es sind zwar nur einige von ihnen bis heute erhalten geblieben, diese machen aber im Garten viel Freude. Sie stellen keine besonderen Ansprüche an den Boden und können leicht durch Stecklinge vermehrt werden. Wenn man sie auf der eigenen Wurzel zieht, treiben sie gern Ausläufer, aber sie werden dabei nie lästig. Im Jahre 1824 waren diese sogenannten Burnet- oder Schottischen Rosen fast so dominierend wie heute die Floribunda-Rosen.

Obwohl es kaum Zweifel gibt, daß »gefüllte« Pimpinellifolia-Rosen bereits lange vor 1800 kultiviert wurden, lohnt es sich, den Bericht von Joseph Sabine in Erinnerung zu rufen, der veröffentlicht wurde, als dieser 1822 Sekretär der Royal Horticultural Society war: Zwei Brüder namens Brown, von denen einer Mitgesellschafter einer Baumschule namens »Dickson & Brown« in Perth war, haben anscheinend als erste die Bedeutung dieser Rosen erkannt, als einer der beiden 1793 nahe Perth eine leicht gefüllte wilde »Schottische Rose auf dem Hügel von Kinnoul« fand. Sie pflanzten diese Rose in ihre Baumschule und sammelten Samen. Daraus entstanden Pflanzen mit halbgefüllten Blüten. Nach wiederholtem Aussäen und Selektieren hatten sie schließlich einige gute, gefüllte Sorten, darunter eine rosa-weiß marmorierte Sorte. Sie vermehrten diese Sorte und belieferten Baumschulen in Schottland und England. Robert Austin aus Glasgow besaß um 1814 »mehr als 100 verschiedene neue und bis dahin unbeschriebene Sorten«. In England hatten William Malcolm aus Kensington und Lee & Kennedy aus Hammersmith den größten Teil des Bestandes von Dickson & Brown erworben. Diese Rosen erreichten daraufhin verdientermaßen große Popularität im Süden und fanden später große Ver-

GESCHICHTE UND ENTWICKLUNG DER ROSE • 23

R. pimpinellifolia '**Altaica**' (oben), *R.* × *harisonii* (unten)

breitung. Ich habe bis jetzt etwa zehn Sorten gesammelt, aber ich fürchte, daß es unmöglich ist, ihre Namen festzustellen, obwohl es eine Freude ist sie zu ziehen.

Die Pimpinellifolia-Rosen oder Schottische Rosen wurden früher 'Spinosissima-Rosen' genannt nach *R. spinosissima*, deren Name vor einiger Zeit in *R. pimpinellifolia* geändert wurde.

In den 1830er Jahren glückte einem Herrn Lee aus Bedfont die Kreuzung einer dieser Sorten mit der 'Autumn Damask' und schuf so 'Stanwell Perpetual'. Diese Rose ist den Pimpinellifolia-Rosen in Laub und Stacheln sehr ähnlich, hat aber einen höheren und sparrigeren Wuchs. Sie blüht fast ohne Unterbrechung und duftet herrlich. Sie erfreut sich auch heute noch großer Beliebtheit.

Wilhelm Kordes verwendete in Deutschland in den 1930er und 1940er Jahren Formen von *R. pimpinellifolia*, um 'Frühlingsgold', 'Frühlingsmorgen' und andere Sorten zu schaffen. Damit stellt er eine bemerkenswerten Ausnahme dar, denn seit dem Höhepunkt ihrer Entwicklung haben nur wenige andere Züchter mit der *R. pimpinellifolia* gearbeitet – zumindest nicht erfolgreich. Nur Roy Shepherd gelang 1956 in Amerika mit 'Golden Wings' eine lohnende Pimpinellifolia-Züchtung. Eine weitere Rose aus Amerika, die in diese Gruppe gehört, ist *R. × harisonii*, auch 'Harison's Yellow' oder 'Yellow Rose of Texas' genannt. Es handelt sich dabei vermutlich um eine Zufallskreuzung von *R. pimpinellifolia* und *R. foetida*. Sie ist – soweit mir bekannt ist – in dieser Gruppe die Rose mit dem intensivsten Gelb. Ich war immer der Meinung, daß diese Rose in Texas entstanden sei und hatte mir nie die Mühe gemacht, tiefer einzusteigen, aber als ich kürzlich das Buch *Roses of America* von Stephen Scaniello und Tania Bayard las, entdeckte ich, daß sie in den 1830er Jahren auf einer Farm in Manhattan enstand und so beliebt wurde, daß sie von Siedlern nach Westen mitgenommen und überall dort gepflanzt wurde, wo sie sich niederließen.

Rubiginosa-Rosen

R. rubiginosa (im englischen Sprachraum: *R. eglanteria* oder 'Sweet Briar'), eine europäische Wildrose, hat im Laufe einer offensichtlich sehr langen Zeit einige ausgezeichnete Kreuzungen hervorgebracht. Die Sorte 'Manning's Blush' etwa geht auf das Jahr 1799 zurück. Die Kreuzungen eignen sich sehr gut als Sträucher für den Garten, und alle – oder zumindest die meisten – haben die Eigenschaft geerbt, daß ihr Laub nach Äpfeln duftet. Es ist vor allem dieses duftende Laub, das ihnen ihren Platz in unseren Gärten sichert, viele aber lohnen sich auch allein wegen ihrer Blüten. Abgesehen von der Blütenfarbe und ihrer Blühfreudigkeit duften auch die Blüten in der Regel nach Äpfeln, und im Spätsommer und Herbst folgen attraktive, ovale, leuchtend orangerote Hagebutten. In dieser Gruppe sind besonders die Penzance-Sorten interessant. Sie entstanden in den 1890er Jahren.

Eine meiner Favoriten ist die wunderschöne, einfach blühende 'Meg Merrilies'. Bis vor kurzem war ich der Meinung, sie sei nach Keats »Old Meg« benannt, aber nun erfuhr ich, daß es eine Dame namens Meg Merrilies gab, die sich in den 1890er Jahren, als diese Rose gezüchtet wurde, um die Armen im Londoner Stadtviertel Soho kümmerte. Wahrscheinlich wurde die Rose nach ihr benannt, zumal ihr Züchter, Lord Penzance, Richter war und vermutlich von ihren guten Taten gehört hatte.

Die Moschata-Hybriden

Wenn man nur das Alter als Kriterium nimmt, gehört diese Gruppe streng genommen nicht in dieses Kapitel dieses Buches, da ich sie aber immer als »Klassiker« angesehen habe, bringe ich es nicht fertig, sie anderswo einzuordnen. Sie stellen schließlich eine wichtige Entwicklungsstufe bei den Strauchrosen dar. Als Gruppe entstanden sie etwa im ersten Viertel des 20. Jahrhunderts.

In der Abgeschiedenheit des ländlichen Essex beschäftigte sich der Geistliche Joseph Pemberton mit der Züchtung von Rosen und ihm gelang dabei ein enormer Durchbruch. Von Anfang an war offensichtlich, daß seine Rosen anders waren. Aber aus Mangel an Klassifikationskriterien wurden sie zunächst als Teehybriden eingeführt. Seine ersten Rosen kamen 1913 auf den Markt. Es waren 'Moonlight' mit halbgefüllten, weißen Blüten und 'Danaë' mit kleinen, blaßgelben Blüten. Bei beiden erschienen die Blüten in Büscheln an langen Zweigen strauchartiger Pflanzen. Die Blütezeit dauerte den ganzen Sommer an und die Blüten dufteten. Zu ihrer Züchtung – und der vieler weiterer Sorten, die folgen sollten –, hatte Pemberton eine büschelblütige Rose mit buschigem Wuchs und langen Trieben namens 'Trier' verwendet. Diese wiederum wurde von Lambert gezüchtet und 1904 in Deutschland eingeführt. Er hatte mit einem Blick erkannt, daß diese Sorte in ihren Wuchseigenschaften nicht zu weit von den Polyanthas entfernt war, nur viel höher wachsend. Vermutlich wußte er, daß 'Trier' ein Sämling einer französischen Rose namens 'Aglaia' war, einer kletternden Polyantha von 1896 mit den Elternsorten *R. multiflora* und 'Rêve d'Or', einer Noisette bereits aus dem Jahr 1869. Es gibt keinen Grund, diesen Stammbaum anzuzweifeln, denn zu gewissen Zeiten im Jahr lassen sich beträchtliche familiäre Ähnlichkeiten zwischen dem Urgroßvater 'Rêve d'Or' und einigen von Pembertons Moschata-Rosen erkennen, besonders im Laub. Ebenfalls ist offensichtlich, daß seine Rosen dieser Abstammung ihren moschusartigen Duft verdanken. Wer auch immer seinen Rosen den Namen Moschata-Hybriden gegeben hat, er hätte sie ebensogut Multiflora-Hybriden nennen können. Aber da ihre Herkunft und ihr Duft über die Noisette-Rosen direkt bis auf *R. moschata* zurückgeführt werden können, ist die Bezeichnung Moschata-Hybriden eine durchaus passende und angemessene Gruppenbezeichnung. Die meisten Strauchrosen, die zwischen 1913 und Pembertons Tod 1926 aus seiner Zucht kamen, schmücken unsere Gärten bis heute. Die besten sind 'Pax' (1918), 'Prosperity' (1919), 'Vanity' (1920, viel höher und sparriger im Wuchs als die übrigen), 'Francesca' (1922), 'Penelope' (1924) und die vielseitige 'Cornelia' (1925). Einige Autoren schreiben ihm auch 'Buff Beauty' zu, die 13 Jahre nach seinem Tod eingeführt wurde. Ich habe vage Erinnerungen an ein Gespräch über diese Rose mit Edward LeGrice. Es fand vor vielen Jahren statt, und hätte ich damals die Bedeutung dieses Gesprächs erkannt, hätte ich gewiß noch aufmerksamer zugehört. Ich glaube, darin wurde bestätigt, daß Pemberton der Züchter von 'Buff Beauty' sei, aber ganz sicher bin ich mir eben nicht. LeGrice kannte Pemberton persönlich sehr gut.

Nach Pembertons Tod begann einer seiner Gärtner, J.A. Bentall, selbst Rosen zu züchten und zwar sehr erfolgreich, denn 1932 brachte er 'The Fairy' auf den Markt und fünf Jahre später 'Ballerina'. Beide sind höchst wertvolle Rosen und waren in mehrfacher Hinsicht ihrer Zeit voraus. Anscheinend war Joseph Pemberton nicht nur ein erfolgreicher Rosenzüchter, sondern auch ein ausgezeichneter Lehrmeister. Als Gartensträucher sind Moschata-Hybriden heute unverzichtbar. Sie bilden schöne Solitärpflanzen, eignen sich für Gehölzrabatten und sind ausgezeichnet als Ziersträucher für formale Hecken zu gebrauchen.

'Danaë' (oben), 'The Fairy' (unten)

Multiflora-Rambler

R. multiflora wurde bereits mehrfach im Zusammenhang mit ihrem Einfluß auf andere Rosensorten bzw. -gruppen erwähnt, wird hier aber auch um ihrer selbst willen beschrieben. Sie kam erstmals gegen Ende des 19. Jahrhunderts aus China in den Westen. Es dauerte nicht lange, bis Züchter ihr Potential als Elternpflanze erkannten und mit Rosen anderer Gruppen kreuzten. Hauptsächlich auf diese Wildrose gehen alle modernen büschelblütigen Rosen zurück; die Multiflora-Rambler entstanden als erste.

William Paul führte 27 verschiedene Sorten auf, von denen viele heute noch erhältlich sind. Die meisten davon eignen sich besonders zum Überwachsen von wenig ansehnlichen Gebäuden oder von altersschwachen Bäumen; andere wiederum können gut für Pergolen oder Wände verwendet werden. Die meisten Multiflora-Rosen lassen sich leicht durch Ableger vermehren, weshalb einige Sorten in großem Umfang als Rosenunterlage verwendet wurden, vor allem während des Ersten Weltkriegs und in den 1920er Jahren. 'De la Grifferaie' war aus diesem Grund ganz besonders beliebt. Sie ist eine sehr ausdauernde Rose, die mir häufig zur Bestimmung geschickt wird. Hat sie ihre empfindlichere aufgepfropfte Last erst einmal überwuchert, gedeiht sie ohne Pflege und begrüßt sogar etwas Vernachlässigung.

R. multiflora

'De la Grifferaie'

Ayrshire-Rosen

Ich möchte einer weiteren interessanten Abweichung vom Hauptstrom der Entwicklung der Rosen, nämlich *R. arvensis*, etwas Platz einräumen. Diese Rose und ihre wenigen Abkömmlinge haben mich schon immer interessiert, und da andere Autoren sie gern übergehen, ist dies eine Gelegenheit, das Verhältnis etwas zu korrigieren.

In ihrem natürlichen Verbreitungsgebiet ist sie sehr reizvoll. Sie ist die einzige Kletterrose, die in England heimisch ist. Sie klettert bis in die obersten Spitzen von Dickicht oder Hecke, gleichgültig, wie hoch diese sind. Wie grob auch immer das Umfeld oder die Stütze

28 · KLASSISCHE ROSEN

'Splendens'

sein mag, sie ist immer zierlich, wenn ihre langen, dünnen, dunklen Triebe zum Boden herabfallen. Ebensogut arbeitet sie sich durch das Unterholz oder kriecht einfach am Boden oder einer Böschung entlang. Von ihren Hybriden ist 'Splendens' heute am weitesten verbreitet. Ein Prachtexemplar dieser Sorte, 3 m hoch und 3 m breit, kann auf Castle Howard in Yorkshire bestaunt werden, wo sie als Solitärstrauch an einer Stütze wächst. Die meisten anderen dieser Gruppe von ausgezeichneten Kletterern, die man zusammenfassend als 'Ayrshire-Rosen' bezeichnet, wurden durch die beliebten Wichuraiana-Hybriden mit ihren kräftigeren Farben verdrängt.

Bis zur Mitte des 19. Jahrhunderts waren gute Kletterrosen noch sehr selten. Als sie dann aber zahlreicher angeboten wurden, setzte man sie in der viktorianischen Epoche auch großzügig ein, wie auf den Schwarzweißfotos in Jekyll und Mawleys *Roses for English Gardens* (1902 veröffentlicht) ersichtlich ist.

Das Fehlen verläßlicher Aufzeichnungen steht dem Versuch im Wege, die Entstehung der ersten gefüllten 'Ayrshire-Rose' zu ihrem Ursprung zurückzuverfolgen. Unterschiedliche Versionen bringen die Rose mit so entfernten Orten wie Deutschland, Kanada und Yorkshire in Verbindung. Aber wenn sie vielleicht auch nicht in Schottland gezüchtet wurde, so hat sie mit Sicherheit von dort aus ihren Erfolgsweg angetreten. Ich bin allerdings trotz der Ergebnisse der Arbeit von Mr. Martin aus Dundee der Meinung, daß der Lokalstolz den Namen 'Ayrshire' – wie sie anscheinend von Anfang an geheißen hat – nicht zugelassen hätte, falls sie wirklich dort entstanden wäre.

Von allen Geschichten, die sich um diese Rose ranken, halte ich die folgende für die wahrscheinlichste: Sie wurde erstmalig im Jahre 1776 von einem Mr. J. Smith von den Monksgrove Nurseries in Ayrshire entdeckt. Sie wuchs im Garten eines Mr. Dalrymple aus Orangefield, in der Nähe von Ayr. Dort war sie von dem Jäger John Penn gepflanzt worden, der ein leidenschaftlicher Gartenliebhaber war. Penn erzählte Smith, daß er die Rose aus seinem heimatlichen Yorkshire mitgebracht habe, wo er sie in einem Garten gefunden hatte. Dorthin sei sie vermutlich aus Deutschland gekommen. Die 'Orangefield Rose' erweckte regional einige Aufmerksamkeit und gelangte schließlich nach Loudon Castle, von wo aus sie dann weite Verbreitung fand. Ich glaube, daß ich ein Exemplar dieser Rose besitzt, die glücklicherweise durch Mrs. Janet McQueen aus Dunfermline in Schottland wiederentdeckt wurde und bei der Wiedereinführung 1991 'Janet B Wood' genannt wurde.

Einige andere Geschichten über die Herkunft der Ayrshire-Rosen sind nur verständlich, wenn man die Möglichkeit von Verwechslungen mit anderen Kletterrosen dieser Zeit in Betracht zieht, insbesondere mit den immergrünen Rosen.

Allgemein wird angenommen, daß Ayrshire-Rosen ein relativ kühles Klima vorziehen, um so größer war mein Erstaunen und meine Freude, als ich 1988 ein betagtes Exemplar im Garten des Getty Museum and Art Gallery in Kalifornien entdeckte.

Sempervirens-Rosen (die »Immergrünen«)

Die »Immergrünen Rosen«, wie sie in der viktorianischen Zeit genannt wurden, sind Hybriden von *R. sempervirens*. Sie wurden in der ersten Hälfte des 19. Jahrhunderts in Frankreich gezüchtet. Sie sind nicht so wüchsig und haben weniger Stacheln als die Ayrshire-Rosen, obwohl letztere selbst nicht gerade viele Stacheln haben. Während die Blüten der Ayrshire-Rosen einzeln stehen oder in kleinen Büscheln, stehen die Blüten der Immergrünen in großen Büscheln und die Blütezeit ist einige Wochen später. Besonders erwähnenswerte Sorten dieser kleinen Gruppe sind 'Félicité et Perpétue' und 'Adélaïde d'Orléans'. Ich liebe diese Rosen und es freut mich sehr, daß wir von Jahr zu Jahr größere Stückzahlen dieser Sorten vermehren und verkaufen.

'Adélaïde d'Orléans'

'Félicité Perpétue'

Wichuraiana-Rosen

Wenn ich heute anfangen müßte, Rosen zu züchten, würde ich mich auf *R. wichuraiana* und auf *R. luciae* konzentrieren, von denen so viele unserer Garten-Rambler abstammen. Die meisten der eindrucksvollen Ergebnisse, die Barbier (in Frankreich), Jackson und Perkins sowie Brownell (in den USA) erzielten, hörten vor etwa 60 Jahren plötzlich auf. Abgesehen von 'New Dawn', einem Sport von 'Dr Van Fleet', den die Natur selbst 1930 schuf, schenkte man der Arbeit dieser Züchter bis vor kurzem kaum Aufmerksamkeit. Es ist ein Beweis für die Qualität ihrer Arbeit, daß Rambler wie 'Albéric Barbier', 'Albertine', 'Sanders White' und 'Excelsa', die zu Beginn des 20. Jahrhunderts gezüchtet wurden, immer noch häufig vorkommen und nach wie vor in den meisten Rosenkatalogen aufgeführt sind.

Die zufällige Entstehung von 'New Dawn' war wahrlich ein Glücksfall. Sie ist nicht nur die wahrscheinlich beste remontierende Kletter- bzw. Rambler-Rose. Sie schenkte uns auch, als sie zur Züchtung verwendet wurde, einige sehr gute, moderne Kletterrosen mit langer Blütezeit wie 'Bantry Bay', 'Coral Dawn', 'Pink Perpétue', 'Rosy Mantle' und 'White Cockade'. In neuerer Zeit enstanden auf der Grundlage von *R. wichuraiana* die modernen Kleinstrauchrosen.

Der Einfluß der Kaiserin Josephine

Gegen Ende des 18. Jahrhunderts war der Grundstein für unsere heutigen Rosen im Prinzip gelegt. Die Franzosen spielten in diesem Bereich eine besondere Rolle, und eine stattliche Reihe verschiedener Sorten wurde auf Anregung von Kaiserin Josephine bekannt. In ihrem Garten auf Schloß Malmaison ließ sie eine Sammlung ihrer Lieblingsrosen anlegen, und ermutigte Pierre Joseph Redouté, seine meisterhaften Zeichnungen dieser Rosen anzufertigen. Redouté veröffentlichte sein Werk mit dem Botaniker Claude Antoine Thory, der den ersten ernsthaften Versuch unternahm, den Stammbaum der Rosen zu zeichnen. Großteile seiner Arbeit haben sich als richtig erwiesen und halten der Überprüfung durch heutige wissenschaftliche Methoden stand.

Für mich ist diese Epoche der Geschichte der Rosen faszinierend. Es muß sehr erfüllend gewesen sein, zu jener Zeit ein Züchter in Frankreich zu sein, sowohl bezüglich der Arbeitszufriedenheit als auch in finanzieller Hinsicht. Ich wage allerdings nicht dar-

'Château de la Malmaison'

'Empress Josephine'

über nachzudenken, wie ich wohl die Revolution überstanden hätte. Redouté jedenfalls hat es irgendwie geschafft, sein Fähnchen nach dem Winde zu richten und arbeitete im Laufe seiner Karriere abwechselnd für beide Parteien. Ich weiß nichts über seine Persönlichkeit, aber sein Talent machte ihn irgendwie unabhängig von der Politik, den Intrigen und der Bitterkeit dieser turbulenten Epoche der französischen Geschichte. Zumindest in Europa sind Rosen aus Unruhen und Kriegen immer gestärkt hervorgegangen. Man denke nur an die Kreuzzüge, als es zur Einführung mehrerer neuer Arten im Westen kam; die Rosenkriege, bei der es zur Etablierung eines neuen Wappenzeichens kam; die napoleonischen Kriege und die Französische Revolution, als die Rose durch Kaiserin Josephine, Thory und Redouté neue Beachtung fand.

Josephines Garten in Malmaison beherbergte die größte Sammlung von Rosen, die jemals zusammengetragen wurde, und die Sammlung wuchs kontinuierlich bis zu ihrem Tod im Jahr 1814. Danach fiel sie schnell der Vernachlässigung anheim. Scheinbar wurden Rosen trotz des Krieges von England nach Frankreich gebracht. Eine kürzlich entdeckte Ironie ist es, daß einer der ersten Entwürfe für den Rosengarten in Malmaison – der meines Wissens aber nie realisiert wurde – dem Muster des Union Jack sehr ähnlich ist. Ein Hauch von Sarkasmus? Eine Geste des guten Willens? Oder Nationalstolz eines Engländers namens Kennedy in den Diensten der Kaiserin, der ihr seine Hilfe bei der Anlage des Rosengartens anbot? Wahrscheinlich nichts von alledem – purer Zufall. Schließlich könnte ein Rosengarten schwerlich nach dem Muster der Trikolore gestaltet werden.

Ein Besuch in Malmaison 1996 wurde für mich zu einer großen Enttäuschung. Zugegeben, es war Herbst, der Tag war trüb und feucht, und es schien, daß der Strom gerade abgeschaltet war, denn das Innere des Schlosses war düster, ein bißchen deprimierend und leicht geisterhaft. Es gibt viele Ausstellungsstücke über den Kaiser, aber wenig über Josephine. Die Gartenanlage ist gepflegt, aber trotz des Versuchs, den Rosengarten in seiner Ursprungsform wiederherzustellen, kann man sich kaum vorstellen, daß er vor 300 Jahren eine der damals größten und schönsten Rosensammlungen enthielt. Hoffentlich gelingt es bald, die großzügigen Anlagen zu einer echten Würdigung von Josephines Liebe zu den Rosen und zum Gärtnern umzugestalten.

»Rustling Roses« (Wiederentdeckte Rosen) von William Grant

Die Texaner haben als erste bereits in den 1980er Jahren eine Gruppe etabliert, die sich »Rose Rustlers« (wörtlich etwa: *Rosendiebe*) nennt. In Texas wird alles, was man auch anfängt, in großem Stil ausgeführt. So kann man sich leicht den Schock vorstellen, den eine Frau erlitt, als sie eines Morgens aus ihrem Fenster schaute und Scharen von Menschen sah, die auf ihren Garten zukamen: alle mit Rosenscheren und Plastiktüten bestückt. Was ging da vor?

Zum Glück fragte man sie zuerst, ob sie einverstanden sei, wenn einige der Gruppe von den Rosen entlang ihres langen Zaunes Stecklinge nehmen würden. Man versicherte ihr, daß man die Rosen nicht ernsthaft beschädigen würde, man wolle wirklich nur ein paar Stecklinge schneiden. Die Besitzerin kannte den Namen der Rose nicht, die die Menschen interessierte – sie stehe da schon seit Menschengedenken, sagte sie.

Das war genau der Grund, aus dem die *rustlers* zu ihr gekommen waren. Jemand hatte die Rose zufällig entdeckt und bewundert, aber niemanden gefunden, der ihren Namen kannte. Deshalb wurden die Stecklinge eingepflanzt, bewurzelt und wuchsen zu Rosenbüschen heran. Später wurde die Rose bestimmt als 'Gruß an Teplitz', eine winterharte Rose von Rudolf Geschwind, einem Züchter aus dem 19. Jahrhundert in Mitteleuropa. Die *rustlers* bildeten einen Verein, geben heute noch ein Mitteilungsblatt heraus und haben so gut wie jede wildwachsende Rose in Texas aufgespürt und dokumentiert.

Freunde Alter Rosen in Kalifornien hörten davon und wollten erkunden, was sie in den ländlichen Gegenden ihres eigenen Staates finden würden. Tatsächlich hatten Rosenschuler und Freunde Alter Rosen seit langem auf verlassenen, alten Friedhöfen Stecklinge geschnitten, vor allem im Goldgräbergebiet der Sierra Nevada. Anders als bei den in Texas gefundenen Rosen waren hier viele der Alten Rosen in der zweiten Hälfte des 19. Jahrhunderts durch Einwanderer aus England und Kontinentaleuropa in die Neue Welt gekommen.

Als die Bergwerke in Cornwall geschlossen wurden, folgten viele Bergarbeiter dem Ruf des Goldes 1849 und schifften sich nach Amerika ein. In ihrem Reisegepäck brachten einige Pflanzen oder Stecklinge der Rosen mit, die sie in England gezogen hatten. Und bei ihrem Tod pflanzten die Angehörigen häufig eine Rose auf das Grab. Ich habe solche alten Friedhöfe besucht und die Inschriften gelesen: Vielen der Verstorbenen stammten aus Cornwall oder Devon. Kürzlich habe ich einen ähnlichen Friedhof in Australien besucht und stieß wiederum auf die Gräber von Bergleuten aus Cornwall – mit Rosensträuchern. Ich glaube deshalb, daß wir viele der Rosen, die man in Neuseeland, Australien und in den USA auf Friedhöfen findet, den Einwanderern aus England im 19. Jahrhundert verdanken. Nicht zu vergessen die großartige Sammlung von Rosen auf Friedhöfen in Bermuda.

Aus solchen Funden lernen wir, daß diese Rosen Trockenheit, Schnee sowie die Hitze eines langen Sommers ausgehalten haben und ohne jegliche gärtnerische Zuwendung überlebten. Wenn eine Rose so etwas fast 100 Jahre lang aushält, dann ist das eine Rose, die wir in unseren Gärten brauchen, sowohl in der Stadt als auch auf dem Land. Besonders in Texas und in Kalifornien, wo es oft an Wasser mangelt, sind solch robuste Rosen ideal.

Die Stecklinge werden meist im Frühjahr geschnitten, wenn die Rosen in Blüte stehen. Die Pflanze muß dabei nicht entlaubt werden, ein paar Kopfstecklinge reichen aus. Wir haben Papiertücher, Wasser und Schere dabei. Der untere Teil des Stecklings wird in feuchtes Papier gewickelt, der Steckling kommt dann in eine Tüte aus Plastik oder Papier. So halten sich die Stecklinge einige Tage lang. Zuhause pflanzen wir sie in Töpfe und beobachten sie aufmerksam, bis sie groß genug sind, um sie in den Garten zu pflanzen.

Nancy Steen, die in ihrer Heimat Neuseeland und anderswo Tausende für Alte Rosen begeistern konnte, schreibt über die vielen Friedhöfe und alten Gutshöfe in ihrem Land, wo sie Stecklinge geschnitten hat, und auf diese Weise viele Alte Rosen vor dem Aussterben gerettet hat. Auf Rockwood, dem Hauptfriedhof in Sydney, gibt es über eine Million Gräber. Mitglieder der Gesellschaft der Freunde Alter Rosen von Australien haben Rookwood viele Male besucht und dort Stecklinge geschnitten. Es ist sehr interessant festzustellen, welche Sorten gut überlebt haben. Ich erinnere mich, dort viele Exemplare von 'Lady Hillingdon' gesehen zu haben.

Der Begriff »Rustling«, also »Stehlen«, hat meines Erachtens einen schlechten Beigeschmack, sogar in Texas. Ich meine, eine bessere Bezeichnung wäre »Adoptieren« von etwas, das sonst verloren gehen oder verkümmern würde.

TEIL II

Die Anfänge der modernen Rosen

Teehybriden

Die erste Teehybride kam inmitten einer Kontroverse zur Welt. Jean-Baptiste Guillot fand sie unter einigen Sämlingen in seiner Rosenschule im französischen Lyon. Ihm war sofort klar, daß sie »etwas anderes« war. Die Blüten an dem kräftigen Stengel erschienen reichlich und hatten eine stattliche Form, zumindest bis sie sich ganz geöffnet hatten. Sie hatten auch die hohe Mitte wie die damaligen Teerosen und waren mit zahlreichen Blütenblättern gefüllt. Ihr Wuchs war aufrecht und insgesamt viel ordentlicher als das Erscheinungsbild der Remontant-Hybriden. Guillot kannte die Elternsorten nicht, folgerte aber, daß sie das Ergebnis einer unbekannten Kreuzung einer seiner besten Remontant-Hybriden mit einer »fremdgehenden« Teerose war.

Obwohl sie von ihrem Züchter und von vielen Fachleuten in Frankreich als »anders« eingestuft wurde, dauerte es einige Jahre, um die dortige Rosengesellschaft zu überzeugen, daß Monsieur Guillot über eine Rose gestolpert war, die es verdiente, als erste Teehybride ausgezeichnet zu werden. 1867 erhielt sie den Namen 'La France'. Es dauerte noch länger, bis die britische National Rose Society überzeugt war. Es war Henry Bennett, ein prominenter englischer Züchter, der schließlich die Anerkennung der neuen Klassifikation durchsetzte. Zwischen 1879 und 1890 züchtete Bennett erfolgreich mehrere unterschiedliche Sorten aus Teerosen mit Remontant-Hybriden; im Laufe seines Lebens züchtete er über 30 neue Sorten. Einige davon, etwa 'Mrs John Laing' und 'Captain Hayward', waren

'La France'

'Lady Mary Fitzwilliam'

eindeutig Remontant-Hybriden, aber die meisten verfügten über die Eigenschaften der neuen Klasse. Er glaubte fest an die Teehybriden und bewies, daß etwas Neues und Gutes nicht notwendigerweise aus Frankreich kommen mußte. Einige von Bennets Züchtungen erzielten bedeutende Auszeichnungen, andere blieben auf der Strecke. Aber die Sorte 'Lady Mary Fitzwilliam' erwies sich, als sie zum Züchten verwendet wurde, als sehr fruchtbar – im Gegensatz zu ihrem französischen Gegenstück 'La France', die so gut wie unfruchtbar war –, und wurde sowohl von französischen als auch von britischen Züchtern gerne zur Züchtung vieler weiterer guter Rosen verwendet. Henry Bennett verdient Anerkennung für seinen gesamten Einsatz für die Rose, aber 'Lady Mary Fitzwilliam' begründete mehr als jede andere seiner Züchtungen seinen unbestrittenen Ruf als »Lord der Teehybriden«.

Ich kann nicht umhin, in diesem Zusammenhang eine persönliche Anekdote zu erwähnen. Es geht um eine Abbildung in einem kleinen Buch mit dem Titel *Late Victorian Roses*, das ich selbst geschrieben habe, mit Fotos von Keith Money. Diese Abbildung zeigte eine nicht identifizierte Sorte, die Keith 1975 in Caston entdeckt hatte. Wir hatten nicht definitiv behauptet, daß es sich um 'Lady Mary Fitzwilliam' handele, hofften aber durch die Abbildung auf Resonanz aus der Leserschaft, entweder in Form einer Bestätigung, daß es sich tatsächlich um 'Lady Mary' handele, oder um einen Vorschlag für den eigentlichen Namen. Zwei Briefe kamen aus Australien, beide Schreiber waren der Meinung, es sei tatsächlich 'Lady Mary Fitzwilliam'. Ein Brief kam von Deane Ross, einem gewerblichen Rosenzüchter, dessen Vater das Geschäft 1906 gegründet hatte. Als der Vater das Foto sah, war er bereits ein rüstiger Herr von 87 Jahren. Deane schrieb: »Als ich ihm Ihr Buch zeigte, sagte er: ›Das ist doch 'Lady Mary Fitzwilliam'‹«. Deane fuhr dann fort und sagte, daß sein Vater diese Sorte in den ersten Jahren nach Eröffnung seiner Baumschule in großem Umfang vermehrt hat und er sich gut an sie erinnere. Die Briefe liefern zwar noch keinen endgültigen Beweis, denn Fotos sind keine sehr zuverlässigen Mittel für die Bestimmung. Später erwarb ich allerdings noch einen Farbdruck von 'Lady Mary Fitzwilliam', der meine Auffassung weiter stützt, daß die Rose wiederentdeckt sein könnte. Die Abbildung kam von Margaret Meier, einer Nichte von Henry Bennetts Urenkelin, Ruth Burdett. Und Mrs. Burdett selbst informierte mich zusätzlich, daß Henry Bennetts Sohn Charles um die Jahrhundertwende nach Australien auswanderte und dort seine eigene Baumschule eröffnete. Er hatte ohne Zweifel einen umfangreichen Bestand von Rosen seines Vaters mitgenommen.

Vor Bennett waren die besten in England gezüchteten Rosen Remontant-Hybriden, entweder von William Paul von Cheshunt oder von Rivers in Sawbridgeworth. Beide züchteten einige ausgezeichnete Rosen, und obwohl viele dieser Züchtungen in ihren Katalogen nur vorübergehend auftauchten, gebührt ihnen der Dank für fundierte Arbeit zur Beschaffung von Bennetts Ausgangsmaterial.

Trotz Bennetts Leistungen hatten jedoch die französischen Züchter die Nase vorn. 1890 züchtete Joseph Pernet-Ducher 'Mme Caroline Testout', auch heute noch eine der beliebtesten Rosen der Welt. Damals war sie in der Buschform konkurrenzlos, mit ihrer Fülle großer, plusteriger, duftender, satinrosafarbener Blüten an einer kräftigen Pflanze von gefälliger Kontur. Es mag wenige Gärten gegeben haben, in denen nicht wenigstens ein Exemplar von 'Mme Caroline' stand. Pernet-Ducher wählte seine Rosen sehr kenntnisreich aus, er führte nur solche Sorten ein, die in ihrer Klasse eine Verbesserung oder einen eindeutigen Durchbruch hinsichtlich ihrer Farbe darstellten. Ein Beweis dafür ist, daß er auch zwei ausgezeichnete Treibrosen seiner Zeit züchtete: 'Mme Abel Chatenay' und 'Antoine Rivoire'. Mit 'Mme Caroline Testout', die überall in den Gärten prunkte, und durch seine

DIE ANFÄNGE DER MODERNERN ROSEN • 35

'Mme Abel Chatenay'

'Hugh Dickson'

Rosen für Floristen haben seine Teehybriden sicherlich ihr Zeichen gesetzt. Pernet-Duchers bedeutendste Einführung war jedoch 'Soleil d'Or'. Diese Kreuzung zwischen der reingelben *Rosa foetida persiana* und der roten Remontant-Hybride 'Antoine Ducher' brachte den ersten Hauch von Gelb, der jemals bei einer Remontant-Hybride gesehen wurde, und ermöglichte damit die vielen wunderschönen gelben Teehybriden unserer Tage. Zunächst wurden 'Soleil d'Or' und ihre Abkömmlinge als eine eigene Klasse zusammengefaßt und zu Ehren ihres Züchters »Pernetiana-Rosen« genannt. Leider erwiesen sie sich als wenig geeignet für den Garten, denn sie waren sehr anfällig für Sternrußtau, ein Leiden, das sie von der »gelben Seite« ihrer Ahnen geerbt hatten. Bis zu den frühen 1930er Jahren waren die meisten der Pernetiana-Rosen wieder verschwunden bzw. wurden aus Gründen der Bequemlichkeit in den Baumschulkatalogen mit den Teehybriden zusammengefaßt.

Das warme, sonnige Klima Südfrankreichs begünstigte die Vorherrschaft französischer Züchter im 19. Jahrhundert, aber Rosen entwickelten sich zu einem großen Geschäft, und die Briten – sie waren der vielen französischen Namen in ihren Katalogen überdrüssig – züchteten ihre eigenen neuen Rosen unter Glas. Henry Bennett hatte bewiesen, daß diese Technik funktioniert, und sie wurde bald von anderen übernommen, darunter die Firma von Alexander Dickson in Newtownards in Nordirland. Nach mehreren Fehlschlägen gelangen den Dicksons einige ausgezeichnete Teehybriden, und sie gewannen mit einer rosafarbenen Rose namens 'Mrs W J Grant' (1892) die erste Goldmedaille, die je einer Teehybride verliehen wurde. Eine der ältesten heute noch verfügbaren Sorten ist die wunderschöne, einfach blühende 'Irish Elegance'; sie wurde 1905 gezüchtet. Seitdem hat die Familie der Dicksons einige ansprechende Teehybriden hervorgebracht, darunter stechen 'Dame Edith Helen', 'Betty Uprichard', 'Shot Silk', 'Hugh Dickson' und 'Grandpa Dickson' besonders hervor.

Bald nach den Dicksons wurde die gut etablierte irische Baumschule von Samuel McGredy in Portadown mit dem Pollenpinsel aktiv, und bald erhielt sie, ebenso wie die Dicksons, hohe Auszeichnungen für wunderschöne Rosen wie 'Mrs Herbert Stevens', 'Mrs Henry Morse', 'McGredy's Yellow', 'Picture' und 'Piccadilly'. Obwohl sie als Gartenrose nicht besonders berühmt ist, wird 'Margaret McGredy' (gezüchtet 1927) als männliche Elternsorte von 'Gloria Dei' (auch 'Peace') lebendig bleiben, der wohl berühmtesten Rose überhaupt. Sowohl Pat Dickson als auch Sam McGredy führen die Tradition ihrer jeweiligen Familienunternehmen bis heute fort. Allerdings hat McGredy seinen Betrieb nach Neuseeland verlagert, um vom dort günstigeren Klima zu profitieren.

'McGredy's Yellow'

'Chinatown'

Polypompon-, Polyantha- und Floribunda-Rosen

Sich die Welt ohne Rosen vorzustellen ist schwer, aber selbst mit ihnen wäre sie langweiliger ohne die Floribundas. Einige Teehybriden könnten ihre Rolle als Beetrosen übernehmen, aber nur wenige könnten so viel Farbe den ganzen Sommer über und solch üppige Blüten hervorbringen wie gut gepflegte Floribundas.

Es ist fraglich, ob die frühen Züchter dieser büschelblütigen Rosen auch nur annähernd eine Vorstellung davon hatten, als wie weitreichend und bedeutend sich ihre Zufallsexperimente erweisen würden. Aber wie bescheiden auch immer die ursprüngliche Absicht gewesen sein mag, von dem Augenblick an, in dem *R. moschata* und *R. multiflora* mit *R. chinensis* zusammengebracht wurden, war der Erfolg dieser Gruppe von Rosen gesichert. Was sich daraus entwickelte, war angesichts der Experimentierfreude der Rosenliebhaber unvermeidbar: Kein Züchter konnte der Versuchung widerstehen – wie verpflichtet er sich den Rosen mit kohlförmigen Blüten auch immer fühlte –, sie mit einer büschelblütigen Rose zu kreuzen. Sie alle hatten die Hoffnung, eine noch größere Zahl kohlförmiger Blüten, wenn auch kleinere, an einer Pflanze zu erzielen.

Die frühen Polypompon-Rosen, wie man sie so reizend nannte, wurden systematisch ziemlich ungeschickt zusammengefaßt. Sie unterschieden sich zwar von anderen durch ein Büschel von Blüten in einem Blütenstand, untereinander aber differierten sie in Größe und Form der Blüten sowie im Wuchs. Erst Anfang des 20. Jahrhunderts waren genügend einheitliche Sorten entwickelt, um eine Untergruppe zu rechtfertigen, die Zwerg-Polyanthas. Ich liebe diese kleine Gruppe von Rosen – genauer gesagt: diejenigen davon, die es heute noch gibt. Sie sind so »fröhlich« veranlagt, passen sich sehr gut an und bereiten nie Probleme, ausgenommen gelegentlichen Mehltau, den ich ihnen aber gern nachsehe. Zwischen den beiden Weltkriegen waren sie zu recht sehr beliebt und es wurden neue Sorten in großer Zahl eingeführt.

Winterhärte ist ein Vorzug der Zwerg-Polyanthas, besonders wichtig für die nördlichen Teile Europas und Skandinaviens, wo die Winter so kalt sind, daß viele Rosen mit großen Blüten ohne besondere Pflege nicht gedeihen. Es ist deshalb verständlich und vorhersehbar, daß ein Rosenschuler in Dänemark als erster solche Rosen mit Rosen anderer Gruppen kreuzte. Sein Name war Dines Poulsen aus einer Familie von Rosenanbauern mit Sitz in Kvistgarrd. Als weibliche Elternsorte verwendete er eine rote Polyantha-Rose namens 'Mme Norbert Levavasseur', und als erste männliche Elternsorte die Rambler-Rose 'Dorothy Perkins'. Das Ergebnis war eine rosarote Rose, der er den Namen 'Ellen Poulsen' gab. Sie war, wie ihr Polyantha-Elternteil, niedrig im Wuchs und büschelblütig, und unterschied sich nur wenig von den bereits existierenden Polyantha-Rosen. Dennoch war sie es wert, eingeführt zu werden. Sie erwies sich, wie er es vermutet und beabsichtigt hatte, als sehr winterhart. Dann schuf Dines Poulsen eine Rose namens 'Röthätte' (deutsch: *Rotkäppchen*), wobei er dieselbe weibliche Elternsorte verwendete, sie diesmal aber mit der Teehybride 'Richmond' kreuzte. Diese erwies sich ebenfalls als sehr winterhart, aber im Gegensatz zu ihrer »Halbschwester« 'Ellen Poulsen' war sie den Polyantha-Rosen sehr viel weniger ähnlich.

Nach dieser Grundlagenarbeit übernahm sein Bruder Svend die Verantwortung für die Züchtungen. Er verwendete die Zwerg-Polyantha-Rose 'Orléans Rose' als »Mama« und die Teehybride 'Red Star' als »Papa«, und schuf bald darauf zwei herausragende Sämlinge, die 1924 eingeführt wurden. Eine war 'Else Poulsen', rosafarben und halbgefüllt, die andere 'Kirsten Poulsen', rot und einfach. Beide hatten größere Blüten als die Polyantha-Rosen und waren höher im Wuchs, die Blüten aber erschienen, anders als bei der weiblichen Elternsorte, in großen Büscheln. Außerdem blühten sie den ganzen Sommer über, während die meisten der damaligen Teehybriden zwischen dem ersten Blütenflor im Juni/Juli und dem zweiten im September eine Pause einlegten. Es stellte sich heraus, daß die neuen Sorten – aus genetischen Gründen, auf die wir hier nicht näher eingehen müssen – fast unfruchtbar waren und sich nicht gut zum Züchten eigneten, aber Beharrlichkeit machte sich bezahlt und es folgten weitere Rosen dieses Typs aus dem Hause Poulsen. Die berühmteste darunter ist wahrscheinlich die reizende rote 'Karen Poulsen' (1932). Die »Poulsen-Rosen«, wie sie dann genannt wurden, waren sehr beliebt und wurden bald überall auf der Welt kultiviert. Obwohl nicht so bekannt wie einige andere, hatte 'Poulsen's Yellow' (1939) noch größere Bedeutung, denn mit ihr kam erstmals Gelb in die Farbauswahl der Zwerg-Polyanthas. Da wir gerade von gelben Rosen sprechen: Die strauchartige, dicht belaubte 'Chinatown' (1963) ist meiner Ansicht nach die beste von allen Rosen der Familie Poulsen, diesmal von Svends Sohn Niels, der die Familientradition weiterführt und seit Mitte der 1950er Jahre züchtet.

Nichts bringt soviele Nachfolger hervor wie der Erfolg, und viele andere Züchter schlossen sich der »Poulsen-Schule« an, indem sie mit Rosen dieser Art arbeiteten. Verständlicherweise konnten diese Rosen, sobald andere Züchter damit anfingen, nicht länger Poulsen-Rosen genannt werden. Nach einigem Hin und Her gaben ihnen die maßgebenden Stellen deshalb die Gruppenbezeichnung Polyantha-Hybriden. Diese Bezeichnung behielt rund zwei Jahrzehnte lang Gültigkeit, aber der Fortschritt war dermaßen groß in bezug auf Größe der Blüten, verbesserte Farbpalette und Wuchsform, daß sie Anfang der 1950er Jahre zu recht den neuen Gruppennamen Floribunda-Rosen erhielten. In den USA werden die Floribundas mit höherem Wuchs Grandifloras genannt, um die hohen büschelblütigen Rosen mit großen Blüten von den normalen niedrigeren Sorten zu unterscheiden. In Großbritannien wurde diese Gruppenbezeichnung nie akzeptiert, da sie als botanisch irreführend angesehen wird.

Neuere Strauchrosen

Obwohl es Unterschiede in der Größe bei den meisten Pflanzenfamilien gibt, ist die Spannweite der Größenunterschiede bei wenigen so groß wie bei der Gattung *Rosa*. Die von der Natur vorgegebenen Unterschiede begrenzen das, was der Mensch erreichen kann. Da die meisten Arten der Gattung einen hohen und strauchförmigen Wuchs haben und die meisten farbenfrohen Hybriden niedrig und strauchförmig sind, gibt es für den Züchter kein lohnenderes Feld, als Neuland im Bereich der mittelgroßen Sträucher zu erschließen, also der Sträucher, die breit sind oder hoch oder gar beides. Natürlich bringen es die Vererbungsgesetze mit sich, daß sich dominante oder rezessive Faktoren Geltung verschaffen, aber das macht das Züchten nur vielseitiger und interessanter.

Der Trend der heutigen Gartengestaltung und der der überschaubaren Zukunft verlangt die Verwendung pflegeleichter Sträucher. Keine andere Pflanzengruppe oder -familie kann diese Rolle erfolgreicher besetzen als die Rosen – genauer gesagt die Strauchrosen – und dabei gleichzeitig Blüten in Folge bieten. Mehrere zeitgenössische Züchter erkannten diesen Trend lange vor mir, und es gibt bereits ein breites Angebot an Rosen für diesen Zweck. Ich vermute, daß einige weitere aufregende Neuheiten bereits unterwegs sind.

Wie bei einigen anderen Gruppen von Rosen waren auch die Anfänge der Strauchrosen-Hybriden eher ein Produkt des Zufalls als der bewußten Planung. Ich will deshalb nicht bei den Rosen des 19. Jahrhunderts verweilen und nur sagen, daß vor der Einführung der Teerosen und der China-Hybriden aus dem Osten die meisten Hybriden in Europa und dem Mittlere Osten nach heutigen Maßstäben Strauchrosen waren. Es gab Ausnahmen, z. B. die Zwerg-Zentifolien, aber im großen und ganzen waren die alten Zentifolien – Damascena- und Alba-Rosen – hohe, locker gebaute Sträucher. Die Gallicas waren meist niedriger, aber auch sie müssen nach heutigen Begriffen als Sträucher angesehen werden.

Wie ist nun eine Strauchrose definiert? Heute ist das mehr eine Frage der Definition durch Verwendung als durch Beschreibung, denn botanisch sind alle Rosen Sträucher. Einige der größeren Rosen könnte man als Bäume bezeichnen, aber die meisten verstehen unter einem Baum, selbst unter einem kleinen Baum, etwas entschieden Größeres als Rosen. In der Vergangenheit – und gelegentlich noch auch heute – wurden bzw. werden Rosen als Bäume bezeichnet. Das geht zurück auf die Zeit, als die übliche Gartenrose viel größer war als heute. Meine eigene Definition beruht primär auf der Verwendung der Rosen: Als Buschrosen bezeichne ich solche, die normalerweise augewachsen nicht höher als 1,20 m werden und die wegen ihres ordentlichen Wuchses als Beetpflanzen, in Gruppen oder Rabatten, verwendet werden. Sie haben alle eine lange Blütezeit. Als Strauchrosen bezeichne ich solche, die ausgewachsen in der Regel höher als 1,20 m werden und die einzeln als Solitär oder in gemischten Gehölzgruppen verwendet werden. Sträucher können einmalblühend, remontierend oder dauerblühend sein.

Die meisten Züchter des 20. Jahrhunderts haben sich auf die Arbeit mit Teehybriden, Floribunda-Rosen und jüngst mit Kleinstrauchrosen befaßt. Obwohl ihre Arbeit von Zeit zu Zeit in einzelne gute Strauchrosen mündete, hat nur eine Handvoll Männer bewußte und planmäßige Züchtung von Strauchrosen betrieben. Einer davon war Lord Penzance. Er arbeitete mit Rubiginosa-Hybriden und hat in den 1890er Jahren nicht weniger als 16 Sorten herausgebracht. Ein anderer war der Geistliche Joseph Pemberton, der sich zum Rosenfachmann entwickelte. Er war, als er 1913 seine ersten Rosen herausbrachte, 61 Jahre alt und galt als anerkannte Kapazität auf diesem Feld. Die Arbeit dieser

DIE ANFÄNGE DER MODERNERN ROSEN • 39

'Constance Spry'

'Chianti'

beiden Züchter wurde bereits in den Kapiteln über Rubiginosa-Hybriden (Seite 24) und Moschata-Hybriden (Seite 25) gewürdigt.

Der Brite David Austin hat sich ebenfalls hauptsächlich mit Strauchrosen beschäftigt, aber seine Arbeit erfolgte während der letzten 30 Jahre. Dennoch haben seine ersten Züchtungen große Bedeutung für die Rosenwelt. Es ist die hochwachsende, starkwüchsige, fast kletternde Rose namens 'Constance Spry' (1961). Sie ist die erste Rose der modernen Zeit mit genügend Charme, Charakter und Duft, die den Alten klassischen Rosen der Vergangenhit fast ebenbürtig ist. Aber Austin gab sich damit nicht zufrieden. Obwohl 'Constance Spry' ihm und der ganzen übrigen Rosenwelt bewies, daß ein Markt für »Reproduktionsrosen« existierte, hat sie nur eine kurze Blütezeit und das Interesse an ihr ist deshalb begrenzt. Nach diesem Erfolg legte er ein umfangreiches Programm zur Kreuzung und Rückkreuzung Alter Rosen wie Damascena- und Gallica-Rosen mit modernen Teehybriden und Floribundas auf. Der Fortschritt stellte sich anfangs nur langsam ein, aber allmählich erkannte er, daß seine Theorien sich in die Praxis überführen ließen. 'Chianti' (1967) ist zwar noch nicht remontierend, wohl aber die meisten, die in immer größerer Zahl folgten. Sie sind nicht immer dauerblühend, aber sicherlich öfterblühend. Er gab seinen Rosen die Gruppenbezeichnung »Englische Rosen«, und viele seiner Rosen werden mit Sicherheit Bestand haben. Die meisten sind duftend und von angenehmer Größe, weshalb sie beliebt sind für kleinere Gärten, in denen eine lange Blütezeit so wichtig ist.

Niederliegende Rosen (Bodendecker)

Offensichtlich werden in jüngster Zeit aufgrund der steigenden Nachfrage immer mehr in die Breite wachsende Rosen gezüchtet, die den Boden bedecken sollen. Sie werden gewöhnlich »Bodendecker-Rosen« genannt, eine Bezeichnung, die ich nicht besonders schätze, denn sie erweckt Erwartungen, die diese Rosen nicht erfüllen können. Sie können nämlich nicht als dichte, sich ausbreitende Sträucher verwendet werden, um Unkrautwuchs zu unterdrücken und somit die Gartenarbeit rückenfreundlicher zu machen. Nur einige wenige Sorten sind hierfür geeignet. Möglicherweise werden eines Tages viele solcher Rosen gezüchtet, bis es aber so weit ist, empfehle ich die Bezeichnung »niederliegende Rosen«. Übrigens können einige viel ältere Rosen als Bodendecker verwendet werden und nur ihr aggressives Ausbreitungsbedürfnis hat verhin-

'Twenty-Fifth'

dert, daß sie breitere Verwendung fanden. Ich denke vor allem an die Wichuraiana-Kletterrosen und -Rambler. Auf jeden Fall sind die jüngeren niederliegenden Rosen ausgezeichnete Gartenpflanzen, die nicht zu viel Pflege erfordern. Viele davon zeichnen sich zusätzlich durch eine verlängerte Blütezeit aus. Einige der neueren Züchtungen blühen allerdings entscheidend länger als ältere Züchtungen.

Patio-Rosen

Wir kommen nun zu einer weiteren neuen Gruppe von Rosen, die ihren Weg in die meisten Kataloge gefunden hat: die Patio-Rosen. Der Begriff »Patio« im Zusammenhang mit Rosen erschließt sich jemandem, der sich wie ich mit Alten Rosen befaßt, nicht auf Anhieb. Der Vorzug dieser Bezeichnung liegt darin, daß sie die Verwendung beschreibt, aber wenn man einen Patio, also Innenhof, eher in gewissen Gesellschaftsschichten erwartet, bedeutet eine solche Gruppenbezeichnung eine unangemessene Beschränkung. Diese Rosen weisen nämlich beträchtlichen Vorzüge auf. Ich würde die Gruppenbezeichnung »Kompakte Floribunda-Rosen« vorziehen. In Amerika etwa ist die Bezeichnung Patio-Rosen noch gar nicht gebräuchlich; möge es lange so bleiben.

Patio-Rosen werden höher als Miniaturrosen, bleiben aber nicht immer niedriger als Floribunda-Rosen. Sie grenzen sich durch ihren dichteren Wuchs ab und durch die große Anzahl kleiner Blätter. Sie können etwas in die Breite wachsen, aber nicht allzusehr, denn sonst gelten sie als niederliegende Rosen. Die Blüten sind immer kleiner als die niedriger Floribunda-Rosen. Trotz meiner Bemerkungen über den Gruppennamen sollten sie als von anderen Rosen verschieden angesehen werden, weil sie sich bewährt haben. Das Problem besteht darin, daß es mit ihrer wachsenden Zahl – und ihre Zahl wird wachsen, wie die Zahl der Züchter erkennen läßt, die neue Sorten auf den Markt bringen – immer schwieriger werden wird, diese Rosen von anderen zu unterscheiden.

In jüngster Zeit kommen Patio-Rosen aus allen Teilen der Welt, aber ich kenne sie noch nicht alle. Ihre Verwendung im Garten und ihre Pflege ist sehr ähnlich wie bei Miniaturrosen. Deshalb habe ich die Patio-Rosen und die Miniaturrosen im Lexikonteil zusammengefaßt und nur einige wenige ausgewählt, von denen ich annehme, daß sie Bestand haben werden.

Miniaturrosen

Während meines gesamten Berufslebens als Gärtner, und manchmal zu meinem Bedauern, habe ich immer die zarten Pflanzen gemieden, die allzuviel Feingefühl und Detailarbeit erforderten. Ich habe mich gerne vor Arbeiten gedrückt, die nicht mit dem Spaten erledigt werden konnten. Da laut Definition nur solche Rosen als Miniaturrosen bezeichnet werden können, die in jeder Hinsicht kleiner sind als andere Rosen, wäre es nicht ehrenhaft von mir, mich als Kenner diese Gruppe von Rosen auszugeben. Das soll nicht heißen, daß ich im Lauf der Jahre nicht den einen oder anderen Charmeur darunter kennengelernt habe. Die einschlägige Literatur ist mir ebenfalls bekannt. Aber wie bei allen Dingen, nicht nur bei Pflanzen, gilt: Je besser man etwas kennenlernt, umso faszinierender wird es.

Woher die erste echte Miniaturrose stammt, ist nicht genau bekannt. Es gibt mehrere Theorien, einige sind recht glaubwürdig und fußen auf beträchtlichen Tatsachenberichten, aber wie so oft bei der dürftig dokumentierten Geschichte der Rose, ist ein gewisses Mißtrauen angebracht. Viele Hybriden, besonders die frühen, weisen die gleichen Charakteristika wie *R. chinensis* auf, daher ist China als Herkunftsland durchaus wahrscheinlich.

R. chinensis ist alles andere als eine stabile Art, und selbst bei den verschiedenen Gartenformen sind größere Unterschiede im Wuchs üblich. Vor einigen Jahren hat man mir Samen aus China geschickt, die von der lange verloren geglaubten und immer noch nicht endgültig bestimmten *R. chinensis* stammen sollten. Die Aussaat führte zu Sämlingen mit sehr unterschiedlichen Eigenschaften. Vielleicht wurde *R. chinensis* vor langer Zeit von einem Insekt bestäubt, das eine Verschmelzung von Genen auslöste, die zu einer Zwergform dieser Art führte. Eine Form etwa, die auf irgendwelchen Umwegen in die Hände von Züchtern gelangte und zum Vorfahren der Miniaturrosen wurde. *R. chinensis minima* der angemessene Name für diese Art gewesen. Es ist durchaus glaubwürdig, daß sie über Mauritius zu uns kam, wo sie um 1810 von Robert Sweet gefunden wurde, wie der bekannte und hochangesehene Botaniker Lindsey 1920 berichtete.

Kleine Rosen, Miniaturrosen genannt, waren als Topfpflanzen im ersten Teil des 19. Jahrhunderts über einen längeren Zeitraum beliebt. In viktorianischer Zeit kamen andere Topfpflanzen in Mode und verdrängten die Miniaturrosen. Aus diesem Grund verschwanden Miniaturrosen für eine Weile aus den Baumschulkatalogen und den Blumengeschäften. 1918 jedoch fand ein Schweizer Offizier namens Roulet in der Schweiz eine Miniaturrose, die er zuvor nie gesehen hatte. Einige Jahre später wurde seine Entdeckung der Welt als *R. rouletii* vorgestellt. Obwohl sie damals als Art bezeichnet wurde, handelte es sich tatsächlich um eine Hybride. Nachdem sie als Topfpflanze sehr erfolgreich war, fiel sie zwangsläufig einem Züchter in die Hände, der sie zur Züchtung verwendete. Bestimmt haben auch andere sie verwendet, aber als Züchter der ersten beliebten Miniaturhybride gilt der Holländer de Vink. Er kreuzte *R. rouletii* mit der Zwerg-Polyantha-Rose 'Gloria Mundi' und schuf so 'Peon', eine kleine Miniaturrose, deren rote Blüten ein weißes Auge haben. Die getupfte Wirkung der einzelnen Büschel war sehr auffällig, und der Absatz der kleinen Topfpflanzen in Holland belegte bald ihren Wert. De Vink hat in den Folgejahren noch weitere gute Miniaturrosen herausgebracht.

Kurz vor dem Zweiten Weltkrieg gelangten einige Exemplare von 'Peon' nach Nordamerika. Dort erwarb Robert Pyle aus Pennsylvania das Recht, den Namen in 'Tom Thumb' umzuändern, woraufhin sie sich gut verkaufte. 'Tom Thumb' wurde zu seiner großen Freude außerdem zur Züchtug verwendet und brachte eine Reihe farbenfroher Nachkommen hervor. Nach dem Krieg verkauften sich Miniaturrosen als Topfpflanzen sehr gut, zunächst nur in Amerika, später überall in der Welt. Dabei spielten Namen in dieser Erfolgsgeschichte eine wichtige Rolle, denn diese Rosen verlangen geradezu nach so märchenhaften Namen wie de Vinks 'Cinderella' (1953) und 'Humpty Dumpty' (1952). Die reizende 'Cinderella' ist heute noch beliebt.

Als Gartenpflanzen lassen sich Miniaturrosen in vielfältiger Weise verwenden und beanspruchen einen immer größeren Anteil am Gesamtmarkt der Rosen. Ihr Hauptvorzug liegt in ihrem geringen Platzbedürfnis. Sofern sie viel Licht erhalten, gedeihen sie recht gut als Topfpflanzen, allerdings brauchen sie dann viel liebevolle Pflege und aufmerksame Beobachtung. Im Freien ausgepflanzt eignen sich sich für flächige Bepflanzungen, kleine Gruppen, Steingärten und gemischte Rabatten.

'Rouletii'

Kletterrosen

Obwohl Rosen seit jeher auch als Kletterrosen Verwendung finden, erhielten sie ihre rechte Wertschätzung erst Ende des 19. Jahrhunderts, als eine breitere Farbpalette herausgebracht wurde. Der Unterschied zwischen Kletterrosen und Ramblern ist beträchtlich, nur die Starkwüchsigkeit ist eine gemeinsame Eigenschaft beider Gruppen. Weniger offensichtlich ist ihre Abstammung. Die meisten unserer heutigen Gartenhybriden lassen sich auf nur eine Hand voll wildwachsender Kletterrosen zurückführen, die in den verschiedensten Teilen der Welt bisher entdeckt wurden, hauptsächlich in China. Wie bei den Beet- und Strauchrosen ist der wichtigste Ahne auch hier *R. chinensis:* Bei jeder neuen Kreuzung bestimmen die dominanten Gene dieser Wildrose das Ergebnis. Die anderen Wildrosen, die eine Rolle spielen, sind *R. moschata, R. multiflora, R. gigantea* und, in etwas geringerem Umfang, aber nicht weniger bedeutend, *R. wichuraiana.* Hier und da zeigt sich der Einfluß anderer Gruppen als Ergebnis kurzer Begegnungen, aber so lange sich nicht ein Züchter findet, der versucht, das gewaltige Spektrum von Möglichkeiten auszuschöpfen, das die Kletterer und Rambler bieten, wird die Zukunft der Kletterrosen auch weiterhin nur von diesen wenigen Arten bestimmt.

Wie bereits erwähnt, zeigten John Champneys' Sämlinge aus seiner Kreuzung von 'Old Blush' mit *R. moschata* den Weg. Als die Noisette-Rosen über die Teerosen mit *R. gigantea* zusammengebracht wurden, gingen daraus viele der reizenden Alten Kletterrosen des 19. Jahrhunderts hervor. Im Laufe des Jahrhunderts wurden immer neue Sorten herausgebracht, und bis 1900 war das Angebot überreichlich. Bis dahin hatten sich zwei klar unterscheidbare Gruppen herausgebildet: die Kletterrosen mit relativ großen Blüten, die an Seitentrieben steifer, aufrechter Haupttriebe standen, und die Rambler mit Büscheln kleinerer Blüten und einem lockereren Wuchs.

Ich bedaure zwar, daß eine kurze Blütezeit dem Erfolg einer Rose allzu oft im Wege steht, räume aber ein, daß in einem kleinen Garten eine lange Blütezeit eben von besonderer Wichtigkeit ist. Es gibt ein oder zwei ausgezeichnete Sorten, die den ganzen Sommer über blühen können, darunter die reizende 'Zéphirine Drouhin' (1868). Andere, wie 'Gloire de Dijon', machen nach dem ersten Blütenflor eine Pause, und tragen im Herbst einen zweiten, etwas weniger üppigen Blütenflor. Wer eher moderne Rosen bevorzugt, hat einige sehr gute Sorten zur Verfügung, die in den letzten Jahren eingeführt wurden und die zuverlässig von Juni bis Oktober blühen. Man kann sie eigentlich nicht Kletterrosen nennen, denn sie bilden keine kletternden Triebe wie die einmalblühenden Sorten. Stattdessen bringen sie jeweils an den Enden starkwüchsiger Triebe Blüten hervor. Am besten gibt man ihnen eine Stütze, z. B. an einer Wand, einem Klettergerüst oder einer Säule. Interessanterweise stammt die Mehrzahl dieser Art von Kletterrosen, die seit dem Zweiten Weltkrieg in verschiedenen Teilen der Welt gezüchtet wurden, direkt oder indirekt von der großartigen Rose für alle Jahreszeiten 'New Dawn' ab. Weitere bedeutende Gruppen moderner Kletterrosen sind die Kletternden Teehybriden und die Kletternden Floribundas. Diese sind meist durch Zufall enstanden, indem eine Buschform einer Sorte ohne äußeren Einfluß eine Kletterform hervorbrachte.

R. gigantea

'Gloire de Dijon'

Rambler

Rambler sind unzweifelhaft das Ergebnis gezielter Züchtungen einiger weniger angesehener Züchter. Zu den bedeutendsten zählen Manda in den USA und Barbier in Frankreich. Manda kreuzte kurz vor der Wende zum 20. Jahrhundert, als erster *R. wichuraiana* – vielleicht auch *R. luciae* (siehe Graham Stuart Thomas *Climbing Roses Old and New*) – mit einer großblütigen Hybride und schuf den ersten Vertreter einer Gruppe, die wir heute Wichuraiana-Rambler nennen. Zu dieser Zeit genoß Gertrude Jekyll größte Popularität, und es ist hauptsächlich ihrem Einfluß und ihrer Vorstellungskraft zu verdanken, daß die damaligen Gärtner lernten, wie man diese Rosen optimal einsetzt. Ihre Wertschätzung der Kletterrosen und Rambler hat auch heute noch Einfluß auf ihre Verwendung im Garten.

Mandas erste eingeführte Sorte war 'May Queen' im Jahr 1898. Barbier, der ein ähnliches Zuchtprogramm verfolgte, schenkte uns 1900 die reizende 'Albéric Barbier', gefolgt von einer Reihe gleichguter Rambler. Seine letzte bedeutende Neueinführung war 'Albertine' 1921. Einige weitere Züchter folgten dem Weg, den diese beiden Männer gewiesen hatten, und heute sind Rambler in fast allen Ziergärten zu finden.

Ein weiterer Züchter, der mit Ramblern Erfolg hatte, war der Amerikaner Van Fleet. Sein wichtigster Beitrag war 'Dr W Van Fleet' (1910). Diese Rose brachte 1930 einen öfterblühenden Sport hervor und schenkte uns die reizende 'New Dawn'.

Die weiteren Gruppen von Ramblern verdanken *R. multiflora* ihre wichtigsten Eigenschaften, insbesondere den Blütenstand in Büscheln. Auch hier wurden Wildrosen sehr erfolgreich mit großblütigen Rosen gekreuzt und einige der Ergebnisse sind heute noch weit verbreitet. Obwohl *R. multiflora* von einem gewissen Wills bereits 1835 verwendet wurde, um 'Mme d'Arblay' zu züchten, war es der Franzose Schmitt, der mit 'Thalia' (1895) und 'Aglaia' (1896) die beiden ersten bedeutenden Multiflora-Hybriden einführte. Wie bereits an anderer Stelle erwähnt,

'Tea Rambler'

Hagebutten von 'Rambling Rector'

wurde 'Aglaia' mit großem Erfolg von Pemberton zur Züchtung seiner Moschata-Hybriden verwendet. Vom Ende des 19. Jahrhunderts bis in die 1930er Jahre hinein haben zahlreiche Züchter mit *R. multiflora* gearbeitet. Ihre Anstrengungen wurden durch die Ankunft von 'Crimson Rambler' aus Japan 1893 erheblich beflügelt, bei der man zwar die Elternsorten nicht kannte, die aber offensichtlichen Multiflora-Einfluß zeigt. Diese Rose war auch unter den Namen 'Turner's Crimson' und 'Engineer's Rose' bekannt. B. R. Cant verwendete sie erstmals erfolgreich in England, als er 1903 'Blush Rambler' schuf. Walsh in Amerika züchtete mit ihr 1904 'Hiawatha' und William Paul in England im gleichen Jahr 'Tea Rambler'. Am wichtigsten von allen aber war die Züchtung von 'Veilchenblau' 1909 mit 'Crimson Rambler' als Elternsorte durch Schmidt in Deutschland. Obwohl die meisten der frühen Multiflora-Hybriden nur eine recht kurze Blütezeit haben, entstanden doch ein oder zwei, die den ganzen Sommer über blühen. Darunter ragt besonders 'Ghislaine de Féligonde' heraus, gezüchtet 1916 von Turbat in Frankreich, sowie 'Phyllis Bide', gezüchtet von Bide 1916. Beide Rosen sind ihrer Zeit weit voraus und passen hervorragend in unsere heutigen Gärten.

Bäumekletterer (»Scrambler«)

Hierbei handelt es sich nicht um eine offiziell anerkannte Gruppe. Meines Erachtens bezeichnet dieser Name aber treffend die starkwüchsigsten und abenteuerlichsten unter den Kletterrosen und Ramblern, darunter einige Hybriden von Wildrosen, die bisher noch nicht erwähnt wurden, sowie von *R. moschata* und *R. multiflora*.

In dieser Gruppe finden wir einige unserer besten und hinreißendsten Bäumekletterer. 'Rambling Rector' ist mein uneingeschränkter Favorit. Sie ist viel älter als jede andere, und ihre Abstammung ist unbekannt. Allerdings gibt es kaum Zweifel, daß die Herkunft auf *R. multiflora* hinweist. Sie ist eine beliebte Rose, allein schon wegen ihres

Namens, und das völlig zu recht, denn sie ist in meinen Augen der beste der mittelgroßen Scrambler als Schmuck abgestrobener Bäume und zum Überwachsen häßlicher Gebäudeteile. Der stärkste Rivale von 'Rambling Rector' als Bäumekletterer ist 'Seagull' (1907), dicht gefolgt von 'The Garland', die allerdings, anders als die beiden anderen, auf *R. moschata* zurückgeht. Ein sehr starkwüchsiger Bäumekletterer aus jüngerer Zeit ist 'Bobbie James' (1961), deren Abstammung zwar unbekannt ist, wohl aber auch auf *R. multiflora* zurückgeht. Diese Rose kann selbst höchste Bäume erklettern.

Diesen Rosen kommt eine wichtige Rolle in der Gartengestaltung zu. Die starkwüchsigste von allen ist die unglaublich massige 'Kiftsgate', eine verfeinerte Form von *R. filipes*. Sie wurde in Kiftsgate Court entdeckt und 1954 von der zwischenzeitlich verstorbenen Hilda Murrell aus Shrewsbury, einer engagierten Rosenfreundin, eingeführt.

Es gibt zahlreiche weitere Bäumekletterer vergangener Zeiten, die aber durchaus passend sind für heutige Gärten, darunter viele Wildrosen wie *R. gentiliana, R. helenae* und *R. arvensis,* sowie die »Immergrünen«. Gemeint sind die Hybriden von *R. sempervirens,* die sich sehr gut für kleinere Bäume eignen, obwohl sie nicht so starkwüchsig sind wie die bisher beschriebenen.

Wenn ich über Immergrüne schreibe, muß ich 'Mermaid' (1918) von William Paul erwähnen, eine Rose mit bösartigen Stacheln, glänzendem Laub und wunderschönen, einfachen, blaßgelben Blüten. Sie ist bei uns nicht wirklich ein Bäumekletterer, aber jedesmal, wenn ich ein schön entwickeltes Exemplar dieser Rose hier in England bewundere und dem Besitzer mein Lob ausspreche, tue ich das mit einem unterdrückten Lächeln, denn es ruft Erinnerungen an eine 'Mermaid' wach, auf die ich 1986 in Australien stieß. Es war nicht nur das imposanteste Exemplar dieser Sorte, das ich jemals gesehen habe, sondern zugleich die größte Rose überhaupt. Sie gehörte David Ruston, dessen

'Mermaid'

wunderschöner Rosengarten in Renmark am Murray (ca. 300 km nördlich von Adelaide) einer der schönsten der Welt ist. Ruston ist ein bedeutender Sammler, deshalb kann man dort nicht nur eine schöne Gartenanlage, sondern auch viele neue und ausgefallene Sorten sehen. Das Gartengelände ist von einem hohen Maschendrahtzaun eingefaßt, zum Schutz vor Känguruhs und Vieh. Der Zaun wird geschmückt von Kletterrosen und Ramblern, und in diesem Umfeld entdeckte ich 'Mermaid'.

Gedanken zur Zukunft

Wir haben nun die wichtigsten Entwicklungsrichtungen, die die Rose auf ihrer Reise von der prähistorischen Zeit bis zum ausklingenden 20. Jahrhundert eingeschlagen hat, erörtert. Wer kann sagen, was Rosenzüchter in der Zukunft erreichen werden? Ich habe den Verdacht, daß ein Autor in 50 Jahren ein völlig verändertes Vokabular verwenden wird, um die Ergebnisse unserer heutigen Bemühungen zu beschreiben. Schon heute spielen Gentechnologie, Gewebekultur, Klonen und Mikrobiologie eine Rolle. All dies, unterstützt durch Computeranalysen, wird sicherlich bei unserer künftigen Suche nach »der perfekten Rose« eine Rolle spielen. Und indem Züchter mit wissenschaftlichen Methoden versuchen, einige schwer herauszubildende Eigenschaften zu erzielen, werden neue Sorten auftauchen, die noch bessere Gartenpflanzen sein werden.

Aufgeklärte Züchter werden ohne Zweifel bei ihrem Bemühen um die Züchtung der »perfekten Rose« erkennen, daß das wiedererwachte Interesse an Rosen im alten Stil nicht nur eine vorübergehende Mode ist. Nostalgie spielt fraglos eine wichtige Rolle. Die Beliebtheit hätte während der vergangenen etwa 30 Jahre nicht so steigen können, wenn die Hobbygärtner die hochentwickelten und feinen Eigenschaften der Alten Rosen nicht so geschätzt und die Unterschiede nicht sehr wohl erkannt hätte. Denn nicht jeder ist bereit zu glauben, daß alles Neue auch zwangsläufig besser ist.

TEIL III

Rosen in Garten und Park

Einige Überlegungen zu Standort, Anordnung und guter Gesellschaft

Seit vielen Jahrhunderten zeichnen sich Rosen durch eine doppelte Rolle aus: Sie sind die beliebtesten und gleichzeitig die vielseitigsten aller Gartenpflanzen. Im Laufe der Jahre haben Rosenzüchter nicht nur hübsche Blüten geschaffen, sondern eine ganze Palette von Pflanzen, die bei richtiger Standortwahl fast jeder Anforderung der Landschaftsgestaltung gerecht werden. Ich bezweifele, daß so viele der heute als altmodisch bezeichneten Rosen überdauert hätten, würden sie nicht beide Rollen so wirkungsvoll ausfüllen. Allerdings scheinen die Landschaftsgestalter der Nachkriegszeit Strauchrosen und Alte Rosen weitgehend vernachlässigt zu haben.

Erst seit Graham Thomas das Interesse an ihnen in den späten 1950er und 1960er Jahren wieder aufleben ließ, haben sie wieder zunehmend an Beliebtheit gewonnen. Anfangs war das Ausdruck einer Mode; man hat sie mehr wegen der wahren Schönheit ihrer Blüten geschätzt als wegen ihres umfassenderen Wertes als Gartenpflanzen. Doch hat sich diese Mode sehr lange gehalten. Besonders die Rugosas, die heute zum Standard-Repertoire kommunaler Landschaftsgestalter gehören, und – etwas einfallsreicher – einige der besonders wüchsigen Kletterrosen genießen heute eine Beliebtheit wie nie zuvor, seit Gertrud Jekyll sie so geschickt in vielen ihrer Gärten verwendet hat.

Obwohl es in der Tat fast für jede Gelegenheit – sei sie alt oder modern – eine passende Rose gibt, will ich hier nicht für Rosen um ihrer selbst willen plädieren. Gute Landschaftsgestaltung sollte immer alle Möglichkeiten in Betracht ziehen. Die besten Ergebnisse werden immer dann erzielt, wenn verschiedene Pflanzen verwendet werden und diese mit den Gebäuden und deren weiterem Umfeld harmonieren. Die Rolle, die man Rosen in kleineren und mittelgroßen Gärten zuweist, ist meist die von »unterstützenden« Pflanzen, d. h. sie sollen anderen Pflanzen als Hintergrund dienen oder als Solitärpflanzen dem Garten zusätzliche Höhe oder Farbe verleihen. In größeren Gärten finden sie sich meist genau in der entgegengesetzten Rolle: Abgegrenzt von der Umgebung, zusammengefaßt als separate Einheit bilden sie einen eigenständigen Rosengarten. Beide Rollen haben ihre Berechtigung und sollten berücksichtigt werden, aber in vielen Fällen ließen sich erheblich bessere Ergebnisse erzielen, wenn man Rosen Gelegenheit gäbe, sich als Pflanzen zu beweisen, die sich gut mit anderen Pflanzen kombinieren lassen. Vermutlich spielt die Mode dabei eine Rolle, aber es bleibt der Verdacht, daß es sich letztlich doch um mehr als schlichte Mode handelt. Eher scheint es eine Frage von »Image« zu sein. Alle sind untrennbar miteinander verbunden durch den gemeinsamen Namen »Rosen« und die lange Vorherrschaft der Teehybriden und Floribunda-Rosen hat zu Unsicherheit hinsichtlich der Verwendungsmöglichkeiten dieser und anderer Gruppen von

R. mulliganii in Hatfield House, Hertfordshire

Rosen geführt. Wenn man bedenkt, daß Teehybriden und Floribunda-Rosen im weitesten Sinne Beetrosen sind, Alte Rosen dagegen Strauchrosen, dann blieben ihre Vorzüge nicht einfach nur wegen des gemeinsamen Gattungsnamens unerkannt. Auch würden viele schöne Alte Rosen nicht wegen des Makels einer kurzen Blütezeit abgelehnt und würden in gleicher Weise angesehen wie andere Sträucher mit vergleichbar kurzer Blütezeit. Stattdessen fristen sie ein Aschenputteldasein, nur weil ihre niedriger wachsenden Schwestern mit demselben Familiennamen in der Lage sind, Blüten den ganzen Sommer über hervorzubringen. Ich würde niemals eine einzige Blüte von 'Mme Hardy' gegen einen ganzen Arm voll 'Schneewittchen' eintauschen. Andererseits würde ich mir auch nicht inmitten meines Rasens ein Beet mit 'Mme Hardy' anlegen.

In etwas geringerem Maße erleiden einmalblühende Kletterrosen dasselbe Schicksal. Mit wenigen Ausnahmen hat die Natur es so eingerichtet, daß bei ihr die prächtigsten Blüten nur in geringen Mengen vorkommen. Einige der schönsten Kletterrosen werden leider von Sorten verdrängt, deren einziger Vorzug ist, daß sie öfterblühend sind.

Alle Rosen sind gleich, aber einige sind »gleicher« als andere. Natürlich ist eine lange Blütezeit wichtig, aber ist sie genauso wichtig wie Schönheit, Charme und Duft? Einige Rosen vereinigen alle diese Vorzüge, lassen sich aber nur schwer kultivieren. Andere mögen eine oder mehrere gute Eigenschaften haben, wachsen vielleicht wie Unkraut oder haben andere Fehler. Gerade diese Unberechenbarkeit macht es so reizvoll, sie zu pflanzen, sowohl um ihrer selbst willen, als auch schlicht als Sträucher.

Ein weiterer Grund, weshalb sie in der Landschaftsgestaltung so wenig genutzt werden, ist wohl paradoxerweise ihre Arten- und Sortenvielfalt. Bei dieser riesigen Spannweite an Eigenschaften ist die Auswahl für bestimmte Anforderungen unübersehbar, nicht nur

ROSEN IN PARK UND GARTEN • 51

'**Rambling Rector**', in Elsing Hall, Norfolk, bis zum Wasser hinabhängend

'**Fantin-Latour**' in Elsing Hall

für den Anfänger, sondern selbst für den Fachmann. Die Sache wird weiter dadurch kompliziert, daß Fotos und Beschreibungen einer Sorte in verschiedenen Katalogen oder Büchern sehr unterschiedlich sein, sich sogar widersprechen können. Man sollte diese kleinen Unterschiede bei der Auswahl von Rosen beachten. Lassen Sie sich nicht dazu verleiten, Rosen allein aufgrund von Fotos auszuwählen. Lesen Sie über die Rosen, die Ihnen gefallen, möglichst in mehr als einem Buch, und versuchen Sie, sie auch in Natura zu sehen – entweder in einer Baumschule oder in einem der vielen Gärten, die für die Öffentlichkeit zugänglich sind. Gute Ratschläge von erfahrenen Rosenfreunden sind ebenfalls wertvoll. Scheuen Sie sich nicht, Fehler zu machen; die besten Gärten sind alle nach dem Prinzip »Versuch und Irrtum« entstanden. Sollte eine bestimmte alte Rose Ihre Erwartungen nicht erfüllen, an einem bestimmten Platz nicht passend sein oder, ebenso wichtig, nicht in Ihr Farbkonzept passen, pflanzen Sie sie um oder verschenken Sie sie einfach. Versuchen Sie es mit einer anderen Rose.

Rosen für karge Böden

Das Gedeihen von Rosen hängt, wie bei allen anderen Pflanzen, von der Qualität des Bodens ab. Typ und Zustand des Bodens, in den sie gepflanzt werden, spielen ebenso eine Rolle wie die Vorbereitung vor der Pflanzung und die Pflege nach der Pflanzung.

Rosen haben eine entschiedene Vorliebe für lehmhaltige, schwere Böden. Meiner Erfahrung nach ist diese Vorliebe um so ausgeprägter, je höher die Rose gezüchtet ist.

Das soll nicht heißen, daß es keine Sorten oder Gruppen von Rosen für leichtere Böden gibt. Alle Wildrosen lohnen den Versuch, ebenso die meisten Sorten der folgenden Gruppen: Alba-, Gallica-, Damascena-, Portland- und Moos-Rosen sowie Zentifolien. Bourbon-Rosen und Moschata-Hybriden tun sich schwer, arrangieren sich aber meist. Teerosen dagegen sowie Teehybriden und Floribundas kümmern, wenn sie nicht reichlich zusätzliche Nährstoffe erhalten. Die China-Rosen können einiges vertragen, ebenso die Multiflora- und Wichuraiana-Rambler, Rosenhochstämme dagegen halten keinerlei Streßsituation aus. Einen Aspekt sollte man beachten: Keine Rose kann sich in den schwierigeren leichten Böden voll entfalten, deshalb sollte man bei der Sortenauswahl beachten, daß sie nur eine geringere Höhe erreichen werden.

Bei kargem Boden lohnt sich auch ein Versuch mit folgenden Rosen:

STRAUCHROSEN

R. rubiginosa und ihre Hybriden, *R. pimpinellifolia* und ihre Hybriden, *R. rugosa* und ihre Hybriden.

KLETTERROSEN

'Climbing Cécile Brunner', 'Leverkusen', 'Maigold', 'Mme Alfred Carrière', 'Parkdirektor Riggers', 'Paul's Himalayan Musk', die meisten Wichuraiana- und Multiflora-Rambler, alle Rambler, die in Bäume klettern. Einige der stärkerwüchsigen modernen Kleinstrauchrosen lohnen den Versuch ebenfalls.

Alte Rosen und Strauchrosen in einem bestehenden Garten

Alte Rosen lassen sich vergleichsweise leicht mit den meisten anderen Gartenpflanzen kombinieren. Nach meinem persönlichen Geschmack passen sie allerdings weniger gut zu Heidekraut oder Koniferen, ausgenommen einige niedrig wachsende oder niederliegende Sorten. Sehr gut harmonieren sie mit Stauden, besonders solchen mit grauem Laub. Ich werde auf die verschiedenen Pflanzen, die sich mit Rosen kombinieren lassen, später noch eingehen. Als Faustregel kann aber gelten, daß bei der Kombination von Alten Rosen mit Stauden die beste Wirkung dann erzielt wird, wenn die Rosen sowohl in Wuchs als auch in Farbe mit dem Gesamtkonzept des Beetes harmonieren. Oft erreicht man dies am besten durch Pflanzung in Dreiergruppen. Eine Gruppe von Rosen kann gut plaziert einem sonst ausdruckslosen Beet Kraft und Reife verleihen, während eine andere von zierlicher Gestalt die rauhen Linien einer eher robusten Bepflanzung mildern kann. Versuchen Sie, wo immer möglich, in den höheren und aufrechten Teilen der Bepflanzung aufrecht wachsende Strauchrosen zu verwenden und in den flacheren Zonen hängende Sorten. Das sind jedoch keine starren Regeln, und etwas Feingefühl in dieser Hinsicht zahlt sich aus. Auch die Farben sind sehr wichtig. Zartes Rosa, Purpur oder Weiß harmonieren sehr gut mit Pflanzen mit grauem Laub. Bernstein, Creme und Rosttöne passen zu dunkelgrünem oder rötlichem Laub, und die kräftigeren Farben wie Rot, Gelb und Scharlach zu hellgrünem und buntem Laub. Ein weiterer wichtiger Gesichtspunkt ist die zeitliche Koordination des Blühens. Versuchen Sie möglichst an einer bestimmten Stelle ein Nacheinander des Blühens zu erreichen. Achten Sie auch auf den Duft, indem Sie eine duftende Rose an eine Stelle setzen, wo die anderen Pflanzen keinen Wohlgeruch verbreiten.

Eine gemischte Rabatte in Leeds Castle, Kent

Der Garten von Malcolm Lowe in New Hampshire, USA

'**Climbing Cécile Brunner**' in einen Goldregen kletternd, in einer Straße in London

'**Great Maiden's Blush**' mit Clematis

Hochstämme sind in eher informellen Gärten schwierig zu plazieren. Das Staudenbeet wäre ein idealer Platz dafür, denn Hochstämme sorgen für die zusätzliche Höhe, die nötig ist, um dem Beet bessere Konturen zu verleihen. Ihr Vorteil gegenüber Strauchrosen ist, daß sie weniger dominant wirken. Kletterrosen an Säulen sind ebenfalls ausgezeichnet, allerdings müssen die Farben sorgfältig ausgewählt werden, damit sie mit den Stauden gut harmonieren.

Rustikale Gitter als Stütze für Kletterrosen und Rambler machen sich gut als Hintergrund für Staudenbeete. Denken Sie aber daran, daß die meisten Rosen während des Winters ihr Laub abwerfen. Damit die Gitter während der Ruhezeit der Rosen nicht unansehnlich wirken, ist bei der Gestaltung viel Sorgfalt nötig.

In größeren Gärten lassen sich durch die Kombination von Alten Rosen, Kletterrosen und Stauden sehr hübsche Spazierwege gestalten. Ich halte nicht allzuviel von Wegen, die ins Nichts führen. Besser ist es, die Wege haben ein Ziel, etwa indem sie zu einem anderen Teil des Gartens führen oder zu einem Gartenhaus oder zu etwas ähnlichem. Solche Wege können natürlich auschließlich von Alten Rosen gesäumt sein. Interessanter wirken sie aber, wenn passende Stauden und Blüten- oder Laubgehölze maßvoll eingesetzt werden. Die Kletterrosen können an rustikalen Gittern als Hintergrund verwendet werden.

Kleinere Gärten, vor allem solche in modernerem Stil, sind häufig von häßlichen oder langweiligen Zäunen umgeben. Diese bilden oftmals zwangsläufig den optischen Rahmen für gemischte Rabatten oder Staudenpflanzungen. Kletterrosen, gestützt durch Drähte, können einen idealen Hintergrund bilden und so den Zaun kaschieren.

Rosen in einer gemischten Rabatte in meinem Garten in Norfolk

Alte Rosen zwischen Büschen und Sträuchern

Wildrosen, Alte Rosen und Strauchrosen passen hervorragend zu Büschen und Sträuchern und werden hier viel zu wenig verwendet. Die beliebten 'Canary Bird', 'Frühlingsgold', 'Nevada', *R. moyesii* und einige der Rugosa-Rosen möchte ich hier nicht noch empfehlen. Sie würden zwar passen, aber es gibt so viele andere geeignete Sorten und Arten unterschiedlicher Größe und Wuchsform, die sonst niemals eine Chance erhalten. Verglichen mit blühenden Bäumen oder anderen Sträuchern ist das Farbspektrum der Rosen gewaltig. Zugegeben, wenn man sie sich selbst überläßt, können die sehr starkwüchsigen Sorten außer Kontrolle geraten und einige werden alles andere verdrängen, wenn man das zuläßt. Viele aber passen sehr gut zwischen andere Sträucher und zeichnen sich durch verschiedene Vorzüge wie Duft, Herbstfärbung und Früchte aus. Auch für den Vordergrund einer solchen Pflanzung gibt es eine große Zahl niedrigwachsender Sträucher, Blütensträucher und Immergrüne mit grauem, purpurfarbenem oder buntem Laub, die hauptsächlich aus diesem Grund gepflanzt werden. Niedrige Strauchrosen, in Dreiergruppen gepflanzt, können die Wirkung solcher Strauchpflanzungen verbessern, indem sie für eine längere Blütezeit sorgen.

ÄLTERE ROSEN, DIE SICH GUT KOMBINIEREN LASSEN

Hohe Sorten (1,50 m und mehr)
Nicht erwähnt sind Sorten von *R. rugosa*, *R. rubiginosa* und *R. pimpinellifolia* sowie Wildrosen, die sich alle für diesen Zweck eignen.

Rosen mit grauem Laub in Castle Howard, Yorkshire

'Baronne Prévost', 'Celestial', 'Celsiana', 'Georg Arends', 'Honorine de Brabant', 'Great Maiden's Blush', 'Maxima', 'Mme Hardy', 'Mme Isaac Pereire', 'Zigeunerknabe'

Niedrigere Sorten (unter 1,50 m)
Nicht erwähnt sind Moschata-Hybriden und Portland-Rosen, die sich alle für diesen Zweck eignen.
'Alfred de Dalmas', 'Baroness Rothschild', 'Empress Josephine', 'Gruß an Aachen', 'Isphahan', 'Marbrée', 'Paul Neyron', 'Perle d'Or', 'Prince Charles', 'Reine des Violettes'

MODERNE STRAUCHROSEN, DIE SICH GUT KOMBINIEREN LASSEN

Hohe Sorten (1,50 m und mehr)
'Copenhagen', 'Eddie's Jewel', 'Elmshorn', 'Erfurt', 'Fritz Nobis', 'Hamburger Phoenix', 'John Cabot', 'Nymphenburg', 'Scharlachglut', 'William Baffin'

Niedrigere Sorten (unter 1,50 m)
'Ballerina', 'Corylus', 'Fiona', 'Golden Wings', 'Graham Thomas', 'Kathleen Farrier', 'La Sevillana', 'Mary Rose', 'The Fairy', 'Westerland'

Außerdem alle Kleinstrauchrosen und flachwüchsige Wildrosen.

'William Baffin'

Mein Garten in Attleborough, Norfolk

Rosen für Parks und öffentliche Anlagen

Man muß einräumen, daß einige wenige Gartenämter bereits Strauchrosen und Alte Rosen im Rahmen öffentlicher Landschaftsgestaltung verwenden. Und weitere würden sich vielleicht anschließen, wenn diese Rosen in genügender Anzahl erhältlich wären. Im großen und ganzen aber, mit Ausnahme der bewährten Rugosas, werden sie zugunsten der moderneren Beetrosen vernachlässigt. Zugegeben, viele örtliche Gartenämter nutzen die modernen Rosen recht gut. Leider werden sie oft auf ungünstigem Boden gepflanzt, auch wenn man nach gesundem Menschenverstand eigentlich auf sie verzichten und statt ihrer Strauchrosen und Alte Rosen verwenden müßte. Zweifellos spielen bei solchen Entscheidungen die Kosten eine Rolle, aber sicher würden die meisten Leute lieber gelungene Anpflanzungen dieser Rosen sehen als die kümmerlichen Buschrosen, wie man sie so häufig antrifft – wahrscheinlich weil es unbedingt kräftige Farben sein müssen, oftmals Orange, und dabei alles andere ausgeschlossen wird. Ausgedrückt in Kosten pro Quadratmeter sind Strauchrosen vielleicht sogar billiger, da sie eine geringere Pflanzdichte erfordern. Ich vermute allerdings, daß die Hauptursache für den Mangel an Kreativität bei der Verwendung von Rosen durch örtliche Behörden bei einigen Baumschulern liegt, die große Stückzahlen moderner Rosen zu eher niedrigen Preisen anbieten, aber nur eine geringe Auswahl an Alten Rosen und Strauchrosen.

Die Rugosa-Rosen erhalten natürlich den ihnen zukommenden Platz in Parks, öffentlichen Gärten und in gewerblichen Gartenanlagen. Sie werden oft als Sichtschutz zwischen Fahrbahnen und auf Verkehrsinseln verwendet, wobei sie für Grün und für Blüten sorgen, ohne aufwendige Pflege zu erfordern. Aber es gibt eine Anzahl weiterer Wildrosenarten, die bestens für diesen Zweck geeignet sind, insbesondere *R. virginiana*,

Rosen und Wasser in den Brooklin Botanic Gardens, USA

'Cramoisi Supérieur' in den Gärten von Ninfa, Italien

R. woodsii fendleri, Hagebutten

R. woodsii fendleri, R. pimpinellifolia und *R. wichuraiana,* um nur vier zu nennen. Ich gebe zu, daß *R. rugosa* und ihre Abkömmlinge sich für Pflanzungen in gewerblichen Anlagen und entlang der Straße hervorragend eignen. Für meinen Geschmack vermitteln sie aber einen etwas zu städtischen Eindruck und wirken – vielleicht wegen ihrer japanischen Herkunft – in einer ländlichen Umgebung, wo europäische oder amerikanische Wildrosen eher passen würden, leicht deplaziert.

Es gibt einige sehr gute moderne Strauchrosen, die bereits für besonders dichte Pflanzungen verwendet werden, vor allem die neueren niederliegenden Sorten. Hier schlummert offensichtlich erhebliches Potential für die Zukunft. Ich kann mir außerdem einige Rambler vorstellen, die sich hervorragend als bodendeckende Rosen eignen, besonders an Böschungen und Dämmen, die heute bei der Gestaltung von Gewerbe- und Verkehrsflächen fast schon ein Muß sind. Ich würde es auch gern sehen, wenn zur Verschönerung öffentlicher Gebäude häufiger Kletterrosen verwendet würden. Wahrscheinlich wird auf Kletterrosen meist wegen der Kosten verzichtet und weil Schäden an den Gebäuden befürchtet werden. Das mag vielleicht früher richtig gewesen sein, als Ziegel und Mörtel eher weich waren. Es ist jedoch unwahrscheinlich, daß moderne Baustoffe von einer Rose großen Schaden erleiden könnten. Viele neue Gebäude verlangen geradezu nach Grün, wenn nicht gar nach Blüten, und es sollte nicht schwer sein, bereits in der Planungsphase Befestigungsmöglichkeiten für Rosen vorzusehen.

Rosen für Waldgelände, den Wildgarten und für Halbschatten

Tiefen Schatten lieben die meisten Alten Rosen nicht, aber einige Sorten und speziell einige Wildrosen vertragen Halbschatten oder lichten Schatten. Zwischen Nadelgehölzen wirken sie oft etwas deplaziert, aber mit Laubgehölzen harmonieren einige Wildrosen sehr gut, sogar wenn diese mit vereinzelten Nadelgehölzen vermischt sind. Damit will ich nicht dafür plädieren, solche Gebiete in Rosengärten zu verwandeln, aber die eine oder andere Gruppe, hier und dort in Schneisen, Lichtungen und entlang von Wegen gepflanzt, kann einen Spaziergang durch ein Waldstück interessanter gestalten. Abgesehen von der Freude, die ihr Anblick dem Auge bereitet, locken sie Insekten zu ihren Blüten, bieten den Vögeln Dickichte zum Nisten und stellen später mit ihren Früchten Nahrung für verschiedene Tiere bereit. Viele Wildrosenarten haben zusätzlich ein reizvolles Herbstlaub. Der Wildgarten ist manchmal ein abgegrenzter Teil eines größeren Gartens. Hier können die Wildrosenarten mit ihren einfachen Blüten erheblich zur Abwechslung beitragen, wenn die wilden Frühlingsblumen verblüht sind.

Auch in offenerem Gelände, z. B. in Parks, lassen sich mit Gruppen von Wildrosen – zurückhaltend verwendet – reizvolle Wirkungen erzielen. Sogar auf Golfplätzen können sie interessante Abwechslung bieten, wenn man sie am Rande der Golfbahn plaziert.

Rosen in Halbschatten im Garten von David Ruston, Südaustralien

Halbschattige Rabatte mit Strauchrosen in meinem Garten in Norfolk

In allen diesen Fällen ist es wichtig, die Rosen in Gruppen anzuordnen. Eine Gruppe umfaßt mindestens fünf Pflanzen. Je nach dem verfügbaren Platz, können es auch beträchtlich mehr sein. Wenn verschiedene Gruppen gewünscht werden, sollte jede Sorte für sich gepflanzt werden, mit genügend Raum zwischen den Nachbarn. Die Dichte der Pflanzung innerhalb einer Gruppe hängt von der Größe der ausgewachsenen Pflanzen ab. Der Abstand sollte so gewählt werden, daß sie sich innerhalb von zwei bis drei Jahren vermischen. Die Bodenbeschaffenheit stellt normalerweise kein Problem dar, allerdings kann es zweckmäßig sein, den Boden bei der Pflanzung gut zu düngen. Natürlich sollte man auch Konkurrenten wie Brombeerhecken und Efeu fernhalten, besonders in den ersten beiden Jahren.

Hinweis: Rosen, die sich für Waldgelände eignen, sind im Lexikonteil mit dem Buchstaben W gekennzeichnet, Sorten für den Halbschatten mit dem Symbol ◐.

ZEHN GUTE WILDROSEN FÜR WALDGELÄNDE

R. californica plena, R. × coryana, R. × dupontii, R. gymnocarpa, R. macrantha, R. moyesii, R. nutkana, R. rubiginosa, R. virginiana, R. woodsii fendleri

SECHS GUTE KLETTERNDE WILDROSEN FÜR WALDGELÄNDE

'Kiftsgate', R. arvensis, R. brunonii, R. gentiliana, R. helenae, R. mulliganii

ZEHN GARTENSTRAUCHROSEN, DIE DEN HALBSCHATTEN IN EINEM WALDGELÄNDE VERTRAGEN

'Celestial' (Alba), 'Complicata' (Gallica), 'Greenmantle' (Rubiginosa), 'Herbstfeuer' (Rubiginosa), 'Karl Förster' (Pimpinellifolia), 'Lady Penzance' (Rubiginosa), 'Maiden's Blush' (Alba), 'Meg Merrilies' (Rubiginosa), 'Scharlachglut' (Gallica-Hybride), 'Semiplena' (Alba)

Strauchrosen und Alte Rosen in Verbindung mit Wasser

Wenn Wasser im Garten vorhanden ist, kann man gewöhnlich auch Rosen in die Nähe pflanzen, jedoch nicht in sumpfigen Boden. Wenn also Gefahr besteht, daß der betreffende Bereich häufig von Wasser überflutet wird, sollte man auf Rosen zugunsten anderer Pflanzen verzichten, die einen hohen Wasserstand lieben.

R. wichuraiana in Mannington Hall, Norfolk

Rosen rund um David Rustons Seerosenteich in Südaustralien

Mehrere Wildrosenarten eignen sich für die Anpflanzung an Ufern von natürlichen Gewässern wie Flüssen, Bächen, Teichen oder Seen. Ich erwähne die Wildrosen ganz bewußt, denn mit wenigen Ausnahmen sollte man in einer naturnahen Landschaft passende Pflanzen verwenden. Wenn in einem Garten Wasser natürlich vorkommt, sollte es als Lebensraum für Bäume und Sträucher genutzt werden, die mit dem Wasser und der übrigen Umgebung harmonieren. Wo ein grasbewachsenes Ufer oder eine offene Fläche es erlauben, kann eine Gruppe von zum Wasser herabhängenden Wildrosen vom anderen Ufer aus gesehen bezaubernd aussehen. Wenn Sie eine starkwüchsige Kletterrose, z. B. *R. helenae* oder *R. filipes* 'Kiftsgate' dazu bringen können, in einen überhängenden Baum zu wachsen und von dort kaskadenartig herabzuhängen, kann das sehr attraktiv sein.

Künstlich angelegte Seen, Wassergräben und Seerosenteiche können alle an ihren Ufern unaufdringliche Hybriden oder Wildrosen beherbergen. Jedoch sollten auch hier Gestalt und Größe der ausgewachsenen Pflanze im Verhältnis zu den Nachbarpflanzen die entscheidenden Kriterien sein und nicht die Farbe, so wichtig diese sein mag. Paradoxerweise ist die Liste geeigneter Rosen um so länger, je kleiner das Gewässer ist. Bei Teichen oder Tümpeln aus Stein oder Beton, eventuell mit Figuren, können kräftigere Farben und die mehr aufrecht wachsenden Sorten gewählt werden. Jede Rose aber, die so nahe am Wasser steht, daß sie sich in ihm spiegelt, sollte nach meinem Geschmack eine zumindest halbhängende Wuchsform haben, gleichgültig, wie klein der Tümpel ist; und jede Rose, die direkt am Wasser steht, sollte überhängend wachsen. *Hinweis:* Rosen, die in der Nähe von natürlichem Wasser besonders attraktiv aussehen können, sind im Lexikonteil durch das Symbol ≈ gekennzeichnet.

ROSEN IN PARK UND GARTEN • 63

'Cerise Bouquet' in Helmingham Hall, Suffolk

Rosen und Wasser im Garten von Lord Prior in Suffolk

Rosen und Wasser in Plumpton Place, Sussex

ZEHN ROSEN FÜR EINEN STANDORT AM WASSER (ABER NICHT IM SUMPF)

'Abbotswood', 'Belle Amour', 'Cerise Bouquet', 'Fru Dagmar Hastrup', 'Frühlingsschnee', 'Lady Curzon', 'Pomifera Duplex', *R. elegantula-persetosa*, *R. wichuraiana*, *R. willmottiae*

Rosen für Hecken

Neben den konventionellen Heckenrosen, die man am besten als natürlich und frei wachsende Hecken pflanzt, kann man bei den niedriger wachsenden Rosen grob zwei Gruppen unterscheiden: solche, die sich für geschnittene und solche, die sich für frei wachsende Hecken eignen. Dabei ist die Grenzlinie zwischen beiden nicht eindeutig festgelegt, die Mehrzahl aber gehört zu letzterer Gruppe.

Geschnittene Hecken

Wenn man eine Rosenhecke pflanzt, die geschnitten werden soll, sollte man jegliche aufrecht wachsende Sorte erwägen, sofern sie die gewünschte Höhe erreicht. Die Rosen sollten entweder in einer einfachen Reihe im Abstand von jeweils 45 cm gepflanzt werden, oder, wenn eine wirklich dicke Hecke gewünscht wird, als Doppelreihe gegeneinander versetzt mit 30 cm Abstand zwischen beiden Reihen und 60 cm Abstand zwischen den einzelnen Pflanzen. Wichtig ist, die Rosen im ersten Jahr kräftig zurückzuschneiden, um ein Wachstum von unten her zu forcieren. In künftigen Jahren kann ein so starker Rückschnitt dann unterbleiben. Wenn bei einigen der Alten Rosen und der Wildrosen eine strenge Wirkung gewünscht wird, setzt man statt der Rosenschere recht kräftig die Heckenschere an. Da aber nicht alle Sorten eine solche Behandlung vertragen, ist die richtige Sortenwahl besonders wichtig. Geschnittene Hecken können sehr gut aussehen, aber sie müssen dann im ersten und auch im zweiten Jahr sehr stark zurückgeschnitten werden. Wenn die Hecke einmal gut wächst, kann mit dem Formschnitt begonnen werden. Wird dabei allerdings der günstigste Zeitpunkt nicht beachtet, kann das Blühen beeinträchtigt werden. Der Schnitt sollte nach der Blüte erfolgen, damit die Hecke Zeit zum Wachsen für das folgende Jahr hat. Während des gesamten restlichen Sommers sollte es ausreichen, einzelne besonders starke oder sparrige Triebe zu entfernen, sobald sie sich zeigen. Für diese Behandlung eignen sich nur die einmalblühenden Sorten. Wenn Sie mehr von Ihrer Hecke erwarten, z. B. Blüten im Herbst und/oder Früchte, sollten Sie eine frei wachsende Hecke wählen. Die Pflanzabstände hängen bei Alten Rosen und bei Wildrosen von der jeweiligen Sorte ab, wenige aber erfordern einen geringeren Abstand als 60 cm. Die meisten bilden sogar zufriedenstellende Hecken bei einem Pflanzabstand von 90 cm.

GUTE STRAUCHROSEN, DIE SICH ALS HECKEN KULTIVIEREN LASSEN

'Anne of Geierstein' (Sweet Briar), 'Bourbon Queen', 'Double White', 'Magnifica' (Sweet Briar), 'Maxima' (Alba), 'Meg Merrilies' (Sweet Briar), *R.* × *dupontii, R. glauca, R.* × *hibernica,* 'Semiplena' (Alba)

Frei wachsende Hecken

Die Auswahl an Sorten, die sich für frei wachsende Hecken eignen, ist riesig. Einige Moschata-Hybriden z. B. bilden recht hübsche Hecken, während Zentifolien ausladende, undurchdringliche und wilde Dschungel bilden. Das Geheimnis guter frei wachsender Hecken aller Art ist starker Rückschnitt im ersten Jahr und leichtes Schneiden oder Nachbessern, wenn die Hecke ausgewachsen ist. Auch Düngen ist wichtig.

    Noch eine Anmerkung: Hüten Sie sich vor falschen Erwartungen. Alle Rosenhecken benötigen Pflege, vielleicht etwas mehr als herkömmliche Hecken. Billige Pflanzen, angepriesen als unübertroffen, können sich als große Enttäuschung entpuppen. Bei einigen solcher Sonderangebote handelt es sich schlicht um Veredelungsunterlagen, die – trotz

R. virginiana als Hecke in meinem Garten in Norfolk

'Buff Beauty' als Hecke im Garten von Castle Howard, Yorkshire

'Roseraie de l'Hay' als Hecke in meinem Garten in Norfolk

des scheinbar günstigen Preises – sich als weit überteuert erweisen.

Hinweis: Rosen, die sich für Hecken eignen, sind im Lexikonteil durch den Buchstaben H gekennzeichnet.

ZEHN GUTE HOHE ROSEN – ÖFTERBLÜHENDE ALTE ROSEN UND STRAUCHROSEN – FÜR FREI WACHSENDE HECKEN

'Agnes', 'Belle Poitevine', 'Blanc Double de Coubert', 'Herbstfeuer', 'Marguerite Hilling', 'Nevada', 'Pax', *R. rugosa alba*, 'Roseraie de l'Hay', 'Scabrosa'

ZEHN GUTE MITTELHOHE ROSEN FÜR FREI WACHSENDE HECKEN

'Ballerina', 'Buff Beauty', 'Commandant Beaurepaire', 'Cornelia', 'Felicia', 'Félicité Parmentier', 'Königin von Dänemark', 'Louise Odier', 'Grootendorst' in Purpur, Rot und Weiß, 'Prosperity'

NIEDRIGWACHSENDE ALTE ROSEN FÜR FREI WACHSENDE HECKEN

'Alfred de Dalmas', 'Comte de Chambord', 'Duchess of Portland', 'Jacques Cartier', *R. centifolia* 'Parvifolia', *R. gallica officinalis*, *R. gallica versicolor*, 'Rose de Meaux', 'Rose de Rescht', 'White Pet'

Alte Rosen in Töpfen und Kübeln für Terrassen und Höfe

Viele Gärten, vor allem in der Stadt, haben gepflasterte Teile, die sich zum Aufstellen von Rosen in Töpfen eignen. Idealerweise werden Rosen natürlich direkt in den Boden gepflanzt. Es empfiehlt sich deshalb, schon bei der Planung eines solchen Bereichs Platz für ein oder zwei Rosen vorzusehen, einfach indem man an geeigneten Stellen kleine Flächen ungepflastert läßt, indem man ein Stückchen Erde mit einer niedrigen Steinmauer umgibt oder indem man doppelte Wände baut und den Zwischenraum mit Erde füllt. Letzteres ergibt eine hervorragende Gelegenheit für niedrige oder kaskadenartig überhängende Sorten. Und gewöhnlich kann zusätzlich am Fuß solcher Mauern Platz für ausgewählte Rosen freigelassen werden. Innenhöfe und Terrassen, vor allem solche nahe dem Haus, sehen oft nüchtern und schmucklos aus, wie karge Erweiterungen der Wohnräume. Mit nur geringer Mühe und etwas Überlegung lassen sich solche Bereiche als »bewohnter Teil« des Gartens gestalten.

Rosen gedeihen in Töpfen und Kübeln viel besser, als viele von uns es sich vorstellen. Auf ihre Pflege wird in einem späteren Kapitel eingegangen, aber die Wahl der richtigen Sorte ist meist ebenso wichtig wie die Wahl des geeigneten Behältnisses. Viele Gartencenter bieten eine große Auswahl an Ziertöpfen in allen Größen. Rose und Behälter

'**Ballerina**' als Halbstamm in einem Innenhof

'**Ballerina**' in einem Topf

sollten miteinander harmonieren. Breite, niedrige Rosen passen optimal in einen breiten, niedrigen Behälter, während schlanke, hohe Töpfe sich am besten für höhere, aufrecht wachsende oder für kaskadenartig überhängende Rosen eignen. Wo genügend Platz oder eine Mauer vorhanden und ein genügend großer Topf verfügbar ist, sind selbst Kletterrosen möglich. Diese werden zwar niemals ihre volle Größe erreichen, können aber, wenn sie fachgerecht behandelt werden, bis ans Dach eines zweistöckigen Hauses reichen oder die Seitenwand einer normalen Garage bedecken. In ausreichend großen Töpfen und mit entsprechenden Stützen können Kletterrosen auch als Säulen gezogen werden. Innenhöfe und Terrassen, besonders solche in modernen Gärten oder in der Stadt, haben häufig ein eher formales Design. Für diese eignen sich Rosenhochstämme in quadratischen Holzkübeln besonders gut.

Hinweis: Rosen, die sich für Töpfe eignen, sind im Lexikonteil durch das Symbol ▽ gekennzeichnet.

ZEHN GUTE ÄLTERE ROSEN FÜR DIE KULTUR IN TÖPFEN

'Ballerina', 'Cécile Brunner', 'Comte de Chambord', 'Gruß an Aachen', 'Jacques Cartier', 'Little White Pet', 'Perle d'Or', 'Rose de Meaux', 'The Fairy', 'Yvonne Rabier'

Anmerkung: Das ist nur eine Auswahl. Viele weitere Sorten gedeihen gut in Töpfen, besonders die Teerosen und die Zwerg-Polyanthas.

Kletterrosen für Pergolen, Klettergerüste, Säulen und Bögen

Schlägt man irgendein Gartenbuch aus der viktorianischen oder edwardianischen Zeit auf, so wird man schnell feststellen, daß eine Vielfalt von Stützen für Rosen verwendet wurde. Diese waren aus zahllosen verschiedenen Materialien. Pfeiler aus Ziegeln waren sehr beliebt, ebenso kunstvoll gearbeitete Bögen und Geländer aus Schmiedeeisen und raffinierte Holzkonstruktionen als Pergolen, Türmchen oder Klettergerüste. Damals waren Arbeitskräfte reichlich verfügbar und Materialien vergleichsweise billig. Heute wären solche Objekte weitaus kostspieliger. Natürlich entsprechen diese nicht immer unserem modernen Geschmack und derartige Konstruktionen werden heute kaum noch verwendet. Vielleicht sind wir in dieser Hinsicht sparsamer geworden. Heute sind weite Rasenflächen und die allgegenwärtigen gewundenen Gehölzpflanzungen in Mode. Auf dieser Bühne agieren meist Pflanzen ohne Stützen oder andere Requisiten.

Wenn man die Anschaffungs- und Unterhaltungskosten einmal außer Betracht läßt, können alle Arten von Konstruktionen sehr einfach mit rustikalem Rundholz gebaut werden. Sofern die Hauptstützpfeiler solide sind, können sie viele Jahre halten. Sie passen in der Tat zu fast jeder Art von Garten. Das Holz dafür fällt meistens in der Forstwirtschaft beim Ausdünnen von Beständen an. Fichte und Lärche sind bei weitem am häufigsten. Birke kann gut aussehen, hält aber weniger lang als andere Holzarten. Von den Harthölzern eignet sich Esche besonders gut. Der Preis solcher Pfosten und Pfähle hängt vom örtlichen Angebot ab, aber im Vergleich zu bearbeitetem Holz ist er niemals hoch. Am besten kauft man Holz, das bereits mit Holzschutzmitteln behandelt und druckimprägniert ist und deshalb langlebiger ist.

'Blush Rambler' an einer Säule in meinem Garten in Norfolk

'Seagull' an einem Bogen im Garten von Nymans, Sussex

Wenn eine mehr formale Konstruktion gewünscht ist, ist rauhgesägtes Holz unter den bearbeiteten Hölzern am preiswertesten. Auch dieses sollte mit Holzschutzmitteln vorbehandelt sein. Senkrechte Pfosten und Pfähle sollten eine Stärke von mindestens 10 cm haben und immer mindestens 60 cm tief in den Boden gerammt werden. Geländer und Querhölzer dürfen dünner sein, aber nicht weniger als 5 cm. Da es der Hauptzweck solcher Gerüste ist, Kletterrosen zu stützen, die sie schließlich fast völlig verdecken werden, ist keine aufwendige Konstruktion erforderlich, es sei denn, sie wird aus dekorativen Gründen gewünscht. Wichtig für eine lange Lebensdauer ist die Zahl und Qualität der senkrechten Pfosten, die im Boden stehen. Der richtige Abstand dieser Pfosten ist deshalb entscheidend. Am besten ist ein Abstand von jeweils 1,80 m.

Eine etwas einfachere Form der Stütze für Kletterrosen und Rambler sind Pfosten und Draht. Die Pfosten können z. B. im Abstand von 3 m gesetzt werden, dazwischen werden waagerecht parallele Drähte im Abstand von jeweils etwa 30 cm gespannt. Denken Sie daran, daß die ausgewachsenen Rosen ein beträchtliches Gewicht haben und daß der Draht deshalb recht stark sein muß. Die Schluß- oder Eckpfosten sollten zusätzlich abgestützt werden, damit der Draht wirklich straff gespannt bleibt. Obwohl sich Pfosten und Rose am Ende gegenseitig stützen, sollten Pfosten für Pfeilerrosen mindestens 60 cm tief in den Boden versenkt werden.

Dreifußgestelle eignen sich hervorragend, um einige der mehr sperrigen alten Strauchrosen zu stützen und machen es möglich, Kletterrosen und Rambler in einer Gehölzpflanzung wirkungsvoll zu verwenden. Solche Dreifüße können jede beliebige Größe haben. Drei Pfosten von rustikalem Holz werden einfach zeltartig zusammen-

'Félicité Perpétue' an Bögen in meinem Garten

gestellt und oben durch Draht miteinander verbunden. Die Möglichkeiten, rustikales Holz zu verwenden, sind unbegrenzt. Mit etwas Zeit und Phantasie kann man Klettergerüste bauen, die es ermöglichen, eine Vielfalt von Kletterrosen und Ramblern zu pflanzen, die sonst in vielen Gärten nicht unterzubringen wären.

ZEHN GUTE ÄLTERE ROSEN FÜR KLETTERGERÜSTE UND BÖGEN

'Albéric Barbier', 'Albertine', 'Alister Stella Gray', 'Céline Forestier', 'Chaplin's Pink', 'Emily Gray', 'Excelsa', 'Félicité Perpétue', 'New Dawn', 'Veilchenblau'

ZEHN GUTE ÄLTERE KLETTERROSEN FÜR KLETTERGERÜSTE UND BÖGEN

'Climbing Captain Christy', 'Crimson Conquest', 'Desprez à Fleurs Jaunes', 'Climbing Etoile de Hollande', 'Lady Waterlow', 'Mme Alfred Carrière', 'Mme Grégoire Staechelin', 'Climbing Mrs Sam McGredy', 'Paul's Lemon Pillar', 'Zéphirine Drouhin'

Verschiedene moderne Kletterrosen im Garten des Königlichen Hospitals, Chelsea

Moderne Kletterrosen (darunter **'Cadenza'**) in den Brooklyn Botanic Gardens

Die Verwendung moderner Kletterrosen

Bedenkt man die nicht unbeträchtliche Zahl moderner Kletterrosen, die in den letzten Jahren auf den Markt kamen, ist es interessant, wie viele Kletterrosen und Rambler früherer Zeiten heute noch verwendet werden. Man fragt sich unwillkürlich, was die berühmte Gertrude Jekyll wohl mit modernen Kletterrosen gemacht hätte, denn sie verwendete insbesondere Hängeformen und Girlanden. Hätte sie schon das heutige Angebot an Kletterrosen mit langer Blütezeit zur Verfügung gehabt, ob sie diese Sorten wohl ignoriert hätte? Ich bezweifle das. Da sie ihrer Zeit voraus war, hätte sie wahrscheinlich erkannt, daß nicht alles, was neu ist, zwangsläufig schlecht ist, und hätte die breiten Möglichkeiten moderner Kletterrosen wahrscheinlich eingesetzt, um Farbtupfer in ihre Gärten zu bringen, gerade so, wie sie es mit Rittersporn und Fingerhut tat.

So sicher ich mir bin, daß Gertrude Jekyll unsere modernen Kletterrosen geschätzt hätte, so sicher bin ich mir auch, daß sie die praktischen Qualitäten dieser Pflanzen nicht so sehr überbewertet hätte oder derentwegen auf die Rosen ihrer Zeit verzichtet hätte. Denn in unseren Gärten des späten 20. Jahrhunderts ist Platz für beide. Beim Durchblättern meines alten Exemplars von Jekylls und Mawleys Buch *Roses for English Gardens* wird mir bewußt, wie wenig wir heute Kletterrosen nutzen. Liegt es daran, daß man ab und zu nach ihnen sehen muß, daß sie aufwendige Stützen brauchen, daß sie Stacheln haben, die uns festhalten, wenn wir vorbeigehen, daß sie unsere modernen Klinkerwände verderben? Oder wissen wir einfach nicht, was man mit ihnen machen kann, weil uns eine moderne Gertrud Jekyll fehlt, die es uns zeigt? Wahrscheinlich ist es eine Mischung aus all diesen Faktoren.

Eine Reminiszenz an vergangene Zeiten, die sicherlich nicht aus der Mode ist, wenn man die Absatzzahlen berücksichtigt, sind die Bäumekletterer, aber dafür eignen sich nicht viele moderne Kletterrosen. Rohes Holz, Eisengerüste und Bögen können die schwersten Kletterrosen mit Leichtigkeit stützen, wobei sich Pflanze und Gerüst gegenseitig halten. Ein

Problem ist, daß viele moderne öfterblühende Kletterrosen einen aufrechten Wuchs haben und nicht biegsam genug sind, um, wie die älteren Sorten, an einem Bogen gut auszusehen. Das soll nicht heißen, daß bei modernen Rosen nicht ein bißchen nachgeholfen werden könnte. Mit etwas Zeit und Geduld können 'New Dawn' beispielsweise (vielleicht nicht länger als moderne Rose angesehen) und einige ihrer Abkömmlinge, wie 'Pink Perpétue', recht gut gebogen und gedreht werden. Es ist ihr aufrechter Wuchs, dessentwegen die modernen Kletterrosen sich so gut für Mauern und andere solide Klettergerüste eignen, denn bei solchen Stützen brauchen sie weniger Pflege als ihre starkwüchsigeren älteren Pendants. Viele der modernen kletternden Sports sind auch viel zu steif und aufrecht im Wuchs, als daß sie sich für etwas anderes als ein kräftiges Klettergerüst eignen würden. Je besser sich solche Rosen biegen und drehen und ziehen lassen, desto mehr Blüten bringen sie hervor. *Hinweis:* Strauchrosen, die sich auch als Kletterrose oder für Säulen verwenden lassen, sind im Lexikonteil mit Kr gekennzeichnet. Starkwüchsige Rosen, die in Bäume klettern können, tragen das Kürzel Bkl.

ZEHN BEWÄHRTE MODERNE KLETTERROSEN

'Aloha', 'Bantry Bay', 'Dublin Bay', 'Händel', 'Leverkusen', 'Maigold', 'New Dawn', 'Parkdirektor Riggers', 'Pink Perpétue, 'Schwanensee'

Rosen an Wänden und Zäunen und für Nordlagen

Wände und Zäune gibt es in allen Formen und Größen, aber was sie alle gemeinsam haben ist, daß sie dem Garten eine zusätzliche Dimension verleihen. Alle wirklich guten Gärten, die ich kenne, haben Wände, die mit einer Vielfalt von Kletterpflanzen überzogen sind. Es mag Wände geben, die als solche schön genug sind, sie anzuschauen. Viele aber könnten wesentlich attraktiver aussehen, wenn sie auch nur teilweise mit Pflanzen bedeckt wären. Bauherren und Architekten mögen vor Entsetzen die Hände über dem Kopf zusammenschlagen, aber Wände sollten mehr Zwecken dienen als nur zum »Festhalten von Raum«. Wir bewundern Innenausstattungen, warum nicht auch Außenausstattungen? Ich gebe zu, daß einige der bösartigsten und wuchernsten Sorten von Efeu und wildem Wein Dachrinnen verwüsten, Dachziegel unterwachsen und Ziegelsteinwände unansehnlich machen können. Mit wenigen Ausnahmen kann man Rosen diesen Vorwurf nicht machen. Ohnehin sind moderne Baumaterialien weit widerstandsfähiger gegen Schäden von Pflanzen als ihre älteren Vorgänger. Und es dürfte kaum Gebäude geben, die weniger als hundert Jahre alt sind, die durch Kletterpflanzen irgeneiner Art ernsthaft geschädigt werden können. Größere Vorsicht ist natürlich geboten bei Gebäuden aus weichen Ziegeln, Lehm, Sandstein oder Holz. Hier ist letztlich der gesunde Menschenverstand gefordert.

Kletterrosen, die an Wänden wachsen sollen, brauchen eine Stütze. Die einfachste Methode dafür ist, an der Wand Draht zu befestigen. Es gibt dafür besondere Nägel mit Klammern bzw. Schrauben mit Ösen zu kaufen. Bei Wänden aus weichem Material befestigt man diese am besten mit hölzernen Pflöcken, die sich ausdehnen, wenn der Nagel bzw. die Schraube in vorgebohrte Löcher getrieben wird. Die Drähte sollten waagerecht im Abstand von jeweils 30 cm gespannt werden. Jeder Draht sollte einen Abstand von etwa 2–3 cm von der Wand haben. Dazu setzt man die Nägel bzw. Schrauben etwa alle 90 cm. Während die Kletterrose wächst, werden die Haupttriebe an den Drähten befestigt, einige Triebe waagerecht, andere senkrecht; je mehr Drehungen und Wendungen, um so besser. Die Triebe lassen sich gewöhnlich gut biegen, und auf diese Weise läßt sich ein dichter Bewuchs erreichen. Zum Befestigen der Triebe verwendet man am besten einen weichen Bindfaden, sonst werden die Triebe während des Wachstums abgeschnürt. Eine andere Methode, Kletterrosen an einer Wand zu ziehen, ist das Anbringen eines ausreichend großen Klettergerüsts im Abstand von etwa 2–3 cm von der Wand, an dem die Rose, während des Wachstums fortlaufend angebunden wird. Diese Methode eignet sich allerdings mehr für moderne Gebäude, denn an älteren Gebäuden können solche Klettergerüste etwas deplaziert wirken.

Wände nach Osten oder Westen, die täglich mit mindestens 4–6 Stunden Sonnenschein gesegnet sind, eignen sich für Kletterrosen am besten. Rosen lassen sich auch an Südwänden ziehen, aber dort können die Temperaturen extrem hoch werden, und wenn nicht sehr gut gedüngt und gewässert wird, werden sie im Hochsommer kaum ihr Bestes geben können. Die Nordwand ist die Problemwand, das gilt allerdings nicht nur für Rosen. Wenige attraktive Pflanzen lieben diesen Standort. Die meisten Rosen wachsen zwar unter solchen Bedingungen, aber nur wenige kommen zu voller Blüte. Die Natur hat es so eingerichtet, daß die besten von ihnen weiße oder cremefarbene Blüten haben. Ein zusätzliches Problem der Nordwand – in etwas geringerem Umfang auch der Ostwand – ist die Winterhärte. Das schränkt die Auswahl noch weiter ein.

In den letzten Jahren haben sich mehr und mehr geschlossene Zäune und Abtrennungen durchgesetzt. Sie sind vorwiegend da zu finden, wo neu gebaut wird. Bevor man diese Entwicklung verurteilt, sollte man über eine attraktive Alternative zu vergleichbaren Kosten nachdenken. Hecken vielleicht, aber diese sind ein Kapitel für sich. Mit ein bißchen Draht und ein paar Nägeln lassen sich solche Trennwände in hervorragende Stützen für die weniger starkwüchsigen Kletterrosen verwandeln, die, wenn sie ihre volle Größe erreicht haben, ihrerseits die Abtrennung stützen.

Hinweis: Kletterrosen, die sich für kältere Nordlagen eignen, sind im Lexikonteil durch ein N gekennzeichnet, diejenigen, die etwas Schatten vertragen, tragen das Symbol ◐.

ZEHN GUTE ÄLTERE KLETTERROSEN UND RAMBLER FÜR NORDLAGEN
'Aimée Vibert', 'Albéric Barbier', 'Crimson Conquest', 'Emily Gray', 'Félicité Perpétue', 'Mermaid', 'Mme Alfred Carrière', 'Mme Grégoire Staechelin', 'Paul's Scarlet', 'Rambling Rector'

Kletterrosen für Bäume

Als ich ein Kind war, gab es in unserem Garten nur wenige Rosen. Aber da der Garten sehr alt war, gab es viele alte Apfelbäume, von denen eigentlich keiner eine großartige Form hatte und die alle ihre beste Zeit längst hinter sich hatten. Wir kannten ihre Namen nicht, bis auf einen, den mein Großvater aus unerfindlichen Gründen »Schnauze« nannte. Vielleicht, weil jeder Apfel am Stielende einen nasenähnlichen Vorsprung hatte, wenn der Baum sich überhaupt einmal herabließ, Äpfel zu tragen. Jahr für Jahr lieferten diese Bäume unterschiedliche Mengen Früchte, wobei das meiste vom Wind abgeworfen wurde, um dann auf dem Boden zu verrotten. Wenige waren eßbar, und außer für die Herstellung eines starken Apfelweins, den ich offiziell niemals probieren durfte, waren sie wenig nützlich. Es ist zu überlegen, wieviele solche Bäume von

'Rambling Rector' in einen Baum kletternd, im Garten der Royal National Rose Society in St. Albans/Hertfordshire

'Complicata' in einem Baum, Mottisfont Abbey/Hampshire   'La Mortola'

zweifelhaftem Nutzen es wohl auf der Welt gibt. Alle könnten dazu verwendet werden, eine Kletterrose zu stützen. Ich halte nichts davon, Rosen in Bäumen wachsen zu lassen, die einen eigenen Charakter haben. Aber in vielen Gärten stehen Bäume, die durch die Gesellschaft einer Rose aufgewertet würden. Auch langweilige Hecken, die nur den Vögeln zum Nisten dienen, würden so optisch gewinnen. Natürlich sind nicht alle starkwüchsigen Kletterrosen für diesen Zweck geeignet, viele aber sind es und viele weitere könnten es sein. Die Natur hat ihre eigenen Gesetze, sie läßt nicht zu, daß Wachsen und Blühen gleichzeitig stattfindet. Deshalb blühen alle starkwüchsigen Rosen, die in Bäume klettern, ohne Ausnahme nur einmal im Jahr. Einige haben allerdings schönes Herbstlaub, und später liefern Hagebutten Farbe im Überfluß. Ähnlich wie bei den Kletterrosen an Nordwänden, blühen die meisten geeigneten Sorten weiß, cremefarben oder gelb. Die Größe des Baumes spielt kaum eine Rolle, denn einige sehr starkwüchsige Kletterer erreichen leicht eine Höhe von neun Metern. Es wird allerdings einige Jahre dauern, bis diese üppig blühen. Sie führen ein Schattendasein, bis ihre Spitzen über den Zweigen erscheinen. Abgestorbene Baumstümpfe und Bäume, die ihre beste Zeit überlebt haben, können ebenfalls als ideale Stützen für weniger starkwüchsige Rambler und Kletterrosen dienen. Selbst unansehnliche Bäume, die vielleicht schwer zu beseitigen sind, erscheinen ansprechender, wenn sie eine Rose stützen.

Am besten pflanzt man die Rose in etwa 60 cm Abstand vom Stamm, auf der Seite des Baumes mit dem meisten Licht und gibt ihnen anfangs eine Kletterhilfe in Form von Schnur oder Draht. Denken Sie daran, daß sie als starkwüchsige Pflanzen große Wurzeln bilden müssen. Wenn der Boden karg ist, wie so oft unter Bäumen, graben Sie beim Pflanzen etwas guten Boden unter. Im Sommer reichlich wässern.

Hinweis: Rosen, die sich zum Klettern in Bäume eignen, sind im Lexikonteil durch das Kürzel Bkl gekennzeichnet.

ZEHN ÄLTERE ROSEN, DIE IN BÄUME UND ÜBER HECKEN WACHSEN

'Bobbie James', 'Chaplin's Pink', 'Kew Rambler', 'Kiftsgate', 'La Mortola', *R. helenae*, *R. mulliganii*, 'Rambling Rector', 'Seagull', 'Wedding Day'

'**Scharlachglut**' in einen Baum kletternd, Mannington Hall/Norfolk

'Raubritter' in meinem Garten

'Dunwich Rose'

Niederliegende und fast niederliegende Rosen

Wie schon erwähnt, möchte ich den Begriff »Bodendecker-Rosen« vermeiden. Er ist irreführend und setzt fälschlicherweise diese Rosen anderen Pflanzen gleich, die richtiger als solche bezeichnet werden. Sicherlich gibt es einige Strauch- und Wildrosen, die eher breit als hoch wachsen und einige, die es schlicht vorziehen, am Boden entlangzukriechen. Aber meines Wissens bedeckt keine den Boden so dicht, daß sie in gleicher Weise das Licht abhält und Unkräuter unterdrückt wie bodendeckende immergrüne Sträucher und Nadelhölzer. Nichtsdestoweniger bilden niederliegende und fast niedrigliegende Rosen, wenn man sie dicht genug pflanzt, undurchdringliche Wälle über weite Flächen und reduzieren so den Pflegeaufwand auf ein Minimum und bieten gleichzeitig einen schönen Anblick. Die Züchter haben den Bedarf an solchen Rosen erkannt und sind bemüht, das Angebot auszuweiten.

Verwendung für diese Rosen gibt es fast überall, wo Wachstum in die Breite statt in die Höhe gewünscht wird – wie z. B. unter anderen Sträuchern, um einen Kanaldeckel zu verdecken oder unansehnliche Baumstümpfe zu kaschieren oder ganz zu verbergen. Einige, wenn sie geschickt ausgewählt sind und genügend Raum bekommen, können sehr wirkungsvoll und attraktiv in großen Steingärten verwendet werden.

Hinweis: Niederliegende Rosen, die sich zum Kriechen eignen, sind im Lexikonteil mit Bd gekennzeichnet.

ZEHN ÄLTERE ROSEN, DIE IN DIE BREITE WACHSEN

'Daisy Hill', 'Dunwich Rose', 'Fru Dagmar Hastrup', 'Harry Maasz', 'Lady Curzon', 'Max Graf', 'Paulii', 'Paulii Rosea', *R. wichuraiana*, 'Raubritter'.

Alte Rosen für Blumenarrangements

Alle Floristen, die ich kenne, verwenden gern Rosen, obwohl die kurze Haltbarkeit nach dem Schnitt manchmal ein Problem darstellt. Ich habe mich niemals ganz entschieden, ob ich das Schneiden von Rosen im Garten befürworte. Das mag daran liegen, daß für meine Großmutter Blumen im Haus selbstverständlich waren, solange sie nicht aus dem eigenen Garten stammten. Grundsätzlich schadet das Schneiden von Blüten aber nicht, deshalb glaube ich, daß ich zu den Befürwortern von Schnittblumen gehöre. Floristik ist eine Kunst, in der es um Proportionen und Ausgewogenheit geht. Doch auch persönlicher Geschmack spielt eine Rolle. Eine einzelne Blüte in einer Vase kann für den einen elegant aussehen, für einen anderen lächerlich. Vergleicht man die Floristik mit der Malerei, so kann ein Dutzend Rosen plump wie ein »Schinken« oder harmonisch wie ein Meisterwerk wirken.

Auf Blumenausstellungen besuche ich gern auch die Floristikabteilung, stimme aber nur selten mit dem Urteil der Juroren überein. Das macht es nur um so spannender. Die Damen der Blumenclubs müssen Nerven wie Stahlseile haben. Vor einigen Jahren rief mich eine sehr hartnäckige Dame an und bat mich um Hilfe. »Ich brauche tausend Blüten«, sagte sie, »für ein Rossini-Musik- und Liederfestival«. Ich nahm diese Bestellung entgegen und haderte deswegen mit mir – bis zu dem Tag, an dem ich in Sunderland eintraf. Die Umstände waren ungewöhnlich: Rund 1000 Blüten sollten an einem Tag in einen sieben Fahrtstunden entfernten Ort geliefert werden. Aber als ich in Bishopswearmouth eintraf, wußte ich, daß die Mühe sich gelohnt hatte. Ich wurde bestürmt, umarmt und gründlich verwöhnt von einer Armee von Floristinnen aus Northumberland, die in der dortigen Kirche wahre Kunstwerke aus den Blüten produzierten. Später, als die Sopranistin das hohe C sang, rieselten Blütenblätter zum Boden und ließen meine erste Begegnung mit dem freundlichen Nordosten um so unwirklicher erscheinen. Die Dame, die mich zu diesem Einsatz überredet hatte, war Marjorie Barton, mit der ich seither gut befreundet bin.

Das Auswählen von Rosen für den Schnitt bedarf der Erfahrung. Sind die Knospen noch zu geschlossen, öffnen sie sich nicht, und sind sie bereits zu weit geöffnet, halten sie nur kurz. Am besten schneidet man, wenn die Kelchblätter gerade angefangen haben, sich zurückzubiegen und die zusammengerollten Blütenblätter beginnen, Farbe zu zeigen. Die Tageszeit ist entscheidend. Der frühe Morgen oder späte Abend sind am besten. Aber wann auch immer die Blüten geschnitten werden, sie sollten sofort bis zum Hals in Wasser gestellt und an einem kühlen Platz zwei bis drei Stunden lang aufbewahrt werden, bevor sie verwendet werden. Zwei Löffel Zucker oder auch ein halber Liter Limonade auf fünf Liter Wasser macht sie einige Stunden länger haltbar. Bevor man die Blumen ins Wasser stellt, entfernt man am besten die untersten beiden Blätter – nicht mehr – und streift unten die Stacheln ab (7–8 cm). Manche zerquetschen das Stielende, ich mache meist einen etwa 1 cm langen Schnitt aufwärts. Das legt einen größeren Bereich des inneren Gewebes frei und läßt die Blume mehr Wasser aufnehmen. Schnittrosen verwelken bei Trockenheit und Wärme, leichtes Besprühen der Blätter mit kaltem Wasser macht sie wieder frisch. Fachleute haben mir erklärt, man solle das Stielende etwa eine Minute lang in kochendes Wasser tauchen und dann schnell in kaltes Wasser zurückstellen, das würde manchmal welkende Blüten wieder frisch werden lassen.

Manche meinen, daß der Rosenstrauch durch das Schneiden von Blüten leidet. Sicherlich leidet die Pflanze leicht, wenn zu viele Blüten und mit langen Stielen geschnitten werden, ernsten Schaden nimmt sie aber nicht. Man sollte bis zu einem Auge zurückschneiden, damit nicht ein häßlicher Stumpf stehen bleibt.

Alte Rosen eignen sich fast immer gut als Raumdekoration. Die Farbpalette und die Gestalt und Form der Blüten passen sich jeder Vase an, ob eine einzelne Rose auf der Kommode oder in der großen Bodenvase in der Diele. Zwei oder drei sorgfältig ausgewählte Sträucher können selbst im kleinsten Garten genügend Blüten für die Vase liefern, ohne daß die Büsche unansehnlich werden. Und der Duft erfüllt das ganze Haus, ähnlich intensiv wie Wicken und Levkojen.

Alte Rosen wirken am besten für sich allein, aber das ist eine Frage des Geschmacks. Einige Wildrosen und Gartenrosen haben sehr attraktives Laub, das sich sehr gut mit anderen Blumen kombinieren läßt, das gilt auch für die Hagebutten im Herbst.

Hinweis: Es wäre irreführend, hier einzelne Sorten Alter Rosen hervorzuheben. Diejenigen Sorten, die sich besonders gut für die Vase eignen, sind im Lexikonteil mit dem Symbol ✂ gekennzeichnet.

Alte Strauchrosen unter Glas

Obwohl die sehr alten Rosen – wie Zentifolien, Damascena- und Gallica-Rosen – unter Glas gezogen werden können, macht es nicht viel Sinn, es zu tun, außer für Ausstellungszwecke. In solchen Fällen wird ihre Blütezeit zusätzlich verkürzt und ihre sparrige Wuchsform wird schwierig zu bändigen. Es gibt allerdings eine Anzahl interessanter alter Sorten, die aus wärmeren Klimazonen stammen, vor allem die Teerosen und die China-Rosen, die auf diese Weise sehr lohnend gezogen werden können. Heizen ist nicht unbedingt erforderlich. Rosen gedeihen gut in Kalthäusern, wo sie ab Mai blühen. Wer ein größeres Gewächshaus oder einen Wintergarten besitzt, kann sich den Luxus gönnen, ein oder zwei der nicht winterharten, aber sehr schönen Tee- oder Noisette-Rosen zu ziehen. Am besten an einem Draht etwa 30 cm innerhalb des Gebäudes, so wie Wein. Diese Methode wurde von viktorianischen Gärtnern oft angewandt, denn zusätzlich zu den frühen Blüten spendet ihr Laub im Hochsommer für die anderen Pflanzen im Wintergarten Schatten.

'Niphetos'

Die älteren Teerosen, abgesehen von den Sorten, die auch gut im Freiland gedeihen, bevorzugen in der Tat eine geschützte Umgebung und können im Gewächshaus viel Freude bereiten, und sei es auch noch so klein. Am besten pflanzt man sie in 25-cm-Töpfe, die man dann bequem hin und her bewegen kann. Nach der Blüte im Gewächshaus stellt man sie nämlich besser ins Freie.

Die Pflege ist praktisch die gleiche wie bei Freilandrosen, nur muß beim Düngen bedacht werden, daß sie früher blühen und daß sie, sobald sie zu Beginn der Wachstumsphase täglich gegossen werden müssen. Auch das Schneiden ist wichtig – bei Teerosen allerdings nur behutsam –, da sie in solcher Umgebung sonst leicht einen sparrigen Wuchs bekommen.

Hinweis: Rosen, die im Gewächshaus besonders gut gedeihen und blühen, sind im Lexikonteil mit dem Kürzel Gh gekennzeichnet.

ZEHN GUTE ÄLTERE KLETTERROSEN UND KLETTERNDE WILDROSEN, DIE MAN IN KÜHLEREN KLIMAZONEN UNTER GLAS ZIEHEN KANN

'Bouquet d'Or', 'Cloth of Gold', 'Devoniensis', 'Duchesse d'Auerstädt', 'Lamarque', 'Maréchal Niel', 'Niphetos', *R. banksiae lutea*, 'Climbing Sombreuil', 'William Allen Richardson'

Alte Rosen mit schönen Hagebutten

Was auch immer von Kritikern gegen Alte Rosen und Strauchrosen eingewendet werden mag: daß einige sehr schmückende Hagebutten hervorbringen, ist unstritten. Dieser Vorzug ist so groß, daß es sich bei einigen lohnt, sie allein wegen ihrer Hagebutten zu pflanzen. In einigen Fällen stechen die Früchte die Blüten bei weitem aus. Die meisten Wildrosen tragen Hagebutten in verschiedensten Formen, die von plump und rund bis lang und schlank, wobei die Farbskala von leuchtendem Orange über tiefes Purpur bis zu Schwarz reicht. Sie können stark glänzend oder stachelig sein. Einige wachsen aufrecht, andere herabhängend. Und viele – vermutlich solche, die den Vögeln bitter schmecken – bleiben bis weit in den Winter hinein hängen und beleben eine ansonsten ziemlich triste Gartenlandschaft durch ihre Farben.

Zwar sind es hauptsächlich die Wildrosen, die Früchte tragen, aber einige der Hybriden, die man eher wegen ihrer Blüten kennt, bilden ebenfalls Hagebutten. 'Scharlachglut' zum Beispiel bringt riesige, urnenförmige, kräftig scharlachrote Hagebutten

'Master Hugh', Hagebutten

'Eddie's Jewel', Hagebutten

'**Scabrosa**', Hagebutten

hervor, und 'Mme Gregoire Staechelin', eine hübsche Kletterrose, trägt in einem schönen Sommer reiche Früchte.

Hinweis: Rosen, die schmückende Hagebutten tragen, sind im Lexikonteil mit dem Kürzel Hb gekennzeichnet.

ZEHN GARTENROSEN UND WILDROSEN, DIE SICH WEGEN IHRER HAGEBUTTEN LOHNEN

'Eddie's Jewel', 'Geranium', 'Highdownensis', 'Master Hugh', *R. altaica, R. davidii, R. rugosa* 'Alba', *R. sweginzowii macrocarpa, R. villosa,* 'Scabrosa'

Rosen mit schöner Laubfärbung

Obwohl buntes Herbstlaub nicht generell zu den Kennzeichen Alter Rosen und Strauchrosen gehört, ist dieser Aspekt doch wichtig genug, um bei der Planung eines Gartens bedacht zu werden. Mehrere Wildrosen und auch einige Hybriden tragen reich gefärbtes Herbstlaub, das gegen Ende des Sommers gut mit anderen Sträuchern und mit Bäumen harmoniert. Die meisten der bekannteren Rugosas gehören dazu. Wenn die Tage kürzer werden, nimmt ihr Laub eine senffarbene Tönung an. Bevor es zu Beginn des Winters abfällt, dunkelt es zu Rotbraun nach. 'Roseraie de l'Hay' ist dafür ein besonders gutes Beispiel. Das kleine, fast farnartige Laub von *R. pimpinellifolia* und ihrer Hybriden (englisch: *Burnet Roses)* geht in ein bräunliches Rot über, was die Wirkung der schwarzen Hagebutten noch unterstreicht. Ganz außergewöhnlich, besonders

'Roseraie de l'Hay,' Laub

R. × kochiana, Laub

nach einem trockenen, heißen Sommer, ist das tiefe Kupferrot der stachellosen Boursault-Kletterrosen; in dieser Gruppe ist 'Morletti' besonders auffallend. Wie bereits erwähnt, fallen die meisten amerikanischen Wildrosen wegen ihrer Herbstfärbung ins Auge. R. virginiana ist dafür vielleicht das beste Beispiel. Ihr natürlich glänzendes Laub wechselt zu leuchtendem Gold, ehe es nach den ersten Frösten abfällt.

Buntes Herbstlaub bei Rosen ist gewiß ein Vorzug, aber ein breites Spektrum an Farben – sowohl beim Laub als auch bei den Trieben – läßt sich während der gesamten Blütezeit finden. Die Farbunterschiede sind zwar oft nur gering, reichen aber vom glänzend kräftigen Grün der R. banksiae, den Grautönen von R. brunonii 'La Mortola' und den Alba-Rosen (z. B. 'Celestial' und 'Maiden's Blush') bis zu der kräftigen Pflaumenfärbung von R. glauca, die besser unter dem Namen R. rubrifolia bekannt ist. Attraktiv sind auch die Moosrosen mit ihren charakteristischen, verschieden getönten, bemoosten Triebe und Hybride wie die hübsche 'Albertine' mit ihren kräftig bronze-roten jungen Trieben und Blättern.

Viele der Wildrosen haben böse Stacheln, die den Rückschnitt erschweren. Aber selbst diese können ein zusätzliches Schmuckelement darstellen. Eine solche Wildrose, die oft gerade wegen ihrer Stacheln gepflanzt wird, ist R. sericea pteracantha, deren junge Triebe – wie auch bei anderen dieser Gruppe – mit breiten, keilförmigen, kirschroten, durchscheinenden Stacheln bedeckt sind. Werden sie älter, entwickeln sie sich zu einem fast undurchdringlichen Dickicht und verleihen dem Strauch, der sonst im Winter eher langweilig aussehen würde, einen unverwechselbaren Charakter. Ein weiterer interessanter Strauch, dieses Mal wegen der großen Zahl seiner winzigen Stacheln, ist R. elegantula-persetosa, the 'Threepenny Bit Rose'. Nachdem er im Winter seine zahlreichen kleinen, farnartigen Blätter abgeworfen hat, stellt sich dieser fast niederliegende Strauch als ein fahlrotes Dickicht aus behaarten, überhängenden Zweigen dar, das an einem Wintertag bei Rauhreif besonders attraktiv aussieht.

Hinweis: Alte Rosen und Strauchrosen mit schöner Laubfärbung sind im Lexikonteil mit dem Kürzel Lf gekennzeichnet.

ZEHN STRAUCHROSEN UND WILDROSEN MIT SCHÖNEM HERBSTLAUB

'Corylus', R. altaica, R. fedtschenkoana, R. glauca (ganzjährig), R. × kochiana, R. micrugosa, R. nitida, R. rugosa 'Alba', R. virginiana, 'Roseraie de l'Hay'

ROSEN IN PARK UND GARTEN • 81

Ältere Rosen und ihr Duft

Das, was Alte Rosen von modernen Rosen hauptsächlich unterscheidet, ist ihr Duft. Das soll nicht heißen, daß moderne Rosen nicht duften würden. Im Gegenteil, es werden heute mehr duftende Rosen in den Handel gebracht als jemals zuvor; 'Anna Pavlova' zum Beispiel, eine neuere Züchtung, hat von allen Rosen, die ich kenne, den stärksten Duft. Die Wahrnehmung und Beurteilung von Duft ist sehr subjektiv, und die Parfumhersteller könnten kein Geschäft machen, wenn dem nicht so wäre. Ich glaube, daß Qualität wichtiger ist als Quantität, und was die Qualität des Duftes angeht, sind die Alten Rosen eindeutig überlegen.

Die Unterschiede im Duft sind allerdings faszinierend. Das berauschende, alles durchdringende, fast betäubende Parfum der Zentifolien läßt sich überhaupt nicht ver-

'Celestial'

'Louise Odier'

'Souvenir du Docteur Jamain'

gleichen mit der feinen Eleganz des Duftes von Alba-Rosen. Das würzige, ein wenig anhaltende Parfum, das die Damascena-Rosen ausströmen, unterscheidet sich völlig von dem weicheren, eleganteren Duft der Gallica-Rosen.

Der Duft beschränkt sich jedoch nicht auf die Blüten, auch das Laub kann duften. Die Blätter von *R. primula* zum Beispiel duften ausgeprägt nach Weihrauch und viele der Moosrosen verströmen aus ihrem Moos, besonders, wenn man es berührt, einen starken balsamähnlichen Wohlgeruch.

Ganz oben auf meiner Liste von Rosen mit feinem Duft steht *R. rubiginosa*. Der Duft entströmt dem Laub, vor allem dem jungen Laub nach einem Regenschauer. Gerüche sind von allen unseren Empfindungen vielleicht diejenigen, an die wir uns am besten erinnern. Meine erste Aufgabe als Baumschullehrling bestand darin, ein großes Feld mit Rubiginosas zu jäten, und ein Hauch dieses Duftes versetzt mich in der Erinnerung immer in diese Zeit zurück.

Hinweis: Im Lexikonteil ist die Intensität des Duftes mit D* für leicht duftend bis D*** für stark duftend angegeben.

ZWANZIG ALTE STRAUCHROSEN MIT BESONDERS GUTEM DUFT

'Belle de Crecy', 'Celestial', 'Charles de Mills', 'Conrad Ferdinand Meyer', 'Empress Josephine', 'Fantin-Latour', 'Général Kléber', 'Gloire des Mousseux', 'Hugh Dickson', 'Kazanlik', 'Königin von Dänemark', 'Louise Odier', 'Maiden's Blush', 'Mme Hardy', 'Mme Isaac Pereire', *R. centifolia,* 'Reine des Violettes', 'Rose à Parfum de l'Hay', 'Roseraie de l'Hay', 'Souvenir de la Malmaison'

ZEHN ÄLTERE KLETTERROSEN MIT BESONDERS GUTEM DUFT

'Etoile de Hollande', 'Gloire de Dijon', 'Guinée', 'Climbing Mme Caroline Testout', 'Mrs Herbert Stevens', 'Climbing Sombreuil', 'Climbing Souvenir de la Malmaison', 'Souvenir du Docteur Jamain', 'Surpassing Beauty', 'Zéphirine Drouhin'

Strauchrosen und Kletterrosen als Hochstämme

Rosen werden auf diese etwas gekünstelte Weise seit vielen Jahren gezogen, und es hat den Anschein, daß sie in all dieser Zeit sehr beliebt waren. Ich stieß auf ein köstliches kleines Zitat in *A Shilling Book of Roses* von William Paul aus dem 19. Jahrhundert:

> »Der verstorbene Oberst Calvert erzählte mir, daß er miterlebte, wie bei einer Versteigerung von Hochstämmen in London erstmalig 'Village Maid' angeboten wurde. Zwanzig Stück wurden zugeschlagen zum Preis von je einer Guinee [etwas mehr als ein brit. Pfund]. Als sie zugeteilt werden sollten, stellte sich heraus, daß nur neunzehn vorhanden waren. Zwei Käufer ergriffen die neunzehnte Pflanze, kämpften um sie und zahlten jeder eine halbe Guinee an den Auktionator für den angerichteten Schaden.«

Diese Geschichte rückt zumindest den heutigen Preis eines Rosen-Hochstamms in eine Perspektive. Außer ein paar Sorten von Trauer-Hochstämmen werden heute nur wenige Alte Rosen als Stammrosen vermehrt. Technisch wäre das zwar möglich, doch macht die geringe Nachfrage nach ihnen ihre Herstellung für moderne Baumschulen wirtschaftlich uninteressant. Einige Strauchrosen eignen sich jedoch vorzüglich als Hochstamm, und wenn man sich umsieht oder früh bestellt, kann man welche auftreiben. Ihr größter Vorzug ist, daß man andere Pflanzen darunter wachsen lassen kann. Auf meinen Reisen habe ich ausgezeichnete Stammrosen gesehen – oder »Baumrosen«, wie sie in einigen Teilen der Welt genannt werden. Zwei haben sich mir besonders eingeprägt haben, beide in Australien im Rosengarten von David Ruston. Jede hatte einen

'Bonica' als Viertelstamm

'Excelsa' als Trauerstamm

Stamm, der dicker war als wir ihn jemals in Europa erwarten können, und eine Krone, groß genug, um ihren Stamm gänzlich zu verbergen. Eine der Prachtexemplare war 'Buff Beauty', die andere 'Veilchenblau'.

Ich mag besonders Halbstämme, und es verwundert mich immer wieder, warum diese nicht beliebter sind. Ihre Höhe im Verhältnis zu anderen Pflanzen läßt sie viel ordentlicher aussehen als Hochstämme.

Die Kultur von Trauerstämmen wird an späterer Stelle in diesem Buch behandelt.

ZEHN STRAUCHROSEN, DIE SICH GUT ALS HOCHSTÄMME EIGNEN

'Ballerina', 'Buff Beauty', 'Canary Bird', 'Felicia', 'Heideröslein Nozomi', 'Little White Pet', 'Marjorie Fair', 'The Fairy', 'Yesterday', 'Yvonne Rabier'

ZEHN RAMBLER, DIE SICH GUT FÜR TRAUERSTÄMME EIGNEN

'Albéric Barbier', 'Albertine', 'Dorothy Perkins', 'Emily Gray', 'Excelsa', 'Félicité Perpétue', 'François Juranville', 'Golden Glow', 'Minnehaha', 'Sanders White'

Rosen am Boden entlang ziehen

Es ist schade, wenn auch verständlich, daß das »Festpflocken am Boden« oder »Niederhaken« heute als Methode, das Beste aus den Rosen herauszuholen, weitgehend in Vergessenheit geraten ist. Denn es ist ein äußerst wirkungsvoller und zugleich attraktiver Weg, um Pflanzen, die ansonsten eher sparrig wachsen oder nur zögerlich blühen, zu üppiger Blüte zu bringen. Wo der Platz es erlauben würde, wie in Parks und großen Gärten, sprechen die Kosten heute dagegen. Auch macht es das Aufkommen neuer niederliegender Rosen möglich, solche Gebiete, die sich für das Festpflocken von Rosen eignen, vergleichsweise einfach mit diesen auszustatten.

Trotzdem sprechen immer noch gute Argumente für diese Methode, etwa in Staudengärten und gemischten Anpflanzungen, vor allem nahe der Vorderkante solcher Beete, hier kann ein einzelner, sachgerecht gepflockter Strauch für nur geringe Mehrkosten und wenig zusätzliche Mühe eine beachtliche Fläche zwischen anderen niedrig wachsenden Pflanzen bedecken. Die Technik ist ganz einfach. Nachdem die Rose nach dem Pflanzen kräftig zurückgeschnitten worden ist, sollten die Triebe im ersten Jahr natürlich wachsen dürfen. Im zweiten Jahr werden die Triebe, statt sie zurückzuschneiden, so nahe und in so viele Richtungen wie möglich parallel zum Boden gezogen, wobei die Triebe etwa 30 cm über dem Boden mit Drahthaken festgepflockt werden. Die Enden der Seitentriebe sollten bis zu einem Auge zurückgeschnitten werden. Diese Behandlung führt dazu, daß jeder waagerechte Trieb zahlreiche senkrechte Triebe hervorbringt, von denen die meisten zur Blüte kommen. Nach dem Blühen werden diese Triebe gekürzt, ähnlich wie bei Spalierobst. Auf diese Weise können die Pflanzen jahrelang sehr wirkungsvoll zur Blüte gebracht werden. Ältere, blühmüde Triebe werden gelegentlich ausgeschnitten, junge Triebe werden gepflockt, um sie zu ersetzen.

Das Hauptproblem bei dieser Methode besteht darin, das Unkraut in Schach zu halten. Wenn aber der Boden beim Pflanzen frei von Unkraut ist und mit einer ausreichenden Mulchschicht aus Rindenstücken versehen wird, sollte das Unkrautproblem zu bewältigen sein.

Einige der Bourbon-Rosen und einige Remontant-Rosen sind für diese Methode fast wie maßgeschneidert. Früher waren 'Frau Karl Druschki' und 'Hugh Dickson' hierfür besonders beliebt, beide recht blühfreudig und mit langen Trieben.

Begleiter für Alte Rosen und Strauchrosen

Man kann darüber streiten, ob Rosen mit anderen Pflanzen zusammen gepflanzt werden sollen. Wie inzwischen klar geworden sein dürfte, meine ich, daß Rosen – so schön sie auch in einem eigenen Rosengarten sein können – generell als Teil des gesamten Gartens angesehen werden sollten. Gelegentlich sollten sie sogar eine eher untergeordnete Rolle spielen und andere Pflanzen eher unterstützen als sie zu überlagern. Im umgekehrten Fall, wo sie vorherrschen, kann ihre Wirkung durch andere Pflanzen in weniger dominierender Rolle noch verstärkt werden.

In einer formalen Anlage werden Alte Rosen in Beeten angepflanzt, die von anderen Pflanzen gesäumt und durch Wege von einander getrennt sind. Solche Randbepflanzung sollte im Wuchs eher formal sein und nicht zu hoch. Im 19. Jahrhundert wurde für diesen Zweck hauptsächlich geschnittener Zwergbuchs, *Buxus sempervirens* 'Suffruticosa', verwendet, und damit kann auch heute noch die Atmosphäre der damaligen Zeit sehr gut nachgebildet werden, besonders in Verbindung mit Wegen aus Naturstein. Auch Zwerg-Lavendel *(Lavandula angustifolia)*, insbesondere die Sorte 'Munstead', eignet sich gut als natürliche Begrenzung für Beete, allerdings ist sorgfältiger Rückschnitt erforderlich, um ihn ansehnlich zu halten. Katzenminze *(Nepeta racemosa)* ist mit ihren lavendelblauen Blüten und ihrem grauen Laub die am wenigsten aufwendige Bepflanzung, sieht aber im Winter schmutzig und traurig aus, wenn sie nicht jedes Jahr zurückgeschnitten wird. Außer-

Eine gemischte Anpflanzung in Leeds Castle, Kent

'François Juranville' im Hintergrund, davor Stauden, in Leeds Castle, Kent

Eine gemischte Anpflanzung in meinem Garten

dem neigt sie dazu, in das Rosenbeet zu wuchern, wenn man sie nicht daran hindert. Weitere niedrige Sträucher, die sich als Randbepflanzung eignen, sind einige Zwergsorten von Strauch-Veronika, die aber nicht alle ganz winterhart sind, sowie *Santolina*, mit grauem Laub aber gelben Blüten, die eine sorgfältige Bestimmung des Standorts erfordert. Einer meiner besonderen Favoriten ist *Berberis thunbergii* 'Atropurpurea nana', mit bronze-rotem Laub, die besonders gut zu Rosen mit fast allen Pink-Schattierungen paßt. In einer eher informellen Umgebung können auch andere Sträucher mit Strauchrosen und mit Alten Rosen zusammen gepflanzt werden. Nachstehend einige Anregungen für die Kombination von Alten Rosen und Strauchrosen mit anderen Sträuchern:

STRÄUCHER FÜR DIE KOMBINATION MIT WEISSEN, ROSAFARBENEN UND DUNKELROTEN ROSEN

Berberis thunbergii atropurpurea und ihre purpurroten Formen; *Buddleja davidii* 'Royal Red'; *Caryopteris × clandonensis; Ceanothus; Ceratostigma willmottianum; Cistus crispus*; Deutzie; *Escallonia* – verschiedene Sorten; Fuchsien; Strauch-Veronika – Sorten mit grauem Laub; *Hydrangea paniculata* 'Grandiflora'; Kolkwitzie; Lavendel; *Olearia × haastii; Philadelphus; Pittosporum; Prunus × cistena; Romneya coulteri*; Rosmarin; Seidelbast*; Viburnum × burkwoodii; Weigela florida* 'Foliis Purpureis'

EINIGE STAUDEN, DIE SEHR GUT ZU WEISSEN, ROSAFARBENEN UND DUNKELROTEN ROSEN PASSEN

Akelei; *Astilbe* – in Pastell-Tönen; Beifuß; *Campanula* – alle Wild- und Gartenformen;

Fetthenne; *Geranium*; *Gypsophila*; *Hosta fortunei*; Nelken – die meisten Farben; Päonien – besonders die pastellfarbenen Wild- und Gartenformen; *Phlox – in* Pastell-Farben; Skabiose; *Stachys*

KLEINERE BÄUME, GEEIGNET ALS HINTERGRUND ZU WEISSEN, ROSA UND DUNKELROTEN ROSEN

Arbutus unedo; Betula pendula 'Purpurea'; *Cercis siliquastrum, Eucalyptus gunnii;*

Früh blühende Strauchrosen mit Rhododendron in Mannington Hall, Norfolk

Rosen und Zitronen im Garten von David Ruston, Südaustralien

Rosen und Stauden im Garten von Sally Allison in Neuseeland

Fagus 'Purpurea Pendula'; Felsenbirne; *Malus* (Zierapfel) 'Golden Hornet', 'John Downie' und *M. tschonoskii*; *Morus niger* (Schwarzer Maulbeerbaum); *Photinia davidiana*; *Populus alba*; *Prunus* 'Amanogawa'; *Prunus* × *subhirtella* 'Pendula Rosea'; *Pyrus salicifolia* 'Pendula' (Weidenblättrige Birne); *Salix caprea* und *Salix caprea pendula* (Salweide, Kätzchenweide und Hängekätzchenweide); *Sorbus aria* 'Lutescens'; *Sorbus aucuparia* (Eberesche)

STRÄUCHER PASSEND ZU HELLROTEN, ORANGEFARBENEN UND GELBEN ROSEN

Berberis thunbergii, *B. candidula* und *B.* × *stenophylla*; *Chimonanthus fragrans* und *C. praecox*; *Choisya ternata*; *Cornus stolonifera* 'Flaviramea'; *Corylopsis pauciflora*; *Cytisus* (Geißklee) – Sorten in hellen Farben; *Euonymus* – Sorten mit farbigem Laub; Feuerdorn; Ginster – die meisten Sorten; *Ilex* (Stechpalme) – Sorten mit farbigem Laub; Johanniskraut – die meisten strauchförmigen Sorten; Liguster – Sorten mit farbigem Laub; Mahonien – alle Sorten; *Potentilla* (Fingerstrauch) – die meisten Strauchformen; *Sambucus nigra* 'Aurea' und *Weigela florida* 'Variegata'

STAUDEN PASSEND ZU HELLROTEN, ORANGEFARBENEN UND GELBEN ROSEN

Alchemilla mollis; *Aurinia saxatilis*; Wolfsmilch – verschiedene; Päonien – hellere Farben; *Rudbeckia* und Steinbrech (London Pride)

KLEINE BÄUME PASSEND ZU HELLROTEN, ORANGEFARBENEN UND GELBEN ROSEN

Acer negundo 'Variegatum'; *Acer platanoides* 'Drummondii'; *Acer pseudoplatanus* 'Brilliantissimum'; Amberbaum; *Cotoneaster* 'Rothschildianus'; *Cytisus battandieri*; *Parrotia persica*; *Populus* × *candicans* 'Aurora' und *Salix alba* 'Chermesina'

Kombinationen mit Kletterrosen

Viele hübsche Kombinationen lassen sich erzielen, wenn man Kletterrosen mit anderen Kletterpflanzen zusammen pflanzt. Die Möglichkeiten dazu sind praktisch unbegrenzt. Wenn dafür gesorgt wird, daß die Gemeinschaft funktioniert, kann das Experimentieren mit verschiedenen Kombinationen viel Freude bereiten. Wenn eine interessante Farbwirkung gewünscht wird, ist es natürlich wichtig, daß alle diese Pflanzen zur gleichen Zeit blühen. *Clematis* (ausgenommen die *C. montana*-Sorten, die zu starkwüchsig sind), die gleichzeitig mit Rosen zusammen blühen, ergeben eine großartige Wirkung, besonders weiße Clematis mit purpurfarbenen oder dunkelroten Rosen bzw. umgekehrt. Sommerjasmin paßt ebenfalls gut zu purpurfarbenen Rosen.

Rosen mit Zwiebel- und Knollengewächsen

Frühlingsblüher können immer sehr gut mit Strauchrosen und Alten Rosen kombiniert werden. In der Jahreszeit, in der Rosen optisch wenig zu bieten haben, geben sie dem Rosenbeet Farbe. Der Zusammenklang der Farben ist bei Blumenzwiebeln nicht so wichtig, denn sie blühen lange vor den Rosen. Tulpen passen nicht zu Alten Rosen, sondern besser zu Floribunas und Teehybriden, aber selbst bei diesen verwende ich nur die niedriger wachsenden Sorten und einige Wildtulpen. Narzissen und Osterglocken fühlen sich zwischen Alten Rosen ganz zu Hause und wirken besonders in Gruppen dekorativ. Ich meine allerdings, daß Wildrosen am besten mit den weniger auffälligen Zwiebelgewächsen kombiniert werden sollten.

Weitere Zwiebelgewächse, die sich gut als »Beetgenossen« für Alte Rosen eignen, sind *Allium, Camassia, Chionodoxa, Crocus, Muscari, Galtonia, Puschkinia, Scilla* und Schneeglöckchen. Auch die meisten Lilien fühlen sich zwischen Rosen wohl, aber ihr aufrechter Wuchs harmoniert weniger gut mit hohen Strauchrosen, deshalb sollten sie in großen Gruppen gepflanzt werden. Lilien haben auch gern »den Kopf in der Sonne und die Füße im Schatten«, deshalb pflanzt man sie besser zu den niedriger wachsenden Rosen. Aus demselben Grund schließe ich Gladiolen gänzlich aus, die niedrigeren Montbretien können jedoch recht hübsch aussehen. Die Knollenformen der Anemone gedeihen gut im Halbschatten oder lichten Schatten der Strauchrosen, ebenso winterharte Alpenveilchen. Verwilderter Eisenhut kann im zeitigen Frühjahr eine Gruppe eher langweiliger, ruhender Strauchrosen beleben. Auch Iris in verschiedenen Sorten gedeihen in den meisten Böden, in Gruppen gepflanzt harmonieren sie gut mit Strauchrosen. Alle genannten Blumen eignen sich auch zum Pflanzen unter Kletterrosen und Ramblern.

Sommerblumen mit Rosen

Bei Sommerblumen denkt man an Mengen von Salbei und Tagetes in kräftigen Farben. Das muß aber nicht so sein. Viele Sommerblumen passen gut zu Alten Rosen, wenn sie in lockeren Gruppen zwischen die Sträucher gepflanzt werden. Petunien, *Clarkia*, Levkojen und – unter den größeren Sträuchern – Ziertabak passen gut, besonders wenn Sie Sorten in den passenden Farben wählen.

Alte Rosen in Töpfen, vor allem die blasseren, haben nichts gegen Lobelien und Steinkraut, die ihre Wurzeln beschatten.

Auch zweijährige Pflanzen können in Gemeinschaft mit Alten Rosen sehr dekorativ aussehen, besonders in Bauerngärten, wo Blumen wie Stockrosen, Fingerhut, Levkojen, Blaukissen, Vergißmeinnicht, Veilchen und Stiefmütterchen dazu beitragen, die Erinnerung an viktorianische Zeiten heraufzubeschwören.

Alte Rosen und Küchenkräuter

Alte Rosen sind ausgezeichnete Begleiter für Küchenkräuter. Wenn sie geschickt im Kräutergarten plaziert werden, können sie einer eher schmucklos aussehenden Fläche Farbe, Höhe und Duft verleihen. Alte Rosen haben viele Gemeinsamkeiten mit Küchenkräutern, sowohl historisch gesehen als auch ästhetisch. Und ein paar gut ausgewählte Sorten können dazu beitragen, eine nostalgischen Atmosphäre zu verbreiten. Umgekehrt können Küchenkräuter, wenn sie in Gruppen zwischen Alte Rosen gepflanzt werden, sehr gut aussehen und gleichzeitig dafür sorgen, daß die Küche das ganze Jahr über gut versorgt ist.

Mein Garten in Norfolk, mit verschiedenen Rosen und einer Mädchenfigur

ZEHN ALTE ROSEN, DIE GUT MIT KÜCHENKRÄUERN HARMONIEREN

'Alain Blanchard', 'Chapeau de Napoléon', 'Comte de Chambord', 'Double White', 'Empress Josephine', *R. centifolia* 'Parvifolia', *R. gallica officinalis*, *R. gallica versicolor*, 'Rose de Meaux', 'Tuscany Superb'

Obst und Gemüse mit Alten Rosen

Die Überlegung, Obst und Gemüse mit Rosen zu kombinieren, scheint im Widerspruch zu allen Regeln der Gartenkunst zu stehen. Aber wenn der Platz knapp ist und die Sorten sorgfältig gewählt werden, gibt es keinen Grund, sie nicht zusammen zu pflanzen. Rote Bete zum Beispiel hat üppiges, dunkles Laub und ein paar Pflanzen, entweder in Gruppen oder verstreut, können durchaus dekorativ wirken, ebenso wie Gruppen von purpurfarbenem Broccoli, Spinat oder Petersilie. Wenn der Boden gut und fruchtbar ist, kriechen Kürbis und Gurken zufrieden über das Rosenbeet, ohne bei den Rosen Anstoß zu erregen. Denkbar wären auch einige Rhabarberstauden oder Johannisbeer- und Stachelbeersträucher. Von schwarzen Johannisbeeren möchte ich wegen ihres ausgeprägten Geruchs abraten, aber Erdbeeren, besonders die köstlichen Walderdbeeren, können einen angenehmen und nützlichen Bodendecker abgeben.

Wildblumen mit Alten Rosen

Auf die Verwendung alter Rosen im Wildgarten beziehungsweise naturnahen Garten habe ich bereits hingewiesen. Umgekehrt können Wildblumen eine sehr wirkungsvolle Bodenbedeckung für die Pflanzung sowohl unter Wildrosen als auch unter einigen der den Wildrosen noch nahen Kreuzungen abgeben.

Gallicas, Zentifolien, Damascena-Rosen und ähnliche mögen durchaus die Nähe von Wildblumen, ja sogar von Unkraut, wenn es nicht zu stark wuchert. Die moderneren Züchtungen allerdings sind dem Eindringen zu vieler Unkräuter weniger zugeneigt.

Wildblumen stellen sich manchmal auf natürliche Weise ein und können ermutigt werden, sich zu verbreiten, indem man lediglich die Unkräuter beseitigt, die das Auge beleidigen oder die dazu neigen, andere Teile des Gartens durch ihre Samen oder Wurzeln zu überwuchern, z. B. Quecken, Geißfuß, Winden, Disteln, Sauerampfer und Fetthenne. Wildblumen können aber auch durch Aussäen von Samen, in manchen Fällen sogar durch Pflanzen, eingeführt werden. Beide sind bei spezialisierten Samenhändlern und Baumschulen erhältlich. Die Liste geeigneter Wildblumen ist endlos, doch bin ich zu wenig Experte, um hierzu Ratschläge zu geben. Wenn Sie sich dafür entscheiden, Wildblumen zwischen Ihre Rosen zu pflanzen, sollten Sie die Samen auf jeden Fall kaufen, statt sich in der freien Natur zu bedienen. Viele Arten sind selten geworden, manche stehen sogar unter Naturschutz.

Rosen zwischen verschiedenen Sträuchern und Bäumen in Plumpton Place, Sussex

Rosen und Fingerhut im naturnahen Garten in Elsing Hall, Norfolk

TEIL IV

Das Lexikon

Einführung

WILDROSEN

Seit der große schwedische Botaniker Carl von Linné (lateinisch: *Linnaeus*) Mitte des 18. Jahrhunderts die Grundlagen für die Pflanzensystematik legte, befindet sie sich in einem ständigen Wandel. Trotz allem gilt die Grundstruktur der Reihenfolge im Pflanzenreich, die er zusammen mit anderen aufstellte, heute noch. In einfachen Worten gesagt, gliedert diese Struktur Pflanzen mit gemeinsamen Merkmalen (die einem Laien wie mir nicht immer offensichtlich sind) in Abteilungen. Diese Abteilungen sind wieder in Unterabteilungen untergliedert und jede davon wieder in Klassen. Den Klassen folgen Unterklassen, die dann in Ordnungen gegliedert sind, die Ordnungen in Familien, die Familien in Stämme, und die Stämme in Gattungen.

Die Gattung *Rosa* gehört zum Stamm Roseae, der wiederum zur Familie der Rosaceae gehört, zu denen auch so verschiedene Pflanzen wie Potentilla und Apfel gehören. Auf der Ebene der Gattung sind die sichtbaren Ähnlichkeiten groß genug, daß Verwandtschaften unter den Pflanzen leicht erkennbar sind. Und an dieser Stelle der Struktur taucht die Art auf: jede verschieden, aber doch jede mit den anderen verwandt und in der Lage, sich mit sich selbst bestäubt artgerecht zu vermehren.

Bei den Rosen ist die Sache allerdings noch etwas komplizierter. Die Gattung ist unterteilt in vier Untergattungen: *Hulthemia, Hesperhodos, Platyrhodon* und *Eurosa (Rosa)*. *Eurosa* ist – entsprechend der vorherrschenden Merkmalen und erkennbaren Verwandtschaften – weiter unterteilt in Sektionen.*)

Dieser Gliederung folgend sind die Arten in diesem Lexikonteil in alphabetischer Reihenfolge angeordnet – innerhalb der Untergattungen und jeweils innerhalb der Sektion, in die sie gehören.

---

*) Nach Erscheinen der ersten Auflage von »Classic Roses« 1985 erregte der Beitrag von E.F. Allen: »A Simplified Rose Classification«, erschienen im *Rosenjahrbuch* 1973 der Royal National Rose Society, meine Aufmerksamkeit. Darin unterteilt Allen, Rehder folgend, die Gattung *Rosa* in nur drei Untergattungen und ordnet diese entsprechend der natürlichen Entwicklungsfolge: *Hesperhodos, Platyrhodon* und *Eurosa (Rosa)*. Dieser Reihenfolge folgt auch der Verband der britischen Züchter BARB (British Association Representing Breeders) (siehe Seite 98); allerdings unter Hinzufügung von *Hulthemia (Simplicifolia)* als erste. Da ich die BARB-Klassifikation in dieses Lexikon aufgenommen habe, versteht es sich, daß ich ebenfalls diese Reihenfolge übernommen habe. Deshalb ist die Reihenfolge, in der die vier Untergattungen in diesem Buch aufgeführt sind, verschieden von der ersten Auflage. Diese Veränderung stellt nicht etwa eine Ungenauigkeit dar, sondern ist lediglich eine Anpassung.

HYBRIDEN

Im Lauf der Zeit entstanden Hybriden, die von verschiedenen Wildrosen abstammen, oder wurden aus ihnen entwickelt. Das geschah anfangs durch Zufallsmutationen oder natürliche Kreuzungen, später durch gezielte Manipulation, beziehungsweise durch eine Kombination dieser Faktoren. Damit kommen wir zu dem, was man grob »Gruppen von Gartenrosen« nennt, das sind bei den Alten Rosen die Albas, Gallicas, Damascenas, Bourbon-Rosen, Teerosen etc. und bei den modernen Rosen die Teehybriden, Floribundas usw. Diese Gruppen sind jeweils der Wildrose zugeordnet, zu der sie von der Abstammung her am engsten gehören. Wo sich die Abstammung nicht ermitteln läßt, bin ich entweder meinem Instinkt gefolgt oder meinen Beobachtungen, um sie einer Gruppe zuzuordnen, die zu einer bestimmten Rose paßt.

Die Auswahl der Wild- und Gartenrosen

Es sind alle Wildrosen – mit Ausnahme weniger ganz unbekannter – aufgeführt. Die beiden Hauptkriterien für die Auswahl waren die Bedeutung für die Abstammung einer bestimmten Gruppe von Gartenrosen und ihr Wert als Gartenpflanze.

Bei der Auswahl der Hybriden habe ich die jüngsten Kataloge spezialisierter Rosenschulen in Großbritannien, Amerika, Australien, Neuseeland und der übrigen Welt ausgewertet. Die endgültige Auswahl besteht nur aus Sorten, die derzeit erhältlich sind.

Ich gestehe durchaus eine gewisse Vorliebe für bestimmte Rosen, aber die überwiegende Mehrzahl der hier aufgeführten Sorten dürfte auf Jahre hinaus erhältlich sein.

Zusätzlich zu den Baumschulkatalogen habe ich intensiv auf folgende etablierte Quellen zurückgegriffen: *Find That Rose* wird jährlich von der British Rose Grower Association herausgegeben; *The Rose Directory* wird in unregelmäßigen Abständen von der Royal National Rose Society herausgegeben; *The Combined Rose List (Roses in Commerce and Cultivation)* wird zusammengestellt und herausgegeben von Beverly R. Dobson und Peter Schneider, USA; *Modern Roses 7, 8, 9* und *10* wurden herausgegeben von der American Rose Society; Bean's *Trees and Shrubs Hardy in the British Isles* (1984); *Roses* von Gerd Krüssmann (engl. Ausgabe von *Rosen, Rosen, Rosen*), sowie die Werke von Graham Thomas, Jack Harkness, David Austin und Trevor Griffiths.

Die Beschreibungen

Die meisten Rosen sind aus persönlicher Erfahrung und aufgrund von Beobachtung beschrieben. Sofern ich eine mir unbekannte Rose aufnehmen wollte, habe ich auf die Beschreibung des Züchters zurückgegriffen oder auf die zuverlässigste Quelle, die ich finden konnte.

Auszeichnungen

Viele Rosen haben bei Neuheitenprüfungen und bei internationalen Ausstellungen Auszeichnungen erhalten. Obwohl ich die Bedeutung solcher Auszeichnungen durchaus anerkenne und einräume, daß sie in der Regel die Qualität einer Sorte honorieren, glaube ich nicht, daß sie in einem weltweiten Vergleich immer eine Überlegenheit dokumentiert. Das gilt besonders für Auszeichnungen, die jährlich verliehen werden oder bereits nach einer vergleichsweise kurzen Prüfungszeit von drei Jahren. Auszeichnungen sind deshalb nur gelegentlich erwähnt, wenn es angemessen erschien.

Autorenangabe

In Werken mit stärkerer Betonung der botanischen Systematik und Taxonomie ist es üblich, die Züchter, die auf diesem Gebiet maßgeblich gearbeitet haben, zu ehren. Den Namen der Arten, die sie entdeckt, klassifiziert, identifiziert oder benannt haben, wird der Autorenname beifügen. Dieses Buch ist allerdings schwerpunktmäßig ein Gartenbuch, und ich habe das nicht getan. Vor allem der Einfachheit halber und keinesfalls aus einem Mangel an Respekt vor denen, deren Namen ich weggelassen habe. Bei den Hybriden sind, soweit es bekannt ist, der Name des Züchters, Land und Jahr der Einführung sowie die Elternsorten angegeben.

Synonyme

In Klammern gesetzte Synonyme bezeichnen den geschützten Handelsnamen einer Sorte. Synonyme ohne Klammern sind Namen, unter denen eine Rose in einem anderen Land bekannt sein kann.

Größenangaben

Bei den Größenangaben in cm bzw. m ist unterstellt, daß die Rose in normalem Gartenboden kultiviert und bei Bedarf regelmäßig geschnitten wird.

Darstellung

Durchweg werden Buchstaben und Symbole verwendet, um besondere Verwendungszwecke, Eigenschaften oder Schwächen einer Rose zu kennzeichnen. Diese sind lediglich als Hilfestellung für diejenigen gedacht, die die Sorte nicht kennen. Sie beruhen auf meiner persönlichen Erfahrung oder, in einigen Fällen, auf den Beschreibungen des Züchters. Farb- und Duftbeschreibung zum Beispiel beruhen auf persönlicher Beobachtung, ebenso die Anfälligkeit für Krankheiten, die auch auf Faktoren beruhen kann, die nichts mit der Sorte zu tun haben, wie etwa Wetter, Bodenverhältnisse, oder einfach unzureichender Pflege.

Erläuterung der Buchstaben und Symbole

a	toleriert auch arme Böden	N	geeignet für Nordlagen (obwohl Rosen eine solche Situation nicht lieben)
Ar	gut als Ausstellungsrose	r	remontierend oder öfterblühend (nicht dauerblühend)
Bd	niederliegende Rosen (Bodendecker und Kleinstrauchrosen)	Rar	Rarität, in spezialisierten Rosenschulen erhältlich
Bkl	starkwüchsige Rosen, geeignet, um in Bäume zu klettern	Re	Blüten nehmen Regen übel
Br	gut als Beetrose oder für die Pflanzung in kleinen Gruppen	Rr	anfällig für Rosenrost
D*	leicht duftend	S	blüht nur im Sommer (remontiert selten oder nie)
D**	gut duftend	Srt	anfällig für Sternrußtau
D***	intensiv duftend	v	verbreitet
db	mehr oder weniger dauerblühend während des ganzen Sommers	W	geeignet für Waldgelände
F	blüht nur im Frühling	◐	schattenverträglich (keine Rose liebt allerdings vollen Schatten)
Gh	gedeiht am besten im Gewächshaus	☼	gedeiht nur in sonniger, warmer Lage
H	geeignet für Hecken	⌐	geeignet für Töpfe, Urnen, Kübel usw.
Hb	lohnend wegen der Hagebutten	✄	gut als Schnittrose
Kr	geeignet als Kletterrose oder für Säulen	≋	gut geeignet für die Anpflanzung in Wassernähe
Lf	schöne Laubfärbung im Herbst		
Mt	anfällig für Mehltau		

Abkürzungen für die Rosenklassifikationen
(Näheres siehe Seiten 97–100)

BARB = British Association Representing Breeders
MR10 = *Modern Roses 10*
WFRS = World Federation of Rose Societies

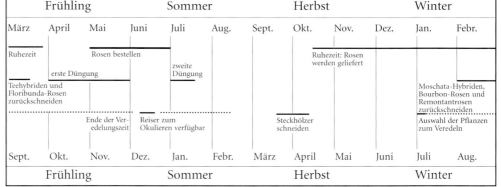

Vergleichstabelle für die Rosenkultur auf der nördlichen und südlichen Halbkugel

Klassifikationssysteme weltweit

Wie bereits erwähnt, ist die Gattung *Rosa* botanisch sehr komplex, und die vielen tausend Hybriden sehen sehr unterschiedlich aus. Botanische Komplexität braucht uns hier allerdings nicht zu beunruhigen, es sei denn, sie hilft uns, die große Zahl von Hybriden in Klassen zu unterteilen. Hier müssen die Sorten genügend gemeinsame Merkmale aufweisen, um sie von anderen Klassen unterscheiden zu können.

In neuerer Zeit haben sich drei bedeutende Organisationen mit der Bildung von Klassen beschäftigt:

1. Die American Rose Society durch ihre Veröffentlichungen *Modern Roses*, mit *Modern Roses 10* (obwohl inzwischen bereits *Modern Roses 11* vorliegt);
2. Die World Federation of Rose Societies
3. Die British Association Representing Breeders

Zur Zeit – und wahrscheinlich für die nächste Zukunft – gibt es also drei verschiedene Klassifikationen. Keine davon ist weltweit anerkannt, und so sollte es auch bleiben, bis weltweit genügend Übereinstimmung erzielt ist, um sich auf ein System zu einigen. Dieser Zustand ist für den Fachmann durchaus interessant, für den Laien aber eher verwirrend, obwohl jeder von uns ohne Schwierigkeiten die Konfliktsituationen und Herausforderungen nachvollziehen können sollte, aufgrund derer die Organisationen zu ihren jeweiligen Lösungen gekommen sind. Die Wildrosen sind kein Problem, auch nicht die Alten Gartenrosen. Hier stimmen alle Organisationen überein, da sich die Klassifikationen dafür im wesentlichen bereits herausgebildet hatten, bevor die Rosen ihre heutige Komplexität erreicht hatten. Zudem ist es unwahrscheinlich, daß in Zukunft noch viel Neues dazukommen wird. Die Unterschiede der Systeme liegen einzig bei den modernen Rosen, und die Gründe dafür erklären sich wie folgt:

1. Nach welchen Kriterien wird entschieden, welcher Klasse eine Rose zuzuordnen ist? Ist es die botanische Verwandtschaft, sind es die Ähnlichkeiten im äußeren Erscheinungsbild, Verwendung, Wuchs/Verhalten, Blütenform, Blühfreudigkeit, geographische Herkunft, Tradition, Gefühle, oder von allem ein bißchen?
2. Welcher Name wird einer Klasse gegeben, sofern es einen Zusammenhang geben sollte zwischen dem Namen der Klasse und den Kriterien oder dem Kriterium für die Gruppenbildung? Oder sollte es ein beschreibender oder anderweitig sinnvoller Name sein?

Letztlich verwenden alle drei Organisationen nur verschiedene Namen für Gruppen. Die drei unterschiedlichen Listen folgen auf der nächsten Seite. Wenn wir uns die Systeme der Reihe nach kurz ansehen, erscheint das von *Modern Roses 10* als das umfassendste und in vielerlei Hinsicht das genaueste. Allerdings dürfte ein Laie zwar den Begriff »Hybride« verstehen, kaum aber die Unterschiede zwischen den Arten.

Die World Federation of Rose Societies verwendet eine Dreiteilung. Bei den modernen Rosen werden Blütenform und Blühfreudigkeit verknüpft mit der Wuchsform. Die Gliederung der Alten Rosen ist kaum anders als bei den anderen Systemen, allerdings verwundert mich immer wieder, warum es eine Gruppe 'Sweet Briars' (Rubiginosa-Hybriden) gibt, aber keine für Rugosas. Bei diesem System weiß der Laie schnell, was er von einer Rose erwarten kann, allerdings ist das System ziemlich komplex. Die Wildrosen sind lediglich in kletternde und nichtkletternde Arten unterteilt.

AMERICAN ROSE SOCIETY
Modern Roses 10
(Rosenklassen)

1 Alba
2 Ayrshire
3 Bourbon
4 Boursault
5 Zentifolien
6 China
7 Kletternde Bourbon
8 Kletternde China
9 Kletternde Floribunda
10 Kletternde Grandiflora
11 Kletternde Remontant-Hybr.
12 Kletternde Teehybriden
13 Kletternde Moosrosen
14 Kletternde Miniatur-Rosen
15 Kletternde Polyantha
16 Kletternde Teerosen
17 Damascena
18 Rubiginosa (Eglanteria)
19 Floribunda
20 Gallica
21 Grandiflora
22 Alba-Hybriden
23 Bracteata-Hybriden
24 Blanda-Hybriden
25 Bourbon-Hybriden
26 Canina-Hybriden
27 China-Hybriden
28 Foetida-Hybriden
29 Hugonis-Hybriden
30 Laevigata-Hybriden
31 Macounii-Hybriden
32 Macrantha-Hybriden
33 Moyesii-Hybriden
34 Moschata-Hybriden
35 Multiflora-Hybriden
36 Nitida-Hybriden
37 Nutkana-Hybriden
38 Remontant-Hybriden
39 Rugosa-Hybriden
40 Sempervirens-Hybriden
41 Setigera-Hybriden
42 Spinosissima-Hybriden
43 Suffulta-Hybriden
44 Teehybriden
45 Kordesii
46 Großblütige Kletterrosen
47 Moosrosen
48 Miniatur-Rosen
49 Verschiedene Alte Rosen
50 Noisette
51 Portland
52 Polyantha
53 Rambler
54 Strauchrosen
55 Wildrosen
56 Teerosen

BRITISH ASSOCIATION REPRESENTING BREEDERS
(Rosenklassen)

1 Wildrosen und Gruppen
2 China
3 Noisette
4 Teerosen
5 Teehybriden
6 Floribunda
7 Florishrub
8 Miniatur
9 Patio
10 Kletternde Teehybriden
11 Kletternde Floribunda
12 Kletternde Miniatur
13 Polyantha
14 Kletternde Polyantha
15 Moschata-Hybriden
16 Wichuraiana-Rambler
17 Wichuraiana Carpet
18 Wichuraiana Strauch
19 Gallica
20 Damascena
21 Zentifolien
22 Moos
23 Portland
24 Bourbon
25 Remontant-Hybriden
26 Englische Rosen
27 Spinosissima (Schottische)
28 Alba
29 Rubiginosa (Sweet Briar)
30 Rugosa

WORLD FEDERATION OF ROSE SOCIETIES
(Rosenklassen)

Moderne Gartenrosen

1 Moderne Strauchrosen öfterblühend, großblütig
2 Moderne Strauchrosen öfterblühend, büschelblütig
3 Bodendecker, öfterblühend
4 Großblütige
5 Büschelblütige
6 Zwerg-Büschelblütige
7 Polyantha
8 Miniatur-Rosen
9 Moderne Strauchrosen nicht-öfterblühend, großblütig
10 Moderne Strauchrosen nicht-öfterblühend, büschelblütig
11 Bodendecker, nicht-öfterblühend
12 Rambler, öfterblühend
13 Großblütige Kletterrosen, öfterblühend
14 Büschelblütige Kletterrosen, öfterblühend
15 Kletternde Miniatur-Rosen, öfterblühend
16 Rambler, nicht-öfterblühend
17 Großblütige Kletterrosen, nicht-öfterblühend
18 Büschelblütige Kletterrosen, nicht-öfterblühend
19 Kletternde Miniatur-Rosen, nicht-öfterblühend

Alte Gartenrosen

20 Alba
21 Bourbon
22 Boursault
23 China
24 Damascena
25 Gallica
26 Remontant-Hybriden
27 Moosrosen
28 Portland
29 Zentifolien
30 Rubiginosa (Sweet Biar)
31 Teerosen
32 Ayrshire
33 Kletternde Bourbon
34 Kletternde Boursault
35 Kletternde Teerosen
36 Noisette
37 Sempervirens

Wildrosen

38 Wildrosen, nicht-kletternd
39 Wildrosen, kletternd

Dieses System wurde jetzt von der britischen Royal National Rose Society übernommen

Die British Association Representing Breeders hat unter Federführung des verstorbenen Jack Harkness ein System von Klassen erarbeitet, das Einfachheit mit fast allen bereits genannten Kriterien verbindet, allerdings unter deutlicher Betonung von Wuchsform und Verhalten. Von den drei Listen ist diese die kürzeste und bei weitem am leichtesten zu verstehen. Als ich dieses System allerdings für die Gliederung des Lexikons verwenden wollte, fiel mir bei einigen Klassen die Zuordnung schwer, wenn ich gleichzeitig die Grundregeln der Botanik beachten wollte. Dieses Problem ergab sich aus verschiedenen Gründen bei den beiden anderen Listen nicht. Dennoch glaube ich, daß wir – mit zunehmender Verschiedenheit innerhalb der Klassen und angesichts des ständigen Aufkommens neuer Gruppen von Rosen – ein System finden müssen, das leicht anzuwenden und zugleich erweiterungsfähig ist, ohne daß neue Klassen hinzugefügt werden müssen. Und das System muss vor allem auf der Vorstellung eines »Durchschnittsgärtners« vom Aussehen der verschiedenen Gruppen von Rosen beruhen. Aus meiner Sicht kommt das System der British Association Representing Breeders, obwohl ich einige darin enthaltene Klassen nicht mag, diesem Ideal zur Zeit am nächsten. Manche Leser werden widersprechen, und als Rosenliebhaber verstehe ich diesen Standpunkt durchaus, aber als Rosenschuler, der täglich mit »normalen« Gärtnern umgeht, glaube ich, daß vor allem Einfachheit zählt.

Hier angelangt, gestatte ich mir, mit einem unterdrückten Lächeln, ein noch einfacheres System vorzustellen. Es geht von der Annahme aus, daß der Hobbygärtner die Rosen wegen ihrer Blüten zieht und daß alle übrigen Aspekte nur von sekundärer Bedeutung sind. Deshalb könnte die Klassifikation auf der Größe und Zahl der Blüten aufbauen, ungeachtet der Abstammung, und da nicht-öfterblühende Rosen der Vergangenheit angehören und nur noch wenige gezüchtet werden, sollten diese der Gruppe der Alten Rosen zugeordnet werden, deren Klassifikation bestehen bleiben sollte. Um dieses Ziel zu erreichen, sollte der in Amerika verwendete Begriff »Grandiflora« für großblütige höhere Floribundarosen verwendet werden. Er würde den Begriff »Teehybride« ersetzen. Die Bezeichnung »Floribunda« sollte zwar bestehen bleiben, aber die büschelblütigen Rosen aller Gruppen umfassen. Nach dieser Zweiteilung der Hybriden könnte die Verfeinerung der Klassifikation an dem Wuchsverhalten anknüpfen. Die »Miniatur-Rosen« könnten bleiben, die »Patios« sollten »Kompakte« genannt werden. Alle Rosen zwischen 30 cm und 1 m Wuchshöhe sollten »Buschrosen« genannt werden, alle höheren »Strauchrosen«. Eine neue Klasse »Niederliegende« (Kleinstrauchrosen) könnte die Bodendecker und breitwüchsigen Patio-Rosen umfassen. Die »Kletterrosen« könnten ebenfalls bleiben. Die »Rambler« könnten den Alten Rosen zugeordnet werden. Alle übrigen Unterschiede im Wuchs, insbesondere das wichtige Kriterium der Höhe, könnten dann in den Beschreibungen berücksichtigt werden, wie das in Rosenbüchern und -katalogen ohnehin durchweg der Fall ist. Deshalb würde meine Liste moderner Rosen gerade mal elf Gruppen umfassen, nämlich:

1 Grandiflora-Buschrosen
2 Grandiflora-Strauchrosen
3 Grandiflora-Kletterrosen
4 Grandiflora-Kleinstrauchrosen
5 Floribunda-Kompakt
6 Floribunda-Buschrosen
7 Floribunda-Strauchrosen
8 Floribunda-Kletterrosen
9 Floribunda-Kleinstrauchrosen
10 Miniatur-Rosen
11 Kletternde Miniaturrosen

Im Lexikonteil habe ich durchweg die jeweilige Eingruppierung nach jeder der drei Klassifikationssysteme angegeben.

R. wichuraiana

ROSA Untergattung *Hulthemia*

Simplicifoliae

Entwicklungsgeschichtlich ist dies die älteste der vier Untergattungen.
Von manchen Autoren wird sie nicht zur Gattung *Rosa* gerechnet.
Der Wuchs geht bei *Hulthemia persica* in die Breite und ist dicht, bei
× *Hulthemosa hardii* ist er hoch und dicht. Triebe sparrig mit vielen Stacheln.
Blätter einfach und ohne Nebenblätter. Blüten einzeln. Früchte grünlich,
dicht mit Stacheln besetzt, kugelig. Kelchblätter bleiben haften.

WILDROSEN

Hulthemia persica
× *Hulthemosa hardii*

HERKUNFT UND VERBREITUNG

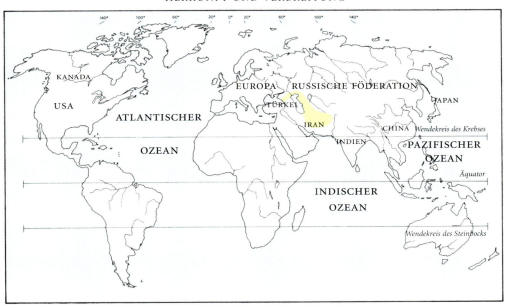

Hulthemia und × Hulthemosa
FORMEN UND HYBRIDEN

Obwohl diese Untergattung hier aufgeführt ist, gehört sie genaugenommen vielleicht gar nicht zur Gattung *Rosa*. Abgesehen jedoch von den Blättern, bei denen es sich um einfache Blätter ohne Nebenblätter handelt, ähnelt sie in Wuchs, Verhalten und Aussehen einer Rose, und das so sehr, daß es falsch wäre, sie hier auszuschließen. Der verstorbene Jack Harkness hat viele Jahre lang mit dieser Untergattung gearbeitet und einige Sämlinge erzielt, von denen vier eingeführt wurden. Wie bei den Eltern handelt es sich um faszinierende Rosen, die sich von jeder anderen Gruppe von Rosen deutlich unterscheiden. Sie kommen überall dort für den Garten in Frage, wo etwas Außergewöhnliches gewünscht wird.

KLASSIFIKATION

BARB	Wildrosen: Klasse 1	Hybriden: Klasse 1
MR10	Wildrosen: Klasse 55	Hybriden: Klasse 55
WFRS	Wildrosen: Klasse 38	Hybriden: Klasse 38

Hulthemia persica, *R. persica*, *R. berberifolia*
ZENTRALASIEN 1789

Schwierig zu kultivieren, lohnt aber einige Geduld. Die Blätter sind schlank und ohne Nebenblätter. Kleine, einfache Blüten von leuchtend klarem Gelb, jeweils mit einem bräunlichen blau-roten Fleck im Zentrum bilden sich gewöhnlich an den Spitzen zweigiger, weicher Triebe mit hakigen Stacheln, die paarweise unterhalb der Blätter angeordnet sind. Blüht mit Unterbrechungen über eine ziemlich lange Saison.

S ☼ ▽ Rar   60 × 60 cm

× *Hulthemosa hardii*, *R.* × *hardii*
Hardy FRANKREICH *ca.* 1830
Hulthemia persica × *R. clinophylla*

Eine mittelgroße Rose mit außergewöhnlichen kleinen, einfachen Blüten von Butterblumengröße in dunklem Goldgelb mit einem auffallenden, leuchtend rötlich-braunen Auge in ihrer Mitte. Wuchs zweigig, aber dicht und mit bösartigen Stacheln und zahllosen gefiederten Blättern ohne Nebenblätter. Gilt als nicht winterhart.

S ☼ ▽ D* Rar   1,80 × 1,20 m

'Euphrates'

'Euphrates' (HARunique)
Harkness GROSSBRITANNIEN 1986
Sämling von *H. persica*

Kleine bis mittelgroße, einfache Blüten – lachsrosafarben, in der Mitte mit einem ausgeprägten Auge in bräunlichem Scharlachrot – erscheinen in kleinen Büscheln. Kleine, hellgrüne Blätter, die in

der Form denen der Elternsorte ähneln, an einer niedrigen, dichten Pflanze.
S a ◉ ⊓ Rar 45 × 90 cm

'Nigel Hawthorne' (HARquibbler)

Harkness GROSSBRITANNIEN 1989

H. persica × 'Harvest Home'

Einfache lachsrosafarbene Blüten mit einem auffallenden roten Auge an einer dichten, stark verzweigten, stacheligen und schön belaubten Pflanze mit leicht in die Breite gehendem Wuchs. Nach dem berühmten englischen Schauspieler benannt.
db a Bd ○ ⊓ Rar 90 × 120 cm

'Tigris' (HARprier)

Harkness GROSSBRITANNIEN 1985

Sämling von *H. persica*

Die Blüten, vom Züchter als »puderquastenähnlich« beschrieben, haben einen Durchmesser von ca. 2,5 cm und werden in Fülle hervorgebracht. Sie zeigen reizvolle scharlachrote Markierungen auf einem kanariengelben Grund. Wuchs niedrig, etwas in die Breite gehend und dicht.
db a ○ ⊓ Rar 45 × 60 cm

'Xerxes' (HARjames)

Harkness GROSSBRITANNIEN 1989

H. persica × 'Canary Bird'

Sie hat von all diesen faszinierenden Hybriden den bei weitem höchsten Wuchs. Sie bringt in ansehnlicher Zahl leuchtend schwefelgelbe Blüten hervor mit einem karminroten Auge. Wuchs aufrecht.
S a Bd ○ Rar 1,50 × 1,00 m

ROSA Untergattung *Hesperhodos*

Hesperhodos

Mit vielen kleinen Stacheln und kleinen Blättern.

WILDROSEN

R. stellata

HERKUNFT UND VERBREITUNG

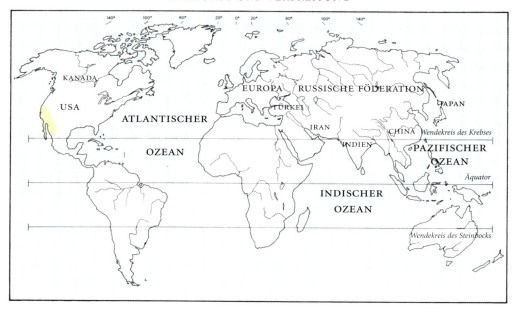

R. stellata

ZWEI FORMEN

Diese Wildrose und ihre Gartenform sind beide Exzentriker der Rosenwelt, das macht sie besonders reizvoll. Als Pflanzen ähneln sie in Aussehen und Verhalten einem Stachelbeerstrauch, sind allerdings nicht ganz so hoch. Die Knospen, vor dem Öffnen, und auch die Hagebutten ähneln Stachelbeeren verblüffend: beide sind mit weichen Borsten besetzt. Die Blüten sind in der Masse nicht auffällig, einzeln aber näherer Betrachtung wert. Recht reizvoll.

KLASSIFIKATION

BARB	Klasse 1
MR10	Klasse 55
WFRS	Klasse 38

'Mirifica'

'Mirifica', Hagebutten

R. stellata

SÜDEN DER USA 1902

Eine interessante Wildrose mit dichtem, stacheligem Holz und hellgrünem Laub, ähnlich dem der Stachelbeeren. Keine Rose, die einfach zu kultivieren ist. Die Blüten sind von kräftigem Purpurrosa und erscheinen einzeln zwischen dichtem Laub.
S W ◐ ▽ Rar   90 × 90 cm

'Mirifica', 'Sacramento Rose'

Greene SÜDEN DER USA 1916

Kompakte Pflanze, etwas stärkerwüchsig als die andere Form, mit vielen langen Stacheln und Laub ähnlich dem der Stachelbeeren. Blüten einfach, lila-rosafarben, mit auffälligen Staubgefäßen. Busch dicht und ziemlich kompakt. Im Garten leichter zu kultivieren als R. stellata. Für den Baumschuler recht schwierig zu vermehren. Deshalb so selten.
S W Rar   1,20 × 1,20 m

ROSA Untergattung *Platyrhodon*

Platyrhodon

Schuppige Rinde und borstige Hagebutten.
Kleine Blätter.

WILDROSEN

R. roxburghii; R. roxburghii normalis; R. roxburghii plena

HERKUNFT UND VERBREITUNG

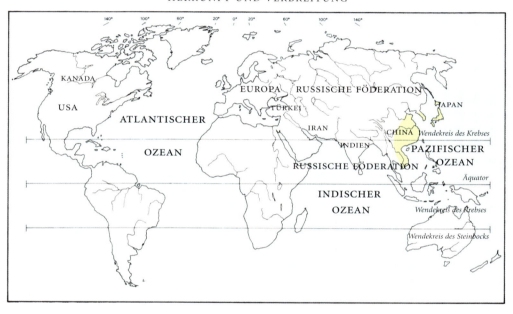

R. roxburghii

Formen

Diese kleine Gruppe hübscher Sträucher sollte häufiger gepflanzt werden. Ihre Schwäche besteht meines Erachtens in ihrer Bescheidenheit, denn da sie keine großen Mengen Hagebutten hervorbringen, ziehen sie keine Aufmerksamkeit auf sich. Die sich durchsetzen, sind dann allerdings reizvoll in ihrer Einfachheit, sogar die gefüllte Form. Das Laub ist recht fein, und ihr gesamtes Verhalten rechtfertigt, sie unter die ordentlicheren der großen Sträucher einzuordnen. Zu erwähnen sind auch kleinere Besonderheiten wie sich abschälende Rinde und borstige Hagebutten, die aussehen als würden sie niemals reif werden.

KLASSIFIKATION

BARB Klasse 1
MR10 Klasse 55
WFRS Klasse 38

R. roxburghii, R. microphylla, 'Burr Rose', 'Chestnut Rose'

CHINA 1814

Ganz andersartig. Die Blätter dieses mittleren bis hohen Strauchs sind zusammengesetzt aus bis zu 15 kleinen, hellgrünen Fiederblättchen von fester Struktur. Die Triebe sind gelblich-braun und etwas sparrig, sowohl im Aufbau als auch in ihrer Wuchsrichtung. Das ältere Holz hat eine schuppige Rinde. Die starken Stacheln sind ziemlich lang und häufig paarweise angeordnet. Einfache Blüten von klarem Muschelrosa. Früchte kugelförmig, orangegelb und umhüllt von auffälligen, steifen Stoppeln, ebenso die Hochblätter.
S W a Hb Lf ◉ D** Rar   2,50 × 2,50 m

R. roxburghii normalis

CHINA 1908

Eine höher wachsende Form von *roxburghii* mit reinweißen, einfachen Blüten, manchmal mit einem Hauch Rosa.
S W a Hb Lf ◉ D* Rar   3,00 × 2,50 m

R. roxburghii plena, R. roxburghii roxburghii

1824

Weniger starkwüchsig als die beiden anderen Formen. Dicht gefüllte Blüten, nach meiner Erfahrung nicht besonders reichblühend. Eine schöne Hecke aus dieser Rose kann man in den Ninfa-Gärten in Italien sehen.
S W a Hb Lf ◉ D* Rar   1,80 × 1,50 m

R. roxburghii plena

ROSA Untergattung *Eurosa (Rosa)*

SEKTION: *Banksianae*

Starkwüchsig, klettert bis 7 m Höhe.
Wenige oder gar keine Stacheln.
Laub weich – 5 bis 7 Fiederblättchen.
Blüten in Büscheln oder einzeln.
Hagebutten klein.
Kelchblätter fallen vor der Reife ab.

WILDROSEN

R. banksiae alba plena; *R. banksiae lutea*; *R. banksiae lutescens*;
R. banksiae normalis; *R. cymosa*; *R.* × *fortuniana*

HERKUNFT UND VERBREITUNG

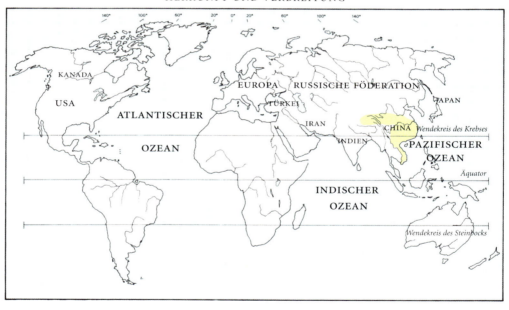

R. banksiae
FORMEN UND HYBRIDEN

In einigen Teilen der Welt, in denen die Winter normalerweise nicht frostig sind, gedeihen »Banks«-Rosen und gelten als so selbstverständlich, daß sie fast wie Unkraut angesehen werden. In kälteren Klimazonen dagegen zählen sie zu den Raritäten und werden wegen des wunderschönen Anblicks geschätzt, den ihre duftenden Blüten jedes Frühjahr bieten.

KLASSIFIKATION

BARB	Klasse 1	Hybriden: Klasse 1
MR10	Klasse 55	Hybriden: Klasse 55
WFRS	Klasse 39	Hybriden: Klasse 16

R. banksiae alba plena, R. banksiae banksiae
CHINA 1807
Kleine, rosettenförmige, gefüllte weiße Blüten. Sonst wie *normalis* (siehe nächste Seite).
S ○ Gh D* Rar   6,00 × 2,50 m

R. banksiae lutea

R. banksiae lutea, 'Lady Banks Rose', 'Yellow Banksia'
CHINA ca. 1825
Braucht einen geschützten, sonnigen Platz, um zu blühen, ist aber eher winterhart, als üblicherweise angegeben. Reichlich Laub. Die Triebe bringen im Spätfrühling große, kaskadenartig herabfallende Büschel kleiner, blaßgelber, gefüllter Blüten hervor. Keine Stacheln.
S ○ Gh D* Rar   6,00 × 3,00 m

R. banksiae lutescens
CHINA 1870
Der Durchmesser der Blüten ist etwas größer als bei *R. banksiae lutea*, aber die Blüten sind einfach und

R. banksiae alba plena

R. banksiae lutescens

R. cymosa, R. microcarpa, R. sorbiflora
CHINA *ca.* 1904

Ein reizender, allerdings nicht ganz winterharter, starkwüchsiger Kletterer oder Rambler, üppig bedeckt mit hellgräulichem, glattem Laub. Blüten einfach, weiß mit auffälligen goldgelben Staubgefäßen, in Doldentrauben erscheinend.

S ○ Gh Rar 10,00 × 7,00 m

R. × fortuniana
CHINA 1850

Gilt als *R. banksiae* × *R. laevigata*
in der freien Natur nicht bekannt
Große, duftende, gefüllte, weiße Blüten. Fast stachellos, ähnlich wie *R. banksiae*, Blätter und Triebe sind etwas dunkler grün. Eine äußerst interessante Rose, braucht aber Schutz oder einen geschützten, warmen Standort, um zu gedeihen. Aus der Sicht des Baumschulers: Sie ist viel leichter zu vermehren als *R. banksiae* und deren andere Verwandte. Tatsächlich wird sie in einigen Teilen der Welt als Unterlage verwendet, ist aber auch als Gartenrose selbst wunderschön.

S ○ Gh D** Rar 4,50 × 2,50 m

lieblicher im Duft. Laub und Wuchs sind gleich, aber junge Triebe und Blätter manchmal kupfergetönt. Ein besonders schönes Exemplar ist an der Südwand von Mannington Hall, Norfolk/England, zu sehen, dem Heim von Lord und Lady Walpole.

S ○ Gh D** Rar 6,00 × 3,00 m

R. banksiae normalis
CHINA 1877

Obwohl diese Kletterrose etwas später nach Europa kam, als ihre Abkömmlinge, ist sie wahrscheinlich die ursprüngliche Wildrose. Blüten sind weiß und einfach, Laub hellgrün und reichlich, Triebe frei von Stacheln. Nicht völlig winterhart.

S ○ Gh D* Rar 6,00 × 2,50 m

R. × fortuniana

ROSA Untergattung *Eurosa (Rosa)*

SEKTION: *Laevigatae*

Wuchs wuchernd oder kletternd, mit hakigen, unregelmäßigen Stacheln.
Blätter groß, meist 3, selten 5 Fiederblättchen.
Fast immergrün.
Blüten erscheinen einzeln.
Wenn Hagebutten ansetzen, behalten sie die Kelchblätter.

WILDROSE

R. laevigata

HERKUNFT UND VERBREITUNG

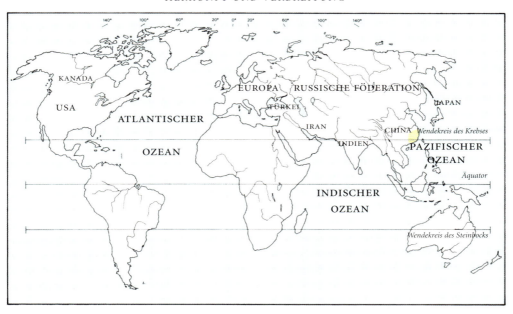

R. laevigata
FORMEN UND HYBRIDEN

Eine weitere Rose, die in den milderen Teilen der Welt als alltäglich angesehen wird. Nachdem ich mich jahrelang abgemüht hatte, mein Exemplar am Leben zu erhalten und es selten blühend gesehen habe, erinnere ich mich gut an die Freude, die mich überkam, als ich zum ersten Mal ein Dutzend Exemplare dieser Pflanze sah, die in einer Hecke am Straßenrand in einer ländlichen Gegend in Texas nach Herzenslust blühte und sicher vergessen hatte, daß ihre Ahnen vor fast 200 Jahren aus dem heimatlichen China in diese angenehme Gegend Amerikas gebracht wurden.

KLASSIFIKATION

BARB	Klasse 1	Hybriden: Klasse 1
MR10	Klasse 55	Hybriden: Klasse 30
WFRS	Klasse 39	Hybriden: Klasse 16

R. laevigata, 'Cherokee Rose'
CHINA ca. 1759
später in NORDAMERIKA naturalisiert

Nicht winterhart genug für kältere Klimazonen. Im Süden der USA wächst sie wild. Sie ist dort seit Ende des 18. Jahrhunderts heimisch. Blüten einfach, sehr groß, weiß mit herrlichen goldgelben Staubgefäßen. Blätter knackig, poliert und dunkel, wie das Holz, das mit großen, hakigen Stacheln bewehrt ist. Früchte oval, mit spärlichen Borsten.

Ein Exemplar einer interessanten und seltenen blaßrosa Form erhielt ich von Trevor Griffiths aus Neuseeland, aber nach nunmehr fast acht Jahren warte ich immer noch darauf, daß sie blüht.
F Hb ☼ Gh D* Rar   4,50 × 4,50 m

'Anemone Rose', R. × anemonoides
J. C. Schmidt DEUTSCHLAND 1895
R. laevigata × eine Teerose
Große, einfache, hauchdünne, rosafarbene Blüten

R. laevigata

'Anemone Rose'

'Cooper's Burmese' (oben), 'Ramona' (unten)

'Silver Moon'

mit einem Hauch von Mauve geben dieser Rose ein leicht orientalisches Aussehen. Eine starkwüchsige Kletterrose mit sparrigen, sich verzweigenden, dunkelbraunen Trieben, die reichlich mit hakigen Stacheln bewehrt sind. Das Laub ist dunkelgrün glänzend. Toleriert einen geschützten schattigen Standort.
r a N ○ ◐ D* Rar   3,00 × 2,50 m

'Cooper's Burmese', *R. cooperi*

eingeführt 1927
R. laevigata-Hybriden
Eine ausgezeichnete, rahmweiße Rose, die sehr lohnend sein kann, wenn man sie behutsam an einen warmen, geschützten Platz pflanzt. Das dunkle, glänzende Laub bildet einen großartigen Hintergrund für die großen, einfachen, duftenden Blüten. Die Triebe sind ziemlich stachelig, rehbraun und sparrig. Bis vor kurzem galt diese Rose als Hybride von *R. gigantea*.
r ○ a Gh D** Rar   4,50 × 4,50 m

'Ramona', 'Red Cherokee'

Dietrich und Turner USA 1913
Sport von 'Anemone Rose'
Diese wunderschöne Rose ist von viel dunklerem Rosa als die Stammsorte, schon fast rot. Ansonsten ist sie mit dieser identisch. Gelegentlich sportet sie in die Stammsorte zurück, so daß dann beide Blütenfarben an einer Pflanze erscheinen.
r a N ○ ◐ D** Rar   3,00 × 2,50 m

'Silver Moon'

Van Fleet USA 1910
R. laevigata-Hybride
Eine interessante Rose. Große, reinweiße, einfache Blüten an einer starkwüchsigen, schön belaubten Pflanze. Angenehm duftend. Blüht manchmal etwas zögerlich, lohnt aber ihren Platz selbst für nur einige wenige ihrer reizenden Blüten. Gut geeignet für kleine Bäume oder für Klettergerüste. Schöne Exemplare sind im Queen Mary Rose Garden, Regent's Park/London, zu sehen.
r Bkl N ◐ D* Rar   4,50 × 2,50 m

ROSA Untergattung *Eurosa (Rosa)*

SEKTION: *Bracteatae*

Wuchs kletternd oder sparrig wuchernd.
Zahlreiche Stacheln, hakig und paarweise. Kleinere Stacheln verstreut.
Blätter mit 7 bis 9 Fiederblättchen.
Hagebutten mit zurückgebogenen Kelchblättern, die nach der Reife abfallen.

WILDROSE

R. bracteata

HERKUNFT UND VERBREITUNG

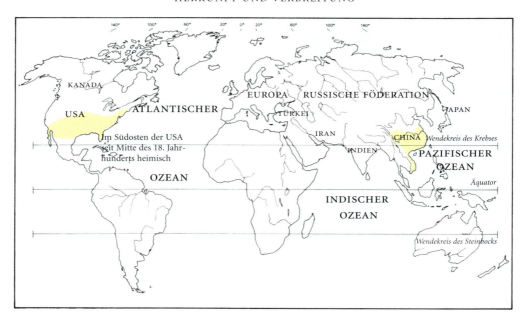

R. bracteata
UND HYBRIDEN

In unserem Klima können diese drei Rosen gleichzeitig verehrungswürdig sein als auch einen in Wut versetzen. Denn unter günstigen Umständen sind ihre Blüten wunderschön, doch im schlimmsten Fall leiden ihre Blüten immer wieder bei Frost, und kaum hat sich die Pflanze erholt, kann ein weiterer kalter Winter sie wieder zurückwerfen. Von ihrer bösartigen Bewaffnung mit Stacheln ganz zu schweigen, die reichlich Gärtnerblut fließen lassen. Aber lassen Sie sich davon nicht abschrecken: Sie sind wunderschöne Rosen.

KLASSIFIKATION

BARB Klasse 1
MR10 Klasse 23
WFRS Klasse 12 und 13

R. bracteata, 'Macartney Rose'

CHINA, eingeführt in GROSSBRITANNIEN 1793

Sie ist ziemlich frostempfindlich, blüht aber eigenartigerweise glücklich und zufrieden an einer Nordwand. Lord Macartney brachte sie Ende des 18. Jahrhunderts aus China mit. Als sie Anfang des 19. Jahrhunderts in den USA eingeführt wurde, fand sie das Klima dort im Süden und Südosten so angenehm, daß sie sich in der freien Natur vermehrte. Obwohl sie den Ruf hat, frostempfindlich zu sein, würde ich es begrüßen, wenn sie häufiger verwendet würde, und sei es nur als eine gelegentliche Abwechslung zu 'Mermaid'. Mit ihren einfachen, reinweißen Blüten und auffälligen goldfarbenen Staubgefäßen hat diese Rose viel zu bieten, besonders da sie mit Unterbrechungen von Juni bis zu den Novemberfrösten blüht. Die Triebe sind rehbraun und gut ausgestattet mit bösartigen Stacheln. Die Blätter sind dunkelgrün und fühlen sich leicht flaumig an. Eignet sich am besten als Kletterrose. Mein Exemplar kommt von »La Landriana«, einem wunderschönen Garten nahe Rom. Abbildung Seite 4.
db N ◑ D** Rar 2,50 × 2,50 m

'Mermaid'

William Paul GROSSBRITANNIEN 1917

R. bracteata × eine gefüllte gelbe Teerose

Zweifellos eine sehr gute und wunderschöne Kletterrose. Allein das Laub ist fast immergrün und satt dunkelgrün. Sie ist starkwüchsig, das dunkelbraune, kastanienfarbige Holz ist mit grausamen Stacheln bewehrt. Die Blüten entschädigen allerdings reichlich für Kratzer, die man sich beim behutsamen Zurückschneiden zugezogen hat. Jede Blüte ist einfach, 8 bis 10 cm im Durchmesser, zitronengelb, mit auffälligen, goldbraunen Staubgefäßen. Außerdem duften die Blüten. Schließlich erscheinen die Blüten den ganzen Sommer über, oft werden sie im Laufe des Sommers immer schöner. Sie ist etwas weniger frostempfindlich als die Elternsorte, *R. bracteata*, von der sie die Schattenverträglichkeit geerbt hat. Sie fühlt sich an den meisten Wänden wohl, sogar an Nordwänden. In strengen Wintern friert sie stark zurück. In den Wintern 1981 und 1985 sind in Großbritannien viele ausgewachsene Exemplare erfroren.
db N ◑ D** Rar 9,00 × 6,00 m

'Happenstance', 'Baby Mermaid'

Züchter mir nicht bekannt, USA *ca.* 1950

Eine entzückende kleine Buschform von 'Mermaid'. Die Blüten sind in jeder Hinsicht ähnlich nur etwas kleiner. Ich war hocherfreut, ein Exemplar dieser Rose im Garten von Kleine Lettunich in Santa Cruz/Kalifornien zu sehen.
db Bd ◑ ▽ D** Rar 90 × 120 cm

116 • BRACTEATAE

'Mermaid'

ROSA Untergattung *Eurosa (Rosa)*

SEKTION: *Pimpinellifoliae*

Wuchs meist aufrecht, etwa 1 bis 4 m.
Triebe durchweg mit vielen Stacheln und Borsten.
Blätter klein, einige mit 7 bis 9 Fiederblättchen, andere mit 9 bis 11,
R. sericea mit 13 bis 17 Fiederblättchen.
Blüten meist einzeln an kurzen Trieben.
Die reifen Hagebutten behalten stets die Kelchblätter.
Hagebutten in der Regel oval oder rundlich, einige glatt, andere borstig,
die Farbe variiert von leuchtend rot bis schwarz, je nach Art.

WILDROSEN

R. × cantabrigiensis; R. dunwichensis; R. ecae; R. foetida (R. lutea); R. foetida bicolor; R. foetida persiana; R. hemisphaerica; R. × hibernica; R. hugonis; R. × involuta (R. gracilis, R. rubella, R. wilsonii); R. koreana; R. pimpinellifolia (R. spinosissima); R. primula; R. × pteragonis; R. × reversa; R. × sabinii; R. sericea; R. xanthina

GARTENROSEN

Austrian Briars; Bibernell-Rosen/Schottische Rosen

HERKUNFT UND VERBREITUNG

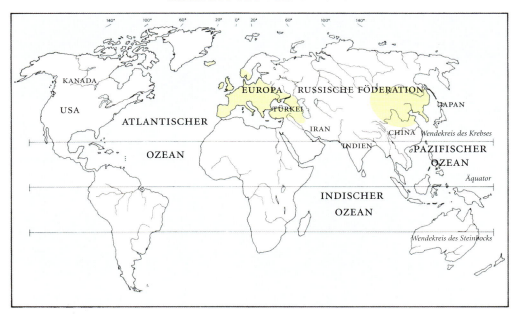

'Golden Chersonese'

'Helen Knight'

R. ecae
FORMEN UND HYBRIDEN

Nicht viele Hybriden wurden aus *R. ecae* entwickelt, vielleicht weil sie unter den Arten dieser Sektion die am wenigsten verbesserungsfähige ist. Die bilden, die ich ausgewählt habe, sind jedoch ausgezeichnet und leichter zu kultivieren als viele andere und bringen jedes Frühjahr zuverlässig eine richtige Explosion von Goldgelb hervor.

KLASSIFIKATION

BARB	Klasse 1	Hybriden: Klasse 1
MR10	Klasse 55	Hybriden: Klasse 54
WFRS	Klasse 38	Hybriden: Klasse 10

R. ecae
AFGHANISTAN 1880

Ein kleiner, stacheliger Strauch mit rötlich-braunen Zweigen und kleinen, farnartigen Blättern. Zahlreiche einfache Blüten von Butterblumengröße in tiefem, sattem Gelb mit deutlich sichtbaren Staubgefäßen. Benötigt besondere Pflege, kann dann aber imposant aussehen.
F ▽ Rar 120 × 90 cm

'Golden Chersonese'
E. F. Allen GROSSBRITANNIEN 1963

R. ecae × 'Canary Bird'
Ein hübscher Strauch mit einfachen Blüten in sattem Goldgelb, die sehr früh und im Überfluß erscheinen. Wuchs aufrecht, Holz und Stacheln dunkelbraun. Blätter farnartig, einzeln gesehen klein, aber sehr reichlich.
F N a ◐ Rar 1,80 × 1,20 m

'Helen Knight'
F. P. Knight GROSSBRITANNIEN 1966

R. ecae × *R. pimpinellifolia* 'Altaica'
Eine gebräuchliche Hybride mit großen, leicht becherförmigen, einfachen tiefgelben Blüten, die im späten Frühjahr inmitten von farnähnlichem Laub erscheinen. Starkwüchsiger Strauch mit schwärzlichen Trieben und Stacheln. Sollte besser bekannt sein.
F a ◐ Rar 1,50 × 1,20 m

R. ecae

R. foetida
FORMEN UND HYBRIDEN

Diese Rose ist von der großer Bedeutung, weil sie die Farbe Gelb in die modernen Rosen eingeführt hat, aber auch, weil diese asiatische Art einige interessante Abkömmlinge in Form starkwüchsiger Sträucher und gut verwendbarer Kletterrosen hervorbrachte. Die hier beschriebenen sind eine wichtige Gruppe, denn sie stellen die wenigen Möglichkeiten dar, wenn ein starkwüchsiger, lockerer Strauch in Goldgelb gewünscht ist.

KLASSIFIKATION

BARB	Klasse 1	Hybriden: Klasse 1
MR10	Klasse 55	Hybriden: Klasse 28
WFRS	Klasse 38	Hybriden: Klasse 10

R. foetida, R. lutea, 'Austrian Briar', 'Austrian Yellow'

ASIEN 16. Jahrhundert oder früher

Große, einfache Blüten von sattem Goldgelb mit sichtbaren Staubgefäßen erscheinen Anfang Juni. Aufrechter Wuchs, große, schwärzliche Stacheln, Holz kastanienbraun. Laub leuchtend grün und dicht gemasert. Bedeutende Rose. Von ihr – und der ihr verwandten R. foetida persiana – stammt zum großen Teil die gelbe Farbe unserer modernen Rosen. Ihr botanischer Name ist auf den leicht unangenehmen Geruch ihrer Blüten zurückzuführen.
S ▽ Srt Rar   2,50 × 1,50 m

R. foetida (oben), R. foetida bicolor (unten)

R. foetida bicolor, R. lutea punicea, 'Austrian Copper'

ASIEN 16. Jahrhundert oder früher

Ein Sport von R. foetida, der bereits in grauer Vorzeit entstand. Die Blüten sind tief kupferorange, zur Zeit ihrer vollen Blüte ein atemberaubender Anblick. Die Blüte fällt gelegentlich in die ursprüngliche gelbe Farbe zurück, und manchmal treten beide Farben an einer Pflanze gleichzeitig auf. Sie ist ziemlich anfällig für Sternrußtau
S a ▽ Srt Rar   2,50 × 1,50 m

R. foetida persiana, 'Persian Yellow'

SÜDWESTASIEN 1837

Kugelförmige, gut gefüllte Blüten von sattem Goldgelb. Hat alle Vorzüge und Fehler der beiden vorher genannten Arten, ist aber weniger starkwüchsig. Abbildung auf Seite 5.
S a Srt Rar   1,80 × 1,20 m

'Le Rêve'

'Lawrence Johnston', 'Hidcote Yellow'
Pernet-Ducher FRANKREICH *ca.*1920
eingeführt 1923
'Mme Eugène Verdier' × *R. foetida persiana*
Eine früh blühende Kletterrose mit halbgefüllten gelben Blüten mit auffälligen Staubgefäßen. Die duftenden Blüten erscheinen in Dolden. Sehr starkwüchsig. Üppiges, hellgrünes Laub.
r a N ◐ D*** Rar   6,00 × 6,00 m

'Le Rêve'
Pernet-Ducher FRANKREICH *ca.* 1920
'Mme Eugène Verdier' × *R. foetida persiana*
Ähnlich 'Lawrence Johnston', sogar aus derselben Kreuzung. Nicht ganz so starkwüchsig. Intensiv duftend. Beide sind wertvolle Sorten und verdienen es, häufiger gepflanzt zu werden. Beide bilden auch gute große Solitärsträucher.
r a N ◐ D*** Rar   4,50 × 4,50 m

'Star of Persia'
Pemberton GROSSBRITANNIEN 1919
R. foetida × 'Trier'
Eine interessante Pemberton-Kreuzung, die beweist, daß Pemberton, während er an seinen Moschata-Hybriden arbeitete, auch andere Richtungen der Züchtung verfolgte. Hoher, kräftiger Busch, eine niedrige Kletterrose. Die Blüten sind halbgefüllt und leuchtend gelb und zeigen, wenn sie ganz geöffnet sind, tiefgoldene Staubgefäße. Die Abstammung von *R. foetida* zeigt sich in Wuchs und Belaubung. Heute nur selten zu sehen.
r ☼ ▽ Srt D* Rar   3,00 × 1,20 m

122 · PIMPINELLIFOLIAE

R. hemisphaerica

R. hugonis (Text siehe Seite 123)

R. hemisphaerica, '**Sulphur Rose**'

SÜDWESTASIEN VOR 1625

Die kugelförmigen, gefüllten, satt schwefelgelben Blüten leuchten inmitten üppigem, gräulich-hellgrünem Laub. Bei trübem Wetter öffnen sie sich selten ganz, dennoch lohnt sich die Geduld, denn wenn sie sich öffnen, sind sie äußerst attraktiv. Bevorzugt eine warme, geschützte Lage. Ist eher »übelriechend« als duftend.

S ☼ ⛉ Re Gh Rar   1,80 × 1,20 m

'Cantabrigiensis' (Text siehe Seite 123)

R. hugonis

FORMEN UND HYBRIDEN

Die wenigen *R. hugonis*-Hybriden sind relativ reichblühende, starkwüchsige Sträucher. Bringen ebenso wie die Elternsorte im Spätfrühling eine Fülle duftender Blüten hervor. Sie sind pflegeleicht und gedeihen auf den meisten Böden.

KLASSIFIKATION

BARB	Klasse 1	Hybriden: Klasse 1
MR10	Klasse 55	Hybriden: Klasse 29
WFRS	Klasse 28	Hybriden: Klasse 10

R. hugonis, 'Golden Rose of China'

CHINA 1899

Große Mengen blaßgelber Blüten mittlerer Größe an einem aufrecht wachsenden Busch. Die Triebe sind dicht mit Stacheln besetzt und von bronzebrauner Farbe. Die zahlreichen Blätter – sowohl im Aussehen als auch beim Anfühlen an Farn erinnernd – werden im Herbst bronzeorange. Trägt im Spätsommer kleine, dunkelrote Hagebutten.
F a W Lf Hb ☼ ◐ D* v   2,50 × 1,50 m

'Cantabrigiensis', *R.* × *cantabrigiensis*, *R. pteragonis cantabrigiensis*

Cambridge Botanic Gardens
GROSSBRITANNIEN *ca.* 1931
R. hugonis × *R. sericea*
Nicht ganz so aufrecht im Wuchs wie *R. hugonis*. Die Blüten sind größer, etwas blasser und etwas wetterbeständiger. Triebe grazil, überhängend und von rehbrauner Farbe, ebenso die zahlreichen Stacheln. Das Laub ist farnartig, aber nicht so farbenprächtig im Herbst wie bei ihren Eltern.
F a W Hb ☼ D* v   2,00 × 1,50 m

'Earldomensis', *R. earldomensis*

Page GROSSBRITANNIEN 1934
R. hugonis × *R. sericea*
Ein ausladender Strauch mit flachen, rötlichen Stacheln, die durchscheinend sind, wenn sie jung sind. Attraktives, farnähnliches Laub. Die sattgelben, einfachen Blüten werden von Ende Mai bis Anfang Juni hervorgebracht. Schwierig zu vermehren, aber leicht zu kultivieren.
F a W Lf Hb ☼ ◐ Rar 2,00 × 2,50 m

'Headleyensis', *R. headleyensis*

Warburg GROSSBRITANNIEN *ca.* 1920
R. hugonis × unbekannt (möglicherweise *R. pimpinellifolia* 'Altaica')
Ein hübscher Strauch, etwas kompakter als *R. hugonis*. Besonders schönes Laub in sattem, leuchtendem Grün, übereichlich an stacheligen, bräunlichen Trieben. Blüten zart blaßgelb und gut duftend.
F a W Hf ◐ ▽ D** Rar   2,00 × 1,20 m

R. × *involuta*, *R. gracilis*, *R. rubella*, *R. wilsonii*

NORDEUROPA *ca.* 1820
Gilt als natürliche Hybride zwischen *R. pimpinellifolia* und *R. villosa*, aber das männliche Elternteil ist möglicherweise eine andere in ihrem Verbreitungsgebiet vorkommende Wildrose, z. B. *R. tomentosa* oder *R. sherardii*. Weiße, kleine bis mittelgroße Blüten an einer stacheligen, viele Ausläufer bildenden Pflanze. Kleine, graugrüne Blätter. Die Triebe, vor allem ältere, sind rehbraun. Hagebutten oval bis rund, leicht stachelig. In Teilen Skandinaviens recht häufig wild wachsend zu finden.
S W a ◐ Rar   90 × 90 cm

R. koreana

KOREA 1917
Eine buschige, ziemlich dichte, stachelige Pflanze mit rötlichem Holz. Einfache, weiß bis zartsafarbene Blüten, später kleine, hängende, ovale und orangefarbene Hagebutten. Blätter dunkelgrün und zahlreich mit 7 bis 11 Fiederblättchen.
S W a ◐ ▽ Rar   90 × 90 cm

Pimpinellifolias (Bibernell-Rosen)
FORMEN UND HYBRIDEN

Eine Fülle sehr gartenwürdiger Strauchrosen entstand im Laufe der Jahre durch Kreuzung verschiedener anderer Gruppen mit den diversen Formen dieser Wildrose. Im 19. Jahrhundert waren die vielen unterschiedlichen gefüllten Formen sehr beliebt, besonders in Bauerngärten. Auch heute noch sind diese und die neueren, höherwüchsigen Sorten, die von Kordes in den 1940er und 1950er Jahren entwickelt wurden, sehr gefragt, denn sie sind nicht nur pflegeleicht und leicht zu kultivieren, sondern haben auch noch eine frühe Blütezeit. Einige darunter schenken uns die ersten Blüten des Sommers.

KLASSIFIKATION

BARB	Klasse 1	Hybriden: Klassen 27
MR10	Klasse 55	Hybriden: Klassen 42
WFRS	Klasse 28	Hybriden: Klassen 10

R. pimpinellifolia, R. spinosissima, 'Scotch Briar', 'Burnet Rose'
EUROPA VOR 1600

Reizende, einfache Blüten, cremeweiß, manchmal mit zarten Andeutungen von Rosa, erscheinen reichlich zu Beginn der Saison. Auffällige Staubgefäße. Laub klein und farnartig. Triebe dicht besetzt mit langen, nadelartigen Stacheln. Kugelige, meist schwarze Hagebutten. Bildet, wenn auf der eigenen Wurzel gepflanzt, reichlich Ausläufer. Ist in fast allen Böden zufrieden, vor allem in sandigen. Diese Wildrose hat im Lauf der Zeit viele Hybriden hervorgebracht.
F a W H Hf ◐ ▽ v   90 × 90 cm

R. pimpinellifolia 'Altaica', *R. spinosissima* 'Altaica'
ASIEN *ca.* 1818

Dunkles, bräunliches Holz mit zahlreichen spitzen Stacheln und leicht gemasertem, hübsch gezähntem, gräulich-hellgrünem Laub. Blüten weiß, groß und wunderschön, einfach und mit auffälligen goldgelben Staubgefäßen. Ein gut geeigneter, gesunder Strauch. Trägt im Herbst kastanienbraune bis purpurne Hagebutten.
F H W a Lf Hb ◐ ▽ Rar   150 × 90 cm

R. pimpinellifolia hispida
NORDOSTASIEN, SIBIRIEN *ca.* 1781

Ein aufrecht wachsender Strauch mit etwas größerem Laub als bei *R. pimpinellifolia* 'Altaica'. Große Blüten von sanftem Gelb bis Weiß mit auffälligen Staubgefäßen. Triebe dunkelgrün bis braun mit zahlreichen spitzen Stacheln. Sehr winterhart.
F H W a ◐ Rar   1,80 × 1,20 m

R. pimpinellifolia lutea, 'Lutea'
ASIEN

Einfache, intensiv gelbe Blüten erscheinen an einer aufrecht wachsenden, buschigen Pflanze. Ähnelt in der Wuchsform *R. pimpinellifolia* 'Altaica', ist aber weniger starkwüchsig und hat kleinere Blüten.
F H W a ◐ Rar   120 × 90 cm

R. pimpinellifolia 'Nana', *R. spinosissima nana*
VOR 1805

Eine hübsche Zwergform der Bibernell-Rose. Halbgefüllte bis gefüllte Blüten erscheinen in großer Fülle im Spätfrühling bis Frühsommer an einer Pflanze von dichtem Wuchs mit farnähnlichem Laub.
F Bd W a H ◐ ▽ Rar   30 × 30 cm

SCHOTTISCHE ROSEN ODER BIBERNELL-ROSEN

Im Laufe der Jahre sind viele gefüllte Sorten von *R. pimpinellifolia* entstanden, nachdem die ersten um 1800 eingeführt wurden. Es gab sie in vielen Farben und alle hatten Namen. Einige dieser reizenden kleinen Rosen gibt es heute noch, ihre Namen sind aber nicht mehr bekannt. Die Royal National Rose Society hat eine große, repräsentative Auswahl davon. Ein Besuch in St. Albans im Mai oder Juni lohnt sich. Nur die bedeutendsten sind hier beschrieben, sonst würde die Liste endlos.

'Old Yellow Scotch'

'Double White', 'Double Pink', 'Double Marbled Pink', usw.

Alle haben schalenförmige Blüten, die an hübschen, schön belaubten Sträuchern mit vielen Stacheln reichlich erscheinen. Die meisten tragen im Spätsommer kugelige, fast schwarze Hagebutten, und alle geben gut verwendbare, gefällige, kompakte Sträucher oder attraktive, dichte Hecken ab.
F S Bd Hb a H Hf ◐ ▽ Rar   90 × 90 cm

GEFÜLLTE GELBE SORTEN

Es gibt mehrere gelbe Sorten, die offensichtlich von *R. foetida* abstammen. Die wichtigsten sind:

R. × *harisonii* oder **'Harison's Yellow'** (**Yellow Rose of Texas**) – gut gefüllt   USA 1846

'Williams' Double Yellow' – halbgefüllt
GROSSBRITANNIEN 1828

Für mein Empfinden sind beide etwas gedrungener im Wuchs als die andersfarbigen Sorten. Ich bevorzuge eine alte, gefüllte Sorte, die ich schlicht – 'Old Yellow Scotch' nenne. Diese ist kompakter im Wuchs, duftet angenehm und ist vor sehr langer Zeit entstanden.
F Bd a H ◐ ▽ Rar   120 × 90 cm

'Double White'

'Albert Edwards'

Hillier GROSSBRITANNIEN 1961
R. pimpinellifolia '**Altaica**' × R. hugonis
Ein reichblühender Strauch. Mittelgroße, einfache Blüten, cremeweiß bis zartgelb, an einer hohen, starkwüchsigen, schön belaubten Pflanze. Zu ihren besten Eigenschaften gehört ihr Duft. Es wäre eine Freude, diese Rose häufiger als Solitär zu sehen.
F H a ◉ D** Rar   3,00 × 1,20 m

'Andrewsii', R. pimpinellifolia andrewsii

ca. 1806
Halbgefüllte Blüten von tiefem Rosarot und Creme zeigen gelbe Staubgefäße, wenn sie ganz geöffnet sind. Eine dichte, schön belaubte Pflanze mit erträglichen Stacheln. Remontiert gelegenlich im Herbst, was bei Pimpinellifolia-Rosen gelegentlich vorkommt.
F Bd W a ◉ ▽ Rar   120 × 90 cm

'Dunwich Rose', R. dunwichensis

Auf den Sanddünen von Dunwich/Suffolk entdeckt.
GROSSBRITANNIEN 1956
Eine sehr gut verwendbare Rose mit mittelgroßen, zartgelben Blüten mit auffallenden Staubgefäßen, die einzeln entlang überhängender Zweige erscheinen. Das Laub ist hellgrün und farnähnlich. Viele spitze Stacheln. Es spricht einiges dafür, daß diese Rose Ende des 19. Jahrhunderts als Gartenrose kultiviert wurde. Abbildung Seite 75.
S a Bd D* ◉ Rar   60 × 120 cm

'Falkland'

GROSSBRITANNIEN
Reizende, halbgefüllte, becherförmige Blüten in weichem Lilarosa, das mit der Zeit zu rosigem Weiß verblaßt. Kompakter Wuchs. Typisches Pimpinellifolia-Laub. Gut geformte, dunkel kastanienbraune Hagebutten im Spätsommer und im Herbst.
F H W a Hb ◉ ▽ Rar   90 × 90 cm

'Frühlingsanfang'

Kordes DEUTSCHLAND 1950
'Joanna Hill' × R. pimpinellifolia '**Altaica**'
Herrliche, mittelgroße, einfache reinweiße Blüten mit auffälligen Staubgefäßen und kräftigem Duft. Dunkelgrünes Laub an einer aufrechten und gesunden Pflanze. Im Herbst große, kastanienbraune Hagebutten.
S a W H Hb ◉ D*** Rar   3,00 × 1,80 m

'Frühlingsduft'

Kordes DEUTSCHLAND 1949
'Joanna Hill' × R. pimpinellifolia '**Altaica**'

'Frühlingsanfang'

'Frühlingsgold', und unten, 'Frühlingsschnee'

Eine kräftige, gesunde Pflanze mit ziemlich gewelltem, dunkelgrünem, glänzendem Laub. Große, dicht gefüllte Blüten von weichem Zitronengelb, das deutlich in Rosa übergeht. Stark duftend.
S a W H ◐ D*** Rar   3,00 × 1,80 m

'Frühlingsgold'

Kordes DEUTSCHLAND 1937
'Joanna Hill' × *R. pimpinellifolia*-Hybride
Große, fast einfache Blüten in sattem Goldgelb, das zu Blaßgelb verblaßt. Sehr zahlreiche Blüten an einer kräftigen, aufrechten Pflanze mit dunkelgrünem Laub. Triebe ebenfalls dunkelgrün und ziemlich stachelig. Sie ist die am besten bekannte der »Frühlings«-Rosen und das mit Recht, denn sie bildet einen besonders schönen Zierstrauch.
F a W H ◐ D*** v   2,00 × 1,50 m

'Frühlingsmorgen'

Kordes DEUTSCHLAND 1942
('E. G. Hill' × 'Cathrine Kordes') ×
R. pimpinellifolia '**Altaica**'
Große, einfache Blüten in Kirschrosa und Weiß mit blaßgelber Mitte und goldfarbenen Staubgefäßen. Süß duftend. Fängt früh in der Saison an zu blühen und remontiert gelegentlich. Aufrecht. Ein schön belaubter Strauch mit dunkelgrünen Blättern. Schöne, kastanienbraune Hagebutten. Eine ausgezeichnete Strauchrose.
F a W H Hb ◐ D** v   1,80 × 1,20 m

'Frühlingsschnee'

Kordes DEUTSCHLAND 1954
'Golden Glow' × *R. pimpinellifolia* '**Altaica**'
Große, einfache, reinweiße Blüten öffnen sich sehr früh im Jahr. Aufrecht im Wuchs mit zahlreichen Stacheln und dunkelgrünem Laub.
F a W H ◐ D** Rar   1,80 × 1,20 m

'Frühlingstag'

Kordes DEUTSCHLAND 1949
'McGredy's Wonder' × 'Frühlingsgold'
Büschel großer, offener, halbgefüllter Blüten in sattem Goldgelb, das mit dem Alter zu sanftem Gelb verblaßt. Duftend. Dunkles, ledriges Laub. Triebe von dunklem Grünbraun und sehr stachelig. Aufrechter Wuchs.
F a W H ◐ D** Rar   2,00 × 1,20 m

'Frühlingszauber'

Kordes DEUTSCHLAND 1942
('E. G. Hill' × 'Cathrine Kordes')
× *R. pimpinellifolia* '**Altaica**'
Große, fast gefüllte Blüten von silbrigem Rosa und üppiges, dunkelgrünes Laub. Wuchs aufrecht, ziemlich stachelig. Sehr gesund.
F a W H ◐ D** Rar   2,00 × 1,50 m

'Glory of Edzell'

Einfache Blüten von klarem Rosa mit blasserer, fast weißer Mitte und auffälligen Staubgefäßen. Blüht sehr früh. Blätter klein, aber dicht, aufrechter Wuchs, stachelig.
F a W H ◐ ▽ Rar   1,50 × 1,20 m

'Golden Wings'
Shepherd USA 1956
('Sœur Thérèse' × R. pimpinellifolia 'Altaica') × 'Ormiston Roy'
Große Blüten von klarem Goldgelb, fast einfach, mit auffälligen, goldbraunen Staubgefäßen, werden in großer Zahl sowohl in Büscheln als auch einzeln inmitten von sattem hellgrünem Laub hervorgebracht. Blüht fast durchgängig von Juni bis Oktober, lieblich duftend. In jeder Hinsicht ein gefälliger Strauch.
db a H ⌐ D** Rar   1,50 × 1,20 m

'Karl Förster'
Kordes DEUTSCHLAND 1931
'Frau Karl Druschki' × R. pimpinellifolia 'Altaica'
Ein ansehnlicher Strauch. Große, halbgefüllte Blüten zeigen auffällige, goldene Staubgefäße, wenn sie ganz geöffnet sind. Buschiger Wuchs mit gräulichhellgrünem Laub. Eine sehr gut verwendbare Rose, die zu wenig geschätzt wird. Bringt auch im Spätsommer noch vereinzelt Blüten hervor.
r a W ◉ D* Rar   1,50 × 1,20 m

'Maigold'
Kordes DEUTSCHLAND 1953
'Poulsen's Pink' × 'Frühlingstag'
Eine hervorragende Kletterrose. Eine der ersten, die in der Saison blüht. Ein Schauspiel, wenn in voller Blüte. In einem schönen Sommer remontiert sie mit einem zweiten Blütenflor im Herbst. Duftende, halbgefüllte Blüten in sattem Goldgelb mit einem Hauch Orange. Laub sattgrün und glänzend. Kräftige Triebe, die von rötlich-braunen Stacheln bedeckt sind.
F Bkl a N ◉ D** v   3,50 × 2,50 m

'Mary Queen of Scots'
Eine wunderschöne Rose. Einfache Blüten mit auffälligen Staubgefäßen, cremeweiß in der Mitte mit lilafarbenen und rötlichen Pinselstrichen, die zu den Rändern der Blütenblätter dunkler werden. Ihnen folgen kugelige, schwärzlich-kastanienbraune Früchte an einer schmucken, reichverzweigten, schön belaubten, kleinen Pflanze.
F a Hb ◉ ⌐ D* Rar   90 × 90 cm

'Maigold' (oben), 'Karl Förster' (unten)

'Mary Queen of Scots' (oben), 'Mrs Colville' (unten)

'Mrs Colville'

angeblich *R. pimpinellifolia* × *R. pendulina*
Ein faszinierender, kleiner Strauch mit einfachen, ins Violett gehenden, karminroten Blüten mit auffälligen Staubgefäßen und einem markanten weißen Auge in der Mitte. Weniger stachelig als die meisten dieser Gruppe, mit rötlich-braunem Holz und kleinen, aber zahlreichen Blättern.
F H a Hb ◐ ▽ Rar   120 × 90 cm

'Ormiston Roy'

Doorenbos NIEDERLANDE 1953
R. pimpinellifolia × *R. xanthina*
Einfache, leuchtend butterblumen-gelbe Blüten an einer stacheligen, dichten Pflanze mit hellgrünem, farnartigem Laub. Im Herbst große purpurfarbene bis schwarze kugelige Hagebutten.
F H a Hb ◐ ▽ D* Rar   120 × 90 cm

'Single Cherry'

Leuchtend kirschrote, einfache Blüten mit blasseren rosafarbenen Klecksen. Eine Fülle von graugrünem Laub an einer niedrigen, buschigen Pflanze. Später folgen kleine, runde, schwärzliche Hagebutten. Eine der hübschesten dieser Gruppe mit besonders leuchtender Farbe.
F H a Hb ◐ ▽ D* Rar   90 × 90 cm

'Single Cherry' (oben), 'Stanwell Perpetual' (unten)

'Stanwell Perpetual'

Lee GROSSBRITANNIEN 1838
R. damascena bifera × *R. pimpinellifolia*
Ein stacheliger, bogig überhängender aber graziler Strauch mit zahlreichen gräulich-grünen Blättern, die manchmal purpurne Flecken bekommen, als ob sie krank wären. Obwohl das nicht gut aussieht, ist diese Verfärbung weder schädlich noch ansteckend. Deshalb sollten Sie sich von dieser Verfärbung nicht abhalten lassen, diese ausgezeichnete Rose zu pflanzen. Die lange Blütezeit entschädigt reichlich für die paar verfärbten Blätter. Blüten stark gefüllt und viergeteilt, von weichem, sanftem Rosa und duftend. Eine meiner Lieblingsrosen.
db H a W ◐ ▽ D*** v   1,50 × 1,50 m

'William III'

Auf halbgefüllte Blüten von sattem Kastanienbraun, das zu Magentarot verblaßt, folgen dunkel-schokoladenbraune Hagebutten. Dichtes Laub an einer schmucken, aufrechten Pflanze. Duftend. Eine ausgezeichnete kleine Rose.
S a W Hb ◐ ▽ D** Rar   90 × 90 cm

R. × *hibernica*, 'Hibernica'

Templeton IRLAND 1765
R. pimpinellifolia × *R. canina*
Eine ausgesprochen interessante Rose. Sie wurde Ende des 18. Jahrhunderts in Irland entdeckt, wo sie heute in der freien Natur als ausgestorben gilt. Der Strauch ist mittelgroß, das Laub ist eine Mischung von *R. pimpinellifolia* und *R. canina*. Eine besonde-

R. × hibernica

re Eigenschaft dieser Rose sind ihre Hagebutten, die in der Farbe *R. canina* ähneln und in der Form *R. pimpinellifolia*. Wie Letztere behält sie ihre Kelchblätter. Die Blüten sind einfach, mittelgroß und leuchtend rosa. Ich konnte noch nicht feststellen, daß sie remontiert, wie es die irischen Klone für sich in Anspruch nehmen. Es ist aber möglich, daß remontierende Klone existieren, da beide Elternteile sich leicht kreuzen lassen. Professor Nelson vom Botanischen Garten in Dublin und nun in Cambridge machte mich darauf aufmerksam, daß ein Exemplar, das von Templetons Original abstammen soll, in Belfast existiert und gedeiht. – Ich habe nun Stecklinge davon zum Testen.
S a Hb W ☼ ▽ D** Rar 1,20 × 1,20 m

R. primula, 'Weihrauch-Rose'

ZENTRALASIEN, CHINA 1910

Wunderschöne Wildrose mit kräftigen, aufrechten, stacheligen, dunkelbraunen Trieben, die bogig überhängende Seitentriebe stützen. Das glänzende, farnähnliche Laub hat einen kräftigen Weihrauchduft. Die einfachen, früh erscheinenden, stark duftenden Blüten sind von weichem Butterblumen-Gelb mit auffälligen Staubgefäßen. Ein sehr gut verwendbarer und interessanter Strauch, der gelegentlich kleine, rötliche Hagebutten trägt.
F W a Lf ▽ D*** Rar 1,50 × 1,20 m

R. × pteragonis

DEUTSCHLAND 1938

R. hugonis × *R. sericea*

Ein mittelgroßer bis hoher Strauch mit breiten, dunkelroten Stacheln, ähnlich denen von *R. sericea*, aber mit blaßgelben Blüten mit fünf Blütenblättern, ähnlich denen von *R. hugonis*.
F W a ◐ Rar 1,80 × 1,20 m

R. × reversa

SÜDEUROPA 1820

R. pendulina × *R. pimpinellifolia*

Die Blütenfarbe variiert zwischen Rosa und Weiß, meist ist sie Rosa. Mittelgroße, hängende, ovale bis rundliche, dunkelrote Hagebutten. Wuchs etwas steif mit purpurnen Trieben, oft ziemlich stachelig.
F W a ◐ Rar 120 × 90 cm

R. × sabinii

NORDEUROPA *ca.* 1850

Ähnelt *R. × involuta* sehr, hat aber längere Staubgefäße, größere Hagebutten, und die Triebe sind blasser. Möglicherweise eine Kreuzung von *R. pimpinellifolia* und *R. mollis*.
S W a ◐ Rar 90 × 90 cm

R. sericea
FORMEN UND HYBRIDEN

KLASSIFIKATION

BARB Klasse 1
MR10 Klasse 55
WFRS Klasse 10

R. sericea, R. omeiensis
HIMALAJA, WESTCHINA 1822

Ein kräftiger Strauch mit farnähnlichem Laub und starken Zweigen, die mit großen, hakigen Stacheln und zahlreichen kleinen Borsten bewaffnet sind. Die Stacheln sind, so lange sie jung sind, leuchtend rot und durchscheinend. Die Blüten sind weiß mit auffälligen blaßgelben Staubgefäßen. Anders als bei jeder anderen Art dieser Gattung bestehen die Blüten aus nur vier Blütenblättern. Früchte leuchtend rot, fast oval aber leicht birnenförmig. In einigen Werken wird R. omeiensis als eigenständige Art aufgeführt. Vielleicht zu recht, aber beide sind sich so ähnlich, daß für unseren Zweck hier eine Art ausreicht.

F a Hb W Lf Rar   3,00 × 1,80 m

R. sericea chrysocarpa
HIMALAJA

Identisch mit R. sericea, nur die Hagebutten sind leuchtend gelb.

F a W Hb Hf ◐ Rar   3,00 × 1,80 m

R. sericea pteracantha, R. omeiensis pteracantha
CHINA eingeführt 1890

Feines, farnähnliches Laub, das sich gegen die braunen Triebe abhebt, die mit riesigen, keilförmigen Stacheln versehen sind. Wenn diese Stacheln jung sind, sind sie sehr auffällig – durchscheinend und im Gegenlicht der Morgen- oder Abendsonne wie Rubine glühend. Die kleinen – auf den ersten Blick recht unbedeutenden – Blüten erweisen sich bei näherer Betrachtung als sehr schön. Sie sind weiß, einfach und bestehen aus nur vier Blütenblättern. Ihnen folgen kleine, ovale bis rundliche Hagebutten, deren Farbe zwischen Gelb und leuchtend Orangerot variiert.

F a Hb W Lf ◐ v   3,00 × 1,80 m

R. sericea pteracantha atrosanguinea

Wie oben, aber die durchscheinenden Stacheln sind etwas dunkler rot, auch die Hagebutten sind dunkler rot, fast schwarz.

F a Hb W Lf ◐ v   3,00 × 1,80 m

R. sericea pteracantha, Stacheln (oben), Blüten (rechts)

'Heather Muir'

'Hidcote Gold'

'Heather Muir'

Sunningdale Baumschule GROSSBRITANNIEN 1957
Sämling von *R. sericea*
Für eine Rose dieser Gruppe werden die reinweißen, einfachen Blüten über eine recht lange Zeit ständig neu hervorgebracht. Das Laub ist farnähnlich und die Triebe sind dicht besetzt mit keilförmigen Stacheln. Aufrechter Wuchs. Trägt sehr prächtige, orangefarbene Früchte.
F W Hb Lf ● Rar   2,50 × 1,80 m

'Hidcote Gold'

Hilling & Co. GROSSBRITANNIEN 1948
Sämling von *R. sericea*
Leuchtend gelbe, einfache Blüten in kleinen Büscheln an einer robusten Pflanze. Die Triebe sind reichlich mit breiten, keilförmigen Stacheln und farnähnlichem Laub besetzt.
F Lf W ● Rar   2,50 × 1,80 m

'Red Wing'

R. sericea pteracantha × *R. hugonis*
Eine Pflanze von anmutigem Wuchs mit wunderschönen, roten, keilförmigen Stacheln. Die Blüten sind cremegelb und einfach. Ein hübscher Strauch, nicht schwer zu kultivieren, aber in der Baumschule schwierig zu vermehren.
F Lf W ● Rar   1,80 × 1,20 m

R. xanthina
FORMEN UND HYBRIDEN

KLASSIFIKATION

BARB   Klasse 1
MR10   Klasse 54
WFRS   Klasse 10

R. xanthina
CHINA 1906

Ein steifer Strauch mit dunklen Trieben und Stacheln sowie dunkelgrünem, farnähnlichem Laub. Die kleinen, lockeren Blüten sind unregelmäßig halbgefüllt, sattgelb und erscheinen früh.
F H D** Rar   3,00 × 1,80 m

R. xanthina lindleyii
NORDCHINA, KOREA 1906

Mittelgroße, gefüllte, gelbe Blüten erscheinen vom späten Frühling bis zum Frühsommer. Das Laub ist dunkelgrün und farnähnlich, der Wuchs buschig.
a H D*** ◐ ⊓ Rar   2,50 × 1,80 m

'Canary Bird', R. xanthina spontanea
CHINA ca. 1908

wahrscheinlich R. hugonis × R. xanthina
Hoher, aufrecht wachsender Strauch. Holz und

'Canary Bird'

Stacheln dunkel, Laub dunkelgrün und farnähnlich. Die Blüten erscheinen an zierlichen, hängenden Seitentrieben, so daß er in guten Böden hervorragend als Hochstamm verwendet werden kann. Einfache Blüten in sattem Kanariengelb mit auffälligen Staubgefäßen, gut duftend. Manchmal etwas launisch; ohne ersichtlichen Grund sterben einzelne Teile ab. Wenn das tote Holz entfernt wird, erholt er sich häufig wieder. Manchmal erscheinen nochmals Blüten im Herbst.
F H a ◐ D** v   2,50 × 1,80 m

R. xanthina lindleyii

'Hippolyte' (siehe Seite 143)

ROSA Untergattung *Eurosa (Rosa)*

SEKTION: *Gallicanae*

Wuchs zwischen 1 und 2 m Höhe, aufrecht oder überhängend.
Triebe unterschiedlich bewehrt.
Blätter groß, gewöhnlich aus 5 Fiederblättchen bestehend.
Blüten einzeln oder zu dreien oder vieren an langen Trieben.
Kelchblätter zurückgebogen, fallen ab, wenn die Hagebutten reif sind.

WILDROSEN

R. centifolia; R. centifolia alba; R. centifolia muscosa; R. damascena; R. damascena bifera;
R. damascena trigintipetala; R. gallica; R. macrantha; R. richardii

GARTENROSEN

Gallica-Rosen; Zentifolien; Damascena-Rosen; Portland-Rosen

HERKUNFT UND VERBREITUNG

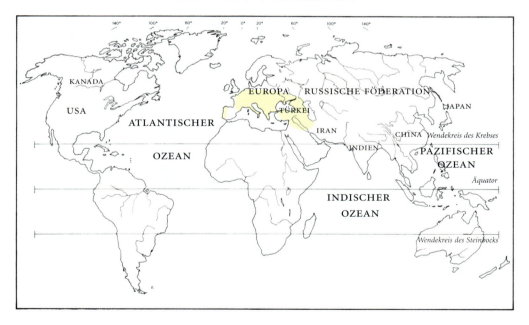

'Agatha'

Gallica-Rosen

FORMEN UND HYBRIDEN

Diese Gruppe hatte beträchtlichen Einfluß auf die Entwicklung der modernen Rosen. Diese unauffälligen, bescheidenen Gartenrosen verdienen stärkere Beachtung, auch wenn sie nur selten oder nie remontieren.

Anmerkung: Unter diesem Abschnitt sind die wenigen Formen von *R.* × *francofurtana* erfaßt, die mit den Gallica-Rosen eng verwandt sind. In einigen Büchern werden sie als gesonderte Gruppe aufgeführt. Weiterhin sind einige Rosen aufgenommen, die von anderen Autoren den China-Hybriden zugerechnet werden.

KLASSIFIKATION

BARB	Klasse 19	Hybriden: Klasse 19
MR10	Klasse 20	Hybriden: Klasse 20
WFRS	Klasse 25	Hybriden: Klasse 25

R. gallica, R. rubra, 'Essig-Rose'

EUROPA, SÜDWESTASIEN sehr alt

Eine ziemlich unbedeutende Rose – erstaunlich, wenn man bedenkt, daß ihr Erbgut mehr oder weniger stark in vielen modernen Gartenrosen vorhanden ist. Kleiner Strauch von aufrechtem Wuchs, mittelgroße bis große einfache Blüten mit auffälligen, puderig gelben Staubgefäßen. Die Farbe der Blütenblätter variiert von Dunkelrosa bis Zartrosa. Gut geeignet für die Anpflanzung in Gruppen, zum Beispiel im naturnahen Garten. In einigen Werken wird diese Rose als rot beschrieben, aber ich halte das für falsch.

S W a ◐ ▽ D* Rar   120 × 90 cm

R. gallica officinalis, 'Apotheker-Rose', 'Rote Rose von Lancaster', 'Provins-Rose', 'Gefüllte Essig-Rose'

EUROPA, SÜDWESTASIEN sehr alt

Ein ansehnlicher Strauch von aufrechtem, aber buschigem Wuchs und etwas derben, dunklen graugrünen Blättern. Blüten hell karminrot, halbgefüllt, ziemlich groß, stark duftend und verschwenderisch im Juni erscheinend. Im Mittelalter wurde sie wegen ihrer Eigenschaft, den Duft zu halten, von Apothekern sehr geschätzt. Nach einem guten Sommer sind die kleinen, ovalen Hagebutten, wenn sie ganz reif sind, sehr attraktiv.

S a Hb H ◐ ▽ ✂ D*** v   90 × 90 cm

R. gallica versicolor, 'Rosa Mundi'

EUROPA, SÜDWESTASIEN sehr alt

Eine auffallende Rose. Ein Sport von *R. gallica officinalis,* mit der sie identisch ist – außer in der Farbe. Die älteste und am besten bekannte gestreifte Rose, eine abwechslungsreiche Mischung aus hellem Karminrot und Weiß. Von den vielen Legenden, die mit dieser Rose verwoben sind, ist wohl die romantischste, daß sie nach 'Fair Rosamund', einer Maitresse Henry II, benannt ist.

S Hb a H ◐ ▽ D*** ✂ v   90 × 90 cm

'Agatha', *R.* × *francofurtana agatha*

EUROPA, SÜDWESTASIEN ASIA

wahrscheinlich *R. gallica* × *R. pendulina*
Obwohl sie etwas größer ist, gilt diese reizende Rose als mit der reizenden Gallica-Rose 'Empress Josephine' verwandt. Blüten etwas kleiner und etwas dunkler rosa als bei der 'Empress' und intensiver duftend. Dichter, bogig überhängender Wuchs. Die Blätter fühlen sich weich an, sehen aber knackig aus. Hat nur wenige Stacheln.

S a H ◐ ▽ D*** Rar   1,50 × 1,20 m

'Agathe Incarnata'

EUROPA ca. 1800

Eine stark duftende Rose mit zartrosafarbenen Blüten. Wenn die Blüten ganz geöffnet sind, ergeben die un-

R. gallica officinalis

regelmäßigen Blütenblätter eine kompakte, viergeteilte Form, die an zerknittertes Kreppapier erinnert. Das Laub ist gräulich-grün und fühlt sich weich an. Wuchs dicht, leicht überhängend und etwas stachelig. Die von mir vermehrte Sorte weicht von dieser Beschreibung ab. Ich kenne aber Exemplare, die dieser Beschreibung entsprechen, so daß wohl mehrere Formen als Gartenrosen existieren. G. S. Thomas vermutet Damascena-Einfluß bei den Agathe-Formen der Gallica-Rosen.
S H ▽ D*** Rar   1,20 × 1,20 m

'Alain Blanchard'

Vibert FRANKREICH 1839
vermutlich *R. centifolia* × *R. gallica*
Große Blüten, kaum mehr als einfach, karminrot geflecktes Purpur mit auffälligen goldenen Staubgefäßen. Laub dunkelgrün. Wuchs dicht und buschig. Eine sehr gefällige Rose mit einem angenehmen Duft.
S a ◉ ▽ H D*** Rar   1,20 × 1,20 m

'Alexandre Laquement'

Laquement FRANKREICH 1906
Locker gefüllte, schalenförmige Blüten in sattem, besonders in der Mitte purpurn überhauchten karminrot. Starkwüchsig, Wuchs locker. Laub mittelgrün.
S ▽ D** Rar   120 × 90 cm

'Ambroise Paré'

Vibert FRANKREICH 1846
Stark geviertelte Blüten auf kräftigen Stielen, dunkel karminrot, mit Purpur gefleckt. Laub mittelgrün. Blühwillig und starkwüchsig. Wenig Stacheln. Heute nur selten zu sehen.
S a ◉ ▽ D** Rar   120 × 90 cm

'Anaïs Ségalas'

Vibert FRANKREICH 1837
Ein niedrig wachsender, bogig überhängender Strauch, ähnelt mehr einer Zentifolie als einer Gallica-Rose. Herrliche Blütenform, intensiv duftend. Blütenfarbe kirschrot bis karmin, am Saum später verblassend. Laub klein und dunkelgrün.
S a ▽ D*** Rar   90 × 90 cm

'Antonia d'Ormois'

aus der Sammlung des Roseraie de l'Hay
FRANKREICH vor 1848
Blüht etwas später als einige andere Gallica-Rosen. Dicht gefüllte, schalenförmige Blüten von zartem Rosa, das später fast zu Weiß verblaßt, besonders an den Rändern. Ich kenne diese Rose seit 1986 gut und habe jedes Jahr viel Freude an ihr.
S a D** Rar   150 × 90 cm

GALLICANAE • 139

'Alain Blanchard'

'Assemblage des Beautés'

'Anaïs Ségalas'

'Assemblage des Beautés', 'Rouge Éblouissante'

ANGERS/FRANKREICH *ca.* 1823

Gefüllte, leuchtend karminrote Blüten, deren Farbe sich mit der Zeit zu Purpur verändert. Die duftenden Blüten erscheinen im Überfluß an einem kompakten, buschigen Strauch. Laub saftig dunkelgrün, Triebe mit wenigen Stacheln. Eine der hübschesten Gallica-Rosen.

S a ● ▽ D*** Rar   120 × 90 cm

'Beau Narcisse'

Miellez FRANKREICH *ca.* 1850

Relativ kleine karminpurpurne Blüten, Rückseite heller, in kleinen Gruppen oder Büscheln, dicht gefüllt, duftend, mit einem grünen Auge in der Mitte. Laub üppig und mittelgrün. Hochwachsend für eine Gallica-Rose. In heutigen Katalogen selten.

S a D** Rar   1,50 × 1,20 m

'Bellard', 'Bellert'

Prior GROSSBRITANNIEN 1857

Mittelgroße, dicht gefüllte, geviertelte Blüten mit einem grünen Knopfauge in der Mitte. Klares, leuchtendes Rosa, an den Rändern der Blütenblätter blaßrosa. Intensiv duftend. Laub üppig, leuchtend grün. Mäßig mit Stacheln besetzte Triebe. Buschig.

S a D*** Rar   120 × 90 cm

'Belle de Crécy'

Hardy FRANKREICH 1829

Im Wuchs ziemlich verläßlich, aber launisch im Blühen. Wenn sie in bester Blüte steht, kann sie eine der schönsten der ganzen Gruppe sein, in einem schlechten Jahr ist sie schrecklich. Die Blütenfarbe ist eine angenehme Mischung aus Rosa-, Grau- und Mauve-Tönen, die Blütenform ist flach und viergeteilt, oft mit einem deutlich ausgeprägten grünen Auge in der Mitte. Stark duftend. Wuchs aufrecht, Laub graugrün. Triebe fast ohne Stacheln.

S a H ▽ D*** Mt Re v   120 × 90 cm

'Belle Isis'

Parmentier BELGIEN 1845

Ein niedriger bis mittelgroßer Strauch von gefälligem, aufrechtem Wuchs mit graugrünem Laub. Die kugeligen Knospen öffnen sich zu flachen, dicht gefüllten Blüten von einer wunderschönen, zarten Rosaschattierung. Intensiv duftend.

S a D** Rar   120 × 90 cm

'Belle sans Flatterie'

Godefroy FRANKREICH 1820

Büschel dunkelrosa, dicht gefüllter, etwas lockere Blüten mit blassen, mauvefarbenen Rändern. Lange Kelchblätter. Laub dunkelgrün. Wuchs aufrecht.

S a D** Rar   120 × 90 cm

140 · GALLICANAE

'Bérénice'

Vibert FRANKREICH 1818

Eine sehr alte Sorte, heute nur selten zu sehen. Karminpurpur, sich flach öffend und geviertelt, mit einem angenehmen Duft. Starkwüchsig, mit mittelgrünem, etwas grobem Laub.

S a D*** Rar   1,50 × 1,20 m

'Boule de Nanteuil'

Roeser FRANKREICH 1834

Eine reizende Rose. Dicht gefüllte Blüten öffnen sich flach und viergeteilt. Blütenfarbe Dunkelrosa, fast Kirschrot mit Silber überzogen. Duftend, wie die meisten Gallica-Rosen. Wuchs robust und aufrecht. Laub dunkelgrün.

S a H ◐ ⛉ D*** Rar   120 × 90 cm

'Camaieux'

Vibert FRANKREICH 1830

Auffallende, gefüllte, blaßrosafarbene Blüten, mit hellkarminroten Streifen, die später in eine angenehme Mischung aus Lavendel und Purpur übergehen. Intensiv duftend. Die locker gefüllten Blüten entstehen an bogigen Trieben inmitten von graugrünem Laub. Die Pflanze ist niedrig und buschig.

S a H ⛉ D*** ✂ v   90 × 90 cm

'Cardinal de Richelieu'

Laffay FRANKREICH ca. 1840

Wunderschön geformte Blüten von tiefem, samtigem Purpur, meist in Büscheln. Lieblich duftend. Ein gedrungener Busch mit dünnen Trieben, die fast keine Stacheln tragen. Laub reichlich, glatt und dunkelgrün, manchmal an den Rändern kastanienbraun.

S a H ⛉ D*** v   120 × 90 cm

'Catinat'

Robert FRANKREICH ca. 1845

Mittelgroße, dicht gefüllte Blüten; kleine Blütenblätter mit hellen lilafarbenen Flecken. Blüten mittelgroß. Starkwüchsig, Laub mittel- bis dunkelgrün.

S a D** Re Rar   1,50 × 1,20 m

'Charles de Mills'

aus der Sammlung des Roseraie de L'Hay, alte Sorte

Eine Rose von ungewisser Herkunft, aber eine der besten, vor allem bei gutem Boden. Starkwüchsig, mit dunkelgrünen Blättern. Große Blüten mit einer Farbmischung aus purpur und dunkelrot. Manchmal bilden die Blütenblätter einen vollkommenen Rand, als wäre die Rose von einem unsichtbaren, kreisförmigen Rahmen eingefaßt. Voll geöffnet sind die Blüten viergeteilt und zeigen manchmal in der Mitte ein dunkelgrünes Auge. Ich habe vergeblich versucht herauszufinden, nach wem diese Rose benannt ist

S a H D*** v   1,20 × 1,20 m

'Camaieux' (oben), 'Cardinal de Richelieu' (unten)

'Charles de Mills'

'D'Aguesseau'

'Complicata'

Herkunft unbekannt

Eine außergewöhnliche Rose, gedeiht sogar in armen Böden gut. Starkwüchsig mit bogig überhängenden Zweigen. Bringt etwa Mitte Juni eine große Zahl flacher, einfacher Blüten hervor. Blütenfarbe leuchtendrosafarben mit blasserer Mitte und goldgelben Staubgefäßen. Laub matt graugrün. Sehr starkwüchsig. Eignet sich als Solitärstrauch, für hohe Hecken sowie für Klettergerüste. In einigen Werken wird sie R. macrantha zugrechnet. (Abbildung Seite 73)

S a H ● D*** v   3,00 × 1,80 m

'Conditorum'

FRANKREICH alte Sorte

Eine sehr gut verwendbare Rose. Gefüllte Blüten von sattem Rubinrot erscheinen reichlich an einem gefälligen, aufrechten, schön belaubten Busch. Duftend. Laub dunkelgrün.

S H ▽ a D** Rar   120 × 90 cm

'Cosimo Ridolfi'

Vibert FRANKREICH 1842

Schöne schalenförmige Blüten von rauchigem Bläulich-Lila, dicht gefüllt und flach. Duftend. Laub gräulich-grün. Gedrungener Wuchs. Eine wenig bekannte, aber sehr schöne Gallica-Rose.

S a H ▽ D** Rar   90 × 90 cm

'Cramoisi Picoté'

Vibert FRANKREICH 1834

Ungewöhnliche Rose. Wuchs aufrecht, gedrungen, mit dünnen, fast stachellosen Trieben, die dicht mit kleinen, dunkelgrünen Blättern bedeckt sind. Blüten dicht gefüllt, klein und pomponartig, wenn sie ganz geöffnet sind. Anfangs karminrot, später übergehend in Dunkelrosa mit dunkleren Flecken und Schattierungen. Bedauerlicherweise wenig oder kein Duft.

S a ▽ Mt Rar   90 × 60 cm

'D'Aguesseau'

Vibert FRANKREICH 1823

Leuchtend karminrot mit dunklen Schattierungen. Dicht gefüllte Blüten sind viergeteilt, wenn sie geöffnet sind; mit einem dunkelgrünen Knopfauge in der Mitte. Aufrechter Busch, starkwüchsig mit dunklem Laub.

S D* Rar   120 × 90 cm

'Daphné'

Vibert FRANCE 1819

Mittelgroße Blüten in sattem Karminrot, das sich zu Mauve verändert. Dicht gefüllt, flach, duftend. In Büscheln. Starkwüchsig. Laub mittelgrün.

S a D*** Rar   1,50 × 1,20 m

'De la Maître d'Ecole'

Miellez FRANCE 1840

Große, dicht gefüllte Blüten öffnen sich flach und geviertelt. Ihre Farbe ist ungewöhnlich, vorwiegend Rosa mit lilafarbenen Glanzlichtern und magentafarbenen Schattierungen. Schwere Blüten erscheinen in einigem Abstand in großen Büscheln an einer aufrechten Pflanze mit hellgrünem Laub und wenigen Stacheln. (Sie ist nach einem Dorf nahe Angers benannt, daher ist der Name 'Rose du Maître d'Ecole' falsch.)

S H a ▽ D*** Rar   90 × 90 cm

'De la Maître d'Ecole'

'Duc de Fitzjames'

'Duc de Guiche'

'Duc de Fitzjames'
vor 1850
Aufrechter, dichter Strauch (bis 1,80 m hoch) mit graugrünem Laub und dunkelrosafarbenen, auf der Außenseite heller getönte Blütenblättern. In geöffnetem Zustand viergeteilt mit grünem Knopfauge. Starkwüchsig.
S a Rar 120 × 90 cm

'Duc de Guiche'
Prévost 1835
Eine außergewöhnliche Gallica-Rose. Stark duftend. Gefüllte, wunderschön geformte Blüten in sattem Violett-Karmin mit einer reizenden Schalenform. Geöffnet ist ein hübsches grünes Auge zu sehen. Laub dunkelgrün. Wuchs ziemlich gespreizt.
S a ◐ D*** ✂ Rar 1,20 × 1,20 m

'Duchesse d'Angoulême'

'Duchesse d'Angoulême', 'Duc d'Angoulême'

Vibert FRANKREICH 1835, eventuell früher
Dunkelrosafarbene Knospen öffnen sich zu dicht gefüllten, zierlichen, flach schalenförmigen blaßrosafarbenen Blüten. Diese erscheinen hängend von den Spitzen glatter, hellgrüner Triebe. Laub knackig und leuchtend grün. Mit den Zentifolien verwandt.
S a H ▭ D*** ✂ Re Rar   120 × 90 cm

'Duchesse de Buccleugh'

Robert FRANKREICH 1860
Fast stachellos, Laub tief graugrün. Dieser starkwüchsige Strauch blüht etwas später als andere dieser Gruppe. Schön geformte Blüten öffnen sich flach; ihre Farbe ist ein sattes Magentarot mit rosafarbenen Glanzlichtern.
S a D** Rar   1,80 × 1,20 m

'Duchesse de Montebello'

Laffay FRANKREICH 1829
Liebenswertes Mitglied der Gallica-Familie. Die kleinen, duftenden, dicht gefüllten Blüten von weichem, zartem Rosa stehen an einer gefälligen, aufrechten Pflanze. Schönes dunkelgrünes Laub.
S a H ◐ ▭ D*** ✂ Rar   120 × 90 cm

'Empress Josephine', 'Impératrice Josephine', R. × francofurtana

frühes 19. Jahrhundert
vermutlich *R. gallica* × *R. pendulina*
Stark gemaserte Blütenblätter bilden große, locker angeordnete, gefüllte, tiefrosafarbene Blüten mit starker Äderung und lavendel- und blaßrosafarbenen Glanzlichtern. Duftend. Die Pflanze ist gut belaubt, relativ stachellos, ziemlich gespreizt, aber trotzdem kompakt. (Abbildung Seite 30)
S a H ◐ ▭ D** Rar   1,50 × 1,20 m

'Georges Vibert'

Robert FRANKREICH 1853
Die Farbe wird unterschiedlich angegeben von Karminrot bis Purpur, hängt jedoch vom Klima ab. Gestreift ist sie immer. Eine gefällige Rose von gedrungenem Wuchs, die sich gut für kleine Gärten eignet. Laub dunkelgrün, aber ziemlich derb.
S Bd a ▭ D*** Rar   90 × 120 cm

'Gloire de France'

vor 1819
Dicht gefüllte, mittelgroße, blaßrosafarbene Blüten

'Duchesse de Montebello'

'Henri Foucquier'

mit dunklerer Mitte werden in großer Zahl hervorgebracht, verblassen aber bei starker Sonneneinstrahlung schnell zu fast weißem Rosa. Dunkles Laub und außergewöhnlich niedriger Wuchs.
S Bd a ◐ ▭ D*** Rar   90 × 120 cm

'Henri Foucquier'

Anfang 19. Jahrhundert
Dicht gefüllte Blüten von klarem Rosa mit zurückgebogenen Blütenblättern zeigen ein kleines Knopfauge, wenn sie ganz geöffnet sind. Duftend. Ziemlich gespreizt, nicht zu groß, mit dunkelgrünem Laub.
S H a ▭ D*** Rar   1,20 × 1,20 m

'Hippolyte'

Anfang 19. Jahrhundert
Eine der hübschesten der Gallica-Rosen. Die Blüten sind ausgezeichnet geformt, magenta-purpur mit helleren Glanzlichtern in der Mitte. Die Blüten

'Ipsilanté'

stehen in Büscheln an dünnen, fast stachellosen Trieben, die sich oft nach unten biegen. Üppiges Laub, dunkelgrün und für eine Gallica-Rose sehr glatt.
S a H ▽ D*** Rar   1,20 × 1,20 m

'Ipsilanté'

Vibert FRANKREICH 1821
Große, dicht gefüllte blaßmauvefarbene Blüten, geviertelt und duftend. Dunkelgrünes Laub an stacheligen Trieben. Wuchs vielleicht etwas plump, aber doch ziemlich dicht.
S a H ▽ D*** Rar   120 × 90 cm

'James Mason'

Beales GROSSBRITANNIEN 1982
'Scharlachglut' × 'Tuscany Superb'
Eine wunderschöne neuere Ergänzung der Gallica-Gruppe. Blüten leicht halbgefüllt, groß, bis zu 10 cm im Durchmesser. Duftend. Mitte Juni überreich blühend. Blüten manchmal leicht versteckt inmitten von üppigem, dunkelgrünem Laub.
S a H ▽ D*** Rar   1,50 × 1,20 m

'Jenny Duval'

Mitte 19. Jahrhundert
Verwirrung herrscht bei dieser Rose. In der ersten Auflage von *Classic Roses* (1985) beschrieb ich sie als eigenständige Sorte. Als ich mein Buch *Roses* (1990) schrieb, war ich überzeugt, daß die im Handel befindliche Sorte mit 'Président de Sèze' identisch sei. Jetzt bin ich nicht mehr so sicher. Susan Verrier behauptet in ihrem Buch *Rosa Gallica*, sie sei anders. Kürzlich wurde meine Aufmerksamkeit auf die 'Jenny Duval' in der von Prof. Hawkes zusammengestellten Sammlung historischer Rosen in den Winterbourne Gardens an der Universität von Birmingham in England gelenkt.

'James Mason'

'La Belle Sultane'

Diese ist 'Président de Sèze' in der Farbe sehr ähnlich. Allerdings stimmt die Beschreibung von 'Jenny Duval' weder bei der in Winterbourne noch der von Verrier mit der alten Beschreibung »karminrot bis mauve« überein. Zur Zeit ist 'Jenny Duval' in Deutschland bei Jensen erhältlich.

'La Belle Sultane', R. gallica violacea

ziemlich alt – aus der Zeit vor P. J. Redouté
Blüten wenig mehr gefüllt als einfach, von weichem Violett und verwischtem Purpur, mit sehr auffälligen goldgelben Staubgefäßen, werden reichlich an einem aufrechten Strauch hervorgebracht. Ziemlich spärliches, graugrünes Laub.
S a H ◐ D* Rar   1,50 × 1,20 m

'La Plus Belle des Ponctuées'

Hébert FRANKREICH 1829
Eine hohe, starkwüchsige Gallica-Rose mit schönem und reichlichem dunkelgrünem Laub. Die dicht gefüllten, leicht verknitterten Blüten von klarem, sattem Rosa erwecken durch Flecken von weicherem Rosa einen insgesamt gesprenkelten Eindruck.
S a H Re D* Rar   1,80 × 1,20 m

'Maître d'Ecole' siehe 'De la Maître d'Ecole'

'Marcel Bourgouin'

Corboeuf-Marsault FRANKREICH 1899
Halbgefüllte Blüten von sattem Rot bis Purpur zeigen manchmal gelbe Staubgefäße. Die Blütenblätter haben eine samtige Oberfläche. Aufrechter Wuchs mit kleinen, dunkelgrünen Blättern. Ich hatte das außerordentliche Glück, bei dem verstorbenen Edward LeGrice zu arbeiten, als er u. a. diese Rose und 'Tuscany Superb' mit modernen Gartenrosen kreuzte, um seine berühmten Sorten in ungewöhnlichen Farben zu züchten.
S H a ◐ D*** Rar   120 × 90 cm

'Marcel Bourgouin'

'Nanette'

Die gefüllten, flachen Blüten von leuchtendem Karminrot, mit Purpur gefleckt oder gestreift, haben ein grünes Auge. Eine niedrig wachsende Sorte, ideal für den kleinen Garten und als Topfpflanze. Triebe fast stachellos, schön belaubt mit dunkelgrünen Blättern.
S a H ◐ ▽ D*** Rar   90 × 90 cm

'Néron'

Laffay FRANKREICH 1841
Eine eher hochwachsende Gallica-Sorte. Sattes Rot mit dunklerer Mitte, dicht gefüllt und duftend. Laub mittelgrün und etwas grob gemasert.
S a H ◐ D* Rar   1,50 × 1,20 m

'Nestor'

ca. 1846
Eine gute alte Sorte. Die Blütenfarbe ist vorherrschend Magentarot, schwankt aber – abhängig vom Wetter und auch vom Boden – von Dunkelrosa bis Mauve. Gefüllt, flach. Fast stachellos, Laub knackig und mittelgrün.
S a ▽ D** ✂ Rar   120 × 90 cm

'Oeillet Flamand'

Vibert FRANKREICH 1845
Ich vermehre diese Rose seit einigen Jahren und bin mir immer noch nicht sicher, welche Sorte es wirklich ist. Kräftiger, aufrechter Wuchs, viele große, dunkelgrüne, ziemlich derbe Blätter. Blüten dicht gefüllt, an aufrechten Trieben, rosig-weiß mit dunkelrosa, fast magentaroten Streifen. Nicht gerade mein besonderer Favorit, aber eine interessante Sorte.
S H ▽ a D** Rar   120 × 90 cm

146 · GALLICANAE

'Ohl' (oben), 'Orpheline de Juillet' (unten)

'Oeillet Parfait'

Foulard FRANKREICH 1841
Büschel kleiner bis mittelgroßer, reinweißer Blüten, gelegentlich mit leuchtend karminroten Streifen, öffnen sich ziemlich unregelmäßig, aber dicht gefüllt. Große derbe Blätter und für eine Gallica-Rose viele Stacheln. Ziemlich schütter.
S a D** Rar 1,50 × 1,20 m

'Ohl'

Vibert FRANKREICH 1830
Eine mittelgroße, aber kräftige Pflanze. Große, dicht gefüllte Blüten, Blütenblätter sind im Innern dunkel karminrot, zu den Rändern hin violett. Stark duftend. Sollte mehr verwendet werden, da die Farbkombination einzigartig ist. Laub dunkel, wenige Stacheln an dicken, kräftigen Trieben.
S H ▽ a D*** Rar 120 × 90 cm

'Ombrée Parfaite'

Vibert FRANKREICH 1823
Eine weniger bekannte, aber gute Sorte. Die Blütenstände bestehen aus mehreren Blüten unterschiedlicher Farbe, von Purpur bis Rosa, manchmal Blaßrosa. Blüten dicht gefüllt und duftend. Eine niedrig wachsende Pflanze, gefällig und gut unterzubringen, mit schönem, mittelgrünem Laub.
S a ▽ D*** Rar 90 × 60 cm

'Orpheline de Juillet'

FRANKREICH vor 1837
Möglicherweise verwandt mit den Damascena-Rosen. Große, dicht gefüllte Blüten in Karminrot mit Purpur, das sich zur Mitte hin in Feuerrot verwandelt. Aufrechter Wuchs, maßvoll starkwüchsig, mit gräulich-grünen Blättern.
S H a ▽ D*** Rar 120 × 90 cm

'Pompon Panachée'

Robert and Moreau FRANKREICH 1835
sehr alt, vielleicht 18. Jahrhundert
Eine niedrig wachsende, steife, aufrechte Pflanze mit üppigem Laub. Schön geformte, gefüllte Blüten in Cremeweiß bis Weiß mit auffälligen Spritzern und Streifen von dunklem Rosa.
S H ▽ D* Re Rar 90 × 60 cm

'Président de Sèze', 'Mme Hébert'

Hébert FRANKREICH ca. 1836
Einzigartige Mischung aus Magenta und Lila mit blasseren Rändern. Die Mitte der großen Blüte ist gefüllt mit nach innen gerollten Blütenblättern. Blätter grau-grün. Triebe stärker bewehrt als die meisten anderen Sorten dieser Gruppe.
S a ▽ D*** Re Rar 120 × 90 cm

'Rose du Maître d'Ecole' siehe 'De la Maître d'Ecole'

'Ruth'

Wright KANADA 1947
'Mary L. Evans' × 'Alika'
Eine moderne Gallica-Rose mit Büscheln halbgefüllter bis gefüllter Blüten in zartem Karminrot. Starkwüchsig mit mittelgrünem, für eine Gallica-Rose untypischem Laub.
S a D* ◉ Rar 2,10 × 1,20 cm

'Scharlachglut'

'Sissinghurst Castle'

'Surpasse Tout'

'Scharlachglut', 'Scarlet Fire'
Kordes DEUTSCHLAND 1952
'Poinsettia' × 'Alika'

Als voll ausgewachsener Strauch bietet diese Rose einen überwältigenden Anblick. Die sehr großen, einfachen Blüten sind leuchtend samtrot mit auffälligen Staubgefäßen. Laub groß, dunkelgrün mit bräunlich-purpurner Tönung. Triebe ebenfalls bräunlich-purpurn und glatt mit nur wenigen bösartigen Stacheln. Die reifen Früchte sind groß, krugförmig und leuchtend orange. Daß die Kelchblätter nicht abfallen – nicht gerade typisch für eine Gallica-Rose – hat manche Fachleute zu der Vermutung veranlaßt, daß diese Rose »Blut« von *R. pimpinellifolia* in ihrem Erbgut hat. Diese Auffassung wird gestützt durch die Form der Stacheln und das frühe Blühen. Diese Rose eignet sich

'Tricolore de Flandre'

als Solitärstrauch und klettert auch gern in kleine Bäume. Ein voll ausgewachsenes Exemplar, das in einen weißblühenden Kirschbaum wächst, kann man in Mannington Hall, Norfolk/England, bewundern.
S Bkl a W Hb N ◉ D* v   3,00 × 1,80 m

'Sissinghurst Castle', 'Rose des Maures'

Vermutlich sehr alte Sorte, entdeckt in Sissinghurst, wiedereingeführt durch Vita Sackville-West 1947. Alte Sorte. Halbgefüllte, tief kastanienrote Blütenblätter mit blasseren Rändern und hellerer Rückseite. Intensiv goldfarbene Staubfäden verstärken die Auffälligkeit dieser Rose. Duftend. Laub klein, aber reichlich. Triebe dünn und schwach mit nur wenigen Stacheln.
S a ◉ ▽ D*** Rar   90 × 90 cm

'Surpasse Tout'

vor 1832

Diese Rose scheint etwas launisch zu sein. In besonders guten Jahren hat sie dicht gefüllte Blüten. Die äußeren Blütenblätter sind zurückgebogen, die inneren stehen ganz dicht zusammen. Blütenfarbe dunkel Kirschrot bis Kastanienbraun, später etwas verblassend. Stark duftend. Für meinen Geschmack ist die Planze ziemlich staksig und etwas arm an Laub.
S a D*** Mt Rar   120 × 90 cm

'Tricolore', 'Reine Marguerite'

Lahaye Père FRANKREICH 1827

Dunkelrosafarbene bis karminrote Blüten mit lilafarbenen Rändern, wohlgeformt und dicht gefüllt. Duftend. Laub dunkelgrün. Triebe gemäßigt stachelig.
S H ▽ D* ✂ Rar   120 × 90 cm

'Tricolore de Flandre'

Van Houtte BELGIEN 1846

Die wohlgeformten, blaßrosafarbenen Blüten sind kräftig purpurn gestreift, fast dicht gefüllt und duftend. Aufrechter, kompakter Wuchs. Ideal für den kleinen Garten oder als einzelne Topfpflanze. Laub reichlich, glatt und dunkelgrün.
S H a ▽ D** ✂ Rar   90 × 60 cm

'Tuscany', 'Old Velvet Rose'

Wunderschöne, satt dunkelrote Blüte mit auffälligen Staubgefäßen. Diese Rose ist heute nur noch selten zu sehen, weil sie durch 'Tuscany Superb', eine leicht stärkerwüchsige Sorte von dunklerem Rot, gleichermaßen auffälligen Staubgefäßen und besserem Laub, verdrängt worden ist. 'Tuscany' kann sehr wohl aus der Zeit lange vor 1500 stammen. Auf jeden Fall ist eine Rose, auf die diese Beschreibung zutrifft, in Gerards *Herball* (1596) enthalten.
S a H ▽ D*** Rar   90 × 90 cm

'Tuscany Superb'

W. Paul GROSSBRITANNIEN 1848

vermutlich ein Sport von 'Tuscany'

Eine herrliche Rose. Große, halbgefüllte Blüten in sattem, samtigem Dunkelrot zeigen eine goldene Krone von Staubgefäßen, wenn sie ganz aufgeblüht sind. Stark duftend. Große, dunkelgrüne Blätter. Kräftige Triebe mit wenigen Stacheln.
S a H ▽ D*** ✂ v   120 × 90 cm

'Velutinaeflora'

Einführungsjahr unbekannt, möglicherweise 19. Jhd. Spitze Knospen mit flaumigen Kelchblättern öffnen sich zu duftenden, einfachen, rötlich-purpurfarbenen Blüten mit auffälligen Staubgefäßen. Ein faszinierender, niedrig wachsender Strauch mit dichtem, graugrünem Laub. Triebe für eine Gallica-Rose ziemlich stachelig.
S a ◉ ▽ D*** Rar   90 × 90 cm

'William Grant'

Grant USA *ca.* 1915

Zufallsfund

Entdeckt in Oregon, USA, von William Grant, einem bedeutenden amerikanischen Rosenliebhaber und nach ihm benannt. Gilt als einer der Sämlinge von George Schoener, einem Geistlichen, der Anfang des 20. Jahrhunderts in Kalifornien züchtete. Starkwüchsig mit Gallica-typischem Laub.
S a D* Rar   2,10 × 1,20 m

Zentifolien (Kohlrosen)
FORMEN UND HYBRIDEN

Die jahrhundertealten »Hundertblättrigen Rosen« bilden großartige Sträucher. Der Wuchs ist manchmal derb und locker, oft sind sie sehr stachelig. Die stärkerwüchsigen Sorten bringen im allgemeinen große, schön geformte Blüten mit einem intensiven Duft hervor, bei den Sorten mit niedrigerem Wuchs sind die Blüten meist dicht gefüllt und stehen fast durchweg in harmonischem Größenverhältnis zur Pflanze. Die Blütezeit ist zwar von Sorte zu Sorte unterschiedlich, einzelne Nachblüten nach dem Hochsommer sind aber selten.

KLASSIFIKATION

BARB   Klasse 21
MR10   Klasse 5
WFRS   Klasse 29

R. centifolia, 'Kohlrose', 'Provence Rose'
EUROPA VOR 1600
Die dicht gefüllten Blüten der *R. centifolia* lassen nicht zu, daß sich die Rose aus Samen fortpflanzt. Es handelt sich bei ihr deshalb – obwohl sie üblicherweise zu den Wildrosenarten gezählt wird – wahrscheinlich um eine sehr komplexe Kreuzung, deren Erbmasse Gene von *R. canina*, *R. gallica*, *R. moschata* und anderen umfaßt. Eine der heutigen Form ähnliche Rose wurde bereits vor 1600 kultiviert. Ein ziemlich lockerer, mittelgroßer Strauch mit dicken, derben, graugrünen Blättern und vielen Stacheln. Blüten dunkelrosa, dicht gefüllt, geöffnet becher- oder kohlförmig. Hat einen kräftigen, berauschenden Duft. (Abbildung Seite 6)
S a W D*** Re Mt v 1,80 × 1,50 m

R. centifolia alba siehe 'White Provence'

R. centifolia muscosa siehe Abschnitt »Moosrosen«, Seite 156

'Blanchefleur'
Vibert FRANKREICH 1835
Flache, dicht gefüllte, lieblich duftende Blüten, Weiß mit gelegentlichen Rosaschattierungen. Etwas gefälliger als die meisten anderen Zentifolien, allein das Gewicht der Blüten gibt der Pflanze manchmal ein lockeres, offenes Aussehen, wenn sie in Blüte steht. Gräulich-grünes Laub, das sich weich anfühlt.
S a H ◐ D*** Rar 1,50 × 1,20 m

'Bullata', 'Lettuce-leaved Rose'
kultiviert im 16. Jahrhundert
Sehr große Blätter und weniger Stacheln unterscheiden diese Rose von den anderen dieser Gruppe. Die Blätter sind einzigartig, sie sehen leicht wellig aus und fühlen sich auch so an. Die Blüten sind mit denen von *R. centifolia* fast identisch, ebenso die Wuchsform. Durch die dichtere Belaubung wirkt die Pflanze insgesamt gefälliger.
S a W D*** Re Mt Rar 1,50 × 1,20 m

'Duchesse de Rohan', 'Duc de Rohan'
ca. 1860
Eine schöne Rose, obwohl von typischer Zentifolien-Form, ziemlich derb im Wuchs. Ich bin mir nicht ganz sicher, ob es wirklich eine Zentifolie ist, aber es könnte eine sein. Blüten mit vielen Blütenblättern verblassen später von sattem, warmem Rosa zu Lavendel und verströmen den charakteristischen, berauschenden Zentifolien-Duft. Remontiert gelegentlich, was natürlich atypisch ist. Es könnte sich auch um eine frühe Remontantrose handeln.
r W D*** Rar 1,50 × 1,20 m

'Fantin-Latour'

'Fantin-Latour'

Eine großartige, geheimnisvolle Rose, über deren Herkunft und Abstammung auffällig wenig bekannt ist. Wegen der zartrosafarbenen Blüten und deren Form gehört sie in diese Gruppe, das Laub allerdings ist glatter, dunkler grün und mehr gerundet. Auch die Triebe sind weniger stachelig. Mich erinnert der durchdringende Duft eher an eine Alba-Rose als an eine Zentifolie.
S a H W D*** v   1,50 × 1,20 m

'Juno'

1832

Zwar kein hoher, aber doch ein breit überhängender Strauch. Die kugeligen, gefüllten Blüten von blassem Zartrosa werden in großer Zahl hervorgebracht und duften stark.
S H a ▽ Mt D*** Rar   1,20 × 1,20 m

'La Noblesse'

1856

Außergewöhnlich gefällig für diese Gruppe und spät im Sommer blühend. Stark duftend. Die schön geformten, dicht gefüllten Blüten öffnen sich flach und sind von transparentem, silbrigem Rosa.
S a H D*** Rar   1,50 × 1,20 m

'**Juno**' (oben), '**La Noblesse**' (unten)   '**Petite Lisette**'

'**Petite de Hollande**', '**Pompon des Dames**', '**Petite Junon de Hollande**'
HOLLAND *ca.* 1800
Ein attraktiver, gedrungener Strauch, der viele kleine, gefüllte Blüten von etwa 4 cm Durchmesser hervorbringt. Diese sind vor dem völligen Aufblühen becherförmig, von klarem Rosa mit dunklerer Mitte und duftend.
S a ☐ H D*** Rar   120 × 90 cm

'**Petite Lisette**'
Vibert FRANKREICH 1817
Abstammung unbekannt; Kleine pomponförmige Blüten von tiefem Rosarot und 2,5 cm Durchmesser werden in beträchtlicher Zahl in großen, gleichmäßigen Blütenständen hervorgebracht. Kleine, tiefgezähnte, gräulich-grüne, spitze Blätter. Eignet sich gut für die Randbepflanzung von Rabatten.
S ◍ ☐ a D*** Rar   90 × 90 cm

'Petite de Hollande' (siehe Text Seite 151)

'Petite Orléanaise'

ca. 1900

Eine weitere Zentifolie mit kleinen, pomponförmigen Blüten, aber höher als die anderen kleinblütigen Sorten. Durch reichliches Laub und den gefälligen Wuchs eignet sich dieser Strauch gut für große Töpfe.
S a H D*** ⚭ Rar   120 × 90 cm

'Pompon de Bourgogne', 'Burgundian Rose', 'Parvifolia', *R. burgundica*

vor 1664

Eine außergewöhnliche kleine Rose. Pomponförmige Blüten von Bordeaux-Rot bis Purpur, einige rosafarben gefleckt. Wuchs aufrecht, die dünnen, starren Triebe sind dicht mit Laub besetzt. Bestens geeignet für Terrasse, Innenhof oder einen Topf.
S H ⎕ D** Rar   60 × 60 cm

'Prolifera de Redouté'

ca. 1820

Klares Dunkelrosa und viele Blütenblätter, die sich kohlförmig öffen, aber häufig eine Proliferation zeigen (d. h. eine weitere Knospe wächst durch die Blüte hindurch), weshalb es ziemlich frustrierend ist, diese Rose zu kultivieren. Intensiv duftend. Wuchs locker, bildet mit der Zeit einen mittelhohen Strauch mit derbem, gräulich-dunkelgrünen Laub.
S a W D*** Mt Rar   1,80 × 1,50 m

'Reine des Centfeuilles'

BELGIEN 1824

Große, gefüllte, duftende Blüten von klarem Rosa. Die spitzen Blütenblätter sind bei geöffneten Blüten zurückgebogen. Laub reichlich, Wuchs mittelhoch bis hoch und – nach meiner Erfahrung – von ziemlich unordentlichem Aussehen.
S a D** Rar   150 × 90 cm

'Robert le Diable'

FRANKREICH

Eine sehr gut verwendbare und interessante kleine Strauchrose, leicht niederliegend und gut ausgestattet mit Laub. Die Blüten relativ spät hervorgebracht. Ihre Farbe ist schwer zu beschreiben: karminrot mit lilafarbenen und grauen Lichtern und dunkelpurpurfarbenen Schattierungen, oft mit einem grünen Auge in der Mitte.
S a ⎕ D*** Mt Rar   90 × 90 cm

'Robert le Diable' (oben), 'Rose de Meaux' (unten)

'Rose de Meaux'

Sweet   GROSSBRITANNIEN vor 1789

Ein niedriger, aufrechter, schön belaubter Busch mit einer großen Zahl gefüllter rosafarbener Blüten – nicht ganz pomponförmig, eher wie eine Nelke mit leicht gekräuselten Blütenblättern. Eine großartige niedrigwachsende Rose, in manchen Böden launisch, bei gutem Boden aber sehr lohnend, wenn sie sich eingewöhnt hat. Sehr gut geeignet für Töpfe.
S H ⎕ D** Rar   60 × 60 cm

'Rose de Meaux White'

wie 'Rose de Meaux', aber weiß
S H ⎕ D** Rar   60 × 60 cm

154 • GALLICANAE

'Spong'

'Village Maid'

'White Provence'

'Rose des Peintres', *R. centifolia* **'Major'**, **'Centfeuille des Peintres'**
Eine etwas raffiniertere Form von *R. centifolia*. Große Blüten öffnen sich dicht gefüllt mit einem hübschen, deutlich ausgeprägten Knopfauge in der Mitte. Blütenfarbe klares Dunkelrosa, Blütenblätter mit einer feinen Maserung. Gutes, dunkelgrünes

Laub an einer staksigen Pflanze.
S a W D*** ✂ Rar   1,80 × 1,50 m

'Spong'
Spong FRANKREICH 1805
Ein ungewöhnlicher Name für eine ungewöhnliche Rose. Von mittlerer Größe, eher wie 'Rose de

Meaux', aber mit größeren Blüten und höher im Wuchs. Duftend. Früh blühend. Die verwelkten Blüten sollten abgeschnitten werden, vor allem bei nassem Wetter. Reichlich gutes, gräulich-grünes Laub. Laut Graham Stuart Thomas betrieb der Züchter eine Gärtnerei und vermehrte diese Rose in Töpfen.

S a H ◐ ⛉ D*** Re Rar   120 × 90 cm

'The Bishop'

Gefüllte, rosettenförmige Blüten in einer ungewöhnlichen Mischung aus Magenta, Kirschrot und Purpur. Duftend. Blüht etwas früher als die meisten anderen dieser Gruppe. Aufrechter Wuchs. Eine ausgezeichnete Sorte, obgleich einige Zweifel über ihre richtige Zuordnung bestehen – und sogar hinsichtlich ihres richtigen Namens. Von manchen Autoren den Gallica-Rosen zugeordnet.

S a H ⛉ D** Rar   120 × 90 cm

'Tour de Malakoff', 'Black Jack'

Soupert und Notting   LUXEMBURG 1856

Eine einzigartige Rose. Lebhaft magentafarbene Blüten, dunkelpurpur überhaucht und verblassend zu lilagrau, groß, gefüllt, aber locker geformt. Eine schmächtige, lockere Pflanze, die durch Stütze gewinnt.

S a Kr D*** ✂ Rar   2,50 × 1,50 m

'Unique Blanche' siehe 'White Provence'

'Village Maid', 'Belle des Jardins', 'La Rubanée', *R. centifolia variegata*

Vibert   FRANKREICH 1845

Eine starkwüchsige, stachelige Rose mit kräftigen Trieben. Etwas aufrechter als die meisten anderen großen Zentifolien. Blüten von weichem, gebrochenem Weiß, großzügig rosafarben gestrichelt und gestreift. Trägt Ende Juni einen üppigen Blütenflor. Duftend. Nach meiner Erfahrung bringt sie gelegentlich im Spätsommer noch einzelne Blüten hervor.

S a H D*** Rar   1,50 × 1,20 m

'White Provence', 'Unique Blanche', 'Vierge de Cléry', *R. centifolia alba*

entdeckt in GROSSBRITANNIEN 1775

Möglicherweise ein Sport einer anderen Zentifolie. In einem besonders schönen Sommer sind die

'Wretham Rose'

Blüten dieser Rose die schönsten von allen weißen Rosen. Selbst wenn wir nur alle zehn Jahre einen schönen Sommer hätten, würde es lohnen, auf eine einzige ihrer vollkommenen Blüten zu warten. Weiße Seide kommt als Vergleich am nächsten. Der Strauch selbst ist nicht gerade der eleganteste. Wen aber kümmert das bei solchen Blüten?

S a H D*** Re Rar   1,50 × 1,20 m

'Wretham Rose'

eingeführt von Beales   GROSSBRITANNIEN 1997

Zufallssämling

Diese Rose ähnelt in vielem einer Zentifolie, deshalb ordne ich sie hier ein. Sie ist dicht gefüllt, von warmem Karminrot, bei manchen Lichtverhältnissen fast kirschrot. Duftend. Das Laub ist dunkelgrün und üppig. Wuchs robust. Triebe kräftig und sehr stachelig. Gut als Solitär oder sogar als kleine Kletterrose. Von Michael Coates, dem Gärtner von Anne Hoellering, im Garten von Wretham Lodge entdeckt, wo sie in einer uralten Hecke wild wuchs.

S Kr H D*** Rar   2,10 × 1,80 m

Moosrosen

FORMEN UND HYBRIDEN

An einem gewissen Punkt in der Entwicklung der Zentifolien entschied die Natur, daß einige von ihnen »Bärte« tragen sollen. Diese Bärte haben unterschiedliche Formen, von ein paar steifen Borsten bis zu daunenweichen Drüsen, die Moos ähneln. Es gibt keine Aufzeichnungen darüber, wann genau die erste Mutation zu einer Moosrose stattfand, aber Moosrosen gab es vermutlich lange ehe sie vor etwa 300 Jahren erstmals schriftlich erwähnt wurde.

Systematische Züchtungen wurden erst möglich durch die zufällige Entdeckung eines Sports mit einfachen Blüten Anfang des 19. Jahrhunderts. Einige Züchter schufen eine große Zahl von Moosrosen; in den Baumschul-Katalogen der viktorianischen Epoche waren allgemein 30 bis 40 verschiedene Sorten Moosrosen aufgeführt. Viele von diesen hätten nackt, also ohne die modische Moos-Bekleidung, niemals im Wettbewerb bestehen können und wären schnell in Vergessenheit geraten. Die Moosrosen sind heutzutage nicht allzu begehrt, einige wenige aber werden unterschätzt. Es wäre allerdings schade, wenn sie ganz verloren gingen. Die folgenden sind heute noch erhältlich; einige davon verdienen größere Beachtung.

KLASSIFIKATION

BARB   Klasse 22
MR10   Klasse 47
WFRS   Klasse 27

R. centifolia muscosa
17. Jahrhundert
Bemooste Form von *R. centifolia*.
Mit dieser in jeder Hinsicht identisch, abgesehen vom Moos, bei dem es sich eigentlich um rötlich-braune – bei jungen Trieben etwas hellere – Borsten handelt, die Triebe und Blütenkelche dicht bedecken. Ziemlich anfällig für Mehltau.
S a D*** Mt Re Rar   1,80 × 1,50 m

'Alfred de Dalmas', 'Mousseline'
Portemer FRANKREICH 1855
eventuell Portland-Damascena-Rose
Blüten halbgefüllt, cremerosafarben und duftend. Blüht durchgehend von Mitte Juni bis November. Laub üppig, Wuchs gefällig und handlich. Das Moos ist grün, rosafarben getönt und geht bei den älteren Trieben in Rotbraun über. Für Flächenpflanzung und Kübel geeignet.
db a H ◐ ▽ D** v   90 × 60 cm

'A longues pédoncules'
Robert FRANKREICH 1854
Gefüllte Blüten von zartem Mauve an einem starkwüchsigen, staksigen Strauch mit einer Fülle heller, graugrüner Blätter. Blütenstiele lang mit viel grünem Moos um die kugeligen Knospen.
S a ◐ W D*** Rar   1,50 × 1,20 m

'Angélique Quetier'
Quetier FRANKREICH 1839
Den Damascena-Rosen nahestehend. Dicht gefüllte Blüten in dunklem, rötlichem Rosa. Duftend. Laub knackig, klein, zugespitzt, mittelgrün. Wuchs aufrecht. Moos grünlich-braun.
S a H ◐ D*** Rar   1,80 × 1,20 m

'Baron de Wassenaer'
Verdier FRANKREICH 1854
Starkwüchsig mit viel dunklem Laub und sehr viel Moos. Blüten von sattem, leuchtendem Rot bis Karmin,

'Alfred de Dalmas'

'Blanche Moreau'

'Capitaine Basroger'

dicht gefüllt und schalenförmig. Oft in Büscheln an kräftigen Trieben, ähnlich wie bei 'William Lobb'.
S a Kr D*** Rar   2,00 × 1,20 m

'Blanche Moreau'

Moreau-Robert FRANKREICH 1880

'Comtesse de Murinais' × 'Quatre Saisons Blanc Mousseux'

Das borstige, purpurfarbene bis fast schwarze Moos ist bei dieser Rose zu oft verdorben durch Mehltau, als daß es besondere Beachtung fände, obwohl sie wunderschöne, dicht gefüllte, rein-weiße, fein duftende Blüten hat.
S a ▽ D*** Mt Re Rar   120 × 90 cm

'Capitaine Basroger'

Moreau-Robert FRANKREICH 1890

Ein entschiedener Vorzug dieser Rose ist ihre Fähigkeit, im Spätsommer einen spärlichen zweiten Blütenflor hervorzubringen. Gefüllte, dunkel karminrote, duftende Blüten kommen aus festen, kugeligen Knospen zum Vorschein, die mit Moos eher spärlich besetzt sind. Starkwüchsig, am besten mit Stütze.
r a D*** Rar   1,80 × 1,20 m

'Capitaine John Ingram'

Laffay FRANKREICH 1856

Nicht zu groß. Eine der reizendsten Moosrosen, verdient mehr Beachtung. Gut ausgestattet mit rötlichem Moos an Trieben und Blütenkelchen, Farbe der dicht gefüllten Blüten schwankt mit dem Wetter von dunklem Karminrot bis Purpur. Sehr stark duftend.
S a H ▽ D*** Rar 120 × 90 cm

'Catherine de Würtemberg'

Robert FRANKREICH 1843

Eine aufrecht wachsende Pflanze mit spärlichem, rötlichem Moos und vielen kleinen, roten Stacheln. Blüten mauvefarben und gefüllt, mit zartem Duft.
S a D* Rar 1,80 × 1,20 m

'Célina'

Hardy FRANKREICH 1855

Nicht außergewöhnlich stark bemoost. Die Blüten sind ziemlich charakteristisch – von ansehnlicher Größe, halbgefüllt, in einer Mischung aus Kirschrot, Rosa und Lavendel und zeigen, wenn sie ganz geöffnet sind, goldfarbene Staubfäden. Ein recht gefälliger Strauch, der allerdings im Spätsommer ziemlich mehltauanfällig ist.
S a H D** Mt Rar 120 × 90 cm

'Célina'

'Chapeau de Napoléon'

'Chapeau de Napoléon', 'Cristata', 'Crested Moss'

Vibert FRANKREICH 1826

Wurde zufällig entdeckt. Die Wirkung der dicht gefüllten, stark duftenden, kohlförmigen Blüten von silbrigem Dunkelrosa wird noch gesteigert durch ein faszinierendes Gebilde aus Moos am Kelch. Es sieht aus wie ein Hahnenkamm, daher der englische Name (crest = Hahnenkamm). Auch unabhängig davon ist diese Rose ein gut verwendbarer, schön belaubter Strauch mittlerer Größe. Gedeiht am besten mit Stütze.
S a H D*** ⚔ v 1,50 × 1,20 m

'Common Moss', 'Old Pink Moss', 'Communis'

FRANKREICH vor 1700

Der Name beruht wahrscheinlich auf der weiten Verbreitung, allerdings habe ich den Verdacht, daß er für eine ganze Anzahl verschiedener rosafarbener Moosrosen verwendet wird, die ja im 19. Jahrhundert weit verbreitet waren. Die Rose, die ich unter diesem Namen vermehre, ist möglicherweise eine andere Sorte, ich halte sie aber aus verschiedenen Gründen für besser als R. centifolia muscosa. Sie ist zarter in der Farbe, regelmäßiger in der Form und gefälliger im Wuchs. Anhand von Stecklingen, die mir im Laufe der Jahre geschickt wurden, komme ich zu dem Schluß, daß eine Anzahl verschiedener Klone existiert, alle Abkömmlinge von R. centifolia muscosa, die alle als bessere Sorten angesehen werden, weil ihr Wuchs handlicher ist. Alle sind sehr schön bemoost und haben einen außergewöhnlich starken Duft.
S a D*** ⚔ v 1,20 × 1,20 m

'Comtesse de Murinais'

Robert FRANKREICH 1843

Ein hoher Strauch, der sehr zu empfehlen ist, obwohl er eine Stütze braucht. Die Blüten von weichem Rosa verblassen geöffnet zu Cremeweiß. Sie sind flach und dicht gefüllt, sogar bei feuchter Witterung. Ziemlich borstiges Moos von klarem, saftigem Grün. Wenn man es berührt, verströmt es einen kräftigen, nachhaltenden, balsamischen Wohlgeruch. Duftendes Moos ist keineswegs einmalig, bei dieser Rose aber duftet es stärker als bei den meisten anderen.
S D*** Rar 1,80 × 1,20 m

'Crested Jewel'

R. S. Moore USA 1971

Eine hübsche, niedrigwachsende Moosrose des hochbegabten Züchters Ralph Moore. Auffällige hahnenkammartige Moosgebilde an den Kelchblättern der hochgebauten halbgefüllten Blüten in leuchtendem Rosa. Kräftiges, ledriges Laub, mittel- bis dunkelgrün.
S a ▽ D* Rar 90 × 90 cm

'Deuil de Paul Fontaine'

'Crested Moss' siehe 'Chapeau de Napoléon'

'Crimson Globe'

W. Paul GROSSBRITANNIEN 1890

Der Name klingt mehr nach einem Gemüse als nach einer Rose und – offen gesagt – manchmal frage ich mich, ob sie nicht tatsächlich eins ist. Möglicherweise ist sie mehr etwas für wärmere Klimazonen.
S D*** Mt Rar   1,20 × 1,20 m

'Cristata' siehe 'Chapeau de Napoléon'

'Deuil de Paul Fontaine'

Fontaine FRANKREICH 1873

Dunkelrot bis schwärzlich purpur ist die beste Beschreibung der Farbe dieser Rose. Eine verhältnismäßig kleine, sehr stachelige Pflanze mit etwas derbem Laub. Remontiert in den meisten Jahren.
r H ▽ D** Rar   90 × 90 cm

'Dresden Doll'

R. S. Moore USA 1975

Ich meine, daß diese reizende kleine Moosrose nicht unerwähnt bleiben soll, obwohl ich mir nicht ganz sicher bin, ob dies hier der richtige Platz für sie ist. Sie ist noch eine recht junge Züchtung, aber ganz ausgezeichnet, hat stark bemooste Knospen und Triebe und saftig grünes Laub. Die kleinen, spitzen Knospen öffnen sich zu dicht gefüllten, schalenförmigen, duftenden Blüten von sanftem Rosa. Ideal als Topfpflanze und sogar für den Balkonkasten.
db a H ▽ D** v   25 × 15 cm

'Duchesse de Verneuil'

Portemer FRANKREICH 1856

Eine sehr feine Moosrose, mittelgroß, schön mit hellgrünen Blättern und mit dichtem, dunkelgrünem Moos. Flache Blüten, bestehend aus vielen gefalteten Blütenblättern, die sich zurückbiegen und unten ein blasses und oben ein leuchtendes Rosa zeigen. Laub, Moos und Blüten ergeben zusammen eine gefällige Wirkung.
S a D*** Re Rar   150 × 90 cm

'Eugénie Guinoisseau'

Guinoisseau FRANKREICH 1864

Duftende Blüten einer Mischung aus dunkelrosa, violettgrauen und purpurfarbenen Schattierungen, deutlich schalenförmig, mehr als die meisten anderen Moosrosen. Das Laub ist glatt und hat nur eine Andeutung von Glanz. Das Moos ist dunkelgrün. Bringt in guten Jahren einen zweiten Blütenflor hervor, überraschend für eine so hochwachsende Sorte. Gedeiht am besten mit Stütze.
S a Kr D** Rar   1,80 × 1,20 m

'Eugénie Guinoisseau'

'Fairy Moss'

R. S. Moore USA 1969

('Pinocchio' × 'William Lobb') × 'New Penny'
Kleine, halbgefüllte Blüten in mittlerem Rosa öffnen sich aus gut bemoosten spitzen Knospen. Laub kräftig und hellgrün. Starkwüchsig und buschig.
db a ▽ D* Rar   30 × 30 cm

'Félicité Bohain'

ca. 1865

Eine Sorte, die nur selten zu sehen ist, mit vielen, aber kleinen Blättern. Das Moos ist rötlich und breitet sich bis zu den Rändern der jungen Blätter aus. Die kleinen Blüten haben ein Knopfauge, das von gefalteten und gekräuselten, leuchtend rosafarbenen Blütenblättern umgeben ist.
S H a ▽ D*** Rar   120 × 90 cm

'Gabriel Noyelle'

Buatois FRANKREICH 1933

'Salet' × 'Souvenir de Mme Kreuger'
Schön geformte, dicht gefüllte Blüten in einem leuchtenden Lachston mit orangefarbenen und gelben Glanzlichtern. Duftend. Laub dunkelgrün. Wuchs aufrecht und buschig. Remontierend.
Rr H ▽ D*** Rar   1,20 × 1,20 m

'Général Kléber'

Robert FRANKREICH 1856

Eine ausgezeichnete Sorte, sowohl was die Schönheit der Blüten betrifft, als auch die generelle Eignung für den Garten. Blüten von sehr leuchtendem, fast

'Général Kléber'

glänzendem Rosa, recht groß, mit Blütenblättern, die fast wie kleine, zerknüllte rosa Papiertücher aussehen. Blätter reichlich, groß und von saftigem, leuchtendem Grün. Dicke Triebe, bedeckt mit glänzendem, lindgrünem Moos, das bis zu den Spitzen der Kelchblätter reicht. Sehr wenige Stacheln.
S a H ▽ D*** Rar   1,20 × 1,20 m

'Gloire des Mousseux'

Laffay FRANKREICH 1852

Diese Sorte hat wahrscheinlich die größten Blüten aller Moosrosen. Viele riesige, duftende, dicht gefüllte Blüten von klarem, weichem Rosa, mit zurückgeschlagenen Blütenblättern stehen an einer stattlichen Pflanze. Laub und Moos hellgrün.
S a H ▽ D*** Re Rar   120 × 90 cm

'Goethe'

P. Lambert DEUTSCHLAND 1911

In der viktorianischen Epoche gab es mehrere Moosrosen mit einfachen Blüten, aber diese spätere Sorte ist die einzige wirklich einfach-blühende, die heute noch erhältlich ist. Sattes Magentarosa mit gelben Staubgefäßen. Rötlich-braunes Moos und dunkles, bläulich-grünes Laub. Die jungen Triebe sind rosarot. Sehr starkwüchsig.
S a D* Mt Rar   1,80 × 1,20 m

'Gloire des Mousseux' (oben), 'Henri Martin' (unten rechts)

'Golden Moss'

Dot SPANIEN 1932
'Frau Karl Druschki' × ('Souvenir de Claudius Pernet' × 'Blanche Moreau')
Für diese noch ziemlich junge Sorte spricht eigentlich recht wenig, außer daß sie als einzige in ihrer Gruppe gelbe Blüten hat. Die Blüten sind blaßgelb, schalenförmig und duftend, aber sie verabscheuen nasses Wetter und können dann sehr zögerlich blühen. Ob ich vielleicht noch nie gesehen habe, wie sie unter günstigen Bedingungen aussehen kann?
S H D* Re Rar 150 × 90 cm

'Henri Martin', 'Red Moss'

Laffay FRANKREICH 1863
Büschel von mittelgroßen, leuchtend karminroten, duftenden Blüten an spärlich bemoosten Trieben. Lohnt allein schon wegen der Menge der Blüten, die sie hervorbringt. Laub dunkelgrün und reichlich.
S a H D*** Rar 1,50 × 1,20 m

'Hunslett Moss'

Beales UK 1984
entdeckt durch Humphrey Brooke
Ohne Zweifel eine der frühesten in England gezüch-

teten Moosrosen. Es ist erwiesen, daß sie von Humphrey Brookes Vorfahren über mehrere Generationen hinweg vermehrt wurde. Große, gefüllte und stark bemooste, dunkelrosa Blüten mit einem intensiven Duft. Dunkles Laub an einer kräftigen, aufrechten Pflanze.
S a H ▽ D*** Rar 120 × 90 cm

'James Mitchell'

Verdier FRANKREICH 1861

Mittelgroße, gefüllte Blüten von sattem, leuchtendem Rosa werden reichlich Anfang Juli hervorgebracht. Duftend. Eine gesunde Pflanze, vielleicht mit etwas wenig Laub und Moos, aber ein ausgezeichneter, gefälliger Strauch.

S a H ● D*** Rar   1,50 × 1,20 m

'James Veitch'

Verdier FRANKREICH 1865

Eine höchst interessante, niedrig wachsende Moosrose von prächtigem Purpur mit schiefergrauen Glanzlichtern. Blüht fast während des ganzen Sommers. Abgesehen vom Mehltau, der ein Problem darstellen kann, ist sie großartig. Auch diese Moosrose könnte man ebensogut unter die Portland-Damascena-Rosen einordnen.

S ▽ D*** Mt Rar   90 × 90 cm

'Japonica' siehe 'Mousseux du Japon'

'Jean Bodin'

Vibert FRANKREICH 1846

Lilarosafarbene Blüten, dunkel gestreift, an den Rändern der Blütenblätter heller. Dicht gefüllt mit einem Auge in der Mitte. Duftend. Laub wolkig gräulich-grün. Wuchs buschig und aufrecht. Moos bräunlich, bei Berührung steif.

S H ▽ D*** Rar   90 × 90 cm

'Jeanne de Montfort'

Robert FRANKREICH ca. 1851

Eine der höchsten Moosrosen. Man muß sie stützen, wenn man sie zu anderen Sträuchern pflanzt. Moos dunkelkastanienbraun, Blätter dunkelgrün und fast glänzend. Blüten reinrosafarben, in großen Büscheln wachsend und duftend. Gut geeignet als kleine Kletterrose oder für die Pflanzung an Säulen.

S a Kr D*** Rar   2,50 × 1,50 m

'James Veitch' (oben), 'Jeanne de Montfort' (unten)

'Laneii', 'Lane's Moss'

Laffay FRANKREICH 1854

Dicht gefüllte, karminrote Blüten werden reichlich an einer kräftigen Pflanze hervorgebracht. Duftende, anfangs schalenförmige Blüten öffnen sich flach mit zurückgebogenen Blütenblättern und zeigen in der Mitte ein großes grünes Auge. Das Moos ist etwas dunkler als das tiefgrüne Laub.
S a H ▽ D*** Rar   120 × 90 cm

'Little Gem'

W. Paul GROSSBRITANNIEN 1880

In der spätviktorianischen Epoche sehr beliebte, gefällige, gut verwendbare kleine Rose, sehr reichblühend und farbenprächtig. Blüten in Büscheln, gleichmäßig angeordnet und pomponförmig, leuchtend dunkelrosafarben. Triebe reich bemoost und dicht mit kleinen, sattgrünen Blättern bekleidet.
r H ▽ D*** Rar   90 × 60 cm

'Laneii' (oben), 'Little Gem' (unten)

'Louis Gimard'

Pernet Père FRANKREICH 1877

Flache, dicht gefüllte Blüten, in der Mitte von sattem, dunklem Rosa, das an den Rändern zu weichem Rosa verblaßt. Blätter tief dunkelgrün mit rötlichen Äderchen und Rändern. Borstiges Moos, fast purpurfarben.
S a H D** Rar   150 × 90 cm

'Ma Ponctuée'

Guillot FRANKREICH 1857

Eine sehr ungewöhnliche kleine Moosrose. Kleine, gefüllte Blüten werden mit Unterbrechungen den ganzen Sommer über hervorgebracht, rosarot mit weißen Flecken. Gut bemoost. Benötigt zum Gedeihen guten Boden. Ich vermute, daß diese Sorte mit der Zeit verkümmert ist, vielleicht bewirtet sie einen schwer zu entdeckenden, wachstumshemmenden Virus.
r db ▽ D* Mt Rar   90 × 90 cm

'Maréchal Davoust'

Robert FRANKREICH 1853

Eine wirkungsvolle Rose, wenn eine ungewöhnliche Farbe gewünscht wird. Bei jeder Blüte zeigen die vielen zurückgebogenen Blütenblätter eine außergewöhnliche Mischung von Purpur-, Grau- und Rosatönen. Manchmal hat die Blüte in der Mitte ein kleines grünes Auge. Recht gefällig mit sehr dunklem Moos und graugrünem Laub.
S a H ▽ D*** Rar   120 × 90 cm

'Marie de Blois'

Robert FRANKREICH 1852

Diese reichblühende Sorte verdient mehr Beachtung. Die Triebe sind gut mit rötlichem Moos und mit leuchtend grünen Blättern bedeckt. Die Blüten sehen aus wie zufällig geformte Büschel von leuchtend rosafarbenen Blütenblättern, stark duftend. Blüht reichlich in jedem Sommer.
r a H D** Rar   1,50 × 1,20 m

'Mme de la Roche-Lambert'

Robert FRANKREICH 1851

Kugelige Knospen öffnen sich zu flachen Blüten mit vielen Blütenblättern von dunklem Purpur, die ihre

'Maréchal Davoust'

'Mme de la Roche-Lambert'

'Mme Louis Lévêque'

'Mousseux du Japon'

Farbe sogar bei starkem Sonnenschein behalten. Das duftende Moos ist ebenfalls tief purpurfarben, die Blätter sind dunkelgrün. Ein interessanter und gut verwendbarer mittelgroßer Strauch, der gelegentlich bis in den Herbst remontiert.

r a H ▽ D*** Mt Rar   120 × 90 cm

'Mme Louis Lévêque'

Lévêque FRANKREICH 1898

Ich sah diese Rose erstmals im berühmten Garten von Maurice Mason in Fincham, Norfolk (England). Möglicherweise war sie damals gerade in ihrer besten Form, auf jeden Fall war sie die vollkommenste Rose, die ich

je gesehen habe. Die Blüten sind schalenförmig, bis sie ganz geöffnet sind, recht groß und von weichem, warmem Rosa. Wichtiger noch als die Farbe ist die weiche, seidige Maserung der Blütenblätter in ihrem Moosnest. Die Blüten erscheinen an aufrechten, bemoosten Trieben inmitten großer, dunkelgrüner Blätter.
r a H ▽ D*** Rar   120 × 90 cm

'Monsieur Pélisson' *siehe* 'Pélisson'

'Mousseline' *siehe* 'Alfred de Dalmas'

'Mousseux du Japon', 'Moussu du Japon', 'Japonica'

Vielleicht die am stärksten bemooste von allen Rosen. Das Moos erweckt den Eindruck, die Triebe seien viel dicker, als sie es tatsächlich sind. Blüten halbgefüllt, von weichem Lilarosa mit auffälligen Staubgefäßen. Blätter – mit bemoosten Blattstielen – dunkelgrün.
r H ▽ D*** Rar   120 × 90 cm

'Mrs William Paul'

W. Paul GROSSBRITANNIEN 1869
Kurze, kräftige Triebe tragen bemooste Knospen, die sich zu gefüllten Blüten von leuchtendem Rosa mit

roten Schattierungen öffnen. Recht starkwüchsig für einen solch buschigen Strauch. Diese gut verwendbare Sorte verdient mehr Beachtung, da sie remontiert.
r H ▽ Br D*** Rar   120 × 90 cm

'Nuits de Young', 'Old Black'

Laffay FRANKREICH 1845
Kompakter, aufrechter Strauch mit kleinen, dunkelgrünen Blättern und kleinen, fast gefüllten Blüten von dunklem, samtigem Kastanienbraun bis Purpur, das durch goldfarbene Staubgefäße noch hervorgehoben wird. Obwohl diese Rose nicht besonders stark bemoost ist und auch nur ziemlich kleine

'Mrs William Paul' (unten), 'Nuits de Young' (oben rechts)

Blätter hat, ist sie im Hinblick auf die Wirkung sicher eine der besten Moosrosen, vor allem wenn eine dunkle Farbe gewünscht wird.
S a H ▽ D*** Rar   120 × 90 cm

'Old Pink Moss' siehe 'Common Moss'

'Pélisson', 'Monsieur Pélisson'

Vibert FRANKREICH 1848

Gefüllte Blüten, von einem Rot, das sich mit der Zeit zu Purpur verändert. Eine starkwüchsige, aufrechte, niedrig wachsende Pflanze. Laub derb und dunkelgrün, tief geädert. Die Triebe haben kurze und dicke Stacheln und dunkelgrünes Moos.
S a ▽ D*** Mt Rar   120 × 90 cm

'Princesse Adélaïde'

Laffay FRANKREICH 1845

Laub dunkelgrün, häufig bunt. Spärlich bemoost. Blüten groß, schön geformt, gefüllt, von weichem Rosa und gut duftend. Wird manchmal zu den Gallica-Rosen gerechnet.
S a H ▽ D** Rar   120 × 90 cm

'Reine Blanche'

Moreau FRANKREICH 1857

Eine reizende, niedrige bis mittelgroße Moosrose, der häufig aus irgendwelchen Gründen die größere 'Blanche Moreau' vorgezogen wird. 'Reine Blanche' hat gutes Moos, das hellgrün ist, wie auch die Fülle von Laub. Die dicht gefüllten Blüten sind, obwohl sie nur einen schwachen Stiel haben, gut geformt, reinweiß mit cremefarbener Mitte und mit einem festen Knopfauge in der Mitte.
S A H ▽ D*** Rar   90 × 90 cm

'René d'Anjou'

Robert FRANKREICH 1853

Diese Rose ist von zartestem Rosa, mit einem ganz ausgezeichneten Duft. Als Strauch wächst sie nicht zu stark, weshalb sie ideal für den kleinen Garten ist, auch da sowohl das Laub als auch das Moos – besonders das junge – eine Bronzetönung haben.
S a H ▽ D*** Rar   120 × 90 cm

'Robert Léopold'

Buatois FRANKREICH 1941

Eine schön geformte, dicht gefüllte Moosrose mit moderner Farbe: Lachs mit dunkelrosa Markierungen auf orangegelbem Grund. Die Farbbeschreibung klingt etwas grell, es ist aber eine durchaus feine Rose. Die Blüten erscheinen an kräftigen, gut be-

'Robert Léopold' (oben), 'Salet' (unten)

moosten Trieben. Moos bräunlich. Wuchs aufrecht. Laub dunkelgrün, aber ziemlich derb.
r a ▽ D** Rar   120 × 90 cm

'Salet'

Lacharme FRANKREICH 1854

Eine Rose von ausgeprägtem Charakter, besonders geeignet für den kleineren Garten. Blüten von klarem Rosarot, dunkler im Herbst, gefüllt und etwas unordentlich, wenn sie ganz geöffnet sind. Nicht sehr bemoost, aber die Blätter, vor allem die jungen, sind leuchtend grün.
r a H ▽ D*** Rar   120 × 90 cm

'Shailer's White Moss'

Shailer GROSSBRITANNIEN ca.1788

Gilt als die weiße Form von R. centifolia muscosa, aber wenn ich nicht eine andere Sorte habe, ist sie weniger gespreizt und hat dunkler grünes Laub. Gut bemoost, intensiv duftend. Gefüllte, flache, geviertelte Blüten,

deren äußere Schicht von Blütenblättern ziemlich spitz ist, meistens weiß, aber gelegentlich mit einem Anflug von Rosa. Sehr reichblühend.
S a ◐ D*** Mt Rar   1,50 × 1,20 m

'Soupert et Notting'
Pernet Père FRANKREICH 1874
Ein gut verwendbarer, niedrig wachsender Busch mit gut bemoosten Trieben und Knospen. Blüten von dunklem Rosarot, dicht gefüllt und geviertelt, wenn sie ganz geöffnet sind. Leider muß etwas gegen Mehltau unternommen werden, wenn man auch im Herbst noch schöne Blüten haben möchte.
r H ▽ D*** Mt Rar   90 × 60 cm

'Souvenir de Pierre Vibert'
Moreau-Robert FRANKREICH 1867
Die dicht gefüllten Blüten sind eine Mischung aus Rot, Dunkelrosa und Violett und werden den ganzen Sommer über hervorgebracht. Für eine solch niedrige Pflanze ist der Strauch etwas locker, ergibt aber trotzdem eine gute Wirkung, wenn er richtig plaziert wird. Reichlich Moos und Laub.
r H ▽ D*** Rar   120 × 90 cm

'Striped Moss'
Für meinen Geschmack nicht gerade die Schönste. Die Blüten sind klein und von verschiedenen Schattierungen von Rosa mit unregelmäßigen roten Zeichnungen. Wegen ihres niedrigen, aufrechten Wuchses eignet sie sich besonders gut als Topfpflanze.
S a H ▽ D** Rar   90 × 60 cm

'White Bath', 'White Moss', 'Clifton Moss'
Salter GROSSBRITANNIEN ca. 1817
Gilt als Sport von 'Common Moss'
Große, dicht gefüllte, reinweiße Blüten. Intensiv duftend. Laub, Triebe und Knospen gut bemoost. Wuchs mittelstark.
S a H ◐ ▽ D*** Mt Rar   120 × 90 cm

'William Lobb', 'Duchesse d'Istrie', 'Old Velvet Moss'
Laffay FRANKREICH 1855
Sehr starkwüchsig, bringt oft lange Triebe hervor, die jeweils große Büschel mit Blüten von solchem Gewicht tragen, daß sie sich zum Boden neigen. Gedeiht am besten mit einer Stütze, was auch eine andere Rose, etwa eine Kletterrose von ähnlicher Farbe, z. B. 'Veilchenblau' oder ein starkwüchsiger cremeweißer Rambler sein kann. Gut bemoost, viele, große Blätter.

'Striped Moss' (oben), 'White Bath' (unten)

Blüten groß, halbgefüllt, in einer Mischung aus Purpur, Grau, Magenta und Rosa, auf der Unterseite etwas blasser.
S a Kr D*** Rar   2,50 × 1,50 m

'Zenobia'
W. Paul GROSSBRITANNIEN 1892
Eine hochwachsende, ziemlich schmächtige Rose mit gut bemoosten Knospen und Trieben und dicken, ledrigen Blättern. Blüten duftend, kugelig, in der Form wie eine frühe Remontant-Hybride, selbst wenn sie ganz geöffnet sind. Die Farbe der Blüten bewegt sich zwischen Kirschrot und Rosa.
S a D*** Rar   1,80 × 1,20 m

'William Lobb'

'Zoé'

Vibert FRANKREICH 1830

Eine reichblühende Moosrose mit mittelgroßen, leuchtend rosafarbenen, dicht gefüllten, flachen Blüten aus vielen eng stehenden, gerüschten Blütenblättern. Duftend. Gut besetzt mit bräunlich-rotem Moos. Laub mittelgrün. Ein besonders schönes Exemplar dieser Sorte ist in Castle Howard, Yorkshire, England, zu sehen.

S a H ▽ D*** Rar   120 × 90 cm

GALLICANAE • 169

Damascena-Rosen
FORMEN UND HYBRIDEN

Die Damascena-Rosen sind unzweifelhaft eng mit den Gallica-Rosen verwandt; aber je tiefer ich in der verwickelten Abstammung der Rosen grabe, um so unsicherer werde ich. Als schlichter Vermehrer von Rosen bleibt mir nichts anderes übrig, als den Regeln, die von anderen aufgestellt wurden, zu folgen, bzw. treu zu versuchen, ihnen zu folgen.

KLASSIFIKATION

BARB	Klasse 20
MR10	Klasse 17
WFRS	Klasse 24

R. damascena bifera siehe '**Quatre Saisons**'

R. damascena trigintipetala siehe '**Kazanlik**'

R. damascena versicolor siehe '**York and Lancaster**'

'**Autumn Damask**' *siehe* '**Quatre Saisons**'

'**Belle Amour**'
Entdeckt durch Nancy Lindsay 1950
Sattgelbe Staubgefäße werden von zwei Lagen gekräuselter, lachsrosafarbener Blütenblätter eingerahmt. Ist möglicherweise mit den Alba-Rosen verwandt, aber wegen des Laubes und der Wuchsform – grüngrau bzw. stachelig – ist sie hier bei den Damascena-Rosen eingeordnet.
S a H W D** Rar   150 × 90 cm

'**Blush Damask**'
Ein starkwüchsiger, dicht, aber gespreizt wachsender Strauch, mit sehr üppigem Blütenflor, dessen Wirkung aber zu flüchtig ist. Die gefüllten, mittelgroßen Blüten sind von sattem Rosa, das an den Rändern zu zartem Rosa verblaßt. Man muß die verwelkten Blüten abschneiden, da sie nur sehr zögerlich abfallen. Wahrscheinlich eine ziemlich alte Sorte.
S a H W D*** Mt Re Rar   120 × 90 cm

'**Blush Damask**' (oben), '**Botzaris**' (unten)

'Botzaris'
1856

Flache, dicht gefüllte, cremeweiße Blüten, oft geviertelt, wenn sie ganz geöffnet sind. Wieder eine Damascena-Rose, die mit den Alba-Rosen verwandt ist, daher erklärt sich auch der besondere Duft. Holz stachelig, Laub satt hellgrün. Eine großartige Rose, die niemals so stark wächst, daß sie lästig wird, selbst wenn sie nicht zurückgeschnitten wird.
S a W H D*** Rar 120 × 90 cm

'Celsiana'
vor 1750

In voller Blüte ein attraktiver Strauch. Weiches, hellgraugrünes Laub und ein verhältnismäßig kompakter Wuchs tragen dazu bei, daß er während der Ruhezeit im Spätsommer wenig auffällt. Blüten intensiv duftend, in hängenden Büscheln, halbgefüllt, mit auffälligen gelben Staubgefäßen. Klares Rosa, das bei starker Sonneneinstrahlung zu Rosaweiß verblaßt.
S a H W D*** v 1,50 × 1,20 m

'Coralie'
ca. 1860

Ziemlich stacheliger Strauch, mittelgroß mit kleinen, graugrünen Blättern. Flache Blüten von weichem Rosa, etwas mehr als halbgefüllt, die Blütenblätter neigen dazu, sich bei ganz geöffneter Blüte zurückzubiegen. Sie sind selbst dann noch attraktiv, wenn sie bei starker Sonneneinstrahlung zu rosigem Weiß verblassen.
S a H W ▽ D*** Rar 120 × 90 cm

'Gloire de Guilan'

MITTLERER OSTEN

Eingeführt durch Nancy Lindsay 1949
Wenn die Blüten ganz geöffnet sind, sind sie flach und dicht gefüllt, oft wunderschön geviertelt, von klarem Rosa und intensiv duftend. Blüht früh im Sommer, neigt zu gespreiztem Wuchs, wenn man ihr keine Stütze gibt. Laub hellgrün, Holz dicht mit kleinen Stacheln besetzt. Wahrscheinlich eine ziemlich alte Sorte.
S a W D*** Rar   1,80 × 1,20 m

'Hebe's Lip', 'Rubrotincta', 'Reine Blanche'

W. Paul GROSSBRITANNIEN eingeführt 1912
Gilt als *R. damascena* × *R. rubiginosa*
Herkunft unbekannt, wahrscheinlich aber eine sehr alte Sorte. Leicht duftendes Laub. Blüten fast einfach, weiß, an den Rändern rot getönt. Stachelig und mit derbem Laub. Lockerer Wuchs. In der ersten Auflage dieses Buches hatte ich sie den Rubiginosa-Hybriden zugeordnet – nun glaube ich, daß sie korrekterweise zu den Damascena-Rosen gehört.
S a H W ◯ ▽ D*** Rar   1,20 × 1,20 m

'Ispahan', 'Rose d'Isfahan'

MITTLERER OSTEN *vor* 1832

Blüht im Vergleich zu anderen Sorten dieser Gruppe recht lange. Die halbgefüllten, hellrosafarbenen Blüten behalten sowohl ihre Form als auch ihre Farbe sehr gut. Stark duftend. Hat attraktives Laub, die Triebe sind nicht allzu stachelig.
S a H ▽ D*** Rar   120 × 90 cm

'Belle Amour' (links)
'Ispahan' (unten), 'Gloire de Guilan' (rechts)

'Kazanlik', 'Trigintipetala',
R. damascena trigintipetala
MITTLERER OSTEN sehr alt

Eine starkwüchsige Sorte, deren Ursprünge in den Rosengärten Bulgariens liegen. Eine der Sorten, die zur Herstellung von Rosenöl verwendet wird. Eignet sich ideal für Potpourris. Die leicht gemaserten Blütenblätter sind von warmem Rosa und stark duftend. Blüten halbgefüllt und etwas zerzaust. Laub dunkelgrün. Ein guter Strauch, wächst aber besser mit Stütze.
S a W ◐ D*** Rar   1,50 × 1,20 m

'La Ville de Bruxelles'
Vibert FRANKREICH 1849

Große, gefüllte Blüten, reinrosa mit gevierteler und nach innen gebogener Mitte. Intensiv duftend. Ein kräftiger, starkwüchsiger und aufrechter Strauch, der sich gut als Solitärpflanze eignet.
S a W D*** Mt Rar   150 × 90 cm

'Leda', 'Painted Damask'
wahrscheinlich frühes 19. Jahrhundert

Gefüllte Blüten, blaßrosa bis weiß, mit interessanten karminroten Zeichnungen an den Rändern eines jeden Blütenblattes. Duftend. Gefälliger, kompakter Wuchs, Laub von weichem Graugrün.
S a H ▽ D*** Rar   90 × 90 cm

'Léon Lecomte'
Abstammung unsicher

Gefüllte Blüten in leuchtendem, warmem Rosa, das zu weicheren Tönen verblaßt. Laub gräulich-grün. Wuchs stark, hoch und aufrecht.
S H a D*** Rar   1,50 × 1,20 m

'Marie Louise'
ca. 1813

Gefüllte Blüten von strahlendem Rosa, flach, wenn sie ganz geöffnet sind. Gut duftend. Kompakter, buschiger Strauch mit gutem Laub und ziemlich frei von bösartigen Stacheln.
S a H ▽ D*** Rar   120 × 90 cm

'Kazanlik' (oben), 'Leda' (ganz oben)

GALLICANAE · 173

'Mme Hardy'

Hardy FRANKREICH 1832

Eine elegante und herrliche Rose, die dem Vergleich mit jeder anderen Strauchrose standhält. Blüten reinweiß, dicht gefüllt und vergleichsweise groß, erscheinen in großer Zahl. Die inneren Blütenblätter sind nach innen gefaltet und zeigen ein sattgrünes Auge. Stark duftend. Der Wuchs ist stark und kräftig, aber gefällig. Das Laub ist leuchtendgrün, fast lindgrün, besonders das junge. Herausragende alte Sorte.
S a H ◐ D*** v   1,50 × 1,50 m

'Mme Zöetmans'

Marest FRANKREICH 1830

Verdient mehr Beachtung. Gefüllte Blüten von weichem Rosa, das zu einem rosigen Weiß verblaßt, manchmal geviertelt, mit einem auffälligen grünen Auge. Kompakter Strauch mit dunkelgrünem Laub.
S a H ▽ D*** Rar   120 × 90 cm

'Omar Khayyam' (oben), 'Quatre Saisons' (rechts)

'Omar Khayyam'

1893

Ohne Zweifel eine ziemlich alte Sorte. Sie wurde von einer Pflanze vermehrt, die auf dem Grab von Edward Fitzgerald in Suffolk, England, wuchs. Dort war sie 1893 aus Samen gepflanzt worden, der von Rosen auf Omar Khayyams Grabmal in Nashipur, Indien, gesammelt worden war. Mittelgroße, hellrosafarbene Blüten, gefüllt und duftend. Niedriger Strauch, Laub graugrün und weich.
S H ▽ D*** Rar   90 × 90 cm

'Pink Leda'

vermutlich DEUTSCHLAND VOR 1844

Leuchtendes, klares Rosa. In jeder anderen Hinsicht mit 'Leda' identisch, die roten Markierungen an den äußeren Blütenblättern eingeschlossen. Möglicherweise ist 'Leda' ein Sport dieser Sorte.
S a H ▽ D** Rar   90 × 90 cm

'Quatre Saisons', *R. damascena bifera*, 'Autumn Damask'

MITTLERER OSTEN außergewöhnlich alt, angeblich *R. gallica* × *R. moschata*

Eine sehr alte Sorte, locker gefüllt mit großen, manchmal ziemlich zerknitterten Blütenblättern. Blüten von klarem, aber seidigem Rosa, intensiv

duftend. Ziemlich gespreizt wachsender Strauch, Laub gräulich und weich. Remontiert. Verträgt Rückschnitt besser als die meisten anderen Sorten dieser Gruppe. Wieder eine Rose, die sich gut zur Herstellung von Potpourris eignet.

r a W H D*** Mt Rar   120 × 90 cm

'Quatre Saisons Blanc Mousseux'

Laffay FRANKREICH
Sport von 'Quatre Saisons'
Ein Name, der manchmal auch für andere remontierende Moosrosen verwendet wird. Diese Sorte ist gut mit bräunlich-grünem Moos ausgestattet, sowohl an den Trieben als auch an den Knospen. Ansonsten, abgesehen von der weißen Farbe der Blüten, identisch mit 'Quatre Saisons'. Eine sehr alte Sorte.

r a ◍ D*** Mt Rar   120 × 90 cm

'Rose d'Hivers'

Eine seltsame kleine Rose, die hier auf der Suche nach einem anderen Zuhause eingeordnet ist. Mit kleinen grauen Blättern und verzweigten, gelblich-grünen Trieben kaum den Damascena-Rosen ähnlich. Die Blüten sind klein, aber gut geformt, von klarem Rosa, das zu den Rändern zu Weiß verblaßt. Mir ist diese Rose leider irgendwie verloren gegangen.

r a H W ◍ ▽ D* Rar   90 × 90 cm

'St Nicholas'

James GROSSBRITANNIEN 1950
wahrscheinlich ein Zufallssämling einer unbekannten Damascena-Rose × *R. gallica*
Eine sonderbare Sorte, aber trotzdem sehr attraktiv. Der Strauch ist niedrigwachsend und hat weiches, graues Laub und bösartige Stacheln. Blüten fast ein-

'St Nicholas'

fach, Rosa mit satt goldfarbenen Staubgefäßen. Reizend anzusehen im Licht der frühen Abendsonne. Bringt attraktive Hagebutten hervor, wenn die verwelkten Blüten nicht abgeschnitten werden.

r H ▽ D*** Mt Rar   90 × 90 cm

'Trigintipetala' *siehe* 'Kazanlik'

'York and Lancaster', *R. damascena versicolor*

VOR 1551
Unregelmäßig blaßrosa und weiße Blüten. Manchmal gefleckt, manchmal zwei Farben auf verschiedenen Blüten des selben Blütenstands, halbgefüllt und duftend. Neigt zu ziemlich unordentlichem Wuchs. Blätter grau, zahlreiche Stacheln. Mehr eine Sorte für Sammler, für den Garten weniger gut geeignet, das ist zumindest meine Meinung.

S a H W ◍ D*** v   1,50 × 1,20 m

Portland-Rosen

Obwohl diese Gruppe von einigen Autoren als Untergruppe der Damascena-Rosen geführt wird, wird nun allgemein anerkannt, daß sie genügend gemeinsame Unterscheidungsmerkmale aufweisen, um sie als eigene Gruppe zusammenzufassen. Es trifft zu, daß *R. damascena* und vielleicht einige ihrer Hybriden bei der frühen Entwicklung der Portland-Rosen eine wichtige Rolle gespielt haben, bei der weiteren Entwicklung dieser Klasse wurde die Abstammung aber vermischt und andere Einflüsse wurden dominierend, nicht zuletzt die der Gallica-Rosen, denen nach meiner Überzeugung mehrere Sorten dieser Gruppe ihren niedrigen, ordentlichen Wuchs verdanken.

Unter den Portland-Rosen finden sich einige der besten der alten Gartenrosen, denn mit ihrem ordentlichen Wuchs und ihrer Bereitschaft, den ganzen Sommer über zu blühen eignen sie sich hervorragend für kleinere Gärten oder für die Kultur in Töpfen.

KLASSIFIKATION

BARB Klasse 23
MR10 Klasse 51
WFRS Klasse 28

'Arthur de Sansal'
Cartier FRANKREICH 1855
Eine niedrigwachsende Sorte, schön belaubt und sehr reichblühend, leider belastet mit einem starken Hang zu Mehltau. Blüten dicht gefüllt, rosettenförmig, dunkel karmesinrot bis purpur und duftend.
r H ▽ D*** Mt Rar   90 × 60 cm

'Blanc de Vibert'
Vibert FRANKREICH 1847
Weiße, gefüllte Blüten mit einem Hauch von blassem Zitronengelb, stark duftend. Ein aufrecht wachsender Busch, schön mit Gallica-ähnlichem Laub bekleidet. Sehr gut zu verwenden. Heutzutage ziemlich selten. Bei nasser Witterung oder in armen Böden kommen die Blüten manchmal nicht zur vollen Entfaltung.
r Br ▽ D*** Rar   90 × 90 cm

'Comte de Chambord'
Moreau-Robert FRANKREICH 1863
'Baronne Prévost' × 'Portland Rose'
Ein hervorragendes Mitglied dieser Gruppe mit einer Fülle von großblättrigem, graugrünem Laub, das manchmal die Knospen verbirgt, zumindest bis

'Arthur de Sansal'

die Blüten ganz geöffnet sind. Die Blüten sind – für eine so kleine Pflanze – groß, mit vielen Blütenblättern von sattem, warmem Rosa und verströmen einen starken, berauschenden Duft.
db a H Br D*** ✂ v   90 × 60 cm

'Comte de Chambord' (oben), 'Jacques Cartier' (unten)

'Delambre'

Moreau-Robert FRANKREICH 1863

Dicht gefüllte Blüten von einem dunklen, rötlichen Rosa werden reichlich an einer kompakten Pflanze hervorgebracht. Dunkelgrünes, gesundes Laub.

a H Br ⛉ ◉ D*** Rar 90 × 60 cm

'Duchess of Portland', 'Portland Rose'

ITALIEN *ca.* 1790

Abstammung ungewiß, angeblich 'Quatre Saisons' × 'Slater's Crimson China'

Eine sehr gute Rose, sehr alt, bedeutend als Urahne ihrer Gruppe. Einfache bis halbgefüllte Blüten werden reichlich an einer niedrigen, schön belaubten Pflanze hervorgebracht, kirschrot mit auffälligen goldfarbenen Staubgefäßen. Duftend. Geeignet für die Anpflanzung in Gruppen. Sie kommt aber nur voll zur Geltung, wenn man die verwelkten Blüten abschneidet.

r a H Br ⛉ D* Rar 90 × 60 cm

'Indigo'

Laffay FRANKREICH *ca.* 1830

Bringt reichlich dicht gefüllte Blüten hervor in warmem, dunklem Purpurton mit gelegentlichen dünnen weißen Streifen bei einigen Blütenblättern. Bei den ganz geöffneten Blüten lugen einige Staubgefäße hervor. Duftend. Laub üppig und satt grün. Eine reizende, gut verwendbare Sorte.

r a H Br D*** Rar 90 × 60 cm

'Duchess of Portland'

'Jacques Cartier'

Moreau-Robert FRANKREICH 1868

Ist 'Comte de Chambord' sehr ähnlich, besonders im Wuchs. Die Blüten sind jedoch weniger schalen-förmig und sehen viel flacher aus, sowohl als Knospe als auch ganz geöffnet; ziemlich kurze Blütenblätter geben ihr ein reizendes zottiges Aussehen. Die Blüten sind von dunklem Rosa, das zu den Rändern hin zu zartem Rosa verblaßt. Sie sind mit einem guten Duft gesegnet. Kräftiges, ledriges, dunkelgrünes Laub. *Anmerkung:* In den USA wird 'Jacques Cartier' unter dem Namen 'Marquise Boccella' angeboten, man hat mich aber noch nicht davon überzeugt, daß der europäische Name falsch ist.

db a H Br ◐ ☐ D*** ✂ Rar   90 × 60 cm

'Marbrée'

Robert et Moreau FRANKREICH 1858

Eine interessante Sorte. Leicht größer als die meisten anderen dieser Gruppe, mit vielen dunkelgrünen Blättern. Flache, gefüllte Blüten, tiefes rosiges Purpur mit blasseren Tupfen. Leider nur leicht duftend.

r H a Br ☐ D* Rar   120 × 90 cm

'Mme Knorr'

Verdier FRANKREICH 1855

Ähnelt in der Gestalt 'Comte de Chambord', aber mit etwas weniger Blättern. Halbgefüllte Blüten von leuchtendem Rosa. Hat einen guten, intensiven Duft.

r H a ☐ D*** Rar   90 × 90 cm

'Panachée de Lyon'

Dubreuil FRANKEICH 1895

Sport von 'Rose du Roi'

Dicht gefüllte Blüten in einer Mischung von Purpur und Karmesinrot. Aufrechter Wuchs mit mittelgrünem Laub.

r a D*** ☐ Rar   90 × 60 cm

'Pergolèse'

Moreau FRANKREICH 1860

Sehr gute Sorte. Kleine bis mittelgroße, dicht gefüllte, duftende Blüten von sattem Purpur-Karminrot, das manchmal zu einem weichen Lilarot verblaßt, werden in kleinen, auseinanderstehenden Büscheln hervorgebracht, die gut mit dunkelgrünem Laub ausgestattet ist. Wenn sie regelmäßig zurückgeschnitten wird, remontiert sie in den meisten Jahren. Zeigt meiner Ansicht nach deutliche Gallica-Herkunft.

r a H ☐ D*** Rar   90 × 90 cm

'Rose de Rescht' (oben), 'Rose du Roi' (unten)

'Rembrandt'

Moreau et Robert FRANKREICH 1883

Kleine, locker gefüllte Blüten in nach Rosa tendierendem Karmesin mit purpurfarbenen Flecken. Wuchs dicht und aufrecht. Laub eher klein, dunkelgrün.
db a H ▽ D*** Rar   90 × 90 cm

'Rose de Rescht'

entdeckt durch Nancy Lindsay

Dies ist eine faszinierende kleine Rose. Ähnelt im Laub sehr den Gallica-Rosen, das einzige Zugeständnis an die Damascena-Rosen ist der kürzere Blütenstiel. Stark duftend. Die Blüten sind satt fuchsienrot mit kräftigen purpurfarbenen Schattierungen, später verblassen sie zu Magentarosa. Die Blüten bilden dichte Rosetten, fast pomponförmig, und werden in kleinen, aufrecht stehenden Büscheln inmitten einer Fülle von Laub hervorgebracht. Remontiert stark als junge Pflanze. Wenn sie älter als fünf Jahre ist, muß sie stark zurückgeschnitten werden, damit sie weiterhin remontiert.
r H a Br ◉ ▽ D*** Rar   90 × 60 cm

'Rose du Roi', 'Lee's Crimson Perpetual'

Lelieur FRANKREICH 1815

'Portland Rose' × *R. gallica officinalis*?

Eine bedeutende Rose (vgl. Seite 12). Wird manchmal zu den Remontant-Hybriden gerechnet, aber ich ordne sie lieber hier ein. Die Blüten sind gefüllt, Rot mit Purpur gesprenkelt, geöffnet von lockerer Gestalt und vorzüglich duftend. Von niedrigem Wuchs, aber etwas schütter. Blätter klein, ziemlich spitz und dunkelgrün.
r a H ▽ D*** Rar   90 × 90 cm

'Rose du Roi à Fleurs Pourpres', 'Roi des Pourpres', 'Mogador'

1819, angeblich ein Sport von 'Rose du Roi'

Eine interessante Sorte. Die rotviolettpurpurfarbenen Blüten ähneln denen von 'Rose du Roi' und werden während der gesamten Saison reichlich hervorgebracht. Die Pflanze ist von niedrigem Wuchs, buschig und etwas schütter.
db a H ▽ D*** Rar   90 × 90 cm

'Rose du Roi à Fleurs Pourpres'

R. macrantha

R. macrantha
FORMEN UND HYBRIDEN

Diese Wildrose, wenn sie überhaupt eine echte Wildrose ist, hat viele Ähnlichkeit mit *R. gallica*, ausgenommen den sehr starken, in die Breite gehenden Wuchs, der vermutlich auf *R. arvensis* zurückgeht.

KLASSIFIKATION

BARB	Klasse 1	Hybriden: Klasse 1
MR10	Klasse 55	Hybriden: Klasse 32
WFRS	Klasse 38	Hybriden: Klasse 10

R. macrantha

ca. 1880

wahrscheinlich von Gallica-Herkunft

Ein starkwüchsiger, verzweigter und bogig überhängender Strauch, der viele attraktive Blüten hervorbringt. Die Blüten sind einfach und von klarem Rosa, das zu Weiß verblaßt, mit auffallenden Staubgefäßen; gut duftend. Viele dunkle, geäderte Blätter. Kugelige, rote Hagebutten im Herbst.

S W Hb a Bd Rar   1,20 × 1,80 m

'Chianti'

Austin GROSSBRITANNIEN 1967

R. macrantha × 'Vanity'

Halbgefüllte Blüten von sattem Weinrot mit auffälligen goldfarbenen Staubgefäßen, die bei geöffneter Blüte sichtbar werden. Sie werden in Büscheln an einer schön belaubten Pflanze hervorgebracht. Laub matt und dunkelgrün. Duftend. (Abbildung Seite 39)

S a H W D** ✂ Rar   1,50 × 1,20 m

'Daisy Hill'

Kordes DEUTSCHLAND 1906

Große Blüten, leicht halbgefüllt, von sattem Rosa, gut duftend. Wuchs stark, eher breiter als hoch. Eine Fülle von dunklem Laub und kugelige rote Hagebutten.

S W Hb Bd D** ≋ Esp   1,50 × 2,50 m

'Harry Maasz'

Kordes DEUTSCHLAND 1939

'Barcelona' × 'Daisy Hill'

Eine gute, aber wenig bekannte Sorte, breitwüchsig mit dunklem, grünlich-grauem Laub. Sehr starkwüchsig. Die Blüten sind groß, einfach und kirschrot, zur Mitte hin zu Rosa verblassend, mit einer auffälligen Anordnung von Staubgefäßen. Duftend.

S a Bd ◉ W D** ≋ Rar   1,50 × 2,50 m

'Raubritter', 'Macrantha Raubritter'

Kordes DEUTSCHLAND 1967

'Daisy Hill' × 'Solarium'

Ein kriechender Strauch von großem Charme. Eignet sich ausgezeichnet für Böschungen. Dichte Büschel halbgefüllter, schalenförmiger Blüten von Bourbon-Form in einem klaren Silberrosa. Die Blüten werden entlang ziemlich stacheliger Zweige inmitten von dunklem, gräulichgrünem, mattem Laub hervorgebracht. Ist zwar stark anfällig für Mehltau, da dieser aber gewöhnlich erst im Spätsommer nach der Blüte auftritt, kann man ihn tolerieren.

S a Bd ◉ D** ≋ Mt Rar   90 × 180 cm

'Raubritter' (oben), 'Holy Rose' (unten)

'Scintillation'

Austin GROSSBRITANNIEN 1967

R. macrantha × 'Vanity'

Büschel zart rosafarbener, halbgefüllter Blüten an einer gespreizten, mäßig großen Pflanze. Laub graugrün und reichlich.

S a Bd W ◐ D* ≋ v   1,20 × 2,50 m

R. richardii, R. sancta, 'Holy Rose'

ÄTHIOPIEN 1897

Wahrscheinlich eine Gallica-Hybride von beträchtlichem Alter. Eine niedrig wachsende, etwas gespreizte Pflanze mit dunkelgrünem, vollkommen mattem Laub. Blüten einfach, wunderschön geformt, von weichem Rosarot.

S a Bd W ◐ ▽ ≋ D** Rar   90 × 120 cm

ROSA Untergattung *Eurosa (Rosa)*

SEKTION: *Caninae*

Wuchs aufrecht und bogig überhängend, gewöhnlich mit zahlreichen hakenförmigen Stacheln. Blätter mittelgroß, meistens gräulich-grün, mit 7 bis 9 Fiederblättchen. Blüten erscheinen fast immer in kleinen Büscheln. Hagebutten im allgemeinen oval bis rund. Kelchblätter uneinheitlich.

WILDROSEN

R. agrestis; R. alba; R. biebersteinii; R. britzensis; R. canina; R. × collina; R. corymbifera; R. × dumalis; R. glauca; R. inodora; R. jundzillii; R. micrantha; R. mollis; R. orientalis; R. pulverulenta; R. rubiginosa (= R. eglanteria); R. serafinii; R. sherardii; R. sicula; R. stylosa; R. tomentosa; R. villosa; R. villosa duplex; R. × waitziana

GARTENROSEN

Alba-Rosen, Hundsrosen, Schottische Zaunrosen (Sweet Briars)

KLASSIFIKATION

BARB Wildrosen: Klasse 1
MR10 Wildrosen: Klasse 55
WFRS Wildrosen: Klasse 38 und einige 39
Klassifikation der Gartenrosen siehe bei den jeweiligen Gruppen

HERKUNFT UND VERBREITUNG

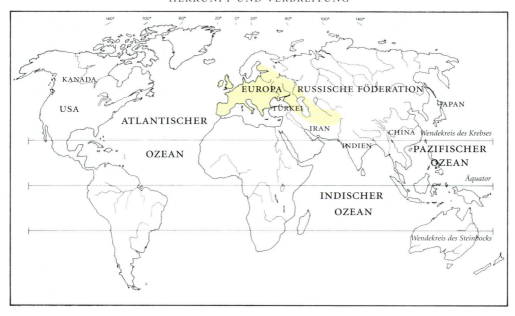

'Maxima' (siehe Seite 187)

R. agrestis

SÜDEUROPA 1878

Ein hoher Strauch, verwandt mit der besser bekannten *R. rubiginosa* (= *R. eglanteria*), der er in vieler Hinsicht ähnelt, allerdings duftet das Laub nur, wenn man die Blätter zerdrückt.

S W a ◐ Rar   3,00 × 2,50 m

Alba-Rosen
FORMEN UND HYBRIDEN

Die Alba-Rosen sind eine Gruppe außergewöhnlich gesunder Rosen. Zu ihnen gehören einige der schönsten Rosen der Vergangenheit. Sie sind meistens von pastellfarbenem Ton und duften ohne Ausnahme ganz herrlich. Näheres über ihre Geschichte finden Sie auf Seite 10f. Von all den älteren Rosen sind sie wohl am leichtesten zu kultivieren. Sie bilden hübsche Solitärsträucher. Durch den ruhigen Charme ihrer Blüten – zusammen mit ihrem gräulich-grünen Laub – harmonieren sie gut mit anderen Sträuchern und mit Staudenrabatten, einige sind gute Kletterer.

KLASSIFIKATION

BARB   Klasse 28
MR10   Klasse 1
WFRS   Klasse 20

R. alba, 'Weiße Rose von York'

EUROPA vor dem 16. Jahrhundert

Ein reizender Strauch, nahe verwandt mit der Hundsrose. Blüten einfach, reinweiß und lieblich duftend. Laub mattgrau und glatt. Triebe hellgrün mit einer mittleren Anzahl kräftiger Stacheln. Heutzutage nur selten in Gärten zu finden. Gelegentlich noch in Feldrainen wild wachsend, im Wuchs deutlich von den Hundsrosen zu unterscheiden.

S a W H D*** ≋ Rar   1,80 × 1,20 m

'A Feuilles de Chanvre', *R. cannobina*, *R. alba cimbaefolia*

Alte Sorte. Halbgefüllte, recht kleine Blüten in reinem Weiß, Canina-ähnlich. Graugrünes Laub. Wuchs buschig, verhältnismäßig wenige Stacheln. Ich habe diese Rose noch nie gesehen.

S D*** Rar   90 × 90 cm

'Amelia'

Vibert FRANKREICH 1823

Eine der weniger starkwüchsigen Alba-Rosen, wahrscheinlich mit etwas Damascena-Einfluß. Große, halbgefüllte, rosafarbene Blüten mit bis zu 8 cm Durchmesser mit auffälligen goldgelben Staub-gefäßen. Großartiger Duft. Graugrünes Laub. Wird oft mit der Damascena-Rose 'Celsiana' verwechselt und unter deren Namen kultiviert.

S a W H D*** Rar   120 × 90 cm

'Blanche de Belgique', 'Blanche Superbe'

Vibert FRANKREICH 1817

Reinweiße Blüten von ansehnlicher Größe und Form und mit einem großartigen Duft. Das Laub ist graugrün und gesund. Starker, buschiger und aufrechter Wuchs.

S a H W ◐ D*** Rar   1,80 × 1,20 m

'Blush Hip'

ca. 1840 – gemäß Graham Stuart Thomas
Wie 'Maiden's Blush', aber höher. Ich habe diese Rose nie gesehen.
S D*** Rar 3,10 × 1,80 m

'Celestial', 'Celeste'

sehr alte Sorte
Wunderschöne, halbgefüllte Blüten von weichem Rosa harmonieren gut mit bleigrünem Laub. Eine gesunde, robuste, und doch reizende Rose mit einem großartigen, »kostspieligen« Duft. (Abb. Seite 81)
S W a H ⬤ D*** Rar 1,80 × 1,20 m

'Chloris', 'Rosée du Matin'

sehr alte Sorte
Nicht so häufig zu sehen wie einige andere Alba-Sorten. Hat dunkelgrüne Blätter und vergleichsweise wenig Stacheln. Gefüllte Blüten mit gerollten Blütenblättern, die sich in der Mitte zu einem festen Knopf schließen. Die Blütenfarbe ist von weichem Satinrosa. Duftend.
S W a H ⬤ D*** Rar 1,50 × 1,20 m

'Cuisse de Nymphe' *siehe* 'Great Maiden's Blush'

'Königin von Dänemark'

'Cuisse de Nymphe Émue'

In Frankreich Name einer Form von 'Maiden's Blush' mit Blüten in etwas dunklerem Rosa.

'Félicité Parmentier'

vor 1828
Ein gefälliger Strauch, der eine Fülle flacher Blüten mit zurückgebogenen Blütenblättern trägt. Die Farbe erinnert an rosafarbenes Kokosnußeis. Gutes, gesundes, dunkel gräulich-grünes Laub.
S W a H ⬤ D*** ✂ Rar 120 × 90 cm

'Great Maiden's Blush', 'Cuisse de Nymphe', 'Incarnata', 'La Virginale', 'La Séduisante'

EUROPA 15. Jahrhundert oder früher
In Frankreich hat diese Rose den verführerischen Namen 'Cuisse de Nymphe', in England dagegen hat sie wegen viktorianischer Prüderie den vornehmeren, aber ebenso vielsagenden Namen 'Maiden's Blush'. Diese lieblichste der Rosen vereint alle Vorzüge der Albas. Von einem ganz zarten Rosa, hat sie einen feinen Duft und ist üppig mit blaugrünem Laub bekleidet. Der Name 'Cuisse de Nymphe Émue' wird für etwas stärker getönte Exemplare dieser Sorte verwendet. (Abbildungen Seite 10 und 54)
S a H W Kr ⬤ D*** ✂ v 1,80 × 1,50 m

'Félicité Parmentier'

'Jeanne d'Arc'
Vibert FRANKREICH 1818
Ziemlich gespreizt wachsend, dennoch ein gut verwendbarer Strauch. Von dem dunklen Laub heben sich die cremeweißen, zerzausten Blüten ab. Sie verblassen bei starker Sonneneinstrahlung zu Weiß.
S a W H ◎ D*** Rar   1,80 × 1,50 m

'Königin von Dänemark', 'Queen of Denmark'
1826
Die einzelnen Blüten dieser Sorte sind etwas kleiner als bei den meisten anderen Alba-Rosen und die Farbe ist ein dunkleres Rosa. Triebe etwas mehr bewehrt als typisch und das Laub, obwohl graugrün, ist derber. Mit ihrem großartigen Duft ist diese Rose trotz allem ein ausgezeichneter Botschafter der Alba-Rosen insgesamt.
S a H W ▽ ◎ D*** ✂ Rar   1,50 × 1,20 m

'Maiden's Blush, Small', 'Small Maiden's Blush'
Kew Gardens GROSSBRITANNIEN 1797
Abstammung unbekannt, möglicherweise ein Sport von 'Great Maiden's Blush'
In jeder Hinsicht identisch mit ihrer Schwester, aber etwas kleiner, sowohl im Wuchs als auch in der Größe der Blüten.
S a H W ▽ ◎ D*** ✂ Rar   120 × 90 cm

'Maxima', 'Jacobite Rose', 'Bonnie Prince Charlie's Rose', 'White Rose of York', 'Great Double White', 'Cheshire Rose'
EUROPA 15. Jahrhundert oder früher
wahrscheinlich R. canina × R. gallica
Blüten reinweiß, manchmal cremeweiß mit einem ganz zarten Hauch von Rosa; dicht gefüllt in einem aufrecht stehenden Büschel von 6 bis 8 Blüten. Gesundes, graugrünes Laub. Manchmal schöne, oval geformte Hagebutten im Herbst.
S a W H D*** Rar   1,80 × 1,20 m

'Mme Legras de St Germain'
frühes 19. Jahrhundert
Eine Rose mit verhältnismäßig wenig Stacheln. Mittelgroße, dicht gefüllte, cremeweiße Blüten in großen Büscheln, intensiv duftend, behaupten sich gut auch bei unfreundlichem Wetter. Helles, graugrünes Laub, das sich weich und flaumig anfühlt. Gleichermaßen geeignet als Strauch- und als Kletterrose, als solche erreicht sie mit Stütze mindestens das Doppelte der üblichen Höhe.
S a W Kr ◎ N D*** ✂ ≈ Rar   2,00 × 1,80 m

'Mme Legras de St Germain', 'Mme Plantier' (unten)

'Mme Plantier'
Plantier 1835
Eine interessante Sorte, die am besten bei den Alba-Rosen eingeordnet wird. Möglicherweise eine Alba/Moschata-Kreuzung. Hat die Fähigkeit zu klettern und erreicht dann in kleinen, offenen Bäumen vielleicht 6 m Höhe. Auch geeignet als lockerer Strauch oder zur Pflanzung an Pfeilern. Flache Blüten, die aus vielen zusammengerollten Blütenblättern bestehen, blaß cremefarben, das sich zu Reinweiß verändert, in sehr großen Büscheln an langen, manchmal überhängenden Trieben. Laub und Triebe hell gräulich-grün. Kaum Stacheln.
S Bkl a ◎ N Kr D*** ✂ ≈ Rar   3,50 × 2,50 m

'Morning Mist'
Austin GROSSBRITANNIEN 1996
Den Alba-Rosen verwandt. Einfache Blüten, deren Farbe vom Züchter mit Kupfrigrot angegeben wird. Reichblühend, mittelgrünes Laub, widerstandsfähig gegen Krankheiten. Wuchs buschig und dicht.
db a ▽ D* Rar   1,50 × 1,20 m

'Pompon Blanc Parfait'

ca. 1876

Eine aufrecht wachsende Sorte, nicht gerade typisch für eine Alba-Rose. Ziemlich gedrungen, abgesehen von einzelnen längeren Trieben. Glattes Laub an kurzen Blattstielen. Duftende, reinweiße Blüten werden reichlich in kleinen Büscheln hervorgebracht.

S a W H ▽ ◐ N D*** Rar   120 × 90 cm

'Princesse de Lamballe'

Eine Alba-Rose, die gelegentlich erwähnt wird, mit der ich aber keine Erfahrung habe. Auch andere Alba-Sorten sind in den Wirren der Zeit verlorengegangen. In einem meiner Lieblingsbücher, *The Flower Garden* aus dem Jahre 1843, sind sogar 50 verschiedene Alba-Rosen aufgeführt.

'Semi-plena', *R. alba suaveolens, R. alba nivea*

EUROPA 16. Jahrhundert oder früher

Halbgefüllte, lieblich duftende, reinweiße Blüten mit auffälligen Staubfäden an einem aufrechten, aber anmutigen Busch mit mattem, graugrünem Laub. Schöne Früchte im Herbst. Eine Form von *R. × alba*, die mehr Beachtung verdient. Besonders geeignet als frei wachsende Hecke oder als lockerer Strauch im Wildgarten. In Deutschland wird *R. alba suaveolens* als von 'Semiplena' verschieden angesehen.

S a W H Kr N ◐ D*** v   2,50 × 1,50 m

'The Alexander Rose'

Austin GROSSBRITANNIEN 1992

Den Alba-Rosen verwandt. Hübsche einfache Blüten, ähnlich denen der Hundsrose *R. canina*, in kupfrigem Rosa, mit auffälligen Staubgefäßen. Laub gräulich-grün. Wuchs stark und buschig.

db a H D* ▽ Rar   1,50 × 1,20 m

WEITERE ALBA-ROSEN

Eine Anzahl moderner Alba-Hybriden wurden 1988 von dem deutschen Züchter Rolf Sievers in Kiel herausgebracht. Diese beginnen, sich international durchzusetzen. Ich besitze keine davon, die Exemplare aber, die ich gesehen habe, waren wunderschön und eindrucksvoll. Sie sollen sehr winterhart sein. Es sind:

'Crimson Blush' (SIEson)

Karmesinrot, dicht gefüllt und duftend.

S   1,80 × 1,80 m

'Lemon Blush' (SIElemon)

Zartgelb, gefüllt, duftend.

S   1,80 × 1,80 m

'Morning Blush' (SIEmorn)

Reinweiß, halbgefüllt, duftend.

S   1,80 × 2,10 m

'Royal Blush' (SIEroyal)

Zartestes Rosa, dicht gefüllt, duftend.

S   1,80 × 1,80 m

'Summer Blush' (SIEsummer)

Leuchtend rot, dicht gefüllt, leicht duftend.

S   1,80 × 1,20 m

'White Blush' (SIEwhite)

Reinweiß, dicht gefüllt, duftend.

S   2,10 × 2,10 m

R. biebersteinii

R. biebersteinii, R. horrida

EUROPA UND WESTASIEN 1796

Ein merkwürdiger Strauch, fast der Stachelbeere ähnlich, mit kleinen, weißen Blüten, denen kugelige, rote Hagebutten folgen.

S a Hb W ▽ Rar   60 × 60 cm

R. britzensis

MITTLERER OSTEN 1901

Ein ziemlich hoher, aufrechter Strauch mit bläulich-grünen, verhältnismäßig wenig bewehrten Trieben und gräulich-grünen Blättern. Blüten groß, bis zu 8 cm im Durchmesser, weiß mit einem Hauch von Rosa und duftend. Hagebutten ziemlich groß, oval und dunkelrot mit vereinzelten Borsten.

S Hb W a ◐ Rar   2,50 × 1,80 m

R. canina
FORMEN UND HYBRIDEN

Die Hundsrose, *R. canina*, ist eine der hübschesten heimischen Heckenpflanzen, und es wundert mich, daß mit dieser Wildrose nicht mehr Hybriden gezüchtet wurden. Von den wenigen erwähne ich hier nur vier, allerdings sind weitere Rosen mit geringerer Abstammung von *R. canina* an verschiedenen Stellen des Buches verstreut erwähnt. Sie eignen sich am besten für ein Waldgelände oder eine naturnahe Anpflanzung.

KLASSIFIKATION

BARB	Klasse 1
MR10	Klasse 26
WFRS	Klasse 10

R. canina, 'Hundsrose'
EUROPA sehr alte Wildrosenart

Die am häufigsten vorkommende der auf den Britischen Inseln und in Kontinentaleuropa heimischen Wildrosen. Kommt naturalisiert gelegentlich auch in anderen Gegenden mit gemäßigtem Klima vor, z. B. in Nordamerika. Obwohl der Strauch ziemlich unförmig bis plump ist, die einzelnen Blüten sind recht eindrucksvoll. Gewöhnlich blaß- oder zartrosa, können sie aber von Gegend zu Gegend unterschiedlich sein. Kürzlich fand ich sogar ein reinweißes Exemplar. Sie haben auch einen lieblichen Duft. Charakteristisch ist die Fülle orangeroter Hagebutten, die im Herbst hervorgebracht wird. Diese sind reich an Vitamin C und werden zu Hagebutten-Sirup oder Hagebuttenwein verarbeitet. Bevor sie durch 'Laxa' verdrängt wurde, war die gewöhnliche Hundsrose die am häufigsten verwendete Unterlage für die Vermehrung moderner Rosen. *R. canina inermis* ist eine wenig bewehrte Form, die heute gelegentlich als Unterlage verwendet wird.
S Hb a N ◐ W D** ≋ v bis zu 3,00 × 1,80 m

R. canina, Hagebutten

'Abbotswood', 'Canina Abbotswood'
Hilling GROSSBRITANNIEN 1954
R. canina × unbekannte Gartenrose
Eine Zufallskreuzung mit duftenden, gefüllten, rosafarbenen Blüten. Eignet sich gut, wenn ein gut bewehrter, dichter Strauch benötigt wird.
S a N ◐ W D*** ≋ Rar 3,00 × 1,80 m

'Andersonii'
Hillier GROSSBRITANNIEN 1935
Zufallskreuzung zwischen *R. canina* und möglicherweise *R. arvensis* oder *R. gallica*
Eine Form von *R. canina* mit größeren, dunkelrosafarbenen Blüten und weniger Stacheln und, nach meiner Erfahrung, weniger wildem Wuchs.
S Hb a N ◐ W D*** ≋ Rar 2,50 × 1,80 m

'Andersonii' (oben), 'Kiese' Hagebutten (unten)

'Kiese'

Kiese DEUTSCHLAND 1910

'Général Jacqueminot' × *R. canina*

Fast einfache, leuchtend orangerote Blüten in großen Büscheln an einem starkwüchsigen Strauch mit dunkelgrünem, glänzendem Laub. Im Herbst erscheinen schöne Hagebutten.

S a ◐ H Hb W D* Rar   2,50 × 1,50 m

'Pfander', *R. canina* 'Pfander', 'Pfander's Canina'

Pfander DEUTSCHLAND 1954

Als Gartenrose nicht bedeutend, obwohl sie eine Fülle zart rosaroter, einfacher Blüten hervorbringt und eine Menge leuchtend roter, ovaler Hagebutten von ansehnlicher Größe. Sie wird hauptsächlich als Unterlage bei der gewerblichen Vermehrung von Rosen verwendet.

S a W H ◐ D* Hb Rar   3,00 × 1,80 m

R. × *collina*

MITTELEUROPA 1779

R. corymbifera × *R. gallica*

Ein mittelgroßer Strauch mit vereinzelten rötlichen Stacheln und blaßgräulich-grünen Blättern. Blüten sind rosa bis blaßrosa, ihnen folgen ovale, leuchtend rote Hagebutten.

S Hb W a ◐ D* ≋ v   1,80 × 1,20 m

R. corymbifera

OSTEUROPA UND ASIEN 1838

Offensichtlich mit *R. canina* verwandt, der sie sowohl in der Größe als auch im Laub ähnelt. Die Blüten sind etwas größer, cremeweiß mit einem Hauch von Zartrosa. Schöne orangerote Hagebutten, auch diese ähneln denen von *R. canina*.

S a W Hb ◐ D* Rar   3,00 × 1,80 m

R. × *dumalis*

OSTEUROPA, MITTLERER OSTEN 1872

Ein mittelgroßer Strauch, mit *R. canina* verwandt und dieser sehr ähnlich, kommt vor allem in gebirgigen Gegenden in Südeuropa vor. Die Blüten sind mit 7 cm im Durchmesser recht groß, von klarem Rosarot und duftend. Große, ovale oder runde, rote Hagebutten zieren sie im Herbst.

S Hb W a ◐ D* Rar   1,80 × 1,50 m

R. rubiginosa
FORMEN UND HYBRIDEN

R. rubiginosa (R. eglanteria), sehr nahe verwandt mit der Hundsrose, ist mehr wegen des ausgeprägten Duftes ihres Laubs nach Äpfeln bekannt als wegen der Blüten; einige der weniger starkwüchsigen Hybriden sind zwar ausgesprochen gut verwendbare und leicht zu kultivierende Gartensträucher, die Mehrzahl der Rosen dieser Gruppe läßt man aber sich natürlich entfalten. Sie können undurchdringliche Hecken bilden, sogar formale Hecken, wenn sie regelmäßig geschnitten werden. Ihr großes Plus sind die vielen leuchtend orangeroten Hagebutten.

KLASSIFIKATION

BARB	Klasse 29
MR10	Klasse 18
WFRS	Klasse 30

R. eglanteria, R. rubiginosa, '**Sweet Briar**', '**Eglantine Rose**'

EUROPA

Ähnelt *R. canina*, hat aber duftendes Laub und ist dichter bewehrt. Blüten einfach, ziemlich klein und zartrosafarben. Trägt reiche Früchte, die bis weit in den Winter hinein am Strauch hängen bleiben. Schneidet man sie nicht zurück, wird sie als Einzelpflanze 1,80 bis 2 m hoch und doppelt so hoch als Heckenrose, ihre bevorzugte Form. Im Garten schneidet man sie am besten jedes Jahr in Form, um das Wachstum neuer Triebe anzuregen, denn die Spitzen der jungen Triebe verströmen den stärksten Duft. *R. rubiginosa* ist in Europa heimisch und wird wahrscheinlich wegen des duftenden Laubes seit Beginn der Zivilisation geschätzt. In den Katalogen des 19. Jahrhunderts sind viele verschiedene Sorten aufgeführt, die meisten davon scheinen aber verloren gegangen zu sein.

S a Hb H W ◐ ▽ D*** v   3,50 × 2,50 m

'Amy Robsart'

Penzance GROSSBRITANNIEN *ca.* 1894

Während der meisten Zeit des Jahres ein unscheinbarer Strauch, aber eine Attraktion, wenn er in voller Blüte steht: Eine Fülle duftender, dunkelrosafarbener, fast einfacher Blüten erscheint im Juni an einem starkwüchsigen Strauch. Die Hagebutten können im Spätsommer zusätzlich entschädigen, erscheinen aber nicht immer. Das Laub duftet nur schwach.

S a Hb H W ◐ D*** ≈ Rar   3,00 × 2,50 m

'Amy Robsart'

'Anne of Geierstein'

Penzance GROSSBRITANNIEN *ca.* 1894

Eine sehr starkwüchsige Sorte dieser Gruppe mit lieblich duftendem Laub und einfachen, karminroten Blüten mit goldfarbener Mitte, denen im

Herbst ovale, scharlachrote Hagebutten folgen.
S a Hb H W ◐ D*** ≋ Rar   3,00 × 2,50 m

'Catherine Seyton'

Penzance GROSSBRITANNIEN 1894

Einfache Blüten von reizendem weichem Rosa mit auffälligen Staubgefäßen. Sattgrünes Laub an einem starkwüchsigen Strauch. Sowohl die Blüten als auch das Laub duften. Orangerote Hagebutten im Herbst.
S a W Hb H ◐ D*** Rar   2,50 × 1,50 m

'Edith Bellenden'

Penzance GROSSBRITANNIEN 1895

Eine gute, aber wenig bekannte Sorte dieser Gruppe mit angenehm duftendem Laub. Die duftenden Blüten sind einfach, von blassem Rosa und werden in der Blütezeit sehr reichlich hervorgebracht. Ihnen folgen schöne ovale, rote Hagebutten.
S a W H Hb ◐ D*** Rar   2,50 × 1,80 m

'Flora McIvor'

Penzance GROSSBRITANNIEN ca. 1894

Ein mittelgroßer, starkwüchsiger Strauch, mit einfachen, dunkelrosafarbenen Blüten mit weißer Mitte, denen im Spätsommer ovale, orangerote Hagebutten folgen. Das Laub duftet, aber man muß die Blätter zwischen den Fingern reiben, um dies zu bemerken.
S a Hb H W ◐ D*** Rar   2,50 × 1,80 m

'Goldbusch'

Kordes DEUTSCHLAND 1954

Ein sehr gut verwendbarer Strauch, den ich gern weitläufiger verwendet sähe. Große, halbgefüllte Blüten werden reichlich in Büscheln inmitten einer Fülle von glänzendem, hellgrünem, gesundem und duftendem Laub hervorgebracht. Auch die Blüten duften angenehm.
S a H W ◐ Kr D*** Srt Rar   2,50 × 1,50 m

'Greenmantle'

Penzance GROSSBRITANNIEN 1894

Einfache, rosarote Blüten mit goldfarbenen Staubgefäßen. Duftendes Laub. Eine weniger bekannte Sorte dieser Gruppe, die öfter verwendet werden sollte.
S a H W ◐ D*** Rar   2,50 × 1,50 m

'Herbstfeuer', 'Autumn Fire'

Kordes DEUTSCHLAND 1961

Büschel großer, halbgefüllter, dunkelroter, duftender Blüten, gelegentlich im Herbst remontierend, werden an einem starkwüchsigen Strauch mit dunkelgrünem, schwach duftendem Laub hervorgebracht. Sehr große, länglich-birnenförmige, leuchtend orangerote Hagebutten. Ich habe nie verstanden, warum diese Sorte nicht besser bekannt ist. Das Laub duftet nicht.
r a W H Hb ◐ Hf D*** Rar   1,80 × 1,20 m

'Anne of Geierstein'

'Goldbusch' (oben), 'Herbstfeuer' (unten)

'Janet's Pride', 'Clementine'

W. Paul GROSSBRITANNIEN eingeführt 1892

Halbgefüllte Blüten, weiß mit leuchtend rosa Färbungen an den Rändern. Duftend. Nicht so starkwüchsig wie manche andere Sorten dieser Gruppe. Derbes Laub, aber nicht unattraktiv. Eine interessante und einzigartige Sorte.
S H a W ◐ D*** Rar 1,50 × 1,20 m

'Julia Mannering'

Penzance GROSSBRITANNIEN ca. 1895

Einfache Blüten von klarem, leuchtendem Rosa, kräftig geädert. Das schöne, dunkle Laub duftet ebenso angenehm wie die Blüten.
S H a W ◐ D*** Rar 1,80 × 1,20 m

'La Belle Distinguée', 'Scarlet Sweetbriar', 'La Petite Duchesse'

Wahrscheinlich eine sehr alte Sorte, reichblühend. Eine höchst interessante Rose, nicht sehr hoch wachsend und von aufrechtem, buschigem Wuchs mit zahlreichen, kleinen, leicht aromatischen Blättern. Wenn er jung ist, erinnert der Busch an die Zentifolie 'Rose de Meaux'. Blüten nahezu scharlachrot, dicht gefüllt.
S a H ▽ D** Rar 1,50 × 1,20 m

'Lady Penzance'

Penzance GROSSBRITANNIEN ca. 1894

R. eglanteria × R. foetida bicolor

Dichter, starkwüchsiger Strauch, vermutlich die bekannteste Sorte dieser Gruppe, mit dem am stärksten duftenden Laub. Die einfachen Blüten vereinen einen kupfrigen Lachston mit Rosa; auffällige gelbe Staubgefäße. Ihnen folgen leuchtend rote Hagebutten.
S Hb a W H ◐ D*** Srt v 2,00 × 1,80 m

'Lord Penzance'

Penzance GROSSBRITANNIEN ca. 1890

R. eglanteria × R. × harisonii

Starkwüchsiger, dichter Strauch mit lieblich duftendem Laub. Blüten einfach, bernsteingelb mit rosa Schattierungen. Ihnen folgen leuchtend rote Hagebutten.
S Hb a W H D*** Srt Rar 2,00 × 1,80 m

'La Belle Distinguée'

'Lady Penzance'

'Lucy Ashton'

Penzance GROSSBRITANNIEN 1894

Reizende, einfache, reinweiße Blüten mit einer Spur von Pastellrosa an den Rändern der Blütenblätter. Duftendes Laub. Bildet einen schönen, starkwüchsigen Strauch.

S a H W Hb D*** Rar   1,80 × 1,50 m

'Magnifica'

Hesse DEUTSCHLAND 1916

Sämling von 'Lucy Ashton'
Eine großartige Strauchrose, die es verdiente, besser bekannt zu sein. Halbgefüllte Blüten von purpurfarbenem Rot, in ansehnlicher Größe und guter Qualität. Laub nur wenig duftend, aber dicht und dunkelgrün. Eignet sich sehr gut als Hecke.

S a H W D*** Rar   1,80 × 1,50 m

'Manning's Blush'

ca. 1800

Eine sehr gute Strauchrose. Die Blüten sind weiß, mit einem Hauch von Rosa, dicht gefüllt, flach und duftend. Die duftenden und kleinen Blätter sind reichlich vorhanden, was auf den Einfluß von *R. pimpinellifolia* schließen läßt. Der Strauch ist buschig und dicht. Obwohl er nicht regelmäßig remontiert, habe ich doch gelegentlich noch einzelne Blüten im Frühherbst gesehen.

S a W H D*** Rar   1,50 × 1,20 m

'Mechtilde von Neuerburg'

Boden DEUTSCHLAND 1920

Halbgefüllte Blüten von einem reizenden Rosarot. Laub leicht duftend, dunkel und reichlich. Erinnert im Aussehen etwas an eine Gallica-Rose, ihre Größe spricht aber dagegen.

S a W Hb Kr D*** Rar   3,00 × 2,50 m

'Meg Merrilies'

Penzance GROSSBRITANNIEN *ca.* 1894

Eine außergewöhnlich starkwüchsige und stachelige Strauchrose. Halbgefüllten, leuchtend karmesinroten Blüten folgt eine Fülle schöner, roter Hagebutten. Eine der besten Sorten dieser Gruppe, mit duftenden Blüten und Blättern.

S a W H Hb D*** Rar   2,50 × 2,00 m

'Rose Bradwardine'

Penzance GROSSBRITANNIEN 1894

Büschel einfacher Blüten von klarem Rosarot an einer starkwüchsigen, gut proportionierten Pflanze mit gutem, dunkelgrünem, duftendem Laub. Schöne Hagebutten.

S a H W Hb D*** Rar   1,80 × 1,50 m

'Magnifica' (oben links), 'Manning's Blush' (oben rechts), 'Meg Merrilies' (großes Foto)

R. glauca (R. rubrifolia)
FORMEN UND HYBRIDEN

KLASSIFIKATION

BARB   Klasse 1
MR10   Klasse 54
WFRS   Klasse 10

R. glauca, R. rubrifolia
EUROPA 1830

Ein sehr gut verwendbarer Zierstrauch. Die Triebe und Blätter sind purpurfarben, mit weißlichem Flaum bedeckt. Büschel kleiner, ziemlich unauffälliger, aber recht schöner Blüten von weichem Mauverosa. Ovale, rötlich-purpurfarbene Hagebutten im Herbst. Das Laub eignet sich sehr gut für Blumenarrangements, ein oder zwei Sträucher ergeben einen fast unerschöpflichen Vorrat für diesen Zweck. War lange Zeit besser bekannt unter dem Namen R. rubrifolia. Dies ist botanisch aber falsch. Der Name R. glauca hat sich nunmehr als der korrekte durchgesetzt.

S Hb N H W a Lf ◐ D* v   1,80 × 1,50 m

'Carmenetta'

Central Experimental Farm KANADA 1923

R. glauca × R. rugosa

Starkwüchsiger und zwangsläufig etwas weniger grazil als die Elternpflanze. Laub und Triebe purpurfarben mit hellem Flaum; zahlreiche kleine Stacheln. Hagebutten haben die gleiche Größe und Farbe wie bei R. glauca, die Blüten sind etwas größer.

S Hb N H W a Lf D* ≋ Rar   2,00 × 2,00 m

'Sir Cedric Morris'

Sir Cedric Morris, eingeführt von Peter Beales
GROSSBRITANNIEN 1979

R. glauca × R. mulliganii

Die Vermutung, daß R. mulliganii das männliche Elternteil ist, stammt von dem verstorbenen Sir Cedric. Diese Sorte ist ein Zufallsfund. Sie wuchs zwischen anderen R. glauca-Sämlingen auf seinem Anwesen Benton End, Hadleigh in Suffolk/England und wurde von mir 1979 in den Handel gebracht. Ein Exemplar von R. mulliganii – oder was wir als solche ansehen – wuchs ganz in der Nähe und blühte gleichzeitig mit R. glauca. Ich war verblüfft, als ich diese Rose zum erstenmal sah. Die purpurfarbenen, mit weißlichem Flaum bedeckten Blätter – sie sind nicht so intensiv gefärbt wie bei R. glauca – sind zahlreich und groß. Die Triebe sind dick, ebenfalls mit weißem Flaum bedeckt und sehr stachelig. Die Blüten erscheinen in regelmäßigen Abständen an riesigen Büscheln und werden im Überfluß hervorgebracht, wenn sich die Pflanze etabliert hat. Sie sind reinweiß, einfach und zeigen auffällige goldfarbene Staubfäden. Der Duft ist kräftig, süß und durchdringend. Im Herbst trägt sie eine verschwenderische Fülle kleiner, orangefarbener Hagebutten.

S Hb Bkl a W Lf N D*** ≋ Rar   9 × 6 m

'Sir Cedric Morris'

R. inodora, R. graveolens, R. obtusifolia

SÜDEUROPA 1905

Ein wilder, starkwüchsiger, stacheliger Strauch mit duftendem (Rubiginosa-)Laub. Er eignet sich ideal zum Verwildern oder zum Überwuchern von Hecken, sozusagen eine nicht ganz so ausgeprägte Form von *R. rubiginosa*. Blüten einfach, von weichem Rosa bis Weiß mit einem Hauch von Rosa. Ovale, leuchtend rote Hagebutten.
S Hb W a ◐ D* Rar   2,50 × 1,50 m

R. jundzillii, R. marginata

OSTEUROPA 1870

Eine hübsche Rose. Einfache, ziemlich große, leuchtend rosafarbene Blüten werden reichlich an einer mittelgroßen, mäßig stacheligen Pflanze hervorgebracht. Üppiges, dunkelgrünes Laub mit gezähnten Blättern. Glatte, leuchtend rote, rundliche bis ovale Hagebutten im Herbst.
S a Hb ◐ D* Rar   1,50 × 1,20 m

R. micrantha

OSTEUROPA 1900

Ähnelt *R. rubiginosa*, ist aber etwas weniger starkwüchsig, hat kleinere Blüten und nur schwach duftendes Laub.
S Hb W a ◐ D* Rar   1,80 × 1,20 m

R. mollis

NORDEUROPA 1818

Eine kleine, buschige Pflanze mit gräulichen bis roten Trieben und grauem, flaumigem Laub. Die rosafarbenen, duftenden Blüten erscheinen im Sommer, meist in kleinen Büscheln von drei oder vier Blüten. Stachelige, manchmal auch glatte, kugelige Hagebutten.
S Hb W a ◐ D* Rar   90 × 90 cm

R. orientalis

SÜDEUROPA/MITTLERER OSTEN 1905

Eine buschige, niedrig wachsende Pflanze mit schlanken, behaarten Zweigen. Die Blätter bestehen meist aus fünf, selten aus sieben kleinen, ovalen, leuchtend grünen Fiederblättchen. Hauchdünne Blütenblätter von weichem Rosa. Hagebutten klein, schmal, länglich und leuchtend rot.
S W a Hb D* Rar   60 × 60 cm

R. pulverulenta, R. glutinosa

MITTELMEERRAUM eingeführt 1821

Niedrig wachsend und stachelig, mit kleinen, rosigweißen, einfachen Blüten, denen kleine, kugelige Hagebutten folgen. Das Laub duftet nach Kiefern.
S a Hb ◐ ▽ D* Rar   90 × 90 cm

R. serafinii

ÖSTLICHER MITTELMEERRAUM 1914

Kleine, einfache, rosafarbene Blüten an einer niedrig wachsenden, stacheligen, ziemlich staksigen Pflanze. Rundliche, leuchtend orangerote Hagebutten. Laub gezähnt und glänzend.
S a W Hb ◐ D* Rar   60 × 60 cm

R. sherardii, R. omissa

NÖRDLICHER MITTELMEERRAUM 1933

Mittelgroßer Strauch mit eckigen, manchmal zickzackförmigen Zweigen und bläulich-grünem Laub. Dunkelrosafarbene Blüten in kleinen Büscheln. Ihnen folgen kleine, fast krugförmige Hagebutten.
S W a Hb ◐ D** Rar   1,80 × 1,20 m

R. sicula

SÜDEUROPA UND NORDAFRIKA *ca.* 1894

Ein niedriger, reichlich Ausläufer bildender Strauch, ähnlich *R. serafinii*. Das junge Holz ist rötlich. Laub gräulich-grün und leicht duftend. Auch die Blüten von weichem Rosa sind leicht duftend. Die Hagebutten sind rund bis oval.

S H a Hb ● D* Rar   90 × 60 cm

R. stylosa

EUROPA 1838

Ein überhängender Strauch mit kleinen, engstehenden, ovalen, mittelgrünen Blättern. Die Blüten stehen in kleinen Büscheln. Die einzelnen Blüten haben einen Durchmesser von ca. 5 cm und sind zartrosa bis weiß. Ihnen folgen glatte, ovale, rote Hagebutten.

S Hb W a ● D* Rar   3,00 × 2,50 m

R. tomentosa

EUROPA sehr alte Wildrosenart

Hoch wachsende Strauchrose, in vielerlei Hinsicht *R. canina* ähnlich. Mittelgroße Blüten von klarem, weichem Rosa zeigen schöne Staubgefäße von weichem Cremegelb. Duftend. Laub matt graugrün, sieht weicher aus und fühlt sich auch weicher an als das der Hundsrose. Leuchtend rote, ovale Hagebutten. Kommt in vielen Gegenden Kontinentaleuropas und der Britischen Inseln in freier Natur vor. Ich habe ein oder zwei Exemplare in Norfolk als Heckenrosen gesehen.

S Hb a W ● ≋ D*** Rar   3,00 × 2,50 m

R. villosa, R. pomifera, 'Apple Rose', 'Apfelrose'

EUROPA/ASIEN 1761

Mittelgroßer Strauch mit gräulichen, weichen Blättern. Sie sollen angeblich duften, bei meinem Exemplar aber kaum wahrnehmbar. Einfache Blüten von klarem Rosa. Hagebutten groß, orangefarben, apfelförmig und dicht mit Borsten bedeckt.

S a Hb Ar N ● D*** ≋ Rar   1,80 × 1,50 m

R. villosa duplex, R. pomifera duplex, 'Wolly Dodd's Rose'

Als Gartenrose erstmalig im Garten von Reverend Wolly-Dodd in Cheshire entdeckt, ca. 1900

R. villosa, Hagebutten

R. villosa duplex

Ähnelt in fast jeder Hinsicht *R. villosa*, ist aber etwas niedriger im Wuchs. Blüten halbgefüllt und von klarem Rosa. Trägt nur selten Hagebutten, remontiert aber (mit Unterbrechungen) an günstigen Standorten, was darauf schließen läßt, daß es sich um eine Hybride handelt.

S a Hb W N ● Rar   1,50 × 1,20 m

R. × waitziana

EUROPA 1874

R. canina × *R. gallica*

Ein mittelgroßer bis großer Strauch, der in Trieben und Bewehrung *R. canina* ähnelt. Mittelgroße, dunkelrosafarbene Blüten. Kultiviert trägt er selten in vollem Umfang Hagebutten.

S W a ● Rar   1,80 × 1,20 m

ROSA Untergattung *Eurosa (Rosa)*

SEKTION: *Carolinae*

Wuchs niedrig, aufrecht. Stacheln kurz, gewöhnlich paarweise, hakig. Blätter mit 7 bis 9 Fiederblättchen – üblicherweise schönes Herbstlaub. Blüten meist einfach an kurzen Stielen. Hagebutten meist rundlich; von den reifen Hagebutten fallen die Kelchblätter ab.

WILDROSEN
R. carolina; R. carolina alba; R. carolina plena; R. foliolosa; R. × kochiana;
R. × mariae-graebnerae; R. nitida; R. palustris; R. virginiana

KLASSIFIKATION
BARB   Wildrosen Klasse 1   Hybriden: Klasse 1
MR10   Wildrosen Klasse 55   Hybriden: Klasse 54
WFRS   Wildrosen Klasse 38   Hybriden: Klassen 9 und 10

HERKUNFT UND VERBREITUNG

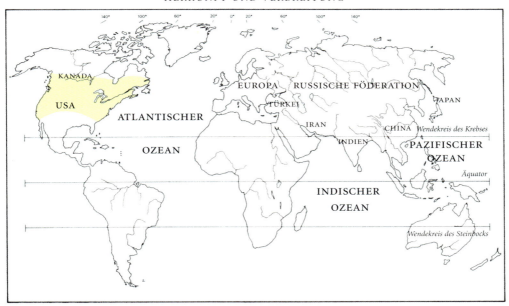

R. carolina
FORMEN UND HYBRIDEN

KLASSIFIKATION – siehe Seite 199

R. carolina
NORDAMERIKA *ca.* 1826
Ein gut verwendbarer Strauch, der reichlich Ausläufer treibt, wenn er auf eigener Wurzel vermehrt wird. Die Triebe sind dünn und haben verhältnismäßig wenige Stacheln, die Seitentriebe überhaupt keine. Üppiges, leicht glänzendes Laub. Die Blüten sind von klarem, weichem Rosa und stehen einzeln. Ihnen folgen rundliche, rote Hagebutten.
S Hb Lf a ▽ D* Rar   90 × 90 cm

R. carolina alba, *R. virginiana alba*
entdeckt in einem Garten USA 1867
Abgesehen von ihren einfachen, weißen Blüten ähnelt sie in fast jeder Hinsicht *R. carolina*. Leichte Abweichungen im Laub lassen den Einfluß einer anderern Wildrosenart oder Sorte vermuten. Der Unterschied ist am deutlichsten auf der Unterseite der Blätter ausgeprägt, wo zahlreiche winzige Härchen ein graueres Aussehen als bei der rosablühenden Form erwecken.
S Hb Lf a W ▽ Rar   90 × 60 cm

R. carolina plena, **'Double Pennsylvanian Rose'**
USA *ca.* 1790 (wiederentdeckt durch Lynes 1955)
Reizende, kleine, gefüllte Blüten von klarem Rosa, das an den Rändern fast zu Weiß verblaßt. Laub glatt und dunkelgrün. Bildet eine gefällige, niedrig wachsende Pflanze, die reichlich Ausläufer treibt, wenn sie auf eigener Wurzel wächst, was wahrscheinlich die beste Methode ihrer Vermehrung und Kultivierung ist. (Für weitere Einzelheiten über diese Rose und ihre Wiederentdeckung siehe: *Shrub Roses for Today* von Graham Thomas.)
S a ▽ ● Rar   60 × 60 cm

R. foliolosa

CAROLINAE • 201

R. foliolosa

NORDAMERIKA 1880

Einzeln stehende, leicht zerfetzt wirkende Blüten von leuchtendem Rosa inmitten von eigenwillig schmalen, länglichen Blättern. Auf der eigenen Wurzel vermehrt treibt sie reichlich Ausläufer. Keine Stacheln. Niedrig wachsend. Gedeiht auch auf sehr nassem Boden. Die Hagebutten sind klein, kugelförmig und leuchtend rot.
S a Lf Hb D* Rar   90 × 90 cm

R. × kochiana

NORDAMERIKA 1869

Ich bin ganz vernarrt in diesen kleinen Strauch. Das hübsche, leuchtend lindgrüne Laub bleibt den ganzen Sommer über gesund und verfärbt sich im Herbst zu einem satten Rostrot. Wenige, aber kräftige Stacheln an steifen, dünnen, eckigen Trieben. Blüten einzeln stehend und dunkelrosafarben. Sie erinnern an die Blüten des Strauches *Cistus crispus*.
S a W ▽ Lf Rar   90 × 60 cm

R. × mariae-graebnerae

H. Dabel DEUTSCHLAND 1900

R. palustris × R. virginiana

Ein sehr gut verwendbarer, seltener, aber auffälliger kleiner Strauch. Leuchtend rosarote Blüten werden zuerst im Überfluß und später mit Unterbrechungen den ganzen Sommer über hervorgebracht. Triebe haben wenig Stacheln und leicht glänzendes Laub. Kleine, runde Hagebutten und schönes Herbstlaub.
r Hb Lf W A Bd ◐ Rar   90 × 60 cm

R. nitida

NORDAMERIKA 1807

Ein Strauch mit dünnen, stacheligen Trieben und kleinem, zierlichem, farnähnlichem Laub, das sich im Herbst zu sattem karminrot verfärbt. Treibt reichlich Ausläufer. Zahlreiche kleine, einfache Blüten von dunklem Rosarot. Ein sehr gut verwendbarer Strauch. Hagebutten klein, oval und leicht stachelig.
S Bd Hb Lf ◐ ▽ Rar   90 × 90 cm

R. × kochiana (ganz oben), *R. nitida* (oben)

R. palustris, 'Sumpf-Rose', 'Swamp Rose'

NORDAMERIKA 1726

Starkwüchsiger Strauch mit viel dunkelgrünem Laub, rötlichen Trieben und aufrechtem Wuchs. Einzeln stehende, dunkelrosafarbene Blüten werden mit Unterbrechungen hervorgebracht. Im Herbst folgen ovale Hagebutten. Gedeiht in feuchtem Boden.
r Lf a Hb W ▽ Rar   120 × 90 cm

R. virginiana
FORMEN UND HYBRIDEN

KLASSIFIKATION – siehe Seite 199

R. virginiana
NORDAMERIKA *ca.* 1807

Obwohl dieser sehr gut verwendbare Strauch fast alle Böden toleriert, gedeiht er besonders gut in leichten, sandigen Böden. Sehr schön belaubt mit hellgrünen, glänzenden Blättern. Schöne Herbstfärbung. Aufrechter und buschiger Wuchs. Blüten einzeln stehend, von sattem klarem Rosa mit gelben Staubgefäßen und gut duftend. Blüht etwas später als einige andere Wildrosen. Es folgen orangefarbene, dicke, runde Hagebutten, die bis weit in den Winter hinein am Strauch bleiben.

S H a W Lf Hb ◉ D** Rar   150 × 90 cm

R. virginiana, und unten, 'Rose d'Amour'

'Rose d'Amour', 'St Mark's Rose', *R. virginiana plena*
vor 1870

Größer als *R. virginiana*, dieser aber in vielerlei Hinsicht ähnlich. Wunderschöne Blüten, ziemlich klein, mit erhöhter Mitte, dicht gefüllt. Die Blütenblätter öffnen sich schneckenförmig, pastellrosa, zur Mitte hin dunkler werdend. Ein besonders schönes Exemplar ist im Garten der Royal Horticultural Society in Wisley, Surrey/England, zu sehen. Dort hat sie an einer Wand eine beachtliche Größe erreicht.

r a Lf ◉ D** Re Rar   2,00 × 1,50 m

'Rose d'Orsay'

Blüten, Laub und Farbe des Holzes sind fast identisch mit 'Rose d'Amour', im Wuchs und in der Blühfreudigkeit ist sie aber sehr verschieden. Sie ist niedriger im Wuchs, mehr verzweigt, weniger gefällig und hat eine viel längere Blühsaison. Eine großartige Rose. Leider trennt sie sich von ihren verwelkten Blüten nur zögerlich, deshalb ist es wichtig, diese abzuschneiden, wenn man beste Ergebnisse erzielen will.

db a Lf ◉ D** Re Rar   1,20 × 1,20 m

ANMERKUNG

Seit einigen Jahren vermehre ich Sämlinge von *R. virginiana* aus importiertem Samen. So lange die Pflanzen jung sind, sehen sie identisch aus. Im zweiten Jahr aber zeigen sie größere Unterschiede, einige sind fast ohne Stacheln, einige dicht bewehrt, wieder andere werden viel höher. Auch die Farbe und Größe der Hagebutten ist unterschiedlich. Der einzige konstante und typische Faktor ist das Laub. Zumindest einer dieser Sämlinge hatte ein paar mehr Blütenblätter als normal – leider habe ich diesen Sämling irrtümlich an einen unbekannten Käufer versandt, weshalb er wahrscheinlich für immer verloren sein dürfte. Eines Tages werde ich vielleicht die Quelle dieser Samen aufspüren. Ich vermute, daß er aus einer Gegend im östlichen Mittelmeerraum kommt. Graham Thomas hat den Unterschied zwischen 'Rose d'Amour' und 'Rose d'Orsay' sowie die Rolle, die er bei der Bestimmung beider Rosen spielte, in einem Aufsatz im *Jahrbuch* von 1977 der Royal National Rose Society beschrieben.

ROSA Untergattung *Eurosa (Rosa)*

SEKTION: *Cassiorhodon* (Cinnamomeae)

Wuchs meist strauchig und aufrecht. Wuchshöhe unterschiedlich, zwischen 1 und 4 m. Stacheln oft groß und paarweise. Blätter mit 5 bis 9, manchmal mit 11 Fiederblättchen. Blüten meist in Gruppen, Blütenfarbe gewöhnlich rot oder rosa, außer bei *R. wardii* und *R. rugosa*. Hagebutten meist ein besonderer Vorzug: groß, unterschiedlich geformt und behalten die Kelchblätter, auch im Zustand der Reife.

WILDROSEN

R. acicularis; R. acicularis nipponensis; R. amblyotis; R. arkansana; R. banksiopsis; R. beggeriana; R. bella; R. blanda; R. californica; R. californica plena; R. caudata; R. coriifolia froebelii; R. × coryana; R. corymbulosa; R. davidii; R. davurica; R. elegantula-persetosa; R. fargesii; R. fedtschenkoana; R. forrestiana; R. gymnocarpa; R. hemsleyana; R. holodonta; R. × kamtchatica; R. kordesii; R. latibracteata; R. × l'heritierana; R. macrophylla; R. majalis; R. marretii; R. maximowicziana; R. melina; R. × micrugosa; R. × micrugosa alba; R. mohavensis; R. moyesii; R. multibracteata; R. murielae; R. nanothamnus; R. nutkana; R. paulii; R. paulii rosea; R. pendulina; R. pisocarpa; R. prattii; R. pyrifera; R. rugosa; R. rugosa alba; R. rugosa rubra; R. rugosa typica; R. sertata; R. setipoda; R. spaldingii; R. suffulta; R. sweginzowii macrocarpa; R. ultramontana; R. wardii; R. webbiana; R. willmottiae; R. woodsii; R. woodsii fendleri; R. yainacensis

GARTENROSEN
Boursault-Rosen; Kordesii-Rosen; Rugosa-Rosen

KLASSIFIKATION
BARB   Wildrosen: Klasse 1
MR10   Wildrosen: Klasse 54
WFRS   Wildrosen: Klasse 38
Klassifikation der Gartenrosen siehe bei den jeweiligen Gruppen

HERKUNFT UND VERBREITUNG

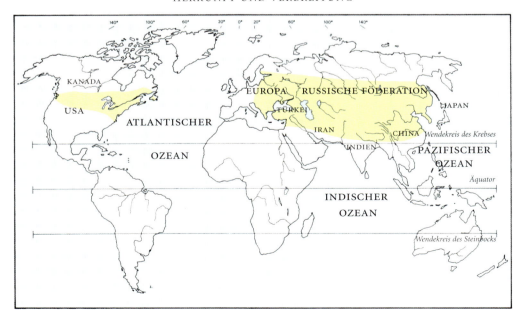

R. acicularis

NORDOSTASIEN, NORDAMERIKA UND NORDEUROPA 1805

Einzeln stehende Blüten von sattem Rosa, 4 cm im Durchmesser, gelegentlich auch in Zweier- oder Dreiergruppen. Leuchtend rote, pralle, glatte, birnenförmige Hagebutten von ca. $2^{1}/_{2}$ cm Länge. Laub mittelgrün bis grau an einer lockeren Pflanze mit dünnen Trieben. Eine Fülle von Borsten unterschiedlicher Größe und wenige richtige Stacheln.
S a W H Hb D** Rar 1,80 × 1,50 m

R. acicularis nipponensis

JAPAN 1894

Einzeln stehende Blüten von 4–5 cm Durchmesser, dunkelrosa, fast rot. Ihnen folgen pralle, birnenförmige Hagebutten. Grünlich-graues Laub. Blütenstiele und Hagebutten borstig, wenige richtige Stacheln.
S a W H Hb D** Rar 1,50 × 1,20 m

R. amblyotis

NORDOSTASIEN 1917

Ein aufrechter, mittelhoher Strauch ähnlich *R. majalis*, mit der er offensichtlich verwandt ist. Mittelgroße rote Blüten. Ihnen folgen mittelgroße, kugelige bis birnenförmige rote Hagebutten.
S Hb W a ◉ D** Rar 1,80 × 1,20 m

R. arkansana

USA 1917

Ein stacheliger, niedriger, dichter Strauch mit einer ziemlich langen Blütezeit im Hochsommer. Laub fast glänzend und stark geädert. Blüten 5 cm im Durchmesser, leuchtend rot mit gelben Staubgefäßen, gewöhnlich in Büscheln. Kleine, runde, rötliche Hagebutten.
S a Bd ◉ D** Rar 60 × 60 cm

R. banksiopsis

CHINA 1907

Mein einziges Exemplar dieser Wildrosenart ist mir im strengen Winter 1981 erfroren. Ich habe sie nie blühen sehen. In Hillier's *Manual of Trees and Shrubs* wird sie als mittelgroßer Strauch beschrieben mit kleinen, rosaroten Blüten, denen bocksbeutelförmige Hagebutten folgen.
S a Hb W D* Rar 1,50 × 1,20 m

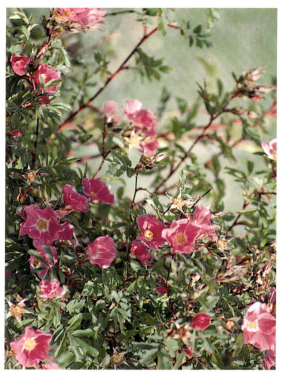

R. acicularis nipponensis

R. beggeriana

ZENTRALASIEN 1869

Sie hat unter den Wildrosen nicht gerade den günstigsten Namen (engl. *beggar* = Bettler), aber sie hat eine lange Blütezeit, die im Hochsommer beginnt. Den frühen Blüten, die klein und weiß sind, folgen kleine, runde, orangefarbene Hagebutten. Triebe bedeckt mit weißlichen, hakigen Stacheln. Gräulich-grünes Laub.
S a Hb W ◉ Lf D** Rar 2,50 × 2,00 m

R. bella

CHINA 1910

Ein aufrecht wachsender, stacheliger Strauch, der in vielerlei Hinsicht *R. moyesii* ähnelt. Blüten einfach und leuchtend rosafarben. Mittelgroße, bocksbeutelförmige, orangefarbene Hagebutten.
S W a Hb D** Rar 2,40 × 1,80 m

R. blanda, 'Smooth Rose', 'Meadow Rose', 'Hudson Bay Rose', 'Labrador Rose'

NORDAMERIKA 1773

Ähnelt in etwa *R. canina*, hat aber weniger Stacheln, die Blüten sind von dunklerem Rosa. Ist auch weniger

R. blanda (oben), *R. californica plena* (unten)

starkwüchsig. Hagebutten eher birnenförmig als oval. Es gibt einige weitere Formen hiervon, für die Verwendung im Garten ist aber keine sehr interessant.
S a W Hb ⬤ D** Rar   1,50 × 0,90 m

R. californica

NORDWESTAMERIKA 1878

In Großbritannien ungewöhnlich. Nach McFarland *Modern Roses* wird sie 2,50 m hoch mit Dolden einfacher rosafarbener Blüten von 4 cm Durchmesser. Ein großes Exemplar wächst im John Innes Institute bei Norwich/England, aber ich habe es noch nicht blühen sehen.
S a D* Rar   2,50 × 1,20 m

R. californica plena

eingeführt vermutlich 1894

Ein ausgezeichneter Strauch für den Garten mit mauvefarbenen Blüten, deren Form den Blüten einer halbgefüllten Stockrose ähneln. Die Pflanze ist gesund, aufrecht im Wuchs und reich belaubt mit graugrünem Laub. Triebe dunkel mit wenigen Stacheln. Hagebutten klein, rundlich und orangerot.
S a W Hb ⬤ D** Rar   2,50 × 1,50 m

R. caudata

CHINA 1907

Ist der besser bekannten *R. setipoda* sehr ähnlich und könnte gut mit dieser verwandt sein. Da sie aber gewöhnlich als separate Wildrosenart aufgeführt wird, schließe ich mich dem hier an. Sie bildet einen dichten Strauch mit dicken, stark bewehrten Zweigen. Die blaßrosa Blüten erscheinen in Büscheln. Ihnen folgen krugförmige, stachelige Hagebutten.
S a W Hb ⬤ D* Rar   2,00 × 1,50 m

R. coriifolia froebelii,
R. dumetorum laxa, 'Laxa'

EUROPA 1890

Eine dichte, buschige Rose mit gräulich-grünem Holz und Laub. Mäßig stachelig. Blüten weiß, Hagebutten dicklich bis oval. Als Zierpflanze von geringem Wert, aber als Rosenunterlage unschätzbar. Unter dem Namen 'Laxa' für diesen Zweck besonders in Europa sehr häufig verwendet. Bildet weniger Ausläufer als die meisten anderen Rosenunterlagen.
S W   1,50 × 1,20 m

R. × coryana

Cambridge Botanical Gardens
GROSSBRITANNIEN 1926

R. macrophylla × *R. roxburghii*
Ein mittelgroßer Strauch, der im Aussehen eher *R. roxburghii* ähnelt. Ideal für die Pflanzung im Waldgelände. Im Frühsommer erscheinen große, einfache, dunkelrosafarbene Blüten. Eine interessante Rose, aber nicht wirklich bedeutend.
S a W D* Rar   1,80 × 1,20 m

R. corymbulosa

CHINA 1908

Ein mittelgroßer Strauch, ziemlich locker im Wuchs, fast ohne Stacheln, mit dünnen Trieben. Die grünen Blätter haben leicht behaarte Unterseiten und verfärben sich im Herbst zu dunklem Purpur.
S a W Hb Rar   1,50 × 1,20 m

R. davidii

CHINA 1908

Gut verwendbare Wildrose mit später Blütezeit. Die Blüten von weichem Rosa erscheinen manchmal in Büscheln entlang der Triebe, manchmal einzeln. Starker, aufrechter Wuchs, stark geädertes, hellgrünes Laub. Im Herbst orangerote, krugförmige Hagebutten.
S a Hb W ● D** Rar   3,00 × 1,50 m

R. davurica

NORDCHINA UND ASIEN 1910

Ein niedriger, mittelmäßig bewehrter Strauch mit kleinen Blättern und rosafarbenen Blüten mittlerer Größe, denen kleine, ovale Hagebutten folgen.
S Hb W a ● Rar   90 × 90 cm

R. elegantula-persetosa, R. farreri persetosa, 'Threepenny Bit Rose'

CHINA 1914

Ein reizender, sich ausbreitender Strauch mit feinem, farnähnlichem Laub, das sich im Herbst zu Purpur und karminrot verfärbt. Die Hagebutten werden im Überfluß hervorgebracht und sind orangerot. Diese Vorzüge und ihre Wuchsform sind wahrscheinlich wichtiger als die kleinen mauvefarbenen Blüten. Die Triebe haben die Farbe von Zwieback und sind dicht besetzt mit winzigen, aber ziemlich harmlosen Borsten, die fast eine moosartige Wirkung ergeben. Wächst gern im Halbschatten. Besser bekannt unter dem früheren Namen *R. farreri persetosa*.
S Hb Bd W a Lf ● v   1,50 × 1,50 m

R. fedtschenkoana

R. fedtschenkoana

SÜDOSTEUROPA/ASIEN *ca.* 1880

Sehr gut verwendbarer Strauch. Einfache weiße Blüten mit hauchdünnen Blütenblättern erscheinen den ganzen Sommer über, erst im Überfluß, später vereinzelt. Laub hell graugrün und gefiedert. Hagebutten oval bis birnenförmig und schwach stachelig, setzen nur gelegentlich an. Wird allmählich besser bekannt und häufiger kultiviert, was sie auch verdient.
r a H W Lf D** v   1,50 × 1,20 m

R. forrestiana

WESTCHINA 1918

Rötliche bis karminrote Blüten mit zartbernsteinfarbenen Staubfäden werden in kleinen Büscheln hervorgebracht. Ihnen folgen flaschenförmige rote Hagebutten. Üppiges rötlich-grünes Laub. Austrieb ebenfalls rötlich-grün, überhängend, dicht und stark. Lange, dünne, scharfe Borsten.
S a Hb Bd W D* v   2,00 × 2,00 m

R. gymnocarpa

NORDAMERIKA 1893

Anmutiger, kräftiger Strauch, mäßig bewehrt, mit »drahtigen« Trieben und zahlreichen kleinen, rundlichen Blättern. Blüten klein, einfach, blaßrosa. Im Herbst kleine, rote, birnenförmige, glatte Hagebutten. Meine Pflanzen stammen aus Samen aus Nova Scotia, wo sie in freier Natur vorkommt.
S Hb a W ● D** Rar   2,50 × 3,00 m

R. hemsleyana

CHINA 1904

Ein starkwüchsiger Strauch ähnlich *R. setipoda*. Mittelgroße, rosafarbene, einfache Blüten erscheinen in Büscheln. Ihnen folgen flaschenförmige, stachelige, orangerote Hagebutten.
S Hb a W ● ▽ Rar   1,50 × 1,20 m

R. × kamtchatica, R. ventenatiana

Kamtchatka RUSSLAND *ca.* 1770

R. rugosa × R. amblyotis?

Wird oft als Form von *R. rugosa* aufgeführt, aber trotz offensichtlicher Verwandschaft mit dieser Wildrosenart ordne ich sie hier ein. Die Blüten sind ziemlich klein, einfach, rosafarben mit einem Hauch von Kirschrot. Laub mittelgrün. Triebe gut bewehrt, aber weniger als bei *R. rugosa*. Hagebutten klein bis mittelgroß, rund und leuchtend rot.
db W Hb a H Lf ● D* Rar   2,00 × 1,80 m

R. kordesii
FORMEN UND HYBRIDEN

Die meisten dieser Hybriden eignen sich hervorragend als niedrige Kletterrosen oder als Solitärsträucher. Wenn sie einen Fehler haben, dann eine ausgeprägte Abneigung gegen einen ordentlichen Wuchs. Darüber sieht man aber leicht hinweg, wenn man bedenkt, daß sie selbst dem kältesten Klima trotzen und alljährlich den ganzen Sommer über blühen.

KLASSIFIKATION

BARB	Wildrosen und Hybriden:	Klasse 1
MR10	Wildrosen und Hybriden:	Klasse 45
WFRS	Wildrosen und Hybriden:	Klasse 2 und 14

R. kordesii

Kordes DEUTSCHLAND 1950
Sämling von 'Max Graf'
Kordes hat diese Rose zwar niemals in den Handel gebracht, aber sehr stark für die Züchtung einiger sehr bedeutender Hybriden verwendet; deshalb führe ich sie hier mit auf. Abkömmlinge dieser Rose sind besonders widerstandsfähig gegen Krankheiten.
r ◐ a Rar 1,50 × 1,50 m

R. kordesii

'Champlain'

Landwirtschaftsministerium KANADA 1982
R. kordesii × Sämling × ('Red Dawn' × 'Suzanne')
Große, gefüllte, dunkelrote Blüten, duftend. Hellgrüne, kleine Blätter. Wuchs buschig. Reichlich bewehrt mit blaßgelben Stacheln. Sehr winterhart.
r ◐ ▽ H D** Bd Rar 1,20 × 1,20 m

'Dortmund'

Kordes DEUTSCHLAND 1955
Sämling × R. kordesii
Große, einfache, karmesinrote Blüten mit einem blassen, fast weißen Auge in der Mitte. Erscheinen in großen Büscheln an einer starkwüchsigen, stacheligen Pflanze mit dunkelgrünem Laub.
r a N ◐ Kr D* v 2,50 × 1,80 m

'Hamburger Phoenix'

Kordes DEUTSCHLAND 1954
R. kordesii × Sämling
Büschel großer, halbgefüllter, satt karmesinroter Blüten an einem breit- und starkwüchsigen Strauch oder einer niedrigen Kletterpflanze. Dunkelgrünes Laub. Im Herbst schöne Hagebutten.
db a Hb N Kr ◐ D** Rar 2,50 × 1,50 m

'Henry Kelsey'

Landwirtschaftsministerium KANADA 1984
R. kordesii × Sämling
Gefüllte, duftende Blüten in einem mittleren Rot er-

'Dortmund'

scheinen in Büscheln an einer ausladenden Pflanze mit dunkelgrünem, glänzendem Laub. Sehr winterhart.
r ◐ ▽ Bd D** Rar   1,20 × 1,50 m

'John Cabot'
Landwirtschaftsministerium KANADA 1978
R. kordesii × Sämling
Büschel großer, dicht gefüllter, hellroter, duftender

'Hamburger Phoenix' (links), 'Henry Kelsey' (rechts)

CASSIORHODON • 209

Blüten zwischen üppigem, hellgrünem Laub. Wuchs stark und aufrecht. Ausgesprochen winterhart. Eine sehr gut verwendbare Sorte.
r ◐ ⛉ H D** Bd Rar   1,50 × 1,20 m

'Karlsruhe'

Kordes DEUTSCHLAND 1950
Sämling von *R. kordesii*
Große Büschel leicht duftender, dunkel rosaroter, dicht gefüllter Blüten, die sich erst schalenförmig, dann flach öffnen; regelmäßig remontierend. Laub üppig, mittelgrün, glänzend. Wuchs stark, ausladend. Eine ausgezeichnete, leider wenig bekannte Sorte.
r Bd Kr Bkl N ◐ D* Rar   2,50 × 1,80 m

'Laura Louise'

Riches GROSSBRITANNIEN 1995
eingeführt von Beales GROSSBRITANNIEN 1995
Sport von 'Leverkusen'
Eine gute Kopie der Elternsorte 'Leverkusen', blüht aber leuchtender in mittlerem Rosa bis Lachs. Benannt wurde sie zu Ehren der Mutter und der Schwiegermutter des Entdeckers.
db a N Kr ◐ D** Rar   3,00 × 2,50 m

'John Cabot'

'Karlsruhe'

'Laura Louise'

'Leverkusen'

'Parkdirektor Riggers'

'Leverkusen'

Kordes DEUTSCHLAND 1954

R. kordesii × 'Golden Glow'

Halbgefüllte, zitronengelbe Blüten. Bei den ganz geöffneten Blüten haben die Blütenblätter reizend zerzauste Ränder. Lieblich duftend. Blüht den ganzen Sommer über. Attraktives glänzendes, hellgrünes, tief gezähntes Laub. Kräftig und gesund, wie so oft bei Kordes-Rosen.

db a N Kr ◐ D** v   3,00 × 2,50 m

'Parkdirektor Riggers'

Kordes DEUTSCHLAND 1957

R. kordesii × 'Our Princess'

Eine sehr gute Kletterrose. Große Büschel fast einfacher Blüten von dunklem Rot bis Karmesinrot, dicht gemaserte Blütenblätter. Aufrechter und starker Wuchs. Laub gesund, dunkelgrün und glänzend.

db a N ◐ Kr D* Rar   3,00 × 1,80 m

'Raymond Chenault'

Kordes DEUTSCHLAND 1960

R. kordesii × 'Montezuma'

Große, halbgefüllte Blüten in leuchtendem Rot erscheinen in Büscheln. Duftend. Laub dunkelgrün und glänzend. Sehr starkwüchsig, in die Breite gehend und buschig.

r ◐ N Bd Kr D** ≋ Rar   3,00 × 2,50 m

'William Baffin'

Landwirtschaftsministerium KANADA 1983

Sämling von *R. kordesii*

Büschel großer, halbgefüllter bis gefüllter Blüten in klarem Dunkelrosa an einer starkwüchsigen, ausladenden Pflanze mit üppigem, glänzendem, mittel- bis dunkelgrünem Laub. Eine ausgewachsene Pflanze in voller Blüte bietet einen großartigen Anblick. Sehr winterhart. Kann auch als Kletterrose verwendet werden. (Abbildung Seite 115)

r ◐ N Rar   2,50 × 1,80 m

R. latibracteata

CHINA 1936

Der besser bekannten *R. webbiana* in vieler Hinsicht sehr ähnlich, aber die lilarosafarbenen Blüten erscheinen in kleinen Dolden statt einzeln. Gräulichblaues Laub wie bei *R. webbiana*, aber etwas größer. Wuchs überhängend, baut einen breiten, soliden Strauch auf. Hagebutten breit flaschenförmig.

S a H W ◐ ▽ Rar   2,00 × 2,00 m

Boursault-Rosen

FORMEN UND HYBRIDEN

Die Zahl der Bousault-Rosen ist nur gering. Bis vor kurzem wurde angenommen, daß *R. × l'heritierana*, von der sie abstammen, aus einer Kreuzung von *R. pendulina* und *R. chinensis* entstanden ist. Ohne Zweifel deuten die glatten Triebe, das dunkle Holz und die Gestalt der Blätter in diese Richtung. Die Ansichten der Fachleute gehen auseinander, aber die Zahl der Chromosomen scheint schlüssig zu beweisen, daß diese Annahme auf einem Irrtum beruht. Deshalb habe ich sie hier aufgeführt.

KLASSIFIKATION

BARB	Wildrosen und Hybriden:	Klasse 1
MR10	Wildrosen und Hybriden:	Klasse 4
WFRS	Wildrosen: Klasse 39 Hybriden: Klasse 22	

R. × l'heritierana

wahrscheinlich EUROPA vor 1820

Unbewehrte, rohrähnliche Triebe, deren Farbe von Grün bis Rötlich-braun variiert. Laub dunkelgrün, dem von Brombeeren ziemlich ähnlich, aber glatt. Blüten gefüllt, flach, von dunklem Rosarot bis rosigem Weiß. Trägt gelegentlich glatte, runde Hagebutten.
S W a Lf Rar   3,00 × 2,50 m

R × l'heritierana

'Amadis', 'Crimson Boursault'
Laffay FRANKREICH 1829

Eine stachellose Kletterrose mit langen, überhängenden Trieben. Die Farbe ist bei den jungen Trieben grün und geht bei den reifen Trieben in ein fast Schokoladenbraun-Purpur über. Glattes, dunkelgrünes Laub. Halbgefüllte Blüten von dunklem rötlichem Purpur erscheinen sowohl einzeln als auch in kleinen Büscheln. Die geöffneten Blüten sind ziemlich zerzaust. Soll angeblich remontieren, mein Exemplar hat es bisher aber nicht getan.
S a Lf D* Rar 3,00 × 1,80 m

'Blush Boursault', 'Calypso', 'Rose de l'Isle'
vermutlich FRANKREICH 1848

Blüten dicht gefüllt und flach mit leicht zerzausten Blütenblättern von blassem Zartrosa. Die Zweige sind lang, überhängend und stachellos und weniger purpurfarben als bei 'Amadis', werden aber doch mit dem Alter rötlich. Das Laub ist dunkelgrün und üppig und zeigt eine schöne Herbstfärbung.
S a Lf D* Rar 4,50 × 3,00 m

'Mme de Sancy de Parabère'
Bonnet FRANKREICH ca. 1874

Wunderschöne Blüten von sattem Rosa, dicht gefüllt und flach. Die äußeren Blütenblätter sind etwas länger, wodurch der Eindruck einer zerzausten Rose 'Morlettii' innerhalb der Rose entsteht. Hübsches dunkelgrünes Laub. Die Triebe sind stachellos und verfärben sich mit dem Alter von Grün zu weichem GrünBraun.
S a Hf ⬤ D** Rar 4,50 × 3,00 m

'Morlettii', R. inermis morlettii, R. pendulina plena
Morlet FRANKERICH 1883

Etwas weniger starkwüchsig als die anderen Boursault-Rosen, obwohl im Laub und in den Trieben ähnlich. Besonders schöne Herbstfärbung des Laubes. Blüten von dunklem Magenta, fast gefüllt. Die geöffneten Blüten wirken ziemlich zerzaust.
S a Lf D* Rar 2,50 × 1,80 m

'Mme de Sancy de Parabère'

'Amadis'

R. macrophylla
FORMEN UND HYBRIDEN

Die wenigen Hybriden, die aus dieser Wildrose vom Himalaja entstanden sind, sind alle robust und starkwüchsig. Von wenigen Ausnahmen abgesehen lohnen sich die Rosen dieser Gruppe vor allem wegen der großen und schönen Hagebutten, weniger wegen besonderer Schönheit der Blüten.

KLASSIFIKATION

BARB	Wildrosen und Hybriden:	Klasse 1
MR10	Wildrosen: Klasse 55	Hybriden: Klassen 46 und 54
WFRS	Wildrosen: Klassen 38	Hybriden: Klassen 10 und 17

R. macrophylla
HIMALAJA 1818
Mittelgroßer Strauch mit Blüten von leuchtendem Kirschrosa inmitten großer rötlich-grüner Blätter. Holz purpurfarben und glatt. Große, orangefarbene Hagebutten, eher wie kleine, schlanke, stachelige Birnen, fallen deutlich ins Auge .
S a Hb W D* Rar   3,00 × 1,20 m

'Arthur Hillier'
Hillier GROSSBRITANNIEN 1938
R. macrophylla × *R. moyesii*
Aufrechte und ziemlich starkwüchsige Rose. Eine Fülle kleiner Büschel großer, einfacher, rosakarmesinroter Blüten mit auffälligen Staubgefäßen, die dicht mit Pollen besetzt sind. Sie blühen ab Mitte Juni bis weit in den Juli hinein. Die Blüten sind leicht konkav. Ein besonderer Vorzug sind die feuerroten Hagebutten im Herbst; sie sind flaschenförmig und hängen in Büscheln. Laub dunkelgrün mit einem matten Glanz.
S a W Hb ◐ D* Rar   3,00 × 1,80 m

'Auguste Roussel'
Barbier FRANKEICH 1913
R. macrophylla × 'Papa Gontier'
Starkwüchsige Kletterrose oder als großer, überhängender Strauch mit großen, halbgefüllten Blüten von leuchtendem Rosa. Die Blüten dieses Strauches sind zwar schön, aber sonst fehlen ihm die Vorzüge der anderen Sorten dieser Gruppe, vor allem die Hagebutten.
S a Hb ◐ D** Rar   4,50 × 2,50 m

R. macrophylla, Hagebutten

'Doncasterii', *R. doncasterii*
E. Doncaster GROSSBRITANNIEN 1930
Sämling von *R. macrophylla*
Gute Sorte, etwas stärker überhängend als andere

'Auguste Roussel' (oben), 'Doncasterii' (unten)

'Master Hugh'

Sorten dieser Gruppe und weniger hoch. Hat von *R. macrophylla* dunkles, pflaumenfarbenes Holz und rötlich-grünes Laub geerbt sowie die großen, birnenförmigen Hagebutten. Blüten rosa, zu Rot übergehend.
S a Hb W ● Rar   1,80 × 1,20 m

'Master Hugh'

L. M. Mason   GROSSBRITANNIEN 1966
Sämling von *R. macrophylla*
Diese Rose beschert uns die größten von allen Hagebutten überhaupt. Sie sind orangerot und krugförmig. Im übrigen ähnelt diese Sorte *R. macrophylla,* mit der Ausnahme, daß ihre Blätter größer sind und daß sie starkwüchsiger ist.
S a Hb ● W Rar   4,50 × 2,50 m

'Rubricaulis', *R. macrophylla rubricaulis*

HIMALAJA, eingeführt von Hillier
Ist der Wildrosenart ähnlich, aber das Holz ist dunkler und oft mit einem gräulichen Flaum bedeckt. Soll weniger winterhart sein, ich habe aber keine eigene Erfahrung, um das zu bestätigen.
S Hb W ● Rar   2,50 × 1,20 m

R. majalis, *R. cinnamomea*, 'Cinnamon Rose', 'Zimt-Rose'

NORDOSTEUROPA 17. Jahrhundert oder früher
Eine aufrecht, aber überhängend wachsende Rose mit leicht flaumigem gräulich-grünem Laub und mauve- bis purpurfarbenen Trieben. Die Blütenfarbe variiert von Blaß- bis Mittelrosa. Die Blüten erscheinen recht früh im Sommer oder, in einem guten Jahr, im späten Frühjahr. Die Hagebutten sind rund und von mittlerer Größe
F Hb W D* Rar   1,80 × 1,20 m

R. majalis plena, *R. cinnamomea plena*, 'Rose du Saint Sacrement', 'Whitsuntide Rose'

NORD- UND WESTASIEN vor 1600 kultiviert
Dies ist die gefüllte Form von *R. majalis* und mit dieser identisch mit Ausnahme der Blüten, die eine kurze Zeit lang im späten Frühjahr bis zum Frühsommer ausgesprochen schön sind. Besser bekannt unter dem Namen *R. cinnamomea plena*.
F Hb W Rar   1,80 × 1,20 m

R. marretii

MITTLERER OSTEN 1908
Ein aufrecht wachsender Strauch mit purpurfarbenem Holz und mittelgroßen Blättern von sanftem Grün. Die Blüten sind rosa bis blaßrosa, gewöhnlich in kleinen Büscheln. Hagebutten rot, rund und von mittlerer Größe.
S Hb W a ● D* Rar   1,80 × 1,20 m

216 · CASSIORHODON

R. maximowicziana

NORDOSTASIEN 1905

Kleine Büschel von einfachen, weißen, auseinanderstehenden Blüten, manchmal verborgen zwischen sanft gemaserten, gezähnten Blättern. Nicht groß. Mein Exemplar ist – in zugegeben schattiger Lage – nach drei Jahren 1,50 m groß, buschig mit dünnen, kaum mit Stacheln besetzten Trieben. Viele Seitentriebe, an denen die Blüten erscheinen. Wahrscheinlich eine minderwertige Hybride, da keine ihrer Eigenschaften mit irgendeiner anderen Beschreibung, die ich kenne, zusammenpaßt. Ihr ähnlich ist R. fedtschenkoana.

S a W ⬤ Rar   1,80 × 1,20 m

R. melina, Hagebutten

R. melina

NORDAMERIKA 1930

Ein niedrig wachsender Strauch mit großen Blüten von weichem Rosarot. Als einjährige Pflanze hat sie gräulich-grünes Laub.

S a W ⬤ Rar   90 × 90 cm

R. × micrugosa

gefunden im Botanischen Institut von Straßburg ca. 1905, R. roxburghii × R. rugosa

Ein dichter, mittelgroßer Strauch mit Rugosa-Laub. Große, feine, einfache, blaßrosa Blüten erscheinen den ganzen Sommer über. Stoppelige, runde, orangerote Hagebutten.

r H W Hb a Lf D** ⬤ ▽ Rar   1,50 × 1,20 m

R. × micrugosa alba

R. × micrugosa alba

Dr. Hurst GROSSBRITANNIEN 1910

Wunderschöne, weiße Blüten mit auffälligen Staubgefäßen. Die lange Blütezeit sollte zu weiterer Verbreitung ermutigen. Ist im Wuchs aufrechter als die Elternsorte R. × micrugosa, dieser aber ansonsten im Wuchs gleich.

r H W Hb a Hf D** ⬤ ▽ Rar   1,50 × 1,20 m

R. mohavensis

SÜDEN DER USA ca. 1930

Ein niedrig wachsender, dichter Strauch mit einer großen Anzahl schlanker Triebe, die mit einer durchschnittlichen Anzahl von Stacheln besetzt sind. Kleine, mittelgrüne Blätter. Blüten klein, von fast weichem Rosa. Runde, rote Hagebutten. Bevorzugt einen feuchten Standort.

S Hb W a ⬤ ≋ Rar   90 × 90 m

R. moyesii
FORMEN UND HYBRIDEN

Es ist nicht überraschend, daß Züchter immer mal wieder mit dieser Rose als Elternsorte experimentiert haben. Denn als Wildrose gehört sie zu den besten und am meisten für den Garten geeigneten von all den vielen wundervollen Wildrosen, die aus der Natur Chinas zu uns gekommen sind. Ich habe hier etwa ein Dutzend ihrer Hybriden ausgewählt, wahrscheinlich die besten davon. Jeder Garten sollte mindestens eine davon haben, denn sie bringen nicht nur einen schönen Blütenflor hervor, sondern auch – mit ein oder zwei Ausnahmen, bei denen es ohnehin nicht von Bedeutung ist – eine beträchtliche Menge sehr reizvoller Hagebutten im Herbst.

KLASSIFIKATION

BARB Wildrosen und Hybriden: Klasse 1
MR10 Wildrosen: Klasse 55   Hybriden:Klasse 33
WFRS Wildrosen: Klasse 38   Hybriden: Klass 10

R. moyesii
WESTCHINA entdeckt 1890, im Handel seit 1894
Trotz der attraktiven dunkel karminroten Blüten und des charakteristischen dunkelgrünen Laubes sind es ohne Zweifel die Hagebutten, die diese Rose so beliebt machen. Sie sind zwar nicht so groß wie bei einigen anderen Wildrosen, man kann sich aber darauf verlassen, daß jedes Jahr eine große Anzahl davon hervorgebracht werden. Sie erscheinen hängend, sind orangerot und krugförmig, mit einer fünfzackigen Krone von Kelchblättern. Starkwüchsiger, dichter Strauch. Wenn man ihn aber zu lange ohne Rückschnitt wachsen läßt, wird er an der Basis dürr und häßlich. Es ist ein ungewöhnlicher herrlicher Anblick, wenn diese Rose an einer Wand wächst. Lassen Sie sich nicht dazu verleiten, diese Rose aus Samen zu ziehen oder Sämlinge zu kaufen, da viele Sämlingspflanzen steril sind und niemals Hagebutten tragen. (Abbildung Seite 5)
S a W Hb ● ≋ Rar   3,00 × 1,80 m

R. moyesii 'Pink Form'
CHINA
Ähnelt in fast jeder Hinsicht R. moyesii mit Ausnahme der Blütenfarbe, die natürlich Rosa ist. Es scheint, daß mehrere verschiedene Formen im Handel sind, wahrscheinlich aus Sämlingen von R. moyesii und deren Formen vermehrt, die ent-

'Eddie's Jewel'

weder gezüchtet wurden oder sich zufällig ergaben.
S a W Hb ● Rar   3,00 × 1,80 m

'Eddie's Crimson'

Eddie KANADA 1956

'Donald Prior' × *R. moyesii*-Hybride

Gefüllt und tief blutrot, mit Moyesii-Laub. Ein eindrucksvoller Strauch, wenn er in voller Blüte steht. Wuchs aufrecht. Die Hagebutten entsprechen einer Moyesii weniger; sie sind kugelförmig und dunkelrot.

S a W Hb Kr ● D* Rar 3,00 × 1,80 m

'Eddie's Jewel'

Eddie KANADA 1962

'Donald Prior' × *R. moyesii*-Hybride

Diese Rose ist insofern bedeutend, als sie in guten Jahren remontiert. Die Blüten sind gefüllt und leuchtend ziegelrot. Triebe dunkel bräunlichrot. Das Laub entspricht einer Moyesii. Entstammt der gleichen Kreuzung wie 'Eddie's Crimson'. In der ersten Auflage von *Classic Roses* wies ich darauf hin, daß ich bei dieser Rose noch keine Hagebutten gesehen hatte. Ich kann das nun korrigieren. Meine Pflanze hat in jedem der letzten drei Jahre eine stattliche Menge gedrungener orangeroter Hagebutten hervorgebracht.

R A W Hb KR ● D* Rar 2,40 × 1,80 m

'Eos'

Ruys USA 1950

R. moyesii × 'Magnifica'

Attraktive Strauchrose, sehr reichblühend mit mittelgroßen, fast einfachen Blüten von leuchtendem Rosarot mit weißer Mitte, die über die ganze Länge ziemlich steifer, aber überhängender Triebe hervorgebracht werden. Duftend. Setzt manchmal keine Hagebutten an.

S Hb A W KL ● ≋ D** Rar 2,50 × 1,50 m

'Eos' (links), 'Geranium' (unten),

'Fred Streeter'
Jackman GROSSBRITANNIEN 1951
Sämling von R. moyesii
Der Strauch ist dichter als bei anderen Moyesii-Hybriden. Wuchs spindeldürr, überhängend. Einfache Blüten, leuchtend Rosa über die ganze Länge der Triebe. Ihnen folgen hängende, große, rote Hagebutten.
S a W Hb Kr ● D* Rar   2,50 × 1,80 m

'Geranium'
Royal Horticultural Society GROSSBRITANNIEN 1938, Sämling von R. moyesii
Die am weitesten verbreitete aller Moyesii-Hybriden. Einfache Blüten von einem wunderschönen, leuchtenden Orangerot und wächserner Beschaffenheit. Die cremefarbenen Staubfäden überpudern die Blütenblätter oft mit ihrem Blütenstaub. Weniger wüchsig als R. moyesii und eckiger im Aufbau, mit Blättern von hellerem Grün. Blassere Triebe und größere, schön geformte, aber nicht so dunkelroten Hagebutten.
S Hb a W Kr ● Rar   2,50 × 1,50 m

'Highdownensis'
Hillier GROSSBRITANNIEN 1928
Sämling von R. moyesii
Überhängende Zweige mit einfachen, hellkarminroten Blüten an einem buschigen, dichten, hohen Strauch mit üppigem Laub. Die Hagebutten sind groß, rötlich-pflaumenfarben und krugförmig.
S Hb a W Kr ● ≋ Rar   2,50 × 1,80 m

'Hillieri', R. × pruhoniciana hillieri
Hillier GROSSBRITANNIEN 1920
R. moyesii × R. multibracteata
Tief dunkelrote, einfache Blüten mit auffälligen Staubgefäßen. Hat weniger Stacheln als andere dieser Gruppe und kleinere und wohl auch weniger Blätter. Wuchs eckig und steif, trotzdem aber anmutig. Nicht alle Blüten setzen Hagebutten an, die groß, orangefarben und krugförmig sind.
S a W Hb ● ≋ Rar   2,50 × 1,80 m

'Hillieri'

'Marguerite Hilling'
Hilling GROSSBRITANNIEN 1959
Dies ist ein herrlicher, rosafarbener Sport von der wohlbekannten 'Nevada', der sie in allem ähnelt bis auf ihren weichen Rosaton. In ihrem ersten Blütenflor ist diese Rose sehr anziehend und blüht, wie 'Nevada', vom späten Mai bis Mitte Juni sehr reich. Bis weit in den Herbst erscheinen vereinzelt weitere Blüten.
r a W H Kr ≋ D** Rar   2,50 × 2,00 m

'Nevada'
Dot SPANIEN 1927
R. moyesii-Hybride?
Ein großartiger Strauch. Große, einfache, lockere Blüten erscheinen von Ende Mai bis Mitte Juni im Überfluß an einem starkwüchsigen, dichten, aber gefälligen Strauch. Üppiges hellgrünes Laub. Dunkle schokoladenbraune Triebe mit wenigen Stacheln. Blüht mit Unterbrechungen den ganzen Sommer über und trägt oftmals im Herbst einen zweiten Blütenflor. Die Meinungen über ihre wahre Abstammung gehen auseinander. Sie hat Ähnlichkeiten mit R. moyesii und wird deshalb gewöhnlich bei dieser eingeordnet; auch ich folge hier diesem Weg, obwohl ich dazu neige, dem verstorbenen Jack Harkness zuzustimmen, der vorschlägt, sie den R. pimpinellifolia-Hybriden zuzuordnen. John Clifton aus Stafford/England, machte mich auf *A Complete Handbook of Roses*, 1965, von Roy Genders aufmerksam, das ebenfalls die Abstammung von R. pimpinellifolia angibt.
r a W H Kr ≋ D** Rar   2,50 × 2,00 m

'Highdownensis' (links)

'Marguerite Hilling' (oben), 'Nevada' (unten)

'Sealing Wax'
Royal Horticultural Society
GROSSBRITANNIEN 1938
R. moyesii-Hybride
Eine edle Hybride, ähnelt in Wuchs und Laub sehr 'Geranium' mit Ausnahme der leuchtend rosafarbenen Blüten. Die Hagebutten sind leuchtend rot und erwartungsgemäß krugförmig.
S a W Hb Kr ◉ Rar   2,50 × 1,50 m

'Wintoniensis'
Hillier GROSSBRITANNIEN 1928
R. moyesii × *R. setipoda*
Hat eine interessante Abstammung, die zu einem starkwüchsigen Strauch geführt hat, der vor Übermut fast explodiert, sowohl in die Höhe als auch in die Breite. Das hellgrüne Laub ist schwach duftend. Die Blüten sind einfach, dunkelrosafarben, die Früchte sind groß und stark behaart.
S Hb a W Kr ◉ D* Rar   3,50 × 3,00 m

R. fargesii
Veitch GROSSBRITANNIEN 1913
Ähnelt in der Gestalt sehr stark *R. moyesii*, ist aber weniger starkwüchsig. Die Blüten sind eher rosa als rot und die Blätter sind kleiner. Die Hagebutten

haben die gleiche Form, sind aber gewöhnlich größer.
S Hb a W Kr ◉ ≋ Rar   2,50 × 1,50 m

R. holodonta
CHINA 1908
Blüten von glänzendem Rosa in kleinen Büscheln an einer aufrecht wachsenden, gut bewehrten Pflanze. Hagebutten erscheinen hängend und krugförmig. Der Name wird gelegentlich für alle rosafarbenen Formen von *R. moyesii* verwendet. *R. holodonta* gilt nunmehr als eigene Art und als näher mit *R. davidii* verwandt als mit *R. moyesii*. (vgl. Bean: *Trees and Shrubs Hardy in the British Isles*, Band IV, 1981[8])
S a W Hb ≋ Rar   3,00 × 1,80 m

R. multibracteata
FORMEN UND HYBRIDEN

KLASSIFIKATION

BARB	Klasse 1	Hybriden: Klasse 1
MR10	Klasse 55	Hybriden: Klasse 54
WFRS	Klasse 38	Hybriden: Klasse 10

R. multibracteata
CHINA 1908

Ein eleganter Strauch mit farnähnlichem Laub an dicken Trieben mit zahlreichen spitzen Stacheln, die gewöhnlich paarweise erscheinen. Einfache Blüten werden in traubenförmigen Büscheln hervorgebracht, oft an den Enden überhängender Triebe. Sie sind mauvefarben und erscheinen an dünnen Stielen, die über ihre ganze Länge wechselständige Nebenblätter (Brakteen) tragen. Hat eine lange Blütezeit, blüht aber niemals besonders üppig. Die kleinen Hagebutten behalten die Kelchblätter und sind rund, leuchtend rot und leicht borstig.

r Hb a W ◉ Rar   1,80 × 1,50 m

'Cerise Bouquet'
Kordes DEUTSCHLAND 1958

R. multibracteata × 'Crimson Glory'

Wie es so oft bei Rosen vorkommt: Man nimmt sie als gegeben hin, bis man ein besonders schönes Exemplar sieht. Lord und Lady Tollemache in Helmingham Hall, Suffolk/England besitzen ein solches Prachtstück. Es ist mindestens 3,50 m hoch und ebenso breit, steht allein in einem offenen Teil des Gartens und ist in voller Blüte eine echte Sensation. Gefüllte, leuchtend kirschrote Blüten erscheinen im Überfluß an langen, überhängenden Zweigen inmitten dichten, gräulich-grünen Laubes.

S a W Kr ◉ ≈ D* Rar   3,50 × 3,50 m

'Cerise Bouquet'

R. murielae
WESTCHINA 1904

Ein seltener, mittelgroßer, eher breitwüchsiger Strauch mit dünnen rotbraunen Trieben und grünem bis gräulichem Laub. Weiße Blüten in kleinen Dolden. Die Hagebutten sind klein, krugförmig und leuchtend orangerot.

S Hb W a ◉ Rar   2,50 × 1,80 m

R. nanothamnus
CHINA, ZENTRALASIEN 1936

Eine nahe Verwandte der besser bekannten *R. webbiana* und dieser Wildrose in jeder Hinsicht gleich – ausgenommen die kleineren Blüten und das kleinere Laub.

S a H W ◉ ▽ Rar   1,80 × 1,80 m

R. nutkana
FORMEN UND HYBRIDEN

Die beiden Hybriden dieser amerikanischen Wildrose sind außerhalb von botanischen Gärten oder Rosensammlungen nur selten zu sehen. Das ist schade, denn beide sind leicht zu kultivieren, gut für den Garten geeignet und gedeihen praktisch in fast jeder Umgebung.

KLASSIFIKATION

BARB   Klasse 1
MR10   Klasse 37
WFRS   Klasse 10

R. nutkana

NORDAMERIKA 1876

Ein kräftig wachsender Strauch, üppig ausgestattet mit dunklem gräulich-grünem Laub und kräftigen, ziemlich stachellosen, nußbraunen Trieben. Die Blüten sind einfach und von klarem Lilarosa. Ihnen folgen glatte, runde Hagebutten, die von den Vögeln bis tief in den Winter hinein unberührt bleiben. Eine meiner Lieblinge unter den Wildrosen.
S a W Hb ◐ ▽ D* Rar   1,80 × 1,20 m

'Cantab'

Hurst GROSSBRITANNIEN 1939

R. nutkana × 'Red Letter Day'
Eine reizende Rose, die häufiger verwendet werden sollte, wenn ein mittelgroßer Strauch gewünscht wird. Die Blüten erscheinen im Juli und sind groß, einfach und von dunklem Mauve mit auffälligen cremegelben Staubgefäßen. Ihnen folgen dicklich-ovale Hagebutten von einem klaren Dunkelrot, wenn sie reif sind. Sie bleiben bis weit in den Winter

R. nutkana

hinein hängen. Die dunklen Triebe sind mäßig bewehrt, das Laub ist gräulich-grün.
S a W Hb ◐ Rar   2,50 × 1,50 m

'Schoener's Nutkana'
Schoener USA 1930
R. nutkana × 'Paul Neyron'
Ein starkwüchsiger Strauch mit großen, einfachen Blüten von klarem Rosarot. Relativ stark duftend. Wuchs überhängend, aber dicht, mit wenigen Stacheln an dunklem Holz mit graugrünem Laub. Von dem amerikanischen Rosenfreund Bill Grant erhielt ich folgende Informationen über George Schoener, der unter anderen diese Rose züchtete: Er war als Kind aus Deutschland nach Kalifornien gekommen und wurde zum katholischen Priester ausgebildet. Er interessierte sich sein ganzes Leben lang für Rosen und konzentrierte sich auf die Züchtung krankheitsresistenter Sorten. Das ist ihm mit dieser sicher gelungen.
S a H W Hb ◐ Rar   1,50 × 1,20 m

R. paulii, R. rugosa repens alba siehe '**Paulii**', Seite 326

R. paulii rosea siehe '**Paulii Rosea**', Seite 326

R. pendulina, R. alpina, 'Alpenrose', '**Alpine Rose**'
EUROPA *ca.* 1700
Überhängende, rötlich-purpurfarbene Triebe bilden einen niedrigen, leicht verzweigten, fast stachellosen Busch. Laub dunkelgrün. Blüten einfach, dunkelrosafarben mit auffälligen gelben Staubgefäßen. Hübsche, längliche, aber etwas dickliche Hagebutten.
S Lf a Hb W ◐ Rar   1,20 × 1,20 m

R. pisocarpa
NORDAMERIKA 1882
Ein mittelgroßer Strauch von dichtem, leicht niedrig liegendem Wuchs. Viele kleine Blätter. Die Triebe sind mit feinen Stacheln bedeckt. Blüten einfach und mauvefarben, erscheinen in kleinen Büscheln. Hagebutten klein, rund, manchmal etwas länglich, leuchtend rot.
S Lf W Hb ◐ ▽ Rar   90 × 90 cm

R. prattii
WESTCHINA 1908
Ein fast stachelloser, niedriger bis mittelhoher Strauch mit purpurfarbenen Trieben. Die wenigen Stacheln sind gelb. Das Laub ist gräulich-grün. Blüten rosafarben, in kleinen Dolden. Ihnen folgen kleine, ovale, bärtige Hagebutten.
S W a ◐ ▽ Rar   120 × 90 cm

R. pyrifera
WESTEN DER USA *ca.* 1931
Ein niedriger bis mittelhoher, ziemlich dichter Strauch. Ähnelt in vielerlei Hinsicht der besser bekannten *R. woodsii*. Blüten weiß, gewöhnlich in Dolden. Die Hagebutten sind klein, dunkelrot und fast birnenförmig.
S Hb W a ◐ ▽ Rar   90 × 90 cm

R. pendulina

R. rugosa

FORMEN UND HYBRIDEN

Wegen ihrer vielen Vorzüge ist es gerechtfertigt, die Rugosa-Hybriden als eigene Gruppe anzusehen. Sie sind ohne Ausnahme gesund, gedeihen fast überall ohne besondere Pflege und tragen während der meisten Zeit des Sommers Blüten. Man verwendet sie zunehmend gern für die Anpflanzung in großen Stückzahlen in öffentlichen Anlagen, als Sichtschutz an Straßen und als pflegeleichte Begrenzungen für gewerbliche Grundstücke. Aber auch in Gärten können sie durch ihre Vielseitigkeit sehr wirkungsvoll eingesetzt werden.

KLASSIFIKATION

BARB	Wildrosen und Hybriden: Klasse 30	
MR10	Wildrosen: Klasse 55	Hybriden: Klasse 39
WFRS	Wildrosen: Klasse 38	Hybriden: Klasse 2

R. rugosa

JAPAN/TEILE WESTASIENS 1796

Ein starkwüchsiger, stacheliger Strauch, der lange, gerade Triebe in großer Zahl in die Höhe schießen läßt. Im Laufe der Jahre wurden verschiedene Formen dieser Wildrose zur Vermehrung von Rosenhochstämmen verwendet. Diese sind es, die in verwilderten Gärten scheinbar aus dem Nichts auftauchen, indem sie sich selbst aus der Unterlage eines Rosenhoch-

R. rugosa

stamms fortgepflanzt und die ihnen aufgezwungene edlere Last längst abgeschüttelt haben. Auch die Bereitschaft zu Zufallskreuzungen mit anderen Rosen und zum Entstehen von Sämlingen mit leichten Abweichungen hat dazu geführt, daß Unsicherheit darüber besteht, welches die ursprüngliche Wildrosenart ist. Alle diese Halbwildformen haben hell- bis mittelgrünes, manchmal runzeliges, aber immer grob gemasertes Laub. Die duftenden Blüten sind einfach und die meisten Exemplare haben auffällige Staubgefäße von weichem Gelb, wobei das Spektrum der Blütenfarben von klarem Dunkelrosa bis zu dunklem Kirschrot reicht. Die Hagebutten sind kugelig, gewöhnlich von sattem Rot und je nach Exemplar von unterschiedlicher Größe.
db W Hb a H Lf ◐ D*** v   2,00 × 1,80 m

R. rugosa alba

ca. 1870

Dies ist eine der besten Formen von *R. rugosa*. Sie eignet sich sehr gut für den Garten. Die Blüten sind groß, reinweiß und duftend. Es ist eine starkwüchsige, buschige Pflanze mit feinen, tief geäderten, grob gemaserten, aber leicht glänzenden Blättern. Die Triebe sind dick, hellbraun bis grau und dicht mit kleinen Stacheln derselben Farbe besetzt. Die Hagebutten sind groß und tomatenrot.
db W Hb a H Lf ◐ D*** v   2,00 × 1,80 m

R. rugosa rubra, *R. rugosa atropurpurea*

JAPAN

Große, dunkel karminrote bis purpurfarbene Blüten mit cremegelben Staubgefäßen. Wuchs und Laub dem von *R. rugosa typica* nicht unähnlich, aber etwas stärker im Wuchs.
db W Hb a H Lf ◐ D*** v   1,80 × 1,50 m

R. rugosa typica, *R. rugosa rugosa*

JAPAN *ca.* 1796

Bildet einen dichten, runden Strauch, kommt wahrscheinlich der ursprünglichen Wildrose am nächsten. Einfache, duftende Blüten von tiefem Karminrot. Es folgen leuchtend rote, kugelige Hagebutten. Diese Form eignet sich gut als Hecke und wird gern für die Pflanzung in öffentlichen Anlagen verwendet.
db W Hb a H Lf ◐ D*** v   1,50 × 1,50 m

'Agnes'

Saunders Central Experimental Farm
KANADA 1922

R. rugosa × *R. foetida persiana*

Eine buschige, dichte Rose mit dunkelgrünem, ziemlich runzeligem Laub an stacheligen Trieben, eine der wenigen gelbblühenden Sorten dieser Gruppe. Blüten dicht gefüllt und intensiv duftend,

R. rugosa alba

'Agnes'

bernsteingelb, zu Weiß verblassend. Nach einem schönen ersten Blütenflor im Juni erscheinen immer wieder einzelne Blüten hervorgebracht.
r a H ◐ ▽ D*** Rar   1,80 × 1,50 m

'Belle Poitevine'
Bruant FRANKREICH 1894

Lange, zugespitzte Knospen öffnen sich zu großen, fast gefüllten Blüten von einem satten Magenta. Laub saftig, kräftig geädert und dunkelgrün. Etwas steif im Wuchs, aber buschig. Bildet gelegentlich dunkelrote Hagebutten.
r Lf a H Hb ◐ ▽ D*** Rar   1,80 × 1,50 m

'Blanc Double de Coubert'
Cochet-Cochet FRANKREICH 1892

R. rugosa × 'Sombreuil'

Eine hervorragende Rugosa-Hybride. Reinweiße, fast dicht gefüllte Blüten, die einen wunderbaren Duft verströmen. Laub satt dunkelgrün, Pflanze dicht und buschig. Die Hagebutten sind manchmal ziemlich groß, werden aber nur gelegentlich angesetzt. Schönes Herbstlaub.
r Hb Lf a H ◐ ▽ D*** Rar   1,50 × 1,20 m

'Belle Poitevine'

'Blanc Double de Coubert'

'Dr Eckener'

'Conrad Ferdinand Meyer'

'Calocarpa', 'André', *R. × calocarpa*

vor 1891

R. rugosa × R. chinensis

Einfache, rosarote Blüten mit auffälligen Staubgefäßen an einer starkwüchsigen, robusten Pflanze mit üppigem dunkelgrünem Laub. Bringt reichlich ansehnliche, hübsch geformte Hagebutten hervor.

r a H Lf Hb ◐ D*** Rar   1,80 × 1,50 m

'Carmen'

Lambert DEUTSCHLAND 1907

R. rugosa × 'Princesse de Béarn'

Einfache Blüten in dunklem, samtigem Karminrot mit auffälligen Staubgefäßen. Dunkles Laub an einer buschigen Pflanze. Wird zu selten verwendet.

r Lf a H ◐ ▽ D*** Rar   1,20 × 1,20 m

'Conrad Ferdinand Meyer'

F. Müller DEUTSCHLAND 1899

R. rugosa-Hybride × 'Gloire de Dijon'

Sehr kräftige, robuste Rose mit starken Trieben und großen Stacheln. Laub ziemlich derb, dunkelgrün. Blüten groß und gefüllt, von gleichbleibendem Silberrosa. Leider ziemlich anfällig für Rosenrost.

r a W H D*** Rr v   3,00 × 2,50 m

'Corylus'

Hazel le Rougetel GROSSBRITANNIEN 1988

R. rugosa × R. nitida

Ähnelt im Aussehen mehr *R. nitida* als *R. rugosa*. Die wunderschönen, ansehnlich großen Blüten in einem mittleren Silberrosa sind duftend und haben auffällige Staubgefäße. Sie erscheinen reichlich zwischen dichtem, federigem, hellgrünem Laub. Es folgen Hagebutten in leuchtendem Orangerot. Das Laub nimmt im Herbst einen satten gelbbraunen Farbton an. Eine Rose von aufrechtem, dichtem Wuchs, die viele Ausläufer hervorbringt, weshalb sie sich gut für flächige Pflanzungen eignet.

db a D* ◐ ▽ Rar   90 × 90 cm

'Culverbrae'

Gobbee GROSSBRITANNIEN 1973

'Scabrosa' × 'Francine'

Stark gefüllte, karminrote bis purpurfarbene Blüten an einer schön belaubten, buschigen Pflanze. Gut duftend. Der Größe wegen gut für den Garten geeignet. Gegen Ende der Saison etwas anfällig für Mehltau.

r W H D*** Mt Rar   1,50 × 1,20 m

'Delicata'

Büschel ansehnlich großer Blüten von feiner Beschaffenheit in leuchtendem Rosarot bis Rosa zeigen in geöffnetem Zustand wirkungsvoll cremegelbe Staub-

'**Corylus**' (Foto: Hazel le Rougetel)

'Fimbriata'

gefäße. Süß duftend. Für eine Rugosa-Rose verhältnismäßig niedriger Wuchs, bildet aber einen ordentlichen, dichten Busch. Laub recht runzelig, mittelgrün. Setzt ab und zu Hagebutten an.
r H ◐ ▽ D*** Rar   90 × 90 cm

'Dr. Eckener'

Berger DEUTSCHLAND 1930
'Golden Emblem' × R. rugosa-Hybride
Riesige, duftende, halbgefüllte Blüten von blassem Gelb und kupfrigem Bronze, das sich später leicht rosa verfärbt. Auffällige Staubgefäße bei geöffneter Blüte. Gut duftend. Laub ziemlich derb. Wuchs kräftig, ebenfalls etwas derb. Mit bösartigen Stacheln.
r W a H ◐ D*** Rar   3,00 × 2,50 m

'Fimbriata', 'Phoebe's Frilled Pink', 'Dianthiflora'

Morlet FRANCE 1891
R. rugosa × 'Mme Alfred Carrière'
Keine typische Rugosa-Hybride. Kleine, halbgefüllte

'F. J. Grootendorst'

'Fru Dagmar Hartopp'

Blüten mit gefransten Blütenblättern erinnern an Nelken, Weiß mit blaßrosa Schattierungen. Buschiger, aufrechter Strauch mit hellgrünen Blättern.
r a H W Lf ◐ ▽ D*** Rar   1,20 × 1,20 m

'F. J. Grootendorst'

de Goey HOLLAND 1918
R. rugosa rubra × 'Nobert Levavasseur'
Büschel kleiner, gefüllter, karminroter Blüten mit gefransten Blütenblättern. Reichliches und etwas derbes, dunkelgrünes Laub an einer starkwüchsigen, buschigen Pflanze. Blüht den ganzen Sommer über.
db H a W ◐ ▽ D*** Rar   120 × 90 cm

'Fru Dagmar Hartopp', 'Fru Dagmar Hastrup', 'Frau Dagmar Hartopp'

Hastrup DEUTSCHLAND 1914
Wunderschöne Blüten von klarem Silberrosa mit auffälligen Staubgefäßen, besonders schön im Herbst. Duftend. Laub dunkelgrün. Pflanze buschig, Wuchs breiter als hoch. Hervorragende, tomatenähnliche Hagebutten. Wird von Baumschulen in aller Welt unter all diesen Namen angeboten, der korrekte Name aber ist 'Fru Dagmar Hartopp'.
db a Hb W Lf ◐ Bd ▽ D** v   90 × 120 cm

'George Will'

Skinner USA 1939
(R. rugosa × R. acicularis) × unbekannt
Dies ist eine sehr interessante, gute Rose. Dunkelro-

safarbene, gefüllte Blüten in kompakten Büscheln mit einem Nelkenduft. Das Laub entspricht dem Rugosa-Elternteil. Wuchs verzweigt, aber dicht.
db a H ◐ ▽ D*** Rar 120 × 90 cm

'Grootendorst Supreme'

Sport von 'F. J. Grootendorst' mit Blüten von dunklerem Rot.
db H a W ◐ ▽ D*** Rar 120 × 90 cm

'Hansa', Hagebutte und Blüte

'Hansa'

Schaum und Van Tol HOLLAND 1905

Sehr reichblühend. Gefüllte, stark duftende, rötlich-purpurfarbene Blüten. Starkwüchsige, mittelgroße Pflanze mit dunkelgrünem Laub. Hervorragende rote Hagebutten. Eine der besten Rugosas überhaupt.
db H a Hb W ◐ ▽ D*** Rar 120 × 90 cm

'Hunter'

'Hunter'

Mattock GROSSBRITANNIEN 1961

R. rugosa rubra × 'Independence'
(= 'Kordes Sondermeldung')
Duftende, dicht gefüllte, leuchtend karminrote Blüten an einer ungleichmäßigen, mittelgroßen, buschigen Pflanze mit dunkelgrünem Laub. Eine gut verwendbare Rose.

db a W ◐ ▽ D*** Rar 120 × 90 cm

'Jens Munk'

Landwirtschaftsministerium KANADA 1974

'Schneezwerg' × 'Fru Dagmar Hartopp'
Eine Rose, die in jeder Hinsicht Freude bereitet. Köstlich duftende Blüten in sanftem Mauve, halbgefüllt, die ganz geöffnete Blüte zeigt auffällige blaßgelbe Staubgefäße. Es folgen relativ kleine Hagebutten, rundlich bis oval. Laub dunkelgrün und reichlich. Dichter, buschiger Wuchs. Winterhart.

db a H Hb Lf ▽ D*** Rar 120 × 90 cm

'Jens Munk' (oben), 'Martin Frobisher' (unten)

'Lady Curzon'

Turner GROSSBRITANNIEN 1901

R. macrantha × *R. rugosa rubra*
Ein überhängender Strauch mit sehr stacheligem Holz und dunkelgrünem Laub. Reizende große, einfache, hellrosarote, duftende Blüten. Starkwüchsige, niederliegende Sorte. Ähnelt *R. rugosa rubra* in fast jeder Hinsicht außer im Wuchs, weshalb ich sie hier und nicht bei den *R. macrantha*-Hybriden einordne.

r a Bd W ◐ ▽ D** Rar 90 × 180 cm

'Marie Bugnet'

Bugnet KANADA 1963

('Thérèse Bugnet' × Sämling) × 'F. J. Grootendorst'
Reinweiße, intensiv duftende, gefüllte Blüten von zerzauster Form in kleinen Büscheln inmitten von üppigem, hellgrünem, gekräuseltem Laub. Kompakter, buschiger Wuchs. Winterhart. Eine reizende Rose.

db ▽ H a D*** Rar 120 × 90 cm

'Martin Frobisher'

Landwirtschaftsministerium KANADA 1968

Sämling von 'Schneezwerg'
Gut duftende, schön geformte, gefüllte Blüten von weichem Rosa. Laub dunkelgrün, Wuchs aufrecht und sehr stachelig. Selten zu sehen, sollte aber öfter verwendet werden.

r H a W ◐ ▽ D* Rar 1,20 × 1,20 m

'Mary Manners'

Leicester Rose Company GROSSBRITANNIEN 1970
vermutlich Sport von 'Sarah Van Fleet'
Reinweiße, halbgefüllte Blüten im Überfluß an einem aufrechten, stacheligen Busch mit üppigem dunkelgrünem Laub. Stark duftend. Eine gut verwendbare Rose, neigt aber etwas zu Sternrußtau.

db H a W ◐ ▽ D*** Srt Rar 120 × 90 cm

'Max Graf'

Bowditch USA 1919

R. rugosa × *R. wichuraiana*
Eine kriechende Rose, ideal für Böschungen. Einfache Blüten von dunklem, silbrigem Rosa, zur Mitte hin etwas blasser werdend, mit auffälligen Staubgefäßen. Triebe dicht bedeckt mit großen, schwach glänzenden Blättern. Setzt selten Früchte an.

S Hb a Bd ◐ D** v 60 × 250 cm

'Mme Georges Bruant'

'Nyveldt's White'

'Nova Zembla'

'Mme Georges Bruant'

Bruant FRANKREICH 1887
R. rugosa × 'Sombreuil'
Locker geformte, halbgefüllte, cremeweiße, duftende Blüten. Üppiges, ziemlich derbes, dunkelgrünes Laub an einem starkwüchsigen, sehr stacheligen Busch. Bildet eine undurchdringliche Hecke.
db W a H ◐ D*** Rar   1,50 × 1,20 m

'Moje Hammarberg'

Hammarberg SCHWEDEN 1931
Intensiv duftende, große, nickende, dicht gefüllte Blüten in dunklem Purpurrot, es folgen große, rote, rundliche Hagebutten, zusammen ergibt sich im Spätsommer eine verblüffende Wirkung. Wuchs stark, mit schönem, robustem, dunkelgrünem Laub. Ausgesprochen winterhart.
db a H Lf Hb ◐ D*** Rar   1,80 × 1,50 m

'Mrs Anthony Waterer'

Waterer GROSSBRITANNIEN 1898
R. rugosa × 'Général Jacqueminot'
Halbgefüllte, schön geformte Blüten von sattem dunklem Karminrot erscheinen reichlich an einem starkwüchsigen, breiten, stacheligen Busch mit dunkelgrünem Laub. Gut duftend.
db W a H ◐ D*** Mt Rar   1,20 × 1,50 m

'Mrs Doreen Pike' (AUSdor)

Austin GROSSBRITANNIEN 1993
'Martin Frobisher' × 'Roseraie de l'Hay'
Große, dicht gefüllte, duftende Blüten in warmem Rosa. Buschiger, kompakter Wuchs und viel hellgrünes Laub.
db a W H D*** ◐ Rar   1,20 × 1,20 m

'Nova Zembla'

Mees GROSSBRITANNIEN 1907
Reinweißer Sport von 'Conrad Ferdinand Meyer' mit denselben Eigenschaften, mit Ausnahme der Farbe der Blüten.
r a W H D*** Rr Rar   1,20 × 1,50 m

'Nyveldt's White'

Nyveldt HOLLAND 1955
(R. rugosa rubra × R. majalis) × R. nitida
Große, reinweiße, einfache Blüten an einem starkwüchsigen, dichten, stacheligen Busch. Dunkelgrüne Triebe und Blätter. Bringt ohne Ausnahme jeden Herbst eine Menge runder, leuchtendroter Hagebutten.
db Hb a W H Lf ◐ D*** Rar   1,50 × 1,20 m

'Parfum de l'Hay' siehe 'Rose á Parfum de l'Hay'

'Pink Grootendorst' (oben),

'Rose à Parfum de l'Hay'

'Pink Grootendorst'

Grootendorst HOLLAND 1923
Sport von 'F. J. Grootendorst'
Diese Rose ist von weichem Rosa, ansonsten in jeder Hinsicht 'F. J. Grootendorst' gleich. Blüht manchmal im Rot der Muttersorte oder beiden Blütenfarben.
db H a W ◐ ▽ D*** Rar   120 × 90 cm

'Robusta'

Kordes DEUTSCHLAND 1979
R. rugosa × Sämling
Große, einfache, intensiv scharlachrote Blüten an einer robusten, dichten, stacheligen Pflanze mit gutem, dunklem, allerdings etwas derbem Laub. Duftend. Bildet eine sehr gute, undurchdringliche Hecke.
db a H ◐ D*** Rar   1,50 × 1,20 m

'Rose à Parfum de l'Hay', 'Parfum de l'Hay'

Gravereaux FRANKREICH 1901
(R. damascena × 'Général Jacqueminot') × R. rugosa
Große, kugelige Knospen öffnen sich flach zu Blüten von sattem, leuchtendem Rot, das bei starker Sonneneinstrahlung dunkler wird. Die duftenden Blüten sind – in einem besonders schönen Jahr – sehr eindrucksvoll. Dunkelgrünes Laub an einer buschigen Pflanze mit vielen Stacheln. Später im Jahr anfällig für Mehltau. Ist schwierig einzuordnen, aber wegen verschiedener Eigenschaften von R. rugosa am besten hier.
db W ◐ ▽ D*** Mt Rar   120 × 90 cm

'Roseraie de l'Hay'

Cochet-Cochet FRANKREICH 1901
Sport einer unbekannten R. rugosa-Hybride
Eine der beliebtesten Rugosa-Hybride überhaupt. Prächtige, halbgefüllte Blüten in Karminpurpur, groß, locker und flach, wenn geöffnet. Intensiver Duft nach Gewürznelken. Bildet einen dichten, starkwüchsigen, buschigen Strauch und steht fast ständig in Blüte. Laub dunkelgrün. Setzt leider nur gelegentlich Hagebutten an, entschädigt aber dafür mit schönem Herbstlaub.
db a W H Lf ◐ D*** v   1,80 × 1,50 m

'Ruskin'

Van Fleet USA 1928
'Souvenir de Pierre Leperdrieux' × 'Victor Hugo'
Eine buschige, schön belaubte, remontierende Rose, die größere Beachtung verdient. Blüten groß, dicht gefüllt, karminrot und stark duftend.
r a H ◐ ▽ D*** Rar   120 × 90 cm

'Sarah Van Fleet'

Van Fleet USA 1926
R. rugosa × 'My Maryland'
Halbgefüllte, silbrigrosafarbene Blüten erscheinen im Überfluß an einem schön belaubten, aber bösartig stacheligen Busch. Wuchs aufrecht, aber buschig. Laub dunkelgrün. Setzt nur selten Hagebutten an. Neigt sehr zu Rosenrost, besonders nach dem ersten Blütenflor.
db a W H ◐ ▽ D*** Rr v   120 × 90 cm

'Roseraie de l'Hay' (oben), 'Sarah Van Fleet (unten)

'Ruskin' (rechts oben)

'Scabrosa'

Harkness GROSSBRITANNIEN eingeführt 1960
Wie es so oft geschieht: Zufallsfunde erweisen sich als gut. Der verstorbene Jack Harkness erzählt die Geschichte dieser Rose in seinem ausgezeichneten Buch *Roses*. Hier genügt es zu erwähnen, daß wir ihre Entdeckung guter Beobachtung verdanken. Einer meiner Lieblinge unter den Rugosa-Rosen. Große, einfache Blüten von sattem silbrigem Kirschrot mit auffälligen Staubfäden, zu denen sich oft große, tomatenförmige Hagebutten gesellen, die ebenso reichlich erscheinen wie die Blüten. Laub dunkel, von dichter Beschaffenheit, stark geädert und fast glänzend grün. Bildet einen dichten, aufrechten Strauch. Eignet sich besonders gut für Hecken. Ausgesprochen lieblich duftend.
db Hb H a W Lf ⬤ D*** Rar 1,80 × 1,20 m

'Scabrosa'

'Schneelicht'

Geschwind UNGARN 1894
R. rugosa × *R. phoenicia*
Büschel großer, reinweißer, einfacher Blüten an einem kräftigen, undurchdringlichen Strauch mit dunklen, bösartig bewehrten Trieben. Dunkelgrünes Laub. Eignet sich hervorragend als dichte Hecke.
r a W H ⬤ D*** Rar 1,80 × 1,20 m

'Schneezwerg', 'Snow Dwarf'

P. Lambert DEUTSCHLAND 1912
R. rugosa × eine Polyantha-Rose
Ein interessantes, etwas kleineres Mitglied der Rugosa-Familie. Reinweiße, halbgefüllte, schön geformte Blüten zeigen auffällige gelbe Staubgefäße, wenn sie ganz geöffnet sind. Üppiges gräulich-dunkelgrünes Laub. Trägt mit Unterbrechungen rote, mittelgroße Hagebutten, die später in der Saison oftmals zusammen mit den Blüten erscheinen.
db Hb a W H Lf ⬤ ▽ D*** Rar 1,50 × 1,20 m

'Sir Thomas Lipton'

Van Fleet USA 1990
R. rugosa alba × 'Clotilde Soupert'
Sie ist 'Blanc Double de Coubert' in vieler Hinsicht ähnlich, die Blüten eingeschlossen, allerdings mit ein paar mehr Blütenblättern. Duftend. Starkwüchsig und buschig, mit dunkelgrünem, ledrigem Laub.
db a H Lf ⬤ ▽ D*** Rar 1,50 × 1,20 m

'Snowdon'

Austin GROSSBRITANNIEN 1989
Dicht gefüllte, schön geformte, duftende, reinweiße Blüten in der Form Alter Rosen. Schönes, gesundes, mittelgrünes Laub. Starkwüchsig.
db a W H ⬤ D** Rar 1,80 × 1,80 m

'Souvenir de Philémon Cochet'

Cochet-Cochet FRANKREICH 1899
Sport von 'Blanc Double de Coubert'
Wie die Elternsorte, ausgenommen in der Farbe. Weiches Zartrosa mit dunkleren Schattierungen in der Mitte.
db a H W ⬤ D*** Rar 1,50 × 1,20 m

'Thérèse Bugnet'

Bugnet KANADA 1950
(*R. acicularis* × *R.* × *kamtchatica*) ×
(*R. amblyotis* × *R. rugosa plena*) × 'Betty Bland'
Eine sehr winterharte Sorte. Große, gefüllte Blüten von klarem Rot, das zu Rosa verblaßt. Duftend.

'Schneelicht' (oben), 'Schneezwerg' (unten)

'Thérèse Bugnet'

'Will Alderman'
Skinner USA 1954
(*R. rugosa* × *R. acicularis*) × unbekannte Teehybride
Große, schön geformte, dicht gefüllte Blüten in klarem Rosa. Intensiv duftend. Wuchs aufrecht, aber buschig. Laub mittelgrün. Winterhart.
r a H ◐ ▽ Lf D*** Rar   120 × 90 cm

'Yellow Dagmar Hastrup', 'Rustica '91', 'Gelbe Dagmar Hastrup', 'Topaz Jewel' (MORyelrug)
Moore USA 1987
'Golden Angel' × 'Belle Poitevine'
Halbgefüllte Blüten ansehnlicher Größe, blaßgelb mit auffälligen dunkelgelben Staubgefäßen. Wuchs sich ausbreitend. Das Laub ist runzelig und fühlt sich grob an. Triebe sehr stachelig. Gut verzweigt, wächst in die Breite.
db a Bd ◐ ▽ D*** Rar   90 × 90 cm

Schönes Laub. Der Einfluß von *R. rugosa* ist nicht ohne weiteres erkennbar.
db a H ◐ D*** Rar   1,80 × 1,80 m

'Vanguard'
Stevens USA 1932
(*R. wichuraiana* × *R. rugosa alba*) × 'Eldorado'
Ein starkwüchsiger Strauch, ziemlich atypisch für eine Rugosa-Rose, mit halbgefüllten, lachsfarbenen Blüten, die wie Bronze glänzen. Stark duftend. Aufrecht im Wuchs und schön belaubt mit glänzenden, bronzegrünen Blättern.
r a W H Hb ◐ D*** ≈ Rar   2,50 × 1,80 m

'White Grootendorst'
Eddy USA 1962
Sport von 'Pink Grootendorst'
Identisch mit den anderen 'Grootendorst'-Sorten, aber mit weißen Blüten und heller grünem Laub.
db a W H ◐ ▽ D*** Rar   120 × 90 cm

'Yellow Dagmar Hastrup'

R. sertata

WESTCHINA 1904

Ein lockerer Strauch mit dünnen, überhängenden, bräunlichen Zweigen, wenig Stacheln und gräulich-grünen Blättern. Dunkelrosafarbene Blüten in kleinen Büschel; kleine, ovale, dunkelrote Hagebutten.
S Hb W a ● Rar   120 × 90 cm

R. setipoda

ZENTRALCHINA 1895

Eine mittelgroße, buschige Rose mit dicken Trieben und kräftigen Stacheln in akkuraten Abständen. Das Laub ist duftend, wenn man die Blätter zerdrückt. Außergewöhnliche Blüten, von klarem Blaßrosa, einfach und ziemlich groß, mit gelben Staubgefäßen, erscheinen in großen Büscheln. Blütenstengel purpurn. Trägt zum Ende der Saison große, hängende, dicke, flaschenförmige, stachelige, dunkelrote Hagebutten.
S a W Hb ● D* Rar   2,50 × 1,50 m

R. spaldingii

NORDAMERIKA 1915

Mittelgroßer Strauch mit gelblich-grünen Trieben und weichem gräulich-grünem Laub. Blüten rosafarben und leicht gekräuselt, wenn sie ganz geöffnet sind. Sie blühen ziemlich zurückhaltend und mit Unterbrechungen über eine lange Saison hinweg. Ich besitze die weißblühende Form, die recht reizvoll ist. Kleine, runde, rote Hagebutten im Herbst.
S a Hb W Lf ● ▽ D* Rar   120 × 90 cm

R. spaldingii, weiß (oben), *R. suffulta*, Hagebutte (unten)

R. suffulta

Greene NORDAMERIKA 1880

Büschel einfacher, rosafarbener Blüten, denen kleine, orangefarbene Hagebutten folgen. Niedrige, dichte Pflanze mit weichem, grauem Laub und dünnen, stacheligen Trieben.
S W Hb ● D* Rar   120 × 90 cm

R. sweginzowii macrocarpa, Hagebutten

R. sweginzowii macrocarpa

Diese Gartenform: DEUTSCHLAND
Ursprünglich aus NORDWESTCHINA
Die dicken, glatten, hellbraunen, mit bösartigen Stacheln bewehrten Triebe passen nicht zu der Schönheit dieser Rose. Blüten zahlreich, einfach und leuchtend rosafarben. Ihnen folgen große, glänzende, dicke, flaschenförmige Hagebutten von sattem, leuchtendem Rot. Schön belaubt und ziemlich sparrig im Wuchs.
S a Hb W Lf ◐ D* Rar   3,00 × 2,50 m

R. ultramontana

USA 1888
Ein niedriger bis mittelgroßer Strauch mit wenigen oder gar keinen richtigen Stacheln. Kleine bis mittelgroße Büschel rosafarbener Blüten im Hochsommer. Kleine, glatte, runde, rote Hagebutten.
S W Hb a ◐ ▽ Rar   90 × 90 cm

R. wardii

TIBET *ca.* 1924
Ein mittelgroßer, lockerer Strauch, der heute in seiner Wildform ausgestorben zu sein scheint. *R. wardii* 'Culta' wurde in Wisley (dem Garten der Royal Horticultural Society) aus Samen der ursprünglichen Form gezogen und unter diesem Namen eingeführt. Blüten einfach und weiß, eher wie die von *R. moyesii*, mit charakteristischen bräunlichen Narben und gelben Staubgefäßen. Triebe bräunlich, wenige, aber scharfe Stacheln. Laub leuchtend grün.
S Hb W ◐ ▽ Rar   1,80 × 1,50 m

R. webbiana

HIMALAJA, OSTASIEN 1879
Ein guter und interessanter Strauch mit langen, bogig überhängenden, fast kriechenden, biegsamen

R. webbiana, Hagebutten (oben)
R. woodsii fendleri (unten)

Trieben, dicht bedeckt mit kleinen, graublauen Blättern und ziemlich harmlosen Stacheln – wenigstens bis sie alt und widerspenstig werden. Viele kleine, duftende Blüten von weichem Rosa werden im Herbst durch kleine, orangerote, flaschenförmige Hagebutten abgelöst.
a Hb W ◐ ▽ D** Rar   2,00 × 2,00 m

R. willmottiae

WESTCHINA 1904

Ein großartiger Strauch mit überhängenden Trieben von dunkler Pflaumenfarbe mit grauem Flaum. Graugrünes, farnähnliches Laub, das leicht duftet, wenn es zerdrückt wird. Die Pflanze ist von überhängendem, sparrigem Wuchs und trägt kleine, einfache Blüten von einem dunklen Violett mit cremegelben Staubgefäßen. Ihnen folgen kleine, längliche, etwas an Birnen erinnernde, orangerote Hagebutten.
S Hb W a ◐ ▽ D* Rar   1,80 × 1,80 m

R. woodsii, R. macounii

NORDAMERIKA 1820

Rosafarbene, mittelgroße Blüten in kleinen Büscheln, gefolgt von ansehnlich großen, kugeligen, leuchtend roten Hagebutten. Laub mittelgrün und gesund mit schöner Herbstfärbung. Wuchs buschig, dicht.
S a Lf Hb ◐ H W Rar   90 × 90 cm

R. woodsii fendleri

NORDAMERIKA 1888

Bildet einen großartigen Strauch von aufrechtem Wuchs mit zahlreichen dünnen, spitzen Stacheln an gräulichem Holz. Die Blüten erscheinen reichlich an einer schön belaubten Pflanze, sind einfach und leuchtend mauve. Ihnen folgen dunkle, wachsrote, kugelige Hagebutten, die bis weit in den Winter hinein hängen bleiben.
S H W a Hb ◐ D* Rar   1,50 × 1,50 m

R. yainacensis, R. myriadenia

NORDAMERIKA ca. 1912

Hat starke Ähnlichkeit mit *R. nutkana*, mit der sie offensichtlich verwandt ist. Kleine, aber zahlreiche Blüten in dunklem Mauve, gefolgt von kleinen, rundlichen, leuchtend roten Hagebutten. Wuchs kräftig mit dunkelbraunen Trieben. Laub graugrün.
S a W Hb ◐ Rar   1,50 × 1,20 m

ROSA Untergattung *Eurosa (Rosa)*

SEKTION: *Synstylae*

Triebe stark, kletternd und biegsam, zwischen 2 und 10 m lang. Stacheln unterschiedlicher Größe, gebogen. Einige Arten mit nur wenigen Stacheln, andere ohne. Blätter meistens mit 5 bis 7, manchmal mit 9 Fiederblättchen. Blüten meist in Doldentrauben oder Büscheln. Hagebutten meist klein, oval und rund. Bei den reifen Hagebutten fallen die Kelchblätter ab.

WILDROSEN

R. anemoneflora; R. arvensis; R. brunonii; R. dupontii; R filipes; R. gentiliana; R. helenae; R. henryi; R. longicuspis; R. luciae; R. moschata; R. moschata nastarana; R. mulliganii; R. multiflora; R. multiflora carnea; R. multiflora cathayensis; R. multiflora platyphylla; R. multiflora watsoniana; R. multiflora wilsonii; R. phoenicia; R. × polliniana; R. rubus; R. sempervirens; R. setigera; R. sinowilsonii; R soulieana; R. wichuraiana

GARTENROSEN

Ayrshire-Rosen; Floribunda-Rosen; Moschata-Hybriden; Miniaturrosen und Patio-Rosen; Moderne Kletterrosen; Moderne Strauchrosen; Multiflora-Rambler; Polyantha-Rosen; Kleinstrauchrosen

KLASSIFIKATION

BARB Wildrosen: Klasse 1
MR10 Wildrosen: Klasse 55
WFRS Wildrosen: Klasse 38 und 39
Klassifikation der Gartenrosen siehe bei den jeweiligen Gruppen

HERKUNFT UND VERBREITUNG

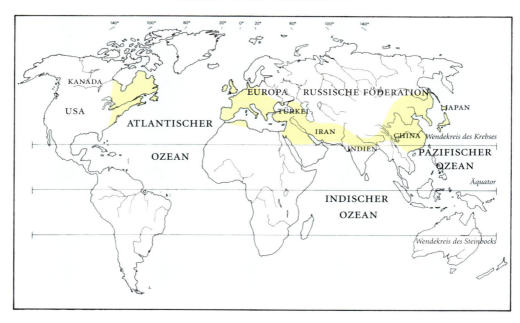

R. anemoneflora, R. triphylla

OSTCHINA 1844

Eine Kletterrose, deren Gartenform kleine Büschel gefüllter, weißer Blüten hat (die Wildform hat einfache Blüten). Die Blüten haben große äußere Blütenblätter und viele kleinere in der Mitte. Recht interessant und einzigartig. Starke Triebe mit wenigen oder ohne Stacheln. Will man in kälteren Regionen gute Ergebnisse erzielen, ist es notwendig, sie liebevoll zu hätscheln.

S ○ Bkl Rar   3,50 × 2,50 m

Ayrshire-Rosen
FORMEN UND HYBRIDEN

Diese interessante Gruppe mittelgroßer Rambler eignet sich für verschiedene Verwendungen, vom Bäumekletterer bis zum Bodendecker. Im Vergleich mit anderen Gruppen von Ramblern mögen sie etwas langweilig wirken, da die Farbpalette auf Weiß und Rosatöne beschränkt ist. Meiner Ansicht nach haben die Blüten ohne Ausnahme eine raffinierte Einfachheit, die von keiner anderen Ramblergruppe übertroffen wird. Gleichzeitig sind sie alle sehr winterhart und robust, denn sie stammen von unserer heimischen »Feldrose« ab.

KLASSIFIKATION

BARB	Klasse 1
MR10	Klasse 2
WFRS	Klasse 16

R. arvensis, 'Feld-Rose', 'Field Rose'

EUROPA

Eine Rose mit wunderschönen, reinweißen Blüten und attraktiven goldfarbenen Staubfäden. Ein am Boden kriechender oder in Bäume wachsender Strauch mit dünnem dunklem Holz und Laub und Stacheln in größerem Abstand.

S a Bd ◉ Hb W ≋ Rar   6,00 × 3,00 m

'Ayrshire Queen'

1835

Leider noch eine Rose, die anscheinend ausgestorben ist. Beschreibungen zufolge war sie cremeweiß mit einem purpurfarbenen Kelch.

'Bennett's Seedling', 'Thoresbyana'

Bennett GROSSBRITANNIEN 1840

Eine weitere gefüllte weiße Sorte, die ich bisher nicht gesehen habe. Soll duften und sehr reich blühen.

S a Bd W ◉ ≋ D** Rar   6,00 × 3,00 m

'Dundee Rambler'

Martin SCHOTTLAND *ca.* 1850

Gefüllte weiße Blüten, etwas kleiner als bei *R. arvensis* und im Wuchs dichter.

S a Bd W ◉ ≋ D** Rar   6,00 × 3,00 m

R. arvensis

'Queen of the Belgians'

'Düsterlohe'

Kordes DEUTSCHLAND 1931

'Venusta Pendula' × 'Miss C. E. Van Rossen'

Große, halbgefüllte Blüten von sattem Rosa, das zur Mitte heller wird. Laub dunkelgrün und reichlich. Ziemlich unordentlicher Wuchs, breitet sich aber zu einem dichten, breiten Strauch aus. Orangerote, dicke, ovale Hagebutten.

S Hb a Bd D** Rar 1,50 × 2,80 m

'Janet B. Wood'

entdeckt von Mrs. McQueen SCHOTTLAND 1984

eingeführt durch Beales GROSSBRITANNIEN 1989

R. arvensis-Hybride

Eine reizende Wiederentdeckung und Ergänzung der bedeutenden Gruppe der Ayrshire-Rambler. Die kleinen, halbgefüllten, reinweißen Blüten werden meistens in kleinen Büscheln hervorgebracht, manchmal aber auch einzeln. Sie haben einen leichten Duft. Das Laub ist üppig und dunkelgrün, die Triebe sind drahtig, rötlich und stachelig. Da sie anders ist als jede andere Ayrshire-Rose, die ich kenne, halte ich sie für eine bedeutende Wiederentdeckung, sie stimmt nämlich in jeder Hinsicht mit (zugegebenermaßen etwas kärglichen) Beschreibungen der ursprünglichen 'Double Ayrshire' von 1768 überein (siehe Seite 28).

S a Bkl N ◐ D* Rar 4,50 × 3,00 m

'Queen of the Belgians'

vor 1948

Kleine, reinweiße, gefüllte Blüten zeigen geöffnet goldfarbene Staubgefäße, sie erscheinen in ordentlichen Büscheln. Laub mittelgrün. Starker, biegsamer Wuchs.

S a Bkl N ◐ D* Rar 4,50 × 3,00 m

'Ruga', *R. × ruga*

ITALIEN vor 1830

R. arvensis × *R. chinensis*

Halbgefüllte Blüten in großen, lockeren Büscheln. Blaßrosa und gut duftend. Dunkelgrünes Holz, schön belaubt mit Blättern von sanftem Grün. Sehr starkwüchsig.

S W a N Bkl ◐ ≋ D** Rar 9,00 × 6,00 m

'Splendens', 'Myrrh-scented Rose'

vor 1937

Gute halbgefüllte Rose. Schöne Knospen öffnen sich zu schalenförmigen Blüten, weiß mit einem Hauch von Rosa an den Rändern der Blütenblätter. Hat einen ungewöhnlichen Duft und wird manchmal ›die nach Myrrhe duftende Rose‹ genannt. Triebe dunkel rötlich-grün, Laub dunkelgrün. (Abbildung Seite 28)

S a Bd W ◐ ≋ D*** Rar 6,00 × 3,00 m

'Venusta Pendula'

alte Sorte

Wiedereingeführt durch Kordes 1928

Büschel kleiner, dicht gefüllter, wie ein Wasserfall »herabregnender« weißer Blüten mit einem Hauch von Rosa an dünnen, dunkel pflaumenfarbenen Trieben mit dunklem, mattgrünem Laub. Mäßig bewehrt, kaum oder nicht duftend.

S a Bd W ◐ ≋ Rar 5,50 × 3,00 m

R. brunonii
UND HYBRIDEN

KLASSIFIKATION

BARB Klasse 1
MR9 Klassen 53 und 55
WFRS Klassen 39 und 14 oder 16

R. brunonii, R. moschata nepalensis
HIMALAJA ca. 1823
Eine dicht belaubte, starkwüchsige Kletterrose. Blätter groß, flaumig in der Beschaffenheit und herabhängend, hell graugrün. Triebe graugrün, das junge Holz ist von einem trüben, rosigen Braun. Äußerst starkwüchsig, bewehrt mit hakigen Stacheln. Blüten einfach, äußerst fein in der Struktur, cremeweiß. Sie erscheinen in Büscheln im Juli. Bis vor kurzem wurde diese Wildrose zu *R. moschata* gehörig angesehen. Heute wird sie als eigenständige Art betrachtet.
S N a Bkl W ● D*** Rar   7,50 × 4,50 m

R. brunonii

'La Mortola'
La Mortola-Gärten ITALIEN ca. 1936
eingeführt in GROSSBRITANNIEN durch die Sunningdale Nurseries 1959
vermutlich Sport von *R. brunonii*
Je nach Betrachtungsweise eine verfeinerte oder weniger verfeinerte Form von *R. brunonii*. Das Laub hat die gleiche Struktur, ist aber größer und von auffälligerem Grau. Blüten etwas größer und vielleicht etwas zahlreicher. In Norfolk recht winterhart.
S N a Bkl W ● D*** Rar   6,00 × 3,50 m

R. dupontii, 'Dupontii'
EUROPA vor 1817
Vermutlich *R. gallica* × *R. moschata*
Wunderschön geformte reinweiße Blüten mit auffälligen goldbraunen Staubgefäßen. Lieblich duftend. Blüht etwas später als die meisten Wildrosen, vermutlich wegen des Moschata-Einflusses. Gelegentlich remontiert sie im Spätsommer. Die Triebe sind kräftig, mit hellgrünem Holz und üppigem gräulich grünem Laub. Die Hagebutten, wenn sie überhaupt angesetzt werden, reifen erst sehr spät im Herbst.
S a H W D** v   2,00 × 1,20 m

R. dupontii

'La Mortola' (siehe Seite 243)

R. filipes

FORMEN UND HYBRIDEN

R. filipes ist am meisten bekannt wegen ihrer Kühnheit im Klettern, und ihre wenigen direkten Abkömmlinge haben ausnahmslos diese Eigenschaft geerbt. Sie eignen sich nicht für kleinere Gärten, können in höchste Bäume klettern und ein Haus durchschnittlicher Größe vollständig überdecken. Sie verdienen jedoch ihren Platz und jeder Garten, der genügend Raum bietet, sollte mindestens eine davon aufweisen, am besten alle.

KLASSIFIKATION

BARB	Klasse 1
MR10	Klassen 53 und 55
WFRS	Klasse 16 oder 18

R. filipes
CHINA 1908

Eine starkwüchsige Wildrose, die bis zu 9 m hoch werden kann, besonders mit einem Baum als Stütze. Sie bildet große Rispen einfacher, cremeweißer, duftender Blüten mit goldfarbenen Staubgefäßen. Saftiges, hellgrünes Laub, im Herbst zahlreiche Hagebutten. Die heute häufiger anzutreffende Sorte 'Kiftsgate' ist für den Garten besser geeignet.
S N a Hb Bd Bkl Lf ◐ ≋ D** Rar 9,00 × 6,00 m

'Kiftsgate'

'Brenda Colvin'

Colvin GROSSBRITANNIEN 1970
vermutlich ein Sämling von 'Kiftsgate'
Mittelgroße Blüten von weichem Zartrosa bis Weiß, einfach, in Büscheln. Stark duftend. Sehr starkwüchsig und gesund. Laub dunkelgrün und glänzend.
S a Bkl ◉ ≋ D*** Rar   9,00 × 6,00 m

'Kiftsgate'

Murrell GROSSBRITANNIEN 1954
Sport oder Form von *R. filipes*
gefunden in Kiftsgate Court, Gloucestershire
Eine kräftige, starkwüchsige Kletterrose, die in der Lage ist, beträchtliche Höhen zu erklimmen. Die duftenden, cremeweißen Blüten mit goldfarbenen Staubgefäßen erscheinen im Hochsommer in riesigen kompakten, herabhängenden Büscheln. Ihnen folgen im Herbst Tausende kleiner, roter Hagebutten. Das Laub ist groß, zahlreich und glänzend, grün, bei den jungen Blättern Kupfer getönt. Im Herbst verfärbt es sich zu sattem Rostrot. Sie verträgt erstaunlich viel Schatten und eignet sich deshalb hervorragend zum Klettern in Bäume. Eignet sich auch gut als Bodendecker, aber nur, wenn ihr Enthusiasmus nicht durch Zurückschneiden gebremst wird.
S N a Hb Bd Bkl Lf ◉ ≋ D** W 9,00 × 6,00 m

'Treasure Trove'

Treasure GROSSBRITANNIEN 1979
'Kiftsgate' × Teehybride
Ein großartiger Sämling von 'Kiftsgate' mit all ihrer Wuchskraft und ihren Vorzügen. Riesige kompakte Büschel halbgefüllter Blüten von cremigem Apricot, das mit dem Alter zu Zartrosa verblaßt. Ganz hervorragend, mit einem intensiven Duft. Das Laub verfärbt sich mit dem Alter von Rosarot bis zu einem sanften Grün.
S N a Hb Bd Bkl Lf ◉ ≋ D*** Rar   9,00 × 6,00 m

R. gentiliana, *R. polyantha grandiflora*

CHINA 1907
Einfache bis halbgefüllte, cremeweiße Blüten erscheinen in dichten, herabhängenden Büscheln an einer außergewöhnlich starkwüchsigen Kletterpflanze. Ihnen folgen im Herbst kleine, orangefarbene Hagebutten. Sehr großes, glänzendes Laub, hellgrün, kupfrig überzogen. Die Triebe sind in der Farbe den Blättern ähnlich und ebenfalls glänzend. Sie tragen vereinzelte breite, hakige Stacheln und kleinere, etwas zahlreichere Borsten.
S a Hb Bkl Lf ◉ ≋ Rar   6,00 × 3,00 m

'Treasure Trove'

R. gentiliana

R. helenae

UND HYBRIDEN

KLASSIFIKATION

BARB	Klasse 1
MR10	Klassen 53 und 55
WFRS	Klasse 16 oder 18

R. helenae
CHINA 1907

Eine starkwüchsige Rose, die man zu Recht gern in kleinere Bäume wachsen läßt. Blätter groß, reichlich und graugrün. Triebe dick, manchmal braun gefleckt. Einfache, duftende, cremeweiße Blüten erscheinen von Mitte bis Ende Juni in dichten Doldentrauben. Ihnen folgen im Frühherbst kleine, ovale, rote Hagebutten, die für sich allein schon recht auffallend sein können.

S Hb a W Bkl ● ≋ Rar   6,00 × 4,50 m

'Lykkefund'
Olsen DÄNEMARK 1930
R. helenae × Sämling

Riesige dichte Büschel einfacher, duftender Blüten, cremegelb mit rosafarbenen Schattierungen. Laub saftig, hellgrün, mit Bronze getönt. Triebe ziemlich stachellos und starkwüchsig. Eignet sich hervorragend, um in Bäume zu wachsen, ist aber auch standfest genug, um einen großen Solitärstrauch zu bilden.

S a Bkl W ● D** Rar   5,50 × 4,50 m

R. henryi
CHINA 1907

Ein starkwüchsiger Strauch oder eine kleine Kletterrose mit üppigem, fast glänzendem Laub und großen, hakigen Stacheln. Dichte Dolden weißer Blüten erscheinen vom Frühsommer bis zum Spätsommer. Ihnen folgen riesige Mengen kleiner, runder, dunkelroter Hagebutten.

S a Hb Bkl ● Rar   4,50 × 3,00 m

R. longicuspis
F. Kingdom Ward WESTCHINA ca. 1915

Diese Rose ist fast immergrün und sehr starkwüchsig mit Unmengen langer, lederartiger, gezähnter, Blätter. Die Blätter sind zunächst rötlich-rosa, später dunkelgrün. Sehr reichblühend mit riesigen, herabhängenden dichten Rispen von mittelgroßen, einfachen, weißen Blüten mit auffälligen gelben Staubgefäßen. Sie wächst hoch, aber längst nicht so wuchernd wie z. B. 'Kiftsgate'. Die kräftigen, »drahtigen« Triebe sind hervorragend geeignet, beim Klettern in Bäume große Höhen zu erreichen. Die Blüten duften schwach oder gar nicht. Ihnen folgen kleine, ovale, orangerote Hagebutten. Ist nicht ganz winterhart, Regionen mit Weinbauklima lohnt sich aber der Versuch. Die Wildrose, die heute unter diesem Namen vermehrt und in den Katalogen angeboten wird, ist jedoch meist *R. mulliganii*.

S Bd a Bkl Hb N D* Rar   9,00 × 4,50 m

R. luciae
OSTASIEN ca. 1880

Sehr ähnlich der besser bekannten und häufiger verwendeten R. wichuraiana. Ein dichter, sich ausbreitender Strauch mit vielen dunkelgrünen, fast glänzenden Blättern. Büschel mittelgroßer, weißer Blüten erscheinen im späten Frühling bis frühen Sommer. Duftend. Heute nimmt man an, daß es diese Wildrose war, mit der viele der Wichuraiana-Rambler der späten viktorianischen und der edwardianischen Zeit gezüchtet wurden.

S W Bkl ● ≋ D** Rar   3,00 × 2,50 m

248 • SYNSTYLAE

R. helenae (siehe Seite 247)

Moschus-Rosen

FORMEN UND HYBRIDEN

R. moschata hat eine Anzahl direkter Abkömmlinge, und in unseren heutigen Gärten stehen viele weitere entfernte Verwandte, denn Gene dieser Wildrose sind in den Chromosomen vieler unserer modernen Gartenrosen enthalten.

Die folgenden sind die direkt verwandten; früher gab es mehr davon. William Paul führte in der 10. Auflage von *The Rose Garden* neun Abkömmlinge auf, die »Noisette-Rosen« nicht eingeschlossen. Ich beschreibe hier nur diejenigen, die heute erhältlich sind, und die vermutlich echte Moschata-Abkömmlinge sind.

KLASSIFIKATION

BARB	Klasse 1
MR10	Klasse 34
WFRS	Klassen 12 und 18

R. moschata, 'Musk Rose'

SÜDEUROPA, MITTLERER OSTEN

sehr alt,
vermutlich zur Zeit Heinrichs VIII. eingeführt
Mittelgroß bis niedrig wachsende Kletter- oder Strauchrose mit graugrünem, leicht herabhängendem Laub. Triebe ebenfalls graugrün, spärlich besetzt mit hakigen Stacheln. Die Blüten erscheinen in großen, auseinanderstehenden Büscheln. Sie sind zunächst cremefarben und gehen, wenn sie völlig geöffnet sind, in Weiß über. Die Blüte beginnt im Juli und dauert bis weit in den September hinein. Die Hagebutten sind, wenn sie ansetzen, klein und oval.
S a W Bkl N ◐ Rar   2,50 × 1,80 m

R. moschata floribunda

Eine sehr starkwüchsige, sich ausbreitende, dichte, ziemlich stachellose Kletterrose mit großen, langen, hellgrünen Blättern und dicken, grünen, leicht weichen Trieben. Die großen, dichten Büschel einfacher, weißer Blüten erscheinen etwas früher als bei anderen Moschata-Hybriden. Die Blüten haben einen reizenden Ring gelber Staubgefäße und verströmen einen angenehmen Moschus-Duft. Ihnen folgen ovale bis runde, orangefarbene Hagebutten. Dies ist eine gefällige und zu wenig verwendete Rose.
S a Bkl Hb N ◐ D** Rar   6,00 × 4,50 m

R. moschata grandiflora

Bernaix   FRANKREICH 1866

Eine außergewöhnlich starkwüchsige Kletterrose mit typischem Moschata-Laub und außerordentlich großen Büscheln einfacher, weißer Blüten mit goldfarbenen Staubgefäßen. Duftend. Runde, orangefarbene Hagebutten im Herbst.
S a Bkl Hb N ◐ D** Rar   9,00 × 6,00 m

R. moschata nastarana, 'Persian Musk Rose'

KLEINASIEN 1879

vermutlich *R. moschata* × *R. chinensis*
Ähnelt *R. moschata* in vielerlei Hinsicht, ist aber stärker im Wuchs und hat kleinere, dafür aber mehr Blätter. Die Blüten sind denen der Wildrose ähnlich, sind aber leicht blaßrosafarben getönt und können unter idealen Bedingungen etwas größer sein. Die Blütezeit reicht bis weit in den Herbst hinein.
S a W N Bkl ◐ D*** Rar   4,50 × 3,00 m

'Autumnalis', *R. moschata* 'Autumnalis'

vermutlich *R. moschata* × *R. chinensis*
Eine interessante Rose. Die Rose, die ich beschreibe, kultiviere ich unter diesem Namen seit vielen Jahren, war mir aber niemals sicher, ob es der richtige Name ist. Es ist eine niedrige Kletterrose, ähnlich 'Princess of Naussau', aber stärker im Wuchs. Große Büschel

R. moschata (oben), *R. moschata nastarana* (unten)

'Narrow Water'

halbgefüllter, schalenförmiger Blüten in den Farben Cremeweiß bis Reinweiß erscheinen von August an bis in den frühen Winter. Leicht duftend. Laub hellgrün. Die fast stachellosen Triebe sind ebenfalls hellgrün. Gedeiht besser in Regionen mit mildem Klima.
db Bkl N ◐ D* Rar   3,00 × 1,80 m

'Narrow Water'

Daisy Hill Nurseries IRLAND ca. 1883
Über diese Rose ist nicht viel bekannt, aber vermutlich gehört sie in diese Gruppe. Ein großer Strauch oder eine kleine Kletterrose mit dunklem Laub und großen Büscheln halbgefüllter, mauvefar-

benen Blüten mit angenehmem Duft. Ein besonderer Vorzug ist die Blütezeit, die weit in den Herbst hineinreicht. Mir gefällt diese Rose sehr gut.
r a ◐ D*** Rar   2,50 × 1,80 m

'Paul's Himalayan Musk'
W. Paul GROSSBRITANNIEN
vermutlich spätes 19. Jahrhundert

Ist vermutlich näher mit *R. multiflora* oder sogar mit *R. sempervirens* verwandt, als ihr Name erwarten läßt. Die herabhängenden Blätter (die auf *R. moschata* hinweisen) sind leicht glänzend und dunkelgrün, mit einem Hauch von Kupfer bei den jungen Blättern. Breite, hakenförmige Stacheln an langen, biegsamen Trieben. Blüht im Juli sehr reich. Kleine, gefüllte Blüten von einem ins Rosa gehenden Lavendel erscheinen in herabhängenden Büscheln. Ziemlich winterhart, eine ausgezeichnete Kletterrose.
S a Bkl ◐ ≋ D* Rar   6,00 × 3,50 m

'Paul's Perpetual White', 'Paul's Single White'
W. Paul GROSSBRITANNIEN 1882

Die Blüten, groß und einfach, und die Art des Blütenstandes, einzeln oder in kleinen Büscheln, lassen eine Verbindung mit *R. laevigata* vermuten. Wuchs und

'Paul's Perpetual White'

Laub sprechen allerdings dagegen. Die Blätter sind hellgrün und sitzen in gleichmäßigem Abstand an ziemlich stachellosen, fast lindgrünen Trieben. Mäßig stark im Wuchs. Der erste Blütenflor erscheint im Juli. Folgeblüte bis weit in den Herbst hinein hervorgebracht. Nicht leicht zu kultivieren.
r a ◐ D* Rar   3,00 × 2,50 m

'Princess of Nassau'
vermutlich frühes 19. Jahrhundert

Wurde erst kürzlich entdeckt, ich glaube von Graham Thomas, der mir 1982 Edelreiser schickte. Sie

blühten als einjährige Pflanzen, zeitgleich mit *R. moschata* und weit in den Herbst hinein. Sie entsprachen Paul's Beschreibung fast perfekt: »Blüten strohgelb, becherförmig, sehr lieblich«. Ich ergänze: hellgrünes Laub. Da sie den strengen Winter 1984/85, und auch den von 1995, mit nur geringen Frostschäden überstand, kann ich mich für ihre Winterhärte verbürgen.

r a D**   Rar   3,00 × 2,50 m

'The Garland'

Wills GROSSBRITANNIEN 1835

R. moschata × *R. multiflora*

Starkwüchsige, sich ausbreitende Kletterrose. Blüht Anfang Juli sehr reichlich. Unmengen kleiner, halbgefüllter Blüten, ähnlich den Gänseblümchen, cremeweiß, manchmal mit einem Hauch von Rosa. Stark duftend. Laub mittel- bis dunkelgrün, Blätter nicht so groß wie bei den meisten anderen Moschata-Hybriden. Die Triebe sind gut bewehrt mit kräftigen, hakigen Stacheln. Eine ausgezeichnete Sorte.

S a N Bkl ◉ ≋ D***   Rar   4,50 × 3,00 m

'The Garland' (oben), *R. mulliganii* (unten)

R. mulliganii

Forrest SÜDCHINA 1917

Ein Wildrose von mittlerer Wuchskraft mit breiten, scharfen, hakigen Stacheln. Ähnelt in vielerlei Hinsicht *R. rubus*. Junge Triebe und Blätter rötlichgrün, die älteren gräulichgrün. Blüten einfach in kleinen Büscheln, reinweiß und duftend. Kleine, rote, runde, auffallende Hagebutten. Viele der Pflanzen, die in den letzten Jahren als *R. longicuspis* verkauft wurden, sind tatsächlich *R. mulliganii* und ich gebe zu, daß auch ich diesem Irrtum erlegen bin, wie viele andere.

S Bd a Bkl Hb N ◉ ≋ D**   Rar   4,50 × 3,00 m

R. multiflora
FORMEN UND HYBRIDEN

R. multiflora hatte einen großen Einfluß auf die Entwicklung der modernen Gartenrose. Ich könnte fast zwei Bücher dieses Umfangs allein mit Sorten füllen, die irgendwo in ihrem Stammbaum *R. multiflora* haben. Ich fasse unter dieser Überschrift einige bedeutende Gruppen von Gartenrosen zusammen, denn hierher passen sie im Stammbaum der Rosen am besten.

Ich beschreibe zuerst die Multiflora-Wildrosen, dann unterteile ich die von ihnen abstammenden Hybriden in Gruppen von Gartenrosen, jeweils mit einer kurzen Einführung wie folgt: Moschata-Hybriden, Multiflora-Rambler, Moderne Kletterrosen, Moderne Strauchrosen, Polyantha-Rosen, Floribunda-Rosen und Kletternde Floribunda-Rosen. Die meisten dieser Gruppen, besonders die Modernen Strauchrosen, die Floribunda-Rosen und die Modernen Kletter-rosen gehen ebenso stark auf die China-Rosen zurück wie auf die Synstylae, aber ihr Blütenstand in Büscheln rechtfertigt, sie hier einzuordnen.

KLASSIFIKATION

BARB   Klasse 1
MR10   Klasse 35
WFRS   Klasse 16

R. multiflora
OSTASIEN spätes 18., frühes 19. Jahrhundert
Sehr reichblühend, zumindest während der ziemlich kurzen Blütezeit. Die kleinen, einfachen, cremeweißen Blüten erscheinen in großen Büscheln am vorjährigen Holz. Wenn der Strauch in voller Blüte steht, verdecken die Blüten fast die glatten, hellgrünen Blätter. Die Triebe sind ebenfalls glatt und fast ohne Stacheln. Die Früchte sind klein, rund bis oval, glatt und rot. Bis vor kurzem war sie beliebt als Unterlagenpflanze, sowohl als Sämling als auch – da sie leicht Wurzeln ansetzt – aus Stecklingen vermehrt. (Abbildung Seite 27)
S Hb a Bkl N ◐ ≈ D* Rar   4,50 × 3,00 m

R. multiflora carnea
CHINA 1804
Eine dicht gefüllte Form von *R. multiflora* mit kräftigeren Trieben und größeren Blättern. Blüten kugelig, weiß, leicht rosafarben getönt.
S a W Hb Bkl N ◐ ≈ D** Rar   5,50 × 3,00 m

R. multiflora cathayensis
CHINA 1907
Rosa Form von *R. multiflora* mit größeren Blüten und heller gefärbtem Laub.
S Hb a Bkl N ◐ ≈ D** Rar   4,50 × 3,00 m

R. multiflora platyphylla, R. multiflora grevillei, 'Seven Sisters Rose'
CHINA 1816
Eine starkwüchsige Kletterrose mit großen, dunkelgrünen, ziemlich derben Blättern und steifen, dunkelgrünen Trieben. Die Blüten sind gefüllt, relativ groß und erscheinen in sehr großen kompakten Büscheln. Ihre Farbe variiert von dunklem bis weichem Rosa, manchmal zu Lila und sogar Dunkelrot, alle in einem Blütenstand. Duftend. War in viktorianischer Zeit weiter verbreitet und wurde damals 'Seven Sisters' genannt, nach den sieben verschiedenen Farben, die in jedem Büschel vorkommen. Diesen Kosenamen trägt auch 'Félicité Perpétue', bei der es sich aber um eine *R. sempervirens*-Hybride handelt.
S a Bkl N ◐ D*** Rar   3,50 × 3,00 m

R. multiflora platyphylla

R. multiflora watsoniana

JAPAN 1870

Diese ungewöhnliche Form von *R. multiflora* ist vermutlich eine alte Gartenhybride. Schlanke, kriechende Triebe mit kleinen, hakigen Stacheln und kleinen, schmalen, hellgrünen Blättern, die an den Rändern oft gewellt sind. Große Rispen kleiner, dicht beieinander stehender, einfacher Blüten von gebrochenem Weiß bis Blaßrosa. Unmengen kleiner, kugeliger, roter Hagebutten im Herbst und frühen Winter. Mehr als Neuheit geeignet. Nicht ganz winterhart.

S Hb ○ D* Rar 1,50 × 1,20 m

R. multiflora wilsonii

1915

Rundliche Büschel mittelgroßer, einfacher, weißer Blüten erscheinen sehr reichlich an einer starkwüchsigen, mäßig stacheligen Pflanze mit fast glänzendem Laub. Früchte orangefarben, glatt und rundlich, aber ziemlich klein.

S W a Bkl N Hb ● Rar 4,50 × 3,00 m

Moschata-Hybriden

Diese gehören zu den besten Strauchrosen für den Garten. Sie zeichnen sich generell durch eine lange Blütezeit und einen gefälligen Wuchs aus. Die Geschichte ihrer Entstehung habe ich auf Seite 25 beschrieben. Einige Sorten dieser Gruppe eignen sich ausgezeichnet als niedrige Kletterrosen für Mauern.

KLASSIFIKATION

BARB Klasse 15
MR10 Klasse 34
WFRS Klasse 2

'Aurora'
Pemberton GROSSBRITANNIEN 1928
'Danaë' × 'Miriam'
Große Büschel fast einfacher Blüten in sattem Gelb, das (wie bei so vielen gelben Moschata-Hybriden) zu Cremeweiß verblaßt. Laub mittelgrün, matt glänzend. Wuchs niedrig und etwas unordentlich.
db a H D* ◐ Rar   90 × 90 cm

'Autumn Delight'
Bentall GROSSBRITANNIEN 1933
Die Blüten öffnen sich in weichem Bernsteingelb aus schönen, dunkler gefärbten Knospen. Die halbgefüllten Blüten erscheinen in großen, kompakten Büscheln an einer fast stachellosen, aufrechten, aber buschigen Pflanze mit dunkelgrünem, ledrigem Laub.
db a H D* Rar   1,20 × 1,20 m

'Ballerina'
Bentall GROSSBRITANNIEN 1937
Eine ausgezeichnete Rose, die sich vielseitig verwenden läßt, von der Beetrose bis zur Topfpflanze. Riesige Dolden kleiner, einfacher, rosafarbener Blüten, jede mit einer weißen Mitte. Diese reizenden, zierlichen Blüten erscheinen während des ganzen Sommers an einem buschigen, aufrechten, dichten Strauch mit viel sanftgrünem Laub. (Abbildung Seite 66)
db Br a H ◐ ▽ D* v   120 × 90 cm

'Autumn Delight'

'Belinda'

'Belinda'

Bentall GROSSBRITANNIEN 1936

Riesige Büschel halbgefüllter Blüten von mittlerem Rosa. Sehr starkwüchsig mit viel dunkelgrünem Laub. Duftend. Eine weniger bekannte Moschata-Hybride, kommt aber überall in Frage, wo es um lange Blütezeit geht. Als Zierhecke geeignet.
db a H ◐ ▽ D** Rar   1,50 × 1,20 m

'Bishop Darlington'

Thomas USA 1926

'Aviateur Blériot' × 'Moonlight'

Große, halbgefüllte Blüten, cremeweiß bis rosa, im Inneren gelb. Stark duftend. Starkwüchsig mit grünem bis dunkelgrünem Laub.
r a H D* Rar   1,50 × 1,50 m

'Bloomfield Dainty'

Thomas USA 1924

'Danaë' × 'Mme Edouard Herriot'

Lange, zugespitzte, orangefarbene Knopsen öffnen sich zu einfachen Blüten in sanftem, klarem Gelb. Recht gut duftend. Laub glänzend mittelgrün an einer starkwüchsigen Pflanze von aufrechtem Wuchs.
r Aa Kr N ◐ D** Rar   2,50 × 1,20 m

'Buff Beauty'

Bentall GROSSBRTIANNIEN 1939

'William Allen Richardson' × unbekannt

Eine der besten Sorten dieser Gruppe. Ein stark-

'Bloomfield Dainty' (oben), 'Buff Beauty' (unten)

wüchsiger, sich ausbreitender Strauch mit dunkelgrünem Laub. Die Blüten sind dicht gefüllt, öffnen sich flach aus festen, schalenförmigen Knospen und erscheinen in großen, kompakten Büscheln. Die Farbe schwankt mit dem Wetter von Bernsteingelb bis fast Apricot, manchmal sogar zu Schlüsselblumengelb verblassend. Stark duftend.
db a H Kr ◐ ▽ D*** v   1,50 × 1,50 m

'Callisto'

Pemberton GROSSBRTIANNIEN 1920

'William Allen Richardson' × 'William Allen Richardson'

Büschel ansehnlicher Größe mit kleinen, halbgefüllten bis gefüllten Blüten in sattem Gelb, das mit

'Bishop Darlington'

'Cornelia'

der Zeit zu Zartgelb verblaßt. Ziemlich starkwüchsig. Die Blüten erscheinen an langen, z.T. überhängenden Trieben, was die Pflanze recht locker erscheinen läßt. Laub mittelgroß und hellgrün. Wenig Stacheln.

db a H ◐ ▽ Rar   1,50 × 1,20 m

'Clytemnestra'

Pemberton GROSSBRITANNIEN 1915

'Trier' × 'Liberty'

Große Büschel von Blüten in zartem Gelbbeige, das zart mit Lachs durchzogen ist. Auffällige goldgelbe Staubgefäße. Die einzelne Blüte ist eher unordentlich, in der Fülle aber durchaus wirkungsvoll. Laub dunkelgrün und ledrig an einem ausladenden, starkwüchsigen Strauch. Diese Rose verdient es, besser bekannt zu sein.

db a H Br ◐ ▽ D** Rar   1,20 × 1,20 m

'Cornelia'

Pemberton GROSSBRITANNIEN 1925

Auffallendes, bronzefarbenes Laub erscheint an langen, dunkelbraunen Trieben. Die kleinen, dicht gefüllten Blüten, die in großen Büscheln hervorgebracht werden, passen hervorragend zum Laub. Sie sind apricotrosafarben mit einem Hauch von Dunkelrosa und blasseren Glanzlichtern. Besonders schön im Herbst.

db a H Kr ◐ ▽ D** v   1,50 × 1,50 m

'Danaë'

Pemberton GROSSBRITANNIEN 1913

'Trier' × 'Gloire de Chédane-Guinoisseau'

Büschel halbgefüllter Blüten von leuchtendem Gelb, das erst in einen Bernsteinton und später in Creme übergeht. Gesunde, starkwüchsige Pflanze mit dunklem Laub. Ein sehr gute, weniger bekannte Moschata-Hybride. Es lohnt sich, sie zu pflanzen, wo ein Strauch dieser Farbe gewünscht wird. (Abbildung Seite 26)

db a Kr H ◐ D** Rar   1,50 × 1,20 m

'Daphne'

Pemberton GROSSBRITANNIEN 1912

Eine der ersten von Pembertons Moschata-Hybriden und eine der am wenigsten bekannten. Büschel halbgefüllter Blüten in weichem bis zartem Rosa, gut duftend. Wuchs mäßig stark. Laub mittelgrün, matt glänzend.

db a H ▽ ◐ D** Rar   1,20 × 1,20 m

'Daybreak'

Pemberton GROSSBRITANNIEN 1918

'Trier' × 'Liberty'

Nicht ganz gefüllte Blüten von einen Zitronengelb, das zu Blaßgelb verblaßt, erscheinen an kräftigen Trieben in mittelgroßen, schön proportionierten Büscheln. Laub kupfrig, besonders das junge Laub. Wird nur selten sehr hoch.

db a Br H ▽ D** Rar   120 × 90 cm

'Eva'

Kordes DEUTSCHLAND 1938

'Robin Hood' × 'J. C. Thornton'

Dichte, schön geformte Büschel fast einfacher Blüten von leuchtendem Karminrot bis Rot, das zur Mitte hin zu Weiß verblaßt. Diese weniger bekannte Sorte duftet angenehm. Dunkelgrünes Laub an einer mäßig groß werdenden Pflanze.

db a H D** Rar   1,80 × 1,20 m

'Felicia'

Pemberton GROSSBRITANNIEN 1928

'Trier' × 'Ophelia'

Diese Rose gehört zu den besten dieser Gruppe. Die dicht gefüllten Blüten zeigen eine reizende Mischung

'Felicia'

'Francesca'

aus sattem Rosa mit lachsfarbenen Schattierungen; sie verblassen mit der Zeit leicht. Laub knackig, an den Rändern leicht gekräuselt und dunkelgrün. Der Busch behält bei fachmännischem Schnitt gut seine Form, was ihn zum idealen Solitärstrauch macht.
db a H ▽ D** v   1,20 × 1,20 m

'Francesca'

Pemberton GROSSBRITANNIEN 1928
'Danaë' × 'Sunburst'
Große, lockere Büschel halbgefüllter, apricotgelber Blüten an kräftigen, dunklen Trieben mit glänzendem, dunkelgrünem Laub. Eine gute Sorte.
db a H Kr ◉ ▽ D* Rar   1,20 × 1,20 m

'Kathleen'

Pemberton GROSSBRITANNIEN 1922
'Daphne' × 'Perle des Jeannes'
Eine sehr starkwüchsige Rose. Das dunkelgrüne Laub ist für meinen Geschmack ziemlich spärlich. Triebe gräulich-grün. Blüten fast einfach, mittelgroß. Die Blütenfarbe wird am besten beschrieben als klares Rosa mit dunkleren Schattierungen.
r a D** Rar   2,50 × 1,20 m

'Lavender Lassie'

Kordes DEUTSCHLAND 1960
Große, dichte Büschel wunderschöner, gefüllter, lavendel- bis rosafarbener Blüten öffnen sich flach und erscheinen während des ganzen Sommers an einem gesunden Busch mit dunkelgrünem Laub. Eine ideale Rose, die sich in einem modernen Garten für die verschiedensten Zwecke eignet.
db a H Kr ◉ D** Rar   1,50 × 1,20 m

'Moonlight'

Pemberton GROSSBRITANNIEN 1913
'Trier' × 'Sulphurea'
Lange, schön belaubte Triebe mit Büscheln cremeweißer, fast einfacher Blüten mit auffälligen Staubgefäßen. Duftend. Starkwüchsig und gesund.
db a H ◉ D** Rar   1,50 × 1,20 m

'Kathleen'

'Lavender Lassie' (oben), 'Moonlight' (unten)

'Nur Mahal'

'Mozart'

Lambert DEUTSCHLAND 1937
'Robin Hood' × 'Rote Pharisäer'
Kleine, einfache, karminrote Blüten mit weißer Mitte erscheinen reichlich in massigen Büscheln. Laub mittelgrün an einer dichten und buschigen Pflanze.
db a Br H ▽ Rar   120 × 90 cm

'Nur Mahal'

Pemberton GROSSBRITANNIEN 1923
'Château de Clos Vougeot' × Sämling einer Moschata-Hybride
Große Büschel leuchtend karminroter, halbgefüllter Blüten, gut duftend. Interessante Rose mit vielen Vorzügen, nicht zuletzt das gesunde, dunkle Laub.
db a Kr H ◐ D** Rar   1,50 × 1,20 m

'Pax'

Pemberton GROSSBRITANNIEN 1918
'Trier' × 'Sunburst'
Sehr große, halbgefüllte, rahmweiße bis reinweiße Blüten mit auffälligen goldfarbenen Staubgefäßen. Die Blüten erscheinen in großen, gleichmäßigen Büscheln an langen, überhängenden Trieben. Knackiges Laub von einem sehr dunklen Grün. Eine hervorragende Rose.
db a H ◐ Kr D** v   1,80 × 1,50 m

'Penelope'

Pemberton GROSSBRITANNIEN 1924
'Ophelia' × 'Trier'
Wunderschöne Moschata-Hybriden mit großen, halbgefüllten Blüten, die, wenn sie geöffnet sind, durch die leicht gekräuselten Ränder der Blütenblätter sehr vorteilhaft aussehen; creme- bis rosafarben mit dunkleren Schattierungen an den Rändern. Duftend. Laub dunkelgrün mit pflaumenfarbenen Schattierungen, ebenso an den Trieben. Etwas anfällig für Mehltau.
db a H ◐ ▽ Mt D* v   1,50 × 1,20 m

'Pink Prosperity'

Bentall GROSSBRITANNIEN 1931
Große, dichte Büschel kleiner, dicht gefüllter Blüten von klarem Rosa mit dunkleren Schattierungen an aufrechtem Busch; dunkelgrünes Laub. Duftend.
db a Br H ▽ D* Rar   1,20 × 1,20 m

'Penelope'

'Prosperity'

'Robin Hood'

'Prosperity'

Pemberton GROSSBRITANNIEN 1919
'Marie-Jeanne' × 'Perle des Jardins'
Große, gefüllte, cremeweiße Blüten erscheinen in großen, gleichmäßigen Büscheln an kräftigen, überhängenden Trieben mit dunkelgrünem Laub. Das Überhängen der Triebe, das mehr durch das Gewicht der Blüten als durch irgendeine Neigung zu Breitwüchsigkeit verursacht wird, erhöht noch den Reiz. Eine sehr lohnende Sorte.
db a Kr H ◉ D** v   1,50 × 1,20 m

'Robin Hood'

Pemberton GROSSBRITANNIEN 1927
Sämling × 'Miss Edith Cavell'
Große Büschel mittelgroßer, wenig gefüllter Blüten von leuchtendem Scharlachrot, das mit der Zeit zu Karminrot verblaßt. Schönes, dunkelgrünes Laub und ein buschiger, gefälliger Wuchs.
db H ▽ D* Rar   120 × 90 cm

'Sadler's Wells'

Beales GROSSBRITANNIEN 1983
'Penelope' × 'Rose Gaujard'
Das jüngste Mitglied dieser Gruppe. Bildet einen

'Sadler's Wells'

hübschen, dauerblühenden Strauch. Halbgefüllte, schwach duftende Blüten erscheinen in großen, Büscheln an einem starkwüchsigen, aber gefälligen Busch. Die Grundfarbe ist ein silbriges Rosa, die einzelnen Blütenblätter sind mit Kirschrot durchzogen, besonders an den Rändern. Besonders schön sind die wetterfesten Blüten im Herbst. Als Schnittblumen halten die Büschel sehr lange. Das Laub ist dunkelgrün und glänzend. Benannt nach der englischen Ballettgruppe.
db a H ◐ ⚔ D* Rar   120 × 90 cm

'Skyrocket' siehe 'Wilhelm'

'Thisbe'

Pemberton GROSSBRITANNIEN 1918
Sport von 'Daphne'
Schwefelgelbe, halbgefüllte, rosettenförmige Blüten in großen Büscheln an einem buschigen, aufrechten Strauch mit glänzendem, mittelgrünem Laub.
db a H ▽ D** Rar   1,20 × 1,20 m

'Vanity'

'Vanity'

Pemberton GROSSBRITANNIEN 1920
'Château de Clos Vougeot' × Sämling
Große, lockere Büschel duftender, rosaroter, fast einfacher Blüten von ansehnlicher Größe erscheinen reichlich an einem starkwüchsigen, buschigen, aber etwas sparrigen Strauch. Für meinen Geschmack hat sie etwas wenig Laub, aber die Leuchtkraft und Fülle der Blüten macht diesen kleinen Mangel wieder wett.
db a Kr D** Rar   1,80 × 1,50 m

'Wilhelm', 'Skyrocket'

Kordes DEUTSCHLAND 1944
'Robin Hood' × 'J. C. Thornton'
Büschel karminroter, fast einfacher Blüten an kräftigen Trieben. Eine sehr gute Rose, da rote Sorten unter den Moschata-Hybriden selten sind. Laub dunkelgrün und gesund. Wenn verwelkte Blüten nicht abgeschnitten werden, trägt sie schöne Hagebutten.
db H Hb a Kr ◐ Rar   1,50 × 1,20 m

'Will Scarlet'

Hilling GROSSBRITANNIEN 1947
Sport von 'Wilhelm'
Ist fast identisch mit 'Wilhelm', nur die Blüten sind von leuchtenderem Rot.
db Hb H a Kr ◐ Rar   1,50 × 1,20 m

'Will Scarlet'

'Astra Desmond'

Multiflora Rambler

Die Multiflora-Rambler wurden zum Ausgang des viktorianischen Zeitalters gezüchtet und genossen, zusammen mit den Wichuraiana-Ramblern, im ersten Viertel des 20. Jahrhunderts große Popularität. Die Gruppe umfaßt eine breite Farbpalette, und alle Sorten dieser Gruppe blühen etwa vier Wochen lang im Frühsommer sehr reich. Allgemein gesagt sind sie robust, gesund und leicht zu kultivieren, und in den Augen vieler Gartenliebhaber haben sie den Vorteil, vergleichsweise wenige Stacheln zu haben. Obwohl ihre Beliebtheit durch das Aufkommen moderner öfterblühender Kletterrosen nachgelassen hat, haben sie auch in einem modernen Garten einen Platz verdient.

KLASSIFIKATION

BARB Klasse 15
MR10 Klasse 35
WFRS Klasse 16

'Aglaia', 'Yellow Rambler'

Schmitt FRANKREICH 1896

R. multiflora × 'Rêve d'Or'

Kleine, halbgefüllte Blüten von blassem Schlüsselblumengelb. Wuchs aufrecht, Triebe fast ohne Stacheln. Das Laub ist leuchtend hellgrün mit einer bronzefarbenen Tönung, besonders wenn es jung ist. Bedeutend als eine der Sorten, die Pemberton für die Züchtung seiner Moschata-Hybriden verwendete.

S a ◐ N D* Rar   2,50 × 1,80 m

'Apple Blossom'

Burbank USA 1932

'Dawson' × *R. multiflora*

Riesige, dichte Büschel von rosafarbenen Blüten, ähnlich Apfelblüten, mit gekräuselten Blütenblättern. Laub sattgrün mit einem Hauch von Kupfer. Die Triebe haben die gleiche Farbe wie das Laub und wenige oder keine Stacheln.

S a ◐ D* v   3,00 × 1,80 m

'Astra Desmond'

Diese Rose darf in keinem anspruchsvollen Rosenbuch fehlen, denn sie ist einer der reizendsten Multiflora-Rambler. Die Blüten sind klein und halbgefüllt, fast weiß bis cremefarben, und sie erscheinen sehr reichlich in riesigen Büscheln von Mitte Juni bis Mitte Juli. Duftend. Das Laub ist hellgrün und knackig. Der Wuchs ist sehr stark. In der ersten Auflage dieses Buchs habe ich diese Rose unter dem Namen 'White Flight' beschrieben. Inzwischen konnte ich mit Hilfe von Mrs. Neame in Bedford die Herkunft dieser Rose ausfindig machen. Mrs. Neame ist die Enkelin von Sir Thomas Neame in Farnham, Kent, der mit der Opernsängerin Astra Desmond verheiratet war. Er war es, der als engagierter Rosenfreund den Wert dieser Rose erkannte und Hillier in Winchester, Hampshire, übergab, die sie in den 1960er Jahren einführten.

S Bkl ◐ N D** Rar   6,00 × 3,00 m

'Bleu Magenta'

ca. 1900

Besonders niedliche Blüten. Sattes, tiefes Purpurrot und gelbe Staubgefäße, die unter nach innen gerollten inneren Blütenblättern hervorlugen. Lieblich duftend. Laub dunkel und frei von Stacheln. Remontiert zwar nicht, blüht aber später im Jahr als die meisten anderen Multiflora-Rambler.

S a N ◐ D** Rar   3,50 × 3,00 m

'Blush Rambler'

B. R. Cant GROSSBRITANNIEN 1903

'Crimson Rambler' × 'The Garland'

Diese starkwüchsige, fast stachellose Rose war in edwardianischer Zeit beliebt als Rambler für den Cottage-Garten. Duftende Blüten von blassem Rosa erscheinen in herabhängenden Büscheln. Laub reichlich und hellgrün.

S a D* Rar   3,50 × 3,00 m

'Bleu Magenta' (oben), 'Blush Rambler' (unten)

'Bobbie James'

'Bobbie James'

Sunningdale Nurseries GROSSBRITANNIEN 1961

In der Lage, beträchtliche Höhen zu erklettern, besonders in Bäume und Hecken. Meiner Ansicht nach ist dies eine der besten Rosen für diesen Zweck überhaupt. Die einzelnen weißen Blüten sind schalenförmig und ziemlich groß, leicht gefüllt, stark duftend und erscheinen in großen, herabhängenden Büscheln. Das Laub ist von einem satten kupfrigen Grün und glänzt wie poliert. Die Triebe sind kräftig und gut mit scharfen, hakigen Stacheln ausgerüstet.

S Lf a Bkl N ◕ D*** v   9,00 × 6,00 m

'Crimson Rambler', 'Turner's Crimson', 'Engineer's Rose'

JAPAN 1893

Die Bedeutung dieser Rose liegt mehr in ihrer Rolle als Zuchtrose in der Entwicklung der Rambler, weniger als Gartenrose selbst. Halbgefüllte, karminrote Blüten erscheinen in Büscheln. Laub hellgrün. Ziemlich anfällig für Krankheiten, was der Hauptgrund dafür ist, daß sie aus modernen Gärten praktisch verschwunden ist.

S D* Mt Rar   3,50 × 3,00 m

'De la Grifferaie'

Vibert FRANKREICH 1845

Eine starkwüchsige Pflanze mit dunklen Trieben und ziemlich derbem Laub, wurde in der Vergangenheit sehr viel als Rosenunterlage verwendet, weshalb sie so oft in alten Gärten zu finden ist. Dichte Büschel gleichmäßiger, gut gefüllter Blüten von einem Magentarot, das zu einem wolkigen Weiß verblaßt. Angenehm duftend. Hat für den Garten aber keinen besonderen Wert. (Abbildung Seite 27)

S a N ◕ D*** Rar   2,50 × 1,20 m

'Euphrosine'

Schmitt FRANKREICH 1895

R. multiflora × 'Mignonette'

Büschel kleiner, gefüllter Blüten in klarem Rosa. Duftend. Viel mittelgrünes Laub. Starkwüchsig.

S a Bkl ◕ D** Rar   4,50 × 3,00 m

'Francis E. Lester'

Lester Rose Gardens USA 1946

'Kathleen' × unbenannter Sämling

Sehr große, dichte Büschel gleichmäßiger, mittelgroßer, einfacher Blüten, weiß mit rosafarbenen Spritzern an den Rändern der Blütenblätter. Zeichnet sich durch einen besonders intensiven Duft aus. Der Strauch ist starkwüchsig, aber nicht überhandnehmend, mit saftigem, kupfergetöntem, glänzendem

'Francis E. Lester'

'Ghislaine de Féligonde' (oben), 'Hiawatha' (unten)

'Goldfinch'

Laub. Kleine, rote Hagebutten im Herbst.
S Bkl Hb a N ◐ D** Rar   4,50 × 3,00 m

'Ghislaine de Féligonde'

Turbat FRANKREICH 1916
'Goldfinch' × unbekannt
Niedrige Kletterrose, kann aber auch – wenn genügend Platz vorhanden ist – als großer Strauch gezogen werden. Dicht gefüllte, orangegelbe Blüten in sehr großen Büscheln. Gesunde, große, glänzende Blätter. Fast stachellos. Ich verstehe nicht, warum diese Rose nicht die Beliebtheit gewonnen hat, die sie verdient.
r a N ◐ D** Rar   2,50 × 2,50 m

'Goldfinch'

W. Paul GROSSBRITANNIEN 1907
'Hélène' × unbekannt
Nicht ganz so starkwüchsig wie andere, aber sehr gut geeignet, wo ein kleiner Rambler oder eine kleine Kletterrose gewünscht wird. Kleine, schalenförmige Blüten einer Mischung aus Goldgelb und Schlüsselblumengelb mit auffälligen, goldbraunen Staubfäden. Sieht auch noch reizend aus, wenn die Farbe bei starker Sonneneinstrahlung zu Creme verblaßt. Fast stachellose, grünlich braune Triebe und glänzendes Laub.
S a N ◐ D** Rar   2,50 × 1,50 m

'Hiawatha'

Walsh USA 1904
'Crimson Rambler' × 'Paul's Carmine Pillar'
Einfache, dunkelrosafarbene bis karminrote Blüten mit blasserer, fast weißer Mitte erscheinen in Büscheln an einer starkwüchsigen, ungezwungen wach-

'Madeleine Selzer' (oben), 'Mrs F. W. Flight' (unten)

senden Pflanze mit hellgrünen Blättern. Auch diese Rose ist schwer einzuordnen, aber ein Multiflora-Einfluß ist nicht zu übersehen.
S a ◐ Bkl Rar   4,50 × 3,50 m

'Lauré Davoust', 'Marjorie W. Lester'

Laffay FRANKREICH 1934
Kleine, schalenförmige, gefüllte Blüten verändern ihre Farbe mit der Zeit von leuchtendem Rosa über Zartrosa bis hin zu Weiß. Laub mittelgrün. Wuchs ziemlich aufrecht und gesund. Gut verwendbar.
S a ◐ D** Rar   3,00 × 2,50 m

'Leuchtstern'

J. C. Schmidt DEUTSCHLAND 1899
'Daniel Lacombe' × 'Crimson Rambler'
Büschel mittelgroßer, einfacher, dunkelrosafarbene Blüten mit blasserer, fast weißer Mitte. Schönes, mittelgrünes Laub. Nicht häufig zu sehen, aber ein guter, nicht zu hoher Rambler.
S a N ◐ Rar   3 × 2,50 m

'Madeleine Selzer', 'Yellow Tausendschön'

Walter FRANKREICH 1926
'Tausendschön' × 'Mrs Aaron Ward'
Reizvolle, fast stachellose Rose mit bronze-grünem Laub. Sie trägt dichte Büschel gut gefüllter, duftender Blüten von Zitronengelb bis Weiß. Ein herrlicher Anblick, wenn sie in voller Blüte steht. Ein ausgezeichneter, mittelgroßer Rambler.
S a D* Rar   3,00 × 1,80 m

'Mme d'Arblay'

Wills GROSSBRITANNIEN 1835
R. multiflora × R. moschata
Herabhängende Büschel kleiner, flach gekrönter, aber dennoch leicht schalenförmiger Blüten, die aus wie zufällig angeordneten, kurzen Blütenblättern bestehen, duftend, blaßrosa, zu Weiß verblassend. Eine sehr starkwüchsige Kletterrose mit dunkelgrünem Laub. Heute ziemlich selten.
S a Bkl N ◐ D*** Rar   6,00 × 6,00 m

'Mrs F. W. Flight'

Cutbush GROSSBRITANNIEN 1905
'Crimson Rambler' × unbekannt
Kleine, halbgefüllte, rosarote Blüten in großen Büscheln an einer niedrigen bis mittelgroßen Pflanze mit großen Blättern von weichem Mittelgrün. Eine ausgezeichnete, sehr reichblühende Sorte.
S D* Rar   2,50 × 1,80 m

'Paul's Scarlet', 'Paul's Scarlet Climber'

W. Paul GROSSBRITANNIEN 1916
'Paul's Carmine Pillar' × 'Rêve d'Or'
Gefüllte, leuchtend scharlachrote Blüten in kleinen gleichmäßigen Büscheln. Seinerzeit einer der farbenfreudigsten und beliebtesten Rambler, und verdient auch in unseren heutigen Gärten einen Platz. Das Laub und die ziemlich stachellosen Triebe sind dunkelgrün. Ich bin mir nicht ganz sicher, ob sie hier richtig eingeordnet ist.
S a N ◐ Rar   3,00 × 2,50 m

'Phyllis Bide'

Bide GROSSBRITANNIEN 1923
'Perle d'Or' × 'Gloire de Dijon'
Große, pyramidenförmige Büschel mit kleinen, leicht unregelmäßigen Blüten einer Farbmischung aus Gelb, Creme und Rosa, die manchmal mit der Zeit nachdunkelt und fleckig wird. Üppig belaubt, aber die einzelnen Blätter sind recht klein. Starkwüchsig und ziemlich frei von Stacheln. Eine großartige und bedeutende Rose, die den ganzen Sommer über blüht. Steht der Untergattung *Chinensis* möglicherweise näher als *Synstylae*.
r a N ◐ D* Rar   3,00 × 1,80 m

'Paul's Scarlet' (oben), 'Rambling Rector' (unten)

'Rambling Rector'

sehr alte Sorte

Große Büschel duftender, halbgefüllter Blüten, die anfangs cremefarben sind, sich aber weiß öffnen, um sattgelbe Staubgefäße zu zeigen. Die Blüten erscheinen im Überfluß an einem starkwüchsigen, gesunden, kletternden Strauch. Üppiges Laub, klein, graugrün und flaumig. Großartig, wenn sie in einen Baum oder eine Hecke klettert. Zeigt im Herbst eine Fülle kleiner Hagebutten.

S a W Hb Bkl N ◑ D*** Rar   6,00 × 4,50 m

'Rose Marie Viaud'

Igoult FRANKREICH 1924

Sämling von 'Veilchenblau'

Dicht gefüllte Blüten von sattem Purpurrot erscheinen in kleinen dichten Büscheln an einem starkwüchsigen Rambler mit hellgrünem Laub und fast stachellosen, hellgrünen Trieben.

S a ◑ Mt Rar   4,50 × 1,80 m

'Russelliana', 'Old Spanish Rose', 'Russell's Cottage Rose', 'Scarlet Grevillei'

vermutlich SPANIEN 1840

Abstammung unbekannt; vermutlich *R. multiflora* × *R. setigera*. Eine ziemlich alte Sorte mit dicht gefüllten, kleinen Blüten in Büscheln. Die Blütenfarbe

ist eine Mischung aus Karminrot und zartem Purpur, was den Gesamteindruck von Rot ergibt. Verdient ihren Platz im Garten. Laub dunkelgrün und Triebe ziemlich stachelig, das entspricht allerdings nicht ihrer Abstammung von Multiflora.
S a N Bkl ◐ D*** Rar   3,00 × 3,00 m

'Seagull'

Pritchard GROSSBRITANNIEN 1907
R. multiflora × 'Général Jacqueminot'
Leuchtend gelbe Staubgefäße, die von einer einfachen Schicht weißer Blütenblätter umgeben sind. Die duftenden Blüten erscheinen in großen Büscheln an einer starkwüchsigen, schön belaubten Pflanze mit graugrünen Blättern. Eine ausgewachsene Pflanze in voller Blüte ist ein Anblick, der in Erinnerung bleibt. (Abbildung Seite 68)
S a N Bkl ◐ D** Rar   7,50 × 4,50 m

'Tausendschön', 'Thousand Beauties'

J. C. Schmidt DEUTSCHLAND 1906
'Daniel Lacombe' × 'Weißer Herumstreicher'
Eine interessante Rose. Die großen, gefüllten Blüten sind rosa, zur Mitte hin weiß, und erscheinen in lockeren Büscheln. Starker Wuchs mit stachellosen Trieben, üppig bedeckt mit mittelgrünem Laub.
S a D* Rar   3,00 × 2,50 m

'Thalia'

'Tea Rambler'

W. Paul GROSSBRITANNIEN 1904
'Crimson Rambler' × eine Teerose
Duftende, gefüllte Blüten von weichem Rosa mit leuchtenderen Glanzlichtern erscheinen an einer starkwüchsigen Pflanze mit mittelgrünem Laub. (Abbildung Seite 46)
S a Bkl ◐ D* Rar   4,50 × 2,50 m

'Thalia', 'White Rambler'

Schmitt FRANKREICH, eingeführt durch
P. Lambert DEUTSCHLAND 1895
Eine recht gute Sorte, die heute nicht häufig zu sehen ist. Die Blüten sind weiß, ziemlich klein, gefüllt und stark duftend und erscheinen im Überfluß in großen Büscheln. Starkwüchsig und nur mäßig stachelig. Laub mittelgrün und matt glänzend.
S a Bkl N ◐ D*** Rar   3,50 × 2,50 m

'Toby Tristram'

Hilliers GROSSBRITANNIEN ca. 1970
wahrscheinlich ein Multiflora-Sämling
Sehr reiche Blüte im Frühsommer. Riesige Büschel cremeweißer, einfacher Blüten, gelegentlich nachblühend. Sehr starkwüchsige Pflanze mit mittelgrünem Laub. Es folgen orangefarbene Hagebutten. Ich finde in meinen Büchern nur sehr wenig über diese Rose, sie verdient aber breitere Verwendung.
S Bkl ≋ ◐ N Hb D** Rar   10,00 × 6,00 m

'Trier'

P. Lambert DEUTSCHLAND 1904
'Aglaia' × unbekannt
Eine aufrecht wachsende Kletterrose oder – wenn man es so lieber hat – ein hoher Strauch mit kleinen, cremegelben, einfachen oder fast einfachen Blüten in Büscheln. Wurde Anfang des 20. Jahrhunderts gern von Züchtern verwendet, vor allem für die Entwicklung von Moschata-Hybriden.
r a ◐ D* Rar   2,50 × 1,80 m

'Turner's Crimson' *siehe* 'Crimson Rambler'

'Veilchenblau'

J. C. Schmidt DEUTSCHLAND 1909
'Crimson Rambler' × unbekannter Sämling
Starkwüchsiger Rambler, manchmal 'Die blaue Rose' genannt. Trägt große, dichte Büschel kleiner, halbge-

füllter Blüten von einem ins Lavendel gehenden Purpur, das gelegentlich weiß gefleckt ist, vor allem in der Mitte. Die Farbe verändert sich mit der Zeit zu bläulichem Lila und verblaßt zu Lilagrau. Duftend. Idealer Begleiter für cremefarbene und weiße Rambler, die Blüten können dann wirkungsvoll verschmelzen.
S a Bkl N ◐ D** Rar 4,50 × 3,50 m

'Violette'

Turbat FRANKREICH 1921

Dicht gefüllte, schalen- und rosettenförmige Blüten von sattem Violett-Purpur, im Innern Andeutungen von Gelb. Blüten in Büscheln. Duftend. Laub satt dunkelgrün. Wuchs stark, Triebe mit nur wenigen Stacheln.
S a Kr ◐ D** Rar 4,50 × 3,00 m

'White Flight' siehe 'Astra Desmond'

'Wind Chimes'

Lester USA vor 1946

Büschel kleiner, gefüllter, rosaroter Blüten an einem starkwüchsigen Strauch oder niedrigen Kletterer. Schönes, mittelgrünes Laub.
db a W ◐ D*** Rar 3,50 × 2,50 m

'Toby Tristram' (oben), 'Violette' (unten)

'Veilchenblau'

'Altissimo'

Moderne Kletterrosen

Die vergangenen Jahre brachten in der Entwicklung der modernen Rosen einen sehr nützlichen Trend: es entstanden verschiedene dauerblühende Kletterrosen. Genauer gesagt handelt es sich eigentlich um große Strauchrosen, die sich – wenn man sie an eine Wand pflanzt oder ihnen eine Stütze gibt – wie Kletterrosen verhalten. Sie bilden keine langen Aufwärtstriebe wie z. B. kletternde Teehybriden (die an anderer Stelle eingeordnet sind, im Gegensatz zur BARB Klassifikation, die viele davon hier einordnet). Sie blühen gewöhnlich am diesjährigen Holz. Was ihre Einordnung betrifft, so sind sie von recht unterschiedlicher Abstammung und mittlerweile vielfach gekreuzt. Aber ihre Wuchskraft und Blühfreudigkeit müssen sie von *R. multiflora* geerbt haben, was es mir erlaubt, sie hier einzuordnen.

Die meisten davon wurden als Sämlinge gezüchtet und sind keine kletternden Sports. Jedes Jahr kommen weitere neue Sorten dazu, und es ist schwierig, auf dem Laufenden zu bleiben. Aber die hier aufgeführten Sorten sind alle gut erprobt.

KLASSIFIKATION

BARB   Klassen 10, 11 und 12, einige 7
MR10   Klasse 46
WFRS   Klassen 13 und 17

'Agatha Christie', 'Ramira' (KORmeita)

Kordes DEUTSCHLAND 1990
Große Blüten in klarem Rosa von klassischer Form erscheinen reichlich den ganzen Sommer über, sie heben sich gut ab vor dem auffallenden dunkelgrünen, glänzenden Laub.
db a D* ⊰ Rar   2,50 × 1,20 m

'Alchymist'

Kordes DEUTSCHLAND 1956
'Golden Glow' × *R. eglanteria*-Hybride
Ungewöhnliche, aber wunderschöne, mittelgroße Kletterrose; sattgrünes, gesundes Laub und stacheliges Holz. Dicht gefüllte Blüten, die sich meistens geviertelt öffnen, sind von einer Mischung aus Gelb und Dotterorange. Stark duftend. Sie erscheinen ziemlich früh in der Saison. Einige der frühen Blüten sind viel blasser als die späteren. Sternrußtau kann ein Problem sein.
S a ◉ D*** Srt Rar   3,50 × 2,50 m

'Aloha'

Boerner USA 1949
'Mercedes Gallart' × 'New Dawn'
Eine herrliche und äußerst reizvolle Rose mit 60 und mehr rosaroten Blütenblättern mit dunklerer Unterseite und magentafarbenen Schattierungen. Stark duftend. Gesundes, wie dunkle Bronze aussehendes Laub. Hat einen aufrechten Wuchs, und treibt während des ganzen Sommers immer neue Blüten. In jeder Hinsicht eine erstklassige Rose.
db a ⊰ D*** v   3,00 × 1,80 m

'Altissimo'

Delbard-Chabert FRANKREICH 1967
'Ténor' × unbekannt
Große, leuchtend rote, einfache Blüten erscheinen in weit auseinander stehenden Büscheln, manchmal auch einzeln, inmitten von dunkelgrünem Laub. Hervorragend geeignet für Säulen oder Klettergerüste. Gedeiht nicht so gut an einer Wand, zumindest nach meiner Erfahrung.
db a D* Rar   3,00 × 1,80 m

'America'

Warriner USA 1976
Duftwolke' × 'Tradition'
Dicht gefüllte Blüten in sattem Lachsrosa mit hellerer Rückseite. Intensiv duftend. Laub mittelgrün. Starkwüchsig.
r a D*** v   4,50 × 3,00 m

'Alchymist' (oben), 'Aloha' (unten)

'Antique', 'Antike '89' (KORdalen)

Kordes DEUTSCHLAND 1989

Große, dicht gefüllte, zentifolienähnliche Blüten in Rosarot, zur Mitte hin blasser. Saftiges Laub. Starkwüchsig.

db a D* Rar 2,50 × 1,20 m

'Ash Wednesday', 'Aschermittwoch'

Kordes DEUTSCHLAND 1955

angeblich Hybride von *R. rubiginosa*

Obwohl sie von *R. rubiginosa* abstammt, halte ich die Einordnung hier bei den modernen Kletterrosen für angebrachter, da ich keinerlei Duft im Laub feststellen konnte. Dichte Büschel gefüllter Blüten von fahlem Weiß bis weichem Lila an einer starkwüchsigen, stacheligen, schön belaubten Pflanze.

S a N ◉ D* Rar 3,00 × 1,80 m

'Autumn Sunlight'

Gregory GROSSBRITANNIEN 1965

'Danse de Feu' × 'Goldilocks'

Große Büschel dicht gefüllter Blüten in Orange- bis Zinnoberrot. Laub intensiv mittelgrün. Wuchs aufrecht und hoch.

db a D* Rar 3,50 × 2,50 m

'Bantry Bay'

McGredy GROSSBRITANNIEN 1967

'New Dawn' × 'Korona'

Große, duftende, halbgefüllte Blüten öffnen sich ziemlich aufgeplustert, dunkelrosafarben mit sanfteren Spiegelungen. Laub saftig und dunkelgrün. Eine der besten und blühfreudigsten dieser Gruppe.

db a D** v 3,50 × 2,50 m

'Breath of Life'

Harkness GROSSBRITANNIEN 1981

'Red Dandy' × 'Alexander'

Prächtig, aber nicht umwerfend. Die apricotfarbenen Blüten haben eine schöne Form, ähnlich einer Teehybride, und duften. Dunkelgrünes Laub. Eine gute und anscheinend verläßliche Rose für die Liebhaber von Rosen in Orangetönen, die generell etwas schwierig zu kultivieren ist.

db ✂ D** Rar 3,00 × 1,80 m

'Butterscotch' (JACtan)

Warriner USA 1986

('Buccaneer' × 'Zorina') × 'Royal Sunset'

'Ash Wednesday' (oben), 'Bantry Bay' (unten)

Gefüllte, schön geformte Blüten in bräunlichem Orangegelb öffnen sich schalenförmig. Sie erscheinen in Büscheln an einer starkwüchsigen, dichten Pflanze mit mittelgrünem, mattglänzendem Laub.

db a ○ D* Rar 3,00 × 1,80 m

'Casino'

McGredy GROSSBRITANNIEN 1963

'Coral Dawn' × 'Buccaneer'

Büschel großer, voller, kugeliger, duftender Blüten von klarem Gelb an kräftigen, dunklen Trieben kontrastieren mit dem hellgrünen, glänzenden Laub. Eignet sich gut zur Pflanzung an Säulen.

r D*** Rar 3,00 × 2,50 m

'Breath of Life'

'Casino'

'City of York'

'Château de La Juvenie'

FRANKREICH *ca.* 1901 Züchter dem Autor nicht bekannt, *R. roxburghii*-Hybride

Große, gefüllte, schön geformte Blüten in Rosatönen. Laub matt dunkelgrün. Wuchs dicht und in die Breite gehend. Ich sah diese Rose erstmalig im Garten des amerikanischen Komponisten William Christie im Südwesten Frankreichs und war sehr von ihr eingenommen. Manchmal remontierend.

S ◐ D** Rar   3,30 × 2,60 m

'City Girl' (HARzorba)

Harkness GROSSBRITANNIEN 1994
'Armada' × 'Compassion'

Große Büschel mittelgroßer, duftender Blüten in leuchtendem Korallenrosa erscheinen an einem starkwüchsigen Strauch mit glänzendem mittelgrünem Laub.
db D** ⊰ Rar   2,50 × 1,80 m

'City of York', 'Direktor Benschop'
Tantau DEUTSCHLAND 1960
'Prof Gnau' × 'Dorothy Perkins'
Eine gute, starkwüchsige Kletterrose mit reichlich glänzendem Laub. Blüten rahmweiß mit zitronengelber Mitte, halbgefüllt und schalenförmig. Einzeln betrachtet wunderschön, blüht sehr üppig und ergibt einen großartigen Gesamteindruck. Duftend.
S a W N Bkl ◉ D** Rar   4,50 × 3,00 m

'Clair Matin' (MEImont)
Meilland FRANKREICH 1960
('Fashion' × 'Independence') × 'Phyllis Bide'
Reich verzweigt, Blüten von klarem Rosa mit cremefarbenen Glanzlichtern in großen, dichten Büscheln. Fast, aber nicht ganz einfach. Ihre Blühfreudigkeit zeichnet diese Rose aus. Laub dunkelgrün und Triebe purpurbraun. Eignet sich auch gut als Solitärstrauch oder als hohe Hecke.
db a N ◉ D* Rar   2,50 × 1,20 m

'Colcestria'
B. R. Cant GROSSBRITANNIEN 1916
Eine wunderschöne, große, gefüllte Blüte in silbrigem Rosa mit zurückgebogenen Blütenblättern, sich flach öffnend. Intensiv duftend. Laub hellgrün. Wuchs etwas zögerlich, aber dennoch lohnend.
r ⛉ Gh ☼ D*** ⊰ Rar   2,50 × 1,50 m

'Compassion'
Harkness GROSSSBRITANNIEN 1974
'White Cockade' × 'Prima Ballerina'
Dunkelgrünes, glänzendes Laub an dunklem Holz mit schön geformten Blüten in Apricot und Kupfer mit gelben Glanzlichtern. Duftend.
r ⊰ D*** Srt v   3,00 × 1,80 m

'Constance Spry'
Austin GROSSBRITANNIEN 1960
'Belle Isis' × 'Dainty Maid'
Eine wunderschöne Rose im altmodischen Stil. Große, gut gefüllte Blüten von klarem, leuchtendem Rosa

'**Compassion**' (oben), '**Constance Spry**' (unten)

mit einem myrrheähnlichen Duft. Üppiges, graugrünes Laub an einer starkwüchsigen, ziemlich stacheligen Pflanze. Eignet sich für fast alle Standorte sehr gut. Besonders geeignet für eine Kletterpyramide.
S a H ◉ D*** Mt Rar   6,00 × 3,00 m

'Coral Creeper'
Brownell USA 1938
('Dr Van Fleet' × 'Emily Gray') × 'Jacotte'
Halbgefüllte, duftende Blüten in Korallenrosa erscheinen sehr reichlich in Büscheln an einer starkwüchsigen Pflanze. Laub mattglänzend, ledrig. Aufrechter, dichter Wuchs.
S a ◉ H D** Rar   3,50 × 2,50 m

'Danse des Sylphes' (oben), 'Dixieland Linda' (unten)

'Coral Dawn'

Boerner USA 1952
'New Dawn' × unbenannte gelbe Teehybride
Große, volle, etwas rundliche, korallenrosafarbene Blüten inmitten von üppigem, dunkelgrünem, gesundem Laub. Duftend. Erstklassige, reichblühende Rose.
r N ◐ D* Rar   3,50 × 2,50 m

'Danse de Feu', 'Spectacular'

Mallerin FRANKREICH 1953
'Paul's Scarlet' × unbenannter Multiflora-Sämling
Die Farbe dieser Rose ist derart leuchtend, fast schreiend, daß es schwierig ist, sie mit anderen Kletterrosen zu kombinieren. Trotzdem eine ausgezeichnete, reichblühende Sorte mit schönen Knospen, die sich flach und dicht gefüllt öffnen. Die Blütenfarbe ist ein leuchtendes Ziegelrot. Üppiges Laub, aber ziemlich anfällig für Sternrußtau.
db ◐ Srt v   3,50 × 2,50 m

'Danse des Sylphes'

Mallerin FRANKREICH 1959
'Danse de Feu' × ('Gloria Dei' × 'Kordes Sondermeldung')
Sattes, leuchtendes Rot. Ein Sämling von 'Danse de Feu', fast ebenso leuchtend, aber etwas verhaltener.
db ◐ D* Rar   3,50 × 2,50 m

'Della Balfour' (HARblend)

Harkness GROSSBRITANNIEN 1994
Dicht gefüllte, hochgebaute Blüten in sattem Lachsorange erscheinen reichlich mit zitronigem Duft. Laub ledrig, dunkelgrün. Wuchs steif und aufrecht.
db a D*** ✂ Rar   2,50 × 1,80 m

'Direktor Benschop' *siehe* 'City of York'

'Dixieland Linda'

Beales GROSSBRITANNIEN 1996
Sport von 'Aloha'
Ein Sport in leuchtendem Orange mit allen Vorzügen der Elternsorte 'Aloha'. Benannt zur Erinnerung an den gemeinsamen 50. Geburtstag von Linda und Gordon Bonneyman. Von meinem Mitarbeiter Simon White in meinen Rosenfeldern entdeckt.
db a D*** ✂ v   3,00 × 1,80 m

'Don Juan', 'Malandrone'

Jackson and Perkins USA 1958
Sämling von 'New Dawn' × 'New Yorker'
Dicht gefüllte, schalenförmige Blüten in samtigem Dunkelrot, intensiv duftend, erscheinen in Büscheln. Laub glänzend, dunkelgrün und ledrig. Wuchs aufrecht, aber verzweigt.
r a D*** ✂ v   3,00 × 1,80 m

'Dreaming Spires'

Mattock GROSSBRITANNIEN 1977
'Buccaneer' × 'Arthur Bell'
Schön geformte Blüten mit hoher Mitte, dunkel-

gelb mit zarten Spuren von Orange, mit der Zeit zu Schlüsselblumengelb verblassend. Hübsches, dunkles Laub an einer starkwüchsigen Pflanze.
db a D* Rar   3,50 × 2,50 m

'Dublin Bay'

McGredy GROSSBRITANNIEN 1976
'Bantry Bay' × 'Altissimo'
Sehr gute Rose für Säulen mit großen, glänzenden Blättern. Büschel mittelgroßer Blüten von sattem Blutrot. Blüht fast den ganzen Sommer über. Eignet sich auch gut als großer Strauch.
db a D* Rar   2,00 × 1,50 m

'Eden Rose '88', 'Pierre de Ronsard'
(MEIviolin)

Meilland FRANKREICH 1987
Dicht gefüllte Blüten im alten Stil, cremeweiß, an der Basis der Blütenblätter lavendelrosafarben schattiert. Laub dunkelgrün und glänzend. Wuchs aufrecht und buschig. Eine außergewöhnlich feine Rose.
db D* Rar   2,50 × 1,80 m

'Dublin Bay' (oben), 'Etendard' (unten)

'Eden Rose '88'

'Étendard', 'New Dawn Rouge', 'Red New Dawn'

Robichon FRANKREICH 1956
'New Dawn' × Sämling
Büschel gefüllter Blüten in 'New Dawn'-Größe in leuchtendem Rot. Duftend. Glänzendes, dunkelgrünes Laub. Starkwüchsig.
db a D* Rar 3,00 × 1,50 m

'Etude'

Gregory GROSSBRITANNIEN 1965
'Danse de Feu' × 'New Dawn'
Büschel halbgefüllter, dunkel rosaroter Blüten mit einem guten Duft. Glänzendes, hellgrünes Laub an einer Pflanze mit starkem, aufrechtem Wuchs
db a N ◉ ✂ ☼ D** Rar 3,00 × 2,50 m

'Fugue' (MEItam)

Meilland FRANKREICH 1958
'Alain' × 'Guinée'
Sehr gute, aber wenig bekannte Sorte mit dicht gefüllten Blüten von sattem Dunkelrot. Dunkles, glänzendes Laub und starker Wuchs. Eignet sich gut für Säulen.
db a D* Rar 3,00 × 1,80 m

'Galway Bay'

McGredy GROSSBRITANNIEN 1966
'Gruß an Heidelberg' × 'Queen Elizabeth'
Große, gefüllte, schön geformte lachsrosafarbene Blüten. Duftend. Üppiges, glänzendes, dunkelgrünes Laub. Die Pflanze ist starkwüchsig mit gefälliger Kontur.
db a ◉ D* Rar 3,50 × 2,50 m

'Golden Showers'

Lammerts USA 1956
'Charlotte Armstrong' × 'Captain Thomas'
Große, locker gebildete, ziemlich zerzauste Blüten von dunklem Goldgelb, das schnell zu Rahmweiß verblaßt. Blüht ununterbrochen von Juni bis Oktober. Laub satt dunkelgrün und glänzend. Eignet sich auch gut als freistehender Strauch.
db a ◉ D* v 3,00 × 1,80 m

'Grand Hotel' (MACtel)

McGredy GROSSBRITANNIEN 1972
'Brilliant' × 'Gruß an Heidelberg'
Büschel halbgefüllter Blüten in ansehnlicher Größe erscheinen in sattem Scharlachrot. Laub dunkelgrün und matt. Wuchs aufrecht und buschig.
db a D* Rar 2,50 × 1,20 m

'Golden Showers'

'Händel', 'Handel'

McGredy GROSSBRITANNIEN 1956
'Columbine' × 'Gruß an Heidelberg'
Gute Sorte mit dunklen Trieben und glänzenden, dunkelgrünen, fast purpurfarbenen Blättern. Große, halbgefüllte Blüten, schalenförmig bis sie völlig geöffnet sind, silbrigweiß mit rosafarbenen bis roten Markierungen besonders an den Rändern. Markierungen werden mit der Zeit immer intensiver. Eine ausgezeichnete Rose, aber für meinen Geschmack etwas zu geziert.
db a D* v   3,50 × 2,50 m

'Highfield'

Harkness GROSSBRITANNIEN 1982
Ein blasserer Sport von 'Compassion', von einigen bevorzugt, da die Blütenfarbe weniger intensiv ist.
db ✄ D*** Rar   2,50 × 1,80 m

'Ilse Krohn Superior'

Kordes DEUTSCHLAND 1957
'Golden Glow' × R. kordesii
Dicht gefüllte, reinweiße Blüten aus schön geformten, spitzen Knospen. Schwach duftend. Laub sattgrün und glänzend. Starker Wuchs.
S Bkl N a ◐ D* v   3,50 × 3,00 m

'Intervilles'

Robichon FRANKREICH 1968
Sämling von 'Etendard'
Halbgefüllte bis gefüllte leuchtend rote Blüten erscheinen zwischen schönem, gesundem, dunkelgrünem Laub an einer starkwüchsigen, leicht in die Breite gehenden Pflanze. Schöne Exemplare kann man in der Roseraie de l'Hay in Paris sehen.
db ◐ D* Rar   3,30 × 2,20 m

'John Grooms'

Beales GROSSBRITANNIEN 1993
'Fritz Nobis' × 'Compassion'
Wunderschön geformte Blüten in einem satten, leuchtenden Lachston, der mit zarteren Rosatönen durchzogen ist; mit zartem Blaßgelb an der Basis der Blütenblätter. Intensiv duftend. Im Sommer reichblühend, später etwas nachblühend. Laub dunkelgrün, matt. Triebe pflaumenfarben, mit wenigen Stacheln. Auch gut als freistehender Strauch. Benannt nach der John-Grooms-Gesellschaft für Behinderte.
r a ◐ D*** ✄ Rar   3,00 × 2,20 m

'Händel' (oben), 'Intervilles' (unten)

'Köln am Rhein'

Kordes DEUTSCHLAND 1956
Abstammung unbekannt
Duftende, gefüllte Blüten von dunklem Lachsrosa erscheinen in Büscheln an einer gesunden, robusten Pflanze. Laub satt dunkelgrün und glänzend. Nicht häufig zu sehen, aber sehr lohnend.
r a N ◐ Rar   4,50 × 3,00 m

'Laura Ford' (CHEwarvel)

Warner GROSSBRITANNIENN 1989
Obwohl die Bezeichnung »Kletternde Miniaturrose« ein Widerspruch in sich selbst ist, ist diese hier reizvoll, mit kleinen Blüten und kleinen Blättern, wie man es von einer Miniaturrose erwartet. Kräftig gelb mit Bernstein-Schattierungen – besonders im Herbst. Dauerblühend. Ein gute Rose für eine Säule.
db ▽ Rar   250 × 90 cm

'Lavinia', 'Lawinia' (TANklewi)
Tantau DEUTSCHLAND 1980
Große, duftende, schalenförmige, gefüllte Blüten in mittlerem Rosa inmitten von großem, mittelgrünem, mattglänzendem Laub an einer starkwüchsigen, ausladenden Pflanze.
r Bkl D*** v   3,50 × 2,50 m

'Leaping Salmon' (PEAmight)
Pearce GROSSBRITANNIEN 1986
('Vesper' × 'Aloha') × ('Paddy McGredy' × 'Maigold') × 'Prima Ballerina'
Große, duftende, fast gefüllte Blüten in Lachsrosa werden reichlich an einer buschigen, aufrechten Pflanze hervorgebracht inmitten von üppigem, mittelgrünem, glänzendem Laub.
r a D* ✂ Rar   3,00 × 1,80 m

'Malaga'
McGredy GROSSBRITANNIEN 1971
('Hamburger Phoenix' × 'Danse de Feu') × 'Copenhagen'
Große, dunkel rosarote Blüten in schönen Büscheln an einer mittelgroßen, aber starkwüchsigen Pflanze mit dunkelgrünem Laub. Ein besonderer Vorzug ist der ausgeprägte R. rubiginosa-Duft.
r a ✂ D*** Rar   2,40 × 1,20 m

'Morning Jewel'
Cocker GROSSBRITANNIEN 1968
'New Dawn' × 'Red Dandy'
Große, halbgefüllte Blüten, duftend, von sattem Rosa. Blüht sehr reich. Glänzendes Laub in klarem Grün.
r a D** Rar   3,00 × 2,50 m

'Malaga' (oben), 'John Grooms' (unten)

'Night Light' (POUllight)

Poulsen DÄNEMARK 1982

'Westerland' × 'Pastorale'

Lockere Büschel ansehnlicher Größe mit großen, gefüllten Blüten in dunklem Gelb. Laub dunkelgrün und glänzend. Wuchs aufrecht.

db D* Rar   3,00 × 2,50 m

'Norwich Gold'

Kordes DEUTSCHLAND 1962

Blüten von orange getöntem Gelb öffnen sich flach und dicht gefüllt. Laub ziemlich matt grün.

r a D** Rar   3,00 × 2,50 m

'Norwich Pink'

Kordes DEUTSCHLAND 1962

Halbgefüllte, leuchtend kirschrote Blüten mit einem starken Duft. Laub dunkel und glänzend.

r a D*** Rar   3,00 × 2,50 m

'Norwich Salmon'

Kordes DEUTSCHLAND 1962

Dicht gefüllte Blüten von weichem Lachsrosa erscheinen in großen Büscheln an einer starkwüchsigen, buschigen Pflanze. Laub dunkelgrün und glänzend.

r D* Rar   3,00 × 2,40 m

'Parade'

'Parade'

Boerner USA 1953

Sämling von 'New Dawn' × 'World's Fair' (= 'Minna Kordes')

Kirschrote bis karminrote Blüten, dicht gefüllt und duftend. Laub glänzend, üppig und gesund. Ausgezeichnet geeignet zum Pflanzen an Säulen und auch als freistehender Strauch.

db a ◐ ⤬ Rar   3,00 × 2,50 m

'Pierre de Ronsard' siehe 'Eden Rose '88'

'Pinata'

Susuki JAPAN 1978

Dicht gefüllte, hochgebaute Blüten in klarem Gelb, das zinnoberfarben überhaucht ist. Leicht duftend. Laub groß, hell- bis mittelgrün. Wuchs stark, dicht.

db a ◐ D* Rar   3,00 × 1,80 m

Climbing 'Pinkie'

Buschform Swim USA 1947

Sport der Buschform: Dering, Armstrong Nurseries, USA 1952

'China Doll' × Sämling

Außergewöhnlich reichblühende Kletterrose. Die Fülle halbgefüllter, leuchtend rosafarbener Blüten eines in voller Blüte stehenden Exemplars ist ein umwerfender Anblick. Das sich weich anfühlende Laub ist glänzend hellgrün. Triebe drahtig und dicht verzweigt. In Amerika und in Australien / Neuseeland häufiger zu sehen. Ich erinnere mich, ein besonders schönes Exemplar im Antique Rose Emporium in Brenham/Texas gesehen zu haben.

r a ▽ ○ D** Rar   3,00 × 2,50 m

'Pink Perpétue'

Gregory GROSSBRITANNIEN 1965

'Danse de Feu' × 'New Dawn'

Eine der besten modernen Kletterrosen. Die Blütenfarbe ist für manchen Geschmack vielleicht zu kräftig, aber man kann sich darauf verlassen, daß sie den ganzen Sommer über Unmengen halbgefüllter bis gefüllter, ziemlich schalenförmiger Blüten in dunklem Rosa hervorbringt. Das tief dunkelgrüne Laub hat glänzende, purpurfarbene Schattierungen und ergibt einen ausgezeichneten Hintergrund für die Blüten.

db a N ◐ D** Rar   3,50 × 2,50 m

'Rhonda'

Lissmore USA 1968

'New Dawn' × 'Spartan'

Große, dicht gefüllte Blüten in Büscheln, dunkel

'Pink Perpétue'

karminrot-rosa. Duftend. Laub mittelgrün, matt glänzend. Wuchs stark und aufrecht.
r a D* v   3,00 × 1,80 m

'Ritter von Barmstede'
Kordes DEUTSCHLAND 1959
Dunkelrosafarbene, gefüllte Blüten in großen Büscheln. Etwas ungeordneter Wuchs, hat aber ausgezeichnetes, glänzendes, dunkelgrünes Laub.
r a ◉ Rar   3,00 × 3,00 m

'Rosy Mantle'
Cocker GROSSBRITANNIEN 1968
'New Dawn' × 'Prima Ballerina'
Gefüllte, silbrigrosafarbene Blüten mit einem intensiven Duft. Ziemlich breitwüchsig, wenn sie nicht zusammengebunden wird, aber ein hübscher Anblick, wenn sie in voller Blüte steht. Schönes, glänzendes, dunkelgrünes Laub.
db N ◉ ✂ D*** Rar   2,50 × 2,50 m

'Royal Gold'
Morey USA 1957
'Goldilocks' × 'Lydia'
Gehört unter den Kletterrosen nicht gerade zu den eifrigsten Blühern, hat aber normalerweise schöne Blüten von einem Goldgelb, das kaum verblaßt, von klassischer Teehybridenform, locker geformt und ziemlich groß. Laub glänzend, mittel- bis dunkelgrün. Braucht einen geschützten Platz, da sie nicht ganz winterhart ist.
db ☼ ✂ D*** Rar   2,50 × 2,50 m

'Schoolgirl'
McGredy GROSSBRITANNIEN 1964
'Coral Dawn' × 'Belle Blonde'
Die Blüten sind von einem satten kupfergetönten Orange. Die Knospen sind wie bei Teehybriden geformt, öffnen sich aber locker, flach und halbgefüllt. Intensiv duftend. Etwas wenig Laub und für meinen Geschmack eher überschätzt.
db ✂ D*** v   3,00 × 2,50 m

'Schwanensee', 'Swanlake'
McGredy GROSSBRITANNIEN 1968
'Memorium' × 'Gruß an Heidelberg'
Eine wunderschöne Rose. Eine gut geformte Knospe öffnet sich groß und dicht gefüllt, weiß mit einem blaßrosa Hauch in der Mitte. Blüht den ganzen Sommer über sehr üppig. Rundliche, dunkelgrüne Blätter erscheinen reichlich an einer aufrechten, gefälligen Pflanze.
db a ✂ D* v   2,50 × 1,80 m

'Rosy Mantle' (oben), 'Royal Gold' (unten)

'Schoolgirl'

'Sourire d'Orchidée'

Croix FRANKREICH 1985

Große, halbgefüllte Blüten in weichem Rosa mit dunkleren Schattierungen, in Büscheln. Eine außergewöhnlich gute Rose mit schönem, mittelgrünem, matt glänzendem Laub und starkem, buschigem Wuchs.

db ◯ D** Rar   3,30 × 2,60 m

'Soldier Boy'

LeGrice GROSSBRITANNIEN 1953
unbenannter Sämling × 'Guinée'

Eine Rose von beachtlicher Schönheit. Die Blüten sind einfach, satt scharlachrot mit auffälligen goldfarbenen Staubfäden. Laub üppig und matt dunkelgrün. Remontiert mit Unterbrechungen während des ganzen Sommers.

r a N ◯ D*** Rar   3,00 × 2,50 m

'Sourire d'Orchidée'

'Sparkling Scarlet', 'Iskra'

Meilland FRANKREICH 1970
'Danse des Sylphes' × 'Zambra'
Büschel halbgefüllter Blüten in stark leuchtendem Scharlachrot, mit großem, mittelgrünem, matt glänzendem Laub an einer Pflanze von aufrechtem, verzweigtem Wuchs.
db a D*** Rar 3,00 × 2,50 m

'Spectacular' *siehe* 'Danse de Feu'

'Summer Wine' (KORizont)

Kordes DEUTSCHLAND 1985
Die großen, halbgefüllten Blüten in dunklem Rosa haben rote Staubgefäße und erscheinen in Büscheln. Laub mittelgrün und matt glänzend. Wuchs aufrecht und buschig.
db a D** Rar 3,00 × 1,80 m

'Swan Lake' *siehe* 'Schwanensee'

'Sympathie'

Kordes DEUTSCHLAND 1964
Duftende, dunkelrote, dicht gefüllte und schön geformte Blüten erscheinen reichlich und während des ganzen Sommers. Laub dunkelgrün und glänzend.
db a D** Rar 3,00 × 2,50 m

'Tempo'

Warriner USA 1975
'Climbing Ena Harkness' × unbekannt
Dicht gefüllte, schön geformte, duftende, dunkelrote Blüten in Fülle. Wuchs stark. Laub dunkelgrün, glänzend.
r a D*** v 4,50 × 3,00 m

'Warm Welcome' (CHEwizz)

Warner GROSSBRITANNIEN 1990
Eine weitere gute kletternde Miniaturrose des Züchters von 'Laura Ford'. Diese hat eine sehr leuchtende Farbe, die vom Züchter als »lebhaftes Zinnober-Orange« beschrieben wird. Schönes, ledriges Laub.
db ▽ Rar 250 × 90 cm

'Swan Lake' (oben), 'White Cockade' (unten)

'White Cockade'

Cocker GROSSBRITANNIEN 1969
'New Dawn' × 'Circus'
Eine stachelige, aufrechte Kletterrose mit kleinen, aber zahlreichen, dunklen, glänzenden Blättern, die gut mit den dicht gefüllten, reinweißen Blüten harmonieren. Sie öffnen sich zu einer fast dreieckigen Form, was zu dem Namen geführt hat (englisch: *cockade* = Kokarde). Eine der besten weißen Kletterrosen, aber nicht besonders starkwüchsig. Eignet sich gut zum Pflanzen an Säulen.
db ✂ D* Rar 2,50 × 1,80 m

Moderne Strauchrosen

Eine wachsende Nachfrage nach Strauchrosen hat die Züchter veranlaßt, viele verschieden hoch wachsende Sorten zu züchten und in den Handel zu bringen, die sich alle durch eine lange Blütezeit auszeichnen. Wie die modernen Kletterrosen sind diese von sehr unterschiedlicher Abstammung. Und viele davon eignen sich nicht nur ausgezeichnet als Strauchrosen, sondern können ebensogut als kleine Kletterrosen oder an Säulen gepflanzt werden. Einige eignen sich sogar sehr gut für geschnittene und frei wachsende Hecken.

KLASSIFIKATION

BARB   Klasse 7
MR10   Klasse 54
WFRS   Klassen 1 und 2

'Alexander'

Harkness GROSSBRITANNIEN 1972
'Super Star' × ('Ann Elizabeth' × 'Allgold')
Hübsch geformte, spitze Knospen öffnen sich zu großen, leicht zerzausten Blüten von einem sehr leuchtenden, hellen Zinnoberrot und zeigen dann sehr wirkungsvoll cremegelbe Staubgefäße. Laub satt grün und gesund. Wuchs aufrecht, mit kräftigen, stacheligen Trieben.
db a H Kr ◉ ✂ D* v   1,80 × 1,20 m

'Angelina'

Cocker GROSSBRITANNIEN 1976
('Super Star' × 'Carina') × ('Cläre Grammerstorf' × 'Frühlingsmorgen')
Eine äußerst reichblühende, niedrige Strauchrose. Die duftenden Blüten sind groß, ganz leicht gefüllt und von einem leuchtenden Rosenrot. Sie erscheinen in großen Büscheln an aufrechten Trieben mit dunkelgrünem Laub.
db H a ▽ D** Rar   120 × 90 cm

'Anna Zinkeisen'

Harkness GROSSBRITANNIEN 1983
Eine buschige Rose mit schönem mittelgrünem Laub. Dicht gefüllte, elfenbeinfarbene Blüten mit goldgelber Tönung an der Basis erscheinen in Büscheln. Hat einen ausgeprägten Duft.
db Bd a ◉ ▽ D*** Rar   120 × 90 cm

'Alexander' (oben), 'Anna Zinkeisen' (unten)

'Applejack'

Buck USA 1973

'Goldbusch' × ('Josef Rothmund' × *R. laxa retzius*)
Kleine, spitze Knopsen öffnen sich zu halbgefüllten, lockeren Blüten in einem dunklen Rosarot, das leicht rot getupft ist. Intensiv duftend, sehr reichblühend. Üppiges Laub, mittelgrün, ledrig. Wuchs stark und ausladend buschig. Eine besonders schöne Allzweckrose. Winterhart.

a Kr H ▽ D*** ⊱ Rar   2,50 × 2,10 m

'Armada' (HARuseful)

Harkness GROSSBRITANNIEN 1988

'New Dawn' × 'Silver Jubilee'
Die Blüten in sattem, klarem Rosa halten die Farbe gut. Sie sind halbgefüllt und erscheinen in großen Büscheln. Im Herbst folgen hübsche Hagebutten. Laub leuchtend grün und glänzend. Aufrechter, buschiger Wuchs.

db H Hb Kr ▽ Rar   150 × 90 cm

'Autumn Bouquet'

Jacobus USA 1948

'New Dawn' × 'Crimson Glory'
Lange, spitze Knospen öffnen sich zu großen, dicht gefüllten Blüten in Karminrot bis silbrigem Dunkelrosa. Laub ledrig und dunkelgrün. Wuchs aufrecht und buschig.

db a D*** H ▽ ● ⊱ Rar   120 × 90 cm

'Autumn Sunset'

Lowe USA 1987

Sport von 'Westerland'
Mittelgroße Blüten, dicht gefüllt, schalenförmig, locker geformt, apricotfarben mit etwas Orange und Dunkelgelb. Glänzendes, mittelgrünes Laub. Wuchs hoch und buschig.

db Kr a D** H ● ⊱ Rar   1,80 × 1,20 m

'Ballerina' *siehe* Moschata-Hybriden *Seite 255*

'Berlin'

Kordes DEUTSCHLAND 1949

'Eva' × 'Gloria Dei' (= 'Peace')
Große, einfache Blüten von sattem, leuchtendem Rot, das zur Mitte hin zu Weiß verblaßt. Auffällige, gelbe Staubgefäße. Aufrecht, aber nicht hoch. Laub dunkel und knackig. Das Holz, besonders das junge, ist dunkel und hat viele Stacheln.

db Kr a H Rar   150 × 90 cm

'Angelina' (oben), 'Autumn Sunset' (unten)

'Biddulph Grange' (FRYdarkeye)

Fryer GROSSBRITANNIEN 1988

Eine Rose von ungewöhnlicher Farbe: samtiges leuchtendes Rot, zur Mitte eines jeden Blütenblatts hin dunkler und mit der Zeit nachdunkelnd. Die Basis und die Rückseite der Blütenblätter sind weiß. Sie erscheinen in großen Büscheln an einer strauchförmigen kleinen Pflanze mit schönem, gesundem Laub.

db ▽ H Bd Rar   120 × 90 cm

'Bonica '82' (MEIdomonac)

Meilland FRANKREICH 1982

Sehr große Büschel dicht gefüllter Blüten von leuchtendem Rosa, das oft zu den Rändern hin blasser

wird. Sie erscheinen den ganzen Sommer über an kräftigen, überhängenden Triebe. Glänzendes Laub von einem kupfernen Hellgrün. Eine hervorragende Sorte. Nicht zu verwechseln mit einer anderen Rose gleichen Namens, die 1953 von Meilland gezüchtet wurde.
db a Bd H ▽ v   90 × 180 cm

'Bonn'

Kordes DEUTSCHLAND 1950
'Hamburg' × 'Kordes Sondermeldung'
(= 'Independence')
Zahlreiche halbgefüllte Blüten von einem leuchtenden Orangerot, das mit der Zeit verblaßt, wodurch aber der Reiz der Sorte nicht leidet. Ein starkwüchsiger, aufrechter Busch mit viel dunkelgrünem Laub.
db a Kr H D* Rar   1,80 × 1,20 m

'Butterfly Wings'

Gobbee GROSSBRITANNIEN 1976
'Dainty Maid' × 'Gloria Dei' (= 'Peace')
Eine wunderschöne Rose. Große, feine, einfache Blüten von rosigem Weiß mit einem Hauch von Rot an den Rändern der Blütenblätter. Üppiges, dunkelgrünes Laub. Nicht zu groß.
db ▽ ○ Rar   120 × 90 cm

'Bonica '82'

'Canterbury'

Austin GROSSBRITANNIEN 1969
('Monique' × 'Constance Spry') × Sämling
Große, seidige, duftende, fast einfache Blüten von reinem Rosarot, in der Mitte zeigen sie hübsche goldfarbene Staubgefäße. Laub mittelgrün, üppig. Wuchs buschig.
r ▽ H D** Rar   1,00 × 1,00 m

'Cardinal Hume'

'Cardinal Hume' (HARregale)

Harkness GROSSBRITANNIEN 1984
[('Lilac Charm' × 'Sterling Silver') × ('Orangeade' × 'Lilac Charm')] × [('Orange Sensation' × 'Allgold') × R. californica] × 'Frank Naylor'
Eine höchst ungewöhnliche Rose. Die satt purpurfarbenen Blüten sind gefüllt, bestehen aus einer Vielzahl schmaler Blütenblätter und erscheinen in Büscheln eng an den Trieben fast zwischen dem üppigen, dunkelgrünen Laub. Etwas breiter als hoch, aber nicht breit genug, um sie als niederliegend einzustufen.
r Bd a ◉ Srt D*** Rar 90 × 120 cm

'City of London' (HARukfore)

Harkness GROSSBRITANNIEN 1987
'New Dawn' × 'Radox Bouquet'
Große, lockere, zartrosafarbene Blüten mit einem intensiven Duft werden in Büscheln hervorgebracht. Großes, leuchtend grünes Laub an einer aufrechten, buschigen Pflanze.
db a H D*** Kr Rar 150 × 90 cm

'Cocktail'

Meilland FRANKREICH 1959
('Kordes Sondermeldung' × 'Orange Triumph') × 'Phyllis Bide'
Eine leuchtende Rose mit Büscheln einfacher Blüten von glänzendem Rot mit gelber Mitte; das Rot wird mit der Zeit sogar intensiver. Aufrechte, stachelige Triebe mit dunkelgrünen, tief gezähnten Blättern.
db Kr a H ◉ ▽ D* Rar 1,80 × 1,20 m

'Copenhagen'

Poulsen DÄNEMARK 1964
Sämling × 'Ena Harkness'
Gefüllte, scharlachrote Blüten in Büscheln an einer aufrechten Pflanze mit hübschem, bronzefarbenem Laub. Eignet sich auch gut als niedrige Kletterrose.
db a Kr Rar 2,50 × 1,20 m

'Country Dancer'

Buck USA 1973
'Prairie Princess' × 'Johannes Boettner'
Große, dicht gefüllte, rosarote Blüten. Duftend. Pflanze buschig, aufrecht wachsend mit üppigem, glänzend dunkelgrünem Laub.
r ▽ H ◉ VD*** Rar 90 × 90 cm

'Cocktail'

'Country Music'

Buck; Iowa State University USA 1972
('Paddy McGredy' × 'Worlds Fair') × ('Floradora' × 'Applejack')
Büschel schalenförmiger, gefüllter Blüten in zartem Rosa mit dunklerer Rückseite. Duftend. Schönes, ledriges, gesundes, mittelgrünes Laub. Aufrechter, buschiger Wuchs.
r a ◉ H D** Rar ✂ 90 × 90 cm

'Cuthbert Grant'

Landwirtschaftsministerium KANADA 1967
('Crimson Glory' × 'Assiniboine') × 'Assiniboine'
Ansehnlich große Blüten, fast gefüllt, dunkelrot mit einem Hauch von Purpur, schalenförmig, duftend. Laub glänzend. Starker, buschiger Wuchs.
r a ◉ H W D** Rar 120 × 90 cm

'Cymbeline' (AUSteen)

Austin GROSSBRITANNIEN 1983
Sämling × 'Lilian Austin'
Gräulich-rosafarbene, locker gefüllte Blüten, nach Myrrhe duftend, erscheinen in Büscheln an einer

'Cuthbert Grant'

'Elmshorn'

breitwüchsigen, buschigen Pflanze mit üppigem mittelgrünem, matt glänzendem Laub.
r Bd a D*** Rar   1,50 × 1,50 m

'Dapple Dawn'

Austin GROSSBRITANNIEN 1983
Sport von 'Red Coat'
Große, einfache, duftende zartrosafarbene Blüten in Büscheln an einer starkwüchsigen, aufrecht wachsenden Pflanze. Stachelig und dunkelgrünes Laub.
r H Kr a ◍ D* Rar   1,50 × 1,20 m

'Dentelle de Malines', 'Lens Pink'

Lens BELGIEN 1983
Eine recht hohe, breitwüchsige Rose. Große Büschel zartrosafarbener bis weißer, schalenförmiger Blüten an einem überhängenden Strauch mit viel mittelgrünem Laub. Eine reizende Rose, sehr zu empfehlen.
r ▽ ◍ D* W Bd H ≋ Rar   1,20 × 1,50 m

'Dorothy Wheatcroft'

Tantau DEUTSCHLAND 1960
Große, halbgefüllte, leuchtend rote Blüten. Die Blütenblätter sind an den äußeren Rändern leicht zerknittert. Die Blüten erscheinen in großen Büscheln an einem starkwüchsigen, schön belaubten, stacheligen Strauch.
db a H Rar   1,50 × 1,20 m

'Dr Jackson'

Austin GROSSBRITANNIEN 1987
Büschel einfacher Blüten in leuchtendem Scharlach-Karminrot an einer starkwüchsigen, ausladend-buschigen Pflanze mit dunkelgrünem Laub.
S H Br a ◍ D* Rar   110 × 90 cm

'Elmshorn'

Kordes DEUTSCHLAND 1951
'Hamburg' × 'Verdun'
Große Büschel kleiner, gefüllter Blüten von lebhaftem Rosa erscheinen an einem starkwüchsigen Busch, der üppiges, dunkel graugrünes Laub mit krausen Blättern trägt. Eine sehr gute, reich blühende Strauchrose, zu recht beliebt.
db a H Kr ◍ ▽ Rar   1,50 × 1,20 m

'Erfurt'

Kordes DEUTSCHLAND 1939
'Eva' × 'Réveil Dijonnais'
Einfache Blüten von sattem Kirschrot, das zur Mitte hin zu fast Weiß verblaßt; auffällige braune Staubfäden. Die recht schönen Blüten gewinnen noch durch das gesunde, üppige, kupfergrüne Laub. Die Triebe sind kupferbraun mit zahlreichen hakigen Stacheln. Eine ausgezeichnete Strauchrose.
db a H ◍ D* Rar   1,50 × 1,20 m

'Fountain'

Tantau DEUTSCHLADN 1972
Blutrote Blüten von ansehnlicher Größe erscheinen in Büscheln an einem mittelgroßen Strauch mit dicken, dunkelgrünen Blättern. Eine gute, gesunde Sorte.
db a H Kr ▽ ⊱ D* v   2,00 × 1,20 m

'Frank Naylor'

Harkness GROSSBRITANNIEN 1978
[('Orange Sensation' × 'Allgold') × ('Little Lady' × 'Lilac Charm')] × [('Blue Moon' × 'Magenta') × ('Cläre Grammerstorf' × 'Frühlingsmorgen')]
Büschel einfacher roter Blüten mit gelber Mitte. Guter, gesunder, dichter Wuchs. Blätter lang und rötlich-grün. Eine sehr gute, niedrigwachsende Strauch-

'Erfurt' (oben), 'Fountain' (unten)

rose, wenn eine leuchtende Farbe gewünscht wird. Später schöne Hagebutten.
a H Hb Kr ▽ D* Rar 180 × 90 cm

'Freckles'

Buck; Iowa State University USA 1976
Hellrote Blüten, gelb durchzogen, dunkler rot gesprenkelt. Laub ledrig, dunkelgrün. Wuchs aufrecht, buschig, sehr gesund.
db a ▽ H D** Rar 90 × 90 cm

'Fred Loads'

Holmes GROSSBRITANNIEN 1968
'Dorothy Wheatcroft' × 'Orange Sensation'
Große, fast einfache Blüten von sattem, leuchtendem Lachsrosa in großen, eindrucksvollen, dichten Büscheln. Eine starkwüchsige und aufrechte Rose mit großen, ledrigen Blättern.
db a H Kr v 1,50 × 1,20 m

'Fritz Nobis'

Kordes DEUTSCHLAND 1940
'Joanna Hill' × 'Magnifica'
Eine wunderschöne Rose. Sie blüht zwar nur einmal in der Saison, lohnt aber trotzdem. Ein dichter Strauch, ausgesprochen gesund, mit kleinen, aber zahlreichen graugrünen Blättern. Die dicht gefüllten Blüten sind von einem weichen Blaßrosa bis Lachsrosa und erscheinen in großer Fülle. Ihnen folgt im Herbst eine eindrucksvolle Menge kleiner, aber farbenfroher orangefarbener Hagebutten.
S a H Hb Kr ◍ v 1,50 × 1,20 m

'Fred Loads'

'Grandmaster'

Kordes   DEUTSCHLAND 1954

'Sangerhausen' × 'Sunmist'

Spitze Knospen öffnen sich zu großen, halbgefüllten Blüten von Apricotrosa mit zitronengelben Schattierungen. Duftend. Hellgrünes Laub an einer buschigen Pflanze.

db a D* Rar   1,50 × 1,20 m

'Gruß an Heidelberg', 'Heidelberg'

Kordes   DEUTSCHLAND 1958

'World's Fair' × 'Floradora'

Stark leuchtende Rose, in feurigem Karminrot mit dunklem Orange gesprenkelt, dicht gefüllt. Die Blüten erscheinen in großen Büscheln. Laub dunkelgrün, von kräftigem Aussehen.

db a Kr Rar   1,80 × 1,50 m

'Hawkeye Belle'

Buck; Iowa State University USA

('Queen Elizabeth' × 'Pizzicato') × 'Prairie Prince'

Gefüllte weiße Blüten mit zartrosafarbener Mitte. Duftend. Laub dunkelgrün, ledrig. Wuchs aufrecht und buschig. Sehr winterhart.

db a H D*** Rar   120 × 90 cm

Heidelberg' *siehe* 'Gruß an Heidelberg'

'Hon. Lady Lindsay'

N. J. Hanson   USA 1938

'New Dawn' × 'Rev. F. Page Roberts'

Gefüllte Blüten von klarem Rosa mit dunklerer Rückseite. Laub dunkelgrün an einer breitwüchsigen buschigen Pflanze. Bevorzugt heiße Sommer oder ein wärmeres Klima.

db H a Gh D* Rar   90 × 90 cm

'Horatio Nelson'

Beales   UK 1997

'Aloha' × 'Centenaire de Lourdes'

Eine sehr hübsche mittelhohe Strauchrose. Schön geformte, gefüllte Blüten in vielen Rosatönen im

'Horatio Nelson'

altmodischen Stil, wenn sie ganz geöffnet sind – erscheinen reichlich. Intensiv duftend. Laub dunkelgrün. Wuchs dicht und breit.
db a ▽ D*** Rar   1,20 × 1,20 m

'Jacqueline du Pré' (HARwanna)

Harkness GROSSBRITANNIEN 1989
'Radox Bouquet' × 'Maigold'
Hübsche große, elfenbeinfarbene, fast einfache Blüten mit auffallenden, goldroten Staubgefäßen und duftend (Moschus). Die Blüten erscheinen reichlich an einem starkwüchsigen Strauch mit üppigem, dunkelgrünem Laub.
r a H ▽ D*** Rar   1,20 × 1,50 m

'Jayne Austin' (AUSbreak)

Austin GROSSBRITANNIEN 1990
mit den Noisette-Rosen verwandt
Blüten von wunderschöner Rosettenform mit einem Knopfauge erscheinen in Büscheln. Die Farbe ist ein warmes Apricotgelb. Intensiv duftend. Laub reichlich und hellgrün. Ausladender und starker Wuchs.
r H Bd ✂ ▽ D*** Rar   120 × 90 cm

'John Franklin'

Landwirtschaftsministerium KANADA 1980
'Lilli Marlene' × unbenannter Sämling
Ansehnlich große, (mit 25 Blütenblättern) gefüllte, duftende, rote Blüten in kleinen Büscheln. Rundliches, mittel- bis dunkelgrünes Laub an einer Pflanze von aufrechtem, buschigem Wuchs, reichlich besetzt mit gelblich-cremefarbenen Stacheln.
r N ◉ ▽ H Kr D** Rar   1,50 × 1,20

'Joseph's Coat'

Armstrong & Swim USA 1964
'Buccaneer' × 'Circus'
Wird oft als Kletterrose aufgeführt, meiner Ansicht nach eignet sie sich aber besser für einen freistehenden Strauch oder bestenfalls für eine Säule. Locker geformte, vielfarbige Blüten öffnen sich aus schönen Knospen in großen, dichten Büscheln an einer stacheligen, aufrechten Pflanze mit hellgrünem, glänzendem Laub.
db a H Kr D** v   2,00 × 1,20 m

'Kassel'

Kordes DEUTSCHLAND 1957
'Obergärtner Wiebicke' × 'Kordes Sondermeldung'
Dichte Büschel aus eng zusammenstehenden, gefüllten Blüten an kräftigen Trieben; orange bis schar-

'Jacqueline du Pré'

'Kassel'

'Kathleen Ferrier'

lachrot, mit der Zeit zu leuchtendem Rot nachdunkelnd. Laub ledrig, etwas glänzend. Aufrechter, buschiger Wuchs. Triebe bräunlichrot.
db a H ⛁ Rar   1,50 × 1,20 m

'Kathleen Ferrier'

Buisman HOLLAND 1952
'Gartenstolz' × 'Shot Silk'
Kleine Büschel halbgefüllter Blüten von sattem Lachsrosa. Starker und aufrechter Wuchs mit dunkelgrünem, glänzendem Laub. Eine erstklassige Rose.
db H Kr D* Rar   1,50 × 1,20 m

'Lady Sonia'

Mattock GROSSBRITANNIEN 1961
'Grandmaster' × 'Doreen'
Eine reichblühende, halbgefüllte Rose von dunklem Goldgelb. Hübsch geformte Knospen und Blüten. Laub dunkel und lederartig. Wuchs aufrecht und reich verzweigt.
db a ✂ Rar   1,50 × 1,20 m

'Lafter'

Brownell USA 1948
['V for Victory' × ('Général Jacqueminot' × 'Dr Van Fleet')] × 'Pink Princess'
Sehr guter Strauch. Büschel halbgefüllter, ziemlich locker geformter Blüten in Lachsrosa und Apricot mit Spuren von Gelb. Laub dunkelgrün, leicht glänzend, aber ledrig. Aufrechter, buschiger Wuchs.
db a Kr H D* Rar   1,50 × 1,20 m

'Lafter'

'La Sevillana' (MEIgekanu)

Meilland FRANKREICH 1982
Sehr gesund mit zahlreichen halbgefüllten Blüten von sattem Rot, die die Farbe selbst bei starker Sonneneinstrahlung gut halten. Üppiges, dunkelgrünes Laub. Dichter, buschiger, etwas in die Breite gehender Wuchs.
db H a Bd v   1,20 × 1,50 m

'Lichtkönigin Lucia' (KORlilub)

Kordes DEUTSCHLAND 1966
'Zitronenfalter' × 'Cläre Grammerstorf'
Büschel mit dicht zusammenstehenden, halbgefüllten, kanariengelben, gut duftenden Blüten. Laub mittel- bis hellgrün, glänzend. Mittelhoher bis hoher Wuchs, buschig. Eine gute gelbe Strauchrose.
db ⛁ H a D** ✂ Rar   120 × 90 cm

'L'Oréal Trophy' (HARlexis)

Harkness GROSSBRITANNIEN 1982

Sport von 'Alexander'

Die Blütenfarbe ist zarter als bei der Elternsorte, sonst identisch.

db a H D* ▽ ✂ Rar   1,80 × 1,20 m

'Lyda Rose' (LETlyda)

Lettunich USA 1994

Sämling von 'Francis E. Lester'

Große Büschel einfacher Blüten in zartestem Rosa bis Weiß, mit rosafarbenen Rändern. Duftend, dauerblühend. Laub reichlich und sattgrün. Wie die Elternsorte sehr krankheitsresistent. Wuchs dicht und ausladend. Benannt nach der Tochter des Züchters.

db H ▽ ◉ D** Rar   1,20 × 1,20 m

'Magenta'

Kordes DEUTSCHLAND 1954

gelber Floribunda-Sämling × 'Lavender Pinocchio'

Ein mäßig starkwüchsiger Strauch mit gefüllten Blüten von ungewöhnlicher Farbmischung, Rehbraun und Purpur mit rosa- und lilafarbenen Glanzlichtern öffnen sich flach in altmodischer Form und erscheinen in großen Büscheln. Laub dunkelgrün. Wuchs locker und buschig. Diese Rose kann ausgesprochen launisch sein.

db H ▽ D*** Rar   1,20 × 1,20 m

'Malcolm Sargent' (HARwharry)

Harkness GROSSBRITANNIEN 1988

'Herbstfeuer' × 'Trumpeter'

Blüten von Teehybridenform in einem schimmernden Karminrot bis Scharlach, mit sattgrün funkelndem Laub an einer buschigen, aufrechten Pflanze.

db H ▽ ✂ Rar   120 × 90 cm

'Many Happy Returns' (HARwanted)

Harkness GROSSBRITANNIEN 1991

Große Büschel halbgefüllter Blüten in zartem Rosa erscheinen den ganzen Sommer und Herbst über an einer gesunden, buschigen Pflanze mit graugrünem, matt glänzendem Laub.

db a ▽ D* Rar   90 × 90 cm

'Lichtkönigin Lucia'

'Magenta'

'Many Happy Returns'

'Märchenland', 'Exception'

Tantau DEUTSCHLAND 1951
'Swantje' × 'Hamburg'
Sehr große, dichte Büschel fast einfacher Blüten mit gleichmäßigem Abstand in leuchtendem Rosa mit dunkleren Schattierungen. Sehr reichblühend. Laub dunkelgrün, leicht glänzend und üppig. Aufrechter, buschiger Wuchs. Viel zu wenig beachtete Strauchrose.
db a ▽ Rar 1,50 × 1,20 m

'Marjorie Fair'

Harkness GROSSBRITANNIEN 1978
'Ballerina' × 'Baby Faurax'
Gute, niedrigere Strauchrose, die aus 'Ballerina' gezüchtet wurde und ebensogut unter den Moschata-Hybriden eingeordnet werden könnte. Die Blüten erscheinen in großen, dichten Büscheln und sind klein, einfach und rot mit einem rosa-weißen Auge. Üppiges, mittelgrünes Laub. Wuchs buschig und gefällig.
db H a ▽ ◉ v 120 × 90 cm

'Mary Hayley Bell', 'Abunancia' (KORparau)

Kordes DEUTSCHLAND 1989
Büschel hübscher halbgefüllter Blüten in zartem Rosa inmitten von gutem, mittelgrünem Laub. Wuchs buschig.
db ▽ H a D* Rar 1,50 × 1,20 m

'Mountbatten'

Harkness GROSSBRITANNIEN 1952
('Anne Cocker' × 'Arthur Bell') × 'Southampton'
Riesige Büschel dicht gefüllter Blüten von klarem Gelb an einer aufrecht wachsenden, aber stacheligen Pflanze mit schönem, vollkommenem, hellgrünem Laub. Eignet sich eher als Strauch oder Solitärrose als für Beete. Läßt sich auch sehr gut als Hecke verwenden.
db H a ☼ ▽ ✂ D** v 150 × 90 cm

'Nymphenburg'

Kordes DEUTSCHLAND 1954
'Sangerhausen' × 'Sunmist'
Ein starkwüchsiger, aufrechter Strauch, evtl. für Säulen. Halbgefüllte Blüten in Lachsrosa mit Zitronengelb und dunkleren rosafarbenen Glanzlichtern. Sehr reichblühend. Laub dunkelgrün und glänzend.
db a H D** Kr v 1,80 × 1,20 m

'Parkjuwel', 'Parkjewel'

Kordes DEUTSCHLAND 1956
'Kordes Sondermeldung' × eine rote Moosrose
Eine starkwüchsige, buschige Pflanze mit runzligem, ziemlich lederartigem Laub und schönen, hübsch

'Mountbatten'

'Nymphenburg'

bemoosten Knospen. Blüten groß, dicht gefüllt, kugelig, von hellem, weichem Rosa. Sie remontiert nicht, verliert aber dadurch nicht an Reiz.
S a H Kr ◉ ▽ D* Rar 1,80 × 1,20 m

'Peach Blossom' (AUSblossom)

Austin GROSSBRITANNIEN 1990
Büschel großer, aber feiner, halbgefüllter Blüten in kräftigem Rosa erscheinen reichlich den ganzen Sommer über, leicht duftend. Ihnen folgen im Herbst Hagebutten in stattlicher Menge. Laub mittelgrün und reichlich. Wuchs verzweigt und eher breit.
r Hb ▽ H ◉ D* Rar 120 × 90 cm

'Pike's Peak'

Gunter USA 1940
R. acicularis × 'Hollywood'
Leuchtend rot mit gelber Mitte, mit der Zeit verblassend, halbgefüllt, in Büscheln. Hellgrünes, runzeliges Laub. Starker, buschiger Wuchs.
S H a Rar   150 × 90 cm

'Pink La Sevillana', 'Rosy La Sevillana' (MEIgeroka)

Meilland FRANKREICH 1983
Sport von 'La Sevillana'
Ein rosafarbener Sport von 'La Sevillana' mit allen Vorzügen der Elternsorte, nur in anderer Farbe.
db a H D* Rar   1,20 × 1,20 m

'Pleine de Grâce' (LENgra)

Lens BELGIEN 1983
'Ballerina' × *R. filipes*
Eine hervorragende Strauch- oder Kletterrose. Große Büschel einfacher, cremeweißer Blüten, duftend, erscheinen an überhängenden Zweigen, die gut mit hellgrünem Laub bedeckt sind.
S Bkl N ◉ Kr W ≋ D*** Rar   3,00 × 4,00 m

'Poulsen's Park Rose'

Poulsen DÄNEMARK
'Great Western' × 'Karen Poulsen'
Ein großartiger Strauch, starkwüchsig, dicht und breit im Wuchs mit dichten Büscheln großer, hübsch geformter Blüten von silbrigem Rosa und mit gutem Laub von reinem Dunkelgrün.
r a ◉ Kr D*** Rar   1,80 × 1,80 m

'Prairie Breeze'

Buck; Iowa State University USA 1975
'Dornröschen' × ('Josef Rothmund' × *R. laxa*)
Büschel gefüllter, duftender Blüten in Mauve-Pink. Kleines, aber reichliches, dunkelgrünes Laub. Wuchs in die Breite und stark, mit großen Stacheln. Schöne Hagebutten.
db a Hb ◉ H D*** Rar   120 × 90 cm

'Prairie Flower'

Buck; Iowa State University USA 1975
('Rose of Tralee' × 'Queen Elizabeth') × ('Morning Stars' × 'Suzanne')
Einfache, duftende, leuchtend karminrote Blüten mit weißer Mitte erscheinen sehr reichlich an einem starkwüchsigen Strauch von aufrechtem Wuchs.
db a Kr ◉ H D** Rar   1,50 × 1,20 m

'Prairie Lass'

Buck; Iowa State University USA 1979
('Hawkeye Belle' × 'Vera Dalton') × ('Dornröschen') × ('World's Fair' × 'Applejack')
Büschel gefüllter Blüten in Karminrot, das rot getupft ist. Würzig duftend. Üppiges, großes, ledriges Laub an einer buschigen Pflanze von aufrechtem Wuchs. Sehr winterhart.
db a ◉ H D** Rar   120 × 90 cm

'Prairie Princess'

Buck USA 1972
'Carrousel' × ('Morning Stars' × 'Suzanne')
Große, halbgefüllte Blüten in zartem Korallenrosa erscheinen in Fülle inmitten von üppigem, großem, dunkelgrünem Laub. Wuchs aufrecht und buschig.
db H ▽ D* Rar   1,50 × 1,20 m

'Prestige'

Kordes DEUTSCHLAND 1957
'Rudolph Timm' × 'Fanal'
Große, halbgefüllte, hell karminrote Blüten erscheinen in Büscheln an einer buschigen Pflanze mit üppigem, dunkelgrünem, mattem Laub.
db a H D* Rar   120 × 90 cm

'Rachel Bowes Lyon'

Harkness GROSSBRITANNIEN 1981
'Kim' × ('Orange Sensation' × 'Allgold') × *R. californica*
Halbgefüllte, pfirsichrosafarbene Blüten mittlerer Größe erscheinen in großen Büscheln an einer mittelgroßen, aber buschigen, schön belaubten Pflanze.
db a H Rar   1,50 × 1,20 m

'Radway Sunrise'

Waterhouse Nurseries GROSSBRITANNIEN 1962
Sämling von 'Masquerade'
Ein auffälliger, mäßig starkwüchsiger Strauch mit Büscheln einfacher Blüten in einer Mischung aus Feuerrot, Kirschrosa und Gelb. Dieses Zusammenspiel der Farben läßt den Eindruck glühender Wärme entstehen. Auffallend, aber nicht grell. Laub dunkelgrün und glänzend.
db a H ▽ D* Rar   120 × 90 cm

'Roundelay'

'Sally Holmes'

'Red Coat'

Austin GROSSBRITANNIEN 1973
Sämling × 'Golden Showers'
Große, einfache, leicht duftende Blüten in sattem Karminrot erscheinen in Büscheln und in großer Fülle den ganzen Sommer über. Laub dunkelgrün. Wuchs aufrecht und stachelig.
r H W Kr a D* Rar 1,50 × 1,20 m

'Roundelay'

Swim USA 1953
'Charlotte Armstrong' × 'Floradora'
Ein aufrecht wachsender, reichblühender Strauch mit großen Büscheln von dicht gefüllten, kardinalroten Blüten, die sich flach öffnen. Hat einen angenehmen Duft. Gesundes, dunkelgrünes Laub. Verdient mehr Beachtung.
db a H ▽ D*** Rar 120 × 90 cm

'Sally Holmes'

Holmes GROSSBRITANNIEN 1976
'Ivory Fashion' × 'Ballerina'
Niedrigwachsende Rose, fast von Floribunda-Art, mit aufrechtem Wuchs und gutem Laub. Dichte Büschel einfacher Blüten von weichem Blaßrosa bis Weiß.
db H ▽ ◉ Rar 120 × 90 cm

'Shropshire Lass'

Austin GROSSBRITANNIEN 1968
'Mme Butterfly' × 'Mme Legras de St Germain'
Große, flache, fast einfache Blüten in feinem Fleischrosa, das mit der Zeit zu Weiß verblaßt, mit auffälligen Staubgefäßen. Duftend. Laub üppig und mittelgrün. Wuchs robust, buschig.
S H W a Kr D* Rar 1,80 × 1,20 m

'Sparrieshoop'

Kordes DEUTSCHLAND 1953
('Baby Château' × 'Else Poulsen') × 'Magnifica'
Ein interessanter Strauch mit spitzen Knospen, die sich zu großen, blaßrosafarbenen Blüten öffnen. Sie stehen in dichten Büscheln, manchmal auch einzeln. Aufrechter, buschiger Wuchs und gesundes Laub.
r a ◉ D* Rar 1,50 × 1,20 m

'Summer Wind'

Buck USA 1975
('Fandango' × 'Florence Mary Morse') × 'Applejack'
Große, nach Gewürznelken duftende, orangerote, fast ungefüllte Blüten. Ledriges, dunkelgrünes Laub. Wuchs aufrecht und buschig.
r H ◉ D** Rar 120 × 90 cm

'Till Uhlenspiegel'

Kordes DEUTSCHLAND 1950
'Holstein' × 'Magnifica'
Ein überhängender, hoher Strauch mit großen, stark glänzenden, grünen Blättern. Große, einfache Blüten von glühendem, dunklem Rot mit weißer Mitte. Duftend.
S a ◉ D** Kr Rar 3,00 × 2,50 m

'Uetersen'

'Uetersen', 'Zenith', 'Rosarium Uetersen'

Tantau DEUTSCHLAND 1939
'K of K' × 'Stämmler'
Große, halbgefüllte Blüten in warmem Rosarot, in Büscheln. Leicht duftend. Laub dunkelgrün, glänzend. Wuchs buschig und stark. Eine sehr gute Strauchrose, die zu wenig Beachtung findet.
r Kr H Bkl ◐ D* Rar   2,50 × 1,80 m

'Uncle Walter'

McGredy GROSSBRITANNIEN 1963
'Detroiter' × 'Gruß an Heidelberg'
Teehybridenförmige, leuchtend rote Blüten erscheinen in Büscheln und öffnen sich zu einer reizenden, verworrenen Form. Gut als Schnittblume. Das reichliche Laub ist dunkelgrün. Wird oft als Teehybride aufgeführt, ist dafür aber viel zu starkwüchsig und wird besser den Strauchrosen zugeordnet.
db a H ✂ v   1,50 × 1,20 m

'Uncle Walter'

'White Spray' (oben), 'William and Mary' (unten)   'Yesterday'

'White Spray'
LeGrice GROSSBRITANNIEN 1974
Sämling × 'Schneewittchen'
Eine großartige weiße Sorte, die mehr Beachtung verdient. Ein Strauch von angenehmer Größe mit hübschem, mittelgrünem Laub. Die Blüten sind weiß bis rahmweiß, dicht gefüllt und schön geformt und erscheinen in großen Büscheln an einer buschigen Pflanze.
db a H ▽ ◉ Rar   1,20 × 1,20 m

'Wild Flower' (AUSwing)
Austin GROSSBRITANNIEN 1986
'Canterbury' × Sämling
Duftende, mittelgroße bis kleine, einfache, zitronen-gelbe Blüten mit auffälligen Staubgefäßen, dunkelgrünes Laub. Wuchs kompakt, dicht und verzweigt.
db Br H ▽ D** Rar   60 × 60 cm

'William and Mary'
Beales GROSSBRITANNIEN 1988
Sämling × 'Constance Spry'
Große, dicht gefüllte, pausbäckige Blüten im altmodischen Stil. Die Blütenfarbe ist ein dunkles Silberrosa mit Glanzlichtern in unterschiedlichen Karminrot-Schattierungen. Die Blüten werden einzeln oder in Büscheln hervorgebracht. Laub graugrün und matt. Wuchs buschig und aufrecht.
S a H D*** Kr ✂ Mt Rar   1,80 × 1,20 m

'Windrush' (AUSrush)
Austin GROSSBRITANNIEN 1984
Sämling × ('Canterbury' × 'Golden Wings')
Büschel halbgefüllter Blüten, zartes, mittleres Gelb mit auffälligen Staubgefäßen. Intensiv duftend. Laub recht groß, hellgrün. Wuchs buschig und verzweigt, aber ziemlich dicht.
db H D*** Rar   1,20 × 1,20 m

'Yesterday'
Harkness GROSSBRITANNIEN 1974
('Phyllis Bide' × 'Shepherd's Delight') × 'Ballerina'
Eine sehr passend benannte Sorte. Unmengen kleiner, fast einfacher, schwach duftender Blüten von sattem, rosigem Purpur erscheinen in großen, dichten Büscheln an einem kräftigen, ziemlich verzweigten Busch.
db a Bd H ▽ ◉ D* v   1,20 × 1,20 m

Polyantha-Rosen

Vom Beginn des 20. Jahrhunderts bis in die 1940er Jahre waren die Zwerg-Polyantharosen als Beetrosen marktbeherrschend, und es wurden viele neue Sorten herausgebracht. Ironischerweise verloren sie ihre Vorrangstellung erst, als sie zur Züchtung mit Teehybriden verwendet wurden und aus ihnen die Polyantha-Hybriden mit größeren Blüten hervorgingen. Als ihre Beliebtheit zurückging, ist ihre Sortenvielfalt unvermeidlich geschrumpft, und viele gute Sorten sind für immer verloren. Die wenigen verbliebenen sind relativ gut erhältlich. Die meisten davon habe ich hier kurz beschrieben. Bei einigen handelt es sich um Sports, insbesondere von 'Orléans Rose'. Ihre Blütenfarbe ist allerdings ziemlich instabil, Farbabweichungen können sogar innerhalb eines Blütenstandes vorkommen.

Diese kleinen Rosen sind sehr leicht zu kultivieren und vielseitig verwendbar, von flächiger Anpflanzung über Hecken bis zu Randbepflanzung. In Gruppen gepflanzt lassen sie sich gut mit Stauden kombinieren, im Vordergrund von Rabatten sorgen sie für eine verlängerte Blütezeit. Sie sind auch sehr dekorativ in Töpfen, Urnen und sonstigen Gefäßen, und auch in moderner Umgebung sind sie durchaus nicht fehl am Platz. Bei dichter Pflanzung können sie die Rolle einer »Patio-Rose« (d. h. einer kompakten Floribunda-Rose, siehe Seite 317) einnehmen. Als Schnittrose in der Vase halten sie sich ebenfalls ausgezeichnet.

KLASSIFIKATION

BARB Klasse 13
MR10 Klasse 52
WFRS Klasse 5 und 6

'Anna-Maria de Montravel'

Rambaud FRANKREICH 1880
Eine Polyantha-Rose × 'Mme de Tartas'
Kleine, halbgefüllte weiße Blüten in großen Büscheln. Leicht duftend. Laub üppig, mittelgrün. Wuchs verzweigt, buschig und kompakt.
db ◉ ▽ Br D* Rar 60×60 cm

'Baby Faurax'

Lille FRANKREICH 1924
Große Büschel gefüllter, lilafarbener, duftender kleiner Blüten an einer niedrigen, buschigen Pflanze mit kleinem, mittelgrünem Laub.
db ◉ Bd H ▽ Br v 30×30 cm

'Cameo'

de Ruiter HOLLAND 1932
Sport der 'Orléans-Rose'
Dichte Büschel kleiner, halbgefüllter, schalenförmiger Blüten von weichem Lachsrosa, das mit der Zeit nachdunkelt. Die Blüten erscheinen an gedrungenen, buschigen Pflanzen mit kräftigen Trieben, die wenige große, bösartige und viele kleinere, harmlosere Stacheln tragen. Laub reichlich und hell graugrün.
db a Bd H ◉ ▽ Rar 60×60 cm

'Clotilde Soupert'

Soupert und Notting LUXEMBURG 1890
'Mignonette' × 'Mme Damaizin'
Große Büschel dichtgefüllter, kleiner Blüten in zartem Cremeweiß mit zartrosa Mitte. Duftend. Laub sattes Hellgrün. Wuchs buschig.
db ◉ Bd H ▽ Br D** Rar 45×45 cm

'Cameo'

'Gloria Mundi'

'Dick Koster'

Koster HOLLAND 1931

Sport von 'Anneke Koster'

Große, regelmäßige Büschel kugeliger Blüten in dunklem Orangerosa an einem kompakten, niedrigen kleinen Strauch mit schönem, mittelgrünem Laub.

db ◐ Bd H ▽ Br Rar   30×30 cm

'Gloria Mundi'

de Ruiter HOLLAND 1929

Sport von 'Superb'

Ähnelt in Form und Aufbau der Blüte 'Cameo' mit dem Unterschied, daß sie etwas weniger Blütenblätter hat. Sattes Scharlachrot mit gelegentlich weißen Flecken an den inneren Blütenblättern. Aufrechter Wuchs. Laub dunkelgrün.

db a Bd H ◐ ▽ Rar   60×60 cm

'Golden Salmon Superior'

de Ruiter HOLLAND 1926

Sport von 'Superb'

Ähnelt in Blütenform und Wuchs den beiden soeben beschriebenen Rosen, die Blütenfarbe aber ist ein kräftiges Lachsorange. Eine der besten Sorten, wenn eine intensiv leuchtende Wirkung erzielt werden soll.

db a Bd H ◐ ▽ Rar   60×60 cm

'Jean Mermoz'

Chenault FRANKREICH 1937

R. wichuraiana× eine Teehybride

Dicht gefüllte, kleine Blüten in rötlichem Rosa in dichten Büscheln. Leicht duftend. Laub klein, glänzend und dunkelgrün. Starker und buschiger Wuchs.

db ◐ Bd ▽ Br D* Rar   60×45 cm

'Katharina Zeimet', 'White Baby Rambler'

P. Lambert DEUTSCHLAND 1901

'Etoile de Mai' × 'Marie Parvie'

Unterscheidet sich von den anderen Sorten dieser Gruppe dadurch, daß die Blüten, obwohl sie in großen Büscheln angeordnet sind, weiter auseinanderstehen. Auch der Wuchs ist sparriger, das Laub ist dunkler und vielleicht etwas weniger dicht.

db a Bd H Rar   60×60 cm

'Margo Koster'

Koster HOLLAND 1931

Sport von 'Dick Koster'

Große, regelmäßige Büschel kugeliger, lachsrosafarbener Blüten an einem kompakten, niedrigen kleinen Strauch mit schönem, mittelgrünem Laub.

db ◐ Bd H ▽ Br Rar   30×30 cm

'Mignonette'

Guillot Fils FRANKREICH 1880

R. chinensis× R. multiflora

Kleine, kugelige, gefüllte, blaßrosafarbene bis weiße Blüten in großen Büscheln. Pflanze sehr klein und kompakt. Wahrscheinlich die früheste der Polyantha-Rosen unter den heute noch erhältlichen.

db Bd a Rar   30×30 cm

'Miss Edith Cavell'

'Miss Edith Cavell'

de Ruiter HOLLAND 1917
Sport der 'Orleans-Rose'
Sattes Rot bis Scharlachrot, manchmal karminrot überzogen. Die Blüten erscheinen in Büscheln, sie sind als Knospe kugelig und öffnen sich halbgefüllt und flach. Laub dunkelgrün, Triebe etwas heller. Wie andere dieser Gruppe hat sie kaum oder keinen Duft.

1985 war der 70. Jahrestag der Hinrichtung der Krankenschwester Edith Cavell. Der Vikar von Swardeston, Philip McFadyen, sprach mich an, ob ich ein paar Exemplare der 'Cavell'-Rose beschaffen könnte; er wolle sie als Teil der geplanten Gedächtnisfeierlichkeiten im Dorf pflanzen. Nach einigem Suchen und Anfragen bei Kollegen kam ich zu dem Schluß, daß diese Sorte ausgestorben war. Der Vikar ließ keine Ruhe und schrieb an die Eastern Daily Press, während ich in ganz Norfolk suchte, aber keine Rose erwies sich als die gesuchte. Schließlich wendete ich mich an eine reizende und aufgeschlossene Achtzigjährige, Mrs Doris Levine, in Brundall, einem an die Norfolk Broads angrenzenden Dorf. Sie und ihr verstorbener Mann Georg hatten im Jahre 1934 ein halbes Dutzend Pflanzen von 'Miss Edith Cavell' erhalten. Zwei Jahre später zogen sie um und nahmen die Rosen mit. Fünfzig Jahre später war nur noch ein ziemlich knorriger Busch am Leben; von diesem konnte ich etwa zehn Pflanzen vermehren und der Bestand einer weiteren fast ausgestorbenen Rose war gesichert, zusammen mit einem Stückchen Norfolk-Tradition.

db a Bd H Rar   60×60 cm

'Pinkie'

Swim USA 1947
'China Doll' × unbekannt
Große Büschel schalenförmiger, halbgefüllter Blüten in leuchtend rosigem Pink erscheinen reichlich. Intensiv duftend. Das Laub ist leuchtend grün und glänzend, weich anzufassen. Wuchs kräftig und buschig.

db ▽ Bd H Br D*** Rar   60×45 cm

'The Fairy'

Bentall GROSSBRITANNIEN 1932
'Paul Crampel' × 'Lady Gay' (nicht ein Sport von 'Lady Godiva', wie oft angegeben wird)
Nach einem »Dornröschenschlaf« genießt diese Rose, sehr zu recht, ihr neues Leben. Die kleinen, kugeligen, rosafarbenen Blüten erscheinen im Überfluß an einem dichten, verzweigten Busch mit attraktivem Laub. Sie wächst etwas niederliegend, und kann den Boden teilweise bedecken. Sieht hübsch in Gruppen aus und als Innenhofbepflanzung. (Abbildung Seite 26)

db a Bd H ● ▽ v   60×120 cm

Floribunda-Rosen
(Büschelblütige Rosen)

Die Klasse der Floribunda-Rosen umfaßt alle Beetrosen mit Blüten in Büscheln ausgenommen die Zwerg-Polyantharosen und die Gruppen, die in der BARB-Klassifikation als »Patio-Rosen« bezeichnet werden.

Viele Hunderte und vielleicht Tausende wurden in den letzten 50 Jahren in aller Welt gezüchtet und eingeführt und es wäre unmöglich, sie hier alle aufzuführen. Ich habe 32 Sorten ausgesucht, die meines Erachtens das heutige Angebot angemessen repräsentieren, zusammen mit einigen Klassikern der Vegangenheit, und auch wenn letztere nicht überall erhältlich sind, sind es wichtige und herausragende Beispiele, die in einem Werk dieser Art nicht fehlen dürfen.

KLASSIFIKATION

BARB	Klasse 6
MR10	Klasse 19
WFRS	Klasse 5

'Allgold'

LeGrice GROSSBRITANNIEN 1956

'Goldilocks' × 'Ellinor LeGrice'

Eine hervorragende alte Sorte, mit locker angeordneten Büscheln halbgefüllter Blüten in klarem Goldgelb. Das Laub ist klein, mittelgrün und glänzend. Wuchs aufrecht.

db a D* Br ▽ ⁑< v   60×60 cm

'Amber Queen' (HARroony)

Harkness GROSSBRITANNIEN 1984

'Southampton' × 'Typhoon' (= 'Taifun')

Große, kompakte Büschel dichtgefüllter bernsteingelber Blüten. Das Laub ist groß, kastanienfarben, fast glänzend. Wuchs buschig.

db D** Br Gh ▽ ⁑< v   60×60 cm

'August Seebauer', 'Queen Mother'

Kordes DEUTSCHLAND 1944

'Break o'Day' × 'Else Poulsen'

Große, gefüllte, hochgebaute Blüten in klarem Rosa erscheinen in ansehnlich großen Büscheln. Das Laub ist klein, aber reichlich, mittelgrün und matt glänzend. Starker und buschiger Wuchs.

db a D* Br H ▽ Rar   75×60 cm

'Centenaire de Lourdes', 'Mrs Jones', 'Delge'

Delbard-Chabert FRANKREICH 1958

('Frau Karl Druschki' × Sämling) × Sämling

Riesige Büschel einzeln stehender Blüten, von schöner Form sowohl als Knospe als auch ganz geöffnet. Leuchtendes Krebsrosa. Laub groß, dunkelgrün und glänzend. Wuchs buschig und aufrecht. In kälteren Gegenden nicht ganz winterhart, aber eine hervorragende Sorte.

db a D* Br Rar   90×60 cm

'Chanelle'

McGredy GROSSBRITANNIEN 1959

'Ma Perkins' × ('Fashion' × 'Mrs William Sprott')

Große Büschel halbgefüllter Blüten in cremigem Apricot erscheinen an einer starkwüchsigen Pflanze mit schönem dunkelgrünem, glänzendem Laub. Buschiger Wuchs.

db D** Br H v   75×60 cm

'**Amber Queen**' (oben), '**August Seebauer**' (unten)

'Chanelle'

Strauch verwendet werden.(Abbildung Seite 36)
db a D*** Br H v   120×90 cm

'Dainty Maid'
LeGrice GROSSBRITANNIEN 1940
'D. T. Poulsen' × unbekannt
Wunderschöne, große, einfache Blüten von silbrigem Rosa mit dunklerer Rückseite und auffallenden gelben Staubgefäßen erscheinen in großen Büscheln. Laub dunkelgrün und lederig. Wuchs aufrecht.
db a Br H Rar   90×60 cm

'Chinatown' (Ville de Chine)
Poulsen DÄNEMARK 1963
'Columbine' × 'Cläre Grammerstorf'
Sehr große, dicht gefüllte Blüten von klarem Gelb, oft mit Rosa durchzogen. Mittelgroße Büschel inmitten von saftigem, hellgrünem Laub. Wuchs aufrecht und stark. Diese Sorte kann gut auch als freistehender

'Centenaire de Lourdes'

'Dusky Maiden'

LeGrice UK 1947
('Daily Mail Scented Rose' × 'Étoile de Hollande')
× 'Else Poulsen'
Große, einfache Blüten in dunklem Samtrot erscheinen in Büscheln an einer aufrechten, kräftigen Pflanze mit dunkelgrünem Laub. Hervorragende alte Sorte.
db a Br H D*** ▽ ⚘ Rar   60×60 cm

'Elizabeth of Glamis', 'Irish Beauty' (MACel)

McGredy GROSSBRITANNIEN 1964
'Spartan' × 'Highlight'
Die wunderschön geformten, gut duftenden gefüllten Blüten in sattem Lachsrosa erscheinen in großen Büscheln. Laub dunkelgrün, matt. Wuchs aufrecht. Braucht an kalten Standorten einen Winterschutz.
db Br H D*** ▽ Srt Mt ⚘ v   75×60 cm

'Escapade' (HARpade)

Harkness GROSSBRITANNIEN 1967
'Pink Parfait' × 'Baby Faurax'
Duftende, halbgefüllte Blüten in Mauve bis Lavendel erscheinen in großen Büscheln. Laub hellgrün und matt glänzend an einer aufrechten, verzweigten Pflanze.
db a Br H D*** ▽ ⚘ v   90×60 cm

'Dusky Maiden'

'Escapade'

'Frensham'

Norman GROSSBRITANNIEN 1946
Floribunda-Sämling × 'Crimson Glory'
Büschel schön geformter Blüten von reinem Karminrot an einer starkwüchsigen, sparrigen Pflanze mit leuchtend grünem Laub und bösen Stacheln.
db a Br H Mt Rar   120×75 cm

'Gruß an Aachen'

Geduldig DEUTSCHLAND 1909
'Frau Karl Druschki' × 'Franz Deegen'
Eine reizende Rose vergangener Tage: dicht gefüllte cremeweiße Blüten mit zartrosa und pfirsichfarbenen Glanzlichtern erscheinen reichlich in kleinen Büscheln. Laub matt dunkelgrün. Wuchs buschig, aufrecht.
db Br H Gh D* ⬜ Rar   45×45 cm

'Horstmann's Rosenresli'

Kordes DEUTSCHLAND 1955
'Rudolph Timm' × 'Lavender Pinocchio'
Reinweiße, dicht gefüllte Blüten in großen Büscheln. Laub mittelgrün, matt glänzend, an einer Pflanze von buschigem und aufrechtem Wuchs. Eine ausgezeichnete Sorte.
db a Br H D* ⬜ Rar   75×60 cm

'Iceberg', 'Schneewittchen', 'Fée des Neiges' (KORbin)

Kordes DEUTSCHLAND 1958
'Robin Hood' × 'Virgo'
Eine der besten Floribunda-Rosen, die je gezüchtet wurden. Formschöne Knospen öffnen sich zu lockeren reinweißen Blüten, die in großen Büscheln hervorgebracht werden. Das Laub ist hellgrün und glänzend, die Triebe sind ebenfalls hellgrün. Wuchs aufrecht und buschig.
db a Br H Gh D** ⬜ ✂ v   90×60 cm

'Irene of Denmark', 'Irene von Dänemark'

Poulsen DÄNEMARK 1948
'Orléans Rose' × ('Mme Plantier' × 'Edina')
Dicht gefüllte, formschöne Blüten, reinweiß mit cremefarbener Basis, schalenförmig, wenn ganz geöffnet flach und schön geformt. Laub mittelgrün und glänzend. Wuchs aufrecht und buschig.
db a Br H D** ⬜ ✂ ⬤ Rar   75×60 cm

'Irène Watts'

Guillot FRANKREICH 1896
Obwohl sie bereits 1896 gezüchtet wurde, konnte ich nicht widerstehen, diese reizende kleine Rose hier aufzuführen, denn sie verdient ihren Platz auch noch 90 Jahre danach. Sie hat wunderschön geformte, duftende elfenbeinfarbene Blüten mit rosaorangefarbenen Schattierungen, besonders tief in der Mitte. Laub dunkelgrün, matt. Wuchs buschig und niedrig.
db Br H D** Gh ⬜ Rar   45×45 cm

'Gruß an Aachen' (oben), 'Horstmann's Rosenresli' (unten)

'Irène Watts' (oben), 'Jiminy Cricket' (unten)

'Jiminy Cricket'

Boerner USA 1954

'Goldilocks' × 'Geranium Red'

Schön geformte Knospen öffnen sich zu lockeren korallenfarbenen Blüten, mittelgroße Büschel an einer verzweigten, aber dichten Pflanze mit hübschem, glänzendem Laub.

db Br H ▽ Rar   75 × 60 cm

'Korresia', 'Fresia', 'Friesia', 'Sunsprite'

Kordes DEUTSCHLAND 1977

'Friedrich Wörlein' × 'Spanish Sun'

Rundliche Knospen, in großen flachen Büscheln angeordnet, öffnen sich zu dicht gefüllten leuchtend gelben Blüten an einer kräftigen, buschigen Pflanze. Laub hellgrün.

db a Br H D*** ▽ Rar   60 × 60 cm

'Léonie Lamesch'

P. Lambert DEUTSCHLAND 1899

'Aglaia' × 'Kleiner Alfred'

Eine der ersten Polyantha-Rosen, wird trotzdem hier erwähnt, da sie bei ihrer Einführung ihrer Zeit voraus war. Eine niedrige Sorte mit ziemlich gedrungenem Wuchs, aber vielen lederartigen, dunkelgrünen Blättern. Die Blüten sind klein, dicht gefüllt und erscheinen in Büscheln in einer seltsamen Mischung aus Gelb, Orange und Rot.

db a ▽ Rar   60 × 60 cm

'Lilac Charm'

LeGrice GROSSBRITANNIEN 1952

Gezüchtet aus einem Sämling von R. californica

Eine wunderschöne Rose, große Büschel einfacher, oder fast einfacher Blüten in zartem Mauve mit auf-

fälligen goldfarbenen und roten Staubgefäßen. Laub dunkelgrün, matt. Wuchs kräftig und buschig.
db a Br H D*** ▽ Rar 60×60 cm

'Little White Pet' siehe 'White Pet'

'Margaret Merril' (HARkuly)

Harkness GROSSBRITANNIEN 1977
('Rudolph Timm' × 'Dedication') × 'Pascali'
Eine hervorragende Sorte, die Blüten sind weiß mit Zartrosa überhaucht und mit auffallenden goldfarbenen Staubgefäßen bei der ganz geöffneten Blüte. Intensiv duftend. In kleinen Büscheln. Laub dunkelgrün, matt. Wuchs kräftig und aufrecht.
db a Br H Gh D*** ▽ ✂ v 75×60 cm

'Margaret Merril'

'Marie-Jeanne'

Turbat FRANKREICH 1913
Büschel dicht gefüllter, rosettenförmiger Blüten von weichem Rosa bis fast Weiß mit dunklerer Mitte. Leicht duftend. Laub glänzend hellgrün, bronzegetönt, vor allem das junge. Starkwüchsig. Wenn man nicht zurückschneidet, bildet sich ein ausgezeichneter, niedriger Strauch.
db H a ▽ ● Rar 90×90 cm

'Masquerade'

Boerner USA 1949
'Goldilocks' × 'Holiday'
Der Vorläufer vieler farbenfroher Floribunda-Rosen. Halbgefüllte Blüten in leuchtendem Gelb, das sich mit der Zeit über Rosa und Orange in Dunkelrot verändert, erscheinen in sehr großen Büscheln. Laub

klein, dunkel und lederig. Wuchs aufrecht. Die Hagebutten setzen leicht an, deshalb ist das Ausschneiden der verwelkten Blüten erforderlich, um die Blütenbildung im Herbst anzuregen.
db a Br H ⊓ v   75×60 cm

'Nathalie Nypels', 'Mevrouw Nathalie Nypels'
Leenders   HOLLAND 1919
'Orléans Rose' × ('Comtesse du Cayla' × *R. foetida bicolor*)
Eine der besten und zuverlässigsten unter den büschelblütigen Rosen früherer Zeiten. Große Büschel gefüllter, seidiger, dunkelrosa- bis lachsfarbener Blüten erscheinen an kräftigen Trieben an einer buschigen und verzweigten Pflanze mit schönem, dunkelgrünem Laub.
db a Br H ⊓ Rar   75×60 cm

'Norwich Castle'
Beales   GROSSBRITANNIEN 1979
('Whisky Mac' × 'Arthur Bell') × Sämling
Kompakte Büschel teehybridenförmiger Blüten, die sich flach öffnen. Dunkles Kupferorange, das zu weichem Apricot verblaßt. Sehr reichblühend. Hellgrünes, glänzendes Laub, aufrechter Wuchs.
db a Br H Gh ⊓ ✂ Rar   75×60 cm

'Norwich Union'
Beales   GROSSBRITANNIEN 1975
'Arthur Bell' × (Sämling × 'Allgold')
Große, dicht gefüllte, schalenförmige Blüten in klarem, dunklem Gelb, das mit der Zeit zu Zitronengelb verblaßt, dabei aber nichts verliert. Die Blüten erscheinen in kleinen, aufrechten Büscheln. Laub hellgrün und glänzend. Wuchs untersetzt und aufrecht.
db Br H Gh D*** ◉ ⊓ ✂ Rar   45×45 cm

'**Norwich Castle**' (oben), '**Nathalie Nypels**' (ganz oben)

'Pink Parfait'

'Rosemary Rose'

'Plentiful'

'Pink Parfait'

Swim USA 1960

'First Love' × 'Pinocchio'

Reizende Knospen öffnen sich zu großen, halbgefüllten Blüten in verschiedenen Rosatönen. Sie erscheinen in großer Zahl in Büscheln unterschiedlicher Größe. Das Laub ist mattglänzend und lederig, der Wuchs ist aufrecht und buschig. Dies ist ohne Zweifel eine herausragende Sorte.

db a Br H D* Gh ▽ ✂ Rar   90×60 cm

'Plentiful'

LeGrice GROSSBRITANNIEN 1961

Große, duftende Blüten in dunklem Rosa, vollgepackt mit Blütenblättern unterschiedlicher Länge, was bei der ganz geöffneten Blüte eine sehr altmodische, geviertelte Wirkung ergibt. Laub dunkelgrün, lederig und geadert. Wuchs sparrig, mit vielen Stacheln.

db a Br D** ▽ ✂ Rar   75×75 cm

'Picasso' (MACpic)

McGredy GROSSBRITANNIEN 1971

'Marlena' × ['Evelyn Fison' × ('Frühlingsmorgen' × 'Orange Sweetheart')]

Halbgefüllte Blüten erscheinen in Büscheln, die Blütenblätter sind dunkelpink, Ränder und Rückseite silbrig. Laub klein und dunkelgrün, an einer buschigen Pflanze. Sie war die erste einer Reihe »handgemalter Rosen«, wie ihr Züchter sie nennt.

db a H ▽ Srt Rar   75×60 cm

'Queen Elizabeth', 'Queen Elizabeth Rose'

Lammerts USA 1954

'Charlotte Armstrong' × 'Floradora'

Diese hervorragende Rose verdient die Aufmerksamkeit, die ihr überall zuteil wird. Lange, hochgebaute Knospen öffnen sich zu großen Blüten von klarem Rosa, die in Büscheln erscheinen. Das Laub ist groß, dunkelgrün, lederig und glänzend an einer starkwüchsigen, aufrechten Pflanze.

db a H Gh D* ▽ ✂ v   150×75 cm

'White Pet'

'Rosemary Rose'

de Ruiter HOLLAND 1954

'Gruß an Teplitz' × Floribunda-Sämling

Die dicht gefüllten, flachen, karminroten Blüten sind, wie es scheint, prall gefüllt mit Blütenblättern wie bei einer Zentifolie und gelegentlich geviertelt. Sie erscheinen in großen, schweren Büscheln. Laub dunkelgrün bis kastanienfarben, Triebe pflaumenfarben. Der Wuchs, obwohl buschig, wird durch das hohe Gewicht der Blüten oft auseinandergebogen.

db Br H ⛉ ⚔ Mt Rar   75 × 60 cm

'Schneewittchen' siehe 'Iceberg'

'White Pet', 'Little White Pet'

P. Henderson USA 1879

Sport von 'Félicité et Perpétue'

Große Büschel kleiner, weißer, dicht gefüllter, rosettenförmiger Blüten an einer buschigen Pflanze, üppig bekleidet mit dunkelgrünem Laub. Eine sehr gute, großartige kleine Rose für jeden Garten. Müßte genau genommen als Form von R. sempervirens aufgeführt werden, aber als die einzige Zwergrose in dieser Gruppe ist sie besser hier untergebracht.

db a Bd ◐ ⛉ v   60 × 60 cm

'Yvonne Rabier'

Turbat FRANKREICH 1910

R. wichuraiana × eine Polyantha-Rose

Wird oft als Polyantha-Rose aufgeführt, aber die Blüten sind größer und die Pflanze auch. Korrekt wäre die Einordnung bei den Wichuraiana-Hybriden, aber unter gärtnerischen Gesichtspunkten ist ihr Wuchs dafür zu niedrig. Halbgefüllte, reinweiße Blüten in Büscheln an einer gesunden, hübsch belaubten Pflanze. Blätter von hellem, sattem Grün. Die Triebe sind ebenfalls hellgrün und fast ohne Stacheln.

db a Bd ◐ ⛉ Rar   90 × 60 cm

Kletternde Floribunda-Rosen

Floribunda-Rosen bringen gelegentlich kletternde Sports hervor. Aus irgendeinem Grund sind diese bei weitem nicht so zahlreich wie kletternde Teehybriden, aber da die Zahl der Floribunda-Rosen geringer ist, vermute ich, daß das Verhältnis in etwa das gleiche ist. Ich beschreibe hier sieben, nicht unbedingt als meine Favoriten, sondern als einen repräsentativen Querschnitt des derzeitigen Angebots. Sie alle eignen sich gut für jede Gartensituation. Sie bieten eine Fülle von Blüten an starkwüchsigen Pflanzen und sind deshalb breiter anwendbar als einige modernere mit längerer Blütezeit, denen oft die Fähigkeit zum Klettern fehlt.

KLASSIFIKATION

BARB   Klasse 11
MR10   Klasse 9
WFRS   Klasse 18

'Allgold' Climbing, 'Climbing Allgold'
Buschform: LeGrice   GROSSBRITANNIEN 1958
'Goldilocks' × 'Ellinor LeGrice'
Kletterform: Gandy   UK 1961
Eine ausgezeichnete Kletterrose. Da gelbe Kletterrosen selten sind, sollte man sie in Erwägung ziehen, wenn diese Farbe gewünscht wird. Halbgefüllte Blüten von reinem Gelb, das kaum verblaßt, erscheinen in aufrechten Büscheln an kräftigen Trieben. Leicht duftend. Die Blätter sind klein, aber zahlreich und satt dunkelgrün.
S   a   D*   v   4,50 × 3,00 m

'Allgold' Climbing

'Arthur Bell' Climbing, 'Climbing Arthur Bell'
Buschform: McGredy   GROSSBRITANNIEN 1965
'Cläre Grammerstorf' × 'Piccadilly'
Kletterform: Pearce   GROSSBRITANNIEN 1979
Büschel gefüllter Blüten, dunkelgelb, mit der Zeit zu zarterem Gelb verblassend. Wuchs hoch und aufrecht, außergewöhnlich glänzendes, dunkelgrünes Laub.
S   a   D***   ⚔   Rar   3,50 × 2,50 m

'Fashion' Climbing
Buschform: Boerner   USA 1949
'Pinocchio' × 'Crimson Glory'
Kletterform: Boerner   USA 1951
Eine weitere identische Kletterform wurde 1955 von Mattock Großbritannien eingeführt.
Die Buschform dieser Rose hat wegen ihrer Anfälligkeit für Rosenrost an Beliebtheit verloren. Die Kletterform scheint dieses Problem nicht zu haben, wahrscheinlich wegen ihrer zusätzlichen Wuchskraft. Büschel gefüllter Blüten von einem leuchtenden Korallenton erscheinen in Fülle an einer ziemlich stachellosen Pflanze mit kupfergrünen Trieben und Blättern.
S   a   ☼   D**   Rar   4,50 × 3,00 m

'Iceberg'

'Iceberg' Climbing, 'Climbing Schneewittchen'
Buschform: Kordes   DEUTSCHLAND 1958
'Robin Hood' × 'Virgo'
Kletterform: Cant   GROSSBRITANNIEN 1968
Der Mangel an guten weißen Kletterrosen rechtfertigt es, diese Sorte hier aufzuführen, die alle guten Eigenschaften der Buschform mitbringt und zusätzlich den Vorzug des Kletterns aufweist. Fast gefüllte, reinweiße Blüten erscheinen reichlich in großen Büscheln. Die kletternden Triebe sind fast stachellos mit knackigen, glänzenden, blaßgrünen Blättern.
S a N ◉ D* Rar   5,50 × 3,00 m

'Korona' Climbing
Buschform: Kordes   DEUTSCHLAND 1955
'Obergärtner Wiebicke' × 'Kordes Sondermeldung'
Kletterform: Kordes   DEUTSCHLAND 1957
Büschel halbgefüllter Blüten von leuchtendem Orangescharlach an einer starkwüchsigen, ziemlich stacheligen Pflanze mit dunkelgrünem Laub. Für meinen Geschmack ist die Blütenfarbe zu leuchtend. Ich habe sie trotzdem aufgenommen, weil die Sorte bemerkenswert widerstandsfähig gegen Regen und rauhes Wetter ist.
S a N ◉ Rar   4,50 × 3,00 m

'Masquerade' Climbing
Buschform: Boerner   USA 1949
'Goldilocks' × 'Holiday'
Kletterform: Gregory   GROSSBRITANNIEN 1958
Büschel halbgefüllter Blüten von weichem Gelb, das sich mit der Zeit erst zu weichem Rosa und dann zu fast Karminrot verändert. Kräftige, mäßig bestachelte Triebe. Dunkelgrünes Laub.
S a D* Rar   5,50 × 3,00 m

'Queen Elizabeth' Climbing
Buschform: Lammerts   USA 1954
'Charlotte Armstrong' × 'Floradora'
Kletterform: Wheatcroft   GROSSBRITANNIEN 1960
Eine sehr starkwüchsige Kletterrose, fast zu starkwüchsig, da die Blüten oftmals zu hoch oben in den Zweigen erscheinen, um sie bewundern zu können. Die Blüten sind von einem satten, klaren Silberrosa und erscheinen in großen Büscheln. Die Blätter sind groß, gesund und dunkelgrün.
S a v   6,00 × 3,00 m

Miniaturrosen (Zwergrosen) und kompakte Floribunda-Rosen (»Patio-Rosen«)

Zu Beginn des 19. Jahrhunderts erlebten Miniaturrosen eine kurze Zeit großer Beliebtheit. Da aber das Farbspektrum der ersten Sorten sehr begrenzt war, fielen sie sehr schnell in Ungnade und verschwanden vom Markt, bis sie 1918 wiederentdeckt wurden (*siehe* 'Rouletii'). Seitdem hat sich diese Gruppe einen festen Platz geschaffen. Es wurden viele hundert Sorten gezüchtet und auf den Markt gebracht. Ich meine, sie sollten in diesem Buch vertreten sein, deshalb habe ich 19 Sorten ausgewählt, einschließlich einiger der neueren so genannten »Patio-Rosen«. Patio-Rosen sind etwas buschiger und höher als Miniaturrosen, aber niedriger und zierlicher als niedrige Floribunda-Rosen.

Sowohl die Miniaturrosen als auch die Patio-Rosen gedeihen gut auf eigener Wurzel. Mit dem Aufkommen der Mikrovermehrung wird ein immer größerer Anteil dieser Rosen wurzelecht vermehrt werden. Wurzelecht vermehrte Pflanzen sind in der Regel kleiner als durch Veredlung vermehrte, deshalb sollten Sie sich vor dem Kauf erkundigen. Im Garten lassen sich die in dieser Gruppe zusammengefaßten Rosen vielfältig verwenden, vor allem als dicht stehende Beetrosen und als Randbepflanzung sowie gruppenweise zusammen mit anderen Sträuchern oder Stauden. Sie eignen sich aber auch sehr gut für Pflanzgefäße und sogar für Balkonkästen. Sie sollten aber niemals als Zimmerpflanzen verwendet werden.

KLASSIFIKATION

BARB	Klassen 8 und 9
MR10	Klasse 48
WFRS	Klasse 8

'Amanda' *siehe* 'Red Ace'

'Angelita' *siehe* 'Snowball'

'Baby Darling' [Miniaturrose]

Moore USA 1964

'Little Darling' × 'Magic Wand'

Ziemlich große, gefüllte Blüten in Apricot-Orange erscheinen in mittelgroßen Büscheln. Laub mittelgrün, Wuchs aufrecht und buschig. Sieht besonders hübsch aus als Schnittblume in einem Zwergrosenarrangement.

db Br D* ⌒ ⚔ v 30 cm

'Baby Masquerade', 'Baby Carnaval', 'Tanbakede' (TANba) [Miniaturrose]

Tantau DEUTSCHLAND 1956

'Peon' × 'Masquerade'

'Baby Masquerade'

'Harvest Fayre'

Ansehnliche Büschel fast gefüllter Blüten in Gelb mit Rot, wobei das Rot mit der Zeit dunkler wird. Laub dunkelgrün, fast glänzend und ledrig. Wuchs aufrecht und buschig.
db a Br D* ⊰ v 45 cm

'Cinderella' [Miniaturrose]

De Vink HOLLAND 1953
'Cécile Brünner' × 'Peon'
Dicht gefüllte, etwas lockere Blüten in Weiß mit rosafarbenen Schattierung. Laub hellgrün. Wuchs dicht, aufrecht und fast ohne Stacheln.
db a D* ⊔ ⊰ v 30 cm

'Harvest Fayre' (DICnorth) [Patio]

Dickson GROSSBRITANNIEN 1990
Große Büschel halbgefüllter Blüten in Apricot-Orange an einer gesunden, kräftigen, buschigen Pflanze mit glänzendem, mittelgrünem Laub. Die Blüte beginnt etwas später als bei den meisten anderen Floribunda-Rosen, gleicht das aber dadurch aus, daß sie später im Jahr immer schöner wird, wenn die Blütenfarbe durch das Herbstlicht noch intensiver wird. In Großbritannien »Rose des Jahres« 1990.
db ⊔ Br H ⊰ D* Rar 90 × 75 cm

'Little Buckaroo' [Miniaturrose]

Moore USA 1956
(R. wichuraiana × 'Floradora') × ('Oakington Ruby' × 'Floradora')
Gefüllte, locker geformte, leuchtend rote Blüten mit weißer Mitte erscheinen in Büscheln. Laub bronzefarben und glänzend. Wuchs aufrecht und ziemlich hoch.
db Br ⊔ ⊰ v 38 cm

'Little Flirt' [Miniaturrose]

Moore USA 1961
(R. wichuraiana × 'Floradora') × ('Golden Glow' × 'Zee')
Dicht gefüllte, schön geformte Blüten in sattem Orangegelb mit gelber Rückseite. Die Blütenblätter sind spitz und geben der Blüte ein sternähnliches Aussehen. Hellgrünes Laub an einer buschigen Pflanze.
db Br ⊔ Srt v 38 cm

'Mr Bluebird' [Miniaturrose]

Moore USA 1960
'Old Blush' × 'Old Blush'
Kleine, runde Knospen in Büscheln bringen halbgefüllte, lavendelblaue Blüten in Fülle hervor. Laub dunkel und mattschimmernd. Wuchs aufrecht und buschig.
db ⊔ v 30 cm

'Orange Sunblaze', 'Orange Meillandina' (MEIjikatar) [Patio]

Meilland FRANKREICH 1982
'Parador' × ('Baby Bettina' × 'Duchess of Windsor')

'Little Flirt'

'Mr Bluebird'

Leuchtendorangerote, gefüllte, schalenförmige Blüten erscheinen in Fülle in kleinen Büscheln. Üppiges Laub, hellgrün und matt. Wuchs buschig und dicht.

db a Br D* Bd ⬜ v 38 cm

'Peon', 'Tom Thumb' [Miniaturrose]

de Vink HOLLAND 1936
'Rouletii' × 'Gloria Mundi'
Die kleinen, halbgefüllten Blüten sind dunkelrot mit weißer Mitte. Laub hellgrün und lederig an einer buschigen, kompakt wachsenden Pflanze. Diese Rose haben viele Zwergrosen in ihrem Stammbaum.

db ⬜ Rar 23 cm

'Perla de Montserrat' [Miniaturrose]

Dot SPANIEN 1945
'Cécile Brünner' × 'Rouletii'
Sehr schön geformte Blüten erscheinen in aufrechten Büscheln ähnlich wie bei der Elternsorte 'Cécile Brünner'. Die Blüten sind zartrosafarben, zur Mitte hin dunkler. Laub dunkelgrün und matt. Wuchs aufrecht und buschig.

db ⬜ ✂ v 23 cm

'Pour Toi', 'For You', 'Para Ti', 'Wendy' [Miniaturrose]

Dot SPANIEN 1946
'Eduardo Toda' × 'Pompon de Paris'
Halbgefüllte Blüten, weiß mit gelb, in der Mitte dunkler, erscheinen in kleinen Büscheln. Laub mittelgrün und glänzend. Wuchs niedrig und buschig.

D ⬜ v 23 cm

'Regensberg'

'Red Ace', 'Amruda', 'Amanda' [Miniaturrose]

de Ruiter HOLLAND 1977
'Scarletta' × Sämling
Gefüllte, schön geformte, dunkelrote Blüten in kleinen Büscheln. Laub mittelgrün und leicht glänzend. Wuchs kompakt und buschig.

db D* ⬜ v 30 cm

'Regensberg', 'Young Mistress', 'Buffalo Bill' (MACyoumis) [Patio]

McGredy NEUSEELAND 1979
'Geoff Boycott' × 'Old Master'
Die gefüllten Blüten in zartem Rosa, die Blütenblätter weiß gerandet und mit weißer Rückseite, zeigen auffallende gelbe Staubgefäße. Üppiges mittelgrünes Laub. Wuchs kompakt, breit und buschig.

db Br H D*** Bd ⬜ Rar 45 cm

'Robin Redbreast' (INTerrob) [Patio]

Ilsink HOLLAND 1984
Sämling × 'Eyepaint'
Kleine, einfache Blüten, dunkelrot mit cremegelber Mitte und silbriger Rückseite, erscheinen in großer Fülle. Mittelgrünes, glänzendes Laub, Triebe stachelig. Wuchs buschig und breit.

db Br H Bd ⬜ Rar 45 cm

'Rouletii', *R. rouletii* [Miniaturrose]

Correvon SCHWEIZ 1922
Form von *R. chinensis minima*
Die erste der modernen Zwergrosen. Sie wurde 1918 in der Schweiz von Major Roulet als Topfpflanze auf einem Fensterbrett entdeckt. Die Blüten sind gefüllt und dunkel rosarot. Sie erscheinen einzeln oder in kleinen Büscheln. Laub dunkelgrün und matt. Wuchs buschig und kompakt. (Abbildung Seite 43)

r ⬜ Rar 23 cm

'Robin Redbreast'

'Snowball', 'Angelita' (MACangel) [Miniaturrose]

McGredy NEUSEELAND 1982

'Moana' × 'Snow Carpet'

Dicht gefüllte, kugelige, weiße Blüten erscheinen in Büscheln. Laub hellgrün und dicht. Wuchs buschig.

db ⛛ v   30 cm

'Sweet Dream' (FRYerminicot) [Patio]

Fryer GROSSBRITANNIEN 1987

Büschel gefüllter pfirsichfarbener Blüten im Überfluß. Üppiges mittelgrünes Laub. Wuchs breit und buschig.

db Br H ⛛ Rar   45 cm

'Twenty-Fifth' (BEAtwe) [Patio]

Amanda Beales GROSSBRITANNIEN 1996

'Robin Redbreast' × 'Horstman's Rosenresli'

Halbgefüllte Blüten in sattem Rubinrot zeigen attraktive goldgelbe Staubgefäße. Üppiges dunkelgrünes, matt glänzendes Laub. Wuchs kompakt, buschig. (Abbildung Seite 40)

db Bd ⛛ Br D* Rar   45×60 cm

'Yellow Doll' [Miniaturrose]

Moore USA 1962

'Golden Glow' × 'Zee'

Die schön geformten, dicht gefüllten cremeweißen Blüten ähneln denen einer Miniatur-Teehybride. Laub mittelgrün und glänzend. Wuchs stark und buschig.

db Gh D* ⛛ ✂ v   30 cm

Niederliegende Rosen (Bodendecker-Rosen)

Als Bodendecker werden Rosen schon seit dem 19. Jahrhundert verwendet. Damals nahm man für diesen Zweck hauptsächlich die flexiblen Rambler-Rosen, beispielsweise die Ayrshire- und die Sempervirens-Rosen. Später, insbesondere in den ersten beiden Jahrzehnten des 20. Jahrhunderts, brachte die Einführung der biegsamen Wichuraiana-Hybriden ein breiteres Farbspektrum. Der Nachteil der meisten Rambler ist ihre vergleichsweise kurze Blütezeit, weshalb sie – obwohl sie zum Bedecken von Böschungen oder Erhebungen an sich ideal sind – heute in dieser Verwendung leider nur selten zu sehen sind.

Seit dem Zweiten Weltkrieg – und weil die Landschaftsgärtner immer häufiger nach Pflanzen fragen, die wenig Pflegeaufwand erfordern – sind Bodendecker-Rosen groß in Mode gekommen. Die Züchter haben sich beeilt, auf diese Nachfrage zu reagieren und bringen eine ständig steigende Zahl neuer Sorten, sowohl einmalblühender als auch öfterblühender, auf den Markt.

Ich persönlich bin über den Begriff »Bodendecker« im Zusammenhang mit Rosen seit jeher unglücklich. Obwohl ich einräume, daß sich einige Sorten für diesen Zweck durchaus eignen, muß ich doch feststellen, daß nur sehr wenige Sorten dicht genug wachsen, um Unkraut in der gleichen Weise zu unterdrücken wie herkömmliche Bodendecker, zum Beispiel *Hypericum calcinum* und *Vinca major*. Ein mit Unkraut durchsetzter Boden wird durch niederliegende Rosen sogar eher schwieriger zu pflegen als leichter, was mehr ein Problem darstellt als eine Lösung. Ich ziehe die Bezeichnung »niederliegende Rosen« vor, denn sie beschreibt zutreffend die Wuchsform und weckt keine falschen Vorstellungen.

Niederliegende Rosen können auf verschiedene Art verwendet werden. Am häufigsten werden sie in großen Flächen angepflanzt, um öffentlichen Anlagen oder Gewerbegebieten Farbe zu verleihen. In Gärten eignen sie sich gut für Hanglagen und für Beete, bei denen die Bepflanzung niedrig gehalten werden soll. Außerdem kann man mit einer Gruppe niederliegender Rosen gut andere Sträucher unterpflanzen. Viele Sorten eignen sich hervorragend für Töpfe, Kübel und Urnen oder um von Mäuerchen herabhängend zu wachsen. Ein paar kleinere Sorten eignen sich sogar für den Steingarten.

Ein entschiedener Vorteil dieser Gruppe von Rosen ist, daß viele niederliegende Rosen gut auf eigener Wurzel vermehrt werden können, wodurch der Zwang zum Entfernen der Wildtriebe entfällt.

Die meisten Baumschulkataloge, ja sogar viele gute Gartencenter, bieten heute eine breite Auswahl an Rosen dieser Gruppe. Es war keine leichte Aufgabe, die Sorten auszuwählen, die hier aufgenommen werden sollen. Die Ausgewählten zeigen aber einen guten Querschnitt sowohl alter als auch neuer Sorten, und die meisten sind ohne Schwierigkeiten in Europa erhältlich.

Es gibt, neben den in diesem Abschnitt beschriebenen, noch eine Anzahl weiterer Rosen, die zu der Kategorie »niederliegend« gehören, aber mit Rücksicht auf ihre Abstammung habe ich sie unter der Gruppe beschrieben, der sie jeweils angehören.

KLASSIFIKATION

BARB   Klasse 17
MR10   keine bestimmte Klasse, am besten paßt Klasse 54
WFRS   Klassen 3 und 11

'Alba Meidiland' (MEIflopan)

Meilland FRANKREICH 1987

Kompakte, schwere Büschel reinweißer und dicht gefüllter Blüten, die sich gut als Schnittblumen eignen. Laub mittelgrün. Wuchs dicht und breit.

db Bd H D* ◐ ▽ ✂ Rar 90×120 cm

'Avon', 'Fairy Lights', 'Sunnyside' (POUlmulti)

Poulsen DÄNEMARK 1992

Halbgefüllte Blüten, perlweiß, zartrosa überzogen, in Büscheln. Laub dunkelgrün. Wuchs dicht und breit.

db ▽ Bd D* Rar 30×90 cm

'Bassino' siehe 'Suffolk',

'Berkshire', 'Pink Sensation', 'Sommermärchen' (KORpinka)

Kordes DEUTSCHLAND 1991

Duftende Blüten in leuchtendem Rosarot mit auffälligen Staubgefäßen erscheinen in Büscheln. Laub dunkelgrün, glänzend. Wuchs buschig und breit.

db Bd ▽ D** v 60×120 cm

'Bonica '82' (MEIdomonac) siehe

»Moderne Strauchrosen« Seite 288

'Broadlands', 'Sonnenschirm' (TANmirsch)

Tantau DEUTSCHLAND 1993

Zartgelbe, schalenförmige, duftende, dicht gefüllte Blüten in Büscheln. Hellgrünes Laub. Wuchs stark und in die Breite gehend.

db Bd ◐ D** v 90×150 cm

'Cambridgeshire', 'Carpet of Color', 'Fun Sunsation' (KORhaugen)

Kordes DEUTSCHLAND 1994

Halbgefüllte, schalenförmige Blüten in einer Mischung aus Gold, Hellrot und Rosa werden in Büscheln hervorgebracht. Dunkelgrünes, glänzendes Laub. Wuchs niedrig, dicht und in die Breite.

db Bd ◐ ▽ v 50×90 cm

'Candy Rose' (MEIranovi)

Meilland FRANKREICH 1980

(*R. sempervirens* × 'Mlle Marthe Carron') × [('Lilli Marlene' × 'Evelyn Fison') × ('Orange Sweetheart' × 'Frühlingsmorgen')]

Halbgefüllte Blüten in dunklem Rosa mit rötlicher Rückseite. Laub klein, hellgrün und glänzend. Wuchs buschig und breit.

db Bd a ▽ Rar 1,20×1,80 m

'Cardinal Hume' (HARregale) siehe

»Moderne Strauchrosen« Seite 290

'Carefree Beauty' (BUCbi)

Buck USA 1977

Sämling × 'Prairie Princess'

Halbgefüllte, duftende Blüten in einem cremegelben Rosa werden in großer Fülle den ganzen Sommer über hervorgebracht. Laub reichlich, dunkelgrün, matt glänzend. Wuchs buschig und breit. Eine in jeder Hinsicht gut Rose.

db ▽ a H Bd D** v 1,50×1,20 m

'Caterpillar' siehe 'Pink Drift'

'Chatsworth', 'Mirato' (TANotax)

Tantau DEUTSCHLAND 1990

Halbgefüllte, duftende Blüten in mittlerem bis dunklem Rosa öffnen sich flach. Laub glänzend dunkelgrün. Wuchs dicht und breit. Benannt nach dem berühmten historischen Gebäude, dem Sitz des Duke of Devonshire.

db Bd ▽ ◐ D** v 60×90 cm

'Chilterns', 'Fiery Sunsation' (KORtemma)

Kordes DEUTSCHLAND 1990

Büschel halbgefüllter, dunkel karminroter Blüten mit attraktiven goldgelben Staubgefäßen. Kleines, glänzendes mittelgrünes Laub. Wuchs stark und breit.

db Bd ▽ ◐ D* v 60×210 cm

'Daisy Hill' siehe Formen und Hybride von

R. macrantha, Seite 181

'Fiona'

'Fairy Damsel'

'Dunwich Rose' *siehe* Formen und Hybride von *R. pimpinellifolia*, Seite 126

'Essex' (POUlnoz)

Poulsen DÄNEMARK 1987

Kleine, einfache, dunkelrosa Blüten in Fülle. Ähnlich 'Heideröslein Nozomi'. Sehr reichblühend.

db ▽ Bd ⬤ v   60×180 cm

'Eyeopener' (INTerop)

Ilsink HOLLAND 1987

(Sämling × 'Eyepaint') × (Sämling × 'Dortmund')

Leuchtend rote Blüten mit weißer Mitte. Laub dicht und mittelgrün an einer starkwüchsigen, in die Breite wachsenden Pflanze.

db a Bd ⬤ Rar   30×90 cm

'Fairy Changeling' (HARnumerous)

Harkness GROSSBRITANNIEN 1981

'The Fairy' × 'Yesterday'

Dicke, kleine Knospen öffnen sich zu kleinen, schalenförmigen, dicht gefüllten Blüten in klarem, zartem Rosa in großen kompakten Büscheln. Wuchs buschig und breit.

db a Bd D* ▽ Rar   45×60 cm

'Fairy Damsel' (HARneatly)

Harkness GROSSBRITANNIEN 1981

'The Fairy' × 'Yesterday'

Dunkelrote, kleine gefüllte Blüten, anfangs schalenförmig später flacher, in großen kompakten Büscheln. Laub dunkelgrün und glänzend. Wuchs buschig und breit.

db a Bd D* ▽ Rar   60×150 cm

'Fairyland' (HARlayalong)

Harkness GROSSBRITANNIEN 1980

'The Fairy' × 'Yesterday'

Kleine, schalenförmige, dicht gefüllte Blüten in zartem Rosa erscheinen in großen kompakten Büscheln. Laub mittelgrün und glänzend. Wuchs buschig und breit.

db a Bd D* ▽ Rar   60×150 cm

'Ferdy' (KEItoli)

Suzuki JAPAN 1984

Kletterrosen-Sämling × Sämling von 'Petite Folie'

Kleine, gefüllte Blüten in dunklem Lachsrosa. Reichlich Laub, klein und hellgrün. Wuchs buschig, breit und dicht.

db a Bd ▽ v   60×90 cm

'Fiona' (MEIbeluexen)

Meilland FRANKREICH 1982

'Sea Foam' × 'Picasso'

Große Büschel dunkelroter Blüten, in der Mitte etwas

'Immensee', ('Grouse')

heller. Kleines, dunkelgrünes, glänzendes Laub. Wuchs buschig und breit.
db a Bd D** H ▽ v 90×120 cm

'Flamingo Meidiland' (MEIsolroz)

Meilland FRANKREICH 1990
Reizvolle Blüten in klarem Rosa werden in Fülle den ganzen Sommer über hervorgebracht, es folgen leuchtendorangerote Hagebutten. Schönes Laub an einer dichten, breitwüchsigen aber buschigen Pflanze. Auch als freistehender Strauch oder für eine dichte Hecke geeignet. Eine gute Rose für die Gartengestaltung.
db H ▽ Hb Bd ◉ v 90×120 cm

'Flower Carpet', 'Heidetraum' (NOAtraum)

Noack DEUTSCHLAND 1990
Riesige Büschel ansehnlich großer, gefüllter, dunkelrosa Blüten werden in Fülle den ganzen Sommer über hervorgebracht. Laub glänzend hellgrün. Wuchs dicht und breit. Erhielt mehrere Auszeichnungen.
db ▽ Bd v 45×120 cm

'Francine Austin' (AUSram)

Austin GROSSBRITANNIEN 1988
Büschel kleiner, pomponförmiger, dicht gefüllter Blüten in glitzerndem Weiß. Laub hellgrün und reichlich. Starkwüchsig, buschig und breit.
r ▽ Bd a ◉ Rar 90×120 cm

'Grouse', 'Immensee' (KORimro)

Kordes DEUTSCHLAND 1982
'The Fairy' × *R. wichuraiana*-Sämling
Büschel kleiner, einfacher, weißer Blüten mit rosafarbenen Schattierungen und auffallenden Staubgefäßen. Laub mittelgrün und glänzend an einer niederliegenden, breitwüchsigen Pflanze.
r a Bd D** ◉ v 60×300 cm

'Gwent', 'Aspen', 'Gold Magic Carpet', 'Suncover' (POUlurt)

Poulsen DÄNEMARK 1992
Halbgefüllte, schalenförmige Blüten in dunklem Goldgelb. Dunkelgrünes, glänzendes Laub. Wuchs kompakt, breit.
db Bd ▽ D* v 45×90 cm

'Hampshire' (KORhamp)

Poulsen DÄNEMARK 1989
Ein dicht am Boden liegender Strauch. Kleine, einfache Blüten in leuchtendem Scharlachrot. Schönes Laub.
r ▽ Bd ◉ Rar 60×120 cm

'Harry Maasz' *siehe* Formen und Hybride von *R. macrantha*, Seite 181

'Heidekönigin' *siehe* 'Pheasant'

'Heidepark' *siehe* 'Flamingo Meidiland'

'Heideröslein Nozomi' *siehe* 'Nozomi'

'Heidetraum' *siehe* 'Flower Carpet'

'Hertfordshire' (KORtenay)

Kordes DEUTSCHLAND 1991
Einfache, karminrote Blüten erscheinen in großer Fülle an einer niedrigen, breitwüchsigen Pflanze mit schönem, gesundem Laub.
r ▽ Bd Rar 45×100 cm

'Immensee' *siehe* 'Grouse'

'Kent', 'White Cover' (POUlcov)

Poulsen DÄNEMARK 1987
Große Büschel halbgefüllter weißer Blüten erscheinen in großer Fülle. Soll gegen rauhes Wetter unempfindlich sein. Kompakt und breit.
r ▽ ◉ Bd Rar 45×100 cm

'Norfolk'

'Lady Curzon' *siehe* Formen und Hybride von Rugosa-Rosen, Seite 231

'Laura Ashley' (CHEwharla)
Warner GROSSBRITANNIEN 1990
Hübsche mauvefarbene Blüten in Büscheln. Süß duftend. Sehr reichblühend. Laub mittelgrün. Wuchs dicht und breit.
db ▽ Bd D** Rar   60 × 90 cm

'Magic Carpet' (JAClover)
Jackson Perkins USA 1994
'Grouse' [= 'Immensee'] × 'Class Act'

'Max Graf' *siehe* Formen und Hybride von Rugosa-Rosen, Seite 231

'Norfolk' (POUlfolk)
Poulsen DÄNEMARK 1989
Eine der wenigen Gelben unter den flachwüchsigen Rosen. Diese hat Büschel kleiner, gefüllter, leuchtend gelber Blüten inmitten von hübschem Laub.
r ▽ ◉ Bd Rar   45 × 60 cm

'Northamptonshire' (MATtdor)
Mattock GROSSBRITANNIEN 1990
Schön geformte, kleine Blüten (ähnlich 'Cécile Brünner') in zartem Rosa inmitten von frischgrünem Laub an einer dichten, nah am Boden wachsenden Pflanze.
r ▽ ◉ Bd Rar   45 × 100 cm

'Nozomi', 'Heideröslein Nozomi'
Onodera JAPAN 1968
'Fairy Princess' × 'Sweet Fairy'
Kleine, einfache, sternförmige Blüten in Muschelrosa erscheinen in kleinen Büscheln. Laub sehr klein, üppig, dunkelgrün und glänzend. Überhängende Triebe, im Austrieb pflaumenfarben, das ältere Holz ist dunkelgrün. Wuchs dicht und breit.
S Bd a H ◉ ▽ v   90 × 180 cm

'Partridge', 'Weiße Immensee' (KORweirim)
Kordes DEUTSCHLAND 1984
'The Fairy' × *R. wichuraiana*-Sämling
Kleine, einfache, weiße Blüten in Büscheln öffnen

'Heideröslein Nozomi'

sich aus rosafarbenen Knospen. Laub klein, dunkelgrün und glänzend, im Austrieb bronzefarben. Wuchs flach und breit.
r a Bd D** ◉ Rar   60 × 300 cm

'Paulii', *R. paulii*
Paul GROSSBRITANNIEN ca. 1903
R. arvensis × *R. rugosa*
Die großen, einfachen, weißen Blüten haben fünf Blütenblätter mit deutlichem Abstand und auffallende gelbe Staubgefäße. Laub schmal, wie bei Rugosas, hell- bis mittelgrün, im Austrieb rötlich. Viele Stacheln. Flachwüchsig.
S Bd D* ◉ Mt Rar   90 × 300 cm

'Paulii Rosea', *R. paulii rosea*
ca. 1912
möglicherweise ein Sport von 'Paulii', es gibt aber viele Unterschiede
Die großen, einfachen, zart rosafarbenen Blüten haben auffallende gelbe Staubgefäße, die einzelnen Blütenblätter haben nicht so einen deutlichen Abstand wie bei 'Paulii'. Laub mittelgrün und wie bei Rugosas, Triebe stachelig. Das junge Holz ist lindgrün. Ebenfalls flachwüchsig wie 'Paulii', aber dichter.
S Bd D* Mt Rar   90 × 300 cm

'Pearl Drift'

'Pearl Drift' (LEGgab)
LeGrice GROSSBRITANNIEN 1980
'Mermaid' × 'New Dawn'
Halbgefüllte Blüten ansehnlicher Größe, weiß mit rosa überhaucht, erscheinen in großen Büscheln. Laub dunkelgrün und leicht glänzend. Wuchs dicht, buschig und breit.
db a Bd D** ◐ ▽ v 90×120 cm

'Pearl Meidiland' (MEIplatin)
Meilland FRANKREICH 1989
Der Züchter beschreibt die Farbe dieser Rose als blasses Ocker, die Blüten erscheinen in Büscheln an einer dichten, breitwüchsigen Pflanze mit glänzendem Laub.
r ▽ Bd ◐ v 60×120 cm

'Pheasant', 'Heidekönigin' (KORdapt)
Kordes DEUTSCHLAND 1986
'Zwergkönig '78' × R. wichuraiana-Sämling
Bescheidene Büschel kleiner, gefüllter, dunkelrosafarbener Blüten und mittelgrünes, glänzendes Laub an einer flachwüchsigen, breiten Pflanze.
r a Bd D** ◐ Rar 60×300 cm

'Pink Bells' (POUlbells)
Poulsen DÄNEMARK 1983
'Mini-Poul' × 'Temple Bells'
Kleine, dicht gefüllte Blüten in leuchtendem Rosa werden in Fülle hervorgebracht. Laub mittelgrün und leicht glänzend, klein aber sehr üppig. Wuchs dicht und breit.
S a Bd D* ◐ ▽ v 60×120 cm

'Pink Chimo' (INTerchimp)
Ilsink HOLLAND 1990
Reizvoll geformte dunkelrosafarbene Blüten an einer dichten, breitwüchsigen Pflanze mit hübschem ledrigem Laub.
db ▽ ◐ Bd Rar 60×90 cm

'Pink Drift', 'Kiki Rose', 'Caterpillar' (POUlcat)
Poulsen DÄNEMARK 1984
'Temple Bells' × Sämling
Große Büschel kleiner, halbgefüllter hellrosafarbener Blüten. Reichblühend. Üppiges Laub, klein, dunkelgrün und glänzend. Wuchs buschig und breit.
db a Bd D** ◐ ▽ Rar 60×90 cm

'Pink Bells'

'Pink Meidiland', 'Schloss Heidegg' (MEIpoque)

Meilland FRANKREICH 1983
'Anne de Bretagne' × 'Nirvana'
Die einfachen Blüten sind dunkelrosafarben mit weißem Auge. Laub klein, mittelgrün und leicht glänzend. Wuchs buschig und breit.
db Bd H D* ◐ ▽ v   60×90 cm

'Pink Wave' (MATtgro)

Mattock GROSSBRITANNIEN 1983
'Moon Maiden' × 'Eyepaint'
Halbgefüllte Blüten in zartem Rosa erscheinen in Büscheln. Laub mittelgrün und leicht glänzend. Wuchs buschig und breit.
db a Bd D** ◐ ▽ Rar   60×90 cm

'Queen Mother' (KORquemu)

Kordes DEUTSCHLAND 1991
Halbgefüllte Blüten in reinem Zartrosa werden in großer Fülle hervorgebracht und heben sich gut ab vor dem üppigen glänzenden Laub. Wuchs rundlich, buschig, leicht in die Breite.
db ▽ Br D* Bd v   30×45 cm

'Raubritter', 'Macrantha Raubritter' *siehe* Formen und Hybride von *R. macrantha*, Seite 181

'Red Bells' (POUlred)

Poulsen DÄNEMARK 1983
'Mini-Poul' × 'Temple Bells'
Kleine, dicht gefüllte rote Blüten erscheinen in großer Fülle. Üppiges Laub, mittelgrün, leicht glänzend und klein. Wuchs dicht und breit.
S a Bd D* ◐ ▽ Rar   60×120 cm

'Red Blanket' (INTercell)

Ilsink HOLLAND 1979
'Yesterday' × ein unbenannter Sämling
Die halbgefüllten, mittelgroßen Blüten erscheinen in kleinen Büscheln, dunkelrosa bis fast rot. Laub dunkelgrün und glänzend. Wuchs dicht und breit.
db a Bd D* ◐ ▽ Srt v   90×120 cm

'Red Max Graf', 'Rote Max Graf' (KORmax)

Kordes DEUTSCHLAND 1980
R. kordesii × ein Sämling
Leuchtend rote, mittelgroße, einfache Blüten erscheinen in großen Büscheln. Das üppige Laub ist matt, dunkelgrün und ledrig, der Wuchs ist plump

'Red Blanket' (oben), 'Red Max Graf' (rechts)

und geht in die Breite.
db a Bd D* ◐ v   90 × 180 cm

'Red Trail' (INTerim)

Ilsink HOLLAND 1991
Große Mengen leuchtendroter Blüten an einer starkwüchsigen, in die Breite wachsenden, bodendeckenden Pflanze mit üppigem Laub.
r Bd ◐ Rar   90 × 150 cm

'Repens Meidiland' (MEIlontig)

Meilland FRANKREICH 1987
Elternsorten unbekannt
Kleine, einfache, weiße Blüten erscheinen in Fülle. Laub klein, mittelgrün und glänzend. Wuchs sehr flach und extrem in die Breite.
S a Bd ◐ Rar   15 × 300 cm

'Rosy Carpet' (INTercarp)

Ilsink HOLLAND 1983
'Yesterday' × ein Sämling
Reichblühend. Einfache Blüten in leuchtendem Rosa erscheinen in großen Büscheln. Laub dunkelgrün und glänzend. Wuchs stachelig, dicht und breit.
r a Bd D** ◐ ▽ Rar   60 × 120 cm

'Rosy Cushion' (INTerall)

Ilsink HOLLAND 1979
'Yesterday' × ein Sämling
Fast einfache Blüten in zartem Rosa erscheinen in großen Büscheln. Laub dunkelgrün und glänzend. Wuchs dicht, buschig und breit.
r a Bd D* ◐ ▽ v   90 × 120 cm

'Rutland' (POUlshine)

Poulsen DÄNEMARK 1988
Eine Fülle kleiner, einfacher, rosafarbener Blüten an einer kompakten, kissenähnlichen Pflanze. Laub reichlich, dunkelgrün und glänzend.
r ▽ ◐ Bd Rar   30 × 30 cm

'Simon Robinson' (oben), 'Suffolk' (unten)

'Scarlet Meidiland' (MEIkrotal)

Meilland FRANKREICH 1987

Schwere Büschel leuchtendkirschroter Blüten und dunkelgrünes, glänzendes Laub an einer dichten und breitwüchsigen Pflanze. Besonders schön im Herbst.
db Bd H D* ⬤ ▽ ✂ Rar 90×120 cm

'Scintillation' siehe Formen und Hybride von R. macrantha, Seite 181

'Sea Foam'

E. W. Schwartz USA 1964

('White Dawn' × 'Pinocchio') × ('White Dawn' × 'Pinocchio') × ('White Dawn' × 'Pinocchio')
Gefüllte, weißlich-cremefarbene Blüten in Büscheln ansehnlicher Größe. Leicht duftend. Laub glänzend. Wuchs sehr stark und in die Breite.
r D* Bd Rar 1,20×1,80 m

'Simon Robinson' (TRObwich)

Robinson GROSSBRITANNIEN 1982

R. wichuraiana × 'New Penny'
Büschel mittelgroßer bis kleiner, einfacher Blüten in mittlerem Rosa. Laub dunkelgrün und glänzend. Wuchs buschig und breit.
db a Bd D* ⬤ ▽ Rar 75×120 cm

'Smarty' (INTersmart)

Ilsink HOLLAND 1979

'Yesterday' × ein Sämling
Große Büschel fast einfacher, kleiner Blüten in hellem Rosa. Laub leuchtend grün und matt schimmernd. Wuchs ziemlich stachelig, buschig und breit.
r a Bd D* ⬤ ▽ Rar 90×120 cm

'Snow Carpet' (MACcarpe)

McGredy NEUSEELAND 1980

'New Penny' × 'Temple Bells'
Kleine, dicht gefüllte, reinweiße Blüten erscheinen in kleinen Büscheln. Laub klein, hellgrün und leicht glänzend. Wuchs flach und in die Breite.
r D** Bd ⬤ v 30×90 cm

'Sommermärchen' siehe 'Berkshire'

'Sommerwind' siehe 'Surrey'

'Sonnenschirm' siehe 'Broadlands'

'Suffolk', 'Bassimo' (KORmixal)

Kordes DEUTSCHLAND 1988

Einfache, scharlachrote Blüten an einer breitwüchsigen, kriechenden Pflanze; üppiges hellgrünes Laub.
r ▽ ⬤ Br v 60×120 cm

'Suma' (HARsuma)

Onodera JAPAN 1989

Harkness / GROSSBRITANNIEN
Zu den Elternsorten gehört 'Heideröslein Nozomi' Dicht gefüllte rubinrote Blüten zeigen, wenn sie ganz geöffnet sind, goldgelbe Staubgefäße. Das ist sehr wirkungsvoll. Das üppige Laub ist klein, glänzend dunkelgrün. Wuchs dicht, breit und kriechend. Eine erstklassige Sorte.
r ▽ ⬤ Bd v 30×90 cm

'Summer Sunrise'

Amanda Beales GROSSBRITANNIEN 1994

'Bonica '82' × 'New Dawn'
Unzählige halbgefüllte Blüten in einem süßen Rosa mit cremefarbenen Staubgefäßen öffnen sich flach, in großen Büscheln. Laub glänzend mittelgrün. Wuchs buschig, in die Breite und sehr gesund. Die erste Rose, die von der Tochter des Autors gezüchtet wurde.
db Bd ▽ ⬤ D* Rar 45×90 cm

'**Summer Sunset**' (oben), '**Summer Sunrise**' (unten)

'Summer Sunset'

Amanda Beales GROSSBRITANNIEN 1994
'Bonica '82' × 'Robin Redbreast'
In Fülle erscheinen halbgefüllte Blüten in dunklem Rosa mit weißen Streifen, die Blüten zeigen ganz geöffnet goldfarbene Staubgefäße. Laub dunkelgrün. Wuchs dicht und breit. Gezüchtet von der Tochter des Autors.
db Bd ▽ ◉ D* Rar 45×90 cm

'Surrey', 'Summerwind' (KORlanum)

Kordes DEUTSCHLAND 1987
Büschel halbgefüllter Blüten in weichem Rosa erscheinen in Fülle an einer breitwüchsigen Pflanze.
r Bd ◉ ▽ Rar 60×120 cm

'Sussex' (POUlave)

Poulsen DÄNEMARK 1991
Gefüllte Blüten in einem mit Rosa und Bernstein getönten Apricot erscheinen in großen Büscheln. Laub reichlich, mittelgrün. Wuchs dicht und breit.
r ▽ Bd Rar 60×90 cm

'Swany' (MEIburenac)

Meilland FRANKREICH 1978
R. sempervirens × 'Mlle Marthe Carron'
Sie bringt große Büschel dicht gefüllter, schalenförmiger, reinweißer Blüten hervor. Laub dunkelgrün und glänzend mit bronzefarbener Tönung. Wuchs stark, buschig und breit.
db a Bd ◉ ▽ v 90×150 cm

'Tall Story' (DICkooky)

Dickson GROSSBRITANNIEN 1984
'Sunsprite' × 'Yesterday'
Mittelgroße, halbgefüllte Blüten in zartem Gelb erscheinen in Büscheln entlang der überhängenden Zweige. Laub hellgrün und leicht glänzend. Wuchs überhängend und breit.
db a Bd D*** ◉ ▽ Rar 60×120 cm

'Temple Bells'

Morey USA 1971
R. wichuraiana × 'Blushing Jewel'
Kleine, einfache, weiße Blüten öffnen sich anfangs in Fülle, danach vereinzelt. Laub klein und hellgrün. Wegen ihres engen und flachen Wuchses eignet sich diese Rose sogar für Steingärten.
r Bd ◉ ▽ v 60×120 cm

'Surrey'

'The Fairy' *siehe* Polyantha-Rosen, Seite 304

'Warwickshire' (KORkandel)

Kordes DEUTSCHLAND 1991
Einfache Blüten von dunklem Rosarot mit einem auffälligen weißen Auge werden reichlich hervorgebracht. Laub dunkelgrün, glänzend. Wuchs dicht und breit.
db ▽ Bd D* Rar 45×100 cm

'Weiße Immensee' *siehe* **'Partridge'**

'Weiße Max Graf', 'White Max Graf', (KORgram)

Kordes DEUTSCHLAND 1983
Sämling × ein R. wichuraiana-Sämling
Reinweiße, einfache Blüten, leicht schalenförmig, in Büscheln. Laub hellgrün und leicht glänzend. Wuchs stark und breit.
db Bd H D* ◉ ▽ v 90×180 cm

'White Bells' (POUlwhite)

Poulsen DÄNEMARK 1983
'Mini-Poul' × 'Temple Bells'
Weiße, gefüllte Blüten mit zartgelber Tönung. Laub klein, mittelgrün und leicht glänzend. Wuchs dicht, buschig und breit.
S a Bd D* ◉ ▽ v 60×120 cm

'White Meidiland' (MEIcoublan)

Meilland FRANKREICH 1986
Reinweiße Blüten in Büscheln an einer buschigen, breitwüchsigen Pflanze mit üppigem kleinem, mittelgrünem und leicht glänzendem Laub.
db Bd H D* ◉ ▽ v 60×120 cm

'Swany'

'Wiltshire' (KORmuse)

Kordes DEUTSCHLAND 1993

Gefüllte, anfangs schalenförmige Blüten in rötlichem Rosa in Büscheln. Glänzend hellgrünes Laub. Wuchs buschig und breit.

db Bd ▽ D* Br v   60×120 cm

R. phoenicia

MITTLERER OSTEN 1885

Eine sehr starkwüchsige, schlank wachsende Kletterrose mit wenigen Stacheln. Zahlreiche graugrüne Blätter. Weiße Blüten in großen Traubendolden. Hagebutten klein, rund und dunkelrot. Nicht einfach zu kultivieren, aber interessant genug, um es zu versuchen. Bevorzugt trockenen, sandigen Boden. Eine bedeutende, aber selten zu sehende Art, die heute zu den zahlreichen Wildrosenarten gerechnet wird, die von der R. centifolia abstammen.

S D** Rar   6,00×3,00 m

R. × polliniana

MITTELEUROPA ca. 1880

Einfache, blaßrosafarbene Blüten an einer sich ausbreitenden Pflanze mit dunkelgrünen Trieben und Blättern. Die Triebe sind mäßig mit Stacheln besetzt. Für unsere heutigen Gärten weniger geeignet, wohl aber für Waldgelände.

S W a ● Rar   4,50×3,00 m

R. rubus, 'Blackberry Rose'

MITTLERER OSTEN 1907

Eine starkwüchsige Kletterrose mit zahlreichen Stacheln, grünlich-purpurfarbenen Trieben und glänzendem, dunkelgrünem Laub. Die jungen Triebe sind von einem klaren Purpurrot. Duftende weiße Blüten in großen Büscheln, ähnlich denen der wilden Brombeere, von der sie ihren Namen hat (engl. *blackberry* = Brombeere). Im Herbst erscheinen in großer Menge kleine, runde, rote Hagebutten.

S a Hb Bkl ○ Rar   6,00×4,50 m

R. sempervirens
FORMEN UND HYBRIDEN

In viktorianischer Zeit wurden diese Rosen als immergrüne Rosen bezeichnet. In der Tat behalten sie ihr üppiges Blattwerk während der meisten Winter. Ich vermute, daß diese Wildrose, ähnlich wie *R. arvensis,* einen viel größeren Einfluß auf die Entwicklung unserer modernen Kletterrosen gehabt hat, als jemals anerkannt wurde. Die meisten der hier beschriebenen Sorten gibt es seit vielen Jahren. Nur wenige sind seit der frühen viktorianischen Zeit eingeführt worden. Sie sind sehr gute Rambler-Rosen und Bäumekletterer und ideal für Bögen, Pergolen, Klettergerüste und Wände. Sie sind gesund und leicht zu kultivieren.

KLASSIFIKATION

BARB   Klasse 1
MR10   Klasse 40
WFRS   Klasse 37

R. sempervirens

SÜDEUROPA 17. Jahrhundert

Weiße, duftende, einfache Blüten erscheinen in kleinen Büscheln an einer mäßig starkwachsenden Pflanze. Laub mittel- bis dunkelgrün, so immergrün, wie eine Rose nur sein kann. Kleine, orangerote Früchte im Spätherbst.

db a W Hb Bkl ◐ ≋ D* Rar   6,00 × 2,50 m

'Adélaïde d'Orléans'

Jacques FRANKREICH 1826

R. sempervirens-Hybride

Büschel kleiner, schön geformter, halbgefüllter Blüten von pudrigem Rosa bis Weiß fallen kaskadenartig in verschwenderischer Fülle von einer schön belaubten, immergrünen Kletterrose herab. Starkwüchsig in einer eher verfeinerten Form. (Abbildung Seite 29)

S a Bkl H ◐ D** Rar   4,50 × 3,00 m

'Belvedere' siehe 'Princesse Marie'

'Félicité Perpétue'

Jacques FRANKREICH 1827

Starkwüchsige Kletterrose mit Büscheln kleiner, dicht gefüllter, schalen- und rosettenförmiger rahmweißer Blüten, oft mit einem Hauch von Rosa. Angenehm duftend. Eine wunderschöne Kletterrose mit dunkelgrünen, glänzenden Blättern, vor denen sich die Blüten wirkungsvoll abheben. Ziemlich stachellos. Wird oft irrtümlich als die 'Seven Sisters Rose' bezeichnet. Die Zwergform dieser Rose, 'Little White Pet' wird unter den Floribunda-Rosen beschrieben. Der Name dieser Rose wurde kürzlich geändert, der bisherige Name 'Félicité et Perpétue' war falsch. (Abbildung Seite 29)

S a N ◐ ≋ D** Rar   4,50 × 3,00 m

'Flora'

Jacques FRANKREICH 1829

Gute, mittelgroße Kletterrose mit dunkelgrünen Trieben und Blättern. Die schalenförmigen Blüten erscheinen in Büscheln und öffnen sich flach. Sie sind gefüllt mit kleinen, gefalteten Blütenblättern. Blütenfarbe Lila und ein weiches, weißliches Rosa. Der Duft ist sehr fein.

S a Bkl N ◐ D*** Rar   3,50 × 2,50 m

'Princesse Louise'

Jacques FRANKREICH 1829

Gefüllte, schalenförmige, rahmweiße Blüten mit mauvefarbenen Schattierungen. Eine wunderschöne Rose. Die Blüten erscheinen in kaskadenartig herabhängenden Büscheln an einer gesunden, fast immergrünen Pflanze.

S a Bkl N ◐ D** Rar   4,50 × 2,50 m

'Princesse Marie'

'Princesse Marie'
Jacques FRANKREICH 1929

Große, kaskadenartig herabhängende Büschel schalenförmiger Blüten mit einer Vielzahl kurzer Blütenblätter öffnen sich flach, aber dicht gefüllt und reizend zerzaust. Die Blütenfarbe ist ein leuchtendes Mauve auf einem gebrochen weißen Grund. Laub dunkelgrün an langen, biegsamen Trieben mit wenigen Stacheln.

Anmerkung: Diese Rose wird zur Zeit vielfach unter dem Namen 'Belvedere' angeboten. Ich bin darüber nicht glücklich (obwohl ich einsehe, wie es dazu kam), denn ich habe in meiner Sammlung die Rose, die alten Beschreibungen genau entspricht. Ich behalte deshalb den Namen 'Princesse Marie' bei. – Hinzu kommt: Peter Beales Roses bietet seit einigen Jahren eine Rose unter dem Namen 'Ethel' an (ein Name, mit dem ich ebenfalls nie besonders glücklich war). Bei dieser Rose handelt es sich wahrscheinlich eher um die Rose, die jetzt in 'Belvedere' umbenannt wurde. Ich kultiviere nun alle drei Rosen parallel um die Sache möglichst aufzuklären.

S a Bkl N ◉ D** Rar   4,50 × 3,00 m

'Spectabilis'
ca. 1850

Eine gute, niedrig wachsende Kletterrose mit kleinen, schalenförmigen, gefüllten Blüten von Zartlila bis Weiß, die in Büscheln erscheinen. Überrascht manchmal durch einen zweiten Blütenflor im Spätsommer. Dunkles, fast immergrünes Laub.

r a N ◉ D** Rar   3,00 × 1,80 m

R. setigera
UND HYBRIDEN

Von dieser Wildrose stammt eine Gruppe sehr guter Rambler, die aus irgendeinem Grund auf der anderen Seite des Atlantiks weiter verbreitet sind als bei uns. Vielleicht werden sie aufgrund ihrer Winterhärte öfter angeboten. Auf 'Baltimore Belle', die bekannteste unter ihnen, trifft man überall in Amerika, und sie bereitet auch viel Freude. Mein besonderer Favorit ist jedoch die weniger bekannte, reinweiße, gefüllte 'Long John Silver'.

Ganz auf der Linie der Elternsorte zeichnen sich alle Hybride durch gesundes Laub aus. Außerdem beginnt ihre Blütezeit etwas später in der Saison, und bei einigen dauert sie länger an als bei besser bekannten Ramblern.

KLASSIFIKATION

BARB   Klasse 1
MR10   Klasse 41
WFRS   Klasse 18

R. setigera, 'Prairie Rose'

NORDAMERIKA 1810

Eine kriechende, aber strauchige Wildrose mit hellgrünem Laub und langen, überhängenden Zweigen. Die Blüten, die in Büscheln erscheinen, sind einfach, von dunklem Rosa, das zu weichem Rosaweiß verblaßt. Ihnen folgen kleine, kugelige, rote Hagebutten.
S W Hb a Bd Lf ◐ ≋ D* Rar   1,50 × 1,80 m

R. setigera

'Baltimore Belle'

Feast USA 1843

R. setigera × R. gallica-Hybride
Eine gesunde Kletterrose mit kleinen Büscheln zahlreicher dicht gefüllter, rosafarbener Blüten. Laub mittelgrün. Blüht etwas später als die meisten Kletterrosen und hat eine etwas längere Blütezeit.
S a Bkl N ◐ D** Rar   4,50 × 2,50 m

'Doubloons'

Howard USA 1934

R. setigera-Hybride × R. foetida bicolor-Hybride
Gefüllte, schalenförmige Blüten von sattem, dunklem Gelb erscheinen in Büscheln an kräftigen, starken Trieben. Duftend. Zahlreiche glänzende, mittelgrüne Blätter. Bringt manchmal im Herbst einen zweiten Blütenflor.
r a Bkl N ◐ D*** Rar   4,50 × 2,50 m

'Erinnerung an Brod', 'Souvenir de Brod'

Geschwind UNGARN 1886

R. setigera-Hybride
Meine Exemplar hat sich leider vorzeitig verabschiedet. Ich habe diese Sorte deshalb ausgewachsen noch nicht erlebt. Ich führe sie hier mit auf, weil sie

'Baltimore Belle'

von Zeit zu Zeit als Elternteil für andere Rosen auftaucht. Blüten gefüllt, dunkelrosa- bis magentapurpurfarben.
S a Bkl N ◐ D* Rar   3,50 × 2,50 m

'Jean Lafitte'

Horvath USA 1934
R. setigera-Sämling × 'Willowmere'
Sattgrünes, ledriges Laub und kräftige Triebe, zwischen denen viele schalenförmige, gefüllte Blüten von sattem Rosa erscheinen, jede einzelne gut duftend.
r a Bkl N ◐ D*** Rar   3,50 × 2,50 m

'Long John Silver'

Horvath USA 1934
R. setigera-Sämling × 'Sunburst'
Diese Rose verdient mehr Beachtung. Sie ist selten zu sehen, zumindest in Großbritannien. Blüten groß, gefüllt und schalenförmig, fast wie eine kleine Seerose, von einem Weiß wie Seide. Die Blüten erscheinen reichlich an kräftigen Trieben inmitten großer, lediger Blätter. Sehr starkwüchsig und duftend.
S a Bkl N ◐ ≋ D* Rar   4,50 × 3,00 m

'Long John Silver'

'Queen of the Prairies', 'Beauty of the Prairies', 'Prairie Belle'

Feast USA 1843
R. setigera × *R. gallica*
Büschel großer, dicht gefüllter, etwas dicklicher Blüten in leuchtendem Rosa, von denen die meisten, aber nicht alle, einige markante weiße Flecken und Streifen aufweisen. Intensiv duftend. Starkwüchsig und sehr winterhart, mit üppigem mittel- bis dunkelgrünem Laub. Ich finde es interessant, daß aus dieser Kreuzung solch ein Abkömmling hervorgegangen ist.
S W a Bkl N ◐ D*** Rar   4,50 × 2,50 m

R. sinowilsonii
UND HYBRIDEN

R. sinowilsonii

CHINA 1904

Eine große Kletterrose mit hervorragendem, glänzendem, tief geädertem Laub. Weiße, große, einfache Blüten erscheinen in flachen, kompakten Büscheln. Ihnen folgen kleine, rote Früchte. Gilt als nicht winterhart, übersteht aber die Winter in Norfolk.
S Lf Hb ◐ ≋ Rar   3,50×2,50m

'Wedding Day' (Climbing)

Stern GROSSBRITANNIEN 1950

R. sinowilsonii × unbekannt

Eine ausgezeichnete Rose mit leuchtendgrünem, glänzendem Laub und hellgrünem, verhältnismäßig stachellosem Holz. Blüten im Vergleich zu ähnlichen Rosen groß. Sie sind einfach mit auffälligen gelben Staubgefäßen und erscheinen in großen, kompakten Büscheln. Wuchs überhandnehmend; in der Lage, beträchtliche Höhen zu erklimmen, wenn sie Bäume wie Girlanden überzieht. Schatten scheint ihr nichts auszumachen.
S a N Bkl ◐ ≋ D*** Rar   9,00×4,50m

Hagebutten an **'Wedding Day'**, hier als Hochstamm gezogen in der Roseraie de l'Hay/Paris.

R. soulieana
UND HYBRIDEN

R. soulieana

CHINA 1896

Ein starkwüchsiger, dichter Strauch mit dünnen, überhängenden Zweigen, die graues, ziemlich weiches Laub und zahlreiche kleine gelbliche Stacheln tragen. Einfache, weiße Blüten erscheinen in kompakten Büscheln. Ihnen folgen Trauben ovaler, orangeroter Hagebutten.
S a Hb W ◐ ≋ Rar 3,00 × 1,80 m

'Chevy Chase'

N. J. Hansen   USA 1939

R. soulieana × 'Éblouissant'

Eine spektakuläre Rose. In voller Blüte trägt sie große Büschel kleiner, dicht gefüllter, duftender Blüten in sattem, dunklem Karminrot, die im Frühsommer in großer Fülle hervorgebracht werden. Üppiges, hellgrünes, runzeliges Laub an einer dichten, starkwüchsigen Pflanze. In Großbritannien ist diese Rose bisher nicht zu sehen, in Amerika ist sie jedoch weit verbreitet.
S a W N ◐ D** Rar 4,50 × 3,00 m

'Chevy Chase'

'Kew Rambler'

Royal Botanic Gardens, Kew

GROSSBRITANNIEN 1912

R. soulieana × 'Hiawatha'

Ein interessanter, starkwüchsiger Rambler. Die Abstammung von *R. soulieana* erkennt man an den zahlreichen kleinen, graugrünen Blättern und die

R. soulieana

'Kew Rambler'

'Wickwar'

von 'Hiawatha' an der Form und Farbe der Blüten, die einfach, klein und rosafarben sind mit einem weißen Auge in der Mitte und in kompakten Büscheln erscheinen. Die Triebe sind stachelig und steif, aber noch biegsam. Im Herbst schöne orangefarbene Hagebutten.

S W Hb Bkl N ◍ ≋ D** Rar 5,50 × 3,50 m

'Ohio'

Shepherd USA 1949

R. soulieana × 'Gruß an Teplitz'-Sämling
Interessante, remontierende Rose, buschig, trotzdem starkwüchsig mit halbgefüllten, leuchtendroten Blüten. Sehr winterhart.

r H a ▽ D* Rar 120 × 90 cm

'Wickwar'

Steadman GROSSBRITANNIEN 1960

Sämling von *R. soulieana*
Eine ungewöhnliche und hübsche Rose, die vielleicht etwas mehr Beachtung verdient hätte seit ihrer Einführung vor etwas mehr als 25 Jahren. Niedrige bis mittelhohe und dicht wachsende Kletterrose mit kleinen, graugrünen Blättern. Mittelgroße, einfache Blüten von klarem Rosa. Stark duftend.

S a N ◍ ≋ D*** Rar 3,50 × 1,50 m

R. wichuraiana
UND HYBRIDEN

R wichuraiana hat viel zur Entwicklung der modernen Rosen beigetragen und ist direkt oder indirekt verantwortlich für viele Rambler und Kletterrosen, vor allem für solche mit glänzendem Laub.* Mehrere Züchter verwendeten sie um die Jahrhundertwende mit großem Erfolg, und mancher verrostete Eisenbogen steht noch, weil er durch eine solche Rose gestützt wird, die vor 50 oder mehr Jahren gepflanzt wurde. Abgesehen von einer Anfälligkeit einiger weniger Sorten für Mehltau gehören diese zu den gesündesten Rosen. Sie sind leicht zu kultivieren, und in dieser Gruppe finden sich Blütenfarben für jeden Geschmack. Die besten Ergebnisse erzielt man, wenn man unmittelbar nach der Blüte zurückschneidet.

* Graham Stuart Thomas ist nun zu der Ansicht gekommen, daß einige dieser Hybriden von *R. luciae* abstammen, und er führt dafür einige gute und interessante Gründe an. Es ist möglich, daß beide – *R. wichuraiana* und *R. luciae* – beteiligt waren, indem Züchter in Amerika und in Europa unabhängig voneinander die beiden sehr ähnlichen Wildrosen zur Züchtung verwendeten.

KLASSIFIKATION

BARB   Klasse 16
MR10   Klasse 53
WFRS   Klasse 16

R. wichuraiana
CHINA 1860
Eine fast immergrüne Wildrose, die einen dichten, niederliegenden Strauch oder eine niedrige Kletterrose bildet. Laub dunkel und glänzend. Triebe dunkel und biegsam. Die einfachen, weißen Blüten erscheinen reichlich, aber nur für kurze Zeit und etwas spät, bei uns gewöhnlich Mitte Juli. Die kleinen, ovalen, dunkelroten Hagebutten werden von den Vögeln sehr geschätzt. (Abbildung Seite 100)
S a Bd W ◉ ≋ D* v   1,80 × 6 m

'Albéric Barbier'
Barbier FRANKREICH 1900
R. wichuraiana × 'Shirley Hibbard'
Herrliches glänzendes Laub an langen, biegsamen Trieben. Schön geformte Blüten, als Knospen leicht gerollt, öffnen sich halbgefüllt und rahmweiß mit einem Hauch von Zitronengelb. Gesund. Einer der besten Rambler.
S a Bkl N ◉ D* v   4,50 × 3,00 m

'Albertine'
Barbier FRANKEICH 1921
R. wichuraiana × 'Mrs Arthur Robert Waddell'
Ein berühmter Alter Rambler mit glänzenden, grünen Blättern, reich mit Kupferrot überzogen, vor allem junge Blätter. Triebe starkwüchsig, ausgestattet mit großen, bösartigen, hakigen Stacheln. Sehr reich blühend, wenn sie in voller Blüte steht. Schön geformte Knospen öffnen sich zu eher unordentlichen, gefüllten hummerfarbenen Blüten mit goldfarbener Basis, die mit der Zeit zu Zartrosa verblassen. Intensiv duftend. Nach der Blüte ziemlich anfällig für Mehltau
S a Bkl D*** Mt v   4,50 × 3,00 m

'Alexander Girault'
Barbier FRANKREICH 1909
R. wichuraiana × 'Papa Gontier'
Starkwüchsig mit dunkelgrünem, glänzendem Laub an biegsamen Trieben. Sehr niederliegender Wuchs, wenn sie nicht als Rambler hochgebunden wird. Blüten sind gefüllt, sie öffnen sich flach mit zerzauster Mitte und sind eine Mischung aus dunklem Rosarot und Kupfer mit einem Hauch von Gelb und erscheinen in Büscheln. Blüten haben einen kräftigen, fruchtigen Duft.
S Bd a ◉ D*** Rar   3,50 × 3,50 m

'Albéric Barbier' (oben), 'Alida Lovett' (unten)

'Alida Lovett'

Van Fleet USA 1905

'Souvenir de Président Carnot' × *R. wichuraiana*

Duftende, große, gefüllte Blüten von weichem Muschelrosa mit gelber Basis. Sie öffnen sich flach und erscheinen in Büscheln. Starkwüchsig, verhältnismäßig stachellos, dunkelgrünes, glänzendes Laub.

S a Bkl D** Rar 3,50 × 3,00 m

'American Pillar'

Van Fleet USA 1909

(*R. wichuraiana* × *R. setigera*) × 'Red Letter Day'

Eine starkwüchsige, fast plumpe Rose mit kräftigen, stacheligen, grünen Trieben und großen, glänzenden Blättern. Einfache Blüten, anfangs rötlich-rosa, zu Dunkelrosa verblassend mit einer Mitte von gebrochenem Weiß, gewöhnlich in großen Büscheln.

S a Bkl ◉ D* v 4,50 × 3,00 m

'Améthyste'

Nonin FRANKREICH 1911

Sport von 'Non Plus Ultra'

Büschel dicht geballter, gefüllter, violetter bis karminroter Blüten erscheinen an langen, festen, aber überhängenden Trieben. Laub glänzend.

S a Bkl N ◉ D* Rar 3,50 × 3,00 m

'Auguste Gervais'

Barbier FRANKREICH 1918

R. wichuraiana × 'Le Progrès'

Sehr starkwüchsig, mit kleinen, aber zahlreichen glänzenden, dunkelgrünen Blättern. Die Blüten sind für diese Gruppe verhältnismäßig groß, halbgefüllt, von einem mit Kupfergelb überzogenen Lachston, mit der Zeit schnell zu Rahmweiß verblassend. Stark duftend.

S N a Bkl D*** Rar 3,50 × 2,50 m

'Aviateur Blériot'

Fauque FRANKREICH 1910

R. wichuraiana × 'William Allen Richardson'
Starkwüchsig, aber aufrechter im Wuchs als die meisten anderen dieser Gruppe und etwas weniger stachelig. Große, dichte Büschel duftender, gefüllter Blüten von Orangegelb, das mit der Zeit zu Cremegelb verblaßt. Laub dunkelgrün mit Bronzeschimmer und gesund.
S a D** Rar 3,50 × 1,80 m

'Awakening', 'Probuzini'

Blatna Rosenschule TSCHECHOSLOWAKEI 1935
wiedereingeführt von Beales GROSSBRITANNIEN 1990, Sport von 'New Dawn'
Eine Form von 'New Dawn' mit allen Vorzügen der Elternsorte, nur mit dem Unterschied, daß die Blüten die doppelte Anzahl Blütenblätter aufweisen, was eine üppige altmodische, etwas zerzauste Wirkung ergibt. Eine in jeder Hinsicht ausgezeichnete Rose. Von Richard Balfour 1988 von einer Tschechoslowakei-Reise mitgebracht.
db a N ◉ ▽ D*** ⚔ Rar 3,00 × 2,50 m

'Blaze'

Kallay USA 1932
'Paul's Scarlet' × 'Gruß an Teplitz'
'Paul's Scarlet' sowohl in Blütenfarbe als auch in -form ähnlich, aber mit dem beträchtlichen Vorteil, daß sie öfter blüht. Schalenförmige, gefüllte Blüten in leuchtendem Scharlachrot in Büscheln. Duftend. Laub ledrig dunkelgrün. Wuchs aufrecht und stark.
r a N Bkl ◉ D*** ⚔ Rar 3,00 × 2,50 m

'Awakening'

'Breeze Hill'

'Breeze Hill'

Van Fleet USA 1926

R. wichuraiana × 'Beauté de Lyon'
Dicht gefüllte, schalenförmige Blüten von klarem Rosa, mit einem Hauch von fahlem Orange, erscheinen in Büscheln an einer starkwüchsigen Pflanze mit glänzendem, dunkelgrünem Laub. Nicht sehr bekannt, aber lohnend, besonders zum Überwachsen von Bäumen. Ein hervorragendes Exemplar überzieht girlandenähnlich einen Apfelbaum auf Sheldon Manor, nahe Chippenham/Wiltshire.
S a N Bkl ◉ ≋ D** Rar 5,50 × 3,50 m

'Cadenza'

Armstrong USA 1967
'New Dawn' × Climbing 'Embers'
Gefüllte, dunkelrote Blüten gewisser Größe und Substanz erscheinen reichlich in Büscheln. Duftend. Üppiges, glänzendes, dunkelgrünes Laub an einer mittelgroßen Pflanze, die sowohl als niedrige Kletterrose oder als große Strauch verwendet werden kann.
r a ▽ D** Rar 3,00 × 1,80 m

'Chaplin's Pink', 'Chaplin's Pink Climber'

Chaplin Bros GROSSBRITANNIEN 1928
'Paul's Scarlet' × 'American Pillar'
Diese Rose wäre wegen ihrer Abstammung von sehr unterschiedlichen Eltern vielleicht besser unter den Multiflora-Kletterrosen aufgeführt. Sie verdankt ihre wesentlichen Eigenschaften aber *R. wichuraiana*. Glänzendes, mittelgrünes Laub und biegsame Triebe. Die Blüten sind halbgefüllt und von einem

'Cadenza'

leuchtenden, auffälligen Rosa, das durch gelbe Staubgefäße noch betont wird. Sehr reich blühend. Nichts für jemanden, der eine ruhige Atmosphäre liebt.
S a N Bkl ⬤ D** Rar   4,50×3,00 m

'Chaplin's Pink Companion'

Chaplin & Sons   GROSSBRITANNIEN 1961
'Chaplin's Pink'×'Opera'
Halbgefüllte Blüten von leuchtendem Silberrosa. Nicht ganz so grell wie 'Chaplin's Pink', aber immer noch leuchtend in der Farbe. Laub glänzend dunkelgrün. Starkwüchsig.
S a N Bkl ⬤ D** Rar   4,50×3,00 m

'Crimson Showers'

Norman   GROSSBRITANNIEN 1951
Sämling von 'Excelsa'
Karminrote, pomponähnliche Blüten, schwach duftend, in großen, hängenden Büscheln an einer »drahtigen«, starkwüchsigen Pflanze. Laub mittelgrün und glänzend.
S a Bkl Bd ⬤ D*   4,50×2,50 m

'Debutante'

Walsh   USA 1902
R. wichuraiana×'Baroness Rothschild'
Büschel kleiner, duftender, dicht gefüllter Blüten von weichem Rosarot erscheinen sehr wirkungsvoll inmitten von dunkelgrünem, glänzendem Laub. Starkwüchsig, gesund und von etwas verzeigtem Wuchs.
S a Bd Bkl ⬤ D* Rar   3,50×3 m

'Dorothy Perkins'

'Dorothy Perkins'

Jackson & Perkins   USA 1902
R. wichuraiana×'Gabriel Luizet'
Eine richtig berühmte Rose, fast jedem Gartenfreund zumindest dem Namen nach bekannt. Farbenfrohe Blütenkaskaden von klarem Rosa, dazwischen vereinzelt fast weiße Blüten. Das Laub ist, so lange es frei von Mehltau ist, glänzend dunkelgrün. Triebe biegsam und mäßig starkwüchsig. Angenehm duftend.
S a Bd D*** Mt Rar   3,00×2,50 m

'Dr. Huey', 'Shafter'

Thomas   USA 1920
'Ethel'×'Gruß an Teplitz'
Auffallende, ansehnlich große, halbgefüllte Blüten mit markanten gelben Staubgefäßen. Leicht duftend. Sie erscheinen in Büscheln an einer starkwüchsigen, aufrechten Pflanze mit sattgrünem, matt glänzendem Laub. Wird unter dem Namen 'Shafter' in großem Umfang als Unterlagenpflanze verwendet, besonders in USA und Australien. Sie taucht deshalb häufig als eigenständige Gartenpflanze auf und das voll zu recht.
S a ▽ D* ⬤ N v   3,50×2,50 m

'Dr. W. Van Fleet'

Van Fleet   USA 1910
R. wichuraiana×'Safrano'
Eine starkwüchsige, schön belaubte Pflanze mit ziemlich stacheligen Trieben und dunkelgrünen, glänzenden Blättern. Schön geformte Knospen öffnen sich zu halbgefüllten Blüten von weichem Blaßrosa. Duftend.
S a Bkl N ⬤ D** Rar   4,00×3,00 m

'Easlea's Golden Rambler'

Easlea   GROSSBRITANNIEN 1932
Ich habe sie hier eingeordnet wegen ihres reichen glänzenden Laubes. Man könnte sie ebensogut zu

'Easlea's Golden Rambler'

den kletternden Teehybriden zählen. Ein Aristokrat unter den gelben Kletterrosen, mit schön geformten Blüten von sattem Goldgelb an langen, kräftigen Trieben. Starkwüchsig und ausgesprochen gesund, mit einer Vielzahl rötlicher Stacheln.
S a Bkl ◍ D** Rar   6,00 × 4,50 m

'Elegance'
Brownell USA 1937
'Glenn Dale' × ('Mary Wallace' × 'Miss Lolita Armour')
Große, schön geformte, dicht gefüllte Blüten von klarem Gelb, die nichts von ihrem Charme einbüßen, wenn sie mit der Zeit zu Zitronengelb verblassen. Schönes, gesundes, dunkelgrünes Laub. Bringt manchmal im Herbst einen zweiten, nicht ganz so üppigen Blütenflor hervor.
r a D* Rar   3,00 × 2,50 m

'Emily Gray'
A. H. Williams GROSSBRITANNIEN 1918
'Jersey Beauty' × 'Comtesse du Cayla'
Eine großartige Rose mit schön geformten Knospen, die sich zu fast gefüllten gelben Blüten öffnen, die mit der Zeit zu Zitronengelb verblassen. Duftend. Blüht sehr reich an einer starkwüchsigen Pflanze mit viel grünem, hochglänzendem Laub.
S a Bkl N ◍ D** v   4,50 × 3,00 m

'Emily Gray'

'Ethel' ('Belvedere'?)
Turner GROSSBRITANNIEN 1912
Sämling von 'Dorothy Perkins'
Große, kaskadenartig herabhängende Büschel gefüllter Blüten von einem ins Mauve gehenden Rosa an einer starkwüchsigen, kletternden Pflanze mit glänzendem Laub und vielen Stacheln. Eine sehr gute Rose, viel gesünder als 'Dorothy Perkins'.
Anmerkung: Diese Rose paßt auf die Beschreibung der Rose, die von einigen Rosenschulen als 'Belvedere' angeboten wird. Vgl. Anmerkung zu 'Princesse Marie', Seite 335.
S a Bkl N ◐ D*** Rar 6,00 × 4,50 m

'Evangeline'
Walsh USA 1906
R. wichuraiana × 'Crimson Rambler'
Gesundes, ledriges Laub bietet einen idealen Hintergrund für die Büschel einfacher Blüten von weichem Rosaweiß. Ein besonderer Vorzug ist, daß die Blüten später als bei den meisten anderen Sorten dieser Gruppe erscheinen.
S a Bkl N ◐ D* Rar 4,50 × 3,50 m

'Excelsa', 'Red Dorothy Perkins'
Walsh USA 1909
Große, kompakte Büschel kleiner, karminroter Blüten erscheinen dicht gedrängt an kräftigen, biegsamen Trieben. Laub außergewöhnlich dunkelgrün. Ist nach der Blüte ziemlich anfällig für Mehltau, besonders im Umkreis der weichen, unreifen Stacheln. Sehr gut geeignet als Rambler oder als niederliegende Rose. Blüht bis weit in den August hinein.
S Bkl a Bd N ◐ ≋ D* Mt Rar 4,50 × 3,50 m

'François Juranville'
Barbier FRANKREICH 1906
R. wichuraiana × 'Mme Laurette Messimy'
Ein Gewirr von Blütenblättern bildet eine ungewöhnliche Blüte. Diese Rose ist in voller Blüte auffallend, von klarem Rosa mit dunkleren Schattierungen, eine verfeinerte 'Albertine', mit der sie manchmal verwechselt wird. Laub dunkelgrün, wie mit Bronze überzogen. Triebe biegsam und dicht, mit wenigen ernstzunehmenden Stacheln. (Abbildung Seite 69 und 86)
S Bkl a Bd N ◐ D* Rar 4,50 × 3,00 m

'Fräulein Octavia Hesse'
Hesse DEUTSCHLAND 1909
R. wichuraiana × 'Kaiserin Auguste Viktoria'
Rahmweiße, halbgefüllte Blüten mit fruchtigem Duft erscheinen in kleinen Büscheln an starkwüchsigen, »drahtigen« Trieben mit dunkelgrünem Laub.
S a Bd D** Rar 3,50 × 3,00 m

'Gardenia'
Manda USA 1899
R. wichuraiana × 'Perle des Jardins'
Schön geformte, dicht gefüllte, rahmweiße Blüten. Spitze Knospen öffnen sich zu reizend zerzausten Blüten, deren innere Blütenblätter von dunklerem Cremegelb sind. Sie erscheinen in kleinen Büscheln an kurzen Seitentrieben entlang kräftiger, aber biegsamer Zweige am vorjährigen Holz. Angenehmer Duft, an Äpfel erinnernd. Laub dunkelgrün und glänzend. Heutzutage ziemlich selten.
S a Bkl ◐ ≋ D** Rar 6,00 × 4,50 m

'Gerbe Rose'
Fauque FRANKREICH 1904
R. wichuraiana × 'Baroness Rothschild'
Eine starkwüchsige, gesunde Kletterrose mit viel grünem Laub. Die großen, gefüllten Blüten öffnen sich flach und sind von einem weichen Rosarot mit einem schwachen aber lieblichen Duft.
S Bkl N ◐ D* Rar 3,00 × 2,50 m

'Golden Glow'
Brownell USA 1937
'Glenn Dale' × ('Mary Wallace' × eine Teehybride)
Schön geformte, schalenförmige, fast gefüllte, goldgelbe Blüten, die ihre Farbe recht gut behalten, auch wenn sie älter werden. Laub knackig, dunkelgrün und reichlich. Kräftiger Wuchs mit einer durchschnittlichen Anzahl von Stacheln.
S a N ◐ Rar 3,00 × 2,50 m

'Jersey Beauty'
Manda USA 1899
R. wichuraiana × 'Perle des Jardins'
Büschel einfacher, weißlicher bis rahmgelber Blüten von ansehnlicher Größe, lieblich duftend, mit tiefgoldenen Staubgefäßen. Die Blüten heben sich gegen das saftige, dunkelgrüne, glänzende Laub gut ab. Erstaunlicherweise einfach blühend, da sie doch die gleichen Eltern hat wie die dicht gefüllte 'Gardenia'.
S a Bkl N ◐ ≋ D** Rar 4,50 × 3,00 m

'Léontine Gervais'
Barbier FRANKREICH 1903
R. wichuraiana × 'Souvenir de Claudius Denoyel'
Büschel mittelgroßer, dicht gefüllter, flacher Blüten die sich ziemlich unordentlich öffnen, von dunklem Lachston mit gelben, roten und orangefarbenen Glanzlichtern. Mäßig starkwüchsige, geschmeidige Pflanze mit reichlich dunkelgrünem, glänzendem Laub.
S a Bkl N ◐ ≋ D* Rar 4,50 × 3,00 m

'Excelsa'

'Gardenia'

'Minnehaha'

'Mary Wallace'

Van Fleet USA 1924

R. wichuraiana × eine rosafarbene Teehybride

Fast gefüllte Blüten von warmem Rosa erscheinen reichlich an einer starkwüchsigen, aufrecht wachsenden Pflanze inmitten von dunklem, schimmerndem, aber nicht glänzendem Laub. Die Blätter stehen weiter auseinander als bei anderen Sorten dieser Gruppe.
S a N ◉ D** Rar 3,00 × 2,50 m

'May Queen'

Manda USA 1898

R. wichuraiana × 'Champion of the World'

Reich blühend. Die halbgefüllten, mauvefarbenen Blüten duften angenehm. Sie erscheinen in Büscheln an einer starkwüchsigen, dichten Kletterpflanze mit dunklen Stacheln und dunkelgrünem Laub.
S Bd N Bkl ◉ D*** Rar 4,50 × 2,50 m

'Minnehaha'

Walsh USA 1905, R. wichuraiana × 'Paul Neyron'

Große Büschel kaskadenförmig herabhängender, rosafarbener Blüten, die mit der Zeit zu fast Weiß verblassen. Die Pflanze ist gut mit kleinen, dunkelgrünen, glänzenden Blättern ausgestattet.
S a N Bkl Bd ◉ ≋ D** Rar 4,50 × 2,50 m

'Mme Alice Garnier'

Fauque FRANKREICH 1906

R. wichuraiana × 'Mme Charles Small'

Schlanke Zweige tragen kleine, aber zahlreiche glänzende, dunkelgrüne Blätter. Mittelgroße Büschel duftender, gefüllter Blüten von leuchtendem Orangerosa mit gelber Mitte. Starkwüchsig und, wenn gewünscht, niederliegend.
S a N Bd ◉ D* Rar 3,00 × 2,50 m

'New Dawn'

Somerset Rose Company USA 1930

Sport von 'Dr W Van Fleet'

Eine hervorragende Rose, einer der besten Sports, der jemals entdeckt wurde. Leicht dickliche Knospen öffnen sich zu angenehm duftenden, halbgefüllten Blüten von weichem Blaßrosa, die mit denen von 'Dr W Van Fleet' identisch sind. Laub dunkelgrün und glänzend. Ihr größter Vorzug gegenüber allen anderen dieser Gruppe ist ihre lange Blütezeit. Sie blüht üppig von Juni bis Oktober. Wahrlich ein idealer kleinerer Rambler.
db a N ◉ D*** v 3,00 × 2,50 m

'Paul Transon'

Barbier FRANKREICH 1900

R. wichuraiana × 'L'Idéal'

Mittelgroße, dicht gefüllte Blüten öffnen sich flach in sattem Lachston mit kupferfarbenem Überzug und einer cremegelben Basis bei jedem Blütenblatt. Das Laub ist glänzend, leicht kupfergetönt und hellgrün und paßt hervorragend zu den Blüten, so daß ein

'New Dawn'

angenehmer Gesamteindruck entsteht. Remontiert gelegentlich im Herbst, vor allem an einem warmen Standort.

r ○ a ◐ D** Rar   3,00 × 2,50 m

'Primevère', 'Primrose'

Barbier FRANKREICH 1929

R. wichuraiana × 'Constance'

Ansehnlich große, blaßgelbe gefüllte Blüten in kleinen Büscheln erscheinen in großer Fülle, an für eine Rose dieser Gruppe relativ langen Trieben. Laub reichlich, glänzend, leuchtendgrün. Sehr starkwüchsig. Ein besonders schönes Exemplar ist in La Bonne Maison in Lyon / Frankreich – dem Garten von Odile und Georges Masquelier – zu sehen.

S a Bkl Bd ◐ D* Rar   6,00 × 4,50 m

'Purity'

Hoopes Bros & Thomas USA 1917

unbenannter Sämling × 'Mme Caroline Testout'

Große, reinweiße, schön geformte Blüten öffnen sich halbgefüllt und duftend. Laub hellgrün und glänzend an einer starkwüchsigen, etwas stacheligen Pflanze.

S a ◐ D** Rar   3,50 × 2,50 m

'Sanders White'

'Windermere'

'René André'
Barbier FRANKREICH 1901

R. wichuraiana × 'L'Idéal'

Die halbgefüllten Blüten, die sich flach öffnen, sind eine Mischung aus einem ins Kupfer gehenden Rosa und Gelb, die sich mit der Zeit zu Karmin und weichem Rosa verändert. Wuchs sehr stark mit reichlich dunkelgrünen, leicht glänzenden Blättern. Remontiert gelegentlich.

r Bd N ◐ Rar   4,50 × 2,50 m

'Sanders White', 'Sanders White Rambler'
Sanders & Sons GROSSBRITANNIEN 1912

Einer der besten weißen Rambler. Eine Fülle fast rosettenförmiger, reinweißer Blüten erscheinen in kaskadenartig herabhängenden Büscheln, manchmal auch einzeln. Das Laub ist dunkelgrün, die Triebe sind biegsam mit vielen kleinen, dicken Stacheln.

S a Bkl Bd N ◐ ≋ D* Rar   3,50 × 2,50 m

'Snowdrift'
Walsh USA 1913

Kleine, reinweiße, gefüllte Blüten in großen Büscheln erscheinen in großer Fülle an einer mittelgroßen und doch starkwüchsigen Pflanze mit großem, hellgrünem Laub. Eine sehr gute Rose, die nicht genug bekannt ist.

S a N ◐ Rar   3,50 × 2,50 m

'Thelma'
Easlea GROSSBRITANNIEN 1927

R. wichuraiana × 'Paul's Scarlet'

Eine hübsche Mischung aus Korallenrosa und dunklerem Rosa mit einem Hauch von Zitronengelb, das schwach in der Mitte zu sehen ist. Die halbgefüllten Blüten sind ziemlich groß, wenn sie ganz geöffnet sind. Das Laub ist recht derb, aber dunkelgrün und glänzend. Wuchs robust mit großen, aber wenigen Stacheln.

S a Bkl ◐ D* Rar   3,50 × 2,50

'Wickmoss'
Barbier FRANKREICH 1911

R. wichuraiana × 'Salet'

Ansehnlich große Büschel schön geformter, gut bemooster Knospen öffnen sich zu kleinen, zarten, halbgefüllten Blüten Cremeweiß mit zartrosa durchzogen. Sie verströmen einen guten Duft. Ein außergewöhnlicher Rambler mit üppigem dunkelgrünem, ledrigem Laub.

S a Bkl D** Mt Rar   3,00 × 2,50 m

'Windermere'
Chaplin Bros GROSSBRITANNIEN 1932

Büschel ansehnlich großer, fast gefüllter Blüten in sattem Karminrot mit purpurrotem Rand. Laub dunkelgrün und glänzend. Wuchs stark und dicht. Eine unterschätzte Rose.

S a Bkl N ◐ D** Rar   4,50 × 3,00 m

ROSA Untergattung *Rosa (Eurosa)*

SEKTION: *Chinensis*

Wuchs sehr unterschiedlich, gewöhnlich zwischen 1 und 7 m Höhe.
Anzahl der Stacheln verhältnismäßig gering, gewöhnlich hakenförmig.
Blätter mit 5 bis 7 Fiederblättchen. Blüten in kleinen Büscheln.
Hagebutten meist rundlich. Bei den reifen Hagebutten fallen die Kelchblätter ab.

WILDROSEN

R. × borboniana; R. chinensis (R. indica, R. sinica); R. gigantea; R. × odorata;

GARTENROSEN

Bermuda-Rosen; Bourbon-Rosen ; kletternde Bourbon-Rosen; China-Rosen; Englische Rosen;
Noisette-Rosen; Remontant-Rosen; Teehybriden; kletternde Teehybriden; Teerosen

KLASSIFIKATION
BARB   Wildrosen: Klasse 1
MR10   Wildrosen: Klasse 55
WFRS   Wildrosen: Klasse 39
Klassifikation der Gartenrosen siehe bei den jeweiligen Gruppen

HERKUNFT UND VERBREITUNG

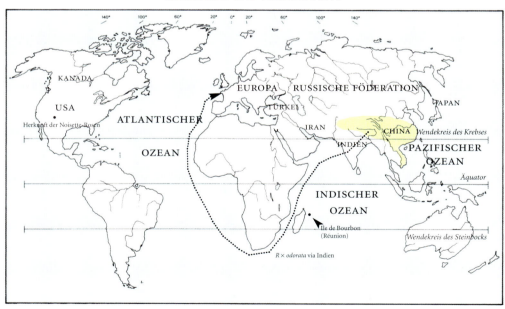

R. gigantea
UND HYBRIDEN

Diese Art ist sowohl aus historischen Gründen als auch genetisch sehr wichtig, denn aus ihr wurden in China die Alten Teerosen entwickelt, lange bevor sie ihren Weg nach Westen fanden. Leider ist sie nicht sehr winterhart. Im Laufe der Jahre wurden unmittelbar mit dieser Wildrose einige interessante Hybriden gezüchtet, die hier beschrieben werden. Einige davon sind, wie die Elternsorte, nicht ganz winterhart, aber jede lohnt, sie zu kultivieren.

R. gigantea
HIMALAJA 1889

In der Wildform hat diese Rose in kälteren Regionen der Welt geringen Gartenwert, in warmem Klima dagegen ist sie ausgezeichnet und wunderschön. Große, weiße, einfache Blüten erscheinen etwas zögerlich an einem starkwüchsigen, stacheligen, kletternden Strauch mit knackigem, dunklem Laub. Ich bin überzeugt, daß ein weniger starkwüchsiger Klon existiert, denn ich habe ein betagtes Exemplar gesehen, das nicht mehr als 1,50 m hoch und 1,80 m breit war.
S a Bkl ● D*** Rar 12 × 3 m

'Belle Portugaise', 'Belle of Portugal'
Cayeux PORTUGAL ca. 1900

R. gigantea × 'Reine Marie Henriette'?
Die Blüten sind halbgefüllt, bestehend aus locker angeordneten, blaßrosafarbenen Blütenblättern mit dunkleren Schattierungen. Gute Kletterrose, reichblühend und starkwüchsig. Braucht einen warmen, geschützten Standort, um ihr Bestes zu geben. Laub dunkelgrün und leicht zerknittert.
S Bkl ● D** Rar 4,50 × 3,00 m

'Lorraine Lee'
Clarke AUSTRALIEN 1924

'Jessie Clarke' × 'Capitaine Millet'
Gehört in diese Gruppe als Hybride der zweiten Generation. 'Jessie Clarke' ist ein Sämling von *R. gigantea*, der heute in Europa anscheinend ausgestorben ist. Duftende, gefüllte Blüten von sattem, rosig schimmerndem Apricot mit saftig grünem, sehr glänzendem Laub. Für Nordeuropa nicht genügend winterhart, in Australien aber ausgezeichnet.
S Gh D*** Rar 3,00 × 1,80 m

'Sénateur Amic'
P. Nabonnand FRANKREICH 1924

R. gigantea × 'General MacArthur'

'Sénateur Amic'

Ist viel winterhärter, als allgemein angegeben wird. Ich kenne eine alte, ausgewachsene Pflanze, die im südlichen Norfolk/England, an einer Säule wächst. Sie hat schon manche beißende Kälte aus Nordosten überlebt. Die Blüten sind wunderschön, halbgefüllt, groß, locker geformt, wenn sie geöffnet sind, kräftig rosafarben mit einem Hauch von Gelb an der Basis und mit auffälligen Staubgefäßen. Herrlicher Duft. Nicht so stachelig, wie man vielleicht erwartet. Laub dunkel mit mattem Glanz.
R d*** Rar 3,00 × 2,50 m

'Sénateur La Follette', 'La Follette'
Busby FRANKREICH ca. 1900

R. gigantea × unbekannt
Eine sehr attraktive Rose, leider weder für britische noch für deutsche Gärten winterhart genug. Unter Glas oder in wärmeren Klimazonen eine gute Kletterrose mit großen, duftenden, dunkelrosafarbenen Blüten und dunklem, üppigem Laub. Diese Rose wurde lange Zeit auf der ganzen Welt irrtümlich unter dem Namen 'La Follette' angeboten, der Grund dafür ist mir nicht bekannt.
r Gh D*** Rar 6,00 × 4,50 m

China-Rosen

FORMEN UND HYBRIDEN

Diese Rosen brachten die wertvolle Eigenschaft des Öfterblühens in die modernen Sorten. Im Garten sind sie vielseitig verwendbar, einige für die Pflanzung in Gruppen und Beete, andere als Solitäre und in Gehölzrabatten. Im nordeuropäischen Klima verwendet man die meisten am besten unter Glas, wo sie sich voll entfalten können, besonders in Kübeln, Töpfen oder Urnen. Ich lernte ihren ruhigen Charme und ihren entspannten Wuchs erst richtig schätzen, nachdem ich sie in wärmeren Klimazonen der Welt gesehen habe. Wer aber seine Rosen liebt und schätzt, gleichgültig wo auf dieser Welt, wird von ihnen für das bißchen zusätzliche Mühe, das ihre Kultur erfordert, reich belohnt werden.

Anmerkung: Unter den in dieser Gruppe beschriebenen Rosen sind einige wenige, die ihrem Äußeren nach, eine offensichtliche Verwandtschaft mit anderen Gruppen aufweisen, insbesondere mit den Gallica-Rosen. In den USA – und in etwas geringerem Umfang auch in anderen Teilen der Welt – sind die nicht so typischen China-Rosen unter einem eigenen Gruppennamen bekannt: »China-Hybriden«. Es mag für diese Bezeichnung durchaus Gründe geben, ich persönlich finde sie eher verwirrend, denn im Grunde ist nahezu jede moderne Rose eine »China-Hybride«. Trotz der Bedenken habe ich diese Bezeichnung bei den entsprechenden Sorten aufgeführt.

KLASSIFIKATION

BARB   Klasse 2
MR10   Klasse 6
WFRS   Klasse 23

R. chinensis, 'China Rose', 'Bengal Rose', *R. indica, R. sinica, R. nankiniensis*

Es ist nicht bekannt, ob die ursprünglich entdeckte Wildrose noch existiert. Aber dies ist der Name, der der Wildrose gegeben wird, die als Stammrose einer großen Anzahl verschiedener China-Hybriden gilt, die uns auf dem Weg über Indien Anfang des 18. Jahrhunderts erreicht haben. Zuletzt soll sie 1885 in China gesehen worden sein, aber das ist Spekulation. Diese Rose wird beschrieben als einfach blühend, rot bis weiß, von unterschiedlicher Höhe (1,20 bis 6,00 m). Das klingt kaum wie die Beschreibung einer echten Wildrose. Allerdings sind derartige Schwankungen in Wuchshöhe und Blütenfarbe für einige China-Hybriden nicht ungewöhnlich; deshalb ist es vielleicht doch möglich, daß die Wildrose tatsächlich chamäleonähnliche Eigenschaften besitzt.

Anmerkung: Seit dem Erscheinen der ersten Auflage von *Classic Roses* hat Roy Lancaster aus China eine Rose mitgebracht, bei der es sich mit an Sicherheit grenzender Wahrscheinlichkeit um *R. chinensis spontanea* handelt.

db ▽ ○ Gh H Rar   1,80 × 1,20 m

'Archduke Charles', 'Archiduc Charles'

Laffay   FRANKREICH *ca.* 1825

Schön geformte, rundliche Knospen, die reichlich hervorgebracht werden, öffnen sich zu fast gefüllten Blüten, weinrot mit blasserer Rückseite, manchmal marmoriert. Etwas launisch, gedeiht besser in wärmerem Klima, obwohl sie relativ winterhart ist.

db ▽ ○ Gh H Rar   120 × 90 cm

'Arethusa' (oben), 'Beauty of Rosemawr' (unten)

'Arethusa'

W. Paul GROSSBRITANNIEN 1903

Die gefüllten Blüten, von einer Mischung aus Schwefelgelb, Zitronengelb und Apricot, bestehen aus einer Unmenge ziemlich unregelmäßiger Blütenblätter und erscheinen in Büscheln. Das Laub ist glänzend, aber etwas spärlich.

db a ▽ D* Rar   90 × 90 cm

'Beauty of Rosemawr'

Van Fleet USA 1904

Eine zweigige, aber dichte, aufrecht wachsende Sorte mit locker geformten, lieblich duftenden Blüten von zartem Karminrot mit weicherer Zeichnung. Hat für meinen Geschmack etwas zu wenig Laub.

db Gh A ▽ ☼ Esp   120 × 60 cm

'Bloomfield Abundance', 'Spray Cécile Brünner'

Thomas USA 1920

angeblich 'Sylvia' × 'Dorothy Page-Roberts'

Eine der größten Buschrosen unter den China-Rosen. Die kleinen, kompakten Blüten in Muschelrosa sind etwas ganz Besonderes. Sie erscheinen während des ganzen Sommers reichlich in gut gesetzten Büscheln, jede an einem ziemlich langen Blütenstiel – ideal als Knopflochrose. Triebe glatt, bräunlich-purpurfarben, manchmal spindeldünn, mit wenigen Stacheln. Laub dunkelgrün und ebenfalls glatt. Ähnelt sehr der viel niedrigeren 'Cécile Brunner', mit der sie oft verwechselt wird. Der auffallendste Unterschied besteht aber in den Kelchblättern – bei 'Bloomfield Abundance' sind sie lang, reichen deutlich über die Blütenblätter hinaus, und bleiben auch bei geöffneter Blüte gut sichtbar.

Bei 'Cécile Brunner' sind sie kürzer und manchmal – aber nicht immer – zum Fruchtknoten hin zurückgeklappt. Die Baumschulen haben jahrelang zu der Verwechslung beider Rosen beigetragen. 'Bloomfield Abundance' ist ohne Zweifel leichter zu vermehren, 'Cécile Brunner' dagegen verkauft sich besser. Man fragt sich unweigerlich, wieviele Verwechslungen wohl absichtlich erfolgt sind.
Anmerkung: In den letzten Jahren gab es – und gibt es immer noch – eine Diskussion über 'Bloomfield Abundance'. In Amerika wird sie jetzt manchmal unter dem Namen 'Spray Cécile Brunner' geführt. Bisher wurde dieser Name sonst nirgendwo auf der Welt übernommen. Das Klima beeinflußt China-Rosen mehr als die meisten anderen, und die heutige Rose mag durchaus verschieden sein von derjenigen, der ihr Züchter den Namen gab. Nachdem ich beide Sorten über mehrere Jahre in meiner Rosenschule beobachtet habe, bin ich zu diesem Ergebnis gekommen, dass sie kein Sport von 'Cécile Brunner' ist. Ich sehe keinen Grund für eine Namensänderung, bleibe aber in dieser Hinsicht offen. Ich selbst kultiviere 'Bloomfield Abundance' bereits seit den 1950er und früher 1960er Jahren. Dieselbe Rose wird in England seit den 1930er Jahren kultiviert, lange bevor 'Spray Cécile Brunner' in den USA 1940 eingeführt wurde.
db H a ⛉ D* v   1,80 × 1,20 m

'Brennus' [»China-Hybride«]
1830
wahrscheinlich eine Kreuzung China / Gallica
Ähnelt einer China-Rose auf den ersten Blick kaum. Sie ist aufrechter im Wuchs und weniger verzweigt, hat mehr und größere, aber weniger glänzende Blätter. Die Blüten sind schalenförmig, voll, in sattem rötlichem Karmin.
r a D* Rar   1,50 × 1,20 m

'Camellia Rose'
Prévost FRANKEICH vor 1830
Büschel rundlicher Knospen an ziemlich schwachen Stielen öffnen sich zu dicht gefüllten, zerzausten, kamelienförmigen Blüten in Mauve, manchmal dunkler gefleckt, einzelne Blütenblätter gelegentlich weißlich gestreift. Diese Beschreibung mag etwas abschreckend klingen, die Gesamtwirkung ist jedoch durchaus ansprechend. Laub mattglänzend, mittelgrün und üppig. Wuchs stark, mit vielen dünnen, aufrechten Trieben, die insgesamt eine dichte Pflanze ergeben.
db ⛉ H Gh ◐ Rar   150 × 90 cm

'Brennus' (oben), 'Cécile Brunner' (unten)

'Cécile Brunner', 'Cécile Brünner', 'Sweetheart Rose', 'Mignon', 'Maltese Rose'
Pernet-Ducher FRANKREICH 1881
eine Polyantha-Rose × 'Mme de Tartas'
Ohne Zweifel eine der reizendsten aller Rosen, manchmal etwas launisch, kann aber durchaus ein Leben lang Freude bereiten. Auf die Farbe und Form der Blüten bin ich bereits bei 'Bloomfield Abundance' eingegangen. Die Pflanze ist zwar niedrig im Wuchs, etwas dünn und hat relativ wenig Laub, das ist aber

typisch für die China-Rosen und sollte Sie nicht davon abhalten, diese herrliche kleine Rose zu pflanzen. Die Blüten duften schwach, aber charakteristisch.

db Gh ▽ D** v   120 × 60 cm

'Climbing Cécile Brunner'

Hosp USA 1904

Sport von 'Cécile Brunner'

Ist das genaue Gegenteil der Stammsorte, nämlich eine sehr starkwüchsige Kletterrose. Gut ausgestattet mit dunkelgrünem Laub; gedeiht auf fast allen Böden. Die Blüten sind mit denen der Buschform identisch und erscheinen reichlich, manchmal aber verborgen von dem dichten Laub. Eignet sich sehr gut zum Wachsen in Bäumen oder zum Überwuchern unansehnlicher Gebäude. (Abbildung Seite 54)

S a Br N Bkl Gh ● D** Rar   7,50 × 6,00 m

'White Cécile Brunner'

Fauque FRANKREICH 1909

Sport von 'Cécile Brunner'

Weiß mit einem Hauch von Gelb und Pfirsich. Heutzutage ziemlich selten. Sonst der Elternsorte in jeder Hinsicht gleich.

db Gh BR ▽ D** Rar   120 × 60 cm

'Comtesse du Cayla'

Guillot FRANKREICH 1902

Eine sehr gute Sorte in leuchtender Farbe. Fast einfache Blüten von Orange und Rosa mit roten Glanzlichtern. Wuchs sparrig und stark. Der Mangel an Laub wird mehr als ausgeglichen durch ihre enorme Blühfreudigkeit. Eine der China-Rosen mit dem intensivsten Duft.

db Gh a ▽ D*** Rar   90 × 90 cm

'Cramoisi Supérieur', 'Agrippina'

Coquereau FRANKREICH 1832

Eine großartige China-Rose. Sie bildet einen kompakten, gefälligen Busch. Die Blüten erscheinen in Büscheln und sind halbgefüllt und schalenförmig, vor allem als Knospen. Die Blütenfarbe ist ein klares, nicht verblassendes Rot mit blasserer Mitte; einzelne Blütenblätter sind manchmal leicht weiß gestreift. Wenig oder kein Duft.

db a Br ▽ Rar   90 × 60 cm

'Cramoisi Supérieur' Climbing

Couturier FRANKEICH 1885

Sport von 'Cramoisi Supérieur'

Dieser Sport der Buschform bildet eine ausgezeichnete, gesunde Kletterrose und verdient einen bevorzugten Standort, denn wenige rotblühende Kletterrosen behalten ihr Farbe so gut, selbst bei starker Sonneneinstrahlung.

S a ▽ Rar   3,50 × 2,50 m

'Comtesse du Cayla'

'Cramoisi Supérieur'

'Duke of York'
1894

Die gefüllten Blüten sind dunkelrosafarben mit Weiß und erscheinen reichlich an einem buschigen, verzweigten Strauch mit dunklem, glänzendem Laub.
db Gh ▽ D* Rar   90 × 60 cm

'Fabvier'
Laffay FRANKREICH 1832

Eine sehr attraktive Rose, gefällig im Wuchs und ideal für die Anpflanzung in großen Stückzahlen, wenn eine alte Sorte verwendet werden soll. Die Blüten sind leuchtend karminrot, halbgefüllt und erscheinen in großen Büscheln. Das Laub ist sehr dunkel, glänzend und purpurfarben getönt.
db a Br ▽ v   90 × 60 cm

'Fellemberg', 'La Belle Marseillaise'
Fellemberg DEUTSCHLAND 1857

Schalenförmige, dicht gefüllte, kirsch- bis karminrote Blüten erscheinen in kompakten Büscheln an einer starkwüchsigen Pflanze. Ohne Stütze fallen ihre Blütenbüschel kaskadenförmig herab. Gut geeignet als Rose für Säulen. Das Laub ist mittelgrün und reichlich. Die Triebe haben mehr Stacheln als bei den meisten anderen China-Rosen. Wird von einigen Autoren als Noisette-Rose klassifiziert.
db a v   2,00 × 1,20 m

'Fellemberg'

'Gloire des Rosomanes', 'Ragged Robin', 'Red Robin'

Vibert FRANKREICH 1825

Starkwüchsige China-Hybride mit halbgefüllten Blüten von leuchtendem Karmin- bis Kirschrot, sehr reichblühend. Wurde eine Zeit lang als Unterlage verwendet, vor allem in den USA. Hatte große Bedeutung für die Züchtung der frühen Bourbon-Rosen.
db a N ▽ ◐ D* Rar   1,20 × 1,20 m

'Gruß an Teplitz' [»China-Hybride«]

Geschwind UNGARN 1897

('Sir Joseph Paxton' × 'Fellemberg') × ('Papa Gontier' × 'Gloire de Rosomanes')
Sie ist schwierig einzuordnen, zeigt aber genügend Eigenschaften der China-Rosen. Schön geformte, karminrote Blüten, die mit der Zeit nachdunkeln, erscheinen in lockeren Büscheln, manchmal auch einzeln. Das Laub ist hübsch und hellgrün; etwas anfällig für Mehltau, außer in sehr guten Böden. Wird gelegentlich mit Erfolg als kleine Kletterrose verwendet und bildet gute Hecken. Wird manchmal als Bourbon-Rose klassifiziert.
db H D* Mt Rar   1,80 × 1,20 m

'Hermosa', 'Armosa', 'Mélanie Lemaire', 'Mme Neumann'

Marcheseau FRANKREICH 1840

Ohne Zweifel gut geeignet für den vorderen Bereich eines Beetes oder für einen kleinen Garten, wo sie am besten in Dreiergruppen gepflanzt wird. Volle, kugelige Knospen öffnen sich zu schalenförmigen Blüten von feinem, mittlerem Rosa. Blätter graugrün, ziemlich klein, aber zahlreich.
db ◐ ▽ D* Rar   90 × 60 cm

'Le Vésuve'

Laffay FRANKEICH 1825

Diese Rose blüht sehr reich und hat schön geformte, spitze Knospen, die sich zu locker geformten, manchmal gevierteilten Blüten von silbrigem Rosa mit karminroten Glanzlichtern öffnen. Will verhätschelt werden, um sich wohl zu fühlen. Im Gewächshaus gut.
db ○ Gh ▽ D* Rar   90 × 90 cm

'L'Ouche' China-Hybride

Buatois FRANKREICH 1901

Große, volle, spitze Knospen öffnen sich zu dicht gefüllten, schalenförmigen Blüten von einem Fleischrosa, das leicht mit Bernsteingelb gefleckt ist. Duftend.

'Hermosa'

Mit ihrem ziemlich aufrechten Wuchs und den dunklen, dicken Blättern ist sie nicht gerade typisch für eine China-Rose.

db D** Rar 120 × 90 cm

'Louis Philippe'

Guérin FRANKREICH 1834, andere, gleichnamige Rose von Hardy FRANKREICH 1824 eingeführt

Dunkles Karminrot bis Purpur, einige Blütenblätter sind an den Rändern weiß, als wäre die Farbe dort entfernt worden. Die Blüten sind locker gefüllt und behalten durchweg ihre Schalenform. Eine interessante Rose, die einen guten Boden bevorzugt. Laub etwas sparsam, Wuchs sparrig und verzweigt.

db Gh D* Rar 60 × 60 cm

'Louis XIV'

Guillot Fils FRANKREICH 1859

Gut duftende, halbgefüllte bis gefüllte Blüten von tiefem Karminrot zeigen ihre goldfarbenen Staubgefäße, wenn sie geöffnet sind. Die Blüten erscheinen an einer ziemlich sparrigen Pflanze inmitten von glänzendem, aber etwas spärlichem Laub. Relativ stachellos.

db Gh Rar 60 × 60 cm

'Mateo's Silk Butterflies' (LETsat)

Lettunich USA 1994

Sämling von 'Mutabilis'

Blüten im Stil von 'Mutabilis' in seidigem Rosa werden reichlich hervorgebracht. Laub typisch China-Rose. Wuchs dicht und buschig. Eine wunderschöne Rose.

db D** Rar 90 × 120 cm

'Minima', R. chinensis minima, 'Miss Lawrance's Rose', 'Fairy Rose'

CHINA 1815

Weniger bedeutend als Gartenrose, mehr für die Züchtung moderner Miniaturrosen. Einfache Blüten von weichem, cremigem Rosa mit ziemlich spitzen, in gleichmäßigem Abstand angeordneten Blütenblättern, deren Spitzen etwas dunkler sind. Zwergiger, breiter Wuchs, vielen kleinen Blätter, wenig Stacheln.

db Gh Rar 30 × 60 cm

'Mme Laurette Messimy' (unten)

'Mme Laurette Messimy' China-Hybride

Guillot FRANKREICH 1887

'Rival de Paestum' × 'Mme Falcot'

Eine gesunde Rose mit vielen Blüten in einem Lachston, der von leuchtendem Rosa eingerahmt wird und an der Basis mit Gelb vermischt ist. Der Strauch ist ziemlich groß für eine China-Rose, buschig, aber aufrecht mit üppigem glänzendem, graugrünem Laub. Eignet sich gut als Beetrose.

db Gh Br D* Rar 60 × 60 cm

'Mutabilis', 'Tipo Ideale', R. turkistanica

CHINA 1932

Obwohl sie von manchen als Wildrose angesehen wird, ist diese Rose wahrscheinlich eine alte chinesische Gartenhybride mit der charakteristischen mysteriösen Herkunft. Ein interessanter und guter Strauch für den Garten. Kann im Prinzip eine Höhe von etwa 1,80 m erreichen, bleibt aber eher verhältnismäßig

'Louis XIV'

'Mutabilis'

'Papillon'

'Perle d'Or'

zwergig im Wuchs. Bringt immer neue einfache Blüten von Honiggelb, Orange und Rot hervor. Manchmal, wenn die Blüten ganz geöffnet sind, ähnelt die Anordnung der Blütenblätter fast einem Schmetterling. Sie ist außergewöhnlich gesund und viel älter als das angegebene Datum. In den Gärten von La Landriana stehen auf 8000 m² nur 300 'Mutabilis'.
db a H Kr ⊓ N ● S D* Rar   90 × 60 cm

'Old Blush', 'Parson's Pink', 'Monthly Rose', 'Pallida', 'Common Monthly'

Parson CHINA 1789, nach Europa gebracht 1789

Eine bedeutende Rose. Von den alten China-Rosen gehört sie mit zu denen, die am besten für den Garten geeignet sind. Sie ist silbrigrosafarben mit einem dunkleren Glanz. Intensiv duftend. Der Busch hat praktisch keine Stacheln, ist aufrecht im Wuchs und kann als kleine Kletterrose gezogen eine Höhe von 1,80–2,50 m erreichen. Ist wahrscheinlich schon seit vielen Jahrhunderten in China kultiviert worden. In manchen Katalogen ist eine Kletterform angegeben, ich selbst habe diese nie gesehen. (Abbildung Seite 10)
db a N Kr ● D*** Rar   1,80 × 1,20 m

'Papa Hémeray'

Hémeray-Aubert FRANKREICH 1912

Eine sehr gute China-Rose. Büschel kleiner Blüten von leuchtendem Rosa bis Dunkelrosa, einfach, mit einem auffälligen weißen Auge in der Mitte. Wuchs buschig, aber aufrecht, Laub dunkelgrün. Die Triebe haben wenige Stacheln.
db a ⊓ ☼ Rar   60 × 60 cm

'Papillon'

wahrscheinlich FRANKREICH 1900

Ein starkwüchsiger Strauch von sparrigem Wuchs. Diese Rose trägt ihren Namen zu Recht. Die annähernd dreieckigen Blütenblätter, die die halbgefüllten Blüten bilden, stellen sich oftmals auf und sehen dann reizend aus wie Schmetterlingsflügel. Die Blütenfarbe ist vorherrschend Blaßrosa mit einem Lichtspiel aus Kupfer und Gelb, das von einer dunkleren Basis ausstrahlt. Laub dunkelgrün und kupferfarben.
db ☼ Gh ⊓ D* Rar   120 × 90 cm

'Perle d'Or', 'Yellow Cécile Brunner'
Dubreuil FRANKREICH 1884
R. multiflora-Sämling × 'Mme Falcot'
Blüten von cremigem Bernsteingelb mit einem Hauch von Rosa. Schwach duftend. Üppiges satt dunkelgrünes Laub mit verzweigten, fast stachellosen Trieben. Ziemlich starkwüchsig und dicht wachsend. Ist manchmal etwas launisch. An guten Standorten kann sie eine Höhe von 1,80 m erreichen, normalerweise aber nur 1,20 m. Ist 'Cécile Brunner' bis auf die Farbe bemerkenswert ähnlich, was Zweifel an der angegebenen Abstammung aufkommen läßt.
db Gh D* v   120 × 60 cm

'Pompon de Paris' Climbing
Einführungsjahr der Kletterform unbekannt
Buschform 1839
Eine faszinierende Kletterrose, zierlich, aber gleichzeitig starkwüchsig, mit kleinen, graugrünen Blättern und verzweigten Trieben. Die kleinen, knopfähnlichen Blüten erscheinen reichlich in kleinen Büscheln. Ein besonders schönes Exemplar ist im Garten der Royal Horticultural Society in Wisley, Surrey/England, zu sehen. Eignet sich auch gut als niederliegender Strauch.
S Bd Gh ▽ Rar   3,50 × 1,80 m

'Pumila'
Colville GROSSBRITANNIEN *ca.* 1806
Abstammung unbekannt
Kleine, gefüllte, fast sternartige Blüten, die üblicherweise einzeln an einer niedrigen, sich leicht verzweigenden Miniaturpflanze erscheinen. Die Blätter sind lang, dünn und mittelgrün.
r ○ Gh ▽ Rar   30 × 30 cm

'Queen Mab'
W. Paul GROSSBRITANNIEN 1896
Dicht gefüllte Blüten, eine interessante Mischung aus weichem Apricot und Rosa mit dunkleren Schattierungen, Rückseite heller mit einem Hauch von Purpur. Laub dunkelgrün. Wuchs buschig.
db ▽ ○ Rar   120 × 90 cm

'Rouletii' siehe Seite 319

'Saint Prist de Breuze'
Desprez FRANKREICH 1838
Kugelige Blüten, die ganz geöffnete Blüte ist dicht gefüllt und unordentlich. Sattes Dunkelrot, die inneren Blütenblätter heller und manchmal ganz leicht weiß gestreift. Verzweigter Wuchs, aufrecht, mit viel Laub, wie bei 'Louis Philippe'.
db ▽ Gh ○ Rar   120 × 90 cm

'Sanguinea'

'Sanguinea', 'Miss Lowe's Rose'
wahrscheinlich CHINA, entdeckt 1887
Sport von 'Slater's Crimson'
Einfache, tizianrote Blüten, mit der Zeit nachdunkelnd. Sparriger Wuchs. Interessant mehr wegen ihrer Bedeutung für die Geschichte der Rosen und als Zuchtrose, als für den Garten selbst
db ○ ▽ Rar   90 × 60 cm

'Slater's Crimson China', 'Semperflorens', 'Old Crimson China'
entdeckt in CHINA, eingeführt in GROSSBRITANNIEN durch Slater 1792
Ein mittelgroßer bis niedrig wachsender, sich verzweigender Busch mit dunkelgrünem Laub und spärlichen, breiten, flachen Stacheln. Halbgefüllte Blüten von Karminrot bis Rot, die inneren Blütenblätter gelegentlich leicht weiß gestreift. Gut geeignet als kleine Pflanze für eine Wand. (Abbildung Seite 16)
db ○ ▽ Rar   90 × 90 cm

'Sophie's Perpetual'
GROSSBRITANNIEN, eine alte Sorte, wiedereingeführt 1960, entdeckt von Humphrey Brooke
Ein großartiger Strauch oder eine kleine Kletterrose. Kugelige Blüten von blassem Weiß-Rosa, das kräftig

'Sophie's Perpetual'

mit dunklerem Rosa und Kirschrot überzogen ist. Üppiges, gesundes, dunkelgrünes Laub und fast stachellose Triebe.
db a D*** Rar 2,50 × 1,20 m

'Tipo Ideale' *siehe* 'Mutabilis'

'Triomphe de Laffay'

Laffay FRANKREICH 1833

Gefüllte Blüten in einer für China-Rosen beträchtlichen Größe, cremeweiß, kräftig rosa überhaucht. Mittlerer Wuchs. Kleinblättriges, dunkelgrünes Laub. db ▽ Gh ☼ Rar 90 × 90 cm

'Viridiflora', 'Green Rose', *R. viridiflora*

ca. 1833

Eine fremdartige und ungewöhnliche Rose, sehr leicht zu kultivieren und ohne jegliche Anfälligkeit für Krankheiten. Die Blüten werden von einer großen Zahl grüner und brauner Brakteen gebildet, Blütenblätter im herkömmlichen Sinne gibt es nicht. Diese Blüten erscheinen reichlich und sind deshalb für den Blumenbinder sehr interessant, besonders da die Blüten mit der Zeit purpurfarben bis braun werden.
db a ▽ ◉ Rar 90 × 90 cm

'Viridiflora'

Bourbon-Rosen

Auf die Herkunft der Bourbon-Rosen bin ich bereits in einem früheren Kapitel eingegangen, hier nur kurz: Sie entstanden aus einer Kreuzung von *R. chinensis* oder einer ihrer Hybriden mit *R. damascena bifera,* der »Herbst-Damascena-Rose«, auf der Insel Ile de Bourbon (heute: Réunion) im Jahre 1817. Mitte des 19. Jahrhunderts beherrschten die Bourbon-Rosen den Markt. Es handelt sich um ausgezeichnete Strauchrosen, die in den meisten Klimazonen relativ leicht zu kultivieren sind. Eine Bourbon-Rose eignet sich praktisch für jeden Verwendungszweck, der in einem modernen Garten vorkommt. Unter ihnen sind einige der schönsten und beliebtesten der alten Klassiker.

KLASSIFIKATION

BARB Klasse 24
MR10 Klasse 3
WFRS Klasse 21

R. × *borboniana,* 'Bourbon Rose'

FRANKREICH 1817
angeblich 'Old Blush' × 'Quatre Saisons'
Diese erste der Bourbon-Rosen ist wahrscheinlich ausgestorben oder identisch mit 'Rose Edward' – niemand weiß es genau. Die Blüten sollen dunkelrot gewesen sein, mit einer Nachblüte im Herbst; die Pflanze starkwüchsig.
r 120 × 90 cm

'Adam Messerich'

P. Lambert DEUTSCHLAND 1920
'Frau Oberhofgärtner Singer' ×
('Louise Odier'-Sämling × 'Louis Philippe')
Halbgefüllte Blüten in leuchtendem Dunkelrosa erscheinen während der gesamten Saison in großer Fülle in Büscheln. Der Strauch wächst aufrecht und ist schön belaubt. Die Blüten verblassen bei sehr heißem Wetter zu einem weichen, aber immer noch gefälligen Rosa und haben einen angenehmen Duft.
db a ⚔ D** Rar 1,50 × 1,20 m

'Blairii No. 1' *siehe*
Kletternde Bourbon-Rosen Seite 371

'Blairii No. 2' *siehe*
Kletternde Bourbon-Rosen Seite 371

'Adam Messerich'

'Boule de Neige'

Lacharme FRANKREICH 1867
'Blanche Lafitte' × 'Sappho'
Ein hübscher Strauch, aufrecht im Wuchs mit dunkelgrünem, fast glänzendem Laub und wenig Stacheln. Die Blüten sind dicht gefüllt, kugelig, als Knospen an den Rändern der Blütenblätter manchmal rötlich-purpurfarben schattiert, öffnen sich aber reinweiß.
r H ▽ D*** Rar 120 × 90 cm

'Bourbon Queen', 'Queen of Bourbons', 'Reine des Iles Bourbon', 'Souvenir de la Princesse de Lamballe'

Mauget   FRANKREICH 1834

Ein kräftiger Strauch mit dicken Zweigen und üppigem Laub. Die halbgefüllten, rosafarbenen Blüten sind groß und schalenförmig, wenn sie ganz geöffnet sind. Intensiv duftend. Bringt leider nur selten im Herbst einen zweiten Blütenflor hervor. Ich erinnere mich an ein sehr altes Exemplar dieser Sorte, das an der Südostseite des Hügels von Pembroke Castle wild wuchs und dort vortrefflich mit Brombeeren wetteiferte. Sie stand dort schon seit Jahren und bewies damit eine sehr robuste Natur.

S a H ● D*** Rar   1,80 × 1,20 m

'Charles Lawson'

Lawson   GROSSBRITANNIEN 1853

Heutzutage nicht häufig zu sehen, wahrscheinlich wegen der vergleichsweise kurzen Blütezeit und des ziemlich plumpen Wuchses. Auf Stütze bildet diese Sorte jedoch mit ihren Blüten von weichem Rosa mit dunklerer Schattierung einen guten Strauch.

S a Kr D** Rar   1,80 × 1,20 m

'Commandant Beaurepaire'

Moreau-Robert   FRANKREICH 1874

Ein kräftiger, dichter Strauch mit vielen Blättern von frischem Grün. Große, gefüllte, karminrote, mit Rosa und Purpur durchzogene Blüten mit weißer Marmorierung. Eine interessante Rose, die ihren Platz in jeder Strauchpflanzung verdient.

r a H ● D** Rar   1,50 × 1,50 m

'Coquette des Blanches'

Lacharme   FRANKREICH 1867

'Blanche Lafitte' × 'Sappho'

Dicht gefüllte, duftende Blüten, zunächst schalenförmig, sich dann flach öffnend, weiß, zart mit weichem Rosa überzogen. Das mittelgrüne Laub wächst reichlich. Starkwüchsig.

r a H ▽ D** ✂ Rar   1,50 × 1,20 m

'Coupe d'Hébé'

Laffay   FRANKREICH 1840

Bourbon-Hybride × China-Hybride

Hoher Strauch mit attraktivem hellgrünem Laub, der etwas später in der Saison leider von Mehltau befallen wird, wenn nicht rechtzeitig etwas dagegen unternommen wird. Sehr reichblühend, vor allem im ersten Blütenflor. Die kugeligen, dicht gefüllten Blüten von blassem Rosa duften gut.

r a Kr D** Mt Rar   2,00 × 1,50 m

'Fulgens'

'Eugène E. Marlitt', 'Mme Eugène Marlitt'
Geschwind UNGARN 1900
Dicht gefüllte Blüten, leuchtend karminrot mit scharlachroten Spritzern. Schönes mittelgrünes Laub. Wuchs stark, mit wenigen nennenswerten Stacheln. Eine leuchtende Sensation zur damaligen Zeit, heute recht selten.
r a H ▽ D** Rar   120 × 90 cm

'Fulgens', 'Malton'
Guérin FRANKEICH 1830
Diese Rose gilt als eine Stammsorte für die Züchtung der frühen Remontant-Rosen. Die halbgefüllten Blüten sind von leuchtendem Kirsch- bis Karminrot. Obwohl die Pflanze etwas wuchert, bildet sie dennoch einen sehr guten Strauch.
r D** Rar   1,50 × 1,20 m

'Gipsy Boy', 'Zigeunerknabe'
P. Lambert DEUTSCHLAND 1909
Sämling von 'Russelliana'
Wo der Standort es zuläßt, läßt man diese Rose am besten als Strauch wachsen, sie eignet sich aber auch gut als kleine Kletterrose. Das derbe, an Zentifolien erinnernde Laub sollte Sie nicht davon abhalten, diese reizende Rose zu pflanzen. Gefüllte Blüten von dunklem Karminrot bis fast schwarzem Purpur mit blaßgelben Staubgefäßen.
Anmerkung: Bill Grant in Kalifornien hat viele Jahre die Arbeit des ungarischen Züchters Geschwind erforscht. Er hält Geschwind für den Züchter dieser Rose, nicht Lambert.
S a ◐ Kr D*** v   1,80 × 1,20 m

'Gipsy Boy', 'Zigeunerknabe'

'Giuletta'
Laurentius FRANKREICH 1859
Hübsche, dicht gefüllte, geviertelte, anfangs schalenförmige, dann flache Blüten in zartestem Rosa mit einem herrlichen Duft. Graugrünes Laub an einer buschigen Pflanze von aufrechtem Wuchs.
r a ▽ Mt D*** Rar   90 × 90 cm

'Great Western'
Laffay FRANKREICH 1838
Einmalblühend; hat große, volle, geviertelte Blüten von einem ins Kastanienbraune gehenden Purpur. Das Laub ist dunkelgrün, und die Triebe sind gut mit Stacheln ausgestattet.
S a ◐ D*** Rar   1,50 × 1,20 m

'Gros Choux d'Hollande'
Offensichtlich eine alte Sorte mit vollen, schalenförmigen, dicht gefüllten Blüten von weichem Rosa. Intensiv duftend und sehr starkwüchsig.
r a Kr D*** Rar   2,00 × 1,50 m

'Honorine de Brabant'
Eine der am ehesten annehmbaren gestreiften Rosen. Feine Lilatöne mit purpurfarbener Zeichnung an einer großen, schalenförmigen Blüte, die manchmal hinter den großen, saftigen Blättern versteckt ist. Starkwüchsig, wenig Stacheln. Ich habe auch schon schöne Exemplare als Kletterrosen gesehen.
db a ◐ Kr D*** Rar   1,80 × 1,50 m

'Kathleen Harrop' siehe Seite 371

'Kronprinzessin Viktoria'
1888
Sport von 'Souvenir de la Malmaison'
Hat die gleiche wunderschöne Blütenform wie die Stammsorte, ebenso deren Anmut und herrlichen Duft. Rahmweiß mit zitronengelben Schattierungen. Sehr reichblühend und ideal geeignet für kleine Gärten, mag aber kein feuchtes Wetter.
db ▽ Re ☼ Mt D** Rar   120 × 90 cm

'La Reine Victoria'
Schwartz FRANKREICH 1872
Schlanker, aufrecht wachsender Busch mit Blättern von weichem Grün und wunderschönen schalenförmigen Blüten von sattem Mauve mit Blütenblättern wie Seide. Verlangt besten Boden, sonst ist sie anfällig für Sternrußtau.
db ▽ ✂ Srt D*** Rar   120 × 90 cm

'La Reine Victoria' (oben), 'Louise Odier' (unten)

'Lewison Gower', 'Malmaison Rouge'
Béluze FRANKREICH 1846
Sport von 'Souvenir de la Malmaison'
Eine Sorte in leuchtendem Rosa bis Rot mit allen Vorzügen und Fehlern der Stammsorte, allerdings verliert sie wegen des kräftigeren Farbtons etwas von deren Feinheit. Von Arthur Wyatt wiederentdeckt.
db ▽ Re ☼ Mt D*** Rar   120 × 90 cm

'Louise Odier'
Margottin FRANKREICH 1851
Dicht gefüllte, fast kamelienähnliche Blüten von leuchtendem Dunkelrosa an einem starkwüchsigen Busch. Die Blüten erscheinen in dichten Büscheln, deren Gewicht manchmal die schlanken Zweige nach unten drückt und so eine bogenförmige Wirkung entstehen läßt. Herrlich duftend.
S H ● ✂ D** Rar   1,50 × 1,20 m

'Malton' siehe 'Fulgens'

'Martha' siehe Seite 372

'Michel Bonnet', 'Catherine Guillot'
Guillot FRANKTREICH 1861
'Louise Odier' × unbekannt
Große, dicht gefüllte, geviertelte Blüten in dunklem Kirsch- bis Karminrot. Gut duftend. Das junge Laub ist purpurfarben, und verändert sich mit der Zeit zu einem intensiven mittleren Grün. Wuchs stark und überhängend. Läßt sich auch gut als niedrige Kletterrose verwenden.
r ▽ D*** Kr Rar   2,00 × 1,50 m

'Mme Dubost'
Pernet Père FRANKREICH 1890
Schön geformte, dicht gefüllte Blüten in warmem Rosa mit dunkleren Schattierungen in der Mitte. Duftend. Laub knackig, mittelgrün. Buschiger Wuchs.
r ▽ D** Rar   120 × 90 cm

'Mme Ernst Calvat', 'Mme Ernest Calvat'
Schwartz FRANKREICH 1888
Sport von 'Mme Isaac Pereire'
Große, zerzauste Blüten von blassem Dunkelrosa, intensiv duftend. Etwas weniger starkwüchsig als die berühmte Stammsorte, ansonsten ist sie dieser bis auf die Blütenfarbe gleich.
db a ● D*** Rar   1,50 × 1,20 m

'Mme Isaac Pereire'
Garçon FRANKREICH 1881
Riesige, zerzauste Blüten von einem ins Purpur gehenden Dunkelrosa, die einen berauschenden Duft verströmen, erscheinen an einem großen, kräftigen Busch. Sie hat ihre Kritiker, aber wenige andere Bourbon-Rosen haben so einen herausragenden Charakter wie sie. Die ersten Blüten können manchmal mißgebildet sein, das sollte Sie aber nicht abschrecken. Eignet sich auch als kleine Kletterrose.
db a Kr ● D*** Rar   2,00 × 1,50 m

'Mme Lauriol de Barny'
Trouillard FRANKREICH 1868
Die flachen, geviertelten, dicht gefüllten Blüten von dunklem Silberrosa sind mit einem ungewöhnlichen, aber angenehm fruchtigen Duft gesegnet. Die Pflanze ist starkwüchsig und gesund. Eine sehr lohnende

'Mrs Paul'

Sorte, vor allem wenn man sie auf alte Weise »am Boden festpflockt«.
r a ● D*** Rar   1,50 × 1,20 m

'Mme Pierre Oger'
Verdier FRANKREICH 1878
Sport von 'La Reine Victoria'
Schalenförmige Blüten von sehr blassem, transparentem Silberrosa in der Form kleiner Seerosen, lieblich duftend. Leider ebenso anfällig für Krankheiten wie die Stammsorte 'La Reine Victoria'.
db ▽ ⤝ Srt D*** Rar   1,20 × 1,20 m

'Mrs Paul'
W. Paul GROSSBRITANNIEN 1891
Große, dicht gefüllte, aber etwas zerzauste Blüten von weichem Blaßrosa bis Weiß erscheinen inmitten von üppigem, aber etwas derbem Laub. Starkwüchsig.
r D*** Rar   150 × 90 cm

'Parkzierde'
P. Lambert DEUTSCHLAND 1909
Blüht während einer kurzen Zeit im Frühsommer sehr reich. Scharlachrote bis karminrote Blüten an langen Stielen, eignen sich gut zum Schneiden. Laub dunkelgrün.
S ● a ⤝ D*** Rar   1,50 × 1,20 m

'Paul Verdier'
Verdier FRANKREICH 1866
Eine sehr gute Sorte, die mehr Beachtung verdient. Sie eignet sich als Strauch- und als Kletterrose. Dicht gefüllte, leicht gekräuselte Blüten, die sich flach aus kugeligen Knospen öffnen. Sie erscheinen entlang überhängender, ziemlich stacheliger Triebe inmitten von dunkelgrünem Laub.
r a D*** Rar   1,50 × 1,20 m

'Mme Pierre Oger'

'Parkzierde' (ganz oben), 'Prince Charles' (oben)

'Prince Charles'

vor 1918

Ein mittelgroßer, aber etwas locker wachsender Busch mit kräftig geäderten, karminroten bis kastanienbraunen Blüten, die eine beachtliche Größe haben, wenn sie ganz geöffnet sind. Die Blütenfarbe neigt etwas zum Verblassen, wird aber durch die goldgelben Staubfäden betont. Der Busch hat große, dicke Blätter mit kräftiger Maserung. Ihr Ursprung und das genaue Einführungsjahr sind mir nicht bekannt.
S H a ◉ D*** Rar   1,50 × 1,20 m

'Queen of Bedders'

Noble GROSSBRITANNIEN 1871
Sämling von 'Sir Joseph Paxton'
Eine Bourbon-Rose von gedrungenem Wuchs. Wird heute als Beetrose nicht mehr verwendet, eignet sich aber gut als niedrig wachsender Strauch für den vorderen Bereich von Sträucherpflanzungen, für Staudenbeete und als Topfpflanze. Schön geformte, gefüllte Blüten von dunklem Karminrot, das sich mit der Zeit zu dunklem Rosa abschwächt.
r ▽ Br D*** Rar   90 × 60 cm

'Queen of Bourbons' siehe 'Bourbon Queen'

'Reverend H. d'Ombrain'

Diese Rose hat flache, gefüllte Blüten von klarem Dunkelrosa mit einem ruhigen, feinen Duft. Das Laub ist mattgrün und ziemlich anfällig für Mehltau, aber der Busch hat einen sehr gefälligen Wuchs.
r D*** Mt Rar   1,50 × 1,20 m

'Rivers George IV', 'George IV'

Rivers GROSSBRITANNIEN 1820
R. damascena × eine China-Rose
Lockere, gefüllte, schalenförmige Blüten von dunklem Rot bis zu einem ins Kastanienbraune gehenden Karminrot. Laub und Wuchs ähnlich wie bei einer China-Rose. Keine besonders charakteristische Bourbon-Rose, aber eine der ersten, die eingeführt wurde.
S ▽ D*** Rar   1,20 × 1,20 m

'Robusta'

Soupert und Notting LUXEMBURG 1877
Gut duftende Blüten öffnen sich aus festen, runden Knospen zu schön geformten Rosetten, flach und geviertelt, in sattem Karminrot mit etwas Purpur. Sie werden in kleinen, kompakten Büscheln hervorgebracht, an langen, dünnen, überhängenden Zweigen. Laub reichlich. Wuchs aufrecht, offen buschig. Nicht zu verwechseln mit der gleichnamigen Rugosa-Rose.
r ▽ D*** Rar   1,80 × 1,50 m

'Rose Édouard', 'Rose Edward'

Bréon, ILE DE RÉUNION ca. 1818
'Old Blush' × 'Quatre Saisons'?
Früher gab es zwei Rosen mit diesem Namen. Welche der beiden ich habe, weiß ich nicht. Sie ist intensiv duftend und bildet einen niedrigen Busch mit rötlich-scharlachroten gefüllten Blüten. Ich erhielt die Edelreiser dieser Rose von Trevor Griffiths in Neuseeland. Er selbst hatte sie von seiner Landsmännin Nancy Steen, die sie ihrerseits aus Indien bezog.
r a ◉ Mt D*** Rar   90 × 90 cm

'Sir Joseph Paxton'

Laffay FRANKREICH 1852
Schön geformte, dicht gefüllte Blüten in dunklem Karminrot bis Violettrot. Duftend. Laub gräulich-grün an einem Strauch von mittelstarkem Wuchs.
r ▽ D** Mt Rar   120 × 90 cm

'Souvenir de la Malmaison' (oben)
'Souvenir de Mme Auguste Charles' (unten)

'Souvenir de la Malmaison', 'Queen of Beauty and Fragrance'

Beluze FRANKREICH 1843
'Mme Desprez' × eine Teerose

In einem besonders guten Jahr ist diese Rose die allerschönste unter den Bourbon-Rosen, allerdings kann sie in schlechtem Zustand auch schrecklich aussehen. Sie haßt nasse Witterung und öffnet unter solchen Bedingungen ihre Blüten selten ohne Hilfe. Die Blüten sind von einem zartrosa überhauchten Cremeweiß mit puderrosa Schattierungen. Jede Blüte ist wunderbar ausgewogen, sie öffnet sich flach und geviertelt. Das schönste Exemplar, das ich jemals gesehen habe, wuchs in Lime Kiln, Claydon, Suffolk/England, dem Sitz des verstorbenen Humphrey Brooke, der so viel dazu beitrug, die Alten Rosen zu fördern. Es war eine Pflanze von riesigen Ausmaßen – ein unvergeßlicher Anblick, wenn sie in voller Blüte stand. Diese Pflanze war jedoch nicht typisch, ich kenne keine andere, die eine solche Größe erreicht hat. Lime Kiln ist z. Zt. nicht für das Publikum geöffnet, es wird jedoch restauriert und soll in Zukunft wieder für die Öffentlichkeit zugänglich sein.

db ▽ Re Mt D*** Rar   1,80 × 1,80 m

'Souvenir de la Malmaison' Kletterform,
siehe Seite 372

'Souvenir de St Anne's'

'Souvenir de Mme Auguste Charles'
Moreau-Robert FRANKREICH 1866
Dicht gefüllte, große Blüten mit leicht gefransten Blütenblättern öffnen sich flach und geviertelt, fleischrosa- bis sanft dunkelrosafarben, duftend. Laub gräulich-grün, fast Rugosa-artig. Wuchs breit, aber buschig.
r ▽ D** Rar 1,20 × 1,20 m

'Souvenir de St Anne's'
Hilling GROSSBRITANNIEN 1950
Sport von 'Souvenir de la Malmaison'
Eine halbgefüllte Form von 'Souvenir de la Malmaison'. Die geringere Zahl der Blütenblätter macht es ihr leichter, sich bei nasser Witterung zu öffnen. Wie die Stammsorte sehr reichblühend, und obwohl sie nicht ganz so vornehm ist, trotzdem attraktiv. Duftend.
db ▽ H D*** Rar 1,50 × 1,20 m

'Variegata di Bologna'
Bonfiglioli ITALIEN 1909
Gefüllte, schalenförmige Blüten mit auffallenden, unregelmäßigen purpurfarbenen Streifen auf einem rahmweißen Grund. Sie erinnern mich an den Grießbrei mit Marmelade von Schwarzen Johannisbeeren meiner Schulzeit. Ein hoher, ziemlich lockerer Busch mit etwas spärlichem und ziemlich derbem Laub.
r a Mt D*** Rar 1,80 × 1,50 m

'Vivid'
W. Paul GROSSBRITANNIEN 1853
Ein Rose von stark leuchtender Farbe in lebhaftem Magentarosa bis Rot. Starkwüchsig, aufrecht wachsend und ziemlich stachelig. Remontiert gelegentlich.
r a D*** Rar 1,50 × 1,20 m

'Zéphirine Drouhin' *siehe* Seite 372

'Zigeunerknabe' *siehe* 'Gipsy Boy'

Kletternde Bourbon-Rosen

KLASSIFIKATION

BARB   Klasse 24
MR10   Klasse 3
WFRS   Klasse 21

'Blairii No. 1'

Blair GROSSBRITANNIEN 1845

Ist der besser bekannten und häufiger verwendeten 'Blairii No. 2' ähnlich, aber von einem klareren und durchgängig weichem Rosa. Hat ein paar Blütenblätter mehr und kann wirklich wunderschön sein, blüht aber etwas zögerlich.

r Mt D*** Rar   3,50 × 1,80 m

'Blairii No. 2'

Blair GROSSBRITANNIEN 1845

Diese Rose ist so schön, daß ihr die leichte Anfälligkeit für Mehltau gegen Ende der Saison nachgesehen werden darf. Große, flache Blüten von blassem Rosa mit zur Mitte hin dunkleren Schattierungen. Wuchs und Laub sind etwas derb, aber der Gesamteindruck einer ausgewachsenen Pflanze in voller Blüte ist überwältigend. Eignet sich besonders gut für ein dreifüßiges oder ähnliches Klettergerüst.

r D*** Mt Rar   3,50 × 1,80 m

'Kathleen Harrop'

Dickson GROSSBRITANNIEN 1919

Sport von 'Zéphirine Drouhin'

Ungeachtet des Wetters blüht diese Rose von Mitte Juni bis weit in den Winter hinein. Die Blüten sind halbgefüllt, muschelrosafarben und duftend. Kann bedenkenlos nahe dem Hauseingang oder in der Nähe

'Blairii No. 2'

'Kathleen Harrop'

'Zéphirine Drouhin'

von Spielplätzen gepflanzt werden, denn sie ist – wie die Stammsorte – völlig frei von Stacheln.
db N a ◐ D*** Rar   3,00 × 1,80 m

'Martha'

Zeiner FRANKREICH 1912
Sport von 'Zéphirine Drouhin'
Stachellos und mit sehr langer Blütezeit. Blütenfarbe ist etwas blasser als bei 'Zéphirine Drouhin', und jede Blüte hat in der Mitte einen Hauch von Rahmweiß.
db N a ◐ D*** Rar   2,80 × 1,80 m

'Souvenir de la Malmaison' Climbing
'Climbing Souvenir de la Malmaison'

Buschform Beluze 1843
Kletterform Bennett GROSSBRITANNIEN 1893
Anders als die Buschform remontiert diese Rose nur in besonders guten Jahren, dafür blüht sie reichlich im Juni. Es lohnt sich, sie zu pflanzen, wo immer der Platz es erlaubt. Am besten an einer Südwand, wo sie weniger dem Regen ausgesetzt ist, den ihre Blüten, wie bei der Stammsorte, hassen.
r Re Mt D*** Rar   3,50 × 2,50 m

'Zéphirine Drouhin'

Bizot FRANKREICH 1868
Obwohl die Blüten reizend aussehen, hätte diese legendäre Rose kaum ihre Popularität erreicht, würde sie sich nicht durch die lange Blütezeit und durch stachellose Triebe auszeichnen. Die Blüten sind halbgefüllt, kirschrosafarben und charakteristisch im Duft. Die jungen Triebe und Blätter sind anfangs bronzerot, werden dann aber mit der Zeit matt graugrün. Eine schöne Rose.
db N a ◐ D*** Mt Srt Rar   3,00 × 1,80 m

Noisette-Rosen

Die Geschichte der Noisette-Rosen ist an anderer Stelle in diesem Buch beschrieben (Seite 15 ff.). Die Entwicklung der Noisette-Rosen verlief fast parallel zu der der Bourbon-Rosen und der Teerosen, sie waren etwa gleich beliebt. In erster Linie erweiterten sie das Farbspektrum der etwas langweiligen Kletterrosen und Ramblern der damaligen Zeit – vor allem mit Gelb. Viele dieser Rosen gibt es noch heute, und sie bringen viel Charme in unsere modernen Gärten.

Im allgemeinen gelten Noisette-Rosen als nicht ganz winterhart, meine Erfahrung mit ihnen hier im frostigen Norfolk hat mich gelehrt, daß sie mehr Kälte aushalten, als man ihnen je zugetraut hat. Im Winter 1981 – dem kältesten seit Jahren – sind vielleicht ein oder zwei erfroren, die meisten aber haben nur geringe Frostschäden davongetragen, von denen sie sich schnell erholt haben.

KLASSIFIKATION

BARB Klasse 3
MR10 Klasse 50
WFRS Klasse 36

'Aimée Vibert', 'Bouquet de la Mariée', 'Nivea'
Vibert FRANKREICH 1828
'Champney's Pink Cluster' × *R. sempervirens*-Hybride
Kleine Büschel duftender, gefüllter, reinweißer Blüten an einer starkwüchsigen, fast stachellosen Pflanze mit saftigen, gesunden, dunkelgrünen Blättern. Wie einige andere Noisette-Rosen, beginnt diese Rose mit der Blüte ein oder zwei Wochen später als zum Beispiel die Bourbon-Kletterrosen. In guten Jahren remontiert sie im Herbst.
r a ◉ D*** Rar 3,50 × 3,00 m

'Alister Stella Gray', 'Golden Rambler'
A. H. Gray GROSSBRITANNIEN 1894
Kaskadenförmig herabhängende Büschel gefüllter, schön geformter Blüten. Gelb mit dottergelber Mitte, verblaßt an den Rändern zu Rahmweiß und schließlich zu Weiß. Duftend – nach Tee, sagt man. Der Strauch ist starkwüchsig und bildet lange, dünne Zweige, die sich hervorragend zum Festbinden an Bögen oder Klettergerüsten eignen. Ziemlich frei von Stacheln, üppiges dunkelgrünes Laub. Remontiert mit Unterbrechungen.
r ☼ Bkl ◉ D** Rar 4,50 × 3,00 m

'Belle Vichysoise'
Lévêque FRANKREICH 1897
Große Büschel kleiner Blüten von ins Rosa gehendem Weiß an einer starkwüchsigen Pflanze mit dunkelgrünem Laub.
r ☼ a D** Rar 4,50 × 2,50 m

'Blanc Pur'
Mauget FRANKREICH 1827
Eine starkwüchsige, aber niedrige Noisette-Rose, zumindest bei mir. Blüten gefüllt und groß, sich geviertelt öffnend, erscheinen manchmal einzeln, manchmal in kleinen Büscheln. Reinweiß und duftend. Laub eher groß und mittel- bis dunkelgrün. Stärker mit Stacheln besetzt als die meisten anderen dieser Gruppe. Ähnelt eigentlich mehr einer Tee- als einer Noisette-Rose.
r ▽ ☼ Kr D** Rar 2,50 × 1,80 m

'Blush Noisette'
Noisette USA 1825
Sämling von 'Champney's Pink Cluster'
Eine reizvolle Rose von edlem Wuchs. Sie bildet große Büschel halbgefüllter Blüten von einem zarten Mauve mit auffälligen Staubgefäßen. Wenn man ihr die Zeit dazu läßt, kann sie sich zu einer guten niedrigen Kletterrose entwickeln, eignet sich aber auch gut als freistehender Strauch. Wenige Stacheln und dunkelgrünes Laub. Eine der ersten Noisette-Rosen, die in den Handel gebracht wurden (Abbildung Seite 16).
db a N ◉ D** Rar 2,00 × 1,20 m

'Aimée Vibert' (oben), 'Alister Stella Gray' (unten)

'Bouquet d'Or'

'Bouquet d'Or'

Ducher FRANKREICH 1872

'Gloire de Dijon' × unbekannter Sämling
Eine starkwüchsige Rose mit dicht gefüllten, geviertelten, schwach duftenden Blüten von kupfrigem Lachston und Gelb. Laub dunkelgrün und glänzend.
r ☼ Gh D* Rar 3,00 × 1,80 m

'Céline Forestier'

'Céline Forestier'

Trouillard FRANKREICH 1842

Große, flache Blüten öffnen sich höchst reizvoll mit einem Wirrwarr von inneren Blütenblättern, schlüsselblumengelb mit dunkleren Schattierungen, gelegentlich rosafarben schattiert, duftend. Eine hervorragende, reichblühende kleine Kletterrose. Sie steht während des gesamten Sommers selten ohne eine Blüte da. Starkwüchsig, aber nicht plump, mit üppigem hellgrünem, gesundem Laub.
db a Gh ▽ D** Rar 2,50 × 1,20 m

'Champney's Pink Cluster'

Champneys USA 1802

R. chinensis × R. moschata
Eine der ersten Noisette-Rosen. Lange Büschel halbgefüllter bis gefüllter zartrosafarbener Blüten mit Schattierungen in dunklerem Rosa, intensiv duftend. Starkwüchsig, äußerst gesund mit mittel- bis dunkelgrünem Laub (Abbildung Seite 16).
S a Bkl D*** Rar 4,50 × 2,50 m

'Claire Jacquier'

Bernaix FRANKREICH 1888

Möglicherweise R. multiflora × eine Teerose
Eine sehr gute Rose und sehr tapfer als Kletterrose. Schön geformte, gefüllte, angenehm duftende Blüten,

nicht groß, von sattem Dottergelb, das mit der Zeit zu Rahmweiß verblaßt, erscheinen in großen Büscheln. Laub in kräftigem Hellgrün. Remontiert meistens.
r N Bkl ◐ D** Rar 4,50 × 2,50 m

'Cloth of Gold', 'Chromatella'
Coquereau FRANKREICH 1843
Sämling von 'Lamarque'
Dicht gefüllte Blüten von weichem Schwefelgelb mit dunklerer Mitte erscheinen an langen Trieben. Üppiges hellgrünes Laub. Ziemlich starkwüchsig. Eignet sich ausgezeichnet für das Gewächshaus.
r ○ Gh ▽ D*** Rar 3,50 × 2,50 m

'Crépuscule'
Dubreuil FRANKREICH 1904
Gefüllte, wenn auch ziemlich unregelmäßige Blüten von sattem Apricot. Eine ausgezeichnete Sorte, aber nicht ganz winterhart. Hellgrünes Laub mit dunkleren Trieben und nur wenig Stacheln.
r ○ Gh D** Rar 3,50 × 1,50 m

'Deschamps'
Deschamps FRANKREICH 1877
Schalenförmige Blüten von leuchtendem Kirschrot öffnen sich voll und fast pausbäckig. Sehr reichblühend. Blätter groß und von dunklem Mittelgrün. Starkwüchsig mit wenigen Stacheln.
r a Gh ◐ D** Rar 4,50 × 3,00 m

'Deschamps'

'Desprez à Fleurs Jaunes'

'Desprez à Fleurs Jaunes', 'Jaune Desprez'
Desprez FRANKREICH 1835
'Blush Noisette' × 'Parks' Yellow China'
Eine wunderschöne, gefüllte, gevierteilte Rose im Stil der Teerose 'Gloire de Dijon'. Die Blütenfarbe ist eine Mischung aus Gelb, Orange und Bernstein. Die Blüten haben einen fruchtigen Duft und erscheinen in Büscheln, oft an den Enden langer Triebe. Starkwüchsig mit hellgrünem Laub. Eine ungewöhnliche Erscheinung bei dieser Sorte ist eine dunkle Verfärbung an den Trieben, das besonders im Winter auffällt, aber kein Anlaß zu Besorgnis ist.
r a Gh Bkl ◐ D** Rar 6,00 × 3,00 m

'Crépuscule'

'Duchesse d'Auerstädt'

'Lamarque'

'Duchesse d'Auerstädt'

Bernaix FRANKREICH 1888

Sport von 'Rêve d'Or'

Eine wenig bekannte Sorte, die mehr Beachtung verdient. Die duftenden Blüten sind dicht gefüllt und öffnen sich geviertelt, aber ziemlich zerzaust in einer kräftigen Mischung aus Bernstein, Apricot und Gold. Starkwüchsig mit dunklem Laub.

r Gh ☼ D*** Rar   3,00 × 2,50 m

'L'Abundance'

Moreau-Robert FRANKREICH 1887

Eine kleine Kletterrose von Bedeutung, wenn auch nicht sehr bekannt. Fleischrosafarbene, gefüllte Blüten erscheinen in gleichmäßigen Büscheln. Mäßig starkwüchsig mit mittelgrünem Laub. Remontiert nur in sehr guten Jahren.

S a D** Rar   3,00 × 1,80 m

'Lady Emily Peel'

Lacharme FRANKREICH 1862

'Blanche Lafitte' × 'Sappho'

Gefüllte Blüten, weiß mit zartrosafarbenen bis karminroten Glanzlichtern. Duftend. Hoch und starkwüchsig mit viel mittelgrünem Laub. Braucht ein bißchen Extra-Pflege, um ihr Bestes zu geben. Besser in wärmeren Regionen als in meiner Heimat, einer kalten Gegend Großbritanniens.

r ☼ Bkl Gh D** Rar   4,50 × 3,00 m

'Lamarque'

Maréchal FRANKREICH 1830

'Blush Noisette' × 'Parks' Yellow China'

Diese besonders schöne Rose gedeiht an einem warmen, geschützten Standort; in kälteren Gegenden braucht sie allerdings ein Kalthaus. Duftende, reinweiße Blüten erscheinen an langen Trieben inmitten von üppigem mittel- bis hellgrünem Laub unter Glas, im Freien dunkler. Die Triebe haben nur wenige Stacheln.

r Gh ☼ ⊱ D*** Rar   4,50 × 2,50 m

'Leys Perpetual', 'Lais'

Damaizin FRANKREICH 1867

Bei ihr könnte es sich möglicherweise um die Kletterform der Buschform einer Teerose handeln. Sie verhält sich in jeder Beziehung so, wie man es von einem kletternden Sport erwartet. Eine Rose, die mir viel Freude bereitet. Dicht gefüllte, formschöne Blüten öffnen sich flach und geviertelt auf eine etwas unregelmäßigen Weise. Zitronengelb und wunderbar duftend. Schönes, dunkelgrünes Laub.

r ☼ ▽ Gh D*** Rar   3,50 × 2,50 m

'Mme Alfred Carrière'

'Louise d'Arzens'

Lacharme FRANKREICH 1860

Zartrosafarbene Knospen öffnen sich zu dicht gefüllten, cremeweißen Blüten. Laub mittelgrün und glänzend. Wuchs mäßig stark. Selten und ungewöhnlich, aber durchaus lohnend, besonders in wärmeren Gegenden, obwohl sie recht winterhart zu sein scheint.

r ▽ ○ Gh D* Rar   3,00 × 1,80 m

'Manettii', *R. noisettiana manettii*

Botanischer Garten von Mailand ITALIEN 1837

Als Gartenrose nicht bedeutend. Wurde früher viel als Unterlage verwendet. Ein dichter Strauch mit blaßrosafarbenen, halbgefüllten Blüten. Das Holz ist rötlich, so lange es jung ist und gestreift oder bunt gesprenkelt, wenn es älter ist. Reichlich dunkle Stacheln.

S a H W ● ▽ D* Rar   1,80 × 1,20 m

'Maréchal Niel'

Pradel FRANKREICH 1864

Sämling von 'Cloth of Gold'

Riesige, goldgelbe, gefüllte Blüten erscheinen aus schön geformten, spitzen Knospen. Intensiv duftend. Braucht in kälteren Gegenden einen warmen, geschützten Standort oder ein Gewächshaus. Starkwüchsig mit dunklem, kupfer-grünem Laub.

r ○ Gh ✂ ▽ D*** Rar   4,50 × 2,50 m

'Mme Alfred Carrière'

J. Schwartz FRANKREICH 1879

Eine hervorragende Rose. Die reizenden, ziemlich locker geformten Blüten sind groß und weiß, gelegentlich mit einem Hauch von weichem Rosa und intensiv duftend. Starkwüchsig mit wenigen Stacheln. Viele große, hellgrüne Blätter. Diese Rose blüht fast ununterbrochen während der gesamten Saison und toleriert selbst einen Standort an einer Nordwand erstaunlich gut.

db Gh a ● Bkl ✂ D*** Rar   4,50 × 3,00 m

'Mme Driout'

Thiriat FRANKREICH 1902

Sport von 'Reine Marie Henriette'

Formschöne Knospen öffnen sich flach und geviertelt. Dunkelrosafarben mit weißen Flecken. Laub recht groß, dunkelgrün. Wuchs mäßig stark. Braucht besondere Fürsorge, um ihr Bestes zu geben.

r ○ ▽ D** ✂ Rar   3,00 × 2,50 m

'Reine Olga de Wurtemberg'

G. Nabonnand FRANKREICH 1881

Dicht gefüllte, mittelgroße Blüten in sattem Rot, anfangs hochgebaut, sich flach öffnend. Duftend. Ein starkwüchsiger Kletterer mit schönem mittel- bis dunkelgrünem Laub.

r a ○ Bkl D** Rar   4,50 × 2,50 m

'Maréchal Niel'

'Rêve d'Or'

Ducher FRANKREICH 1869

Sämling von 'Mme Schultz'

Eine sehr gute Rose. Schön geformte, dicht gefüllte Blüten in der Art von 'Gloire de Dijon'. Bernsteinfarben bis gelb mit einem gelegentlichen Hauch von Rosa. Duftend. Kräftiger Wuchs und dunkelgrünes Laub. Ziemlich frostempfindlich.

r ☼ Gh ▽ ✄ D*** Rar   3,50 × 2,50 m

'William Allen Richardson'

Ducher FRANKREICH 1878

Sport von 'Rêve d'Or'

Mittelgroße, dicht gefüllte Blüten, bernsteinfarben bis apricot, sehr reichblühend. Diese Kletterrose braucht einen warmen, geschützten Standort, wenn sie blühen soll. Dunkle Triebe mit dunkelgrünem, kupferigem Laub.

r Gh ▽ ☼ ✄ D*** Rar   4,50 × 2,50 m

'Rêve d'Or' (oben), 'William Allen Richardson' (unten)

Die Teerosen

Während der zweiten Hälfte des 19. Jahrhunderts waren die Teerosen in Europa als Gartenrosen sehr beliebt. Leider sind viele davon heute verloren, aber einige der besten sind uns erhalten geblieben und haben – mit unserer Hilfe – noch genügend Widerstandskraft, um uns noch lange Zeit zu erfreuen. Wer in einer kälteren Region als Gartenliebhaber Wert auf den Gesamteindruck legt, sollte auf diese Rosen lieber verzichten. Sie eignen sich allerdings hervorragend für das Gewächshaus und für Töpfe und Kübel. Man schneidet sie am besten nur leicht zurück; ein starker Rückschnitt reduziert die Blühfreudigkeit. Die Kletterrosen unter ihnen schneidet man am besten überhaupt nicht zurück. In wärmeren Klimazonen eignen sie sich ohne Zweifel ausgezeichnet für den Garten. Die angegebenen Größenmaße beziehen sich auf Großbritannien – wo die Winter weniger kalt sind können sie gewiß doppelt so groß werden.

KLASSIFIKATION

BARB Klasse 4
MR10 Klasse 56
WFRS Klasse 31

'Adam', 'The President'

Adam GROSSBRITANNIEN 1833

Eine große, dicht gefüllte Blüte von Bernstein, Gelb und Apricot mit einem Hauch von Rosa tief in der Mitte. Die ganz geöffneten Blüten sind oftmals geviertelt. Gilt als die erste Teerose. Wahrscheinlich ein starkwüchsiger Busch, eignet sich aber besser als Kletterrose an einer niedrigen Wand, die im Winter vor der größten Kälte schützt. Schön belaubt mit großen, dunkelgrünen Blättern.

r ☼ Gh ▽ D*** Rar   2,00 × 1,50 m

'Alexander Hill Gray', 'Yellow Maman Cochet', 'Yellow Cochet'

Dickson GROSSBRITANNIEN 1911

Große, gefüllte Blüten in leuchtendem Gelb, das mit der Zeit in ein bräunliches Gelb nachdunkelt. Duftend. Laub mittelgrün, mattglänzend. Wuchs stark und sparrig. Buschig.

db ☼ Gh ▽ D*** ✂ Rar   120 × 90 cm

'Amazone'

Ducher FRANKREICH 1872

'Safrano' × unbekannt

Zartgelb mit feinen dunkelrosa Markierungen auf der Rückseite der Blütenblätter. Blüten schön geformt, hochgebaut, gefüllt. Laub dunkelgrün, mattglänzend; junges Laub ist bronze-rot. Wuchs stark und sparrig.

db ☼ Gh ▽ D*** ✂ Rar   120 × 90 cm

'Anna Olivier'

Ducher FRANKREICH 1872

Eine Mischung aus Fleischrosa und Dunkelrosa. Duftend. Schön geformte Blüten mit hoher Mitte an einem starkwüchsigen, verzweigten Busch mit hübschem mittelgrünem Laub.

Anmerkung: Eine geheimnisvolle Teerose in zartem Blaßgelb wird gelegentlich unter diesem Namen kultiviert und angeboten. Meiner Meinung nach könnte es sich dabei vielleicht um eine alte Sorte namens 'Leda' handeln.

db ☼ Gh ▽ D** ✂ Rar   90 × 90 cm

'Archiduc Joseph'

G. Nabonnand FRANKREICH 1872

Sämling von 'Mme Lombard'

Eine der schönsten Teerosen. Die Blüten öffnen sich flach und bestehen aus vielen Blütenblättern in einer gefälligen Mischung aus Rosa, Purpur, Orange und Rostrot mit einem Hauch von Gold und Gelb in der Mitte. Das Laub ist dunkel, glänzend und üppig. Die Triebe haben wenig Stacheln. Anscheinend ziemlich

'Adam' (oben), 'Anna Olivier' (unten)

'Archiduc Joseph'

'Baronne Henriette de Snoy'

winterhart. Eignet sich sowohl als Strauch als auch als kleine Kletterrose.
db a Gh ▽ ☼ D** Rar   150 × 90 cm

'Baronne Henriette de Snoy'

Bernaix FRANKREICH 1897
'Gloire de Dijon' × 'Mme Lombard'
Die duftenden Blüten sind fleischrosafarben mit dunklerer Rückseite. Sie öffnen sich gefüllt aus Knospen mit ziemlich hoher Mitte. Der Busch ist etwas sparrig, die Blätter sind groß und mittelgrün.
db ☼ Gh ▽ v D*** Rar   120 × 90 cm

'Belle Lyonnaise'

Levet FRANKREICH 1870
Eine kletternde Teerose, die man nicht häufig sieht, die sich aber für jeden warmen, geschützten Garten und jedes Kalthaus empfiehlt. Nicht zu starkwüchsig, aber recht großzügig mit ihren Blüten, die groß, duftend, gefüllt, flach und geviertelt sind, von weichem Gelb, das mit der Zeit zu Rahmweiß verblaßt.
r ☼ Gh ▽ D*** Rar   3,00 × 1,80 m

'Bon Silène'

Hardy FRANKERICH 1839
Duftende, dicht gefüllte Blüten in dunklem Rosa erscheinen in großer Fülle an einer gedrungenen, starkwüchsigen Pflanze. Das Laub ist mittelgrün, die Triebe sind mäßig stachelig.
db ☼ Gh ▽ D*** Rar   120 × 90 cm

'Catherine Mermet'

Guillot Fils FRANKREICH 1869

Schön geformte Knospen mit hoher Mitte öffnen sich zu halbgefüllten, mauvefarbenen Blüten an langen Trieben. Schön belaubt und buschig mit gesundem, mittelgrünem, kupfergetöntem Laub. Eignet sich ausgezeichnet für das Gewächshaus, fühlt sich aber an einem offenen, sonnigen, warmen Standort ebenso wohl
db ○ Gh ▽ ✂ D** Rar 120 × 90 cm

'Clementina Carbonieri'

Bonfiglioli ITALIEN 1913

Eine hervorragende Teerose. Dicht gefüllte Blüten öffnen sich flach und geviertelt, die Blütenfarbe ist eine großartige Mischung aus Orange, Rosa und Lachs, das Ganze auf einem leuchtend senfgelben Grund. Die Blüten erscheinen reichlich und duftend. Dunkelgrünes Laub an einer sparrigen, aber dichten Pflanze mit durchschnittlicher Anzahl von Stacheln.
db ○ GH ▽ D** Rar 90 × 60 cm

'Dean Hole'

A. Dickson GROSSBRITANNIEN 1904

Für Teerosen verhältnismäßig große Blüten. Die Farbe ist eine interessante Kombination aus Silberrosa mit Apricot und Gold. Starker Wuchs, stachelig, mit dunkelgrünem Laub.
S ○ Gh ▽ D*** Rar 90 × 60 cm

'Devoniensis', 'Magnolia Rose'

Foster GROSSBRITANNIEN 1838

Sehr große Blüten, rahmweiß mit einem gelegentlichen Hauch von Rosa. Eine elegante Rose, die an einen warmen, geschützten Standort oder in ein Gewächshaus gehört, damit sie blüht. Üppiges, hellgrünes Laub und wenig Stacheln. Im Freiland ist das Laub dunkler.
r ○ Gh ▽ Rar 3,50 × 2,00 m

'Dr Grill'

Bonnaire FRANKREICH 1886

'Ophirie' × 'Souvenir de Victor Hugo'

Eine verzweigte, sparrige Pflanze, die hübscher wäre, wenn sie mehr Laub hätte. Die Blüten sind großartig, rosa mit Kupfer überzogen. Die Knospen haben eine hohe Mitte, öffnen sich aber flach und voll, manchmal geviertelt. Duftend.
db ○ Gh ▽ D*** Rar 90 × 60 cm

'Clementina Carbonieri' (oben), 'Dr Grill' (unten)

'Duchesse de Brabant', 'Comtesse de Labarthe', 'Comtesse Ouwaroff'

Bernède FRANKREICH 1857

Dicht gefüllte Blüten, von klarem Rosa bis Dunkelrosa, hübsch geformt, schalenförmig und reichblühend. Der Busch hat einen sich ausbreitenden Wuchs und ist für eine Teerose hübsch belaubt. Wunderschön. In Bermuda als 'Shell' bekannt.
db ○ Gh ▽ D*** Rar 90 × 90 cm

'Enchantress'

W. Paul GROSSBRITANNIEN 1896

Dunkles Rosa, das noch nachdunkelt, mit der Zeit fast karminrot. Die ganz geöffnete Blüte ist dicht gefüllt und zeigt tief unten einen Hauch von Orangegelb. Duftend. Laub rundlich, dunkelgrün. Aufrecht für eine Teerose.

db Gh ○ ▽ D*** ✂ Rar 120 × 90 cm

'Étoile de Lyon'

Guillot FRANKREICH 1881

Satt goldgelbe Blüten an schwachen Blütenstengeln. Ein zweigiger, sparriger Busch mit wenig Laub. Besonders bemerkenswert sind die kräftige Farbe und der starke Duft.

r Gh ○ ▽ D*** Rar 60 × 60 cm

'Fortune's Double Yellow', 'Beauty of Glazenwood', 'San Rafael Rose'

Fortune; entdeckt in CHINA 1845

Alte chinesische Gartenrose, die durch Robert Fortune nach Europa zurückgebracht wurde. Leicht frostempfindlich. Man pflanzt sie am besten an eine Stütze. Locker geformte, gefüllte Blüten, bernsteingelb mit einem schwachen Hauch von Orange. Duftend. Laub dunkelgrün und glänzend. Wenig Stacheln.

r ○ Gh Kr D*** Rar 2,50 × 1,20 m

'Francis Dubreuil'

Dubreuil FRANKREICH 1894

Lange, spitze Knospen öffnen sich zu großen Blüten mit hoher Mitte. Die Blüten sind, wenn sie ganz geöffnet sind, duftig, von dunklem Karminrot, das mit der Zeit leicht blasser wird. Das spärliche Laub ist glänzend und dunkelgrün. Die Triebe sind nur mäßig bewehrt.

r ○ Gh ▽ D** Rar 90 × 60 cm

'Freiherr von Marschall'

P. Lambert DEUTSCHLAND 1903

'Princess Alice de Monaco' × 'Rose d'Evian'

Spitze Knospen öffnen sich zu flachen Blüten von sattem Karminrot und Rot. Besonders schönes Laub, üppig, dunkelgrün und kräftig mit Rot schattiert.

db ○ Gh ▽ D*** Rar 90 × 60 cm

'Général Galliéni'

G. Nabonnand FRANKREICH 1899

'Souvenir de Thérèse Levet' × 'Reine Emma des Pays-Bas'

War zur Jahrhundertwende eine der beliebtesten Rosen. Die Hauptfarbe ist Bernstein, kräftig von Rot und Rosa überzogen, mit einem Hauch von Gelb an der Basis. Starkwüchsig und verhältnismäßig frei von Stacheln. Hübsches, mittelgrünes Laub.

r ○ Gh ▽ D*** Rar 120 × 90 cm

'Fortune's Double Yellow'

'Francis Dubreuil'

'Général Schablikine'

G. Nabonnand FRANKREICH 1878

Eine gute Rose. Dicht gefüllte Blüten öffnen sich flach, sie vereinen Kupferrot und Kirschrot sehr wirkungsvoll. Eine kompakte und schön belaubte Pflanze. In den Gärten von Ninfa, Latina/Italien, gibt es viele gute Exemplare dieser schönen Rose.

db ○ Gh ▽ D*** Rar 90 × 60 cm

'Gloire de Dijon'

Jacotot FRANKREICH 1853

unbekannte Teerose × 'Souvenir de la Malmaison'

Eine zu Recht sehr beliebte, alte Sorte. Sie war seine

'Général Schablikine'

'Gloire de Dijon'

'Homère'

Lieblingsrose. Große, volle, wunderbar duftende Blüten, die sich flach und geviertelt öffnen, von Bernstein-Apricot bis Orange. Sie bringt oftmals im Herbst einen zweiten Blütenflor hervor. Das Laub ist dunkelgrün, aber anfällig für Sternrußtau, besonders nach der ersten Blüte. Die Blüten mögen keine nasse Witterung. Sie ist aber so schön, daß man mit ihren Schwächen leben kann.

r ☼ Gh Srt Re D*** Rar   3,50 × 2,50 m

'Gruß an Coburg'

Felberg-Leclerc DEUTSCHLAND 1927
'Alice Kaempff' × 'Souvenir de Claudius Pernet'

Formschöne, kugelige Blüten in einem orange- und apricotfarben getönten Gelb mit bräunlich-rosafarbener Rückseite. Intensiv duftend. Laub dunkel bronze-grün. Wuchs sparrig. Starkwüchsig.

db ☼ ▽ Gh D*** Rar   120 × 90 cm

'Homère'

Robert and Moreau FRANKREICH 1858

Mögen einige der anderen Teerosen nicht ganz winterhart sein, 'Homère' ist es bestimmt. Schön geformte, schalenförmige Blüten von einer angenehmen Mischung aus weichem Zartrosa und Reinweiß, manchmal haben die Ränder der Blütenblätter einen

Hauch von Rot. Ein verhältnismäßig stachelloser Busch von zweigigem Wuchs und dunklem Laub.
db Gh ⊔ Rar   120 × 60 cm

'Hume's Blush Tea-scented China', 'Odorata', R. × odorata

Fa Tee Nurseries, Canton CHINA 1810
wahrscheinlich *R. chinensis* × *R. gigantea*
Kultiviert in China gefunden, dort die erste Teerose; wahrscheinlich eine zufällige Kreuzung, es kann aber auch eine bewußte Züchtung eines frühen chinesischen Gärtners sein. Die Blütenfarbe schwankt von gebrochenem Weiß – manchmal mit einem Hauch von Zitronengelb – bis Zartrosa, manchmal fast Braunrosa, halbgefüllt bis nahezu einfach blühend. Starkwüchsig, aber unregelmäßig. Laub schwach glänzend, mittelgrün. Meine Pflanzen erhielt ich auf Umwegen aus Sangerhausen/Deutschland und ich halte sie für echt. (Abbildung Seite 17)
r ☼ Gh D*** Rar   von 1,20 × 1,20 m bis 4,50 × 3,00 m

'Isabella Sprunt'

Sprunt USA 1855
Sport von 'Safrano'
Halbgefüllte bis gefüllte Blüten in sattem Schwefelgelb. Formschöne Knospen öffnen sich zu reizvoll unregelmäßigen, gefüllten Blüten. Laub üppig, mittelgrün. Der Busch ist offen und verzweigt.
db ⊔ Gh ☼ D* ⊱ Rar   120 × 90 cm

'Jean Ducher'

Ducher FRANKREICH 1873
Gefüllte, rundliche Blüten in Pfirsichrosa, mit Lachsorange überhaucht, an einer recht starkwüchsigen, relativ winterharten Pflanze mit hübschem Laub.
db ⊔ Gh ☼ D** Rar   120 × 90 cm

'Lady Hillingdon'

Lowe and Shawyer GROSSBRITANNIEN 1910
'Papa Gontier' × 'Mme Hoste'
Eine hervorragende Rose, zu Recht beliebt seit ihrer Einführung. Die langen, spitzen Knospen sind dottergelb und öffnen sich zu großen, lockeren, halbgefüllten Blüten mit einem reizenden Duft. Die Blätter sind glänzend, von dunklem Purpurgrün, und harmonieren prächtig mit den verhältnismäßig stachellosen, pflaumenfarbenen Trieben.
db Gh ⊔ ⊱ D*** Rar   90 × 60 cm

'Lady Hillingdon' Climbing, 'Climbing Lady Hillingdon'

Hicks GROSSBRITANNIEN 1917
Zweifellos eine hervorragende Kletterrose. Das pflaumenfarbene Holz und das dunkle Laub sind große Vorzüge. Man sollte den Standort sorgfältig auswäh-

'Lady Hillingdon'

len, sie ist nur begrenzt winterhart. Wenn sie bei Frost zurückfriert, erholt sie sich meist wieder.
r ○ a ✂ D*** Rar   4,50 × 2,50 m

'Lady Plymouth'
A. Dickson GROSSBRITANNIEN 1914
Eine reizende alte Sorte. Die Blütenfarbe reicht von Elfenbeinweiß bis zu einem rosa angehauchten Rahmweiß. Schön geformte Blüten stehen in gleichmäßigen Abständen. Schwach duftend. Dichter, stacheliger Busch, etwas zu wenig dunkelgrüne Blätter.
db ○ Gh ⊔ D** Rar   90 × 90 cm

'Lady Roberts'
F. Cant GROSSBRITANNIEN 1902
Sport von 'Anna Olivier'
Eine Teerose in leuchtender Farbe, Apricot mit dunklerer Basis, kräftig rötlich-orange durchzogen. Dicht gefüllt, formschön. Laub dunkelgrün. Wuchs buschig.
db ⊔ Gh ○ D*** Rar   120 × 90 cm

'Maman Cochet'
Cochet FRANKREICH 1893
'Marie Van Houtte' × 'Mme Lombard'
Sehr reichblühende Rose, anfangs kugelig, sich locker öffnend, von blassem Rosa mit Schattierungen von dunklerem Rosa und mit zitronengelber Mitte. Der Busch ist starkwüchsig mit wenigen Stacheln, er trägt dunkelgrünes Laub mit einer ledrigen Maserung. Von dieser Rose gibt es eine weiße Form, und in einigen Gegenden werden die beiden verwechselt. Auch mir ist das schon passiert.
db ○ Gh ⊔ ✂ D** Rar   90 × 60 cm

'Marie Lambert' siehe 'Snowflake'

'Marie van Houtte'
Ducher FRANKREICH 1871
'Mme de Tartas' × 'Mme Falcot'
Leuchtend rosafarben, durchtränkt mit Orange und mit Rahmweiß überzogen. Duftend und sehr reichblühend. Satt grünes Laub an einer starkwüchsigen, aber etwas wuchernden Pflanze.
db ○ Gh ⊔ D*** Rar   90 × 60 cm

'Mlle Franziska Krüger', 'Grand Duc Héritier de Luxembourg'
G. Nabonnand FRANKREICH 1880
'Catherine Mermet' × 'Général Schablikine'
Dicht gefüllte Blüten ansehnlicher Größe in dunklem kupfrigem Gelb, manchmal rosafarben überhaucht, leicht grünlich, besonders im Innern.
db ○ Gh ⊔ D** ✂ Rar   90 × 60 cm

'Mme Antoine Mari'
Mari FRANKREICH 1901
Die Blüten sind duftend und schön geformt, besonders im späten Knospenstadium. Die Knospen sind rosafarben und öffnen sich in weichem Fleischrosa mit lavendelblauen Glanzlichtern. Die Pflanze ist etwas sparrig, aber dennoch gefällig und hat hell- bis mittelgrünes Laub.
r ○ Gh ⊔ D** Rar   90 × 90 cm

'Mme Bérard'
Levet FRANKREICH 1879
'Mme Falcot' × 'Gloire de Dijon'
Dicht gefüllte, schalenförmige, recht große Blüten in einer angenehmen Mischung aus leuchtendem Rosa und Gelb. Schönes mittel- bis dunkelgrünes Laub. Wuchs recht stark für eine kletternde Teerose.
db ○ ⊔ D* Rar   3,00 × 2,50 m

'Mme Berkeley'
Bernaix FRANKREICH 1899
Eine Mischung aus Lachs, Rosa, Kirschrot und Gold. Blüten, anfangs mit hoher Mitte, öffnen sich etwas unordentlich, aber gerade das ist sehr reizvoll. Eine ausgesprochen reichblühende, starkwüchsige Pflanze.
db ○ Gh ⊔ D** Rar   90 × 60 cm

'Mme Bravy', 'Adèle Pradel', 'Mme de Sertot'
Guillot Père FRANKREICH 1846
Eine der frühen Teerosen. Große, gefüllte, rahmweiße Blüten mit rosafarbenen Schattierungen. Sehr reichblühend, mit einem kräftigen Duft, angeblich nach Tee. Der Busch ist dicht und buschig.
db ○ Gh Br ⊔ ✂ D** Rar   90 × 60 cm

'Mme Jules Gravereaux'

'Mme Wagram'

'Mlle Franziska Krüger'

nur vermuten, daß ihre unsichere Winterhärte eine weitere Verbreitung verhindert hat. Schön geformte, dicht gefüllte, manchmal geviertelte Blüten in gelblichem Bernsteinton mit pfirsichfarbener Schattierung und einem Hauch von Rosa unterlegt. Duftend. Das Laub ist saftig und dunkelgrün und das Holz dunkel. Das schönste Exemplar, das ich kenne, steht in Mottisfont Abbey in Hampshire/England.
r ☼ Gh ⚔ D*** Rar   2,50 × 1,80 m

'Mme de Tartas'

Bernède FRANKREICH 1859

Bedeutende Rose, die in viktorianischer Zeit gern zur Züchtung verwendet wurde. Blüten sind groß, voll und schalenförmig, zartrosafarben und duftend. Der Busch ist ziemlich wuchernd, aber reizend. Laub dunkelgrün und ledrig. Eine der wenigen Teerosen, die wahrscheinlich besser im Freien als im Gewächshaus gedeihen.
db ☼ a ⬜ D** Rar   90 × 90 cm

'Mme de Watteville'

Guillot Fils FRANKREICH 1883

Eine dichte, mittelhohe Pflanze mit zahlreichen kleinen, dunkelgrünen Blättern und einigen Stacheln. Die Blüten sind schön geformt, dicht gefüllt, von weichem Gelb mit Rosaschattierungen an den Rändern.
db ☼ ⬜ D* Rar   90 × 90 cm

'Mme Joseph Schwartz'

J. Schwartz FRANKREICH 1880

Ein weißer Sport von 'Duchesse de Brabant'.
db ☼ Gh ⬜ D*** ⚔ D*** Rar   90 × 90 cm

'Mme Jules Gravereaux'

Soupert et Notting LUXEMBURG 1901

Ich mag diese gefällige Kletterrose sehr gern und kann

'Mme Lombard'

Lacharme FRANKREICH 1878

Sämling von 'Mme de Tartas'
Blüten voll, dicht gefüllt, Lachston mit dunklerer Mitte, duftend. Busch starkwüchsig mit dunkelgrünem Laub. Wie 'Mme de Tartas', mit Ausnahme der Farbe.
db ☼ ⬜ D** Rar   90 × 90 cm

'Mme Wagram', 'Comtesse de Turin'

Bernaix FRANKREICH 1895

Große Blütenblätter, dunkelrosafarben mit gelber Basis, bilden dicht gefüllte, kugelige Blüten, die reichlich an einem gesunden Busch mit dunkelgrünem Laub erscheinen.
db Gh ⬜ D* Rar   90 × 90 cm

'Mons. Tillier'

Bernaix FRANKREICH 1891

Gute, aber wenig bekannte Rose mit schönerem Laub als man es bei den meisten anderen Teerosen findet. Große, locker gefüllte Blüten, blutrot mit violetten Klecksen erscheinen reichlich an einem starkwüchsigen Busch. Wuchs ziemlich hoch und locker. Die Rose, die in den USA unter diesem Namen verkauft wird, ist diejenige, die in Großbritannien als 'Archiduc Joseph' verkauft wird.
db Gh ⬜ D* Rar   120 × 90 cm

CHINENSIS • 387

'Maman Cochet' (oben), 'Papa Gontier' (unten)

'Mrs B. R. Cant'

B. R. Cant GROSSBRITANNIEN 1901

Zartrosafarben mit dunklerer Basis und bernsteinfarbenem Unterton. Rückseite der Blütenblätter dunkler. Gut duftend. Blüte schalenförmig bis sie ganz geöffnet ist. Laub mittel- bis dunkelgrün, ledrig. Wuchs stark, verzweigt und buschig.

db ☼ Gh ☐ D** ✂ Rar   120 × 90 cm

'Mrs Campbell Hall'

Hall, eingeführt von Dickson
GROSSBRITANNIEN 1914

Ziemlich große, lachsfarbene Blüten, in der Mitte dunkler, an den Rändern rahmweiß, öffnen sich voll und etwas locker aus Knospen mit hoher Mitte. Dunkles, ledriges Laub.

db ☼ Gh ☐ D* Rar   120 × 90 cm

'Mrs Dudley Cross'

W. Paul GROSSBRITANNIEN 1907

Dicht gefüllte Blüten in zartem Gelb, das mit der Zeit nachdunkelt, besonders bei voller Sonne: Es wird dann zunächst rosafarben durchzogen und schließlich karminrot. Leicht duftend. Dunkelgrünes Laub an fast stachellosen Trieben. Wuchs stark, offen und buschig. Anscheinend recht winterhart.

db ☐ ☼ Gh D* Rar   120 × 90 cm

'Mrs Foley Hobbs'

Dickson GROSSBRITANNIEN 1910

Dicht gefüllte, cremeweiße Blüten von wunderschöner Beschaffenheit, Ränder der Blütenblätter zartrosa farbengetönt. Laub mittel- bis dunkelgrün. Neuaustrieb rötlich. Starkwüchsig. Aufrecht. Buschig.

db ☼ Gh ☐ D** ✂ Rar   120 × 90 cm

'Niphetos'

Buschform: Bougère FRANKREICH 1843
Kletterform: Keynes, Williams & Co.
GROSSBRITANNIEN 1889

Wurde bis Anfang des 20. Jahrhunderts in großem Umfang von Floristen verwendet. Reizende, rahmweiße Knospen öffnen sich reinweiß mit spitzen Blütenblättern, die eine etwas unordentliche, sternähnliche Form bilden. Das Laub ist unter Glas hellgrün, im Freiland dunkler. Wächst stark als Kletterrose, aber nur unter Glas erhält man die schönsten Blüten. (Abbildung Seite 70)

R ☼ Gh ☐ D*** Rar   Buschform: 120 × 90 cm
Kletterform: 3,00 × 1,80 m

'Noella Nabonnand' Climbing

G. Nabonnand FRANKREICH 1901
'Reine Marie Henriette' × 'Bardou Job'

Nicht häufig zu sehen, da sie nur selten remontiert und im Ruf steht, nicht winterhart zu sein. Trotzdem eine gute Sorte. Kugelige Knospen mit hoher Mitte öffnen sich zu großen, duftigen Blüten von samtigem Karminrot. Laub mittelgrün und recht gesund.

S Gh a D*** Rar   3,00 × 1,80 m

'Papa Gontier'

G. Nabonnand FRANKREICH 1883

Wurde anfangs in großem Umfang als Treibrose gezogen. Die Blüten sind sattrosafarben, fast rot, manchmal leicht gefleckt, mit dunklerer Rückseite, halbgefüllt und schwach duftend. Wuchs ziemlich verzweigt. Mir würde sie besser gefallen, wenn sie mehr von ihrem dunkelgrünen, glänzenden Laub hätte.

db ☼ Gh ☐ ✂ D* Rar   90 × 60 cm

'Parks' Yellow Tea-scented China',
R. × odorata ochroleuca

CHINA 1824

Gilt als die ursprüngliche Teerose. Ich glaube, daß ich diese Rose habe, kann mich aber nicht mehr erinnern, woher und von wem. Vielleicht findet sich ein Leser und hilft meinem Gedächtnis nach. Es ist eine sparrig wachsende Kletterrose mit ziemlich großen, gefüllten, schalenförmigen Blüten von weichem Schwefel-

'Perle des Jardins' (oben), 'Rosette Delizy' (unten)

'Safrano'

gelb, ungewöhnlich duftend. Allerdings konnte ich bisher keinerlei Ähnlichkeit mit dem Duft von Tee feststellen. Die Blätter sind zwar groß, aber dennoch typisch für eine China- oder Teerose. Sie hat nur wenig Stacheln. (Abbildung Seite 18)

r ○ Gh ▽ D** Rar 1,80 × 1,20 m

'Perle des Jardins'

F. Levet FRANKREICH 1874

Sämling von 'Mme Falcot'

Eine duftende Rose mit vielen Blütenblättern, die sich oftmals geviertelt öffnet, schwefelgelb bis bernsteinfarben. Eine kräftige, gedrungene Pflanze. Ist anscheinend im Freien recht winterhart. In kalten Gegenden – oder wo es viel regnet – pflanzt man sie aber besser unter Glas, da sich die Blüten bei solchen Bedingungen nicht öffnen.

db Gh ▽ ○ D*** Rar 90 × 60 cm

'Rival de Paestum'

W. Paul GROSSBRITANNIEN 1848

Dicht gefüllte Blüten, elfenbeinweiß mit rosafarbenen Schattierungen, vor allem im Knospenstadium. Duftend. Der Busch ist schön mit dunkelgrünen Blättern belaubt. Wuchs verzweigt.

db Gh ▽ D** Rar 90 × 60 cm

'Rosette Delizy'

P. Nabonnand FRANKREICH 1922

'Général Galliéni' × 'Comtesse Bardi'

Gefällige Mischung aus Dunkelrosa, Bernstein und Apricot mit dunklerer Färbung an der Außenseite der Blütenblätter. Der Busch ist verzweigt, aber immer noch hübsch im Wuchs und trägt schönes Laub.

db ○ Gh ▽ ✂ D* Rar 90 × 60 cm

'Rubens'

Robert und Moreau FRANKREICH 1859

Große, lockere Blüten, dicht gefüllt, in einer Mischung verschiedener Rosatöne mit etwas Gelb tief im Innern, werden reichlich hervorgebracht. Laub mittelgrün, matt glänzend. Wuchs buschig.

db ○ Gh ▽ D* ✂ Rar 90 × 90 cm

'Safrano'

Beauregard FRANKREICH 1839

Diese Rose, eine der ältesten unter den Teerosen, ist immer noch lohnend, vor allem bei Anpflanzung in Gruppen oder in Töpfen. Mag keinen freien Standort. Blüht sehr reich, jede Blüte ist dicht gefüllt, sich flach aus Knospen mit hoher Mitte öffnend, bernstein- und apricotrosafarben mit schwefelgelber Basis. Üppiges mittelgrünes Laub.

db ○ Gh ▽ D** Rar 90 × 60 cm

'Snowflake', 'Marie Lambert', 'White Hermosa'

E. Lambert FRANKREICH 1866

Sport of 'Mme Bravy'

Reinweiß, makellos bei schönem Wetter. Groß und dicht gefüllt. Außerordentlich reichblühend und gut duftend. Wuchs dicht und buschig. Laub mittelgrün, reichlich.

db ○ Gh ▽ D*** ✂ Rar 90 × 60 cm

Climbing 'Sombreuil'

'Solfaterre', 'Solfatare'

Boyau FRANCE 1843
Sämling von 'Lamarque'
Eine wunderschöne große, gefüllte Rose von blassem Schwefelgelb. Sie braucht liebevolle Fürsorge und einen warmen, geschützten Standort oder ein Gewächshaus, kann dann aber sehr lohnend sein.
r ○ ▽ D** Rar 3,00 × 2,50 m

Climbing 'Sombreuil'

Robert FRANKREICH 1850
Eine dicht gefüllte, flache Blüte, reinweiß mit einer Andeutung von Rahmweiß an der Basis, lieblich duftend. Eine wunderschöne Rose. Bei liebevoller Pflege ist sie ausgesprochen lohnend. Mit ihrem üppigen, saftiggrünen Laub bildet sie einen dichten Busch oder, auf einer Stütze, eine kleine Kletterrose.
r Gh ✂ D*** Rar 2,50 × 1,50 m

'Souvenir d'Elise Vardon'

Marest FRANKREICH 1855
Eine schön geformte, duftende, rahmweiße Rose, von Kupfergelb überzogen. Das Laub ist ledrig und glänzend. Ziemlich frostempfindlich.
db ○ Gh ▽ D* Rar 90 × 60 cm

'Souvenir de Mme Léonie Viennot' Climbing

Bernaix FRANKREICH 1897
Duftende, schön geformte Blüten. Eine Mischung aus Blaßgelb mit verschiedenen kupfer-orangefarbenen Tönen, manchmal rosafarben geädert. Eine sehr gute Kletterrose. Meine Pflanze erhielt ich über Keith Money, dessen Mutter sie ihm aus Neuseeland schickte, eingewickelt in Plastik in einer Bleistiftschachtel.
r ○ Gh ● D*** Rar 3,50 × 2,50 m

'Souvenir d'un Ami'

Bélot-Defougère FRANKREICH 1846
Schalenförmige, dicht gefüllte Blüten, dunkelrosafarben, schattiert mit noch dunklerem Rosa und Lachs. Intensiv duftend. Sattgrünes Laub an einer starkwüchsigen, sich verzweigenden Pflanze.
r a Gh D*** Rar 2,50 × 1,20 m

'The Bride'

May USA 1885
Sport von 'Catherine Mermet'
Reinweiß mit nur einem Hauch von Rosa an den Rändern der Blütenblätter. William Paul nannte sie »in jeder Hinsicht eine erstklassige Rose«. Recht starkwüchsig. Hübsches Laub.
db Gh ▽ ✂ D*** Rar 120 × 90 cm

'The Bride' (oben), 'Tipsy Imperial Concubine' (unten)

'Triomphe de Luxembourg'

'William R. Smith'

'Tipsy Imperial Concubine'

eingeführt von Beales GROSSBRITANNIEN 1982

Große gefüllte Blüten in zartem Rosa, ganz leicht überzogen mit gelben und roten Tönen. Sehr reichblühend. Aus China, ist wahrscheinlich eine alte chinesische Gartensorte. Entdeckt von Hazel le Rougetel.

db ☼ Gh ▽ D* Rar   60 × 60 cm

'Triomphe de Luxembourg'

Hardy FRANKREICH 1839

Dicht gefüllte Blüten. Lachsrosa- bis rosabernsteinfarben. Laub dunkelgrün. Ich habe das Einführungsjahr nach einem alten Katalog aus dem Jahre 1839 bestimmt. Ihr Preis betrug darin 7½ Schillinge pro Stück – damals wohl der Wochenlohn eines Gärtners.

db Gh ▽ D** Rar   90 × 60 cm

'William R. Smith', 'Charles Dingee', 'Blush Maman Cochet', 'President William Smith', 'Jeanette Heller'

Bagg USA 1909

Die Blüten sind rahmweiß mit einem Hauch von Rosa und mit einem Bernstein- und Goldton an der Basis, duftig, wenn sie ganz geöffnet ist. Die Pflanze hat einen ordentlichen Wuchs.

db Gh ▽ ⊰ D** Rar   90 × 60 cm

Bermuda-Rosen

Wie in einem früheren Kapitel erwähnt (Seiten 19–20), hat die Rosengesellschaft von Bermuda seit ihrer Gründung im Jahre 1954 diese Rosen gerettet und zusammengetragen, viele davon sind sehr alt. Die meisten wurden wahrscheinlich von Siedlern mitgebracht oder im 19. Jahrhundert aus dem Ausland bezogen. Es handelt sich um eine kleine, aber bedeutende Gruppe, die es anscheinend nur auf Bermuda gibt. Einige davon sind ohne Zweifel Sorten, die es auf der übrigen Welt nicht mehr gibt und die im Lauf der Zeit ihre ursprünglichen Eigenschaften verloren haben. Andere sind einfach klimabedingte Varianten von Sorten, die wir bereits kennen, aber genügend unterschiedlich, um sich einer eindeutigen Bestimmung zu widersetzen. Ein Hinweis auf ihr Alter ergibt sich daraus, daß die meisten mit den Teerosen oder den China-Rosen verwandt sind. Mit Sicherheit würden sie in kälteren Klimazonen um ihr Überleben kämpfen müssen, aber als nun eigenständige Sorten verdienen sie es durchaus, in anderen Teilen der Welt wiedereingeführt zu werden. Auf Bermuda sind sie jedenfalls zunächst sicher aufgehoben, denn sie werden dort nicht nur in großem Umfang in Privatgärten kultiviert; vielmehr wurde eine vollständige Sammlung, zusammen mit anderen geretteten Rosen, deren Namen wir kennen, in einen neu angelegten Rosengarten gepflanzt. Der Garten gehört zum historischen Camden House auf dem Gelände der ehemaligen Residenz des Präsidenten.

Obwohl ich inzwischen einige dieser faszinierenden Rosen kennengelernt habe, bin ich nicht so überheblich, sie beschreiben zu wollen, deshalb freue ich mich, daß Lorna Mercer, ehemals Präsidentin der Bermuda Rose Society, das für mich übernommen hat. Die Fotos in diesem Abschnitt stammen von dem verstorbenen Bill Mercer.

GEHEIMNISVOLLE ROSEN IN BERMUDA
von Lorna Mercer

Die geheimnisvollen Rosen in Bermuda sind diejenigen, deren ursprünglicher Name oder deren Herkunft unbekannt ist, die hier aber seit vielen Jahren wachsen. Die meisten erhielten den Namen nach ihrem Fundort, manchmal auch nach dem Namen des Gartenbesitzers. Die geheimnisvollen Rosen, bei denen es sich ausschließlich um Alte Gartenrosen handelt, sind nun auch zu den Rosenwettbewerben der Bermuda Rose Society und zu der jährlichen Landwirtschaftsausstellung zugelassen. 1987 hat Peter Beales erstmals einen Preis für die Bermuda Rose Society gestiftet, und dieser wird den geheimnisvollen Rosen nun jährlich verliehen.

KEINE KLASSIFIKATION

'Brightside Cream'

'Miss Atwood'

'Brightside Cream'

Vermutlich eine Noisette-Rose. Große, starkwüchsige Kletterrose mit gefüllten, cremefarbenen Blüten. Blütendurchmesser etwa 8 cm. Intensiv duftend. Laub mittelgrün. Blüht das ganze Jahr hindurch. Der Name 'Brightside' geht auf den Besitz eines ehemaligen Präsidenten der Bermuda Rose Society zurück.

db Gh D*** ○ Rar   3,50 × 2,50 m

'Carnation'

Gefüllte Blüten in dunklem Rosa mit einem Anflug von Mauve. Die Ränder der Blütenblätter sind gefranst. Sehr nelkenähnlich! (englisch: *carnation* = Nelke). Diese Rose läßt ihre Blütenköpfe gern hängen. Das Laub ist dunkelgrün.

db Gh ▽ ○ Rar   90 × 90 cm

'Maitland White'

Große gefüllte Blüten mit einem Hauch von Rosa nahe der Blütenmitte. Hoher, stockähnlicher Busch mit mittelgrünem Laub. Gut duftend. Wurde vor ein paar Jahren im Garten von Mr. Maitland gefunden.

db Gh ▽ ○ D*** Rar   1,80 × 1,20 m

'Miss Atwood'

Dieser große Strauch hat gefüllte, apricotfarbene Blüten. Sie sind ganz geöffnet ziemlich unordentlich, duften aber herrlich. Mittelgrünes Laub und große Hagebutten. Diese Rose wurde im Garten eines sehr alten Hauses gefunden, das Miss Atwood gehörte und inzwischen abgerissen wurde.

db Gh ▽ D*** Rar   1,80 × 1,20 m

'Pacific'

Wird oft als Remontantrose eingeordnet. Nach der Legende von Bermuda wurde sie vor über 100 Jahren von einem Kapitän Nelmes nach Bermuda gebracht. Er hatte sie als Dankeschön erhalten, als er mit seinem Segelschiff im Pazifischen Ozean einem französischen Schiff mit Wasser ausgeholfen hatte. Blüten dicht gefüllt, dunkelrosafarben oder rot. Laub mittelgrün. Ein schütterer Busch, der nie sehr hoch wird. Captain Nelmes war der Urgroßvater des Gründungspräsidenten der Bermuda Rose Society.

db Gh ▽ ○ Rar   90 × 90 cm

'Smith's Parish'

Großer Strauch mit sehr hellgrünem Laub. Die Blüten sind halbgefüllt – manchmal reinweiß, manchmal mit einem oder mehreren roten Streifen. Gelegentlich zeigt sich eine ganz rote Blüte. Sehr hellgelbe Staubgefäße. Wurde in Smith's Parish gefunden, daher der Name.

db Gh ▽ Rar   1,80 × 1,50 m

'Spice'

Hell dunkelrosafarben, halbgefüllt mit lockeren Blütenblättern im Innern. Kleines, mittelgrünes Laub an einem niedrigen Strauch – wird höchstens 1,20 m hoch. Der Name wurde gewählt wegen ihres intensiven würzigen Dufts (englisch: *spice* = Gewürz). Sie wächst seit sehr langer Zeit in Bermuda, und es wird vermutet, daß es sich um 'Hume's Blush Tea-scented China' handeln könnte.

db Gh ▽ D*** ○ ✂ Rar   120 × 90 cm

'Trinity'

Reinweiße, halbgefüllte Blüten, Knospen mit einem Hauch von Rosa. Dunkelgrünes, glänzendes Laub. Der Strauch wird etwa 1,50 m hoch. Diese geheimnisvolle Rose wurde auf dem Friedhof von Holy Trinity Church gefunden.

db Gh ▢ ○ Rar   1,50 × 1,20 m

'Vincent Godsiff'

Ein Rose mit einfachen Blüten in dunklem Rosa. Dunkelgrünes Laub. Ein niedriger, schütterer Strauch. Vermutlich ein Sämling.

db Gh ▢ ○ Rar   90 × 90 cm

Auch eine große Anzahl von Teerosen gedeiht sehr gut im Klima von Bermuda. Die Pflanzen sind im Lauf der Jahre groß und kräftig geworden, z. B. 'Duchesse de Brabant', 'Mme Lombard', 'Dr. Grill', 'Maman Cochet' und 'White Maman Cochet', 'Niles Cochet', 'Papa Gontier', 'Rosette Delizy', 'Mme Berkeley', 'Général Schablikine', 'William R. Smith', 'Baronne Henriette de Snoy' und 'Homère'.

'Smith's Parish'

Remontant-Rosen

Die Remontant-Rosen (englisch: Hybrid Perpetuals) kamen in den 1830er Jahren auf. Sie entstanden durch eine sehr komplexe Verbindung, in der Portland-Rosen, Bourbon-Rosen, Noisette-Rosen und später auch Teerosen eine Rolle spielten.

Nur wenige waren wirklich dauerblühend (englisch: perpetual), die meisten aber remontierten zu einem gewissen Grad. Nach einigen Jahren der Ungewißheit, ob sie sich durchsetzen würden, wurden sie eine der bedeutendsten Gruppen der Gartenrosen.

Während der gesamten viktorianischen Zeit waren sie führend als Rosen für Ausstellungen, und da Blumenausstellungen in Mode kamen, waren die Züchter angehalten, Rosen mit immer größeren und schöner geformten Blüten zu entwickeln. Trotz dieser Ausrichtung auf die Größe der Blüte erwiesen sich einige von ihnen als sehr gute Gartenrosen und haben sich bis heute als solche bewährt, als wahre Aristokraten einer bedeutenden Epoche in der Entwicklung der Rose.

KLASSIFIKATION

BARB Klasse 25
MR10 Klasse 38
WFRS Klasse 4

'Alfred Colomb'

Lacharme FRANKREICH 1865

'Général Jacqueminot' × unbekannt

Eine große, volle Rose, im späten Knospenstadium rund und mit hoher Mitte, ziegelrot mit Flecken von dunklem Rosa und Karmin. Etwas gewöhnlich, aber trotzdem ansprechend. Gefälliger Wuchs und üppiges Laub.

r a ▽ ✂ Rar   120 × 90 cm

'American Beauty', 'Mme Ferdinand Jamin'

Lédéchaux FRANKREICH 1875

Ursprünglich als Treibrose eingeführt, erwies sie sich bald als ideal zum Binden von Sträußen. Eignet sich auch gut für den Garten. Karminrote Blüten mit hoher Mitte, ziemlich modern im Aussehen. Möglicherweise war der Busch seiner Zeit voraus; er sieht ganz aus wie eine Teehybride.

r Gh ▽ ✂ D**   90 × 90 cm

'Anna de Diesbach', 'Gloire de Paris'

Lacharme FRANKREICH 1858

'La Reine' × Sämling

Eine schlanke Rose mit vielen duftenden Blüten von sattem, dunklem Rosa mit dunkleren Schattierungen. Anfangs recht groß und schalenförmig, später sich ziemlich flach öffnend. Der Busch ist groß, etwas plump, aber schön belaubt.

r ▽ D**   120 × 90 cm

'Archiduchesse Elizabeth d'Autriche'

Moreau-Robert FRANKREICH 1881

Dicht gefüllte Blüten von weichem Dunkelrosa öffnen sich flach. Meiner Erfahrung nach neigt die Pflanze zum Wuchern, ist aber sehr wirkungsvoll, wenn man sie jedes Jahr kräftig zurückschneidet. Ganz offensichtlich liebt sie volle Sonne.

r ☼ D* Rar   1,50 × 1,20 m

'Ardoisée de Lyon'

Damaizin FRANKREICH 1858

Herrliche, dicht gefüllte, geviertelte Blüten in sattem Kirschrot mit violetten und purpurnen Schattierungen an kräftigen Stielen, sie verströmen einen intensiven Duft. Reichlich graugrünes Laub an einer kompakten Pflanze von ordentlichem Wuchs mit zahlreichen Stacheln. Wenig bekannt, aber eine großartige Rose.

r ▽ D** Rar   120 × 90 cm

'Alfred Colomb'

'Baroness Rothschild'

'Ards Rover'

Dickson GROSSBRITANNIEN 1898

Ausgezeichnete Alte Rose für Säulen. Schön geformte, karminrote Blüten öffnen sich locker, intensiv duftend. Sie verdient ihren Platz in jedem modernen Garten, zumal es so wenige gute dunkelrote Kletterrosen gibt. Von mittlerer Größe, eignet sie sich hervorragend sowohl als Kletterrose für die Wand als auch für Säulen. Das Laub ist saftig und dunkelgrün. Man muß am Beginn der Saison auf Mehltau achten, damit sie ihr Bestes geben kann.

r ✂ D*** Mt Rar   3,00 × 1,80 m

'Arrillaga'

Schoener USA 1929

(*R. centifolia* × 'Mrs John Laing') × 'Frau Karl Druschki'

Große, gefüllte Blüten in stark leuchtendem Rosa mit einem Hauch von Gold an der Basis an kräftigen Stielen werden reichlich hervorgebracht. Schönes mittelgrünes Laub.

r a H ▽ ✂ D*** Rar   1,50 × 1,20 m

'Baron de Bonstetten'

Liabaud FRANKREICH 1871

'Général Jacqueminot' × 'Géant des Batailles'

Dicht gefüllt, tief dunkelrot und intensiv duftend. Kräftiger, aufrechter Wuchs, ziemlich stachelig und mittel- bis dunkelgrünes Laub.

r ▽ D*** Rar   120 × 90 cm

'Baroness Rothschild', 'Baronne Adolphe de Rothschild'

Sport von 'Souvenir de la Reine d'Angleterre'

Eine hervorragende Sorte innerhalb dieser Gruppe. Große, volle Blüten, die auch leicht schalenförmig bleiben, wenn sie ganz geöffnet sind, stehen aufrecht an kräftigen Trieben. Die Blütenblätter sind von weichem bis klarem Dunkelrosa und haben eine weiche, seidige Beschaffenheit. Der Busch ist gut bedeckt mit großen, graugrünen Blättern.

Anmerkung: Die Angabe »intensiv duftend« in der ersten Auflage dieses Buches war falsch, einige Nasen können gar keinen Duft wahrnehmen, meine aber tut's.

r a H Br ▽ ✂ D* Rar   120 × 90 cm

'Baron Girod de l'Ain'

Reverchon FRANKREICH 1897

Sport von 'Eugène Fürst'

Sehr beliebt seit ihrer Einführung und verdient ihren Platz in jedem Garten. Die dicht gefüllten Blüten sind leuchtend karminrot. Sie öffnen sich schalenförmig, wobei die Ränder der Blütenblätter ziemlich unordentlich aussehen; dieser Eindruck wird durch die weiße Säumung der Blütenblätter noch verstärkt. Als Strauch ist sie ziemlich schwachwüchsig, aber dicht mit festen, kräftigen Stacheln und ledrigen, dunkelgrünen Blättern besetzt.

r a D** Mt Rar   120 × 90 cm

'Baronne Prévost'

Desprez FRANKREICH 1842

Duftende Blüten von dunklem Rosa öffnen sich flach und gefüllt aus kugeligen Knospen. Eine verläßliche Sorte von beträchtlicher Lebensdauer. Viele Exemplare wachsen noch in Bauerngärten; sie haben ihren Höhepunkt aber schon lange überlebt. Etwas derb im Wuchs und ziemlich stachelig, trotzdem eine sehr gute Strauchrose.

r a D*** Rar   1,50 × 1,20 m

'Baronne Prévost'

'Black Prince'
W. Paul GROSSBRITANNIEN 1866
Starkwüchsige Sorte mit hübschem Laub, allerdings ziemlich anfällig für Mehltau. Die großen, schalenförmigen Blüten öffnen sich aus schön geformten Knospen zu sattem, dunklem Karminrot bis fast Schwarz. Duftend.
r D*** Mt Rar   150 × 90 cm

'Candeur Lyonnaise'
Croibier FRANKREICH 1914
Sämling von 'Frau Karl Druschki'
Große, dicht gefüllte Blüten öffnen sich aus formschönen, spitzen Knospen. Zartgelb bis reinweiß. Starkwüchsig mit recht großem, mittelgrünem Laub.
r a H ▽ Rar   1,50 × 1,20 m

'Captain Hayward' Climbing
Buschform: Bennett GROSSBRITANNIEN 1893
Sämling von 'Triomphe de l'Expédition'
Kletterform: W. Paul GROSSBRITANNIEN 1906
Eine hochwachsende Rose, die als Strauch eine Stütze braucht. Eignet sich besonders gut für Säulen, weil dann ihre gesunde Art so richtig zur Geltung kommt. Bis sie ganz geöffnet sind, sind die großen, rosafarbenen bis karminroten Blüten schalenförmig, danach werden sie sehr duftig. Remontiert nicht immer. Sie hat große und recht attraktive Hagebutten, deshalb sollten die verwelkten Blüten möglichst nicht abgeschnitten werden.
r a Hb D*** Rar   2,50 × 1,20 m

'Champion of the World', 'Mrs de Graw'
Woodhouse GROSSBRITANNIEN 1894
'Hermosa' × 'Magna Charta'
Ein anmaßender Name, der sich auf die Größe der dunkelrosafarbenen Blüten bezieht. Ein Busch mittlerer Größe, wuchernd, mit dunkelgrünen Blättern.
r a ▽ D** Rar   120 × 90 cm

'Charles Lefèbvre'

'Charles Gater'
W. Paul GROSBRITANNIEN 1893
Eine aufrecht wachsende Pflanze, die in das kleinste Eckchen gezwängt werden kann. Die Blüten sind von klarem, leuchtendem Rot und kugelig bis zum Ende. Duftend. Hübsches, kräftiges Laub und ziemlich stachelig. Nach der ersten Blüte ziemlich anfällig für Mehltau.
r ▽ Mt D*** Rar   120 × 60 cm

'Charles Lefèbvre'
Lacharme FRANKREICH 1861
'Général Jacqueminot' × 'Victor Verdier'
Sehr große Blüten mit vielen Blütenblättern, satt karminrot mit kastanienbraunen Schattierungen und hoher Mitte, öffnen sich schalenförmig und stehen an einem kräftigen, festen Stengel. Ausreichend dunkelgrünes Laub.
r ▽ ✂ D*** Rar   120 × 90 cm

'Clio'
W. Paul GROSSBRITANNIEN 1894
Büschel dicht gefüllter, anfangs schalenförmiger, duftender Blüten von weichem Silberrosa an kräftigen, fast überhängenden Trieben. Sattes, ledriges Laub an einer etwas wuchernden Pflanze mit vielen Stacheln.
r D*** Rar   1,20 × 1,20 m

'Comtesse Cécile de Chabrillant'
Marest FRANKREICH 1858
Die schön geformten, vollen und kugeligen Blüten in klarem Rosa sind intensiv duftend. Sie werden von

kräftigen Blütenstengeln gehalten. Die Rose ist sehr reichblühend, weshalb sie sich ausgezeichnet für den Garten eignet.

r ▽ D*** Rar 1,20 × 1,20 m

'Countess of Oxford', 'Comtesse d'Oxford'

Guillot Père FRANKREICH 1869

William Paul hat sich sehr lobend über diese Rose geäußert. Gefüllte, kugelige Blüten öffnen sich schalenförmig, satt karminrot und duftend. Eine starkwüchsige, gefällige Pflanze mit üppigem Laub.

r a ▽ D*** Rar 120 × 90 cm

'Crown Prince'

W. Paul GROSSBRITANNIEN 1880

Eine reichblühende, dicht gefüllte Rose von Purpur und Rot. Gefällig und kompakt im Wuchs mit dunkelgrünem Laub.

r ▽ D** Rar 90 × 90 cm

'Dembrowski'

Vibert FRANKREICH 1849

Sehr schön geformte, dicht gefüllte Blüten von rötlichem Purpur an einer kräftigen, mittelgroß wachsenden Pflanze mit mittelgrünem Laub.

db D** Rar 120 × 90 cm

'Dr. Andry'

E. Verdier FRANKREICH 1864

Dicht gefüllte Blüten von stark leuchtendem Rot mit zur Mitte hin dunkleren Schattierungen. Nur schwach duftend. Dunkelgrünes Laub, kräftiger Wuchs.

r ▽ D* Rar 120 × 90 cm

'Duke of Edinburgh'

Paul GROSSBRITANNIEN 1868

'Général Jacqueminot' × unbekannt

Schwierig zu kultivieren, außer in den allerbesten Böden, dann allerdings kann sie sehr lohnend sein. Ziemlich niedrig und sich etwas ausbreitend im Wuchs. Bringt lieblich duftende, halbgefüllte Blüten von leuchtendem Scharlach- bis Karminrot hervor.

r ▽ D*** Rar 60 × 60 cm

'Duke of Wellington'

Granger FRANKREICH 1874

Ein überraschender Name für eine in Frankreich gezüchtete Rose. Große, schön geformte Blüten mit hoher Mitte, dunkel karminrot, mögen keine starke Sonneneinstrahlung (verfärbt die äußeren Blütenblätter fast schwarz). Aufrecht im Wuchs. Dicke, kräftige, stachelige Triebe mit dunklem Laub.

r ▽ D*** Rar 120 × 90 cm

'Dr Andry'

'Duke of Edinburgh' (oben), 'Dupuy Jamain' (unten)

'Dupuy Jamain'

Jamain FRANKREICH 1868

Abstammung unbekannt

Diese Sorte ist eine meiner liebsten Remontant-Rosen. Große, volle, kirschrote Blüten stehen auf kräftigen Stielen und haben einen angenehmen, intensiven Duft. Der Strauch ist gesund und hat viele saftige, graugrüne Blätter. Verhältnismäßig frei von Stacheln. Wuchs aufrecht.

r a ▽ ✂ D** Rar   120 × 90 cm

'Éclair'

Lacharme FRANKREICH 1833

'Général Jacqueminot' × unbekannt

Angenehm duftende, tief dunkelrote, fast schwarze Blüten öffnen sich flach und rosettenförmig. Nicht leicht zu kultivieren, dankt aber eine besonders liebevolle Zuwendung. Aufrecht im Wuchs. Man kann vielleicht das etwas spärliche Laub bemängeln. Ähnelt in der Art einer Portland-Rose. Ich verdanke diese Rose Margaret Wray aus Langport, nahe Taunton. Eine wertvolle Wiederentdeckung.

r ▽ ✂ D*** Rar   120 × 90 cm

'Elisa Boelle'

Guillot Père FRANKREICH 1869

Eine starkwüchsige Rose mit schön geformten, schalenförmigen, duftenden, zartrosafarbenen Blüten, die inneren Blütenblätter sind nach innen gebogen. Viel Laub an einer gefälligen, eleganten Pflanze.

r ▽ D** Rar   120 × 90 cm

'Empereur du Maroc', 'Emperor of Morocco'

Guinoisseau FRANKREICH 1858

Sämling von 'Géant des Batailles'

Dicht gefüllte Blüten öffnen sich flach, dunkel karminrot, mit einer Spur von Kastanienbraun. Eine großartige Rose, wenn das Wetter günstig ist. Blüten erscheinen in großen Büscheln, die manchmal zu schwer sind, um von den stacheligen Zweigen gehalten zu werden. Durch starken Rückschnitt über mehrere Jahre hinweg kann man den Mangel korrigieren. Vorsorge gegen Sternrußtau und Mehltau ist erforderlich.

r D*** Srt Mt Rar   120 × 90 cm.

'Enfant de France'

'Enfant de France'

Lartay FRANKREICH 1860

Seit einer Reihe von Jahren vermehre ich die unter diesem Namen beschriebene Rose. Ich bin mir nicht ganz sicher, ob der Name richtig ist, aber sie paßt zu den Beschreibungen, die ich in alten Büchern und Katalogen gefunden habe. Wie auch immer ihr wirklicher Name ist – eine solch schöne Rose sollte nicht unerwähnt bleiben. Die dicht gefüllten Blüten, die manchmal geviertelt sind, sind seidig-rosa und herrlich duftend. Der Wuchs ist aufrecht, das Laub reichlich. Ziemlich nach Art der Portland-Rosen.

r Gh a ▽ D*** Rar   90 × 60 cm

'Eugène Fürst'

Soupert et Notting LUXEMBURG 1875

'Baron de Bonstetten' × unbekannt

Ziemlich große, schalenförmige Blüten, karminrot bis purpurfarben, an den Rändern zerfranst, intensiv duftend. Der Busch ist aufrecht im Wuchs, die Blüten erscheinen an kräftigen Stengeln inmitten von hübschem, dunkelgrünem Laub.

r ▽ Mt D*** Rar   120 × 90 cm

'Everest'

Easlea GROSSBRITANNIEN 1927

'Candeur Lyonnaise' × 'Mme Caristie Martel'

Eine der letzten Remontant-Rosen, die eingeführt wurden, und eine der schönsten. Sehr groß, hochgebaut, cremeweiß. Laub hellgrün. Wuchs niedrig, bildet eine breite, buschige Pflanze.

r a H ▽ ✂ D*** Rar   90 × 90 cm

'Ferdinand de Lesseps'

Verdier FRANKREICH 1869

Eine interessante Rose mit schön geformten Blüten von einem Lavendelblau, das mit Purpur und Magenta schattiert ist. Sie öffnen sich flach mit vielen Blütenblättern in der Art einer Zentifolie. Ein dichter und starkwüchsiger Busch.

r D*** Rar   120 × 90 cm

'Ferdinand Pichard'

Tanne FRANKREICH 1921

Blüten von sattem Karminrot, das stark mit Weiß durchbrochen und gestreift ist, öffnen sich groß und schalenförmig mit ausgeprägtem Duft. Sie harmonieren gut mit dem sattgrünen Laub und erscheinen an einem starkwüchsigen, gesunden Strauch. Eine der besten gestreiften Rosen, die heute erhältlich sind.

r a H D*** Rar   1,50 × 1,20 m

'Ferdinand Pichard'

'Fisher Holmes', 'Fisher and Holmes'
Verdier   FRANKREICH 1865
Sämling von 'Maurice Bernardin'
Schön geformte, gefüllte Blüten entwickeln sich aus wohlgestalteten, spitzen Knospen. Schattierungen von Scharlach- und Karminrot. Duftend. Der mittelgroße Busch ist nicht sehr starkwüchsig und hat hübsches Laub. Ziemlich anfällig für Krankheiten, vielleicht die Folge übermäßiger Vermehrung.
db ⛃ D*** Mt Srt Rar   90 × 90 cm

'Frau Karl Druschki', 'Snow Queen', 'Reine des Neiges', 'White American Beauty'
P. Lambert   DEUTSCHLAND 1901
'Merveille de Lyon' × 'Mme Caroline Testout'
Viele Jahre lang die beliebteste weiße Rose. Leider duftet sie nicht und verabscheut nasse Witterung. Große, kugelige, reinweiße Blüten, die Knospen mit hoher Mitte. Der Strauch ist starkwüchsig und kräftig und hat viele ledrige, hellgrüne Blätter.
r a Rar   150 × 90 cm

'Frau Karl Druschki' Climbing 'Climbing Frau Karl Druschki'
Lawrenson   GROSSBRITANNIEN 1906
Sport der Buschform
Wie die Buschform, bildet aber eine starkwüchsige, sehr gute Kletterrose.
S a Rar   4,50 × 2,50 m

'Général Jacqueminot', 'General Jack', 'Jack Rose'
Roussel   FRANKREICH 1853
Schön geformte, spitze Knospen öffnen sich zu wohlgestalteten, duftenden Blüten von klarem Rot, die an ziemlich langen Stielen erscheinen. Ein starkwüchsiger Strauch mit sattem, grünem Laub. Ab Mitte des Sommers ziemlich anfällig für Rosenrost.
r D*** Rr Rar   1,50 × 1,20 m

'Georg Arends'

'Georg Arends', 'Fortuné Besson'
W. Hinner   DEUTSCHLAND 1910
'Frau Karl Druschki' × 'La France'
Eine erstklassige Rose. Große Blüten von klarem Dunkelrosa, das zu weichem Rosa verblaßt, anfangs mit hoher Mitte, später aufgelockert. Reichblühend, duftend und, als Strauch, starkwüchsig mit vielen graugrünen Blättern.
db H a ⚔ D** Rar   1,50 × 1,20 m

'Gloire de Bruxelles', 'Gloire de l'Exposition'
Soupert et Notting   LUXEMBURG 1889
'Souvenir de William Wood' × 'Lord Macaulay'
Über 60 samtige Blütenblätter bilden eine Blüte, die sich flach und rosettenförmig öffnet, dunkelrot bis karminrot und duftend. Trotz des niedrigen Wuchses ist die Pflanze locker und wenig gefällig, es lohnt sich aber, ihr eine Stütze zu geben.
r D*** Mt Rar   1,20 × 1,20 m

'Gloire de Chédane-Guinoisseau'
Chédane-Pajotin   FRANKREICH 1907
'Gloire de Ducher' × unbekannt
Schön geformte, schalenförmige, duftende Blüten von leuchtendem, sattem Dunkelrosa erscheinen in erstaunlicher Fülle. Das Laub ist dunkelgrün und reichlich, die Pflanze ist starkwüchsig und recht gesund.
r a ⛃ D*** Rar   120 × 90 cm

'Gloire de Ducher'
Ducher   FRANKREICH 1865
Diese Rose verdient mehr Beachtung, als sie jemals erfahren hat. Riesige, dicht gefüllte Blüten von tiefem

'Gloire de Ducher' (oben)
'Gloire Lyonnaise' (unten)

Dunkelrosa, etwas locker im Aufbau, erscheinen reichlich entlang langer, überhängender Zweige inmitten von dunklen, graugrünen Blättern. Angenehm duftend.
a r D*** Mt Rar 1,80 × 1,20 m

'Gloire de l'Exposition' *siehe* 'Gloire de Bruxelles'

'Gloire de Paris' *siehe* 'Anna de Diesbach'

'Gloire d'un Enfant d'Hiram'
Vilin FRANKREICH 1899
Große, schalenförmige, duftende Blüten von leuchtendem Rosa an einer kräftigen, robusten, aufrecht wachsenden Pflanze mit wenigen Stacheln und hübschem, graugrünem, ledrigem Laub.
r a ⛝ D** Rar 120 × 90 cm

'Gloire Lyonnaise'
Guillot Fils FRANKREICH 1885
'Baroness Rothschild' × 'Mme Falcot'
Eine meiner Favoriten. Die rahmweißen, halbgefüllten Blüten öffnen sich flach und duften angenehm. Der Strauch ist aufrecht im Wuchs und hat kräftige Triebe, die die Blüten stützen, ohne überzuhängen.

'Heinrich Schultheis'

Wenig Stacheln. Das Laub ist dunkelgrün und gesund. Verdient mehr Beachtung.
db a H Br ▽ D*** Rar   120 × 60 cm

'Hans Mackart'

E. Verdier Fils FRANKREICH 1885

Gefüllte Blüten von leuchtendem, dunklem Rosa öffnen sich flach aus kelchförmigen Knospen. Neigt zum Wuchern. Viel hellgrünes Laub und wenig Stacheln.
r a D*** Rar   150 × 90 cm

'Heinrich Münch'

W. Hinner DEUTSCHLAND 1911

'Frau Karl Druschki' × ('Mme Caroline Testout' × 'Mrs W. J. Grant')

Dicht gefüllte, große Blüten in zartem Rosa, gut duftend, erscheinen an einem kräftigen, verzweigten Strauch mit hübschem mittel- bis dunkelgrünem Laub. Eignet sich gut, um zum Niederhaken.
r a D*** ✂ Rar   1,50 × 1,20 cm

'Heinrich Schultheis'

Bennett GROSSBRITANNIEN 1882

'Mabel Morrison' × 'E. Y. Teas'

Eine viktorianische Ausstellungsrose, die wahrscheinlich viele Preise allein wegen ihrer Größe gewonnen hat. Die Blüten haben eine hohe Mitte, bis sie ganz geöffnet sind, dann sind sie schalenförmig, oben flach und leicht unregelmäßig, satt rosafarben mit einem Hauch von dunklerem Rosa an der Basis, duftend. Starkwüchsig, hübsch belaubt und aufrecht im Wuchs. Sehr lohnend.
db ▽ ✂ D*** Rar   120 × 90 cm

'Henry Nevard'

Cants GROSSBRITANNIEN 1924

Duftende, schalenförmige, leuchtend karminrote Blüten von beträchtlicher Größe. Buschiger Wuchs mit dunkelgrünen, ledrigen Blättern.
r D** Rar   120 × 90 cm

'Her Majesty'

Bennett GROSSBRITANNIEN 1885

'Mabel Morrison' × 'Canary'

Riesige, dicht gefüllte Blüten von klarem Rosa. Ebenfalls eine viktorianische Ausstellungsrose, auch heute noch sehr lohnend. Die Blätter sind groß und grau, aber anfällig für Mehltau. Starkwüchsiger Strauch, aber kleiner als die meisten Remontant-Rosen.
r ▽ D*** Mt Rar   90 × 60 cm

'Horace Vernet'

Guillot Fils FRANKREICH 1866

'Général Jacqueminot' × unbekannt

Eine Rose mit hoher Mitte von sattem Karminrot, die ihre Form bis weit ins Reifestadium behält, duftend. Der Strauch ist aufrecht und gefällig im Wuchs, üppiges, dunkles Laub.
r ▽ D** Rar   120 × 90 cm

'Hugh Dickson'

Dickson GROSSBRITANNIEN 1905

'Lord Bacon' × 'Gruß an Teplitz'

Eine hochwachsende, schlanke Rose aus der Spätzeit der Remontant-Rosen. Vorzüglich duftende Blüten von sattem Dunkelrot an langen, überhängenden Trieben. Eignet sich hervorragend zum Niederhaken und für Säulen. Braucht als Strauch eine Stütze. Laub satt dunkelgrün mit einem Hauch von Kastanienbraun. (Abbildung Seite 35)
r a ✂ D*** Rar   2,50 × 1,50 m

'James Bourgault'

Renault FRANKREICH 1987

Dicht gefüllte, formschöne Blüten in Zartrosa bis Weiß, duftend. Leider wenig bekannt. Laub üppig, dunkelgrün. Wuchs stark und aufrecht.
r a H ▽ D** ✂ Rar   120 × 90 cm

'Jean Rosenkrantz'

Portemer FRANKREICH 1864

Abstammung unbekannt

Duftende, große Blüten zierlich geformter Blütenblätter in dunklem Rosa. Der Strauch ist hübsch belaubt, starkwüchsig und aufrecht im Wuchs.
r ▽ D** Rar   120 × 90 cm

'James Bourgault' (oben), 'John Hopper' (unten)

'John Hopper'
Ward GROSSBRITANNIEN 1862
'Jules Margottin' × 'Mme Vidot'
Die großen, duftenden Blüten sind eine angenehme Mischung von leuchtendem Rosa und Lila mit dunklerer Mitte. Sie erscheinen an einer aufrecht wachsenen, starkwüchsigen Pflanze, die ordentlich bleibt und anscheinend in den meisten Böden gedeiht. Eine erstklassige Rose.
r H a ▽ D*** Rar   120 × 90 cm

'Jules Margottin'
Margottin FRANKREICH 1853
Sämling von 'La Reine'
Diese Rose hat eine Menge dickes, dunkelgrünes Laub an kräftigen, stacheligen Trieben, an denen ebenso kräftige, spitze Knospen erscheinen, die sich zu großen, flachen Blüten von dunklem Karminrot öffnen, jede mit einem intensiven Duft.
r D*** Rar   120 × 90 cm

'Juliet'
W. Paul GROSSBRITANNIEN 1910
'Captain Hayward' × 'Soleil d'Or'
Eine mehrfarbige Rose. Die Blüten öffnen sich aus formschönen, goldgelben Knospen zu einem satten bis dunklen Rosa auf der Innenseite der Blütenblätter und einem klaren Goldbraun außen. Duftend. Reichlich gekräuseltes, dunkelgrünes Laub. Sehr starkwüchsig und buschig.
r Gh D*** ▽ ✂ Rar   120 × 90 cm

'Kaiserin Auguste Viktoria'
P. Lambert DEUTSCHLAND 1891
'Coquette de Lyon' × 'Lady Mary Fitzwilliam'
Formschöne, dicht gefüllte Blüten öffnen sich flach aus hochgebauten Knospen. Reinweiß mit zitronengelbem Innern und einem köstlichen Duft. Mittelgrünes Laub an einer starkwüchsigen, wenngleich etwas verzweigten, buschigen Pflanze.
r a ▽ Gh D*** ✂ Rar   90 × 90 cm

'La Reine', 'Reine des Français'
Laffay FRANKREICH 1842
Große, kugelige, stattliche Blüten, die Knospen mit hoher Mitte, sich aber schalenförmig mit flacher Oberfläche öffnend, wobei die große Zahl der Blütenblätter eine fast gezackte Wirkung ergibt. Die Farbe ist ein silbriges Dunkelrosa unterlegt mit Lila. Der Strauch wächst aufrecht und schön belaubt, nicht zu groß. Eine der frühesten Remontant-Rosen; ihr Einfluß ist noch bei den heutigen Rosen zu spüren.
db ▽ D*** Rar   90 × 60 cm

'Le Havre'
Eudes FRANKREICH 1871
Duftende, dicht gefüllte, fast zinnoberrote Blüten an einer gesunden, kräftigen Pflanze mit dunkelgrünem, ledrigem Laub.
r ▽ D*** Rar   120 × 90 cm

'Mabel Morrison'
Broughton GROSSBRITANNIEN 1878
Sport von 'Baronne Adolphe de Rothschild'
Ein weißer Sport der ausgezeichneten 'Baronne Adolphe de Rothschild', von der sie die meisten Vorzüge geerbt hat, ausgenommen die Höhe. Sie ist – zumindest für mein Empfinden – etwas niedriger im Wuchs. Die Blüten sind reinweiß mit rosafarbenen Flecken bei heißem Wetter
r a H Br ▽ D*** Rar   120 × 90 cm

'Magna Charta'
W. Paul GROSSBRITANNIEN 1876
Blüten von leuchtendem Rosa mit Schattierungen in dunklerem Karminrot, dicht gefüllt und schalenförmig, wenn ganz geöffnet. Duftend. Dunkelgrünes, ledriges Laub. Buschiger, ordentlicher Wuchs.
r a ▽ D*** Rar   90 × 90 cm

'Mabel Morrison'

'Marchioness of Londonderry'

Dickson GROSSBRITANNIEN 1893

Duftende weiße Blüten mit einer zartrosafarbenen Schattierung, groß und gefüllt. Schönes mittelgrünes Laub. Sehr starkwüchsig.

r a D*** ✂ Rar   1,80 × 1,20 m

'Marguerite Guillard'

Chambard FRANKREICH 1915

Sport von 'Frau Karl Druschki'
Hat weniger Blütenblätter als die Stammsorte, dadurch öffnet sie sich aber bei nasser Witterung leichter. Ansonsten ist sie ihr in Farbe und Wuchs gleich.

r Rar   150 × 90 cm

'Merveille de Lyon'

Pernet Père FRANKREICH 1882

Sport von 'Baronne Adolphe de Rothschild'
Große, dicht gefüllte Blüten, die ganz geöffnete Blüte ist schalenförmig, an kräftigen Trieben. Reinweiß, zartrosafarben überhaucht, besonders an den Rändern der Blütenblätter. Duftend. Sehr reichblühend. Laub groß, gräulich-dunkelgrün. Wuchs kräftig und aufrecht. Etwas anfällig für Mehltau, aber darüber kann man hinwegsehen.

r a H ▽ Gh Mt D*** ✂ v   120 × 90 cm

'Magna Charta'

'Mme Bruel', 'Mme François Bruel'

Levet FRANKREICH 1882

'Victor Verdier' × 'Countess of Oxford'
Recht große, gefüllte Blüten in sattem Karminrosa an einer relativ stachellosen, strauchigen Pflanze. Laub zart mittelgrün.

db H ▽ D*** ✂ Rar   120 × 90 cm

'Mme Ferdinand Jamin' siehe 'American Beauty'

'Mme Gabriel Luizet'

Liabaud FRANKREICH 1877

Große, oft geviertelte, dicht gefüllte Blüten von tiefem, leuchtendem Rosa; die Ränder der Blütenblätter sind, wenn die Blüten ganz geöffnet sind, etwas blasser. Sehr starkwüchsig mit hübschem Laub und starken, kräftigen Trieben. Remontiert nur selten, obwohl die gelegentliche Nachblüte im Herbst sehr lohnend sein kann.

S a D*** Rar   1,80 × 1,20 m

'Mme Scipion Cochet'

S. Cochet FRANKREICH 1873

Reizvoll gefältelte, schalenförmige Blüten von tiefem Purpurrosa, das an den Rändern zu weicheren Schattierungen verblaßt. Hübsches, dunkelgrünes Laub und starker, buschiger Wuchs.

r D*** Rar   120 × 90 cm

'Mme Victor Verdier'

E. Verdier FRANKREICH 1863

'Sénateur Vaisse' × unbekannt

Riesige Knospen öffnen sich zu unordentlichen, aber reizvollen, gefüllten, hell karminroten Blüten mit etwas schwachen Stielen. Viel hübsches, dunkelgrünes Laub. Strauch starkwüchsig und gesund.

r a H D*** Rar   1,50 × 1,20 m

'Mrs John Laing'

Bennett GROSSBRITANNIEN 1887

Sämling von 'François Michelon'

Zweifellos eine großartige Remontant-Rose und eine der besten aus dem Hause Henry Bennetts in spätviktorianischer Zeit. Wuchs aufrecht mit großen, graugrünen Blättern. Eine gesunde Pflanze, die eine Fülle duftender, schön geformter, silberrosafarbener Blüten hervorbringt. Früher häufig für Ausstellungen verwendet. Heute ein ausgezeichneter, dichter Strauch.

r Gh a H ▽ D*** Rar   120 × 90 cm

'Paul Neyron'

Levet FRANKREICH 1869

'Victor Verdier' × 'Anna de Diesbach'

Diese robuste, gesunde Sorte sollte häufiger kultiviert werden. Sehr große Blüten von einem satten, warmen, nicht verblassenden Rosa haben ein reizend unordentliches Aussehen, wenn sie ganz geöffnet sind. Duftend. Wuchs kräftig und aufrecht, mit großen, matten, dunkelgrünen Blättern.

r Gh a H Br ▽ D*** Rar   90 × 60 cm

'Marguerite Guillard'

'Mrs John Laing'

'Paul Neyron'

'Prince Camille de Rohan'

'Paul Ricault'

Portemer FRANKREICH 1845

Große, dicht gefüllte Blüten, fast wie bei einer Zentifolie, öffnen sich flach und geviertelt entlang langer, überhängender Triebe an einem starkwüchsigen, stacheligen, hübsch belaubten Strauch.

r a D*** Rar   1,50 × 1,20 m

'Paul's Early Blush', 'Mrs Harkness'

W. Paul GROSSBRITANNIEN 1893

Sport von 'Heinrich Schultheis'

Zartrosafarbene Blüten erscheinen ein paar Tage früher als bei den meisten anderen, groß, dicht gefüllt und duftend, an einem kräftigen, stacheligen Busch mit dicken Zweigen. Laub dunkelgrün.

r a ⏟ D*** Mt Rar   120 × 90 cm

'Pierre Notting'

Portemer FRANKREICH 1863

Sämling von 'Alfred Colomb'

Aufrecht im Wuchs mit kugeligen, dunkel karminroten Blüten. Intensiv duftend. Eine von vielen ähnlichen Sorten aus der Mitte des 19. Jahrhunderts, die ihr Überleben vermutlich ihrer robusten Konstitution verdankt, die sie mit Sicherheit hat.

r a D*** Rar   120 × 90 cm

'Prince Camille de Rohan', 'La Rosière'

E. Verdier FRANKREICH 1861

'Général Jacqueminot' × 'Géant des Batailles'

Man kann ihre sehr schwachen Blütenstengel bemängeln, ansonsten ist sie eine faszinierende Rose. Blüten von tiefem, extrem dunklem Rot und riesigem Ausmaß öffnen sich flach und dunkeln noch nach. Der Strauch wuchert ziemlich und hat, bis er ausgewachsen ist, Schwierigkeiten, das Gewicht der Blüten an den dünnen Trieben zu halten. Laub dunkelgrün.

r ⏟ D*** Srt Mt Rar   120 × 90 cm

'Reine des Violettes', 'Queen of the Violets'

Millet-Malet FRANKREICH 1860

Sämling von 'Pius IX'

Wenn ich mich für nur eine der Remontant-Rosen entscheiden müßte, wäre es sicher diese. Ein aufrecht wachsender, fast stacheloser Strauch mit kräftigen, aufrechten Zweigen. Das Laub ist graugrün und fühlt sich weich an. Die Blüten sind manchmal reizvoll zwischen dem Laub verborgen, mit dem sie so gut harmonieren. Sie sind von einem weichen, samtigen Violett und öffnen sich flach und geviertelt. Als Krönung duftet sie auch noch herrlich. Die Blüten verfallen sehr schnell, nachdem sie ihren Höhepunkt erreicht haben, aber dieser kleine Fehler hilft uns, sie noch mehr zu würdigen. (Abbildung Seite 21)

db a H ⏟ D*** Rar   150 × 90 cm

'Reynolds Hole'

W. Paul GROSSBRITANNIEN 1874

'Duke of Edinburgh' × unbekannt

Große, gefüllte Blüten in dunklem Rosa an langen Stengeln. Duftend. Viele böse Stacheln. Laub dunkel gräulich-grün. Diese Sorte, deren Name als echt gilt, erhielt ich von James Naylor, 1995–96 Präsident der Royal National Rose Society. Er hatte sie im Garten eines Hauses gefunden, in dem Reverend Dean Hole, der erste Präsident der Royal National Rose Society, als junger Mann gelebt hatte.

r D** Rar   120 × 90 cm

'Roger Lambelin'

Schwartz FRANKREICH 1890

Sport von 'Fisher Holmes'

Eine merkwürdige Rose, deren Anfälligkeit für Mehltau und andere Krankheiten sie nichts anderes als eine Neuheit sein läßt. Die Blüten sind gefüllt und karminrot bis kastanienbraun mit weißen Strichen und Streifen, besonders an den Rändern der Blütenblätter.

r ⏟ Mt Rr D*** Rar   120 × 90 cm

'Roger Lambelin'

'Ruhm von Steinfurth', 'Red Druschki'

Weigand DEUTSCHLAND 1920
'Frau Karl Druschki' × 'Ulrich Brunner Fils'
Eine alte Sorte für Ausstellungen. Dicke, gefüllte Blüten mit hoher Mitte, rubinrot, das zu Kirschrot verblaßt, schalenförmig, wenn sie geöffnet sind. Duftend. Busch aufrecht und robust mit ledrigen, dunkelgrünen Blättern. In allem eine Teehybride, abgesehen vom Stammbaum.
r a ▽ D*** Rar   90 × 60 cm

'Sidonie'

Vibert FRANKREICH 1847
Fast eine Portland-Rose. Duftende, leicht gefranste, dicht gefüllte mittelgroße Blüten in klarem, leuchtendem Rosa, meist in Büscheln in größerem Abstand. Von niedrigem, ordentlichem Wuchs mit schönem, etwas derbem Laub. Leider anfällig für Sternrußtau.
db a ▽ Srt D*** Rar   90 × 60 cm

'Snow Queen' siehe 'Frau Karl Druschki'

'Souvenir d'Alphonse Lavallée'

Verdier FRANKREICH 1884
Jahrelang wurde diese Rose oft mit einer anderen Remontant-Rose, 'Souvenir du Dr Jamain' ver-

'Souvenir d'Alphonse Lavallée'

wechselt. 'Lavallée' ist eine reizende, volle, duftende Rose aus einer Mischung verschiedener Schattierungen von Karminrot und Purpur. Als Strauch kultiviert, neigt sie zum Kriechen, wenn man sie nicht festbindet. Am besten eignet sie sich als kleine Kletterrose. Hat mehr Stacheln als 'Jamain'.
r a D*** Rar   2,50 × 1,80 m

'Souvenir de Jeanne Balandreau'
Robichon FRANKREICH 1899

Die großen, gefüllten, schalenförmigen Blüten von dunklem Kirschrot mit rosafarbenen Streifen und zinnoberroten Glanzlichtern sind schön geformt und erscheinen an aufrechten und kräftigen Stielen inmitten von hübschem, dunklem, graugrünem Laub an einem aufrechten, ordentlichen Strauch.

r a H ▽ D*** Rar   120 × 90 cm

'Souvenir du Dr Jamain'
Lacharme FRANKREICH 1865

'Charles Lefèbvre'-Sämling

Eine herrliche Rose, wenn man sie fern von sengender Sonne hält, die sie übel nimmt. Die Blüten sind satt rubinrot und öffnen sich, obwohl halbgefüllt, schalenförmig. Manchmal zeigen sie sehr wirkungsvoll ihre Staubfäden. Das Laub ist dunkelgrün, die Triebe verhältnismäßig stachellos. Duftend. In besonders guten Jahren ist sie von seltener Schönheit, aber selbst in schlechten Jahren ein hübscher Anblick.

r N a ◉ D*** Rar   3,00 × 2,00 m

'Spencer'
W. Paul GROSSBRITANNIEN 1892

Sport von 'Merveille de Lyon'

Dicht gefüllte Blüten öffnen sich flach aus kugeligen Knospen, weiches Satinrosa mit blasserer, fast weißer Rückseite. Wuchs stark, aber ordentlich, mit hübschem, dunklem Laub.

r ▽ D*** Rar   120 × 90 cm

'Star of Waltham'
W. Paul GROSSBRITANNIEN 1875

Blüten in sattem Karminrot öffnen sich formschön, leicht schalenförmig bis flach, mit sorgfältig angeordneten Blütenblättern. Duftend, an kräftigen Stielen. Laub groß, dunkelgrün. Triebe ziemlich frei von Stacheln. Wuchs aufrecht und buschig.

r H ▽ Gh D*** Mt Rar   90 × 90 cm

'Surpassing Beauty', 'Woolverstone Church Rose'
wiederentdeckung durch Humphrey Brooke; wiedereingeführt von Beales
GROSSBRITANNIEN 1980

Alte Kletterrosensorte, die an der Kirche von Woolverstone in Suffolk/England entdeckt wurde. Die Blüten sind dunkelrot bis karminrot, locker, wenn sie ganz geöffnet sind und intensiv duftend. Sie erscheinen besonders früh in der Saison. Sie verdient die Wiedereinführung zu Recht. Wuchs locker und stark.

r a D*** Mt Rar   2,50 × 1,80 m

'**Souvenir du Docteur Jamain**' (oben), '**Spencer**' (unten)

'Ulrich Brunner Fils', 'Ulrich Brunner'
A. Levet FRANKREICH 1882

Abstammung unsicher – wahrscheinlich ein Sport von 'Paul Neyron'. Große, dickliche Blüten, anfangs mit hoher Mitte, öffnen sich ziemlich locker, aber reizvoll; rosiges Karminrot, das mit der Zeit zu Rosa ver-blaßt. Lieblich duftend. Der Busch ist aufrecht und gut mit dunkelgrünem Laub ausgestattet. Die Triebe haben nur wenige Stacheln.

r H a ▽ D*** Rar   120 × 90 cm

'Vick's Caprice' (oben)
'Xavier Olibo' (unten)

'Yolande d'Aragon'

'Vick's Caprice'

Vick USA 1891

Sport von 'Archiduchesse Elizabeth d'Autriche'
Große, gefüllte, schalenförmige Blüten mit hoher Mitte. Eine ungewöhnliche Farbmischung aus Zartrosa mit Lila und Weiß, marmoriert mit dunklerem Rosa. Die Blätter sind groß, von reizvollem Hellgrün und stehen aufrecht an verhältnismäßig stachellosen Trieben.
db H ▽ a D** Rar   120 × 90 cm

'Victor Hugo'

J. Schwartz FRANKREICH 1884

('Charles Lefèbvre' × unbekannt) × unbekannt
Große, duftende Blüten in dunklem Rosa, purpurfarben schattiert, dicht gefüllt und schalenförmig. Laub ledrig, dunkelgrün. Wuchs stark und buschig.
r ▽ Gh D*** Rar   120 × 90 cm

'Victor Verdier'

Lacharme FRANKREICH 1859

'Jules Margottin' × 'Safrano'
Große, dicht gefüllte Blüten von klarem, leuchtendem Dunkelrosa an kräftigen Stielen, angenehm duftend. Aufrechter Wuchs. Eine bedeutende Zuchtrose.
r a ▽ D*** Rar   120 × 90 cm

'Xavier Olibo'

Lacharme FRANKREICH 1865

Sport von 'Général Jacqueminot'
Diese Rose hat alle Vorzüge und Fehler von 'Général Jacqueminot', nur die Farbe ist viel dunkler.
r D*** Rr Rar   1,50 × 1,20 m

'Yolande d'Aragon'

Vibert FRANKREICH 1843

Abstammung unbekannt
Flache, dicht gefüllte Blüten von ansehnlicher Größe, leuchtend purpur- bis satt rosafarben, duftend. Ein guter, gesunder Strauch mit kräftigen, aufrechten Trieben und hellgrünem Laub.
r a ▽ D*** Rar   120 × 90 cm

Englische Rosen

Während der letzten 30 Jahre wurde eine sehr interessante Gruppe von Rosen entwickelt, die als eigene Gruppe angesehen wird, da sie sich von dem allgemeinen Trend der modernen Rosen offensichtlich unterscheidet. Diese Unterschiede bestehen ganz offensichtlich in der Form und im Aufbau der Blüten, die selten hochgebaut sind, sondern schalenförmig oder flach oder beides und ohne Ausnahme aus einer viel größeren Anzahl kleiner Blütenblätter bestehen als zum Beispiel die durchschnittliche Teehybride.

Weitere Unterschiede bestehen bei vielen Sorten sowohl im Laub als auch in der Anordnung der Stacheln und manchmal auch im allgemeinen Verhalten der Pflanze. Fast alle sind mehr oder weniger duftend.

Bis auf ein oder zwei Ausnahmen wurden sie alle von dem englischen Rosenproduzenten und -züchter David Austin entwickelt. Sie entsprechen ohne Zweifel seinem persönlichen Geschmack und tragen der Erkenntnis Rechnung, daß ein großer Teil der Öffentlichkeit den Charme der Alten Rosen dem vorzieht, was er die Harschheit der »neuen« Rosen nennt. David Austin machte sich daran – und dafür gebührt ihm ewiger Ruhm –, das Beste beider Rosenwelten zu vereinen. So schuf er, anfangs zögerlich, später schnell, öfterblühende Sorten der alten Gallica-, Centifolia-, Damascena- und Bourbon-Rosen, einige davon mit dem Wuchs moderner Strauchrosen, Floribunda-Rosen oder Teehybriden.

Austin nennt diese neue Gruppe »Englische Rosen«, und wohin auch immer ich in der Welt kam, fand ich sie an sehr bevorzugten Standorten. Und welchen Namen er für seine Rosen auch immer bevorzugt, sie sind allgemein als »Austin-Rosen« bekannt, eine Hommage an ihn selbst und sein Werk.

Austin würde sicher freimütig zugeben, daß einige Rosen dieser Gruppe etwas besondere Fürsorge benötigen, um ihr Bestes geben zu können, und daß einzelne darunter schwer unter Mehltau oder Sternrußtau leiden, besonders die früheren Sorten. Aber da das durchaus für viele moderne Rosen gilt, sollte das nur im Gesamtzusammenhang gesehen werden, und niemanden davon abhalten, diese reizenden und ausgezeichneten Rosen zu kultivieren.

Ich bin mir nicht ganz sicher, ob ich sie hier richtig eingeordnet habe, aber, da sie ihr Öfterblühen ohne Zweifel den China-Rosen verdanken, erscheint mir die Sektion Chinensis als angemessen.

KLASSIFIKATION

BARB Klasse 26
MR10 Klasse 54
WFRS Klassen 1 und 2

'Abraham Darby' (AUScot)

Austin GROSSBRITANNIEN 1985

'Aloha' × 'Yellow Cushion'

Gefüllte, große, schalenförmige Blüten in Schattierungen von Apricot und Gelb mit einem fruchtigen Duft. Kräftiger, überhängender Wuchs, recht stachelig, mit dunkelgrünem, ledrigem Laub.

r ▽ a D*** ⊱ v   1,50 × 1,20 m

'Admired Miranda' (AUSmira)

Austin GROSSBRITANNIEN 1983

'The Friar' × 'The Friar'

Große, dicht gefüllte hellrosafarbene Blüten öffnen sich flach und mit zurückgebogenen Blütenblättern. Laub mittelgrün und matt glänzend. Wuchs aufrecht.

db D*** ▽ Rar   90 × 60 cm

'Ambridge Rose' (AUSwonder)

Austin GROSSBRITANNIEN 1990

'Charles Austin' × Sämling

Mittelgroße Blüten, zunächst schalenförmig, später locker rosettenförmig. Dunkles Apricot-Rosa, zu den Rändern hin blasser. Laub mittelgrün, Wuchs buschig.

db ▽ Br H D* Rar   75 × 60 cm

'Apricot Parfait' siehe 'Evelyn'

'Belle Story' (AUSelle)

Austin GROSSBRITANNIEN 1984

('Chaucer' × 'Parade') × ('The Princess' × 'Schneewittchen')

Zartrosafarbene Blüten in Fülle von außergewöhnlicher Form, die von ihrem Züchter als »offen, aber nach innen« beschrieben wird. Sie erscheinen an einem Strauch von offenem Wuchs mit wenig Stacheln und mittelgrünem, glänzendem Laub.

r ▽ H D*** ⊱ Rar   1,20 × 1,20 m

'Bibi Maizoon' (AUSdimindo)

Austin GROSSBRITANNIEN 1989

Dicht gefüllte Blüten, tief schalenförmig und duftend, in reinem, klarem, sattem Rosa, äußere Blütenblätter heller. Wuchs leicht überhängend, aber buschig. Laub mittelgrün, reichlich.

r ▽ H D*** ⊱ v   1,10 × 1,10 m

'Bredon' (AUSbred)

Austin GROSSBRITANNIEN 1984

'Wife of Bath' × 'Lilian Austin'

Mittelgroße bis kleine, duftende, dicht gefüllte, hübsch geformte Blüten in Bernsteingelb. Laub hell-

'Abraham Darby'

grün, matt. Wuchs aufrecht, buschig.

db ▽ a H D*** Rar   90 × 60 cm

'Brother Cadfael' (AUSglobe)

Austin GROSSBRITANNIEN 1990

Intensiv duftende, riesige, dicht gefüllte, kugelige, päonienförmige Blüten in zartem Rosa. Laub groß, mittelgrün. Wuchs kräftig, buschig.

r ▽ H D*** ⊱ Rar   110 × 90 cm

'Charles Austin'

Austin GROSSBRITANNIEN 1973

'Chaucer' × 'Aloha'

Große, schalenförmige, gefüllte Blüten in Apricot-Gelb, das mit der Zeit ein wenig verblaßt. Intensiv duftend. Das Laub ist mittelgrün und erscheint reichlich. Wuchs überhängend.

r H a Kr D*** ⊱ Rar   1,50 × 1,50 m

'Charles Rennie Mackintosh' (AUSren)

Austin GROSSBRITANNIEN 1988

Sämling × 'Mary Rose'

Dicht gefüllte Blüten, schalenförmig; bei der ganz geöffneten Blüte sind die Blütenblätter unregelmäßig angeordnet. Mauvefarben, mit einem sehr intensiven

Duft. Laub reichlich, mittelgrün, an einem unregelmäßigen, stacheligen, buschigen Strauch.
db ▽ Br H Kr D*** ✂ Rar   110 × 90 cm

'Charmain' (AUSmain)

Austin GROSSBRITANNIEN 1982

Sämling × 'Lilian Austin'

Büschel dicht gefüllter Blüten in sattem, dunklem Rosa öffnen sich flach mit zurückgebogenen äußeren Blütenblättern. Duftend. Laub matt glänzend, mittelgrün. Wuchs in die Breite und buschig.
db ▽ Br H a D*** Rar   1,10 × 1,10 m

'Chaucer'

Austin GROSSBRITANNIEN 1970

Sämling × 'Constance Spry'

Blüten in mittlerem Rosa öffnen sich schalenförmig und geviertelt mit einem intensiven Duft, sie erscheinen in kleinen Büscheln. Laub mittelgrün. Wuchs stark, aber buschig, mit vielen rosafarbenen, bösartig hakigen Stacheln.
r ▽ Br H D*** Mt Rar   110 × 90 cm

'Claire Rose' (AUSlight)

Austin GROSSBRITANNIEN 1986

'Charles Austin' × (Sämling × 'Schneewittchen')

Duftende, anfangs schalenförmige Blüten öffnen sich dicht gefüllt, flach, groß und rosettenförmig, in klarem Zartrosa, das bei der ganz geöffneten Blüte fast zu Weiß verblaßt. Laub groß, hellgrün. Wuchs aufrecht und stark.
r H a Re D** Mt Rar   120 × 90 cm

'Cottage Rose' (AUSglisten)

Austin GROSSBRITANNIEN 1991

'Mary Rose' × 'Wife of Bath'

Mittelgroße, dicht gefüllte, schalenförmige Blüten in warmem Rosa erscheinen den ganzen Sommer über. Duftend. Üppiges Laub. Wuchs reich verzweigt und buschig.
db ▽ H D** Rar   110 × 90 cm

'Country Living' (AUScountry)

Austin GROSSBRITANNIEN 1991

'Wife of Bath' × 'Graham Thomas'

Zartrosafarbene Blüten verblassen fast zu Weiß. Sie sind schalenförmig und aus einer großen Zahl kurzer Blütenblätter zusammengesetzt, die eine perfekte Rosette ergeben. Laub reichlich, klein. Wuchs verzweigt und buschig.
db ▽ D* Rar   120 × 90 cm

'Cressida' (AUScress)

Austin GROSSBRITANNIEN 1983

Wunderschöne, große Blüten in Apricot-Rosa öffnen sich gefüllt und flach; die etwas unregelmäßige Anordnung der Blütenblätter erhöht noch den Reiz. Sie verströmen einen charakteristischen, myrrheähnlichen Duft. Laub grob, dunkelgrün. Wuchs stark, aufrecht, mit vielen Stacheln.
r H Kr a D** Mt Rar   1,50 × 1,20 m

'Dark Lady' (AUSbloom)

Austin GROSSBRITANNIEN 1991

'Mary Rose' × 'Prospero'

Große, päonienförmige, dicht gefüllte, locker aufgebaute Blüten in dunklem Rosa, intensiv duftend. Laub dunkelgrün. Breiter als hoch.
r ▽ Bd H D*** Rar   90 × 110 cm

'Dove' (AUSdove)

Austin GROSSBRITANNIEN 1984

'Wife of Bath' × ein 'Schneewittchen'-Sämling

Dicht gefüllte, anfangs teehybridenförmige Blüten öffnen sich zu einer lockeren Rosettenform. Die Farbe ist ein zartes Blaßrosa bis Weiß. Sie erscheinen in kleinen Büscheln. Leicht duftend. Wuchs breit und buschig. Laub mittel- bis dunkelgrün, matt glänzend.
db Br a ✂ Rar   1,10 × 1,20 m

'Ellen' (AUScup)

Austin GROSSBRITANNIEN 1984

Blüten dicht gefüllt, schalenförmig, sattes Apricot, zur Mitte hin dunkler. Intensiv duftend. Laub groß, mittelgrün. Wuchs dicht, breit und buschig.
db H Br ✂ D*** Mt Rar   1,20 × 1,20 m

'Emanuel' (AUSuel)

Austin GROSSBRITANNIEN 1985

('Chaucer' × 'Parade') × (Sämling × 'Schneewittchen')

Zahlreiche große, rosettenförmige Blüten in zartestem Rosa mit einem Hauch von Gold tief im Innern der Blüte. Intensiv duftend. Laub mittelgrün. Wuchs buschig, aufrecht.
db ▽ H Br ✂ D*** Rar   120 × 90 cm

'English Elegance'

Austin GROSSBRITANNIEN 1986

Große, dicht gefüllte Blüten, an den Rändern zartrosafarben, im Innern mit Schattierungen von leuch-

'English Garden'

'Fisherman's Friend'

tendem Rosa, Lachs und Orange. Laub mittelgrün, Wuchs überhängend, buschig und stark.

db ▽ H a ⊰ D*** Mt Rar   1,20 × 1,10 m

'English Garden', 'Schloß Glücksburg'

Austin GROSSBRITANNIEN 1987
'Lilian Austin' × (Sämling × 'Schneewittchen')
Die flachen, rosettenförmigen Blüten sind mittelgroß mit vielen Blütenblättern, blaßgelb, zur Mitte hin dunkler. Laub mittelgrün. Wuchs kompakt und aufrecht.

db H D*** ▽ Rar   120 × 90 cm

'Evelyn' (AUSsaucer)

Austin GROSSBRITANNIEN 1991
'Graham Thomas' × 'Tamora'
Flach schalenförmige, dicht gefüllte Blüten in leuchtendem Orange-Apricot. Intensiv duftend. Laub reichlich, mittelgrün. Wuchs stark, buschig.

r ▽ H ⊰ D*** Rar   120 × 90 cm

'Fair Bianca' (AUSca)

Austin GROSSBRITANNIEN 1982
Dicht gefüllte Blüten öffnen sich flach und geviertelt, zart gelb und weiß mit zurückgebogenen Blütenblättern. Duftend. Laub matt glänzend, mittel- bis hellgrün. Wuchs niedrig, aufrecht und buschig.

db ▽ Br H ⊰ D** Mt Rar   90 × 60 cm

'Financial Times Centenary' (AUSfin)

Austin GROSSBRITANNIEN 1988
Sämling × Sämling
Intensiv duftende Blüten von klarem Dunkelrosa, kugelig, sich flach öffnend, aber locker aufgebaut. Laub satt dunkelgrün. Wuchs kräftig und aufrecht.

db ▽ Br H ⊰ D*** Rar   110 × 90 cm

'Gertrude Jekyll'

'Fisherman's Friend' (AUSchild)

Austin GROSSBRITANNIEN 1987
'Lilian Austin' × 'The Squire'
Blüten in sattem Karminrot, sehr groß und gefüllt, im Stil Alter Rosen. Mittelgrünes Laub an einer robusten Pflanze.

db H D*** ▽ Rar   120 × 90 cm

'Gertrude Jekyll' (AUSbord)

Austin GROSSBRITANNIEN 1987
'Wife of Bath' × 'Comte de Chambord'
Dicht gefüllte Blüten, dunkelrosafarben, im Stil Alter Rosen, intensiv duftend. Gräulich-grünes Laub an einer aufrechten, buschigen Pflanze.

db H D*** Rar   120 × 90 cm

'Gartenarchitekt Günther Schulze'
siehe **'The Pilgrim'**

414 • CHINENSIS

'Glamis Castle' (AUSlevel)

Austin GROSSBRITANNIEN 1992
'Graham Thomas' × 'Mary Rose'
Reinweiße, dicht gefüllte, schalenförmige Blüten erscheinen sehr reichlich. Nach Myrrhe duftend. Laub mittelgrün. Wuchs kompakt und buschig.
db D*** ▽ v ⊱ 90 × 60 cm

'Graham Thomas' (AUSmas)

Austin GROSSBRITANNIEN 1983
Sämling × ('Charles Austin' × 'Schneewittchen'-Sämling)
Eine sehr gute Sorte. Die großen, mit vielen Blütenblättern dicht gefüllten Blüten haben die Blütenform Alter Rosen, aber eine moderne Blütenfarbe: sattes Gelb mit dunklerer Mitte. Duftend. Laub dunkelgrün und glänzend an einer buschigen Pflanze.
db a H D*** ▽ v 120 × 90 cm

'Heritage' (AUSblush)

Austin GROSSBRITANNIEN 1984
Sämling × 'Schneewittchen'-Sämling
Schalenförmige, dicht gefüllte Blüten in hellem Rosa mit dunklerer Mitte. Laub klein und dunkelgrün, leicht glänzend. Wuchs buschig.
db H a D*** ▽ Rar 1,20 × 1,20 m

'Hero' (AUShero)

Austin GROSSBRITANNIEN 1983
'The Prioress' × Sämling
Die ins Auge fallenden rosafarbenen Blüten sind schalenförmig und mäßig gefüllt. Laub mittelgrün und matt glänzend. Wuchs aufrecht und buschig.
db H D*** ▽ Rar 1,20 × 1,20 m

'Hilda Murrell' (AUSmurr)

Austin GROSSBRITANNIEN 1984
Sämling × ('Parade' × 'Chaucer')
Formschöne, dicht gefüllte Blüten öffnen sich flach und geviertelt in einem klaren satten Rosa und mit einem reinen Duft. Laub mittelgrün, matt. Wuchs aufrecht, buschig, blüht im Herbst etwas zögerlich.
r ▽ H a D*** ⊱ v 1,20 × 1,20 m

'Kathryn Morley' (AUSvariety)

Austin GROSSBRITANNIEN 1990
Schalenförmige Blüten in klarem Zartrosa mit einem köstlichen Duft erscheinen reichlich an einer breit-

'Graham Thomas' (oben), 'Heritage' (unten)

wüchsigen, buschigen, niedrigen Pflanze inmitten von reichlichem, hellgrünem Laub.
db ▽ Br H ⊱ D*** Rar 90 × 90 cm

'L. D. Braithwaite' (AUScrim)

Austin GROSSBRITANNIEN 1988
'The Squire' × 'Mary Rose'
Intensiv duftende, dicht gefüllte, schwere, flache Blüten in sattem, warmem Karminrot mit einem Hauch von Kirschrot. Sehr reichlich hervorgebracht an einer starkwüchsigen, breitwüchsigen, buschigen Pflanze inmitten von graugrünem Laub.
r ▽ Bd ⊱ D*** Rar 90 × 120 cm

'Leander' (AUSlea)

Austin GROSSBRITANNIEN 1982

'Charles Austin' × Sämling

Duftende, formschöne Blüten, gefüllt mit einer großen Zahl von Blütenblättern in dunklem Apricot, die Blütenform erinnert an die Gallica-Rose 'Charles de Mills'. Laub glänzend, dunkelgrün. Wuchs hoch, buschig und breit.

r ▽ Bd Br Gh D*** Mt Rar   1,80 × 1,50 m

'Lilian Austin'

Austin GROSSBRITANNIEN 1973

'Aloha' × 'The Yeoman'

Die halbgefüllten Blüten sind lachsrosafarben mit Apricot, zur Mitte hin dunkler. Sie öffnen sich flach und werden in Büscheln hervorgebracht. Laub mittelgrün und glänzend. Wuchs buschig, überhängend.

db D* Rar   1,20 × 1,20 m

'Lucetta' (AUSsemi)

Austin GROSSBRITANNIEN 1983

Büschel sehr großer, halbgefüllter, duftender Blüten in zartestem Blaßrosa, das fast zu Weiß verblaßt. Laub mittelgrün. Wuchs breit und ausladend.

r ▽ H Bd ◍ D*** Rar   1,20 × 1,20 m

'Mary Rose' (AUSmary)

Austin GROSSBRITANNIEN 1983

Sämling × 'The Friar'

Dicht gefüllte Blüten im Stil Alter Rosen in einem warmen, mittleren Rosa mit dunklerer Mitte, schalenförmig. Laub glänzend und mittelgrün. Aufrechter und buschiger Wuchs.

db Br D*** ▽ v   120 × 90 cm

'Othello'

'Mary Rose'

'Othello' (AUSlo)

Austin GROSSBRITANNIEN 1983
'Lilian Austin' × 'The Squire'
Große, dicht gefüllte, schalenförmige Blüten in sattem, dunklem Karminrot, das sich mit der Zeit in Purpur verändert. Gut duftend. Laub dunkelgrün. Wuchs dicht, buschig und aufrecht, viele bösartige Stacheln.
db ⛛ Br H ⚔ D*** Mt Rar 110 × 75 cm

'Pat Austin' (AUSmum)

Austin GROSSBRITANNIEN 1995
Stark leuchtender Kupferton, Rückseiten dunkler, halbgefüllt bis gefüllt, schalenförmig. Intensiv duftend. Laub frisch, dunkelgrün. Wuchs stark, hoch und buschig.
db H D*** ⚔ Rar 1,50 × 1,20 m

'Perdita' (AUSperd)

Austin GROSSBRITANNIEN 1983
'The Friar' × (Sämling × 'Schneewittchen')
Intensiv duftende Blüten in Apricot-Zartrosa, dicht gefüllt, flach, geviertelt erscheinen an einer dichten, buschigen Pflanze inmitten von dunkelgrünem Laub.
db ⛛ Br H ⚔ D* Rar 110 × 75 cm

'Potter & Moore'

Austin GROSSBRITANNIEN 1988
Sämling von 'Wife of Bath'
Große, dunkelrosafarbene Blüten mit vielen Blütenblättern im Stil der schalenförmigen Alten Bourbon-Rosen. Duftend. Reichblühend an einer niedrigen, buschigen Pflanze mit viel mittelgrünem Laub.
db ⛛ Br H ⚔ D*** Rar 90 × 90 cm

'Pretty Jessica' (AUSjess)

Austin GROSSBRITANNIEN 1983
Sämling von 'Wife of Bath'
Formschöne, schalenförmige Blüten, dicht gefüllt, in sattem, warmem Rosa, herrlich duftend, erscheinen in Fülle an einer buschigen, hübschen Pflanze mit viel mittelgrünem Laub.
db ⛛ Br H ⚔ D*** Rar 75 × 90 cm

'Prospero' (AUSpero)

Austin GROSSBRITANNIEN 1983
'The Knight' × unbenannter Sämling
Tief dunkelrote, dicht gefüllte, sehr schön geformte Blüten im Stil der alten gefüllten Gallica-Rosen, die Blütenfarbe ändert sich mit der Zeit in Purpur. Intensiv duftend. Laub matt, dunkelgrün. Wuchs in die Breite. Braucht besondere Fürsorge, um zu gedeihen.
db ⛛ Br Gh ⚔ D*** Mt Srt Rar 60 × 90 cm

'Queen Nefertiti' (AUSap)

Austin GROSSBRITANNIEN 1988
Rosettenförmige Blüten mittlerer Größe in zartem Gelb mit einer Schattierung in Apricot. Duftend. Laub üppig, mittelgrün. Wuchs buschig, reich verzweigt.
db ⛛ Br H ⚔ D*** Rar 90 × 75 cm

'Radio Times' (AUSsal)

Austin GROSSBRITANNIEN 1994
Dicht gefüllte, rosettenförmige Blüten in sattem Rosa. Laub mittelgrün. Wuchs niedrig und buschig.
db ⛛ Br ⚔ D*** Rar 90 × 60 cm

'Scepter'd Isle' (AUSland)

Austin GROSSBRITANNIEN 1996
Schalenförmige, fast dicht gefüllte Blüten von klarem Rosa zeigen geöffnet gelbe Staubgefäße. Duften nach Myrrhe. Laub dunkelgrün. Wuchs aufrecht, die Blüten erscheinen an langen Trieben.
db ⛛ Br ⚔ D*** Rar 90 × 60 cm

'Schloß Glücksburg' *siehe* 'English Garden'

'Sharifa Asma' (AUSreef)

Austin GROSSBRITANNIEN 1987
'Mary Rose' × 'Admired Miranda'
Duftende, schalenförmige Blüten öffnen sich zu einer dicht gefüllten Rosette mit zurückgebogenen Blütenblättern in zartestem Blaßrosa, das bei den äußeren Blütenblättern mit der Zeit beinahe zu Reinweiß verblaßt. Das Laub ist mittelgrün. Wuchs überhängend und buschig.
db ⛛ Br H ⚔ D*** Rar 90 × 75 cm

'Sir Walter Raleigh'

'Sweet Juliet'

'Symphony'

'Sir Edward Elgar' (AUSprima)

Austin GROSSBRITANNIEN 1992

Gefüllte, schalen- und rosettenförmige Blüten in dunklem Kirschrot, das sich mit der Zeit zu Purpur verändert. Laub dunkelgrün. Wuchs aufrecht und buschig.
db ▽ Br D* Rar   90 × 90 cm

'Sir Walter Raleigh' (AUSspry)

Austin GROSSBRITANNIEN 1985

'Lilian Austin' × 'Chaucer'
Die päonienähnlichen Blüten in klarem, warmem Rosa sind schalenförmig mit offener Mitte und zeigen goldfarbene Staubgefäße. Laub groß und mittelgrün. Wuchs buschig.
db H D*** ▽ Rar   1,20 × 1,20 m

'Swan' (AUSwhite)

Austin GROSSBRITANNIEN 1987

'Charles Austin' × (Sämling × 'Schneewittchen')
Riesige, dicht gefüllte, flache, rosettenförmige Blüten, reinweiß, mit einem Hauch von Bernstein, wenn sie sich öffnen. Duftend. Laub zart mittelgrün. Wuchs stark, aufrecht und strauchförmig.
r H W ✂ D*** Rar   1,20 × 1,10

'Sweet Juliet' (AUSleap)

Austin GROSSBRITANNIEN 1989

'Graham Thomas' × 'Admired Miranda'
Flach schalenförmige, duftende Blüten in Apricot-Gelb erscheinen in großer Fülle an einer buschigen Pflanze mit viel mittelgrünem Laub.
db Br H ✂ D*** Rar   110 × 90 cm

'Symphony' (AUSlett)

Austin GROSSBRITANNIEN 1986

'The Friar' × 'Yellow Cushion'
Zartgelbe, rosettenförmige Blüten erscheinen reichlich an einer buschigen, aufrechten Pflanze mit viel hellgrünem Laub. Eine besonders schöne Rose.
db ▽ Br H ✂ D*** Rar   110 × 90 cm

'The Countryman' (AUSman)

Austin GROSSBRITANNIEN 1987

Sämling × 'Comte de Chambord'
Flache, dicht gefüllte, rosettenförmige Blüten in leuchtendem Dunkelrosa, duftend. Laub reichlich, dunkel graugrün. Wuchs dicht und überhängend.
r ▽ Br H ✂ D*** v   90 × 110 cm

'The Miller'

Austin GROSSBRITANNIEN 1970

'Baroness Rothschild' × 'Chaucer'
Rundliche Knospen öffnen sich zu dicht gefüllten, rosettenförmigen Blüten in mittlerem Rosa, die Blüten erscheinen in kleinen, gleichmäßig angeordneten Büscheln. Das Laub ist mittelgrün, matt. Wuchs stark, aufrecht, buschig und gut bewehrt mit rötlichen Stacheln.
r H a ✂ D*** Rar   1,80 × 1,50 m

'The Nun'

Austin GROSSBRITANNIEN 1987

Lockere Büschel reinweißer, halbgefüllter, tief schalenförmiger (tulpenförmiger) Blüten zeigen tief unten attraktive Staubgefäße. Laub mittelgrün. Wuchs verzweigt und aufrecht.
db ▽ H Br ✂ D* Rar   120 × 90 cm

'The Pilgrim'

Austin GROSSBRITANNIEN 1991

Dicht gefüllte Blüten in zartem, reinem Gelb öffnen sich flach und gleichmäßig geformt. Besonders charakteristisch ist die gefällige zarte Beschaffenheit der Blütenblätter. Intensiv duftend. Laub gesund und mittelgrün. Wuchs kräftig und buschig.

db H ✂ D*** Rar   1,10 × 1,10 m

'The Prince' (AUSvelvet)

Austin GROSSBRITANNIEN 1990

Anfangs schalenförmige Blüten öffnen sich zu einer gefüllten Rosette, zunächst in sattem Karminrot, das sich mit der Zeit in ein königliches Purpur verändert. Intensiv duftend. Laub sehr dunkelgrün. Wuchs niedrig und buschig.

db ▽ Br H ✂ D*** Rar   60 × 60 cm

'The Prioress'

Austin GROSSBRITANNIEN 1969

Sämling von 'La Reine Victoria'
Halbgefüllte, kelchförmige Blüten in zartestem, fast weißem Rosa zeigen, wenn sie ganz geöffnet sind, sehr vorteilhaft ihre Staubgefäße. Duftend. Laub mittelgrün. Wuchs stark aufrecht.

r ▽ H ✂ D** Srt Rar   120 × 90 cm

'The Reeve'

Austin GROSSBRITANNIEN 1979

'Lilian Austin' × 'Chaucer'
Die dicht gefüllten Blüten in dunklem Rosa haben die Form Alter Rosen und werden in Büscheln hervorgebracht. Rötlich-grünes Laub. Wuchs buschig und in die Breite.

r H D** ▽ ✂ Rar   1,20 × 1,20 m

'The Squire'

Austin GROSSBRITANNIEN 1977

'The Knight' × 'Château de Clos Vougeot'
Dicht gefüllte, tief schalenförmige Blüten in dunklem Karminrot. Duftend. Laub derb und dunkelgrün. Wuchs schütter buschig, stachelig.

r ▽ Bd D** Mt Rar   90 × 110 cm

'The Yeoman'

Austin GROSSBRITANNIEN 1969

'Ivory Fashion' × ('Constance Spry' × 'Monique')
Die stark gefüllten flachen Blüten sind lachsrosafarben mit Apricot. Mittelgrünes Laub an einer kompakten Pflanze.

db H D*** Br ▽ ✂ Rar   90 × 60 cm

'Warwick Castle'

'Tradescant' (AUSdir)

Austin GROSSBRITANNIEN 1993

Sämling von 'Prospero'
Dicht gefüllte Blüten in dunklem, warmem Karminrot erscheinen in Büscheln. Überhängender, in die Breite gehender Wuchs mit dunkelgrünem Laub.

db Br ▽ D*** Rar   60 × 60 cm

'Trevor Griffiths' (AUSold)

Austin GROSSBRITANNIEN 1994

Die gefüllten Blüten öffnen sich flach in dunklem Rosa. Laub dunkelgrün. Wuchs sparrig, verzweigt und breit. Benannt nach dem bekannten neuseeländischen Rosenproduzenten und Autor von Rosenbüchern.

db Br ▽ D** Rar   90 × 120 cm

'Troilus' (AUSoil)

Austin GROSSBRITANNIEN 1983

'Duchesse de Montebello' × 'Chaucer'
Tief schalenförmige, dicht gefüllte Blüten in honigfarbenem Bernstein. Duftend. Laub mittelgrün. Wuchs steif und aufrecht.

r H ✂ D*** Mt Rar   1,20 × 1,20

'William Shakespeare'

'Warwick Castle' (AUSlian)
Austin GROSSBRITANNIEN 1986
'The Reeve' × 'Lilian Austin'
Formschöne Blüten in warmem Rosa sind dicht gefüllt mit kleinen Blütenblättern, die eine flache Rosette bilden. Sie erscheinen in kleinen, lockeren Büscheln. Duftend. Laub gräulich-dunkelgrün. Wuchs breit und buschig.
db ▽ Br ✂ D** Srt Rar   60 × 75 cm

'Wenlock' (AUSwen)
Austin GROSSBRITANNIEN 1984
'The Knight' × 'Glastonbury'
Große, schalenförmige, gefüllte, duftende Blüten in mittlerem Karminrot erscheinen reichlich inmitten von üppigem, dunkelgrünem, matt glänzendem Laub an einer buschigen, starkwüchsigen Pflanze.
db H ✂ D*** Rar   120 × 90 cm

'Wife of Bath'
Austin GROSSBRITANNIEN 1969
'Mme Caroline Testout' × ('Ma Perkins' × 'Constance Spry')
Blüten dunkelrosafarben mit hellerer Rückseite, halbgefüllt und schalenförmig. Laub klein und mittelgrün. Wuchs kompakt und buschig.
db H D*** Br ▽ ✂ v   90 × 60 cm

'William Shakespeare' (AUSroyal)
Austin GROSSBRITANNIEN 1987
'The Squire' × 'Mary Rose'
Dicht gefüllte Blüten im Stil Alter Rosen in einem satten Karminrot, das sich mit der Zeit zu Purpur verändert. Laub dunkelgrün, Wuchs buschig.
db H D*** Br ▽ ✂ Rar   120 × 90 cm

'Winchester Cathedral' (AUScat)
Austin GROSSBRITANNIEN 1988
Sport von 'Mary Rose'
Alle Eigenschaften wie bei der Stammsorte 'Mary Rose', nur daß die Blüten weiß sind, im Innern bernsteinfarben überhaucht.
db ▽ Br H D*** v   120 × 90 cm

'Wise Portia' (AUSport)
Austin GROSSBRITANNIEN 1982
Sämling von 'The Knight'
Intensiv duftende, dicht gefüllte Blüten in Mauve bis Purpur erscheinen in Fülle an einer Pflanze von buschigem Wuchs und dunkelgrünem, matt glänzendem Laub.
db ▽ Br H ✂ D*** Mt Rar   75 × 75 cm

'Yellow Button'
Austin GROSSBRITANNIEN 1975
'Wife of Bath' × 'Chinatown'
Gefüllte, knopfähnliche Rosetten in zartem Gelb mit dunklerer Mitte erscheinen reichlich an einer breitwüchsigen, kompakten Pflanze, die gut mit dunkelgrünem Laub ausgestattet ist.
db ▽ Br H Bd ✂ D* Rar   90 × 90 cm

'Yellow Charles Austin'
Austin GROSSBRITANNIEN 1981
Sport von 'Charles Austin'
Hat alle Eigenschaften der Stammsorte 'Charles Austin' bis auf die Blütenfarbe, diese ist Zitronengelb.
r H a Kr D*** ✂ Rar   1,50 × 1,50 m

Teehybriden
»Edelrosen«

Die Bezeichnung Teehybriden umfaßt zwar alle Hybriden von Teerosen, aber obgleich eine hochgebaute Blüte ihr Haupterkennungsmerkmal ist, haben die meisten modernen Sorten dieser Gruppe eine viel komplexere Abstammung als die frühen Sorten.

Tausende wurden gezüchtet und auf den Markt gebracht, seit die erste unter den Namen 'La France' 1867 vorgestellt wurde. Von diesen sind viele, vermutlich zu Recht, schnell wieder in Vergessenheit geratem. Hier werden 40 Sorten aufgeführt: die besten neue Sorten und einige persönliche Favoriten. Insgesamt habe ich mit der Auswahl versucht, einen guten Querschnitt der Geschichte dieser beliebten und auffallenden Gruppe von Rosen zusammenzustellen.

Ihre Verwendbarkeit ist vielfältig. Viele der modernen Sorten blühen so reich wie Floribunda-Rosen und eignen sich ebenso als Beetrosen und für flächige Pflanzungen. Viele gedeihen auch gut zusammen mit anderen Pflanzen, beispielsweise mit Stauden. Für Hecken eignen sich hingegen nur wenige Sorten, die meisten aber, wenn nicht gar alle, fühlen sich in Pflanzgefäßen wohl. Fast ohne Ausnahme machen sie sich gut als Schnittblumen und für die Vase. Einige können – in den richtigen Händen – auf Ausstellungen Preise gewinnen, und eine noch größere Anzahl gedeiht besonders gut unter Glas.

KLASSIFIKATION

BARB Klasse 5
MR10 Klasse 44
WFRS Klasse 4

'Angèle Pernet'
Pernet-Ducher FRANKREICH 1924
'Bénédicte Sequin' × eine Teehybride
Eine besonders schöne Rose mit exquisiter Blütenform. Sie stammt aus dem renommierten Hause von Pernet-Ducher. Sie ist nicht gerade leicht zu kultivieren und auch etwas blühfaul. Die Blüten sind kupfrig-orange, sind aber in keiner Weise grell. Üppiges, dunkles, glänzendes Laub.
db D** ⛉ Rar   60 cm × 60 cm

'Anna Pavlova'
Beales GROSSBRITANNIEN 1981
Sehr schöne Rose, dicht gefüllt und intensiv duftend. Blüten zartrosafarben mit dunkleren Schattierungen an einem sehr kräftigen Stiel. Bei ganz geöffneter Blüte sind einzelne Blütenblätter gefranst. Große,

rundliche Blätter in sattem, dunklem Grün. Auf kargem Boden sollte kein Rückschnitt erfolgen.
db D*** Ar Gh Re ☼ ⊔ ✂ Rar   120 × 90 cm

'Blessings'

Gregory GROSSBRITANNIEN 1967
'Queen Elizabeth' × ein Sämling
Eine sehr reichblühende, schöngeformte Rose in weichem Lachston mit üppigem Laub an dunklen Trieben. Wuchs ziemlich dicht, aber aufrecht. Gut geeignet für große Flächen.
db D** Br a ✂ v   75 × 60 cm

'Chrysler Imperial'

Lammerts DEUTSCHLAND 1952
'Charlotte Armstrong' × 'Mirandy'
Spitze Knospen öffnen sich zu großen, gefüllten, etwas zerzausten Blüten in dunklem Samtrot. Das Laub ist dunkelgrün, der Wuchs buschig und stark.
db D* Br Ar Rar   75 × 60 cm

'Comtesse Vandal'

Leenders HOLLAND 1932
('Ophelia' × 'Mrs Aaron Ward') ×
'Souvenir de Claudius Pernet'
Eine wunderschöne Rose, wenn man die klassische hochgebaute Form bevorzugt. Spitze, orangefarben getönte Knospen öffnen sich in Rosa-Apricot mit dunklerer Mitte. Eine großartige alte Sorte, starkwüchsig, buschig und mit schönem Laub.
db D** Gh Br Ar ⊔ ✂ Rar   75 × 60 cm

'Crimson Glory'

Kordes DEUTSCHLAND 1935
'Catherine Kordes'-Sämling × 'W. E. Chaplin'
Eine besonders schöne alte Sorte. Ihre großen, kugeligen Blüten in dunklem Samtrot duften herrlich. Leider sind die Stiele etwas schwach. Das Laub ist dunkelgrün, aber etwas spärlich. Stachelige Triebe an einer buschigen, etwas ungeordnet wachsenden Pflanze.
db D** Gh Br Re Rar   60 × 60 cm

'Dainty Bess'

Archer GROSSBRITANNIEN 1925
'Ophelia' × 'K of K'
Eine großartige Teehybride mit einfachen Blüten in silbrigem Dunkelrosa, die in wohlproportionierten Büscheln erscheinen. Die Gesamtwirkung wird durch die Staubgefäße in kräftigem Goldbraun noch verstärkt. Süß duftend, große, gesunde Blätter.
db a H D** ⊔   90 × 60 cm

'Dame Edith Helen'

Dickson GROSSBRITANNIEN 1926
Sehr große, schalenförmige Blüten mit vielen Blütenblättern in dunklem Silberrosa öffnen sich manchmal geviertelt im Stil Alter Rosen. Die Blüten erscheinen an kräftigen Stielen. Glänzendes, mittelgrünes Laub an einer aufrechten, aber buschigen Pflanze.
r D*** ⊔ Re Rar   90 × 60 cm

'Dainty Bess' (oben), 'Dame Edith Helen' (unten)

'Diamond Jubilee'

Boerner GROSSBRITANNIEN 1947
'Maréchal Niel' × 'Feu Pernet-Ducher'
Eine der klassischen Teehybriden. Schön geformte Blüten in bräunlich-gelbem Apricot erscheinen reichlich an einer kräftigen, gesunden Pflanze mit ledrigem, dunkelgrünem Laub.
db a Ar Br ▽ Gh ⚞ 90 × 60 cm

'Double Delight' (ANDeli)

Swim & Ellis USA 1977
'Granada' × 'Garden Party'
Die Blüten sind groß und recht dicht gefüllt, rahmweiß mit dunkelrosafarbenen Streifen an den Rändern der Blütenblätter. Eine Rose, die großartig aussehen kann, aber nicht leicht zu kultivieren ist.
db Gh D*** ▽ ○ Re v 90 × 60 cm

'Ellen Willmott'

Archer GROSSBRITANNIEN 1936
'Dainty Bess' × 'Lady Hillingdon'
Eine reizende, einfach blühende Sorte. Auffällige goldfarbene Staubgefäße werden von gewellten creme- und rosafarbenen Blütenblättern umrahmt. Wuchs kräftig und dicht mit dunkelgrünem Laub.
db ▽ Br D* Rar 120 × 90 cm

'Ena Harkness'

Norman GROSSBRITANNIEN 1946
'Crimson Glory' × 'Southport'
Blüten in leuchtendem, samtigem Karminrot, sehr schön geformt. Reichblühend, aber mit schwachen Stielen. Etwas wenig Laub und stachelige Triebe.
db a Gh D** Br Re Rar 60 × 60 cm

'Etoile de Hollande'

Verschuren HOLLAND 1919
'General MacArthur' × 'Hadley'
'Etoile de Hollande' ist heute nur noch selten zu sehen, höchstens in ihrer Kletterform. Trotzdem verdient sie es, hier erwähnt zu werden, denn sie war in der Vergangenheit eine bedeutende Rose. Stark duftende Blüten in einem düsteren Rot. Dunkelgrünes Laub, das sich weich anfühlt, an einer Pflanze von buschigem, etwas ungeordnetem Wuchs. Sie wurde zu ihrer Zeit besonders als Treibrose kultiviert.
db D*** Gh Mt ⚞ Rar 60 × 60 cm

'Gloria Dei' *siehe* 'Peace'

'Diamond Jubilee' (oben), 'Golden Melody' (unten)

'Golden Melody', 'Irene Churruca'

La Florida USA 1934
'Mme Butterfly' × ('Lady Hillingdon' × 'Souvenir de Claudius Pernet')
Eine wunderschöne Rose, eine der besten aus den 1930er Jahren, mit großen, schön geformten, hochgebauten, mäßig gefüllten Blüten in zartem, rosa überzogenem gelblichem Hellbraun und mit dunklerer Mitte. Das Laub ist dunkelgrün, die Triebe sind noch dunkler, fast kastanienfarben, mit vereinzelten großen Stacheln. Eine Pflanze von leicht ungeordnetem Wuchs, deren Winterhärte etwas zweifelhaft ist.
db D*** Br Ar ▽ ⚞ Rar 75 × 60 cm

'Helen Traubel'

'Grace Darling'

Bennett GROSSBRITANNIEN 1884

Sehr gute alte Teehybride; eine der ersten, die eingeführt wurde. Kugelige, rahmweiße Blüten, Ränder der Blütenblätter rosafarben schattiert, duftend, blüht sehr reich an einer ziemlich sparrigen und robusten Pflanze mit hübschem dunklem, graugrünem Laub.

r Br ☼ ⛶ D* Rar   90 × 60 cm

'Grandpa Dickson', 'Irish Gold'

Dickson GROSSBRITANNIEN 1966

('Perfecta' × 'Governador Braga da Cruz') × 'Piccadilly'

Sehr große, anmutige, schön geformte zitronengelbe Blüten, manchmal leicht rosafarben überhaucht. Die ganz geöffneten Blüten sind oftmals mit Rosa überzogen. Kräftiger und aufrechter Wuchs mit viel mittelgrünem Laub, sehr stachelig.

db D* ⛶ Br Ar ✂ v   75 × 60 cm

'Helen Traubel'

Swim USA 1951

'Charlotte Armstrong' × 'Glowing Sunset'

Eine wunderschöne Rose mit langen, spitzen Knospen, die sich rosa-apricotfarben öffnen. Etwas schwache Stiele, aber viele Vorzüge machen diesen Mangel wett. Hoher und aufrechter Wuchs mit großblättrigem, dunkelgrünem Laub.

db H D** Br Re Rar   105 × 60 cm

'Joanna Hill'

Hill USA 1928

'Mme Butterfly' × 'Miss Amelia Gude'

Lange, spitze Knospen öffnen sich zu hochgebauten, gefüllten Blüten, cremegelb, an der Basis orangefarben durchzogen. Wie die berühmte Elternsorte 'Mme Butterfly' kostbar duftend und erstklassig. Laub dunkel und ledrig. Wuchs buschig. Gelegentlich launisch.

db ⛶ Br Gh ✂ D*** Rar   60 × 60 cm

'Just Joey'

Cant GROSSBRITANNIEN 1972

'Duftwolke' × 'Dr. A. J. Verhage'

Eine großartige Rose. Ihre großen, an den Rändern unregelmäßigen Blüten in kupfrigem Orange verblassen bei der geöffneten Blüte an den Rändern zu Zartrosa. Dunkelgrünes, ledriges und leicht glänzendes Laub an einer etwas ungeordnet wachsenden Pflanze.

db D** Br ⛶ ✂ v   60 × 60 cm

'Lady Mary Fitzwilliam'

Bennett GROSSBRITANNIEN 1882

'Devoniensis' × 'Victor Verdier'

Große Blüten, zartrosafarben, dunkel schattiert, erscheinen reichlich. Formschön, hochgebaut, duftend. Nicht zu starkwüchsig, aber recht buschig. Reichlich schönes, dunkelgrünes Laub. Eine berühmte alte Sorte, Elternsorte vieler der frühen britischen Teehybriden. Wiederentdeckt 1975 in Caston, Norfolk, von Keith Money. (Abbildung Seite 33)

db D** Br ⛶ Rar   60 × 60 cm

'La France'

Guillot Fils FRANKREICH 1865

wahrscheinlich Sämling von 'Mme Falcot'

Gilt als die erste Teehybride überhaupt. Silbrigrosafarbene, duftende Blüten mit hoher Mitte in kleinen Büscheln sind, wenn sie sich öffnen, ziemlich wirr gefüllt. Der Busch wächst aufrecht, das Laub ist mittelgrün. Sehr schön, aber etwas unauffällig für die erste Rose ihrer Klasse.

r Gh Br ⛶ D*** v   120 × 90 cm

'Marchioness of Salisbury'

Pernet FRANKREICH 1890

Duftende, sehr große, kugelige, aber dennoch hochgebaute Blüten in sattem Dunkelrot, stehen aufrecht an kurzen, sehr steifen Stengeln. Laub üppig, dunkelgrüne Blätter bekleiden die Triebe dicht. Wuchs buschig und aufrecht. Eine der ersten dunkelroten Teehybriden, die auf den Markt kamen.

r ⛶ Br Gh ✂ D*** Rar   60 × 60 cm

'Michèle Meilland'

Meilland FRANKREICH 1945

'Joanna Hill' × 'Gloria Dei'

Ein Klassiker vergangener Zeiten. Die ausgesprochen schön geformten Blüten in einem bräunlichen Cremeton sind rosa- und lachsfarben schattiert. Reichblühend. Buschiger, aufrechter Wuchs, Laub und Triebe dunkel.

db D** Br Gh ⛶ ✂ ☼ Rar   60 × 60 cm

'Mme Louis Laperrière'

'Mme Louis Laperrière'

Laperrière FRANKREICH 1951
'Crimson Glory' × ein Sämling
Blüten in sattem, dunklem Karminrot erscheinen reichlich an einer aufrechten, aber buschigen Pflanze mit dunkelgrünem, mattem Laub. Eine sehr gute Sorte, die sich vor allem als Beetrose eignet.
db a D*** Br Rar   60 × 60 cm

'Monique'

Paolino FRANKREICH 1949
'Lady Sylvia' × ein Sämling
Schön geformte Knospen öffnen sich zu reizvollen großen, aber gut proportionierten Blüten, flach schalenförmig. Die Blütenfarbe ist eine Mischung verschiedener Rosatöne. Mattes, mittelgrünes Laub, aufrechter, hübscher Wuchs.
db D*** Br ⌑ ✂ Rar   75 × 60 cm

'Mrs Oakley Fisher'

Cant GROSSBRITANNIEN 1921
Große, gleichmäßige Büschel einfacher Blüten in dunklem, ledrigem Gelb mit auffälligen bernsteinfarbenen Staubgefäßen. Dunkelgrünes, wie Bronze glänzendes Laub Die Triebe sind pflaumenfarben und stachelig. Ein Blickfang aus vergangener Zeit.
db a D** Br ⌑ Rar   60 × 60 cm

'Mrs Sam McGredy'

McGredy GROSSBRITANNIEN 1929
('Donald Macdonald' × 'Golden Emblem') × (Sämling × 'Queen Alexandra Rose')
Große, etwas unordentliche Blüten in bräunlichem Lachs-Orange mit gelber Mitte und rot überzogener Rückseite. Laub mit Bronzeglanz, Triebe dunkel. Ziemlich ungeordneter Wuchs.
r a D** Br ⌑ Rar   90 × 60 cm

'Mrs Oakley Fisher'

'Ophelia'

'Ophelia'

W. Paul GROSSBRITANNIEN 1912
vermutlich ein Sämling von 'Antoine Rivoire'
Ein Klassiker. Herrlich geformte zartrosafarbene Blüten mit zartgelber Basis. Wunderschön als Knospe, die ganz geöffneten Blüten zeigen sehr reizvoll goldfarbene Staubgefäße. Dunkelgrünes Laub an einer Pflanze von aufrechtem Wuchs. Elternsorte mehrerer Sports gleichen Formats, insbesondere von 'Mme Butterfly' und 'Lady Sylvia'.
db D*** Br Gh ⌑ ✂ Rar   60 × 60 cm

'Gloria Dei' (oben) , 'Pinta' (rechts)

'Papa Meilland' (MEIsar)
Meilland FRANKREICH 1963
'Chrysler Imperial' × 'Charles Mallerin'
Großartige Blüten in dunklem, samtigem Karminrot; auffällige Aderung. Mittel- bis dunkelgrünes, leicht glänzendes Laub an aufrechter Pflanze, große Stacheln. Nicht leicht zu kultivieren, aber sehr lohnend.
r D*** Mt Srt v   90 × 60 cm

'Peace', 'Gloria Dei', 'Mme A. Meilland', 'Gioia'
F. Meilland FRANKREICH 1945
('George Dickson' × 'Souvenir de Claudius Pernet') × ('Joanna Hill' × 'Chas. P. Kilham') × 'Margaret McGredy'
Wahrscheinlich die bekannteste und eine der beliebtesten Rosen aller Zeiten. Groß, mit hoher Mitte; öffnet sich schalenförmig, manchmal reizend zerzaust. Fein duftend. Farbe wechselt von Boden zu Boden, manchmal von einem Tag zum anderen. Meistens cremegelb (bei kühlerem Wetter manchmal fast goldgelb), mit rosafarbener Schattierung an den Rändern der Blütenblätter, die sich mit der Zeit fast zu Rot verstärkt. Blüht zum Teil nur zögerlich. Mit dem wunderschönen dunkelgrünen, glänzenden Laub und ihrer kräftigen Konstitution ist sie eine großartige Rose für jeden Garten. Wenn man sie in gutem Boden nicht zurückschneidet, wird sie viel höher, als angegeben.
db a H Ar ✂ D* v   120 × 90 cm

'Pinta'
Beales GROSSBRITANNIEN 1973
'Ena Harkness' × 'Pascali'
Sehr reichblühend. Büschel schön geformter, rahmweißer Blüten an einer robusten, aber etwas ungeordnet wachsenden Pflanze mit dunkelgrünen Trieben und mittelgrünem, mattschimmerndem Laub. Ein besonderer Vorzug ist ein intensiverDuft wie bei *R. rubiginosa*.
db a H D*** Ar W ⌸ v   105 × 75 cm

'Silver Jubilee'

'Royal William', 'Duftzauber '84' (KORzaun)
Kordes DEUTSCHLAND 1984
'Feuerzauber' × ein Sämling
Hochgebaute und schön geformte dunkelrote Blüten erscheinen reichlich an einer Pflanze mit aufrechtem Wuchs und dunkelgrünem, leicht glänzendem Laub.
db Br D** ⌸ ✂ v   75 × 60 cm

'Shot Silk'

Dickson GROSSBRITANNIEN 1924

'Hugh Dickson'-Sämling × 'Sunstar'

Ohne Zweifel eine der besten Dickson-Rosen aus der Zeit vor dem Zweiten Weltkrieg. Kugelige, gefüllte, hochgebaute Blüten in einem Lachston, mit gelber Basis und silbrigem Schimmer. Reichlich glänzendes, üppiges Laub. Wuchs buschig, aufrecht und niedrig.

db H Gh Br D** ⌸ ✂ Rar   45 × 45 cm

'Silver Jubilee'

Cocker GROSSBRITANNIEN 1978

[('Highlight' × 'Königin der Rosen') × ('Parkdirektor Riggers' × 'Piccadilly')] × 'Mischief'

Eine schön geformte, sehr reichblühende Rose in silbrigem Rosa und Apricot mit dunklerer Rückseite. Die Blüten erscheinen in Büscheln; wenn man die Seitenknospen entfernt, werden die Blüten riesig. Laub glänzend. Wuchs sehr buschig, aber aufrecht, die Triebe sind sehr stachelig. Eine der besten Rosen, die jemals gezüchtet wurde.

db a D** H Gh Br Ar ⌸ ✂ v   105 × 60 cm

'Sir Frederick Ashton'

Beales GROSSBRITANNIEN 1985

Sport von 'Anna Pavlova'

Sehr stark duftende, große, gefüllte Blüten in Reinweiß mit rahmweißer Mitte. Laub groß, rundlich und dunkel mattgrün. Triebe kräftig, Wuchs aufrecht.

db D*** Ar Gh Rr ☼ Rar   120 × 90 cm

'Soleil d'Or'

Pernet-Ducher FRANKREICH 1900

'Antoine Ducher' × *R. foetida persiana*

Eine bedeutende Rose. Zusammen mit 'Rayon d'Or' ist sie eine der 'Pernettiana-Rosen', auf die die gelben

'Sir Frederick Ashton' (unten)

'Violinista Costa'

'White Wings'

und leuchtenden Farbtöne der meisten unserer heutigen Gartenrosen zurückgehen. Die Bezeichnung 'Pernettiana-Rosen' wurde inzwischen aufgegeben, die Gruppe wurde den Teehybriden zugeordnet. 'Soleil d'Or' ist sehr groß und gefüllt, öffnet sich zu einer schalenförmigen, flachen Blüte mit einer zerzausten Mitte, duftend, dunkel orangegelb bis bräunlichgoldfarben mit Rot schattiert. Sattgrünes Laub an einer stacheligen Pflanze.

r Gh a ⬜ Re D*** Rar 90 × 90 cm

'Sutter's Gold'

Swim USA 1950

'Charlotte Armstrong' × 'Signora'

Sehr reichblühend. Schlanke Knospen an langen, kräftigen Stielen öffnen sich zu reizenden, locker geformten Blüten in dunklem Gelb, das mit Orange und Rosa vermischt und schattiert ist. Laub mittelgrün und leicht glänzend. Wuchs aufrecht, aber buschig.

db a D** Br Gh ⬜ ✂ v 90 × 60 cm

'The Doctor'

Howard USA 1936

'Mrs J. D. Eisele' × 'Los Angeles'

Eine berühmte Sorte, die trotz ihrer Anfälligkeit für Sternrußtau nicht aufgegeben werden sollte. Sie hat große, schön geformte Blüten in sattem Silberrosa mit einem seidigen Schimmer. Die halbgeöffnete Blüte ist hochgebaut. Das Laub ist matt graugrün. Kräftiger und aufrechter Wuchs.

db D*** Br Ar ⬜ Srt Rr ✂ Rar 75 × 60 cm

'Violinista Costa'

Camprubi SPANIEN 1936

'Sensation' × 'Shot Silk'

Reichblühende Sorte. Schön geformte Blüten in dunklem Orange-Rosa, etwas dunkler unterlegt und mit gelber Basis, gelegentlich fast rot. Laub mittelgrün und glänzend, Triebe sehr stachelig. Wuchs ungeordnet.

db a H Br D* ⬜ Rar 75 × 60 cm

'White Wings'

Krebs USA 1947

'Dainty Bess' × ein Sämling

Lange, spitze Knospen öffnen sich zu großen, einfachen, reinweißen Blüten mit auffälligen, schokoladebraunen Staubgefäßen. Eine wunderschöne Rose, wenn man sie an den richtigen Platz pflanzt. Laub mittelgrün und matt. Wuchs buschig.

db D** ⬜ ○ Rar 110 × 75 cm

Kletternde Teehybriden
(Großblütige Kletterrosen)

Gelegentlich kommt es vor, daß ein Busch einer ansonsten nicht kletternden Teehybride (wie auch bei den Floribunda-Rosen, siehe Seite 305) spontan einen kletternden Trieb hervorbringt. Die Ursache ist genetisch bedingt. Wenn die neue Form erhalten werden soll, muß sie vom Rosenschuler unter Verwendung des kletternden Triebs durch Veredlung vermehrt werden. Viele Teehybriden bringen sehr gute Kletterformen hervor, die besten davon sind hier beschrieben. Sie eignen sich besonders gut für Mauern, wegen ihrer Starkwüchsigkeit und ihrer langen, dünnen Triebe brauchen sie einen Erziehungsschnitt, um sich voll zu entwickeln.

KLASSIFIKATION

BARB	Klasse 10
MR10	Klasse 12
WFRS	Klasse 17

'Allen Chandler'

Chandler USA 1923
'Hugh Dickson' × Sämling
Eine robuste, gesunde Rose von strahlendem Rot. Große, halbgefüllte Blüten zeigen sehr vorteilhaft goldfarbene Staubgefäße. Eine gute, wiederholt blühende Sorte mit dunkelgrünem Laub.
r a D* Rar 3,50 × 2,50 m

'Bettina' Climbing

Buschform: Meilland FRANKREICH 1953
'Gloria Dei' × ('Mme Joseph Perraud' × 'Demain')
Kletterform: Meilland FRANKREICH 1958
Schön geformte, schalenförmige Blüten öffnen sich flach, Orange mit Lachs durchzogen. Tief dunkelgrünes Laub an verhältnismäßig stachellosen Trieben. Braucht einen geschützten, warmen Standort, um zu gedeihen.
S ○ ≿ D*** Rar 4,50 × 2,50 m

'Blessings' Climbing

Buschform: Gregory GROSSBRITANNIEN 1967
'Queen Elizabeth' × Sämling
Kletterform: Gregory GROSSBRITANNIEN 1968
Formschöne Blüten in zartem Lachston, hochgebaut. Wuchs stark, mit viel mittelgrünem Laub.
S a D** ≿ Rar 4,50 × 2,50 m

'Captain Christy' Climbing

Buschform: Lacharme FRANKREICH 1873
'Victor Verdier' × 'Safrano'
Kletterform: Ducher FRANKREICH 1881
Halbgefüllte Blüten von weichem Rosa mit dunklerer Mitte, schalenförmig, wenn sie ganz geöffnet sind. Die duftenden Blüten werden in großer Zahl hervorgebracht, manchmal folgt eine Nachblüte im Herbst. Wuchs aufrecht und stark mit mittelgrünem Laub.
r a D*** Rar 4,50 × 2,50 m

'Allen Chandler'

Climbing 'Captain Christy'

'Columbia Climber'

'Château de Clos Vougeot' Climbing 'Climbing Château de Clos Vougeot'

Buschform: Pernet-Ducher FRANKREICH 1908
Kletterform: Morse GROSSBRITANNIEN 1920
Intensiv duftende Blüten von herrlichem, samtigem Dunkelrot. Die Pflanze selbst ist nicht schön, von sparrigem Wuchs und wuchernd. Triebe eher stachellos, Laub dunkelgrün, aber ziemlich spärlich.
S D*** Rar   4,50 × 2,50 m

'Christine' Climbing, 'Climbing Christine'

Buschform: McGredy GROSSBRITANNIEN 1918
Kletterform: Willink IRLAND 1936
Schön geformte Blüten von sattem Goldgelb, halbgefüllt und für eine gelbe Rose ungewöhnlich gut duftend. Wuchs aufrecht, Blätter mittelgroß und mittel- bis hellgrün.
S a D*** Rar   3,50 × 2,50 m

'Columbia Climber'

Buschform: Hill & Co USA 1916
'Opelia' × 'Mrs George Sawyer'
Kletterform: Lens BELGIEN 1929
Den richtigen Namen dieser Rose habe ich erst vor kurzem herausgefunden. Die Blüten sind groß, ge-
füllt, intensiv duftend und dunkelrosafarben. Sie erscheinen inmitten von schönem, dunkelgrünem Laub an einer Pflanze von mittelstarkem Wuchs. Besonderer Dank an Vivian Russell, daß sie mich mit dieser reizvollen Sorte bekanntgemacht hat.
r Gh D*** Rar   2,50 × 1,50 m

'Comtesse Vandal' Climbing, 'Climbing Comtesse Vandal'

Buschform: Leenders HOLLAND 1932
('Ophelia' × 'Mrs Aaron Ward') × 'Souvenir de Claudius Pernet'
Kletterform: Jackson & Perkins USA 1936
Eine wunderschöne, elegante Rose mit langen, spitzen Knospen, die sich zu lockeren Blüten öffnen. Silbriges Bernsteinrosa mit orangefarbenen Schattierungen und dunklerer Rückseite. Schwach duftend. Wuchs kräftig und aufrecht. Blätter groß und dunkelgrün.
S a D* Rar   3,50 × 2,50 m

'Crimson Conquest'

Chaplin Bros GROSSBRITANNIEN 1931
Sport von 'Red Letter Day'
Mittelgroße, halbgefüllte, satt karminrote Blüten an einer gesunden Pflanze mit dunkelgrünem, glänzendem Laub. Eine ausgezeichnete, zu wenig beachtete Kletterrose. In ihr ist die Buschform einer berühmten alten Teehybride, die heute leider verloren ist, erhalten geblieben.
S N a D* Rar   4,50 × 2,50 m

'Crimson Glory' Climbing

Buschform: Kordes DEUTSCHLAND 1935
Sämling von 'Cathrine Kordes' × 'W. E. Chaplin'
Kletterform: Jackson & Perkins USA 1946
Die Kletterform dieser berühmten Teehybride bildet einen ausgezeichneten Solitärstrauch. Die Blüten sind samtig und voll gefüllt mit Blütenblättern. Ihre bekannt schwachen Stengel sind für die Kletterform sogar ein Vorzug, da die Blüten sehr wirkungsvoll nach unten hängen. Hat einen kräftigen, berauschenden Duft. Holz rötlichbraun, Laub dunkelgrün.
S a D*** Rar   4,50 × 2,50 m

'Cupid'

B. R. Cant GROSSBRITANNIEN 1915
Eine reizende, einfach blühende Sorte. Große, herrlich geformte Blüten in Pfirsichrosa mit gelber Basis und auffälligen goldfarbenen Staubfäden. Blüht manchmal etwas zögerlich, es lohnt sich aber trotzdem, sie zu pflanzen und sei es wegen einer einzigen perfekten Blüte im Jahr. Gelegentlich überrascht sie sogar mit einer Nachblüte im Herbst. Ein Exemplar,

'Cupid'

das ich in Neuseeland sah, widerlegt ihren Ruf, sie blühe zögerlich.
S a N ◯ D* Rar   3,00 × 1,80 m

Climbing 'Duftwolke' siehe Climbing 'Fragrant Cloud'

'Eden Rose' Climbing, 'Climbing Eden Rose'

Buschform: F. Meilland   FRANKREICH 1953
'Gloria Dei' × 'Signora'
Kletterform: F. Meilland   FRANKREICH 1962

Eine große, schön geformte Knospe mit hoher Mitte öffnet sich zu einer lockeren, dicht gefüllten Blüte von leuchtendem Rosa mit silbrigen Glanzlichtern. Intensiv duftend. Blätter groß, knackig und glänzend an dicken, kräftigen Trieben. Sehr starkwüchsig.
S a N ◯ D*** Rar   4,50 × 3,00 m

'Ena Harkness' Climbing, 'Climbing Ena Harkness'

Buschform: Norman 1946
'Crimson Glory' × 'Southport'
Kletterform: Murrell   GROSSBRITANNIEN 1954

Die Blüten sind schön geformt im Stil der Teehybriden, die Knospen spitz, sattes, samtiges Karminrot, intensiv duftend. Der schwache Stengel, den sie von 'Crimson Glory' geerbt hat, ist für die Kletterform ein Vorzug. Das Holz ist dunkel und stachelig, mit viel dunklem, mattgrünem Laub.
S a ✂ D*** Rar   4,50 × 2,50 m

'Etoile de Hollande' Climbing, 'Climbing Etoile de Hollande'

Buschform: Verschuren   HOLLAND 1919
'General MacArthur' × 'Hadley'
Kletterform: Leenders   HOLLAND 1931

Eine rote Rose, war zwischen den Weltkriegen sehr berühmt und beliebt. Herrlich duftend. Schön geformte Blüten von sattem Samtrot, das sich mit der Zeit zu Purpur verändert – ihr einziger Fehler. Triebe pflaumenfarbig, Laub matt und dunkelgrün.
S Mt D*** Rar   3,50 × 2,50 m

Climbing 'Fragrant Cloud' 'Climbing Duftwolke'

Buschform: Tantau   DEUTSCHLAND 1963
Sämling × 'Prima Ballerina'
Kletterform: Collin   GROSSBRITANNIEN 1973

Schön geformte Blüten in Korallenrot, die Blütenfarbe variiert allerdings. Laub dunkel rötlich-grün. Wuchs aufrecht und kräftig.
S a ✂ Srt Rar   3,50 × 2,50 m

'General MacArthur' Climbing 'Climbing General MacArthur'

Buschform: E. G. Hill & Co.   USA 1905
Kletterform: Dickson   GROSSBRITANNIEN 1923

Große, locker geformte, intensiv duftende Blüten von dunklem Rosa öffnen sich aus spitzen Knospen. Reichblühend und sehr starkwüchsig. Holz kastanienbraun mit großen, dunkelgrünen Blättern.
S a D*** Rar   5,50 × 3,00 m

'Étoile de Hollande'

Climbing 'Golden Dawn'

Buschform: Grant AUSTRALIEN 1929
'Elegante' × 'Ethel Somerset'
Kletterform: LeGrice GROSSBRITANNIEN 1947
Blüht trotz des Namens gelb, rosa überhaucht. Die Blüten sind groß und kugelig und haben einen kräftigen, lieblichen Duft. Das Laub ist recht auffällig, dunkelgrün, etwas kupfern. Starkwüchsig und gesund.
S N a ◐ D*** Rar   3,50 × 2,50 m

'Grandmère Jenny' Climbing
'Climbing Grandmère Jenny'

Buschform: Meilland FRANKREICH 1950
'Gloria Dei' × ('Julien Potin' × 'Sensation')
Kletterform: Meilland FRANKREICH 1958
Die langen, spitzen Knospen öffnen sich zu Blüten von ansehnlicher Größe. Ihre Farbe ist blaßgelb, überzogen mit Kupfer und Rosa. Klingt etwas alltäglich, die Wirkung ist aber durchaus vornehm. Wuchs kräftig, Blätter groß und tief dunkelgrün.
S a ✂ D** Rar   5,50 × 3 m

'Guinée'

Mallerin FRANKREICH 1938
'Souvenir de Claudius Denoyel' × 'Ami Quinard'
Sehr dunkles Karminrot. Die gefüllten Blüten öffnen sich flach aus ziemlich dickbäuchigen Knospen und zeigen goldbraune Staubfäden, die von samtigen Blütenblättern umgeben sind. Duftend. Eine herrliche Sorte mit dunklem Holz und dunkelgrünem Laub.
r a D*** Rar   4,50 × 2,50 m

'Home Sweet Home' Climbing
'Climbing Home Sweet Home'

Buschform: Wood & Ingram GROSSBRITANNIEN
Kletterform: Herkunft unbekannt
Große, kugelige Blüten von reinem Dunkelrosa mit vielen samtigen Blütenblättern und intensivem Duft. Sehr starkwüchsig mit dicken Trieben. Gut ausgestattet mit großen, dunklen Blättern.
S a D*** Rar   4,50 × 2,50 m

'Irish Fireflame' Climbing
'Climbing Irish Fireflame'

Buschform: Dickson GROSSBRITANNIEN 1914
Kletterform: Dickson GROSSBRITANNIEN 1916
Große, einfache Blüten mit auffälligen Staubfäden, eine feine Mischung aus ruhigem Orange, Gelb und Pfirsich. Ein gesunder Strauch, nicht zu hoch werdend. Ideal für Säulen, vor allem, weil sie häufig im Herbst remontiert. Laub dunkelgrün.
r Rar   3,00 × 1,80 m

'Guinée'

'Josephine Bruce' Climbing
'Climbing Josephine Bruce'

Buschform: Bees GROSSBRITANNIEN 1949
'Crimson Glory' × 'Madge Whipp'
Kletterform: Bees GROSSBRITANNIEN 1954
Dicht gefüllte Blüten von tiefem, samtigem Rot, zuweilen ziemlich schwarz. Intensiv duftend. Viel Laub, matt, dunkelgrün, an kräftigen, stacheligen Trieben.
S a D*** Rar   4,50 × 3,00 m

'Lady Sylvia' Climbing, 'Climbing Lady Sylvia'

Buschform Stevens GROSSBRITANNIEN 1926
Sport von 'Mme Butterfly'
Kletterform: Stevens GROSSBRITANNIEN 1933
Eine der beliebtesten Rosen der 1930er Jahre. Schön geformte Knospen öffnen sich zu vollen Blüten, fleischrosafarben mit dunklerem Untergrund, fein duftend. Eine ausgezeichnete Kletterrose von aufrechtem Wuchs und mit graugrünem Laub.
S Gh a ✂ D*** Rar   4,50 × 3,00 m

'Lady Waterlow'

G. Nabonnand FRANKREICH 1903
'La France de '89' × 'Mme Marie Lavalley'

'Lady Sylvia' Climbing

Halbgefüllte Blüten von weichem Rosa, Untergrund und Äderung dunkler, besonders an den Rändern der Blütenblätter. Eine gesunde, robuste Kletterrose mit üppigem Laub und aufrechtem Wuchs. Duftend.
S a N ◐ D** Rar   4,50 × 2,50 m

'Meg'

Gosset GROSSBRITANNIEN 1954
angeblich 'Paul's Lemon Pillar' × 'Mme Butterfly'
Eine entzückende Kletterrose. Die großen, duftenden, fast einfachen Blüten haben auffallende, rostrote Staubgefäße und bernsteingelbe Blütenblätter durchzogen von Apricot und Pfirsich. Das Laub ist dunkelgrün, glänzend und gesund.
r a D** Rar   2,50 × 1,20 m

'Mme Abel Chatenay' Climbing
'Climbing Mme Abel Chatenay'

Buschform: Pernet-Ducher FRANKREICH 1895
'Dr. Grill' × 'Victor Verdier'
Kletterform: Page GROSSBRITANNIEN 1917
Eine der frühen kletternden Teehybriden, die auf Kosten anderer ihren Platz in jedem Garten verdient. Die Blüten sind kugelig, aber spitz, duftend, von weichem Silberrosa mit dunklerer Mitte, wenn sie geöffnet sind. Ich vermute, daß diese Rose im Lauf der Jahre etwas von ihrer ursprünglichen Wuchskraft verloren hat. Dunkelgrüne Blätter, klein, aber dicht. Wuchs ziemlich sparrig und stachelig. (Abbildung Seite 35)
r D*** Rar   3,00 × 2,50 m

'Mme Butterfly' Climbing
'Climbing Mme Butterfly'

Buschform: Hill & Co. USA 1918

Climbing 'Mme Caroline Testout'

Sport von 'Ophelia'
Kletterform: E. P. Smith GROSSBRITANNIEN 1926
Schön gerollte Knospen öffnen sich zu vollen Blüten von weichem Blaßrosa, fein duftend, auf kräftigen Stengeln. Gut als Schnittrosen geeignet. Graugrünes Laub an einer aufrecht und stark wachsenden Pflanze.
S Gh a ✂ D*** Rar   4,50 × 3,00 m

'Mme Caroline Testout' Climbing
'Climbing Mme Caroline Testout'

Buschform: Pernet-Ducher FRANKREICH 1890
'Mme de Tartas' × 'Lady Mary Fitzwilliam'
Kletterform: Chauvry FRANKREICH 1901
Eine sehr starkwüchsige Kletterrose mit saftigem, graugrünem Laub und dicken, aufrechten, stacheligen Trieben. Große, kohlkopfartige Blüten, silbriges Dunkelrosa, mit ausgeprägtem Duft.
r a N ◐ D*** Rar   4,50 × 2,50 m

'Mme Édouard Herriot' Climbing, 'Climbing Daily Mail Rose', 'Daily Mail Rose' Climbing

Buschform: Pernet-Ducher FRANKREICH 1913
'Mme Caroline Testout' × Tee-Hybride
Kletterform: Ketten Bros LUXEMBURG 1921
Eine starkwüchsige Kletterrose, korallenfarbig, zaghaft gelb im Inneren. Spitze Knospen öffnen sich zu halbgefüllten, flachen, lockeren Blüten. Wuchs aufrecht und stachelig mit braunen Flecken auf der Rinde. Laub hellgrün.
S D** Rar   3,50 × 2,50 m

'Mme Grégoire Staechelin', 'Spanish Beauty'

P. Dot SPANIEN 1927
'Frau Karl Druschki' × 'Château de Clos Vougeot'
Eine außergewöhnlich starkwüchsige Kletterrose. Die großen Blüten sind blaßrosafarben mit dunklerer Unterseite und an den Rändern stark geädert. Blüht früh und sehr reich. Triebe kräftig, Laub dunkelgrün. Wenn man die verwelkten Blüten stehen läßt, bringt sie im Herbst herrliche große, orangerote Hagebutten hervor. Eine ausgezeichnete Sorte.
r Hb a N ◐ D*** Rar   4,50 × 3,00 m

'Mme Henri Guillot' Climbing
'Climbing Mme Henri Guillot'

Buschform: Mallerin FRANKREICH 1938
'Rochefort' × Sämling von R. foetida bicolor
Kletterform: Meilland FRANKREICH 1942
Große, ziemlich lockere, halbgefüllte Blüten von dunklem, gebranntem Orange. Nur wenig Duft. Sehr starkwüchsig mit vielen dunkelgrünen Blättern.
S a N ◐ D* Rar   4,50 × 3,00 m

'Mme Grégoire Staechelin' (oben)
'Meg' (unten)

'Mrs Aaron Ward' Climbing
'Climbing Mrs Aaron Ward'

Buschform Pernet-Ducher FRANKREICH 1907
Kletterform: Dickson GROSSBRITANNIEN 1922
Knospen mit hoher Mitte öffnen sich zu schön geformten Blüten von cremigem Gelb mit einem Hauch von Rosa, bei trübem Wetter gelegentlich dunkler, reichblühend, duftend. Kräftiger Wuchs mit viel dunkelgrünem Laub.
S a D** Rar   4,50 × 2,50 m

'Mrs G. A. van Rossem' Climbing
'Climbing Mrs G. A. van Rossem'

Buschform: Van Rossem HOLLAND 1929
'Souvenir de Claudius Pernet' × 'Gorgeous'
Kletterform: Gaujard FRANKREICH 1937
Große, kugelige Knospen öffnen sich zu Blüten in Orange und Apricot auf gelbem Untergrund mit einer dunkleren Rückseite. Wuchs kräftig und aufrecht. Das Laub ist stark glänzend, satt dunkelgrün, nur wenig Stacheln.
S a D* Rar   3,50 × 3,00 m

'Mrs Herbert Stevens' Climbing
'Climbing Mrs Herbert Stevens'

Buschform: McGredy GROSSBRITANNIEN 1910
'Frau Karl Druschki' × 'Niphetos'
Kletterform: Pernet-Ducher FRANKREICH 1922

Eine der besten weißen Kletterrosen. Schön geformte Blüten erscheinen in großer Zahl, herrlich duftend. Laub dunkel, an kräftigen Trieben. Früher sehr beliebt, wird öfter in alten Gärten gefunden und mir zur Bestimmung geschickt. Fühlt sich auch unter schwierigen Bedingungen recht wohl.

r a N ◐ ⊰ D*** v   3,50 × 2,50 m

'Mrs Sam McGredy' Climbing 'Climbing Mrs Sam McGredy'

Buschform: McGredy IRLAND 1929
('Donald Macdonald' × 'Golden Emblem') × (Sämling × 'Queen Alexandra Rose')
Kletterform: Buisman HOLLAND 1937

Sehr starkwüchsige Rose mit kupferrotem Laub und orangeroten jungen Trieben. Blüten unordentlich, wenn sie ganz geöffnet sind, von feurigem Kupferorange und duftend. Braucht viel Platz, um sich voll zu entwickeln.

r a N ◐ ⊰ Rar   6,00 × 4,50 m

'Ophelia' Climbing, 'Climbing Ophelia'

Buschform: W. Paul GROSSBRITANNIEN 1912
Kletterform: Dickson IRLAND 1920

Schöne Knospen öffnen sich weich fleischrosafarben mit dunkleren Schattierungen und Andeutungen von Hellgelb in der Mitte. Hat einen ausgeprägten Duft. Wuchs aufrecht und mit viel Laub.

r a ⊰ D*** Rar   4,50 × 3,00 m

'Paul Lédé' Climbing, 'Climbing Paul Lédé', 'Mons. Paul Lédé'

Buschform: Pernet-Ducher FRANKREICH 1902
Kletterform: Lowe GROSSBRITANNIEN 1913

Große, schön geformte Blüten von weichem Rosa mit pfirsichfarbenen Schattierungen an der Basis, lieblich duftend und reichblühend. Viel mittelgrünes Laub. Nur selten zu sehen, aber ein Anblick, den man nicht so schnell vergißt, wenn sie in voller Blüte steht.

r a D*** Rar   3,50 × 2,50 m

'Paul's Lemon Pillar'

G. Paul GROSSBRITANNIEN 1915
'Frau Karl Druschki' × 'Maréchal Niel'

Grosse und schwere Blüten, rahmweiß mit Zitronengelb durchzogen; wetterunabhängig von ungewöhn-

Climbing 'Paul Lédé' (oben), 'Paul's Lemon Pillar' (unten)

licher Qualität. Duftend. Starkwüchsige Kletterrose mit sehr dicken Zweigen und großen, dunkelgrünen Blättern. Sehr zu Recht eine beliebte alte Sorte.

S a N ◐ ⊰ D***   4,50 × 3,00 m

'Picture' Climbing, 'Climbing Picture'

Buschform: McGredy GROSSBRITANNIEN 1932
Kletterform: Swim USA 1942

Die Blüten sind nicht groß, aber schön geformt, von sattem, klarem Rosa, das von vielen anderen Rosatönen durchzogen ist. Duftend. Aufrecht im Wuchs mit vielen kleinen Stacheln und üppigem, allerdings etwas kleinblättrigem Laub.

S a ⊰ D*** Rar   4,50 × 2,50 m

'Réveil Dijonnais'

'Reine Marie Henriette'

F. Levet FRANKREICH 1878
'Mme Bérard' × 'Général Jacqueminot'
Große, locker gefüllte Blüten von dunklem Kirschrot, sehr reichblühend und duftend. Starkwüchsig. Blätter groß, ledrig und dunkelgrün. Triebe kastanienbraun, mit wenigen Stacheln. Starkwüchsig.
r D*** Rar 3,00 × 2,50 m

'Réveil Dijonnais'

Buatois FRANKREICH 1931
'Eugène Fürst' × 'Constance'
Eine auffällige Rose. Lockere, halbgefüllte Blüten von lebhaftem Orange, Rot und Gelb, schwach duftend. Viele hellgrüne Blätter und sehr stachelige Triebe.
r a N ◐ D* Rar 3,00 × 1,80 m

'Richmond' Climbing, 'Climbing Richmond'

Buschform: E. G. Hill & Co. USA 1905
'Lady Battersea' × 'Liberty'
Kletterform: Dickson GROSSBRITANNIEN 1912
Duftende, halbgefüllte, anfangs schalenförmige, sich dann flach öffnende Blüten von unterschiedlicher Farbe, von hellem Karmin- bis Scharlachrot. Reichblühend. Laub dunkelgrün, Wuchs aufrecht.
S N a D* Rar 3,00 × 1,80 m

'Roundelay' Climbing, 'Climbing Roundelay'

Buschform: Swim USA 1954
'Charlotte Armstrong' × 'Floradora'
Kletterform: Langbecker AUSTRALIEN 1970
Große, kompakte Büschel kardinalroter Blüten, dicht gefüllt, sich flach öffnend, gut duftend. Laub dunkelgrün. Triebe stark, mit großen, hakigen Stacheln. In jeder Hinsicht eine gute Rose. Einmalblühend, mit einzelnen Nachblüten im Herbst.
r N ◐ D*** Rar 3,00 × 2,50 m

'Shot Silk' Climbing, 'Climbing Shot Silk'

Buschform: Dickson UK 1924
Sämling von 'Hugh Dickson' × 'Sunstar'
Kletterform: C. Knight AUSTRALIA 1931
Eine beliebte Sorte, eine der hübschesten und verläßlichsten. Dicht gefüllte, schalenförmige Blüten von weichem Kirschrot mit goldgelber und zitronengelber Basis. Duftend und reichblühend. Blütenblätter seidig, trotzdem halten sie jedem Wetter sehr gut stand. Laub saftig dunkelgrün und reichlich.
r a N ◐ ✂ D*** v 5,50 × 3,00 m

'Souvenir de Claudius Denoyel'

Chambard FRANKREICH 1920
'Château de Clos Vougeot' × 'Commandeur Jules Gravereaux'
Schöne, gefüllte, schalenförmige Blüten von sattem Rot bis Scharlachrot erscheinen in lockeren Büscheln. Blätter groß und dunkelgrün. Wuchs stark; ziemlich sparrig. Nicht gerade einfach zu kultivieren.
r D*** Rar 3,50 × 2,50 m

'Spek's Yellow' Climbing, 'Climbing Spek's Yellow', 'Golden Sceptre'

Buschform: Verschuren-Pechtold HOLLAND 1950
'Golden Rapture' × unbekannter Sämling
Kletterform: Walters USA 1956
Aus schönen, spitzen Knospen entwickeln sich gefüllte Blüten von sattem Goldgelb mit langen Stielen, ideal für die Vase. Besonders hübsches Laub, hellgrün und glänzend. Starker, aufrechter Wuchs.
S N a Gh ◐ ✂ D** Rar 4,50 × 3,00 m

'Sutter's Gold' Climbing, 'Climbing Sutter's Gold'

Buschform: Swim USA 1950
'Charlotte Armstrong' × 'Signora'
Kletterform: Weeks USA 1950
Schlanke Knospen an langen Stengeln öffnen sich zu lockeren Blüten in Dunkelgelb mit Orange und Rosa schattiert. Laub mittelgrün und mattglänzend. Wuchs aufrecht.
S N D*** v 3,50 × 2,50 m

'Vicomtesse Pierre du Fou'

'Talisman' Climbing, 'Climbing Talisman'

Buschform: Montgomery & Co. USA 1929
'Ophelia' × 'Souvenir de Claudius Pernet'
Kletterform: Western Rose Co. USA 1930
Dicht gefüllte Blüten, goldgelb mit orangefarbenen und kupferfarbenen Reflexen. Derbe, ledrige Blätter an kräftigen, aufrechten, stacheligen Trieben.
S a ✂ D* Rar   3,50 × 2,50 m

'Vicomtesse Pierre du Fou'

Sauvageot FRANKREICH 1923
'L'Idéal' × 'Joseph Hill'
Das verschwenderische, dunkel kupfergrüne, glänzende Laub bildet einen idealen Hintergrund für die duftenden, gefüllten, locker geviertelten Blüten, kupferrosafarben, wenn sie ganz geöffnet sind. Starker und verzweigter Wuchs.
r a N ◐ D** Rar   4,50 × 3,00 m

'Whisky Mac' Climbing
'Climbing Whisky Mac' (ANDmac)

Buschform: Tantau DEUTSCHLAND 1967
Kletterform: Anderson GROSSBRITANNIEN 1985
Formschöne Blüten in sattem, goldfarbenen Bernstein, mit dunkelgrünem, mattglänzendem Laub an einer Pflanze von aufrechtem Wuchs. Braucht in kälteren Regionen einen warmen, geschützten Platz um zu gedeihen.
S D*** ✂ Rar   3,50 × 2,50 m

TEIL V

Die Kultur von Rosen

Rosen auswählen und kaufen

Wenn Sie kein fundiertes Wissen über die Stärken und Schwächen der verschiedenen Rosen haben, ist die Auswahl von Rosen ganz schön schwierig. Die Qualität der Rose steht nicht – wie etwa bei vielen industriell hergestellten Waren – in direktem Verhältnis zum Preis. Manchmal spielt es auch eine Rolle, wo Sie kaufen. Außerdem ist eine schwierig zu vermehrende Sorte teurer als eine, die sich willig vermehren läßt. Farbe und Größe sind nur von zweitrangiger Bedeutung. Berücksichtigt wird zusätzlich, wie lange die Sorte schon auf dem Markt ist, ob der Züchter Lizenzgebühren vom Vermehrer verlangt, wie selten die Sorte ist und wie stark die Nachfrage nach dieser Sorte ist.

Man kann Rosen auf drei verschiedene Arten kaufen. Der am weitesten verbreitete und zweifellos beste Weg ist, die Rosen direkt bei der Rosenschule zu kaufen. Meist geschieht das auf dem Versandweg. Es handelt sich dabei in der Regel um »wurzelnackte« Pflanzen. In vielen Ländern sind die Rosenzüchter und -schulen in Verbänden zusammengeschlossen, die einheitliche Qualitätsstandards gewährleisten. Seien Sie vorsichtig bei ausgesprochen billigen Rosen, denn minderwertige Ware kommt oft durch Händler auf den Markt, die noch niemals selbst eine Rose vermehrt haben. Solche Pflanzen können minderer Qualität sein oder falsch ausgezeichnet oder beides. Natürlich können Sie auch Glück haben, aber das dürfte die Ausnahme sein.

Der zweite Weg, Rosen zu kaufen, ist, sie im Container zu kaufen. So werden sie üblicherweise im Gartencenter angeboten, allerdings bieten auch spezialisierte Vermehrer eine Auswahl von Rosen in Containern an. Rosen in Containern werden nur selten auf dem Versandweg angeboten. Das Gartencenter hat die Pflanzen zuvor bei einem Vermehrungsbetrieb erworben. Obwohl die Auswahl an Sorten oft sehr beschränkt ist, sind Rosen in Containern inzwischen sehr beliebt, denn bei ihnen kann man direkt sehen, was man kauft. Rosen in Containern werden meist im Frühjahr und im Sommer verkauft, wenn es nicht möglich ist, die Rosen wurzelnackt zu pflanzen. In Gartencentern kann man manchmal – meist im Frühjahr – auch wurzelnackte Pflanzen kaufen, bei denen die Wurzeln eingewickelt sind. Um die Wurzeln frisch zu halten, werden bei dieser Methode die Wurzeln in Plastikbeutel gepackt, die feuchten Torf enthalten.

Drittens kann man Rosen in Warenhäusern und Supermärkten kaufen. Die Pflanzen sind dann in Plastikbeutel verpackt, bei denen ein übertrieben aufgemachtes Bild den Inhalt anpreist. Wenn Sie solche Rosen kaufen wollen, schauen Sie sich die Wurzeln zuvor gut an. Und wenn die Pflanzen trocken sind oder nicht mindestens zwei kräftige Triebe haben, dann verzichten Sie lieber.

Es ist unbedingt zu empfehlen, nur Pflanzen höchster Qualität zu kaufen, denn wenn Sie mit guten Pflanzen anfangen, haben Sie im Laufe der Jahre viel mehr von Ihren Rosen. Es kann aber keinen Zweifel geben, daß man Rosen am besten frisch ausgegraben direkt beim Vermehrer kauft. Er ist gewöhnlich von der Qualität seiner Pflanzen überzeugt und liefert Ihnen anstandslos Ersatz, falls eine Pflanze in den ersten Wochen der nächsten Wachstumsperiode nicht angehen sollte.

Auch für die Auswahl der Sorten gibt es keinen geeigneteren Ort als eine Rosenschule, wo man die Rosen wachsen sehen kann, entweder auf den Feldern oder im Schaugarten. Die Rosen lassen sich nicht alle gleich gut fotografieren, außerdem sind die Druckverfahren nicht immer farbverbindlich. Die meisten Kataloge enthalten zwar recht hilfreiche Beschreibungen, treffen Sie Ihre Auswahl aber nicht allein aufgrundlage der Fotos. Entscheiden Sie nach Ihren Anforderungen und nach den Beschreibungen. Lassen Sie sich von Fachleuten beraten. Spezialisierte Rosenschuler sind viel zu sehr auf ihren guten Ruf bedacht, als daß sie Ihnen etwas aufschwatzen würden, was Sie nicht möchten oder gebrauchen können.

Auf Ausstellungen kann man Rosen schön in Blüte sehen. Manchmal aber sind die präsentierten Rosen unter Glas vorgetrieben, besonders bei Ausstellungen im Frühjahr. Deshalb sollten Sie, bevor Sie einen Auftrag erteilen, erst mit dem Vermehrer sprechen. Sobald Sie aber Ihre Auswahl getroffen haben, sollten Sie Ihre Bestellung bald aufgeben. Wurzelnackte Pflanzen können während der Ruhezeit jederzeit gepflanzt werden. Wenn Sie aber im November pflanzen wollen, müssen Sie Ihren Auftrag spätestens im Juli oder im August erteilen. Da die meisten Rosenschulen die Aufträge in der Reihenfolge des Auftragseingangs ausführen. Da die wirklich guten Rosenschulen in der Saison Tausende von Aufträgen bearbeiten, ist es unmöglich alle zur gleichen Zeit auszuführen. Noch aus einem anderen Grund sollte man früh ordern: Es kann sein, daß die Sorte Ihrer Wahl entweder knapp im Angebot oder stark nachgefragt ist. Wenn Sie dann nicht zum Zuge kommen, kann es zu spät sein, die Bestellung noch bei einer anderen Firma aufzugeben. Das trifft vor allem auf seltene, ungewöhnliche Sorten sowie auf ganz neue Sorten zu. Wenn Sie Ihren Auftrag trotzdem erst spät in der Saison erteilen können, bereiten Sie ein kleines Stückchen Boden vor, indem Sie es mit vor Frost schützendem Material abdecken. Dann können Sie Ihre Rosenpflanzen bei jedem Wetter einschlagen. Rosenschulen vermeiden es in der Regel, die Rosenpflanzen während strenger Frostperioden zum Versand zu bringen. Manchmal aber, wenn das Wetter nach dem Versand plötzlich umschlägt, können sie nichts mehr ändern. Sollte der Boden, wenn die Rosen bei Ihnen eintreffen, zu hart gefroren sein, um sie einschlagen zu können, stecken Sie die Wurzeln in einen Sack oder in eine Kiste mit Torf oder Sand und stellen Sie sie in eine Garage oder einen Schuppen, bis sich das Wetter wieder bessert. Lassen Sie sie die Pflanzen gebündelt. Pflanzen, die bei der Ankunft leicht trocken aussehen, deckt man einige Wochen lang völlig mit Erde zu. Das schadet ihnen nicht, und nach dem Ausgraben sehen sie wieder frisch aus.

Anmerkung: Im Lexikon-Teil ist bei jeder Sorte angegeben, ob sie im Handel verfügbar ist oder ob es sich um eine Rarität handelt. Da sich diese Angaben auf Großbritannien beziehen, schauen Sie für den deutschen Sprachraum am besten im PPP-Index nach (siehe Literaturverzeichnis).

DAS KAUFEN VON ROSEN IN CONTAINERN

Man kann Rosen auch in Containern kaufen, wenn sie bereits blühen. Sie sind dann etwas teurer, weil es aufwendiger ist und mehr Material erfordert, um sie zu produzieren. Viele Gartencenter bieten eine kleine Auswahl von Strauch- und Alten Rosen in Containern an. Manche Leute lehnen es strikt ab, Rosen in Containern zu kaufen. Ich bin zwar auch der Meinung, daß es zu der herkömmlichen Winterpflanzung keine Alternative gibt, dennoch haben Rosen in Containern mit Sicherheit eine Zukunft, und das Angebot wird sich noch ausweiten. Das Kaufen von Strauchrosen in voller Blüte kann durchaus eine vergnügliche Erfahrung sein.

Eine Container-Rose

AUSLÄUFER UND ROSENUNTERLAGEN

Eine Rosenpflanze aus der Baumschule besteht in Wirklichkeit aus zwei verschiedenen Rosen: die Wurzeln sind eine Art, das ist die Unterlage, und die Triebe eine andere, nämlich die gewählte Sorte. Nach dem Pflanzen machen sich die Wurzeln manchmal selbständig und senden eigene Triebe empor, die man Ausläufer nennt. Da die Wurzeln der Unterlage in der Regel stärkerwüchsig sind als der ihnen aufgezwungene Gast, werden solche Ausläufer schließlich die Oberhand gewinnen und die veredelte Sorte überwuchern, wenn man sie nicht zeitig entfernt. Ausläufer werden abgeschnitten, sobald sie sich zeigen. Die Erfahrung lehrt den Gartenfreund bald, sie von den jungen Trieben, die aus den Stämmen oberhalb des Bodens hervorsprießen, zu unterscheiden. Denn Ausläufer treten immer aus dem Boden und meist in einiger Entfernung von der Pflanze. Gelegentlich wird behauptet, Ausläufer hätten Blätter mit sieben Fiederblättchen im Gegensatz zu den Blättern der eigentlichen Rose, die fünf Fiederblättchen habe. Das ist niemals ein verläßliches Erkennungszeichen, nicht einmal bei modernen Züchtungen und sollte als Ammenmärchen abgetan werden. Es gilt um so weniger bei Wildrosen, Alten Strauchrosen, Kletterrosen und Ramblern, bei denen viele die gleiche Anzahl Fiederblätter haben wie die Unterlage.

DIE KULTUR VON ROSEN · 439

Beispiele für Pflanzen guter und schlechter Qualität

Eine schlecht gepflanzte Rose mit Ausläufern

Wenn Sie Zweifel haben, kratzen Sie etwas den Boden auf und versuchen Sie, die Veredelungsstelle zu finden. Wenn der Trieb von unterhalb dieser Stelle kommt, handelt es sich um einen Ausläufer. Entfernen sie ihn an der Stelle, wo er aus der Wurzel hervorsprießt. Wenn man ihn weiter oben abschneidet, bilden sich nur um so mehr Ausläufer aus Dankbarkeit für das Zurückschneiden. Die Ausläufer von der Wurzel abzureißen ist besser als sie abzuschneiden, besonders wenn sie noch jung sind. Wenn das nicht möglich ist, eignet sich dafür ein stumpfes Instrument besser als ein Messer oder die Gartenschere.

Abgesehen von der Methode, Ausläufer immer sofort zu entfernen, sobald sich welche zeigen, ist das beste Rezept, um Ausläufern vorzubeugen, die Rosen tief genug zu pflanzen, so daß der gesamte Wurzelstock mit Erde bedeckt ist. Manchmal wird die Bildung von Ausläufern durch Verletzung der Wurzeln angeregt, deshalb vermeiden Sie es möglichst, die Wurzeln beim Graben oder Hacken zu verletzen.

Welche Unterlagen heute bei der Rosenvermehrung verwendet werden, hängt vom Boden und von der Erfahrung des Vermehrers ab. In Europa wird heute bei weitem am häufigsten eine Auslese von *R. coriifolia froebelii*, gemeinhin 'Laxa' genannt, verwendet, eine starke Wurzeln bildende Wildrose, die kaum Ausläufer bildet. In Amerika, Australien und Neuseeland sind *R. multiflora* und 'Dr Huey' am weitesten verbreitet. Die gemeine Hundsrose, *R. canina*, ist heute als Rosenunterlage weitgehend verschwunden, ein Segen sowohl für die Vermehrer als auch für die Gartenfreunde, da sie sehr zur Bildung von Ausläufern neigt. Für Rosenhochstämme werden gewöhnlich Stämme von *R. rugosa* verwendet, vor allem weil sich bei dieser Art am leichtesten gerade und feste Stämme ziehen lassen. Diese bilden Ausläufer sowohl an den Wurzeln als auch am Stamm, besonders in den ersten Jahren nach dem Pflanzen. Man sollte deshalb ein wachsames Auge auf sie haben. In anderen Ländern, wo die Hochstämme meist »Baumrosen« genannt werden, wird dafür meist *R. multiflora* verwendet. Bis vor kurzem wurden die Rugosa-Stämme aus Stecklingen vermehrt, was drei Jahre dauerte. Seit ein paar Jahren werden sie erfolgreich bereits innerhalb von zwei Jahren durch Veredlung ausgelesener Formen von *R. rugosa* auf eine 'Laxa'-Unterlage produziert. Die beiden derzeit in Großbritannien erhältlichen Sorten sind 'Rocket' (von Harkness) und 'Chesham's Choice' (von Paul Chesham). In Deutschland werden die Unterlagen vorwiegend als Sämlinge der Canina-Auslesen 'Pollmer', 'Pfänder' und 'Schreiber' vermehrt.

DAS EINSCHLAGEN VON PFLANZEN

Der Ausdruck »einschlagen« bedeutet nichts anderes als das Graben einer Furche, die groß genug ist, die Wurzeln aufzunehmen, um die Pflanzen vorübergehend gut unterzubringen, bis die Witterung es zuläßt, sie endgültig zu pflanzen.

Legen Sie die Pflanzen im Abstand von etwa 8–15 cm und in einem Winkel von 45° in die Furche, damit sie von starkem Wind nicht weggeblasen werden. Dann bedecken Sie die Wurzeln mit der ausgehobenen Erde und treten Sie die Erde mit dem Absatz fest. Dabei ist darauf zu achten, daß die Veredelungsstelle, also die Verbindung zwischen Wurzeln und Trieben, etwa 5 cm tief in die Erde kommt, um sie vor Frost zu schützen. Die Pflanzen halten sich so über Wochen, ja sogar Monate, bis sich das Wetter zum Pflanzen eignet.

Rosen sind sehr winterhart und gewöhnlich kaum umzubringen, außer durch falsche Behandlung. Die beiden sichersten Methoden, sie schon vor dem Pflanzen zu töten, sind, die Wurzeln, während sie außerhalb der Erde sind, Frost oder austrocknenden Winden auszusetzen.

WINTERSCHUTZ

Bei extremen Klimaverhältnissen, wie in den USA und Kanada, überwintern nur die winterhärtesten Sorten im Freien und es kann notwendig sein, sie durch Anhäufeln oder Abdecken zu schützen.

Malcolm Lowe empfiehlt: Nehmen Sie ein Material, das keine Feuchtigkeit aufnimmt, z. B. Hartschaum. Auch Rosenkegel eignen sich; Einwickeln schützt besser als Zudecken. Wenn zugedeckt werden soll, eignen sich Kiefernnadeln besser als Heu von Salzwiesen (letzteres bindet Feuchtigkeit und lockt die Feldmäuse an, die dann die Triebe fressen). Eine Schneedecke kann ebenfalls schützen, aber wegen der globalen Erwärmung der letzten zehn Jahre ist Schnee weniger häufig und schmilzt schnell. Ein Windschutz eignet sich ebenfalls.

BÖDEN UND BODENVORBEREITUNG

Rosen bevorzugen einen Boden mit einem pH-Wert von ca. 6,5, also leicht sauer oder neutral, obgleich ihnen ein leichter Kalkgehalt nichts ausmacht, viele tolerieren einen pH-Wert von 7,5. Wenn Sie vermuten, daß der pH-Wert bei Ihrem Boden außerhalb dieser Toleranzgrenzen liegt, dann veranlassen Sie eine Bodenprüfung oder machen es selbst, es gibt dafür in guten Gartencentern preiswerte Testsets.

Gute Bodenvorbereitung vor dem Pflanzen wird immer durch zufriedenere Rosen belohnt. Es ist ratsam beim Umgraben organisches Material einzuarbeiten. Gut verrotteter Stallmist ist ohne Zweifel am besten, aber wenn der nicht verfügbar ist, kann auch eine Mischung aus feuchtem Torf*) und Knochenmehl genommen werden, oder gut verrotteter Kompost vom Komposthaufen. Wenn der Boden sehr karg ist, kann vor dem Pflanzen ein mit Spurenelementen angereicherter Dünger über den Boden gestreut werden. Spezielle Rosendünger gibt es in den meisten Gartencentern – eine gute Investition, wenn Sie bedenken, daß die Rosen, die Sie pflanzen wollen, viele Jahre halten sollen. Der gleiche Dünger kann später, wenn die Rose eingewachsen ist, zum Düngen verwendet werden, insbesondere vor dem Beginn der Wachstumssaison, in der Regel zur Zeit des Rückschnitts. Die Nährstoffe können dann den Boden durchdringen, bevor die Wurzeln richtig aktiv werden. Bei guten Böden sollte einmaliges Düngen ausreichen, um die Rose den ganzen Sommer über zu versorgen, und weiteres Düngen sollte bis zum nächsten Frühjahr nicht nötig sein. Bei kargen Böden allerdings sollte im Frühsommer ein zweites Mal gedüngt werden, dann nämlich, wenn die Rose Nährstoffe aufnehmen will, um sich – je nach Wuchsverhalten – für einen zweiten Blütenflor oder einen zweiten Wachstumsschub vorzubereiten.

Die speziellen Rosendünger der Markenfirmen enthalten in der Regel eine optimale Mischung der Nährstoffe. Sollten Sie eine andere Düngermischung verwenden – und es gibt keinen Grund, das nicht zu tun – dann eine Mischung mit einem niedrigen Anteil Stickstoff und einem hohen Anteil Kali, angereichert um die wichtigsten Spurenelemente. Eisen ist besonders wichtig, besonders bei alkalischen Böden; ebenso Magnesium, das häufig in zu geringen Mengen vorhanden ist. Wer organisch düngt, kann Flüssigdünger auf Algenbasis aufbringen oder Hopfenrückstände, Stallmist, Fischmehl usw., dabei muß der Kali-Anteil aber durch Ruß oder Holzkohle hoch gehalten werden. Jeder Boden wird natürlich durch die Verwendung von organischem Material verbessert, aber ich bin kein großer Freund davon, die Rosenbeete ständig mit Stallmist zu mulchen. Abgesehen davon, daß es unschön aussieht, bietet es Pilzsporen eine ideale Überwinterungsmöglichkeit, von wo aus sie im nächsten Frühjahr die Rosen schädigen können. Mulchen sollte, wo es für erforderlich gehalten wird, dem Zurückdrängen von Unkraut dienen, nicht dem Düngen. Rindenmulch ist ideal, besonders wenn er in einer Dicke von 3 cm auf unkrautfreien Boden aufgebracht wird. Ich halte auch nichts von der Verwendung von Rasenschnitt, wenn überhaupt, sollte er nur maßvoll verwendet werden. Besser ist es, Rasenschnitt kompostiert aufzubringen. Aber auch das sollte mit Augenmaß geschehen, denn der hohe Stickstoffanteil kann zu übermäßigem Wachstum führen und weiter zu weniger Blüten und zu einer Minderung der Widerstandskraft gegen Krankheiten.

Der Nährstoffbedarf von Rosen in Containern ist der gleiche wie bei Rosen im Freiland. Man sollte jedoch bedenken, daß die Bodennährstoffe in einem Container viel schneller ausgewaschen werden als aus Gartenboden, deshalb muß häufiger nachgedüngt werden. Flüssigdünger kann mit dem Wässern gegeben werden. Auch Blattdüngung wirkt bei Rosen, aber niemals bei starker Sonneneinstrahlung.

Zusammenfassend kann man sagen: Wer Rosen liebt, kann sie in jedem Boden kultivieren. Sie sollten aber nicht höhere Erwartungen stellen als Sie bereit sind, an liebender Pflege zu investieren.

---

*) Der Vorrat an Torf ist begrenzt, und obwohl 8 % der Erdoberfläche aus Torf besteht, ist es ohne Zweifel umweltschädlich, Torf weiterhin in den Mengen abzubauen, in denen wir ihn heute benötigen. Deshalb sollten Torfersatzstoffe verwendet werden, sobald sie verfügbar sind. Eine mögliche Alternative heute schon ist pulverisierte Baumrinde oder Kokosfaser, die in wachsenden Mengen erhältlich ist.

DIE KULTUR VON ROSEN • 441

ROSENMÜDIGKEIT

Rosen sollten nicht in Boden gepflanzt werden, in dem bereits zuvor Rosen gestanden haben. Der Boden ist dann »rosenmüde«. Er wird durch chemische Ausscheidungen der Rosenwurzeln verseucht, die die Wurzeln neu gepflanzter Rosen angreifen. Es kommt zu verkümmerten Pflanzen, die sich nur zögerlich entwickeln, gleichgültig wie sehr sie umsorgt werden. Gewerbliche Vermehrer von Rosen gönnen dem Boden eine Unterbrechung von mindestens zwei Jahren. Wenn zwei Jahre warten nicht möglich ist, sollte der Boden ausgetauscht werden. Das ist sehr wichtig und gar nicht schwierig. Man braucht nur zwei Erdhaufen gegeneinander auszutauschen, z. B. aus dem Gemüsegarten und der Stelle, an der die neue Rose gepflanzt werden soll. Das ist unbedingt erforderlich, selbst wenn Sie nur einen jungen Strauch ersetzen wollen. Ist der Austausch nicht möglich, sollte man den alten Rosenstrauch entfernen und die Erde an dieser Stelle für mindestens zwei Jahre rosenfrei lassen. Selbstverständlich können dort vorübergehend andere Pflanzen gepflanzt werden, wie Gemüse oder Sommerblumen.

DAS PFLANZEN VON BEET-, STRAUCH- UND ALTEN ROSEN

Die Löcher sollten groß genug sein, um die Wurzeln der Pflanzen bequem aufnehmen zu können. Eine Spatentiefe reicht normalerweise aus. Streuen Sie eine Handvoll Knochenmehl in das ausgehobene Loch, dann arbeiten Sie die Erde am Boden des Loches mit dem Spaten gut durch. Eine weitere Handvoll Knochenmehl wird über die Erde gestreut, mit der das Loch wieder gefüllt werden soll. Nun wird die Rose aufrecht in die Mitte des Loches gestellt. Achten Sie darauf, daß die Wurzeln gut ausgebreitet sind. Dann geben Sie mit einer Hand gerade so viel Erde darüber, daß die Rose aufrecht stehen bleibt. Dann füllen Sie mit dem Spaten weitere Erde nach. Wenn etwa die Hälfte der Erde aufgefüllt ist, rütteln Sie die Rose etwas, damit sich die Erde zwischen die Wurzeln verteilt und keine Luftlöcher entstehen. Dann treten Sie den Boden mit den Füßen fest, gerade fest genug, um die Rose aufrechtzuhalten, aber nicht so fest, daß der Boden zusammengepreßt wird. Füllen Sie weitere Erde auf. Überzeugen Sie sich, daß das Etikett sicher befestigt ist und beseitigen Sie die Fußspuren. Nun lassen Sie die Rose sich eingewöhnen. Bei Pflanzung im Herbst oder Winter kann es zweckmäßig sein, die Erde nach ein paar Wochen oder im Frühjahr vor dem Austreiben nochmals leicht festzutreten.

Eine frisch gepflanzte Rose

DAS PFLANZEN VON ROSEN IN CONTAINERN

Containerrosen kauft man meistens im Sommer, pflanzen kann man sie aber das ganze Jahr über. Beim Herausnehmen der Pflanze aus dem Topf darf der Wurzelballen nicht beschädigt werden. Erst stellt man die Pflanze mit dem intakten Wurzelballen in das Pflanzloch, dann füllt man das Pflanzloch mit Erde auf. Da die für Containerrosen verwendete Komposterde meist Torf enthält, der schwierig zu wässern ist, stellt man den Container vor dem Pflanzen eine halbe Stunde lang in einen Eimer mit Wasser. Wie bei wurzelnackten Rosen ist beim Pflanzen von Containerrosen darauf zu achten, daß sich nach dem Pflanzen die Veredlungsstelle etwa 2–3 cm unterhalb der Oberfläche befindet. Das erschwert die Bildung von Wildtrieben und beugt Windschäden vor.

Hochstämme, ob wurzelnackt oder im Container, müssen durch einen stabilen Stab gestützt werden. Diesen Stab sollte man in den Boden rammen, bevor das Stämmchen eingepflanzt wird. Der Stab sollte mindestens 40 cm tief eingeschlagen werden, damit er genügend Halt gibt, bei sandigem Boden noch tiefer.

Sie entfernen den Boden des Plastiktopfes

Der Container wird in das Pflanzloch gestellt und seitlich aufgeschlitzt - dann wird die Folie entfernt

Die gepflanzte Rose mit Anzeige der Pflanztiefe.

Anmerkung: Die Rosen, die Sie im Container kaufen, sind meist nicht in diesem Container gezogen, sondern wurden im Freiland gezogen und nur einige Monate vor dem Verkauf getopft. Deshalb mögen sie die Kultur in Töpfen weniger gern als einige andere Pflanzen.

DAS PFLANZEN VON SOLITÄRSTRÄUCHERN AUF RASEN

Wenn Rosen als Solitärsträucher auf Rasen oder in einer ungemähten Wiese gepflanzt werden sollen, ist es wichtig, rund um die Rose einen großzügigen Kreis Erde freizulassen. Rosen haben es nicht gerne, wenn ihnen hohes ungeschnittenes Gras zu nahe kommt. Abgesehen davon, daß es nicht schön aussieht, läßt sich hohes Gras unter ausgewachsenen Sträuchern schlecht mähen.

DAS PFLANZEN VON KLETTERROSEN

Grundsätzlich werden Kletterrosen genauso gepflanzt wie Strauchrosen. Wenn die Rose aber an einer Wand hochklettern soll, denken Sie daran, daß der Boden nahe an einem Haus oder Gebäude oft ärmer ist und daß deshalb beim Pflanzen etwas zusätzliches organisches Material erforderlich ist. Neu gepflanzte Kletterrosen leiden bei Trockenheit oft als erste, denn sie haben mehr Laub zu versorgen. Oft bleibt ihnen auch ein Teil des Regens vorenthalten, besonders an Südwänden oder -zäunen. Wenn die Rose an einer Säule oder einem Dreifuß gepflanzt werden soll, muß das Gerüst vor dem Pflanzen aufgestellt werden.

DAS PFLANZEN UND ANPFLOCKEN VON HOCHSTÄMMEN

Für Rosenhochstämme und Trauerstämme sollten an der Pflanzstelle vor dem Pflanzen hohe, kräftige Pfähle etwa 40 bis 50 cm tief in die Erde gerammt werden. Mindestens an zwei Stellen sollte der Stamm am Pfahl festgebunden werden. Bei Trauerstämmen, die bis 1,50 m hoch sind, kann dreimaliges Festbinden erforderlich sein. Pfähle haben üblicherweise eine kürzere Lebensdauer als die Rosen selbst, deshalb wird irgendwann ein Ersatz notwendig. Man kann schon beim Pflanzen für diesen Fall vorsorgen, indem man ein Metall- oder Plastikrohr entsprechender Länge ausreichend tief senkrecht in den Boden einführt und den Pfahl darin versenkt. Auf diese Weise kann der Pfahl später ersetzt werden, ohne den Boden um die Wurzeln herum zu stören.

Bei großer Trockenheit oder Hitze sollte die Pflanze gewässert werden. Auch wenn sie tiefe Wurzeln bildet und keine sichtbaren Zeichen des Vertrocknens zeigt, verlangt sie trotzdem nach ausreichend Wasser.

DAS PFLANZEN VON ROSEN IN TÖPFE

In einem früheren Kapitel habe ich beschrieben, wie Rosen in Töpfen, Kübeln oder Urnen kultiviert werden. Es ist deshalb sinnvoll zu beschreiben, wie sie gepflanzt werden sollten. Welche Art Rose Sie auch immer pflanzen wollen: Sie brauchen einen ausreichend großen Behälter. Gute Entwässerung ist wichtig. Ergänzend zu den Abflußlöchern sollten Sie zerbrochene Tonscherben auf den Boden des Behälters legen. Bedecken Sie das Drainage-Material mit einer dünnen Schicht organischen Materials, und füllen Sie Blumenerde darüber. Sollte diese zu trocken sein, feuchten Sie sie vor dem Pflanzen leicht an, denn nach dem Pflanzen läßt sie sich schwieriger durchfeuchten. Füllen Sie den Behälters bis 5 cm unterhalb des Randes. So schwappt beim Gießen kein Wasser über. Die Rose sollte so tief gepflanzt werden, daß die Triebe später aus der Erde hervorsprießen können. Bei einem hölzernen Behälter kann dessen Lebensdauer verlängert werden, wenn Sie die Innenwand vorher mit einer dicken Folie auskleiden. Denken Sie aber daran, im Boden genügend große Löcher für die Entwässerung zu lassen. Wenn die Pflanzen sich bereits in Töpfen oder Containern befinden, sollten diese vor dem Pflanzen entfernt werden, ohne den Wurzelballen zu beschädigen. Dazu wird der Behälter vorher gut durchfeuchtet. Nach dem Pflanzen können sich die Rosen einige Wochen lang aus dem Wurzelballen, in dem sie gekauft wurden, ernähren. Sobald sie anfangen, neue Wurzeln zu bilden, ist reichliches und regelmäßiges Wässern erforderlich. Wie alle Topfpflanzen werden Rosen, die in Töpfen kultiviert werden, von Zeit zu Zeit umgetopft. Das sollte man nur in der Ruhezeit tun, wobei – besonders bei älteren Pflanzen – etwas von der alten Erde verwendet werden sollte.

Der Rückschnitt

Die Frage, wie und wann Rosen zurückgeschnitten werden sollten, löst unter Rosenliebhabern gewöhnlich freundschaftliche Kontroversen aus. Der Rückschnitt ist hingegen viel weniger kompliziert, als in vielen Büchern und Artikeln der Eindruck erweckt wird. Zu den wichtigsten »Werkzeugen« für den Rückschnitt gehört zunächst gesunder Menschenverstand. Zweitens braucht man ein Gefühl für die Pflanze. Drittens müssen ein Paar robuste Handschuhe Selbstvertrauen einflößen. Viertens braucht man eine gute, scharfe Rosenschere. Moderne Rosenscheren sind gut gearbeitete Präzisionswerkzeuge, und man ist gut beraten, nur das Beste zu kaufen. Sie sollten eine gute, scharfe Schneide haben und ein Design, das bestmögliche Schnittwirkung bei minimalem Krafteinsatz gewährleistet. Für ältere, ausgewachsene Exemplare von Strauch- und Kletterrosen braucht man zusätzlich eine Astschere.

Es gibt eine goldene Regel, die für alle Rosen gilt, ob Alte oder moderne Rosen, ob Kletter- oder Strauchrosen: Unabhängig von der Größe der Pflanzen, müssen sie, wenn sie von der Baumschule geliefert werden, nach dem Einpflanzen unbedingt stark zurückgeschnitten werden.

Dadurch wird die Pflanze angeregt, neue Triebe so nahe wie möglich an der Basis der Pflanze zu bilden. Wird nicht zurückgeschnitten oder nur leicht, beginnt das Wachstum an den Triebenden, und die Pflanze verkahlt am Boden.

DER RÜCKSCHNITT BEI EINMAL-BLÜHENDEN ROSEN

Bei einigen Strauchrosen ist ein Rückschnitt durchaus nützlich, aber manche Strauchrosen werden besser nicht zurückgeschnitten, außer um sie in Form zu halten. Es ist oftmals viel schwieriger zu entscheiden, ob überhaupt als wie zurückgeschnitten werden soll. Falls man unsicher sein sollte, ist es bei der großen Mehrheit der Alten Rosen und der Strauchrosen am besten, nichts zu tun. Ich bin überzeugt, daß viele der älteren Sorten, z. B. der Alba-Rosen, der Zentifolien, der Damascena- und der Gallica-Rosen, am besten im Sommer nach der Blüte zurückgeschnitten werden. Damit erhalten sie Gelegenheit, noch im selben Jahr neues Holz zu bilden, so daß sie im nächsten Jahr üppiger blühen. Um diese Rosen zurückzuschneiden, entfernt man

Das Zurückschneiden einer frisch gepflanzten Rose

Der Rückschnitt bei einer dreijährigen Pflanze. Links vor dem Rückschnitt, rechts danach

alles tote oder kranke Holz und alle schwachen Triebe, die aussehen, als könnten sie im nächsten Jahr keine Blüten tragen. Entfernen Sie außerdem alle Triebe, die sich aneinander reiben oder gegenseitig behindern und dünnen Sie zu dichte Stellen aus, die der Pflanze ein staksiges Aussehen geben könnten. Dabei sollte allerdings darauf geachtet werden, die typische Wuchsform der Sträucher nicht zu zerstören. Übertreiben Sie den Rückschnitt im Sommer auch nicht, denn dadurch würde viel Saft verloren gehen und die Pflanze könnte sich nicht rechtzeitig erholen, um Triebe für die Blüte im nächsten Jahr hervorzubringen. Falls ein starker Rückschnitt erforderlich sein sollte, sollte dieser in der Ruhezeit erfolgen.

Wildrosen läßt man am besten gewähren, so lange sie nicht außer Form geraten. Dann schadet es ihnen nicht, wenn man sie stark zurückschneidet, um sie in Zaum zu halten.

DER RÜCKSCHNITT BEI ÖFTERBLÜHENDEN STRAUCHROSEN

Die Portland-Rosen blühen gewöhnlich zweimal oder sogar mehrmals, ein Umstand, der nach meiner Erfahrung durch einen Rückschnitt in der Ruhezeit und durch regelmäßiges Abschneiden verwelkter Blüten im Sommer positiv beeinflußt wird.

Moschata-Hybriden, Bourbon-Rosen und Remontant-Rosen schneidet man jeden Winter zurück – ausgenommen etwa in sehr großen Gärten, wo sie sich frei entwickeln dürfen. Auf diese Weise kann man erreichen, daß sie immer wieder reichlich neue Triebe bilden und verhindert ein staksiges und ungepflegtes Aussehen. Ich glaube sogar, daß vernünftiges, mäßiges Zurückschneiden dazu beiträgt, ihre Lebensdauer zu verlängern. Schneiden Sie im Februar, indem Sie alle überflüssigen Triebe entfernen, also solche, die zu dünn sind, um reichlich Blüten zu tragen. Entfernen Sie auch Triebe, die den Strauch zu dicht werden lassen, gewöhnlich von der Basis her; und kürzen Sie einige der Haupttriebe um ein Drittel ihrer Länge, damit sie früher blühen. Die übrigen Triebe können sogar um zwei Drittel oder mehr gekürzt werden; dadurch regen Sie nicht nur die Blüte an, sondern zugleich die Bildung neuen Holzes für die Blüte in späteren Jahren.

Rugosa-Rosen – gleichgültig, ob Hecken oder Sträucher – sollten nur einen leichten Formschnitt bekommen. Im ersten Jahr allerdings müssen auch sie stark zurückgeschnitten werden. Sollten sie in späteren Jahren wuchern, vertragen sie ohne weiteres noch einen starken Rückschnitt. China-Rosen und ältere Teehybriden sollten wie moderne Rosen zurückgeschnitten werden, indem man dünnes oder totes Holz entfernt und stärkere Triebe jedes Jahr um etwa ein Drittel kürzt – immer in dem Bestreben, neues Wachstum von der Basis her anzuregen. Teerosen vertragen nur ganz wenig Rückschnitt. Natürlich müssen auch sie zurückgeschnitten werden, damit sie in Form bleiben und um zu verhindern, daß sie zu viel altes, unproduktives Holz entwickeln.

DER RÜCKSCHNITT BEI KLETTERROSEN UND RAMBLERN

Kletterrosen lassen sich grob in zwei Gruppen teilen: solche, die am diesjährigen Holz blühen und solche, die am vorjährigen Holz blühen. Zu der ersten Gruppe gehören die Noisette-Rosen, besonders die größerblütigen Sorten, die kletternden Teehybriden, die kletternden Teerosen und die Remontant-Rosen. Sie blühen an seitlichen Trieben und senden gleichzeitig lange, starke Triebe empor. Wenn sie sich an Wänden gut entwickeln sollen, brauchen Sie Hilfe und Stütze, vor allem in den ersten Jahren. Beim Zurückschneiden dieser Kletterrosen muß man zwei Ziele gleichzeitig verfolgen, nämlich einerseits das Hervorbringen üppiger Klettertriebe zu unterstützen und andererseits diese Triebe dazu zu bringen, üppig zu blühen und dazu viele Seitentriebe zu bilden. Die Art des Rückschnitts ändert sich deshalb bei diesen Kletterrosen etwas, wenn die Rosen älter werden und sich an ihrem Standort etabliert haben. In den ersten Jahren sollten die starken Klettertriebe in so viele Richtungen wie möglich gezogen werden. Man kann die Triebe drehen, wenden und biegen und sie in der gewünschten Lage an Klettergerüsten oder Drähten festbinden. Die Seitentriebe, die von diesen Klettertrieben gebildet werden, können jedes Jahr um etwa ein Drittel ihrer Länge gekürzt werden. Diese »Sporne« bilden dann in jeder Saison Blütentriebe, die – wenn sie ihrerseits auf die gleiche Weise zurückgeschnitten werden – weitere Blütentriebe bilden usw. Das gleiche gilt für Kletterosen an Säulen, Pergolen oder Bögen. Auch Wildrosen wie *R. bracteata* und *R. laevigata* und deren Abkömmlinge werden am besten auf diese Weise zurückgeschnitten.

Die zweite Gruppe bilden die Rambler, die meist am vorjährigen Holz blühen. Sie unterscheiden sich von den Kletterrosen durch ihre Wuchsform: Ihre Triebe sind dünner und biegsamer. In diese Gruppe gehören die Abkömmlinge von *R. arvensis, R. wichuraiana, R. sempervirens, R. multif-*

lora und von *R. setigera*. Diese Rosen dürfen sich frei entwickeln, wobei man die Triebe in den beiden ersten Jahren – außer wenn sie in Bäume wachsen – in so viele Richtungen wie möglich zieht, bis sie ihre Stütze dicht überlagern. Soweit ein Rückschnitt erforderlich ist, sollte dieser nach der Blüte im Frühsommer durchgeführt werden. Ein Winterschnitt kommt nur zum Entfernen von altem Holz in Frage. Im Prinzip kann man diese Art Rosen kaum schädigen und selbst wenn ein gravierender Eingriff vorgenommen werden sollte, erholen sie sich mit der Zeit gewöhnlich wieder.

Wenn diese Rosen in Bäume oder über große Gebäude wachsen oder dazu verwendet werden, um Böschungen zu überwachsen oder in Waldgelände frei zu wuchern, gelten hingegen eigene Gesetze. Man verzichtet dann am besten ganz auf einen Rückschnitt. Das gilt auch für die ganz speziellen Kletterer wie *R. filipes, R. moschata* und *R. helenae*. Wenn man *R. banksia* an einer geschützten Wand zieht, neigt sie dazu, sich ihren Weg in Winkel und Ritzen zu bahnen und sich hinter Dachrinnen zu zwängen. Wenn man nicht einschreitet, wird sie selbst Fenster verdunkeln. Die besten Ergebnisse erzielt man, wenn man sie ohne jeden Rückschnitt wachsen läßt, so lange sie nicht lästig wird. Weisen Sie sie in ihre Schranken, indem Sie im Frühsommer nach der Blüte lediglich altes Holz entfernen.

DER RÜCKSCHNITT BEI TRAUERSTÄMMEN

Trauerstämme sind Rambler, die auf Stamm veredelt wurden. Die besten Trauerstämme sind Multiflora- und Wichuraiana-Abkömmlinge mit biegsamen Trieben und einem natürlichen Hang, nach unten zu wachsen. Solche Trauerstämme brauchen sowohl einen Rückschnitt im Winter als auch einen Formschnitt im Sommer, bei dem alle nicht nach unten wachsenden Triebe entfernt werden, sobald sich solche bilden. Außerdem muß dabei das dichte Wachstum an der Spitze ausgedünnt werden.

Zögerliche Trauerstämme können auf drei verschiedene Methoden »zum Trauern« gebracht werden. Die erste Methode besteht darin, einen schirmförmigen Drahtrahmen zu kaufen oder zu basteln und oben an dem Pfosten, an den der Trauerstamm festgebunden ist, zu befestigen. Auf diese Weise können die jungen Triebe während des Wachstums nach unten gebunden oder gedrückt werden. Diese Methode hat den Nachteil, daß die Rahmen nicht sonderlich gut aussehen. Weit besser ist es, an den Spitzen der Triebe, die sich nicht frei-

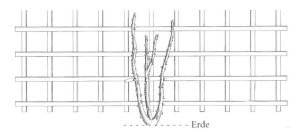

Kletter- oder Ramblerrose im ersten Jahr, vor dem Zurückschneiden und Festbinden am Klettergerüst (oben) und danach (unten)

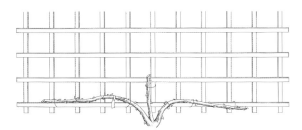

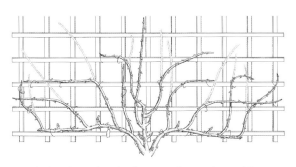

Zurückschneiden und Festbinden einer Kletter- oder Ramblerrose im zweiten Jahr

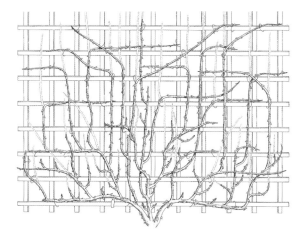

Zurückschneiden und Festbinden einer Kletter- oder Ramblerrose im dritten Jahr

Der Rückschnitt bei Kletterrosen oder Ramblern

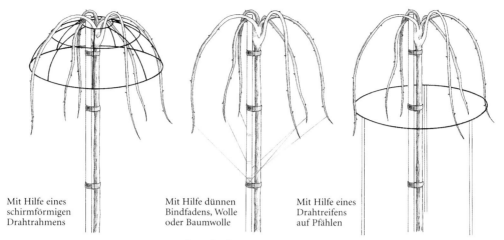

| Mit Hilfe eines schirmförmigen Drahtrahmens | Mit Hilfe dünnen Bindfadens, Wolle oder Baumwolle | Mit Hilfe eines Drahtreifens auf Pfählen |

Drei Methoden, Trauerstämme zu ziehen

willig nach unten ausrichten, Baumwollfäden zu befestigen, und diese Fäden entweder am Boden zu fixieren und so die Triebe nach unten zu ziehen, oder einen schweren Stein an das andere Fadenende zu binden. Die dritte Methode besteht darin, drei Pflöcke in gleichmäßigem Abstand um die Rose einzuschlagen und auf ihnen in etwa 90 cm Höhe einen Reifen zu befestigen. An diesem Reifen werden die Triebe festgebunden und so nach unten ausgerichtet.

Alte Rosen als Hochstämme, gleich ob Wildrosen oder Strauchrosen, sind genauso zu behandeln wie die nicht auf Stamm veredelten Sorten. Als Hochstämme brauchen sie aber häufiger einen Formschnitt, damit sie gut aussehen.

DAS ABSCHNEIDEN VERWELKTER BLÜTEN

Das Abschneiden verwelkter Blüten (englisch: *dead-heading*) ist bei manchen Sorten wichtiger als der Rückschnitt. Wenn Sie eine große Zahl Alter Rosen zu pflegen haben, kann das ziemlich lästig werden. Wenn Sie sich aber angewöhnen, immer eine Rosenschere bei sich zu haben, wenn Sie durch Ihren Garten gehen und welke Blüten immer sofort abzuschneiden, dann hält sich der Aufwand in Grenzen. Man schneidet die Blüte am besten knapp oberhalb des ersten vollen Blattes ab. Schneiden Sie die verwelkten Blüten nur bei den Sorten ab, die ihre Blütenblätter nach dem Verblühen behalten und dann unansehnlich werden. Viele andere Sorten tragen später Hagebutten; das begrüßen die Gärtner und vor allem die Vögel.

DER RÜCKSCHNITT BEI VERNACHLÄSSIGTEN ROSEN

Alte Einzelsträucher vernachlässigter Rosen stellen ein schwieriges Problem für den Rückschnitt dar. Überalterten Strauch- oder Kletterrosen neues Leben einzuhauchen ist oftmals unmöglich. Es wäre deshalb falsch, Wege dafür aufzeigen zu wollen. Rosen halten nicht ewig und ihre Lebensdauer hängt oft davon ab, welche Behandlung sie im Laufe ihres Lebens erfahren haben. Allgemein kann man sagen: Je näher eine Rose mit der ursprünglichen Wildrosenart verwandt ist, um so länger ist ihre Lebensdauer. Es ist also leichter, eine Alte Rose zu verjüngen als eine moderne. Welches Schicksal

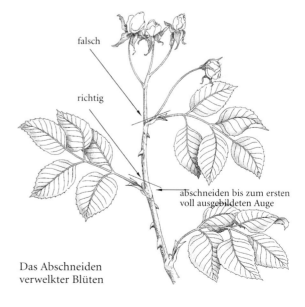

Das Abschneiden verwelkter Blüten

Sie für die Rose vorsehen, entscheidet oft das Gefühl. Wo sich eine Rose offensichtlich ihrem Ende nähert, ist es besser, sie von ihrem Elend zu erlösen und sie durch eine neue zu ersetzen. Zwar muß, wie schon erwähnt, der Boden ausgetauscht werden, aber wenn die Sorte noch erhältlich ist, ist dies mit Sicherheit der vernünftigste Weg. Wenn ihr Name nicht bekannt ist und sich eine Bestimmung als unmöglich erwiesen hat, kann man bei einigen spezialisierten Rosenschulen junge Pflanzen aus Edelreisern der alten Pflanze ziehen lassen. Auf diese Weise kann die geliebte Rose durch direkte Nachkommen ersetzt und eine alte Sorte möglicherweise vor dem Aussterben bewahrt werden.

DER RÜCKSCHNITT BEI MODERNEN ROSEN

Wie im Zusammenhang mit den älteren Rosen erwähnt, besteht die wichtigste Regel darin, daß ein Rückschnitt vor allem im ersten Jahr nach dem Pflanzen wichtig ist. Ohne Ausnahme sollten alle neugepflanzten Rosen auf 7–8 cm, bzw. auf 3–4 Augen von der Basis jedes Triebes zurückgeschnitten werden. Das gilt nicht nur für Teehybriden und Floribunda-Rosen, sondern auch für Kletterrosen, Strauchrosen und Hochstämme. Dadurch wird die Pflanze angeregt, neue Triebe so nahe wie möglich an der Basis der Pflanze zu bilden, um so die Voraussetzungen für einen ausgewogenen, kräftigen Aufbau der Pflanze zu schaffen. Ein zaghafter Rückschnitt ist in dieser Phase zweifellos mehr als jeder andere Kulturfehler dafür verantwortlich, wenn neugepflanzte Rosen enttäuschen. Im Interesse meiner Kunden würde ich am liebsten alle modernen Rosen bereits fachmännisch geschnitten verschicken. Als wir das aber vor einigen Jahren einmal versuchten, erhielten wir – trotz eines erklärenden Begleitzettels – so viele Beschwerden über die Qualität und die Größe der Pflanzen, daß wir den Versuch abgebrochen haben.

In den Folgejahren muß der Rückschnitt nicht mehr so stark sein. Es wird mehr und mehr eine Frage des Ermessens, wieviele Triebe man ganz entfernt und um wieviel man die verbleibenden einkürzt. Rosen neigen dazu, sehr bald staksig zu werden und an der Basis zu verkahlen. Als Faustregel kann gelten, daß bei Teehybriden und Floribunda-Rosen Triebe, die dünner sind als ein Bleistift, höchstwahrscheinlich keine nennenswerten Blüten hervorbringen. Man sollte sie deshalb stärker zurückschneiden als kräftigere Triebe. Denken Sie daran, daß alles relativ ist: Die Dicke eines Triebs ist immer in Relation zur Gesamtgröße einer Pflanze zu sehen. Alles tote Holz sollte entfernt werden, und das Innere der Pflanze sollte möglichst offen gehalten werden. Anders als viele andere lege ich nicht so großen Wert auf einen schrägen Schnitt, aber wo immer möglich sollte der Schnitt dicht oberhalb eines Auges erfolgen, möglichst eines gesunden Auges, das nach außen gerichtet ist. Mit der Zeit werden Sie aus Ihren Anfangsfehlern lernen, aber im Zweifel ist starker Rückschnitt besser als gar kein Rückschnitt. Was den richtigen Zeitpunkt betrifft, gibt es Befürworter für den Rückschnitt im Herbst, im Winter und im Frühjahr. In gewissem Maße hängt das vom Standort und der Strenge des Winters ab. Je milder das Klima, umso früher kann geschnitten werden. Für welche Zeit Sie sich auch immer entscheiden, im Spätherbst sollten Sie alle Triebe ein wenig kürzen. Der Garten sieht dadurch ordentlicher aus, und Sie beugen Windschäden im Winter vor.

Unkrautbekämpfung

Was Unkraut betrifft, kann man Gartenliebhaber in zwei Kategorien einteilen: solche, die Unkraut tolerieren und damit leben, und solche, die darauf bestehen, daß es aus allen Winkeln und Ritzen entfernt werden muß. Beide Parteien neigen dazu, über die Philosophie der anderen die Stirn zu runzeln. Als Baumschuler muß ich sagen, daß Wildblumen oder überhaupt Wildpflanzen, die zwischen Rosen wuchern, ein Problem darstellen und in Schach gehalten werden müssen. Ich persönlich neige dazu, Unkraut so lange zuzulassen, bis es lästig wird und die Entwicklung der Rosen beeinträchtigt.

Das größte Problem sind die mehrjährigen und tiefwurzelnden Unkräuter, besonders Quecken und Disteln, die zwischen den Sträuchern Zuflucht suchen und zwischen den unteren Ästen emporklimmen. Wenn man das zuläßt, leiden die Rosen, außerdem ist es dann schon fast unmöglich, das Unkraut zu entfernen. Es ist deshalb wichtig, daß der Boden, in den die Rosen gepflanzt werden, möglichst frei von mehrjährigen Unkräutern ist. Das muß bei der Vorbereitung des Bodens schon sichergestellt werden. Hierfür eignen sich Unkrautvertilgungsmittel auf Hormonbasis besonders gut, wenn man sie mehrere Monate vor dem Pflanzen anwendet, während die Unkräuter noch wachsen. Wer auf chemische Mittel lieber verzichtet, muß dort, wo er Rosen pflanzen will, den Boden von allen Wurzeln und Wurzelstöcken mit der Hacke befreien. Jedes noch so kleine Wurzelstückchen, das im Boden bleibt, wird sich schnell festsetzen und den Boden mit erneuter Kraft heimsuchen.

Einjährige Unkräuter, die gewöhnlich in großer Zahl auftreten, sind nicht ganz so schlimm, außer wenn sie sich durch Samen vermehren. Es gibt zwar Chemikalien, die mit ihnen fertig werden, aber solche Mittel müssen aus ökologischer Hinsicht mit Bedacht und sparsam verwendet werden. Lesen Sie auf jeden Fall die Gebrauchsanweisung gründlich und befolgen Sie sie.

Eine der wirkungsvollsten Methoden, Unkräuter in Schach zu halten, ist die Verwendung geeigneter Rosenbegleitpflanzen, besonders einiger bodendeckender Stauden und Sträucher. Diese Möglichkeit ist an früherer Stelle in diesem Buch bereits behandelt worden. Unkräuter stellen nur dann ein Problem dar, wenn man ihnen gestattet, sich festzusetzen. Am besten hackt man sie aus, bevor sie sich durch Samen vermehren können.

Eine andere, weniger anstrengende Methode besteht darin, den Boden mit einer 5–7 cm dicken Schicht von sterilem Mulch zu bedecken. Am besten eignet sich gehäckselte Baumrinde. Man erhält sie entweder im Gartencenter oder direkt bei einem Sägewerk. Auch Sägespäne (nur von unbehandeltem Holz!) kann man verwenden, sie können aber, wenn sie von nicht ausgereiftem Holz stammen, Gifte enthalten. Außerdem sind sie leicht und werden bei trockenem Wetter leicht weggeblasen. Gleichgültig, welches Material Sie zum Mulchen verwenden, ein Mulch ist sowohl für die Rosen als auch für die Kleinstlebewesen im Boden vorteilhaft. Bedenken Sie, daß das Unterpflanzen der Rosen mit Begleitpflanzen und das Mulchen sich eventuell gegenseitig ausschließen.

Vermehrung von Rosen

Die vegetative Fortpflanzung als ein Mittel zur Vermehrung von Pflanzen ist vermutlich seit Beginn unserer Zivilisation bekannt. Wenn der Mensch nicht gelernt hätte, die Natur zu beobachten und solche Methoden der Vermehrung anzuwenden, wären viele der älteren Sorten, die sich nicht allein fortpflanzen können, verloren gegangen.

Wildrosen können sich auf natürliche Weise selbst durch Samen fortpflanzen. Deshalb waren sie von Anfang an ziemlich unabhängig und haben die Hilfe des Menschen nur gebraucht, um ihre Abkömmlinge hervorzubringen und um sie durch Stecklinge oder durch Propfen oder Okulieren zu vermehren. Obwohl eine Art des Propfens immer noch bei der gewerblichen Vermehrung von Rosen Anwendung findet, geschieht dies bei Alten Rosen nur noch in geringem Umfang, um schwer zu vermehrende Sorten, wie z.B. 'Mermaid', *R. banksiae lutea* und einige andere Sorten zu vermehren, die sich nur schlecht zum Okulieren eignen.

DAS PFROPFEN

Pfropfen ist eine ausgesprochen komplizierte Methode der Vermehrung, und ihr Erfolg hängt weitgehend vom Geschick und der Erfahrung des Vermehrers ab. Propfen bedeutet, einen Zweig oder Trieb einer vorher ausgewählten Sorte auf der Wurzel oder dem Trieb einer anderen Sorte so anzubringen, daß eine Verbindung zwischen beiden entsteht und schließlich eine völlig neue Pflanze heranwächst. Die Wirtspflanze, die die Wurzeln stellt, heißt »Unterlage« und der ihr aufgezwungene (aufgepfropfte) Gast »Edelreis«. Bei sorgfältiger Auswahl von verträglichen Unterlagen und Edelreisern beeinflussen sich beide gegenseitig. Auf diese Weise können Hybriden in ihrer reinen Form vermehrt werden. Die Auswahl einer Unterlage mit ganz bestimmten Eigenschaften macht es ferner möglich, die aufgepfropfte Sorte zu beeinflussen. Das gilt in gewissem Umfang auch umgekehrt. Diese Beeinflussung ist bei Rosen nicht so stark ausgeprägt wie etwa bei Apfelbäumen, bei denen die maximale Höhe durch die Wahl der Unterlage bestimmt wird. Rosenunterlagen werden gewöhnlich von spezialisierten Baumschulen aus Samen vermehrt. Wie bereits erwähnt, ist 'Laxa' die seit einigen Jahren am häufigsten verwendete Unterlagensorte.

Die für das Propfen benötigten Unterlagen werden jeweils Anfang Januar ausgesucht und – in Bündeln zu je etwa 50 Stück – im Gewächshaus in feuchten, sterilen Torf gesteckt. Dort verweilen sie zwei bis drei Wochen lang, bis das Wurzelwachstum gut in Gang gekommen ist. Dann werden von den gewünschten Sorten der in Winterruhe befindlichen Pflanzen Edelreiser geschnitten und auf die bereits in Wachstum befindlichen Unterlagen gepfropft. Zuvor wird der obere Teil der Unterlagenpflanze wenige Zentimeter oberhalb der Wurzeln abgeschnitten. Das Edelreis stammt gewöhnlich von einjährigem Holz, ist etwa 6–10 cm lang und hat 3–4 Augen. Das obere Ende des Edelreises wird gewöhnlich unmittelbar über einem Auge quer abgeschnitten. Das untere Ende wird in Form eines Halbkeils geschnitten. In die angeschrägte Seite des Keils kommt ein aufwärts gerichteter Schnitt. Ein entsprechender Schnitt kommt auf eine Seite der

DIE KULTUR VON ROSEN · 449

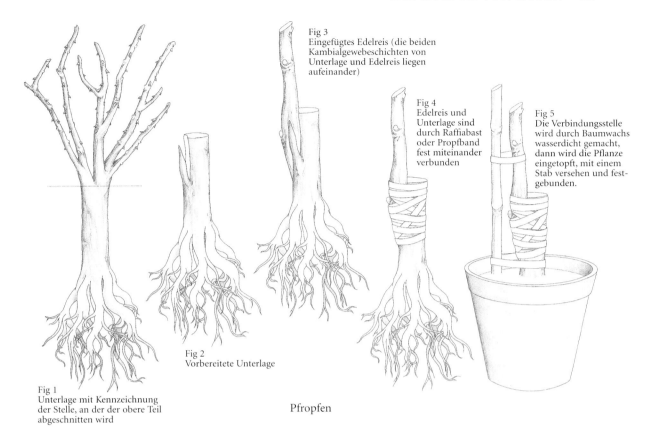

Fig 1
Unterlage mit Kennzeichnung der Stelle, an der der obere Teil abgeschnitten wird

Fig 2
Vorbereitete Unterlage

Fig 3
Eingefügtes Edelreis (die beiden Kambialgewebeschichten von Unterlage und Edelreis liegen aufeinander)

Fig 4
Edelreis und Unterlage sind durch Raffiabast oder Propfband fest miteinander verbunden

Fig 5
Die Verbindungsstelle wird durch Baumwachs wasserdicht gemacht, dann wird die Pflanze eingetopft, mit einem Stab versehen und festgebunden.

Pfropfen

Unterlage, so daß die Schnittflächen von Reis und Unterlage sauber zusammengefügt werden können. Es ist darauf zu achten, daß die beiden Kambialgewebeschichten, die sich unter der Rinde befinden, genau aufeinander liegen. Die Verbindungsstelle wird anschließend mit Propfband oder Raffiabast umwickelt und mit Baumwachs wasserdicht verschlossen. Das obere Ende des Edelreises wird ebenfalls versiegelt, um die Verdunstung zu reduzieren.

Die Unterlage mit dem aufgepropften Edelreis wird dann in einen Topf in Komposterde gepflanzt, die genügend Nährstoffe für die erste Wachstumsperiode enthält. Der Topf wird in ein geheiztes Gewächshaus gestellt. Binnen weniger Wochen verbinden sich beide Teile miteinander, und das Edelreis beginnt zu wachsen. Sobald zu erkennen ist, daß das Edelreis angegangen ist, wird ein etwa 60–90 cm langer Stab in den Topf gesteckt, an dem sowohl das Reis als auch die Unterlage mit Raffiabast festgebunden werden, um der Pflanze während der kritischen Wochen des Zusammenwachsens Halt zu geben. Bis zum Frühsommer sollte die Verbindung fest genug sein, so daß Pfropfband bzw. Bast von der Vereinigungsstelle entfernt werden können, um Erdrosselung zu vermeiden. Diese Methode hat die Verträglichkeit von Unterlage und Edelreis zur Voraussetzung, ferner die Ausrichtung ihrer jeweiligen Kambialgewebeschichten.

OKULIEREN

Die am weitesten verbreitete Methode der Vermehrung von Rosen ist das Okulieren. Erfolg mit dieser Methode vermittelt ein sehr befriedigendes Gefühl, und es gibt keinen Grund, weshalb nicht auch ein Laie versuchen sollte, auf diese Weise ein paar Rosenpflanzen zu produzieren. Man braucht dazu lediglich ein Okuliermesser, bei dem Klinge und Griff besonders geformt sind. Solche Okuliermesser sind in guten Gartencentern oder im Versand für Gartenbedarf erhältlich. Die meisten Rosenschulen werden Ihnen gern ein paar Unterlagen verkaufen, wohl wissend, daß Sie kaum eine ernsthafte Konkurrenz abgeben werden, wie erfolgreich Ihre Bemühungen auch ausfallen mögen.

Okulieren ist eine Technik, die viel Erfahrung erfordert. In Baumschulen wird diese Arbeit von geschickten Vermehrern durchgeführt, die sehr schnell arbeiten und pro Stunde bis zu 400 Pflanzen schaffen. Schnelligkeit ist für den Erfolg

Das Reis wird für das Okulieren vorbereitet

1 Von der zu vermehrenden Sorte abgetrennter Trieb im richtigen Wachstumsstadium

2 Nach dem Entfernen der Blätter und Stacheln

entscheidend, denn das Okulieren erfolgt auf dem Höhepunkt der Wachstumsperiode, wenn sich sowohl die Unterlage als auch das Edelreis in aktivem Wachstum befinden. Unterlagen hierfür werden gewöhnlich im Jahr zuvor als einjährige Sämlinge in Reihen gepflanzt. Ab Mitte Juni sind die Pflanzen für das Okulieren geeignet und verbleiben etwa zwei Monate in diesem Stadium. Die Unterlagen werden so gepflanzt, daß die oberen 3–5 cm der Wurzel aus dem Erdboden herausschauen. Die Edelreiser oder Augen nimmt man von einem ausgereiften Blütentrieb eines vorbereiteten Rosenstrauches. Der Trieb ist gewöhnlich ausgereift, wenn die Blüte sich öffnet. Die Blüte und die oberen 5 cm des Triebes sowie die Blätter werden entfernt, um das spätere Arbeiten zu erleichtern. Es empfiehlt sich, ein Stück des Blattstengels von etwa 1 cm Länge stehen zu lassen, je nach Sorte. Meistens haben die Reiser 4–8 Augen. Die Reiser dürfen auf keinen Fall austrocknen. Durch Einwickeln in feuchtes Zeitungspapier oder Folie kann man sie einige Tage lang frisch halten.

Vor Beginn des Okulierens muß man sicherstellen, daß die Unterlage oberhalb des Erdbodens sauber und frei von Erde ist. Öffnen Sie die Rinde der Unterlage mit dem Messer durch einen T-förmigen Schnitt. Achten Sie darauf, daß Sie dabei die Gewebeschicht an der Innenseite der Rinde nicht verletzen. Ein senkrechter Schnitt von etwa 2–3 cm Länge reicht aus, um die Rinde am oberen Ende des »T«s abzulösen. Wenn die

Oben links: Entfernen eines Auges von einem Edelreis *und rechts:* das Auge vor dem Einsetzen in die Unterlage
Unten links: das Auge ist in die Unterlage eingesetzt *und rechts:* ein Latex-Pflaster wird aufgebracht

DIE KULTUR VON ROSEN • 451

Unterlage so vorbereitet ist, nimmt man das Auge zwischen Zeigefinger und Daumen der freien Hand, den Handballen nach oben gerichtet, wobei das dünnere Ende bzw. die Spitze des Auges auf das Handgelenk zeigt. Setzen Sie den Zeigefinger direkt unterhalb des ersten oder obersten Auges als Stütze an. Nun wird mit einem Schnitt des Messers das erste Auge vom Reis geschnitten. Mit dem Daumen der Hand, die das Messer hält, pressen Sie den abgeschnittenen »Splitter« fest gegen die Messerklinge. Nach einem sauberen Schnitt 1 cm oberhalb des Auges kann die Rinde abgezogen werden, um sie ganz vom Reis zu entfernen, indem Sie sie immer noch fest zwischen Klinge und Daumen halten. Fachleute behalten das Reis während des Okulierens in der Hand. Dem Anfänger sei aber geraten, das Reis beiseite zu legen und nur das Auge zwischen Finger und Daumen festzuhalten. Danach wird das Holz des Auges von der Rinde getrennt. Das geschieht gewöhnlich in zwei Schritten. Man hält das stumpfe Ende zwischen Daumen und Finger, mit dem Daumennagel als Stütze, und entfernt die eine Hälfte des Holzes von oben nach unten, die andere von unten nach oben. Dabei muß ein

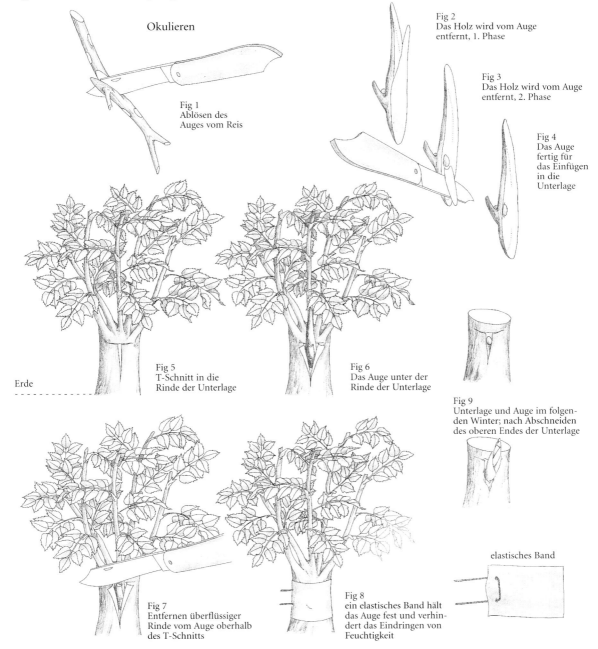

Okulieren

Fig 1
Ablösen des Auges vom Reis

Fig 2
Das Holz wird vom Auge entfernt, 1. Phase

Fig 3
Das Holz wird vom Auge entfernt, 2. Phase

Fig 4
Das Auge fertig für das Einfügen in die Unterlage

Fig 5
T-Schnitt in die Rinde der Unterlage

Fig 6
Das Auge unter der Rinde der Unterlage

Erde

Fig 9
Unterlage und Auge im folgenden Winter; nach Abschneiden des oberen Endes der Unterlage

Fig 7
Entfernen überflüssiger Rinde vom Auge oberhalb des T-Schnitts

Fig 8
ein elastisches Band hält das Auge fest und verhindert das Eindringen von Feuchtigkeit

elastisches Band

kleines, plumpes Auge an der Innenseite der Rinde sichtbar werden. Zeigt sich stattdessen ein Loch, werfen Sie das Auge weg, und beginnen Sie mit einem anderen neu.

Für den nächsten Schritt ist Geschicklichkeit erforderlich. Nehmen Sie das obere Ende des Auges in die eine Hand, und halten Sie mit dem Griff des Okuliermessers in der anderen Hand die Rinde der Unterlage offen. Dann lassen Sie das Auge vorsichtig in die richtige Stellung unter der Rinde gleiten. Schließlich schneiden Sie Rinde, die oberhalb des T-Schnitts übersteht, vom Auge ab. Zuletzt muß die Wunde verbunden werden, zum einen, um sie zusammenzuhalten, zum anderen, um zu verhindern, daß Feuchtigkeit eindringt. Der Fachmann verwendet dafür kleine Stückchen elastisches Gewebe. Man kann aber auch dünnen Raffiabast nehmen und damit den Schnitt umwickeln, dreimal unterhalb des Auges und viermal oberhalb des Auges. Die Enden werden vorsichtig zusammengeknotet. Nach drei oder vier Wochen kann der »Verband« entfernt werden. Dabei wird sofort erkennbar, ob die »Operation« gelungen ist. Sollte das Auge nicht angegangen und noch Zeit verbleiben, kann auf der anderen Seite der Unterlage ein neuer Versuch gemacht werden. Ist das Auge angegangen, sollte man es bis zur Mitte des Winters unberührt lassen. Dann wird das gesamte obere Ende der Unterlage etwa 1 cm über dem Auge abgeschnitten. Im folgenden Sommer haben Sie – wenn alles gut gegangen ist – eine Rose! Diese kann an ihrem Standort bis an ihr Lebensende bleiben oder in der folgenden Ruhephase umgepflanzt werden.

VERMEHRUNG DURCH STECKHOLZ ODER STECKLING

Viele Gartenliebhaber, denen es gelungen ist, Rosen wurzelecht zu vermehren, können überhaupt nicht verstehen, daß diese Methode nicht gewerblich verwendet wird, könnten sie dann doch Rosen kaufen, ohne die lästigen Ausläufer in Kauf nehmen zu müssen. Einige Rosensorten eignen sich gut für diese Vermehrungsmethode, insbesondere *R. rugosa* und ihre Abkömmlinge. Diese werden deshalb gelegentlich »auf eigener Wurzel« angeboten. Das gilt auch für einige Wildrosen und für ein paar seltenere Hybriden, bei denen alle anderen Versuche erfolglos blieben. Aber für alle anderen Rosen ist die gewerbliche Stecklingsvermehrung nicht sinnvoll. Die Stecklinge zum Ansetzen von Wurzeln anzuregen ist nicht das Problem, aber es sind nicht genügend Pflanzen vorhanden, um die Stecklinge zu liefern. Beim Okulieren erhält man aus einem Steckling sechs Augen. Für die Vermehrung durch Stecklinge wird deshalb die sechsfache Anzahl Pflanzen der zu vermehrenden Sorte benötigt. Obwohl jüngste Fortschritte in der Gewebekultur hier Abhilfe schaffen könnten, sehe ich trotzdem keine Lösung für die Probleme, die sich ergeben, wenn die junge Pflanze umgepflanzt werden muß. Außer bei einigen Wildrosen sind die Wurzeln im Vergleich zu veredelten Pflanzen klein, deshalb lassen sie sich weniger gut umpflanzen. Die Ausfallquote ist bei stecklingsvermehrten Rosen hoch. Um das zu vermeiden, müssen sie sehr früh in Töpfen gezogen werden, damit sie komplett mit Erde umgepflanzt werden können. Das funktioniert beim Direktverkauf und in Gartencentern. Für den Versand ist das allerdings ein Problem. Es ist außerdem schwierig, Pflanzen zu produzieren, die groß genug sind, um den seit langem festgefügten Qualitätsansprüchen der Kunden gerecht zu werden. Eine Rose auf eigener Wurzel muß mindestens ein Jahr älter sein als eine veredelte Rose, um auch nur annähernd deren Größe zu erreichen. Ich erinnere mich gut an eine Kundin, die mir den Auftrag gab, ihr 30 verschiedene Rosen auf eigener Wurzel zu liefern. Ich setzte ihr alle Vor- und Nachteile auseinander, und sie sagte, sie würde warten. Um mit Sicherheit genügend Pflanzen zu haben, machte ich von jeder Sorte sechs, was zwei Jahre geduldiger Arbeit erforderte. Als sie die Sendung schließlich erhielt, schickte sie sie mir postwendend zurück: Die Pflanzen seien zu klein! Mein einziger Trost bestand darin, daß ich eine Menge Erfahrung mit der Vermehrung durch Stecklinge gewonnen hatte.

Trotz alledem hat Malcolm Lowe in Nassau, New Hampshire/USA, eine Methode entwickelt, Rosen »auf eigener Wurzel« in befriedigender Qualität zu vermehren. Er bewurzelt seine Stecklinge unter Glas im Frühherbst und pflanzt die bewurzelten Pflanzen im folgenden Frühjahr direkt ins Freiland. Seine Erfolgsquote ist anscheinend hoch, aber ich glaube, das Klima in New Hampshire ist für eine solche Methode der Rosenvermehrung auch besser geeignet als unseres in Großbritannien. Mike und Jean Shoup vom Antique Rose Emporium in Brenham/Texas, haben ebenfalls erfolgreich Methoden entwickelt, Rosen gewerblich aus Stecklingen zu vermehren. Sie sind besonders erfolgreich mit Alten Teerosen.

Die beste Zeit zum Schneiden von Steckhölzern ist im Herbst, wenn das Laub beginnt abzufallen, nachdem das Holz den ganzen Sommer über ausreifen konnte. Für die Vermehrung durch Steckhölzer wählen Sie reifes, einjähriges Holz von der Stärke eines Bleistifts, obwohl das etwas von der Sorte abhängt. Idealerweise ist das Steckholz 15 cm

DIE KULTUR VON ROSEN • 453

Stecklinge in Mike Shoups Rosenschule in Texas.

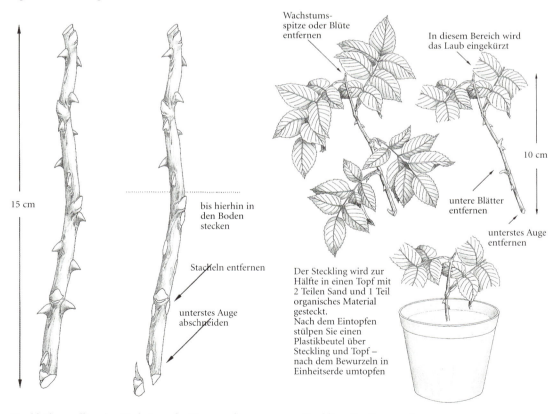

Steckhölzer sollten im Herbst geschnitten werden

Steckling (im Sommer)

lang und an beiden Enden bis zu einem Wachstumsauge abgeschnitten. Bevor man das Steckholz bis zur Hälfte seiner Länge direkt in den Boden steckt, sollte vorhandenes Laub entfernt werden. Bei schwerem Boden gibt man etwas Sand in das Pflanzloch, um das Bewurzeln zu erleichtern. Zuvor taucht man das untere Ende des Stecklings etwa 1 cm tief in Bewurzelungspulver. Man kann die Stecklinge auch in einen Topf pflanzen – in eine Mischung aus Sand und feuchtem Torf zu gleichen Teilen – und in ein ungeheiztes Frühbeet oder Gewächshaus stellen.

Bis zum zeitigen Frühjahr sollten die Steckhölzer anfangen zu wurzeln. Bis zum nächsten Herbst wachsen sie zu kleinen Sträuchern heran. Dann können sie an ihren endgültigen Platz gepflanzt werden.

Schneidet man die Stecklinge Ende Juni, dann benötigen sie etwas mehr Pflege. Man schneidet diese Stecklinge aus diesjährigem Holz etwa 10 cm lang, am oberen und unteren Ende jeweils bis zu einem Auge. Entfernen Sie alle Blätter bis auf die beiden oberen, die ihrerseits bis auf zwei Fiederblättchen eingekürzt werden. Die vorbereiteten Stecklinge werden dann in eine Mischung aus Erde und Sand getopft, gewässert und mit einem Plastikbeutel bedeckt.

Ein Stab dient als »Zeltstange«, und mit einem Gummiring wird der Beutel am oberen Topfrand verschlossen. Bei dieser Methode wurzeln die Stecklinge schnell, besonders wenn man die Töpfe an einen warmen Platz stellt. In dieser Zeit ist Wässern kaum erforderlich, da die Feuchtigkeit kaum verdunsten kann. Wenn man den Topf in einen Untersetzer mit Kies setzt, in den man von Zeit zu Zeit etwas Wasser nachgießt, kann der Steckling bis zum Ansetzen von Wurzeln nicht austrocknen. Sobald der Steckling etwas gewachsen ist, kann die Folie entfernt und das Pflänzchen langsam abgehärtet werden. Im Winter wird die Pflanze in nahrhaftere Erde umgetopft und schließlich an ihren endgültigen Platz gepflanzt.

Dies sind nur zwei Möglichkeiten, Rosen wurzelecht zu ziehen. Bedenken Sie aber, daß nicht alle Sorten gleich gut wurzeln und daß einige Sorten keine befriedigende Größe erreichen oder sehr viel langsamer wachsen als veredelte Rosen.

MIKROVERMEHRUNG

Es ist unwahrscheinlich, daß diese Methode von einem Laien verwendet wird. Da aber ein wachsender Anteil der in Zukunft verkauften Rosen auf diese Weise vermehrt werden wird, möchte ich diese Methode hier kurz vorstellen. Mikrovermehrung ist eine Form vegetativer Vermehrung, die in sterilen Räumen oder Labors durchgeführt wird. Mit dieser Methode entstehen Rosen auf eigener Wurzel. Mikrovermehrung ist eine Form der Gewebekultur. Dabei wird eine geringe Menge Gewebe, oder auch nur eine einzige Zelle, aus dem Wachstumspunkt oder einem Auge in der Blattachsel entnommen und dazu veranlaßt, weitere Wachstumspunkte zu produzieren, die ihrerseits wiederum weitere Wachstumspunkte produzieren usw. Die dabei entstehenden Triebe haben zunächst keine Wurzeln. Zur Wurzelbildung werden dem Medium, in dem die Triebe gezogen werden, natürlich vorkommende Bewurzelungshormone zugefügt. Sobald sie Wurzeln gebildet haben, bleiben die winzigen Pflänzchen noch einige Zeit in dem Medium und werden dann behutsam in normale Blumenerde umgesetzt und an die Welt außerhalb des Labors gewöhnt.

Es ist immer noch ein weiter Weg, bis diese Vermehrungsmethode Eingang in die Praxis der gewerblichen Rosenvermehrung finden wird. Das schwierigste Stadium ist das Umsetzen der Pflänzchen in Erde, aber die Forschung schreitet schließlich weiter fort …

Nicht alle Gruppen von Rosen eignen sich gleichermaßen für die Mikrovermehrung. Teehybriden und Floribunda-Rosen gedeihen auf eigener Wurzel nicht so gut wie veredelte Pflanzen, und einige Strauchrosen eignen sich noch weniger. Bei vielen Zwergrosen und flachwachsenden Rosen scheint es jedoch zu funktionieren, deshalb wird diese Methode zur Zeit hauptsächlich bei ihnen angewendet. Das liegt vielleicht daran, daß auf diese Weise vermehrte Pflanzen im ersten Jahr viel mehr Triebe von der Basis her entwickeln als das bei durch Okulieren oder durch Steckholz vermehrten Rosen der Fall ist. Ein entscheidender Vorteil der Mikrovermehrung besteht darin, daß die Bewurzelung viel schneller erfolgt. Außerdem kann aus einem winzigen Gewebeteil eine große Zahl von Pflanzen produziert werden. Mit dieser Methode könnten Züch-

Absenken

ter neue Sorten sehr viel schneller auf den Markt bringen als mit konventionellen Methoden.

ABSENKEN

Absenken wird bei Rosen nur selten verwendet, ist aber bei einigen Sorten durchaus möglich. Diese Methode funktioniert nicht bei Sorten, die starr aufrecht wachsen, weil sich ihre Triebe nicht zum Boden biegen lassen. Bei den Alten Rosen, Kletterrosen und Ramblern mit eher biegsamen Trieben ist es jedoch eine recht wirkungsvolle Methode.

Man biegt einfach einen einjährigen Trieb bis zum Boden und befestigt ihn – etwa 30 cm von der Spitze entfernt – mit einer Drahtnadel in einer flachen Grube am Boden. Ein Schnitt in den Teil der Rinde, der unter die Erde zu liegen kommt, beschleunigt manchmal das Bewurzeln. Dann wird das Stück des Triebes in der Senke mit Erde bedeckt. Das ist praktisch zu jeder Jahreszeit möglich, aber Wurzeln bilden sich am schnellsten im Frühjahr, vor Beginn der Wachstumsperiode. Sobald sich Wurzeln gebildet haben, beginnt der aus dem Boden ragende Teil zu wachsen. Die Verbindung zur Mutterpflanze kann dann gekappt werden. Während der folgenden Ruhephase kann die neue Pflanze umgepflanzt werden.

TEILEN

Teilen ist bei vielen Pflanzen, v.a. Stauden, eine weitverbreitete Methode der Vermehrung. An Rosen denkt man bei dieser Methode normalerweise nicht, aber es gibt einige Wild- und Gartenrosen, die sich auf diese Weise erfolgreich vermehren lassen. Die einzige Bedingung ist, daß die zu vermehrende Pflanze auf eigener Wurzel wächst.

Mehrere Wildrosen und deren Abkömmlinge bilden von Natur aus reichlich Ausläufer. Wenn man einen solchen Ausläufer mit ein paar anhaftenden Wurzeln abtrennt, entwickelt sich eine neue Pflanze. Am besten für diese Vermehrungsmethode eignet sich wohl *R. pimpinellifolia*. In der Tat dürften die vielen Ausläufer der Grund für ihre Langlebigkeit sein.

In alten Gärten stößt man häufig auf solche Rosen, die ihre Artgenossen überleben, indem sie sich durch Ausläufer verjüngen und von dem ursprünglichen Wurzelstock nichts mehr übrig ist. Ebenfalls auf diese Weise vermehrt werden können *R. wichuraiana*, *R. palustris*, *R. nitida*, *R. virginiana*, *R. rubiginosa* und die allgegenwärtige *R. rugosa*. Die meisten dieser Wildrosen und ihrer Abkömmlinge lassen sich gut durch Teilen vermehren, falls sie auf eigener Wurzel wachsen.

VERMEHRUNG DURCH SAMEN

Alle echten Wildrosen vermehren sich auf natürliche Weise durch Samen. Wenn sich aber sortenreine Nachkommen ergeben sollen, müssen die Elternpflanzen in völliger Isolierung gezogen werden, um Zufallskreuzungen mit anderen Arten oder Hybriden auszuschließen. Solche Zufallskreuzungen erfolgen gelegentlich mit nur geringen Abweichungen durch Befruchtung durch Insekten.

Kreuzungen entstehen manchmal im Garten aus Samen, die entweder einfach vom Strauch heruntergefallen oder von Vögeln dorthin getragen worden sind. *R. glauca* und *R. filipes* sind nur zwei Wildrosen, die sich auf diese Weise reproduziert haben. Auch einige Züchtungen, besonders die Rugosas, bringen aus ihren selbst gesäten Samen manchmal interessante Varianten hervor.

Alle heute üblichen Rosenunterlagen werden aus Samen gezogen. Die Elternpflanzen geeigneter Wildrosen werden möglichst isoliert angebaut, meistens im östlichen Mittelmeerraum. Die Samen werden gesammelt und an spezielle Unterlagen-Baumschulen in Europa verkauft. Die gibt es vor allem in Holland und Deutschland, neuerdings auch in Großbritannien. Die Samen werden im zeitigen Frühjahr gesät. In einer einzigen Saison werden viele Millionen Sämlinge produziert. Diese werden an Rosenschulen verkauft, die zwei Jahre später durch Okulieren verkaufsreife Pflanzen produzieren. Die Wurzeln gekaufter Rosen sind also oft weitgereist. Das Alter des Samens gar nicht mitgerechnet sind sie, wenn sie im Garten gepflanzt werden, mindestens drei Jahre alt.

Wirtschaftlichkeit ist nicht der einzige Grund, warum Rosenunterlagen aus Samen vermehrt werden. Die Gefahr von Virusübertragungen ist bei dieser Vermehrungsart geringer als bei vegetativer Vermehrung. Samen von Gartenrosen führen – anders als bei Wildrosen – oft zu abweichenden Ergebnissen. Die Sämlinge sind nicht sortenecht und unterscheiden sich von ihren Eltern, von denen immer nur eine bekannt ist. Die Samen der meisten Gartenrosen benötigen zum Reifen einen langen Sommer. Nur die Samen von Hagebutten der frühesten Blüten der Saison sind in Großbritannien und in ähnlichen Breiten lebensfähig. Deshalb erfolgen Züchtungen nördlich des 45. Breitengrades unter Glas.

Die Vermehrung von Gartenrosen aus Samen kann sehr interessant und lohnend sein. Eine einfache Methode besteht darin, reife Hagebutten am Anfang des Winters zu sammeln und in Blumentöpfen, die mit scharfem Sand gefüllt sind, aufzubewahren. Man stellt die Töpfe ins Freie, damit sie bis Anfang Februar möglichst starke Temperaturschwankungen erleben. Stellen Sie die Töpfe an einen vor Mäusen sicheren Platz!

Die Zahl der Samen in einer Hagebutte schwankt zwischen ein oder zwei bis zu 50. Anfang Februar sollten die Samen aus den Hagebutten genommen werden. Der fleischige Teil der Hagebutten ist bis dahin verrottet. Die Samen werden gewaschen und etwa 0,5 cm tief auf einem Tablett oder im Blumentopf in gute Erde gesät und in ein geheiztes Gewächshaus gestellt. Durch Bodenheizung wird die Erde auf 6 °C erwärmt. Wenige Wochen später fangen einzelne Samen an zu keimen; das kann bis zum Frühsommer andauern. Bald nach dem Keimen werden die Sämlinge in 8-cm-Töpfe gepflanzt. Sie bleiben weiterhin im Gewächshaus. Ein paar Tage lang, bis sie Wurzeln angesetzt haben, hält man sie schattig.

Je nach Sorte sollten sie innerhalb weniger Wochen blühen. Kletterrosen etwa blühen erst im folgenden Sommer. Wenn Okulieren nicht möglich ist, topfen Sie sie in größere Töpfe um und warten Sie eine zweite Blüte im nächsten Jahr ab. Es macht wenig Sinn, sie in den Garten zu pflanzen, bevor sich herausgestellt hat, daß es sich lohnt. Das alles macht viel Freude. Und wie kümmerlich die Sämlinge auch immer sein mögen, immerhin sind sie einzigartig, was Sie vielleicht dazu ermutigt, es einmal mit der Züchtung zu versuchen.

Schädlinge und Krankheiten

Die Ansicht, daß Strauchrosen und Alte Rosen weniger anfällig seien für Schädlinge und Krankheiten als ihre moderneren Verwandten dürfte einer genaueren Überprüfung nicht standhalten. Daß es oft den Anschein hat, dürfte mehr an ihrer größeren Wuchskraft und ihrem Lebenswillen liegen als an ihren Abwehrkräften. Auch das biblische Alter mancher Sorten mag den Eindruck stärken. Die meisten der einmal blühenden Sorten haben ihre Hauptblütezeit längst beendet, ehe Krankheiten oder Schädlinge Gelegenheit haben, sie ernsthaft zu schwächen, während bei modernen Rosen Krankheiten wie Sternrußtau und Rosenrost im Spätsommer und Herbst verheerende Wirkungen haben können. Es gibt gewiß einen Zusammenhang zwischen der Wuchskraft einer Rose und ihrer Widerstandskraft gegen Krankheiten. Einige der größeren Strauchrosen und besonders die starkwüchsigen Kletterrosen sind im allgemeinen gesünder als ihre kleineren Artgenossen.

Fachgerechte Pflege, angemessene Düngung, der richtige Standort und gute Be- und Entwässerung sind die beste Vorsorge gegen ernsthafte Probleme mit Krankheiten. Sternrußtau und Rosenrost, wahrscheinlich die beiden schlimmsten Krankheiten, erlebten paradoxerweise beide neuen Aufschwung, als in den späten 1950er Jahren in Großbritannien das Gesetz zur Sauberhaltung der Luft erlassen wurde. Unsere größte Hoffnung im Kampf gegen Rosenkrankheiten ruht auf den Züchtern, die gesunden Sorten große Bedeutung beimessen.

Schädlinge

BLATTLÄUSE

Rosen können von vielerlei Arten von Läusen befallen werden. Am häufigsten ist die Blattlaus. Ein ernsthafter Befall kann die Pflanze stark schädigen. Blattläuse haben eine Anzahl natürlicher Feinde, allen voran den hübschen und für den Gärtner unbedenklichen Marienkäfer. Es darf allerdings nicht erwartet werden, daß dieser allein die Läuse in Schach zu halten vermag. Auch Ameisen sieht man häufig in der Nähe von Blattläusen, aber diese werden mehr von deren klebrigen Ausscheidungen als von den Blattläusen selbst angezogen. Wenn man nichts unternimmt, vermehren sich Blattläuse sehr schnell. Früher verwendeten Gartenliebhaber Seifenlauge als Gegenmittel. Man besprühte befallene Triebe auch mit Tabakbrühe. Manche gar kauften spezielle Blattlausbürsten. Heute verwendet man Insektizide, möglichst solche, die für Vögel und andere Nützlinge unschädlich sind. Am wirksamsten sind sogenannte systemische Mittel, die vom Innern der Pflanze heraus wirken und so einem Befall vorbeugen, bevor er auftritt. Solche Mittel müssen in Abständen von 10–14 Tagen gespritzt werden. Kontaktinsektizide müssen jeweils bei Befall angewendet werden, da sie die Schädlinge direkt töten.

BLATTWANZEN

Diese sind weniger häufig als Blattläuse. Es handelt sich um Schädlinge, an die schwer heranzukommen ist, und die schnell von einem Strauch zum anderen »wandern«. Sie beschädigen die saftigen

Schädlinge und Krankheiten

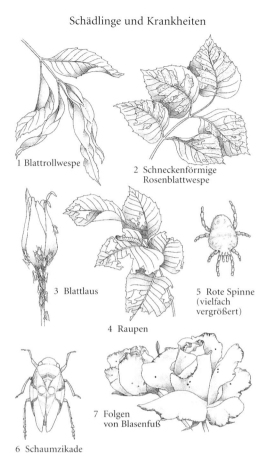

1 Blattrollwespe
2 Schneckenförmige Rosenblattwespe
3 Blattlaus
4 Raupen
5 Rote Spinne (vielfach vergrößert)
6 Schaumzikade
7 Folgen von Blasenfuß

Spitzen junger Triebe und lassen sie verkümmert, verwelkt und durchlöchert zurück. Systemische Insektenschutzmittel sind die beste Vorsorge, allerdings haben die Wanzen meist schon einigen Schaden angerichtet, bevor sie den Mitteln erliegen.

RAUPEN

Verschiedene Raupen befallen gelegentlich das Laub von Rosen. Ein Zeichen für einen Befall durch Raupen ist gewöhnlich zu erkennen, wenn ganze Teile von Blättern oder den Spitzen junger Triebe verschwinden. Bei einer gründlichen Inspektion der Blätter findet man sie meist. Man sollte sie ablesen und sofort vernichten.

Raupen sind die Larven von Motten, die den Rosen selbst nicht schaden. Mit chemischen Mitteln ist ihnen deshalb schwierig beizukommen. Dennoch gibt es spezielle Raupenmittel. Bezüglich ihrer Anwendung holt man sich Rat beim Fachmann, wenn der Befall ernsthaft ist.

DIE KULTUR VON ROSEN • 457

KUCKUCKSSPEICHEL

Der häßliche Anblick dieses Schädlings dürfte ein größeres Ärgernis sein als der Schädling selber, zumindest bei Rosen. Er tritt häufiger bei solchen Rosen auf, die stark von Unkraut umwuchert sind oder in Staudenbeeten stehen als bei freistehenden Rosen. Die speichelähnliche Masse, die die Larve der Schaumzikade umgibt, läßt sich mit einem gezielten Strahl wegwaschen, wenn man die Pflanze ohnehin mit anderen Pflanzenschutzmitteln besprüht.

BLATTROLLWESPE

Wenn sich die von diesem Insekt verursachten Schäden zeigen, ist es meist für eine Bekämpfung zu spät. Das einzige Mittel sind Kontaktmittel und auch diese helfen nur, wenn man die Schädlinge genau trifft. Schon sehr früh im Jahr muß man versuchen, erwachsene Fliegen zu treffen, denn sie lagern ihre Eier auf jungen Blättern ab. Nicht auf allen beschädigten Blättern befinden sich befruchtete Eier. Anscheinend werden die Schäden meist dadurch verursacht, daß die Blattrollwespe eine chemische Substanz in das Blatt spritzt. Dadurch rollt das Blatt sich ein, und die Larven werden so geschützt, wenn sie sich verpuppen. Ein heftiger Befall im Frühsommer kann sehr häßlich aussehen, aber meist erholt sich der Strauch bald. Die Rose erleidet keinen ernsthaften Schaden, außer, daß sie vielleicht etwas anfälliger für Krankheiten wie Mehltau wird. Spritzen mit dem gleichen Mittel wie gegen Raupen ist eine gewisse Hilfe gegen die eingewickelten Puppen, aber die eingerollten Blätter erschweren das beträchtlich.

Eine andere Art mit dem gleichen Lebensrhythmus ist die sogenannte Schnecken-Blattrollwespe. Sie kommt seltener vor, kann aber bei einem Befall verheerende Wirkung zeigen. Die Larven fressen das Oberflächengewebe der Blätter und hinterlassen lediglich ein Blattskelett. Die Bekämpfung ist die gleiche wie bei der Blattrollwespe.

ROTE SPINNE

Dieser kleine Plagegeist macht bei Kultur unter Glas mehr Ärger als im Freien. Für das bloße Auge sind diese Spinnmilben fast unsichtbar. Sie liegen auf der Unterseite der Blätter, vermehren sich sehr schnell und haben oft schon überhand genommen, ehe man sie bemerkt hat. Die Blätter verlieren ihre Farbe, werden schlaff und fallen ab. Den Winter über liegen die Eier dann im Boden. Eine Bekämpfung ist schwierig. Das beste derzeit bekannte Mittel scheint Perimiphos-Methyl zu sein, wenn es im Sommer angewendet wird, während die Milben aktiv sind. Wenn man einen Befall befürchtet, ohne daß ein sicherer Beweis vorliegt, sollte man den Boden rund um die Rose während der Ruhezeit mit altmodischem Teeröl gründlich tränken. Dadurch zerstört man die Eier, bevor sie schlüpfen.

BLASENFUSS

Dieser Schädling befällt eher moderne als Alte Rosen. Er sucht vor allem die festeren Knospen der Teehybriden. Er tritt meist bei heißem, gewittrigem Wetter auf. Selten ist der Befall so stark, daß sich das Spritzen lohnt, außer bei einigen kletternden Teehybriden und den gefüllteren Bourbon-, Noisette- und Teerosen. Auch hier ist Vorsorgen besser als Heilen. Man spritzt ein systemisches Mittel oder ein Kontaktmittel kurz bevor sich die Blütenknospen öffnen, um zu verhindern, daß die winzigen Fliegen an den Rändern der Blütenblätter herumknabbern und die Blüten verderben.

KANINCHEN UND WILD

In Gärten auf dem Lande können Kaninchen eine ernsthafte Plage darstellen, vor allem im Winter und besonders in Gärten in der Nähe von Golfplätzen, Heideland oder offenen Ackerflächen. Ihr Verhalten ist unberechenbar. Im Frühling schmecken die saftigen Spitzen der Triebe vor allem den jungen Kaninchen. Im Winter fallen Kaninchen jeden Alters wie die Vandalen über junge wie alte Triebe her und beißen die Rinde komplett ab, so weit sie sie erreichen können. Wenn Sie Alte Rosen auf dem Lande pflanzen wollen, machen Sie sich die Mühe und zäunen Sie den Garten ein, um Kaninchen fernzuhalten. Wenn das nicht möglich sein sollte, schützen Sie jede einzelne Pflanze durch Maschendraht – zumindest in den ersten Jahren.

Auch Wild verschmäht die Rosen nicht, vor allem nicht bei großem Hunger im tiefen Winter. Aber es sind scheue Geschöpfe und ein ernsthaftes Problem nur in Gärten, die an Wald oder Parks angrenzen. Manchmal werden Rosen an Weidezäunen und ähnlichem gepflanzt. Dabei sollte man bedenken, daß fast alle grasenden Tiere gelegentlich an Rosen knabbern, soweit sie sie erreichen können. Als Vorsorge kann man besonders stachelige Garten- und Wildrosen pflanzen.

Krankheiten

STERNRUSSTAU

Von allen Krankheiten, die Rosen befallen – ausgenommen vielleicht Rosenrost –, ist Sternrußtau die schlimmste. Zugegeben, moderne Züchtungen sind diesbezüglich anfälliger als Alte Rosen, das sollte aber Liebhaber Alter Rosen nicht selbstgefällig machen. Denn bei einigen Sorten kann ein ernsthafter Befall die Sträucher jedes Jahr arg mitnehmen. Diese Krankheit greift die Blätter an, gewöhnlich beginnend im Hochsommer, und führt häufig zu völliger Entlaubung. Selbst ein nur teilweiser oder geringer Befall führt dazu, daß die Sträucher für dieses Jahr unansehnlich werden. Die Krankheit ist leicht an den schwarzen oder dunkelbraunen Flecken zu erkennen, die sich schnell über die Blätter ausbreiten und oft auch auf die jungen Triebe übergreifen. Diese werden dadurch zunächst fleckig und sterben später ab. Jedes herabfallende Blatt beherbergt Millionen von Sporen, die im Boden überwintern und im nächsten Frühjahr erneut aktiv werden.

Die befallenen Blätter sollten sowohl vom Strauch als auch vom Boden rund um die Rose entfernt und vernichtet werden, um einer Ausbreitung der Krankheit auf weniger anfällige Sorten entgegenzuwirken. Wer Rosen pflanzt, muß mit Sternrußtau leben. Sind die Rosen erst einmal davon befallen, kann man wenig dagegen tun. Es gibt eine Anzahl chemischer Mittel, die – wenn sie vor der Infektion gespritzt werden – die Krankheit in Schach halten, zumindest während der ersten Blüte. Die Versprechungen der Hersteller haben nur Wert, wenn die Gebrauchsanweisungen strikt befolgt werden und die Anwendung fachmännisch und sauber erfolgt.

Nach meiner Erfahrung hilft regelmäßiges Besprengen der Rosen von oben, vorausgesetzt, man tut dies nicht tagsüber, um ein Verbrennen der Blätter zu verhindern. Das Besprengen sollte mindestens fünf Stunden andauern und mindestens alle zehn Tage wiederholt werden. Im Hinblick auf die Sauberkeit hilft gründliches Tränken des Bodens um den Strauch mit Teeröl im Winter. Das kann einen Befall im nächsten Jahr hinauszögern.

KRONENGALLE

Diese Pilzkrankheit, die über die gesamten USA und Kanada verbreitet ist, verursacht unregelmäßige Wucherungen nahe der Veredelungsstelle.

DIE KULTUR VON ROSEN • 459

Sternrußtau

Einzig bekanntes Gegenmittel ist, die Wucherung zu entfernen und die Wunde mit einem geeigneten Lösungsmittel zu bestreichen. Lassen Sie sich im Gartencenter beraten. Sollte das keinen Erfolg bringen, bleibt nur, die Rose samt umgebender Erde auszugraben und zu entsorgen, da die Pilzsporen noch zwei Jahre lang im Boden überdauern.

ECHTER MEHLTAU

Mehltau befällt Rosen vom Frühsommer an und kann – wenn nichts dagegen unternommen wird – bei einigen Sorten ein ernsthaftes Problem darstellen. Die ersten Anzeichen für Mehltau sind kleine Flecken gräulich-weißen Puders, gewöhnlich nahe den Spitzen der jungen Triebe und auf den saftigen jungen Blättern. Ohne Gegenmaßnahmen breiten sich diese Flecken schnell aus und bedecken bald die gesamte Pflanze. In gravierenden Fällen greifen die Flecken auch auf die reifen Blätter und auf die Blütenknospen über. Die jungen Blätter rollen sich ein, verformen sich und hören auf, sich weiterzuentwickeln und hemmen so die Pflanze in ihrer natürlichen Funktion. Mehltau auf ansonsten gesunden Pflanzen schwächt deren Abwehrkräfte gegen andere Krankheiten; vor allem Sternrußtau kann auftreten, wo vorher Mehltau war. Gut ernährte Pflanzen sind – obwohl keineswegs immun – doch weniger anfällig als Pflanzen, die Mangel leiden. Für die Bekämpfung mit chemischen Mitteln gilt auch hier der Grundsatz »Vorbeugen ist besser als Heilen«. Es gibt eine Anzahl von Kontaktmitteln. Damit diese aber wirken können, ist ein wässriges Lösemittel erforderlich, damit genügend Wirkstoff an die Blätter gelangt. Das beste Mittel zur Bekämpfung sind systemische Mittel. Bei bekanntermaßen anfälligen Sorten spritzt man rechtzeitig, bevor sich Anzeichen für einen Befall zeigen. Mehltau ist sehr hartnäckig und hat einen kurzen Lebenszyklus. Das ermöglicht den Sporen, sehr schnell eine Resistenz gegen chemische Substanzen zu entwickeln. Wenn also die Wirksamkeit

Echter Mehltau

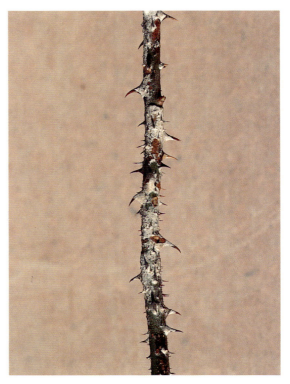

Mehltau an einem Trieb

des Spritzens nachläßt, sollte man das Mittel wechseln. Oft ist die übermäßige Gabe von stickstoffhaltigem Dünger die Ursache für das Auftreten von Mehltau, vor allem wenn er im Hochsommer angewendet wird und so starkes Wachstum im Herbst auslöst. Mehltau tritt oft auch bei starker sommerlicher Trockenheit auf. Versuchen Sie also, Ihre Rosen bei solchem Wetter stets gut zu wässern.

FALSCHER MEHLTAU

Diese Form des Mehltaus befällt Rosen unter Glas, besonders solche in Töpfen. Er tritt in Form matt bräunlicher oder manchmal bläulicher Flecken an der Oberfläche reifer Blätter auf, kann sich aber auch auf die Triebe ausbreiten. Befallene Blätter welken und fallen ab. Ernsthafter Befall kann zum Absterben der Pflanzen führen. Die Krankheit wird gewöhnlich durch extreme Tag-Nacht-Schwankungen der Temperatur ausgelöst, vor allem wenn das Gewächshaus auch noch schlecht belüftet ist. Eine gewisse Bekämpfung ist mit den gleichen Mitteln, die gegen echten Mehltau und gegen Sternrußtau verwendet werden, möglich. Rosen im Freien werden von dieser Krankheit nur selten befallen.

ROSENROST

Von allen Rosenkrankheiten kann ein ernsthafter Befall mit Rosenrost die verheerendsten Folgen haben. Wenn die Bedingungen für Rosenrost günstig sind, bei feuchtem, warmem Wetter, leiden anfällige Pflanzen dramatisch und sterben ab. Die Zeichen für einen Befall werden meist erst erkannt, wenn sich die Krankheit schon festgesetzt hat. Wird die Krankheit aber früh genug erkannt, kann sie bekämpft werden. Kleine orangefarbene Pusteln heften sich an die Unterseiten der Blätter und vermehren sich schnell, bis sie bald die gesamte Pflanze bedeckt haben, in manchen Fällen einschließlich der Triebe und Stacheln. Wenn die Sporen altern, verfärben sie sich dunkelbraun, werden schließlich schwarz und töten dabei das Blatt. Bei Sorten, deren Triebe auch befallen sind, hängen die braunen, abgestorbenen Blätter von der absterbenden Pflanze herab, bei anderen Sorten fallen sie ab, und die Sporen überwintern, bereit für die nächste Wachstumsperiode.

Bei ersten Anzeichen einer Erkrankung sollte sämtliches befallene Laub entfernt und vernichtet werden. Chemische Bekämpfung ist schwierig, weil die Unterseiten der Blätter besprüht werden müßten. Die Mittel gegen Sternrußtau können auch hier

Rosenrost auf Blättern im Sommer

vorbeugend angewendet werden. Wenn die Krankheit erst im fortgeschrittenen Stadium erkannt wird, ist Myclobutanil recht wirksam. Die Sorten, die für diese Krankheit am anfälligsten sind, dienen als Wirte, von denen aus dann weniger anfällige Sorten befallen werden. Wenn eine Pflanze wiederholt von Rosenrost befallen wird, ist es deshalb am besten, sie zu entfernen und zu vernichten. 'Conrad F. Meyer' und 'Sarah van Fleet', beides Rugosa-Hybriden, sind besonders anfällig und sollten aus Gärten, in denen sich Rosenrost als Problem erwiesen hat, ferngehalten werden.

BAUMKREBS

Bei gesunden, gut mit Nährstoffen versorgten Pflanzen ist Baumkrebs kein ernsthaftes Problem, eher bei älteren Pflanzen, an denen sich viel altes Holz entwickeln durfte. Man findet ihn auch bei sehr alten Kletterrosen, bei denen durch jahrelangen regelmäßigen Rückschnitt die Krankheit durch ungeschütztes Gewebe eindringen konnte. Die Krankheit tritt in Form großer, unregelmäßiger Schadstellen auf, die gewöhnlich ledrig braun, an den Rändern abgeflacht sind und zur Mitte hin anschwellen. Manchmal löst sich die Rinde an den Rändern und sieht knorrig aus. Wenn die Krankheit an Zweigen auftritt, die zu entbehren sind, sollten diese entfernt und vernichtet werden. Bei älteren Pflanzen tritt die Krankheit aber häufig an ungünstigen Stellen auf. Eventuell kann man die Schadstellen vorsichtig mit einem scharfen Messer entfernen und die Wunde mit Baumwachs oder einem ähnlichen Mittel bestreichen. Eine solche Operation lohnt sich nur, wenn der Strauch oder die Kletterrose einen hohen persönlichen Wert hat. Besser ist es, die alte, stark befallene Pflanze ganz zu entfernen und durch eine andere zu ersetzen.

MINERALIENMANGEL

Eisenmangel ist vielleicht die häufigste Mangelerscheinung bei Rosen. Er zeigt sich als ein Gelbwerden der Blätter, besonders der jungen Blätter, entweder an den Rändern oder entlang der Adern oder beides. Die Blätter werden schließlich ganz gelb und fallen ab. Da der Mangel häufig bei kalkhaltigen Böden auftritt, dürfte eine Gabe von einem eisenhaltigen Präparat im zeitigen Frühjahr richtig sein. Auf lange Sicht empfiehlt es sich, dem Boden Pottasche zuzuführen, um das im Boden gebundene Eisen lösen zu helfen.

Die andere häufige Mangelerscheinung betrifft Magnesium, das bei Rosen für eine gesunde Entwicklung besonders wichtig ist. Anzeichen für Magnesiummangel sind allerdings nicht leicht erkennbar. Die Blätter, besonder ältere, zeigen Chlorose und sind manchmal schlecht entwickelt, besonders an den Spitzen. Der Mangel kann durch Bittersalz, das während der Wachstumsperiode ein bis zweimal in flüssiger Form angewendet wird, behoben werden. Wo deutliche Anzeichen sichtbar sind, kann eine Lösung davon als Blattdünger helfen.

MOSAIKVIRUS

Meine Erfahrung mit Virusbefall bei Rosen in Großbritannien beschränkt sich auf die gelegentliche Beobachtung bei ein oder zwei Sorten. Soweit das Virus in anderen Sorten vorkommen sollte, zeigt es seine Anwesenheit in unserem Klima nirgendwo auch nur annähernd in demselben Ausmaß wie in wärmeren Regionen, wo es im Freiland bei allen Gruppen von Rosen ein ernsthaftes Problem darstellen kann – diesmal besonders aber bei den Alten Rosen. Angesichts meiner eigenen beschränkten Erfahrung und in der Überzeugung, daß es notwendig ist, das Problem des Mosaikvirus besser zu verstehen, freue ich mich, den folgenden Beitrag von Malcolm Manners vom Citrus Institute des Florida Southern College hier aufnehmen zu können; der Autor ist nicht nur eine Kapazität auf diesem Sachgebiet, sondern auch ein Liebhaber Alter Rosen.

Rosen-Mosaikvirus-Krankheit
von Malcolm M. Manners

Das Problem der Rosen-Mosaikvirus-Krankheit stieß in den großen Rosenzeitschriften in den letzten Jahren auf beachtliches Interesse. Leider beruhte viel von dem Geschriebenen nicht auf Fakten und einiges davon ist schlicht falsch.

Es gibt viele Virus-Krankheiten bei Rosen, z. B. Rosenwelke, Rosenrosette und Rosenzwergwuchs, hier geht es aber nur um die Rosen-Mosaikvirus-Krankheit, die bei weitem am häufigsten vorkommende Viruskrankheit bei Rosen. Bei Rosen-Mosaik handelt es sich tatsächlich um eine ganze Gruppe von Krankheiten mit gleichen Symptomen auf den Blättern, die von mindestens drei verschiedenen Viren verursacht werden. Diese Viren befallen normalerweise Obstbäume der Familie *Rosaceae* wie Pfirsich, Kirsche oder Apfel, und bei diesen Bäumen verbreitet sich die Krankheit im Obstgarten von Baum zu Baum auf natürliche Weise. Bei Rosen dagegen ist die Krankheit anscheinend nicht ansteckend, die Krankheit greift nicht von einer befallenen Pflanze auf eine daneben stehende gesunde Pflanze über.*)

Die Verbreitung des Virus erfolgt vielmehr in der Rosenschule, wenn gesunde Rosen auf befallene Unterlagen durch Pfropfen oder Okulieren veredelt werden. In den Ländern, in denen die Unterlagenpflanzen üblicherweise aus Samen vermehrt werden (Europa), ist das Mosaikvirus kein großes Problem, da sich das Virus bei der Vermehrung durch Samen nicht überträgt. In Ländern, in denen die Unterlagenpflanzen aus Stecklingen vermehrt werden (wie in den USA), sind die Jungpflanzen infiziert, wenn die Mutterpflanze befallen war. Amerikanische Rosen sind deshalb sehr häufig befallen. Es reicht nicht aus, das Auge einer befallenen Pflanze auf eine virusfreie Unterlagenpflanze zu veredeln, alle so veredelten Pflanzen sind dann ebenfalls befallen.

Das Rosen-Mosaikvirus zeigt sich an gewellten gelben bis weißen Linien auf den Blättern, die rund um die Adern symmetrisch angeordnet sind, manchmal auch an unregelmäßigen gelben bis weißen Flecken auf den Blättern. Meist zeigt der erste Jungaustrieb im Frühling die deutlichsten Zeichen eines Befalls. Die meisten Pflanzen zeigen in der Regel überhaupt keine Symptome. Es kann vorkommen, daß eine Pflanze jahrelang keinerlei Symptome zeigt, dann aber plötzlich sehr deutliche – offensichtlich in Reaktion auf bestimmte Wetterbedingungen zur Zeit des Blattaustriebs. Diese Erscheinung fördert die (falsche) Auffassung, die Pflanze habe die Krankheit im Garten »aufgefangen«, während sie tatsächlich seit langem infiziert war und jetzt erst Symptome zeigt.

*) Das Arabis Mosaikvirus, die am wenigsten häufige Form des Mosaikvirus, wird durch eine Nematode im Boden übertragen. Die Wahrscheinlichkeit, daß die seltene Form des Mosaikvirus und die entsprechende Nematode gleichzeitig vorkommen, ist allerdings gering. M.M.

Das Mosaikvirus wäre für die Rosen kein größeres Problem, wenn diese wechselnden Blattverfärbungen die einzigen Folgen der Krankheit wären. Aber Versuche, die an Rosen unter Glas in Holland und an Rosen im Freiland in England, Kalifornien und neuerdings in Florida (in unserem Garten) durchgeführt wurden, ergaben, daß eine infizierte Pflanze weniger Blüten in geringerer Qualität an kürzeren Stengeln hervorbringt und der Wuchs der Pflanze insgesamt leidet, einschließlich geringerer Winterhärte und einiger weiterer unerwünschter Folgen. Diese Pflanzen können von durchaus akzeptabler Qualität sein, wären aber wohl, wenn sie nicht befallen wären, noch besser.

Ist eine Pflanze infiziert, kann der Gartenbesitzer nichts dagegen tun. Man kann die befallene Pflanze über mindestens vier Wochen hinweg bei exakt 38 °C halten und danach Augen schneiden und auf virusfreie Unterlagen veredeln. Die Mehrzahl der neuen Pflanzen dürfte virusfrei sein. Dieses Verfahren erfordert aber spezielle Einrichtungen, um die Pflanze der richtigen, konstanten Temperatur auszusetzen, und in der Tat gibt es nur wenige Institute, die dieses Verfahren einsetzen. In den USA wird die Wärmebehandlung von Rosen gegenwärtig von der University of California (in Davis), dem Florida Southern College (in Lakeland, Florida) und den Bear Creek Nurseries (zu denen Jackson & Perkins Roses und Armstrong Roses gehören) eingesetzt. Ob es solche Programme auch in anderen Ländern gibt, ist mir nicht bekannt.*) Da das Rosen-Mosaikvirus weder ansteckend noch tödlich ist oder auf andere Weise schädlich, gibt es keinen Grund, eine Gartenrose mit dem Virus zu vernichten. Allerdings hat man wahrscheinlich größere Freude an einer virusfreien Pflanze.

Mißbildungen der Blüten

WUCHERUNG (»KINDL«)

Bei einigen der stärker gefüllten Alten Rosen wächst gelegentlich eine mißgestaltete Knospe aus der Mitte einer Blüte. Diese Erscheinung wird als Wucherung (oder »Kindl«) bezeichnet und sieht sehr häßlich aus. Sie tritt gewöhnlich bei den ersten Blüten auf. Bei remontierenden Sorten folgt selten eine Wiederholung bei den Herbstblüten. Eine genauere Betrachtung der mißgebildeten Blüten zeigt, daß sich die Fortpflanzungsorgane, vor allem die weib-

*) Über Einrichtungen für Wärmebehandlung verfügen in Großbritannien verschiedene Lehr- und private Institute, allerdings nicht speziell für Rosen. P.B.

»Kindl«

lichen (Stempel), aus irgendwelchen – wahrscheinlich genetischen – Gründen vermischt haben und, statt sich normal zu entwickeln, sich in eine vollständige zusätzliche Blütenknospe verwandelt haben, die aus der Blütenmitte herauswächst. Eine solche Sekundärknospe ist offensichtlich in jeder Hinsicht vollständig. Manchmal sitzt sie sogar auf einem Blütenstengel und ragt bis zu 1,5 cm heraus. In weniger ausgeprägter Form habe ich diese Erscheinung auch bei modernen Teehybriden gesehen, allerdings selten.

Manche Fachleute führen diese Erscheinung auf ein Virus zurück. Ein solcher Zusammenhang ist meines Wissens jedoch nicht nachgewiesen. Eine andere wissenschaftliche Erklärung ist mir nicht bekannt. Das Auftreten dieser Erscheinung scheint nicht vom Boden, in dem die Pflanze wächst, abhängig zu sein, zumindest nicht im Freien, auch nicht von erkennbaren geografischen Faktoren. Deshalb müssen wir annehmen, daß es sich um eine Form genetischer Mutation handelt, die bei einigen Sorten auftritt und durch achtlose Auswahl von Okulierreisern vermehrt wird. Nach meiner Erfahrung hängt die Stärke der Erscheinung zu einem gewissen Grad von der Außentemperatur oder von der Sonneneinstrahlung oder gar von beidem ab. Nach einem unfreundlichen, kalten Frühling treten Wucherungen häufiger auf, ebenso werden Pflanzen, die im Halbschatten stehen, ungleich stärker betroffen als freistehende. Mir ist auch aufgefallen, daß das Problem bei Pflanzen unter Glas geringer ist. Interessanterweise neigt 'Mme Isaac Pereire' mehr dazu als ihr Sport 'Mme Ernst Calvat'. Das gleiche gilt für 'Souvenir de la Malmaison', die diese Wucherung gelegentlich zeigt, und ihren Sport 'Souvenir de St Anne's', bei dem diese Wucherung nicht auftritt. Neben den bereits erwähnten Sorten sind einige der stärker gefüllten Bourbon-Rosen ebenfalls stark betroffen,

DIE KULTUR VON ROSEN • 463

außerdem ein oder zwei Damascena-Rosen, einige Zentifolien und wenige Moosrosen. Auch bei einzelnen Remontant-Rosen, die den Bourbon-Rosen nahe verwandt sind, kommt die Wucherung gelegentlich vor, ebenso bei der China-Rose 'Bloomfield Abundance' und, in geringerem Maße, 'Cécile Brunner'. Dagegen unternehmen kann man praktisch nichts, weder vorbeugend noch heilend. Man kann lediglich Blüten, bei denen sich die Wucherung zeigt, entfernen.

WENN DIE BLÜTEN VERKLEBEN

Einige Alte Rosen, wie auch einige moderne, mögen kein feuchtes Wetter im Sommer. Das gilt vor allem für die stark gefüllten Sorten mit vielen Blütenblättern in festen Blüten. Sie können die Feuchtigkeit gewöhnlich noch vertragen, wenn die Blüten geöffnet sind. Bei länger anhaltendem Regen im späten Knospenstadium jedoch verfaulen und verkleben die äußeren Blütenblätter und verhindern so, daß sich die Blüte öffnet. Das ist um so schlimmer, wenn auf Regen starker Sonnenschein folgt. Dann werden die Blütenblätter in einen trockenen »Kokon des Verfalls« eingeschlossen, aus dem es kein Entrinnen gibt. Die gesamte Blüte verfault und fällt ab oder,

Eine verklebte Blüte *(oben)*, nachdem sie von den verklebten äußeren Blütenblättern befreit wurde *(unten)*.

schlimmer noch, bleibt am Strauch hängen und gibt einen häßlichen Anblick ab. Man kann nicht viel dagegen unternehmen, außer vielleicht das Wetter zu verwünschen. In einem kleinen Garten, wo eine einzelne Rose betroffen ist, kann man die äußeren Blütenblätter vorsichtig mit Daumen und Zeigefinger von der Knospe ablösen, bevor die Fäulnis zu tief eingedrungen ist, um so der Blüte zu ermöglichen, sich ohne Behinderung zu entfalten. Zu dieser Erscheinung neigen vor allem die Bourbon-Rosen 'Souvenir de la Malmaison' und 'Boule de Neige' sowie die Remontant-Rosen 'Baronne Prévost', 'Georg Arends' und 'Frau Karl Druschki', ferner einige Zentifolien und Moosrosen.

ANDERE KRANKHEITEN

Andere kleinere Krankheiten können Rosen von Zeit zu Zeit plagen. Die häufigsten davon rühren von unserem eigenen sorglosen Gebrauch von chemischen Hilfsmitteln her, besonders von Herbiziden. Die behutsame Anwendung dieser Mittel ist erforderlich, besonders solcher auf Hormonbasis. Bei weitem am häufigsten beobachte ich Spritzschäden. Verwenden Sie zur Unkrautvernichtung immer ein separates Spritzgerät. Auch wenn Sie glauben, das Spritzgerät noch so gut gereinigt zu haben, es kann immer noch genügend zurückgeblieben sein, um Ihre Rosen zu töten oder zu verformen.

Die gewerbliche Vermehrung von Rosen

Zwar kennt niemand die Zahl ganz genau, aber zwischen 18 und 25 Millionen Rosenpflanzen werden jährlich allein in Großbritannien produziert – auf drei Einwohner kommt eine Pflanze. Schätzen wir eine entsprechende Summe für die übrige rosenliebende Welt, dann wird die Zahl astronomisch.

Daß ich mich dazu entschlossen habe, kurz etwas über die gewerbliche Rosenvermehrung zu sagen, liegt an einer unangenehmen Erfahrung, die ich mit einer Kundin machen mußte. Sie hatte keinerlei Verständnis dafür, daß es zwei Jahre dauern sollte, eine seltene Sorte für sie zu vermehren. Wie in jeder anderen Branche werden Rosen vermehrt, um damit einen kommerziellen Gewinn zu erzielen. Zwar haben sich die Vermehrungsmethoden seit Beginn des 20. Jahrhunderts leicht gewandelt, die wesentlichen Prinzipien sind jedoch die gleichen geblieben, seit zum erstenmal entdeckt wurde, daß man zwei Pflanzen miteinander durch Okulieren vereinen kann. Erst seit allerjüngster Zeit wird mit neuen Methoden experimentiert, beispielsweise mit Mikrovermehrung. Dabei ist noch völlig ungewiß, ob diese Methode jemals breitere Verwendung findet, ebenso ungewiß ist, ob überhaupt alle Typen von Rosen mit dieser Methode vermehrt werden können. Ich beschränke mich auf eine allgemeine Darstellung der herkömmlichen Methode (Mikrovermehrung siehe Seite 454).

Gewerbliche Rosenvermehrer brauchen als Anbaufläche mindestens das Vierfache der Fläche, die sie in einem Jahr tatsächlich bebauen möchten. Das liegt zum einen am Fruchtwechsel, zum anderen daran, daß Rosen zwei volle Jahre brauchen, bis sie verkaufsreif sind. Zu einem bestimmten Zeitpunkt wachsen also immer zwei unterschiedliche Jahrgänge heran. Und weil der Boden unter Rosen »rosenmüde« wird, muß er immer mindestens zwei Jahre ruhen, bis er wieder neue Rosen aufnehmen kann.

Rosenvermehrer müssen heute gut mit Maschinen ausgerüstet sein. Rechtzeitig vor dem Pflanzen wird der Boden durch Pflügen und durch Erdverbesserung vorbereitet. Rosenunterlagen werden viele Monate zuvor bei spezialisierten Vermehrungsbetrieben bestellt. Diese Rosenunterlagen treffen im November ein und werden entweder im Freiland eingeschlagen oder in einem kühlen Keller aufbewahrt, bis der Boden und die Witterung das Pflanzen zulassen. In Großbritannien ist das meist im Februar oder März der Fall. Die Unterlagenpflanzen werden mit einer von einem Traktor gezogenen Maschine gepflanzt, die von vier Arbeitern bedient wird. Der Abstand zwischen den Reihen beträgt meist 75–90 cm, der Abstand zwischen den Pflanzen einer Reihe etwa 15 cm. Bei dieser Pflanzdichte kommen gut 25 000 Pflanzen auf 4000 m^2. Ein gut eingespieltes Team schafft an einem Tag gerade einmal 4000 m^2. Nach dem Pflanzen wird vorsorglich vom Sprühwagen aus mit einem Insektenschutzmittel gespritzt. Dünger wurde rechtzeitig vorher auf den Boden aufgebracht.

Mitte Juni sind die Unterlagenpflanzen so weit, daß okuliert werden kann (siehe Seite 449). Neben dem Herausnehmen der Rosen im Herbst ist das Okulieren die zeit- und kostenintensivste Teilaufgabe im gesamten Prozeß der Rosenvermehrung. Okulieren ist eine Technik, deren Grundlagen zu erlernen nicht besonders schwierig ist, sofern der Lernende einigermaßen geschickt ist. Die Geschwindigkeit stellt sich mit der Übung und der Erfahrung ein. Es ist eher eine Arbeit für junge Leute, denn die Arbeit muß, obwohl sie nicht gerade schwer ist, den ganzen Tag lang im Bücken verrichtet werden. Das Geheimnis des Okulierens liegt in der Geschwindigkeit, mit der die Arbeit ausgeführt wird. Je schneller der Okulierer arbeitet, um so größer ist die Wahrscheinlichkeit, daß die Augen »angehen«. In der Regel arbeiten immer zwei Okulierer parallel, gefolgt von jemandem, der die Veredelungsstelle mit einem kleinen Latex-Pflaster versorgt. Ein gut eingespieltes Dreier-Team kann an einem Tag bis zu 6000 oder 7000 Augen veredeln. Den Okulierern arbeitet ein anderes Team zu, das dafür verantwortlich ist, die Edelreiser zuzuschneiden und die Stacheln zu entfernen. Wenn das Wetter günstig ist, ist die Arbeit des Okulierens bis Ende Juli vollbracht. Es wird niemals bei Regen okuliert. Man kann zwar auch später noch okulieren, aber je kürzer die Tage werden, um so geringer wird die Chance, daß alle Augen »angehen«. In der Hochsaison versucht man, mindestens 90 % zu erzielen, bei manchen Sorten sind 100 % durchaus realistisch. Weniger als 85 % gilt bei modernen Sorten als unbefriedigend, bei Alten Rosen allerdings gilt eine solche Quote immer noch als gut. Den ganzen Sommer über müssen die Pflanzen durch regelmäßiges Spritzen von Krankheiten und Schädlingen freigehalten werden.

Der nächste Schritt nach dem Okulieren ist das Abschneiden der Krone, das als »Absetzen« oder »Abwerfen« bezeichnet wird. Das wird in den Wintermonaten erledigt, je nach Witterung, im Januar oder Februar. Dabei wird die gesamte Krone der Unterlagenpflanze dicht oberhalb der Veredelungsstelle abgeschnitten. Man nimmt dazu eine Rosenschere oder eine Baumschere, einzelne Großbetriebe setzen dazu auch pneumatisch betriebene Scheren ein. Im späten Frühjahr wird ein ausgewogener Rosendünger aufgebracht, außerdem wird nochmals vorsorglich gegen Insektenschädlinge und Krankheiten gespritzt. Bis Mai hat der Austrieb aus der Veredelungsstelle eine Länge von 7–10 cm erreicht. Einige Vermehrer schneiden dann die jungen Triebe auf eine Länge von 2–3 cm zurück, damit von der Veredelungsstelle mehrere Triebe ausgehen. Bis Anfang Juni sind die Jungpflanzen etwa 15 cm groß. Dann hoffen die Vermehrer auf windstilles Wetter, denn in dieser Phase sind die Pflanzen sehr empfindlich und können bei starkem Wind leicht aus der Veredelungsstelle gerissen und weggeblasen werden. Ein paar windige Tage bleiben jedoch nicht aus, und die Verluste können schmerzlich sein. Anfang Juli stehen die Pflanzen in Blüte und werden ihrerseits zum Schneiden von Edelreisern verwendet, mit denen wiederum die Veredelungen für das nächste Jahr durchgeführt werden usw. Während die Pflanzen heranwachsen, muß sorgfältig auf eventuelle Wildtriebe geachtet werden, die sich unterhalb der Veredelungsstelle bilden können. Man entfernt sie, sobald man sie entdeckt. Gegen Blattläuse, Sternrußtau, Mehltau und Rosenrost wird regelmäßig gespritzt.

Bis Oktober sind die jungen Pflanzen ausgereift, und es wird mit dem Herausnehmen begonnen. Dazu wird in der Regel ein spezieller Pflug verwendet, mit dem der untere Teil der Pflanzen abgeschnitten wird, so daß sie anschließend leicht von Hand herausgezogen werden können. In großen Vermehrungsbetrieben, die den Handel beliefern, wird ein Teil der herausgenommenen Pflanzen in einem Kühlhaus gelagert, wo die Pflanzen geschützt sind. Auch einige Vermehrer, die an Endverbraucher verkaufen, machen es so. Andere Vermehrungsbetriebe wiederum nehmen die Pflanzen jeweils dann aus dem Boden, wenn sie gebraucht werden, um Aufträge auszuführen. (Diese Methode ist in Deutschland aus klimatischen Gründen nicht möglich.) Die Einteilung der Pflanzen in Güteklassen ist wichtig. Bis zum Zeitpunkt des Verkaufs sind etwa 75 % der Pflanzen als erstklassig einzuordnen, die übrigen sind entweder nicht angegangen, durch Wind verloren gegangen oder zu klein. Da es unmöglich ist, den Bedarf zwei Jahre im voraus genau vorauszuplanen, kommt es relativ selten vor, daß alle Pflanzen einer Sorte verkauft werden, obwohl das natürlich angestrebt wird. Wie bei den meisten Pflanzen mit langer Vegetationsperiode ist auch die Vermehrung von Rosen sowohl kosten- als auch arbeitsintensiv, und jegliche Kulturfehler können verheerende Folgen haben. Sorgfältige Schulung und erfahrene Arbeitskräfte sind deshalb besonders wichtig.

Die Züchtung neuer Sorten

Pflanzenzüchtung und -kreuzung ist ein Spezialgebiet, für dessen volles Verständnis Grundkenntnisse in Botanik erforderlich sind.

Von allen Aspekten der Rosen selbst und ihrer Vermehrung birgt wahrscheinlich – geht man von den Fragen aus, die mir am häufigsten gestellt werden – die Züchtung neuer Sorten das größte Geheimnis. Vielen Leuten scheint der Unterschied zur vegetativen Vermehrung, die ich bereits beschrieben habe, nicht klar zu sein. Das Züchten neuer Sorten geschieht durch künstliche, geschlechtliche Befruchtung und betrifft ausschließlich die Blüten der Rosen, die gekreuzt werden, und die dabei entstehenden Samen.

Vermehrung dagegen geschieht dadurch, daß Teile einer Pflanze dazu angeregt werden, Wurzeln zu bilden (wie bei Ablegern), oder sich mit anderen Pflanzen zu verbinden (wie bei der Veredlung), wodurch ihre Anzahl auf ungeschlechtliche Weise vergrößert wird. Sie betrifft nur die Triebe und Wurzeln der Pflanzen, nicht die Blüten.

Schönheit ist glücklicherweise Geschmackssache. Niemals wird jemand wissen, ob es gelungen ist, die perfekte Rose zu züchten. Wenn wir allein nach den Blüten urteilen, sind vielleicht alle Rosen perfekt. Züchter aber streben nach viel mehr als nach perfekten Blüten. Heutzutage suchen sie nach Gesundheit, Wuchskraft, ansprechendem Laub, Duft, Widerstandskraft gegen Witterungseinflüsse und nach einem hübschen Wuchs.

Der erste Schritt des Züchters ist die sorgfältige Auswahl geeigneter Elternsorten. Diese Auswahl

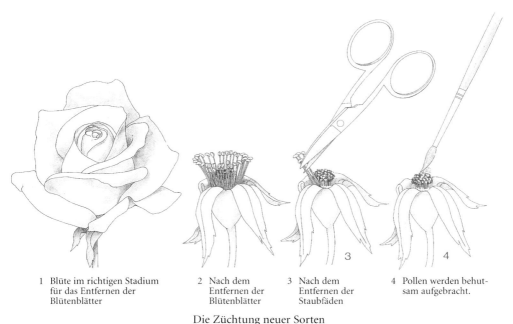

1 Blüte im richtigen Stadium für das Entfernen der Blütenblätter
2 Nach dem Entfernen der Blütenblätter
3 Nach dem Entfernen der Staubfäden
4 Pollen werden behutsam aufgebracht.

Die Züchtung neuer Sorten

hängt davon ab, was für eine Art Rose gezüchtet werden soll. Der Fachmann hat dabei vor allem die Nachfrage des Publikums im Auge. Die gegenwärtige Mode sogenannter Bodendeckerrosen ist die Antwort der Züchter auf die heutige Vorliebe für pflegeleichte, kostensparende Sorten. In viktorianischer Zeit verlangte die Mode große, hübsch geformte Blüten für Ausstellungszwecke, zur Zeit des englischen Königs Edward II. Rambler und Kletterrosen für Bögen und Pergolas. Das soll natürlich nicht heißen, daß die Züchter nur der jeweiligen Mode folgen. Manchmal schaffen sie die Mode erst, wie zum Beispiel die Floribunda-Rosen in leuchtenden Farben in den 1950er und 1960er Jahren sowie die Zwergrosen in den 1970ern.

Die ausgewählten Elternpflanzen werden entweder in Kalthäuser oder in Töpfe gepflanzt. Die Züchtung beginnt, sobald die Rose im späten Frühjahr oder Frühsommer anfängt zu blühen. Der erste Schritt besteht darin, daß von der Blüte des ausgewählten Elternteils alle Blütenblätter entfernt werden. Das muß geschehen, kurz bevor sich die Blütenblätter entfalten, um sicherzustellen, daß nicht bereits eine ungewünschte, natürliche Befruchtung erfolgt ist. In einem nächsten Schritt werden die männlichen Fortpflanzungsteile der Blüte, die Staubfäden, behutsam entfernt. Dazu verwendet man gewöhnlich kleine Scheren oder Pinzetten. Die Staubfäden können in kleinen Behältern aufbewahrt werden, um später als männliche Elternteile verwendet zu werden. Das Entfernen der Staubfäden ist sehr knifflig. Jegliche Beschädigung der jungen Samenhülse führt zum Mißerfolg des Züchtungsversuchs. Die so vorbereitete Mutterblüte bleibt dann etwa 24 Stunden stehen. In dieser Zeit wird die Blüte »empfangsbereit«. Das erkennt man daran, daß sich die Narbe dunkler färbt und etwas klebrig wird. Sie ist dann bereit für die Befruchtung. Reifer Pollen (zu sehen als feiner Puder auf den Staubbeuteln) wird von einer vorher ausgewählten, verträglichen Sorte mit einem feinen, weichen Pinsel auf die Mutterblüte gestäubt. Das ganze sollte dann etikettiert und registriert werden. Wenn genügend Pollen verfügbar ist, kann eine zweite Bestäubung am nächsten Tag die Chancen der Befruchtung erhöhen. Besondere Sorgfalt muß auf den Pollen verwendet werden, damit dieser nicht mit anderem Pollen vermischt wird. Für jede Sorte Pollen sollte ein eigener Pinsel verwendet werden, der anschließend gründlich gereinigt wird. Wenn genügend Pollen der ausgewählten Sorten verfügbar ist, bestäuben gewerbliche Züchter oft direkt auf die Narbe einer voll geöffneten Blüte.

Eine erfolgreiche Befruchtung zeigt sich nach ungefähr zwei Wochen. Dann bildet sich eine gesunde grüne Hagebutte, die schließlich kräftig rot oder orange heranreift. Wenn die Kreuzung mißlungen ist, fangen der Fruchtknoten und der Stengel an zu verwelken und werden schließlich braun, oder fallen in einigen Fällen einfach ab. Gelegentlich werden befruchtete Hagebutten nach dem Reifestadium braun und verfaulen. Diese sind dann trotzdem brauchbar und enthalten Samen. Die Hagebutten sollten im Spätherbst abgenommen und für die Aussaat im zeitigen Frühjahr aufbewahrt werden.

Wenn die Sämlinge anfangen zu blühen, werden solche, bei denen es sich lohnt, entweder in Töpfe gepflanzt, damit sie dort noch ein Jahr wachsen und beobachtet werden können, oder sie werden zum Okulieren verwendet. Wenn viele wertlose Sämlinge behalten werden, ist das nur Zeitverschwendung. Bei gewerblicher Züchtung wird deshalb nur einer von etwa 50 Sämlingen für die Beobachtung im zweiten Jahr behalten. Danach können lohnend erscheinende Sämlinge zur weiteren Beobachtung in größerer Zahl vermehrt werden. Das gilt höchstens für einen unter etwa 500, und nach dem dritten Jahr hat sich das Verhältnis auf etwa 1:5000 reduziert. Die Chancen, einen Verkaufsschlager zu züchten, sind deshalb verschwindend gering, außer wenn die Züchtung in großem Maßstab betrieben wird.

ANHANG A
Weltklimakarte

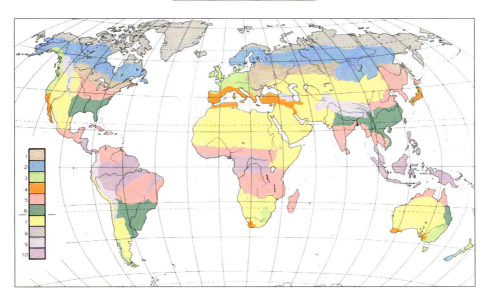

Nachstehend ein paar kurze Anmerkungen zu den Hauptklimazonen, in denen Rosen kultiviert werden können. Die Angaben über Temperaturbandbreiten sind nur Durchschnittswerte, von denen sich mitunter gravierende Abweichungen ergeben können. Wildrosen kommen fast überall in Zentralasien vor, hauptsächlich aber in den weniger trockenen und den weniger gebirgigen Gebieten. Wüsten, arktische Zonen und Regenwälder (die Bereiche 7 bis 10 auf der Klimakarte) eignen sich für die Kultur von Rosen überhaupt nicht.

Zone 1: Temperaturen zwischen –3 °C (im Winter) und +22 °C (im Sommer)

Fast alle Rosen benötigen einen Winterschutz, ausgenommen Pimpinellifolia-Hybriden, *R.* × *kordesii*-Hybriden und ganz winterharte Wildrosen. Von den anderen Rosengruppen gedeihen die meisten im Sommer zwar durchaus gut, weniger winterharte Rambler und Kletterrosen erreichen aber selten ihre volle Schönheit.

Zone 2: Temperaturen zwischen –25 °C (im Winter) und +16 °C (im Sommer)

Alle Rosen benötigen Winterschutz. Verzichten Sie auf alle Tee-, China- und Noisette-Rosen sowie auf weniger winterharte Sorten von Teehybriden und Floribunda-Rosen.

Zone 3: Temperaturen zwischen 0 °C (im Winter) und +23 °C (im Sommer)

Alle Rosen gedeihen unter solchen Bedingungen gut, allerdings können Tee-, China- und Noisette-Rosen, sowie weniger winterharte Teehybriden und Floribunda-Rosen, in strengen Wintern leiden.

Zone 4: Temperaturen zwischen +10 °C (im Winter) und +23 °C (im Sommer)

Alle Rosen gedeihen unter diesen Bedingungen, einige allerdings, insbesondere Rugosa-, Centifolia-, Gallica- und Pimpinellifolia-Hybriden, vertragen die Sommerhitze nicht gut und können leiden, vor allem in Gebieten mit geringen Niederschlägen.

Zone 5: Temperaturen zwischen +10 °C (im Winter) und über +30 °C (im Sommer)

Sofern regelmäßig ausreichend Niederschläge fallen, gedeihen fast alle Rosen einigermaßen gut. Rugosa-, Pimpinellifolia- und *R.* × *kordesii*-Hybriden können unter starker Sommerhitze leiden, ebenso einige Remontant- und Bourbon-Rosen sowie Alte Rosen wie die Zentifolien, Damascena- und Gallica-Rosen.

Zone 6: Temperaturen zwischen +5 °C (im Winter) und +25 °C (im Sommer)

Die meisten Rosen gedeihen gut, insbesondere Tee-, China- und Noisette-Rosen. Rugosa- und Pimpinellifolia-Hybriden mögen die Sommerhitze nicht, ebenso Alte Rosen wie Zentifolien, Damascena und Gallica-Rosen.

ANHANG B
Tabellen mit Wuchshöhen und Blütenfarben
Einführung und Hinweise zum Gebrauch

Wie sachkundig der Gartenbesitzer auch immer sein mag, bei der riesigen Auswahl an Sorten kann sich die Anlage eines neuen Rosengartens oder auch nur die Auswahl einiger weniger Rosen, die mit anderen Pflanzen im Garten harmonieren sollen, als eine ermüdende Aufgabe erweisen.

Obwohl Eigenschaften wie Duft, Blütezeit, Widerstandsfähigkeit gegen Krankheiten, Laubfärbung und Verfügbarkeit durchaus eine Rolle spielen, stellt die Kombination von Blütenfarbe und endgültiger Wuchshöhe die wichtigste Überlegung bei der Gartengestaltung mit Rosen dar. Diese Tabellen sind ein Versuch, die beiden Kriterien zusammenzubringen und sollen die Auswahl etwas erleichtern. Man sollte jedoch bedenken, daß es einen großen Ermessensspielraum gibt, und daß solche Tabellen nur einen groben Anhaltspunkt geben können, wenn Sie mit der Auswahl noch ganz am Anfang stehen.

WUCHSHÖHEN

Die angegebenen Wuchshöhen sind Näherungswerte und stellen die endgültige Wuchshöhe dar, die eine Wild- oder Gartenrose in gemäßigtem Klima erreichen kann, wenn sie in einem guten, normalen Boden kultiviert wird, und wenn die Anweisungen in diesem Buch in bezug auf Schneiden, Düngen und Pflege (siehe Seite 437 ff.) eingehalten werden.

Die unterschiedlichen Bandbreiten der Wuchshöhen habe ich nach sorgfältiger Überlegung gewählt, dabei ist mir durchaus bewußt, daß insbesondere die Teerosen, Noisette-Rosen und China-Rosen in Idealklima die angegebenen Wuchshöhen beträchtlich übersteigen können.

BLÜTENFARBEN

Es mag noch einfach sein, zwischen Hellgelb und Dunkelgelb oder zwischen Scharlach- und Karminrot zu unterscheiden, aber es gibt viele Abstufungen dazwischen, bei denen die Unterschiede nicht so deutlich sind. Die Rosatöne beispielsweise sind besonders schwierig. Wann wird aus einem »blush« (zartestes, fast weißes Rosa) ein Zartrosa? Oder aus leuchtendem Rosa ein Lachston? Oder was unterscheidet ein Dunkelrosa von Karmin- oder Kirschrot? Bei den Orangetönen ist es nicht nur schwer, sondern sogar unmöglich, denn viele Rosen in diesen Farben besitzen Schattierungen in Gelb-Oange bis Rötlich-Orange und umgekehrt. Die Entscheidung, eine Rose dieser und nicht jener Schattierung zuzuordnen, ist auch eine Frage des persönlichen Empfindens. Über Farbbezeichnungen läßt sich trefflich streiten. Ich habe sie auf Basis der Farbe getroffen, die eine Blüte hat, wenn sie ganz geöffnet ist.

Weitere, besser greifbare Einflüsse bestimmen die Blütenfarbe: Klima, Bodenqualität, Himmelsrichtung und sogar Luftverschmutzung. Wenn die Blütenfarbe von entscheidender Bedeutung für die Gartengestaltung ist, sollte man sich nicht ausschließlich auf folgende Tabellen verlassen, sondern sich vor der endgültigen Auswahl am Farbton von Rosen im heimischen Umfeld orientieren.

Kletterrosen und Rambler

WEISS UND ZARTE CREMETÖNE		ZARTESTES ROSA BIS WEISS	ZARTROSA

7 m und höher	3 bis 5 m	7 m und höher	7 m und höher
'Bennett's Seedling'	'Aimée Vibert'	'Brenda Colvin'	'Paul's Himalayan Musk'
'Bobbie James'	'Autumnalis'	'Cécile Brunner'	'Ruga'
'Dundee Rambler'	'Devoniensis'	'Dr W. Van Fleet'	'Splendens'
'La Mortola'	'Ilse Krohn Superior'	'Ethel'	
R. arvensis	'Lamarque'		5 bis 7 m
R. banksiae alba plena	'Long John Silver'	5 bis 7 m	'Baltimore Belle'
R. banksiae normalis	'Louise d'Arzens'	'Belle Vichyssoise'	'Breeze Hill'
R. brunonii	'Mrs Herbert Stevens'	'Champneys' Pink Cluster'	'Captain Christy'
R. cymosa	'Niphetos'	'Francis E. Lester'	'Evangeline'
R. foetida	'Purity'	'Ophelia'	'Lady Waterlow'
R. gentiliana	R. luciae	'Princesse Louise'	'May Queen'
R. helenae	R. sinowilsonii	R. multiflora carnea	'Mme Butterfly'
R. longicuspis	R. soulieana	R. multiflora cathayensis	'Tea Rambler'
R. moschata floribunda	'Sanders White'	'Venusta Pendula'	
R. moschata grandiflora	'Snowdrift'		3 bis 5 m
R. mulliganii	'Spectabilis'	3 bis 5 m	'Alida Lovett'
R. phoenicia	'Thalia'	'Adélaïde d'Orléans'	'Apple Blossom'
R. rubus	'Toby Tristram'	'Awakening'	'Belle Portugaise'
'Rambling Rector'	'Wickwar'	'Blush Rambler'	'Blairii No. 2'
'Seagull'		'Flora'	'Blush Boursault'
'Sir Cedric Morris'	unter 3 m	'Lady Emily Peel'	'Cupid'
'Wedding Day'	'Blanc Pur'	'Mme Alfred Carrière'	'Debutante'
	'Paul's Perpetual White'	'Mme d'Arblay'	'Gerbe Rose'
5 bis 7 m	'Princess of Nassau'	'New Dawn'	'Mary Wallace'
'Astra Desmond'	R. bracteata	'Souvenir de la Malmaison'	'Paul Lédé'
'City of York'	R. moschata	'Wickmoss'	'Sourire d'Orchidée'
'Cooper's Burmese'	'Sombreuil'		
'Félicité Perpétue'	'White Cockade'	unter 3 m	unter 3 m
'Frau Karl Druschki'		'Eden Rose '88'	'Agatha Christie'
'Iceberg'		'Swan Lake'	'Anemone Rose'
'Janet B. Wood'			'Colcestria'
'Mme Plantier'			'Cupid'
R. anemoneflora			'Kathleen Harrop'
R. × fortuniana			'L'Abundance'
R. laevigata			'Martha'
R. multiflora			'Mme Abel Chatenay'
R. multiflora wilsonii			'Tausendschön'
R. sempervirens			
'Silver Moon'			
'The Garland'			

Kletterrosen und Rambler

| LEUCHTEND ROSA BIS LACHS | DUNKELROSA | KIRSCHROT |

7 m und höher

keine

5 bis 7 m

'Albertine'
'Blessings'
'Chaplin's Pink'
'Chaplin's Pink Companion'
'Constance Spry'
'Coral Creeper'
'Eden Rose'
'Euphrosine'
'François Juranville'
'Home Sweet Home'
'Kew Rambler'
'Köln am Rhein'
'Lady Sylvia'
'Laura Louise'
'Mme Caroline Testout'
'Mme Edouard Herriot'
'Mme Grégoire Staechelin'
'Picture'
'Queen Elizabeth'
'Queen of the Prairies'
'Shot Silk'
'Vicomtesse Pierre du Fou'

3 bis 5 m

'America'
'Auguste Gervais'
'Auguste Roussel'
'Bantry Bay'
'Blairii No. 1'
'Château de La Juvenie'
'City Girl'
'Coral Dawn'
'Dorothy Perkins'
'Fashion'
'Galway Bay'
'Handel'
'Intervilles'
'John Grooms'
'Lauré Davoust'
'Lavinia'
'Leaping Salmon'
'Léontine Gervais'
'Mary Wallace'
'Minnehaha'
'Mme Alice Garnier'
'Mme de Sancy de Parabére'
'Paul Transon'
'Pinkie'
'Souvenir de Mme Léonie
   Viennot'

unter 3 m

'Aloha'
'Antique'
'Clair Matin'
'Columbia Climber'
'Lorraine Lee'
'Mrs F. W. Flight'
'Norwich Salmon'
'Rosy Mantle'
'Sénateur Amic'
'Zéphirine Drouhin'

7 m und höher

'Sénateur La Follette'

5 bis 7 m

'American Pillar'

3 bis 5 m

'Jean Lafitte'
'Leuchtstern'
'Morlettii'
'Morning Jewel'
'Pink Perpétue'
'Pompon de Paris'
R. × l'heritierana
R. multiflora platyphylla

unter 3 m

'Etude'
'Karlsruhe'
'Malaga'
'Mme Driout'
'Ramona'
'Rhonda'
'Ritter von Barmstede'
'Summer Wine'
'Wind Chimes'

7 m und höher

keine

5 bis 7 m

'Cerise Bouquet'
'General MacArthur'

3 bis 5 m

'Parade'
'Reine Marie Henriette'

unter 3 m

'Captain Hayward'
'Norwich Pink'
'Sophie's Perpetual'

ANHANG • 471

ZINNOBERROT UND ORANGE	SCHARLACHROT	KARMINROT UND DUNKELROT	PURPURROT

7 m und höher	7 m und höher	7 m und höher	7 m und höher
keine	*keine*	*keine*	*keine*

5 bis 7 m	5 bis 7 m	5 bis 7 m	5 bis 7 m
keine	*keine*	'Château de Clos Vougeot' 'Crimson Conquest' 'Crimson Glory' 'Ena Harkness' 'Josephine Bruce' 'Tempo'	*keine*

3 bis 5 m	3 bis 5 m	3 bis 5 m	3 bis 5 m
'Autumn Sunlight' 'Della Balfour' 'Korona'	'Allen Chandler' 'Altissimo' 'Danse de Feu' 'Danse des Sylphes' 'Deschamps' 'Fragrant Cloud' 'Raymond Chenault' 'Soldier Boy' 'Sparkling Scarlet'	'Ards Rover' 'Chevy Chase' 'Cramoisi Supérieur' 'Crimson Rambler' 'Crimson Showers' 'Dr Huey' 'Etoile de Hollande' 'Excelsa' 'Guinée' 'Hiawatha' 'Parkdirektor Riggers' 'Reine Olga de Wurtemberg' 'Roundelay' 'Souvenir de Claudius Denoyel'	'Erinnerung an Brod' 'Russelliana'

unter 3 m (Zinnoberrot) / **bis 3 m** (Scharlachrot) / **unter 3 m** (Karminrot) / **bis 3 m** (Purpurrot)

- Zinnoberrot und Orange — unter 3 m: 'Dixieland Linda', 'Pinata', 'Warm Welcome'
- Scharlachrot — bis 3 m: 'Blaze', 'Grand Hotel', 'Paul's Scarlet', 'Richmond'
- Karminrot und Dunkelrot — unter 3 m: 'Cadenza', 'Don Juan', 'Dortmund', 'Dublin Bay', 'Fountain', 'Fugue', 'Hamburger Phoenix', 'Noella Nabonnand', 'Souvenir du Docteur Jamain', 'Surpassing Beauty', 'Sympathie'
- Purpurrot — bis 3 m: 'Amadis', 'Souvenir d'Alphonse Lavallée'

Kletterrosen und Rambler

PURPUR BIS VIOLETT, LAVENDEL UND FLIEDER	CREME BIS CREMEGELB	ZARTGELB/ BLASSGELB	LEUCHTENDGELB (ZITRONENGELB)

7 m und höher

keine

5 bis 7 m

keine

3 bis 5 m

'Améthyste'
'Bleu Magenta'
'De la Grifferaie'
'Violette'

unter 3 m

keine

7 m und höher

keine

5 bis 7 m

'Princesse Marie'
R. moschata nastarana
'Rose Marie Viaud'

3 bis 5 m

'Ash Wednesday'
'Veilchenblau'

unter 3 m

'Blush Noisette'
'Narrow Water'

7 m und höher

R. gigantea

5 bis 7 m

'Albéric Barbier'
'Fräulein Octavia Hesse'
'Gardenia'
'Lykkefund'
'Mrs Aaron Ward'

3 bis 5 m

'Belle Lyonnaise'
'Jersey Beauty'
'Louise d'Arzens'
'Madeleine Selzer'
'Primevère'

unter 3 m

'Trier'

7 m und höher

'Mermaid'
'Paul's Lemon Pillar'
R. banksiae lutea
R. banksiae lutescens

5 bis 7 m

'Emily Gray'
'Maréchal Niel'

3 bis 5 m

'Casino'
'Golden Dawn'

bis 3 m

'Aglaia'
'Céline Forestier'
'Goldfinch'
'Solfaterre'

7 m und höher

'Easlea's Golden Rambler'
'Lawrence Johnston'

5 bis 7 m

'Aviateur Blériot'
'Spek's Yellow'

3 bis 5 m

'Allgold'
'Arthur Bell'
'Christine'
'Golden Glow'
'Golden Showers'
'Leverkusen'
'Leys Perpetual'

unter 3 m

'Night Light'
'Royal Gold'
'Star of Persia'

ORANGEGELB	APRICOT UND FEUERROT	PFIRSICH UND KUPFER	GELB UND ROT – (ZWEIFARBIG)

ORANGEGELB	APRICOT UND FEUERROT	PFIRSICH UND KUPFER	GELB UND ROT – (ZWEIFARBIG)
7 m und höher	**7 m und höher**	**7 m und höher**	**7 m und höher**
keine	*keine*	'Desprez à Fleurs Jaunes' 'Treasure Trove'	*keine*
5 bis 7 m	**5 bis 7 m**	**5 bis 7 m**	**5 bis 7 m**
'Bettina' 'Grandmère Jenny'	'Mrs Sam McGredy'	*keine*	'Masquerade' 'René André'
3 bis 5 m	**3 bis 5 m**	**3 bis 5 m**	**3 bis 5 m**
'Alchymist' 'Alister Stella Gray' 'Bouquet d'Or' 'Butterscotch' 'Claire Jacquier' 'Cloth of Gold' 'Crépuscule' 'Dreaming Spires' 'Lady Hillingdon' 'Maigold' 'Rêve d'Or' 'Whisky Mac'	'Breath of Life' 'Mme Bérard' 'Mme Henri Guillot'	'Compassion' 'Duchesse d'Auerstädt' 'Gloire de Dijon' 'Highfield' 'Schoolgirl' 'William Allen Richardson'	'Alexander Girault' 'Mrs G. A. van Rossem' 'Phyllis Bide' 'Sutter's Gold' 'Talisman'
unter 3 m	**unter 3 m**	**unter 3 m**	**unter 3 m**
'Ghislaine de Féligonde' 'Laura Ford' 'Mme Jules Gravereaux' 'Norwich Gold'	*keine*	'Adam' 'Meg'	'Irish Fireflame' 'Joseph's Coat' 'Réveil Dijonnais'

Alte Rosen, Öfterblühende Strauchrosen und Bodendecker

Breitwüchsige Sorten sind durch (G) gekennzeichnet

WEISS UND CREMEWEISS

ZARTESTES ROSA BIS WEISS

über 2 m

'Frühlingsanfang'
'Frühlingsschnee'
'Heather Muir'
'Mme Legras de St Germain'
'Mme Plantier'
'Pleine de Grâce'
R. beggeriana
R. dupontii
R. henryi
R. murielae
R. roxburghii normalis
R. rugosa alba
R. sericea
R. sericea chrysocarpa
R. sericea pteracantha
R. sericea pteracantha atrosanguinea

1,20 bis 2 m

'Blanc Double de Coubert'
'Blanche de Belgique'
'Boule de Neige'
'Frau Karl Druschki'
'Gloire Lyonnaise'
'Hawkeye Belle'
'Jeanne d'Arc'
'Karl Förster'
'Marguerite Guillard'
'Marie Bugnet'
'Maxima'
'Mme Georges Bruant'
'Mme Hardy'
'Mme Joseph Schwartz'
'Morning Blush'
'Mrs Foley Hobbs'
'Nyveldt's White'
'Pax'
'Prosperity'
R. alba
R. coriifolia froebelii
R. fedtschenkoana
R. × micrugosa alba
R. pimpinellifolia 'Altaica'
R. wardii
'Schneelicht'
'Schneezwerg'
'Shailer's White Moss'
'Sir Thomas Lipton'
'Snowdon'
'White Blush'

60 cm bis 1,20 m

'A Feuilles de Chanvre'
'Anna-Maria de Montravel'
'Blanc de Vibert'
'Blanche Moreau'
'Botzaris'
'Double White'
'Glamis Castle'
'Horstmann's Rosenresli'
'Irene of Denmark'
'Mabel Morrison'
'Margaret Merril'
'Mary Manners'
'Merveille de Lyon'
'Paulii' (G)
'Pinta'
'Pompon Blanc Parfait'
'Pompon Panaché'
'Quatre Saisons Blanc Mousseux'
R. carolina alba
R. × involuta
R. pyrifera
R. × sabinii
'Reine Blanche'
'Sir Frederick Ashton'
'Snowflake'
'Swany' (G)
'The Bride'
'The Nun'
'White Bath'
'White Grootendorst'
'White Max Graf' (G)
'White Provence'
'White Spray'
'White Wings'

unter 60 cm

'Alba Meidiland' (G)
'Francine Austin' (G)
'Katharina Zeimet'
'Kent' (G)
'Partridge' (G)
'Pour Toi'
'Repens Meidiland' (G)
'Rose de Meaux White'
'Snowball'
'Temple Bells' (G)
'White Meidiland' (G)
'White Pet'
'Yvonne Rabier'

über 2 m

'Blush Hip'
R. corymbifera
R. × polliniana
R. stylosa
R. webbiana

1,20 bis 2 m

'Anna Pavlova'
'Blanchefleur'
'Bloomfield Abundance'
'City of London'
'Claire Rose'
'Coquette des Blanches'
'Dentelle de Malines'
'Emanuel'
'English Elegance'
'Great Maiden's Blush'
'Heinrich Münch'
'Homère'
'Hume's Blush'
'James Bourgault'
'Janet's Pride'
'Lucetta'
'Lyda Rose'
'Manning's Blush'
'Marchioness of Londonderry'
'Marie-Jeanne'
'Mrs Paul'
'Paul's Early Blush'
'Penelope'
R. × collina
R. multiflora watsoniana
R. × reversa
'Royal Blush'
'Shropshire Lass'
'Souvenir de Philémon Cochet'
'Stanwell Perpetual'
'The Prioress'
'Village Maid' (gestreift)

60 cm bis 1,20 m

'Alfred de Dalmas'
'Belle Story'
'Butterfly Wings'
'Cécile Brunner'
'Country Living'
'Daphne'
'Double Pink'
'Dove'
'Giuletta'
'Hebe's Lip'
'Juno'
'Leda'
'Many Happy Returns'
'Mme Bravy'
'Mme de Tartas'
'Mme Pierre Oger'
'Mme Zöetmans'
'Pearl Drift'
R. koreana
R. macrantha
R. pulverulenta
'Rival de Paestum'
'Sally Holmes'
'Scintillation'
'Sharifa Asma'
'Sidonie'
'Small Maiden's Blush'
'Souvenir de la Malmaison'
'Souvenir de St Anne's'
'Triomphe de Laffay'
'William R. Smith'
'Yolande d'Aragon'

unter 60 cm

'Avon'
'Clotilde Soupert'
'Grouse' (G)
'Lady Plymouth'
'Mignonette'

ZARTROSA BIS MITTLERES ROSA

LEUCHTEND ROSA

über 2 m

'Carmenetta'
'Catherine Seyton'
'Edith Bellenden'
'Frühlingsduft'
'Frühlingszauber'
'Gros Choux d'Hollande'
'Marguerite Hilling'
R. agrestis
R. caudata
R. davidii
R. gymnocarpa
R. inodora
R. roxburghii
R. setipoda
R. tomentosa

1,20 bis 2 m

'A longues pédoncules'
'Antonia d'Ormois'
'Archiduchesse Elizabeth
    d'Autriche'
'August Seebauer'
'Catherine de Wurtemberg'
'Celestial'
'Celsiana'
'Charles Lawson'
'Chloris'
'Comtesse de Murinais'
'Coralie'
'Country Music'
'Coupe d'Hébé'
'Cymbeline'
'Dainty Maid'
'Dapple Dawn'
'Duchesse de Brabant'
'Fantin-Latour'
'Fritz Nobis'
'Gloire de Guilan'
'Gruß an Aachen'
'Honorine de Brabant'
    (gestreift)
'Ipsilanté'
'Kazanlik'
'La Noblesse'
'La Ville de Bruxelles'
'Maman Cochet'
'Martin Frobisher'
'Mary Hayley Bell'
'Mateo's Silk Butterflies'
'Mme Ernst Calvat'
'Prairie Princess'
R. × dumalis
R. eglanteria
R. glauca
R. hemsleyana
R. macrantha
R. majalis

1,20 bis 2 m (Forts.)

R. majalis plena
R. marretii
R. × micrugosa
R. multibracteata
R. nanothamnus
R. roxburghii plena
'Reine des Centfeuilles'
'Schoener's Nutkana'
'Sparrieshoop'
'York and Lancaster'
    (gestreift)

60 cm bis 1,20 m

'Admired Miranda'
'Agathe Incarnata'
'Amelia'
'Anna Olivier'
'Ballerina'
'Baronne Henriette de Snoy'
'Beauty of Rosemawr'
'Belle Isis'
'Bibi Maizoon'
'Brother Cadfael'
'Camellia Rose'
'Catherine Mermet'
'Clio'
'Cottage Rose'
'Dainty Bess'
'Double Delight'
'Duchesse d'Angoulême'
'Duchesse de Montebello'
'Ellen Willmott'
'Enfant de France'
'Falkland'
'Félicité Parmentier'
'Fimbriata'
'Fru Dagmar Hastrup'
'Gloire de France'
'Gloire des Mousseux'
'Her Majesty'
'Isphahan'
'Kathryn Morley'
'Lady Curzon'
'Lady Mary Fitzwilliam'
'Le Vésuve'
'L'Ouche'
'Mme Antoine Mari'
'Mme Dubost'
'Mme Louis Lévêque'
'Mrs B. R. Cant'
'Omar Khayyam'
'Potter & Moore'
'Princesse Adélaïde'
'Quatre Saisons'
R. carolina
R. carolina plena

60 cm bis 1,20 m (Forts.)

R. davurica
R. melina
R. mohavensis
R. mollis
R. pisocarpa
R. prattii
R. richardii
R. serafinii
R. sicula
R. suffulta
'René d'Anjou'
'Rose d'Hivers'
'Rosy Cushion' (G)
'Rubens'
'Scepter'd Isle'
'Spencer'
'The Miller'
'Tricolore de Flandre'
    (gestreift)

unter 60 cm

'Dresden Doll'
'Fairy Changeling' (G)
'Fairyland' (G)
'Northamptonshire' (G)
'Nozomi' (G)
'Pink Drift' (G)
'Pink Wave' (G)
'Queen Mother'
R. orientalis
'Regensberg'
'Rosy Carpet' (G)

über 2 m

'Complicata'
'Conrad Ferdinand Meyer'
'Fred Streeter'
'Frühlingsmorgen'
'Jeanne de Montfort'
'Kathleen'
R. bella
R. sweginzowii macrocarpa
'Sealing Wax'

1,20 bis 2 m

'Adam Messerich'
'Armada'
'Arrillaga'
'Bellard'
'Belle Amour'
'Comtesse Vandal'
'Daisy Hill'
'Dame Edith Helen'
'Duchesse de Verneuil'
'Felicia'
'Fred Loads'
'Georg Arends'
'Gloire d'un Enfant
    d'Hiram'
'Glory of Edzell'
'Harry Maasz'
'Julia Mannering'
'Kathleen Ferrier'
'Léon Lecomte'
'Märchenland'
'Marie de Blois'
'Mme Lauriol de Barny'
'Old Blush'
'Papillon'
'Poulsen's Park Rose'
'Queen Elizabeth'
R. acicularis
R. × hibernica
R. jundzillii
R. woodsii fendleri
'Rachel Bowes Lyon'
'Rose d'Amour'
'Vanity'
'Vick's Caprice'
'Victor Verdier'

60 cm bis 1,20 m

'Angelina'
'Baroness Rothschild'
'Blessings'
'Blush Damask'
'Bonica '82'
'Célina'
'Charles Rennie Mackintosh'
'Chaucer'

Alte Rosen, Öfterblühende Strauchrosen und Bodendecker

LEUCHTENDROSA (Forts.)   DUNKELROSA

60 cm bis 1,20 m (Forts.)

'Corylus'
'Duke of York'
'Félicité Bohain'
'Ferdy' (G)
'Flamingo Meidiland' (G)
'Gabriel Noyelle'
'Général Kléber'
'Heinrich Schultheis'
'Henri Foucquier'
'Hermosa'
'Hero'
'Hilda Murrell'
'Irène Watts'
'James Mitchell'
'John Hopper'
'La France'
'Mary Rose'
'Mme Berkeley'
'Mme Laurette Messimy'
'Mme Lombard'
'Mrs Campbell Hall'
'Mrs William Paul'
'Nathalie Nypels'
'Nigel Hawthorne'
'Papa Héméray'
'Paulii Rosea'
'Petite de Hollande'
'Pink Grootendorst'
'Pink La Sevillana'
'Pink Leda'
'Pink Parfait'
'Pink Prosperity'
'Queen Mab'
R. ultramontana
R. woodsii
'Raubritter'
'Robert Léopold'
'Rose d'Orsay'
'Sarah Van Fleet'
'Shot Silk'
'Simon Robinson' (G)
'Smarty' (G)
'Spong'
'St Nicholas'
'The Countryman'
'Triomphe de Luxembourg'
'Violinista Costa'
'Zoé'

unter 60 cm

'Cameo'
'Crested Jewel'
'Dick Koster'
'Euphrates'
'Fairy Moss'

unter 60 cm (Forts.)

'Magic Carpet'
'Margo Koster'
'Marie Louise'
'Pheasant' (G)
'Pink Bells' (G)
'Pinkie'
'Rose de Meaux'
'Rutland' (G)
'Summer Sunrise'
'Summer Sunset'
'Surrey' (G)

über 2 m

'Amy Robsart'
'Applejack'
'Eos'
'Flora McIvor'
'Greenmantle'
'Master Hugh'
'Mechtilde von Neuerburg'
R. holodonta
R. × kamtchatica
R. moyesii 'Pink Form'
R. rugosa
R. villosa
'William Baffin'
'Wintoniensis'

1,20 bis 2 m

'Agatha'
'Andrewsii'
'Angélique Quetier'
'Baronne Prévost'
'Belinda'
'Belle Poitevine'
'Belle sans Flatterie'
'Boule de Nanteuil'
'Bourbon Queen'
'Bullata'
'Calocarpa'
'Champion of the World'
'Chapeau de Napoléon'
'Comtesse Cécile de Chabrillant'
'Cornelia'
'Doncasterii'
'Duc de Guiche'
'Duchesse de Rohan'
'Elmshorn'
'Empress Josephine'
'Enchantress'
'Erfurt'
'George Will'
'Goethe'
'Hans Mackart'
'Hon. Lady Lindsay'
'Königin von Dänemark'
'La Plus Belle des Ponctuées'
'Mme Gabriel Luizet'
'Mme Isaac Pereire'
'Mme Scipion Cochet'
'Mrs Doreen Pike'
'Nymphenburg'
'Oeillet Parfait' (gestreift)
'Paul Ricault'
'Paul Verdier'
'Prairie Breeze'
'Prairie Flower'
'Prolifera de Redouté'
R. acicularis nipponensis

1,20 bis 2 m (Forts.)

R. blanda
R. centifolia
R. × coryana
R. corymbulosa
R. forrestiana
R. pendulina
R. setigera
R. sherardii
R. villosa duplex
R. virginiana
R. × waitziana
R. willmottiae
R. yainacensis
'Rose Bradwardine'
'Rose des Peintres'
'Sadler's Wells'
'Scabrosa'
'The Alexander Rose'
'The Reeve'
'Thérèse Bugnet'
'Will Alderman'
'William Grant'
'Wretham Rose'

60 cm bis 1,20 m

'Anna de Diesbach'
'Autumn Bouquet'
'Biddulph Grange'
'Candy Rose' (G)
'Canterbury'
'Charmain'
'Common Moss'
'Comte de Chambord'
'Cramoisi Picoté'
'Delambre'
'Delicata'
'Dr. Grill'
'Financial Times Centenary'
'Gertrude Jekyll'
'Heritage'
'Hunslett Moss'
'Jacques Cartier'
'Jean Rosenkrantz'
'La Reine'
'La Reine Victoria'
'Lewison Gower'
'Louise Odier'
'Magna Charta'
'Mirifica'
'Mme Bérard'
'Mme Knorr'
'Mme Wagram'
'Mozart'
'Mrs John Laing'
'Nestor'
'Ombrée Parfaite'

SCHARLACHROT BIS
LEUCHTEND ROT

KARMINROT BIS
DUNKELROT

60 cm bis 1,20 m (Forts.)

'Paul Neyron'
'Petite Orléanaise'
'Picasso'
'Prairie Lass'
'Président de Sèze'
'Pretty Jessica'
'Queen of Bedders'
R. foliolosa
R. gallica
R. × kochiana
R. nitida
R. palustris
R. sertata
R. stellata
'Radio Times'
'Rembrandt'
'Reynolds Hole'
'Salet'
'Sir Walter Raleigh'
'Soupert et Notting'
'Souvenir de Pierre Vibert'
'Striped Moss'
'The Doctor'
'Trevor Griffiths'
'Tricolore' (gestreift)
'Ulrich Brunner Fils'
'Velutinaeflora'
'Warwick Castle'
'Wife of Bath'

unter 60 cm

'Berkshire'
'Chatsworth'
'Essex' (G)
'Flower Carpet'
'Hampshire' (G)
'Jean Mermoz'
'Laura Ashley' (G)
'Max Graf'
'Pink Chimo' (G)
'Pink Meidiland'
'Rouletii'
'Wiltshire'

über 2 m

'Anne of Geierstein'
'Copenhagen'
'Geranium'
'Highdownensis'
'Kiese'
'Scharlachglut'

1,20 bis 2 m

'Berlin'
'Bonn'
'Dorothy Wheatcroft'
'Général Jacqueminot'
'Henry Kelsey'
'Kassel'
'La Belle Distinguée'
'Mons. Tillier'
'Morning Mist'
'Papa Gontier'
'Red Coat'
'Robusta' (Rugosa)
'Summer Blush'
'Summer Wind'
'Will Scarlet'

60 cm bis 1,20 m

'Dr Jackson'
'Eugène E. Marlitt'
'Freckles'
'Jiminy Cricket'
'La Sevillana'
'Ohio'
R. arkansana
'Red Blanket' (G)
'Red Max Graf' (G)
'Red Trail' (G)
'Robin Hood'
'Scarlet Meidiland' (G)
'Single Cherry'

unter 60 cm

'Eyeopener'
'Gloria Mundi'
'Golden Salmon Supérieur'
'Hampshire' (G)

über 2 m

'Arthur Hillier'
'Baron de Wassenaer'
'Dortmund'
'Eddie's Crimson'
'Eddie's Jewel'
'Hillieri'
'Meg Merrilies'
R. moyesii
'Till Uhlenspiegel'

1,20 bis 2 m

'Alexandre Laquement'
'Assemblage des Beautés'
'Baron de Bonstetten'
'Baron Girod de l'Ain' (gestreift)
'Capitaine Basroger'
'Commandant Beaurepaire' (gestreift)
'Conditorum'
'Crimson Blush'
'Culverbrae'
'Cuthbert Grant'
'Ferdinand Pichard' (gestreift)
'Fountain'
'Frensham'
'Gipsy Boy'
'Gruß an Teplitz'
'Henri Martin'
'Henry Nevard'
'Herbstfeuer'
'Hugh Dickson'
'Hunter'
'James Mason'
'John Franklin'
'Jules Margottin'
'Le Havre'
'Michel Bonnet'
'Mme Victor Verdier'
'Néron'
'Nur Mahal'
'Parkjuwel'
'Parkzierde'
'Prestige'
R. amblyotis
R. rugosa rubra
R. rugosa typica
'Robusta' (Bourbon)
'Wilhelm'
'Xavier Olibo'

60 cm bis 1,20 m

'Alfred Colomb'
'Carmen'
'Champlain'
'Chrysler Imperial'

60 cm bis 1,20 m (Forts.)

'Cramoisi Supérieur'
'Crimson Globe'
'Crimson Glory'
'D'Aguesseau'
'Dark Lady'
'Dusky Maiden'
'Ena Harkness'
'Etoile de Hollande'
'Fabvier'
'Fiona'
'Fisher Holmes'
'Fisherman's Friend'
'F. J. Grootendorst'
'Grootendorst Supreme'
'Horace Vernet'
'Laneii'
'L. D. Braithwaite'
'Little Gem'
'Louis Philippe'
'Malcolm Sargent'
'Marchioness of Salisbury'
'Mme Louis Laperrière'
'Mrs Anthony Waterer'
'Nanette'
'Ohl'
'Papa Meilland'
'Pierre Notting'
'Prince Charles'
'Robert le Diable'
'Rose à Parfum de l'Hay'
'Rosemary Rose'
'Roundelay'
'Ruskin'
'Saint Prist de Breuze'
'Sir Edward Elgar'
'Sir Joseph Paxton'
'Slater's Crimson China'
'The Squire'
'Tradescant'
'Tuscany'
'Tuscany Superb'
'Uncle Walter'
'Victor Hugo'
'Wenlock'

unter 60 cm

'American Beauty'
'Charles Gater'
'Charles Lefèbvre'
'Chilterns'
'Countess of Oxford'
'Fairy Damsel' (G)
'Freiherr von Marschall'
'Little Buccaroo'
'Miss Edith Cavell'
'Peon'
'Suma' (G)

Alte Rosen, Öfterblühende Strauchrosen und Bodendecker

PURPURROT, PURPUR, VIOLETT UND LILATÖNE		CREMEGELB BIS REINES ZARTGELB	LEUCHTENDES GELB UND ORANGEGELBE TÖNE

über 2 m (Purpurrot)

R. californica
R. californica plena
R. latibracteata
'Tour de Malakoff'
'William Lobb'

1,20 bis 2 m

'Ambroise Paré'
'Beau Narcisse'
'Bérénice'
'Capitaine John Ingram'
'Catinat'
'Chianti'
'Daphné'
'De la Maître d'Ecole'
'Duc de Fitzjames'
'Duchesse de Buccleugh'
'Eugène Fürst'
'Eugénie Guinoisseau'
'Great Western'
'Hansa'
'Hippolyte'
'Jens Munk'
'La Belle Sultane'
'Lavender Lassie'
'Magnifica'
'Moja Hammarberg'
'Orphéline de Juillet'
R. elegantula-persetosa
R. nutkana
'Roseraie de l'Hay'
'Ruth'
'The Bishop'
'Variegata di Bologna' (gestreift)

60 cm bis 1,20 m

'Alain Blanchard'
'Arthur de Sansal'
'Belle de Crécy'
'Black Prince'
'Cardinal de Richelieu'
'Cardinal Hume'
'Charles de Mills'
'Cosimo Ridolfi'
'Crown Prince'
'Deuil de Paul Fontaine'
'Ferdinand de Lesseps'
'Georges Vibert' (gestreift)
'Gloire de Ducher'
'Indigo'
'James Veitch'
'Jean Bodin'
'Louis XIV'
'Magenta'
'Marcel Bourgouin'
'Maréchal Davoust'
'Mary Queen of Scots'
'Mme de la Roche-Lambert'
'Mrs Colville'
'Nuits de Young'
'Othello'
'Panachée de Lyon'
'Pélisson'
'Pergolèse'
'Pompon de Bourgogne'
'Prince Camille de Rohan'
'Prospero'
'Reine des Violettes'
'Roger Lambelin' (gestreift)
'Rose de Rescht'
'Rose du Roi'
'Rose du Roi à Fleurs Pourpres'
'Sissinghurst Castle'
'The Prince'
'William Shakespeare'
'William III'
'Wise Portia'
'Yesterday'

unter 60 cm

'Baby Faurax'
'Lilac Charm'

über 2 m (Cremegelb)

'Albert Edwards'
'Cantabrigiensis'
'Headleyensis'
'Nevada'
R. hugonis

1,20 bis 2 m

'Amazone'
'Bishop Darlington'
'Bloomfield Dainty'
'Callisto'
'Candeur Lyonnaise'
'Clytemnestra'
'Danaë'
'Daybreak'
'English Garden'
'Gloria Dei'
'Golden Moss'
'Jacqueline du Pré'
'Lemon Blush'
'Moonlight'
R. pimpinellifolia hispida
R. primula
R. × pteragonis
'Red Wing'
'Thisbe'

60 cm bis 1,20 m

'Aurora'
'Dunwich Rose'
'Fair Bianca'
'Kaiserin Auguste Viktoria'
'Kronprinzessin Viktoria'
'Mme de Watteville'
'Mrs Dudley Cross'
R. pimpinellifolia
'Sea Foam' (G)
'Swan'
'Symphony'
'The Pilgrim'
'Winchester Cathedral'
'Windrush'
'Yellow Button'
'Yellow Dagmar Hastrup'

unter 60 cm

'Broadlands'
'Happenstance'
'Norfolk' (G)
'Pearl Meidiland' (G)
R. pimpinellifolia 'Nana'
'Tall Story' (G)

über 2 m (Leuchtendes Gelb)

'Canary Bird'
'Earldomensis'
'Frühlingsgold'
'Frühlingstag'
'Goldbusch'
'Hidcote Gold'
'Jayne Austin'
R. foetida
R. xanthina

1,20 bis 2 m

'Agnes'
'Chinatown'
'Francesca'
'Golden Chersonese'
'Golden Wings'
× Hulthemosa hardii
'Lady Sonia'
'Mountbatten'
R. foetida persiana
R. × harisonii
R. × hemisphaerica
'Yellow Charles Austin'

 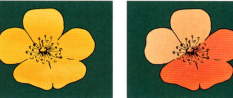   

	ZINNOBERROT, APRICOT UND FEUERROT	PFIRSICH UND KUPFER	GELBROT – (ZWEI- UND MEHRFARBIG)
60 cm bis 1,20 m	**über 2 m**	**über 2 m**	**über 2 m**
'Allgold'	keine	'Dr. Eckener'	*R. foetida bicolor*
'Angèle Pernet'		'Lady Penzance'	
'Double Yellow Scotch'	**1,20 bis 2 m**	'Lord Penzance'	**1,20 bis 2 m**
'Fortune's Double Yellow'		'Vanguard'	
'Golden Melody'	'Abraham Darby'		'Cocktail'
'Graham Thomas'	'Alexander'	**1,20 bis 2 m**	'Frank Naylor'
'Isabella Sprunt'	'Alexander Hill Gray'		'Gruß an Coburg'
'Joanna Hill'	'Autumn Sunset'	'Buff Beauty'	'Joseph's Coat'
'Just Joey'	'Charles Austin'	'Carefree Beauty' (G)	'Pike's Peak'
'Lady Hillingdon'	'Grandmaster'	'Cressida'	'Xerxes'
'Lichtkönigin Lucia'	'Heidelberg'	'Mutabilis'	
'Mlle Franziska Krüger'	'Helen Traubel'		**60 cm bis 1,20 m**
'Mrs Oakley Fisher'	'Lafter'	**60 cm bis 1,20 m**	
'Norwich Castle'	'Leander'		'Clementina Carbonieri'
'Ormiston Roy'	'L'Oréal Trophy'	'Arethusa'	'Comtesse du Cayla'
'Parks' Yellow'	'Perdita'	'Autumn Delight'	'Général Schablikine'
'Pat Austin'		'Bredon'	'Juliet'
'Perle des Jardins'	**60 cm bis 1,20 m**	'Chanelle'	'Léonie Lamesch'
'Queen Nefertiti'		'Dean Hole'	'Masquerade'
R. ecae	'Ambridge Rose'	'Diamond Jubilee'	'Radway Sunrise'
R. pimpinellifolia lutea	'Ellen'	'Général Galliéni'	'Rosette Delizy'
'Safrano'	'Evelyn'	'Jean Ducher'	
'Soleil d'Or'	'Lady Roberts'	'Marie Van Houtte'	**unter 60 cm**
'Wild Flower'	'Lilian Austin'	'Michèle Meilland'	
	'Sweet Juliet'	'Peach Blossom'	'Cambridgeshire'
unter 60 cm		'Perle d'Or'	'Little Flirt'
	unter 60 cm	'Souvenir d'Elise Vardon'	'Tigris'
'Etoile de Lyon'		'The Yeoman'	
'Gwent'	keine	'Troilus'	
'Harvest Fayre'			
Hulthemia persica		**unter 60 cm**	
'Norwich Union'			
		'Baby Darling'	
		'Sussex' (G)	
		'Sweet Dream'	

ANHANG C
Rosengesellschaften in aller Welt

In vielen Ländern können Rosenfreunde sich Gesellschaften und Vereinen anschließen, die sich der Kultur von Rosen und der Freude daran verschrieben haben. Die meisten dieser Organisationen unterhalten Schaugärten mit umfangreichen Sammlungen von Rosen und mit Prüffeldern für neue Sorten. Sie geben außerdem in der Regel Zeitschriften oder Jahrbücher heraus. Die meisten veranstalten mindestens zweimal jährlich Rosenausstellungen und organisieren Konferenzen oder Zusammenkünfte, auf denen Rosenfreunde sich über die neuesten Entwicklungen informieren und Erfahrungen über die verschiedensten Aspekte der Rosenkultur austauschen können.

In der Welt der Rosen spielen nationale Grenzen keine besondere Rolle. Die meisten nationalen Rosengesellschaften sind der Weltvereinigung der Rosengesellschaften (World Federation of Rose Societies) angeschlossen. Diese Organisation arbeitet weltweit und veranstaltet u.a. alle drei Jahre eine Weltrosenkonferenz in verschiedenen Ländern. Die letzten sechs wurden in Kanada, Australien, Nordirland, Neuseeland, den Benelux-Ländern und den USA abgehalten. Im Jahr 2003 wird Glasgow (Schottland) Gastgeber sein. Die jeweils aktuellen Adressen und Informationen sind im Internet unter www.worldrose.org abrufbar.

ARGENTINIEN
ASSOCIATION ARGENTINA DE ROSECULTURA
Solis, 1348 Hurlingham, Buenos Aires, Argentina

AUSTRALIEN
THE NATIONAL ROSE SOCIETY OF AUSTRALIA
271 Belmore Road, North Balwyn, Victoria 3104, Australia

AUSTRALIEN – EINZELNE STAATEN
NEW SOUTH WALES
279 North Rocks Road, North Rocks, New South Wales 2151
QUEENSLAND
Box 1866, GPO Brisbane, Queensland 4001
SOUTH AUSTRALIA
18 Windybanks Road, Happy Valley, South Australia 5159
TASMANIA
263 Main Road, Austins Ferry, Tasmania 7011
VICTORIA
40 Williams Road, Blackburn, Victoria 3130
WESTERN AUSTRALIA
105 Hemsmans Street, South Perth, Western Australia 6151

BELGIEN
LA SOCIÉTÉ ROYALE NATIONALE DES AMIS DE LA ROSE
Vrijheidslaan 28, B-9000 Ghent, Belgien

BERMUDA
THE BERMUDA ROSE SOCIETY
Box PG162, Paget 6, Bermuda

CHINA
THE BEIJING ROSE SOCIETY
97 Mu-nan Road, Tianjin, People's Republic of China

DÄNEMARK
THE VALBY PARK ROSE GARDEN
Copenhagen, Dänemark

DEUTSCHLAND
VEREIN DEUTSCHER ROSENFREUNDE
Waldseestraße 14, 76530 Baden-Baden

FRANKREICH
SOCIÉTÉ FRANÇAISE DES ROSES. LES AMIS DES ROSES
Parc de la Tête d'Or, 69459 Lyon, France

GHANA
Miss Adjei, P.O.B. 180, Achimota, Ghana

GROSSBRITANNIEN
THE ROYAL NATIONAL ROSE SOCIETY
Chiswell Green, St Albans, Hertfordshire AL2 3NR, England

INDIEN
THE ROSE SOCIETY OF INDIA
1–267 Defence Colony, New Delhi 17, India

IRLAND
THE CLONTARF HORTICULTURAL SOCIETY
20 Chapel Street, Dublin 1, Eire

ISRAEL
THE ISRAEL ROSE SOCIETY
Ganot-Hadar, PO Netanya, Israel

ITALIEN
ASSOCIAZIONE ITALIANA DELLA ROSA
Villa Reale, 20052 Monza, Milano, Italien

JAPAN
THE JAPANESE ROSE SOCIETY
4–12–6 Todoroki Setabaya-ku, Tokyo, Japan

KANADA
THE CANADIAN ROSE SOCIETY
686 Pharmacy Avenue, Scarborough Ontario M1L 3H8, Kanada

NEUSEELAND
THE NATIONAL ROSE SOCIETY OF NEW ZEALAND
PO Box 66, Bunnythorpe, New Zealand
HERITAGE ROSES NEW ZEALAND
91 Richmond Hill Road, Christchurch 8, New Zealand

NIEDERLANDE
NEDERLANDSE ROSENVERENIGING
Mildestraat 47, 2596 SW, S´Gravenhage, Niederlande

NORDIRLAND
THE ROSE SOCIETY OF NORTHERN IRELAND
36A Myrtlefield Park, Belfast, Northern Ireland

NORWEGEN
THE NORWEGIAN ROSE SOCIETY
c/o Hageselskatet, PB 9008 Vaterland, N-0134, Oslo, Norwegen

ÖSTERREICH
ÖSTERREICHISCHE GARTENBAUGESELLSCHAFT
Parkring 12, 1010 Wien, Österreich

POLEN
THE POLISH SOCIETY OF ROSE FANCIERS
ul. Broniewskiego 19/7
01-780 Warschau, Polen

RUMÄNIEN
ASSOCIATION OF ROSE FRIENDS OF ROMANIA
RO-3400 Cluy 1, C.P. 86, Romania

SCHWEDEN
SVENSKA ROSENSÄLLSKAPET
Älvsbacka – Gräsås 209, S 660 60 Molkom, Schweden

SCHWEIZ
GESELLSCHAFT SCHWEITZERISCHER ROSENFREUNDE
Haus Engelfried, 8158 Regensberg, Schweiz

SPANIEN
Apartado, 29 San Pedro de Alcantara, Malaga

SÜDAFRIKA
THE FEDERATION OF ROSE SOCIETIES OF SOUTH AFRICA R.O.S.A
PO Box 65217, Bensmore, Transvaal 2010, South Africa

TSCHECHIEN
ROSA KLUB PRAHA
J.T. Livornska 440, 10900 Praha 10, Tschechische Republik

URUGUAY
THE ROSE ASSOCIATION OF URUGUAY
Blanes Viale 6151, Montevideo, Uruguay

USA
THE AMERICAN ROSE SOCIETY
PO Box 30,000, Shreveport, Louisiana 71130, USA
HERITAGE ROSE FOUNDATION
1512 Gorman Street, Raleigh, North Carolina 27606, USA

ANHANG D
Rosengärten in aller Welt

Zusätzlich zu den Rosarien der verschiedenen Rosengesellschaften in aller Welt gibt es Schaugärten und Sammlungen von Rosen in vielen Parks, Privatgärten und Baumschulen. Diese sind entweder das ganze Jahr über oder während der Blütezeit für die Öffentlichkeit zugänglich. Die nachstehende Liste nennt die bedeutendsten und bekanntesten. Die meisten Gärten zeigen sowohl die älteren historischen als auch moderne Rosen.

AUSTRALIEN
CANBERRA: The Rose Gardens
NEW SOUTH WALES
Sydney: The Botanic Gardens
Sydney: Rumsey Nurseries
Sydney: Swane's Nurseries
SOUTH AUSTRALIA
Adelaide: The Botanic Garden
Renmark: The Ruston Rose Gardens
Springfield: Carrick Hill Gardens
Watervale: The Duncan's Rose Garden
Willunga: The Ross Rose Gardens and Nursery
VICTORIA
Benalla: The Benalla Rose Gardens
Melbourne: The Rose Gardens
WESTERN AUSTRALIA
Nedlands: The Peace Memorial Gardens

BELGIEN
HAINAULT: Rosarium du Roeulx
HEERS: Casteel Hex
LIMBURG: Ghent Rozentium Koningin Astridpark
MELLE: Rosarium de Rijksstation
STEENWEG: International Rozentium

BERMUDA
Camden House; außerdem viele andere kleine, aber interessante Sammlungen, besonders in Privatgärten, die zeitweise geöffnet sind

DÄNEMARK
KOPENHAGEN: The Valby Park Rose Garden

DEUTSCHLAND
(nach Postleitzahlen sortiert)
03149 FORST/Neiße, Lausitz: »Ostdeutscher Rosengarten«
04860 TORGAU: Schloß-Rosengarten
06526 SANGERHAUSEN (»Rosenstadt«): Rosarium
20355 HAMBURG: Planten un Blomen
24960 GLÜCKSBURG: Ingwer J. Jensen (Rosenschule und Schaugarten)
25365 KLEIN-OFFENSETH-SPARRIESHOOP: W. Kordes' Söhne (Rosenschule und Schaugarten)
25421 PINNEBERG: Strobel & Co. (Rosenschule)
25436 UETERSEN (»Rosenstadt«): Rosarium
25436 UETERSEN: Rosen-Tantau (Rosenschule)
33343 GÜTERSLOH: Noack's Rosen (Rosenschule)
34131 KASSEL: Schloßpark Wilhelmshöhe
34246 VELLMAR: Karl Zundel (Rosenschule)
44139 DORTMUND (»Rosenstadt«): Deutsches Rosarium VDR, Westfalenpark
59348 SEPPENRADE (»Rosendorf«)
60323 FRANKFURT/MAIN: Rosengarten im Palmengarten
61231 BAD NAUHEIM-STEINFURTH (»Rosendorf«): Rosenhof Schultheis (Rosenschule und Schaugarten)
63303 DREIEICH: Burggarten
65343 ELTVILLE/RHEIN (»Rosenstadt«)
66130 SAARBRÜCKEN: Rosengarten
66482 ZWEIBRÜCKEN (»Rosenstadt«): Rosengarten
66484 SCHMITSHAUSEN (»Rosendorf«)
66564 OTTWEILER/ NEUNKIRCHEN/ SAAR (»Rosenkreis«)
68759 HOCKENHEIM: Lacon (Rosenschule)
69168 WIESLOCH-BAIERTAL (bei Heidelberg): Baumschule Goos (Rosenschule)
76228 KARLSRUHE: Rosengarten
76530 BADEN-BADEN (»Rosenstadt«): Gönner-Anlage, Lichtentaler Allee; Sichtungsgarten »Im Beutig«
77933 LAHR (Schwarzwald): Rosengarten im Stadtpark
78465 INSEL MAINAU/BODENSEE: Rosengarten
79809 NÖGGENSCHWIEL/Schwarzwald (»Rosendorf«)
85354 FREISING-WEIHENSTEPHAN: Sichtungsgarten Weihenstephan

FINNLAND
HELSINKI: University Rose Gardens

FRANKREICH
ELSASS: Roseraie de Saverne
GRASSE: L'Oustaou deï Baïléa
LYON: Roseraie du Parc de la Tête d'Or
LYON: La Bonne Maison
LYON: Roseraie de Berty
LYON: Largentière (südlich von Lyon)
ORLEANS: Roseraie du Parc Floral de la Source
PARIS: Roseraie de l'Hay-les-Roses
PARIS: Château de la Malmaison
PARIS: Roseraie du Parc de Bagatelle
PITHIVIERS: André Eve
POITIERS: Roseraie du Poitiers Parc Floral
VERNON: Monet's Garden, Giverny

GROSSBRITANNIEN
ENGLAND
BERKSHIRE: Saville Gardens, Windsor
BUCKINGHAMSHIRE: Cliveden (National Trust), Maidenhead
BUCKINGHAMSHIRE: Hambledon Manor, Marlow
CAMBRIDGESHIRE:
nahe Cambridge: Abbots Ripton Hall

nahe Cambridge: Childerley Hall
nahe Cambridge: The Manor, Hemingford Grey
Cambridge: The Botanic Gardens
Lode: Anglesey Abbey Garden
CHESHIRE:
Chester: C. & K. Jones (Rosenschule)
Knutsford: Fryer's Nursery
CLEVELAND: Borough Park, Redcar
DEVON
Drewsteignton: Castle Drogo
Torrington: Rosemore Gardens (Royal Horticultural Society Garden)
EAST SUSSEX: Great Dixter, Northiam
ESSEX: Hyde Hall (Royal Horticultural Society Garden), Rettendon, nahe Chelmsford
GLOUCESTERSHIRE
Chipping Campden: Hidcote Manor (National Trust)
Chipping Campden: Kiftsgate Court
HAMPSHIRE
Romsey: Mottisfont Abbey (National Trust Historic Collection)
Ampfield, Romsey: Hillier's Arboretum
HERTFORDSHIRE
Hatfield: Hatfield House
Hitchin: Harkness Rose Gardens (Rosenschule und Schaugärten)
St Albans: The Gardens of the Rose (Royal National Rose Society Garden)
KENT: Sissinghurst Castle, Maidstone Leeds Castle, nahe Canterbury
Deal: Goodnestone Park
LEICESTERSHIRE
Lutterworth: Gandy's Roses (Rosenschule)
Rearsby: Rearsby Roses (Rosenschule)
LONDON: The Queen Mary Rose Gardens, Regent's Park
Kew Gardens, Richmond, Surrey
NORFOLK
Attleborough: Peter Beales Roses (Rosenschule und Schaugärten)
North Walsham: LeGrice Roses (Rosenschule und Schaugärten)
Norwich: Heigham Park Rose Gardens
Saxthorpe: Mannington Hall Rose Gardens
Elsing Hall (nahe Dereham)
Wretham Lodge (nahe Thetford)
NORTHUMBERLAND: Eglingham Hall (nahe Alnwick)
NOTTINGHAMSHIRE:
nahe Nottingham: Wheatcroft Roses (Rosenschule)
nahe Nottingham: Rosemary Roses (Rosenschule)
nahe Nottingham: The Arboretum (Rosengarten)
OXFORDSHIRE:
nahe Banbury: Broughton Castle
nahe Thame: Haseley Court
Nuneham Courtney: Mattock's (Rosenschule)
Oxford: Botanic Garden
SOMERSET
Merriott: Scotts Nurseries
Taunton: Vivary Park Rose Gardens
nahe Bath: »Time Trail of Roses«
STAFFORDSHIRE
David Austin Roses, Albrighton (Rosenschule und Schaugärten)
SUFFOLK
Woodbridge: Notcutts' Nurseries
nahe Ipswich: Helmingham Hall
SURREY
Wisley (nahe Woking): The Royal Horticultural Society Gardens
WARWICKSHIRE
Warwick Castle Gardens, Warwick
WEST SUSSEX
Handcross: Nymans Gardens (National Trust)
WILTSHIRE
Sheldon Manor, Chippenham
Corsley Mill, Chapmanslade
YORKSHIRE
York: Castle Howard Gardens
Harrogate: Harlow Carr Gardens (Gardens of the Northern Horticultural Society)
NORDIRLAND
Belfast: Lady Dixon Park
Newtownards: Dickson Roses (Rosenschule)
County Down: Rowallane Garden
SCHOTTLAND
Aberdeen (»Rosenstadt«): 23 Don Street
Aberdeen (»Rosenstadt«): Grandhome
Aberdeen (»Rosenstadt«): Haddo House
Aberdeen (»Rosenstadt«): Cocker Roses (Rosenschule und Schaugärten)
Ballerno (nahe Edinburgh): Malleny House
Branchory: Crathes Castle Gardens
Edinburgh: The Botanic Gardens
Grampian: Banchory
Isle of Arran: Brodick Castle
Mellerstain, Gordon, Berwickshire
Tyninghame (nahe Dunbar)
WALES
Gwynedd: Bodnant Gardens
Colwyn Bay: Queen Park Gardens
Cardiff: Roath Park Gardens

INDIEN

LUCKNOW: Friens Rosery
NEU-DELHI: The Rose Society of India Gardens
PUNJAB: The Zakir Rose Gardens, Chandigarh

IRLAND

DUBLIN: The Parks Department, St Anne's

ISRAEL

JERUSALEM: The Wohl Rose Park

ITALIEN

CABRIGLIA D'AREZZO: Prof. Fineschis Privatgarten (nur auf Anfrage)
FLORENZ: Rosengarten von Maria Giulia Cimarelli
GENUA: Municipal Rose Gardens
LA MORTOLA: La Mortola-Garten (mediterraner Garten nahe der Grenze zu Frankreich)
LATINA: Ninfa Gärten
ROM: Municipal Rose Gardens
ROM: La Landriana (nahe Rom)
SIENA: Villa Cetinale
VALLERANELLO (nahe Rom): Rosengarten von Maresa del Bufalo

JAPAN

CHOFU: The Botanic Gardens
TOKYO: Yatsu-Yuen Rose Gardens

KANADA

BRITISH COLUMBIA:
Rosedale: Minter Gardens
Vancouver: University of British Columbia
Vancouver: Buchart Gardens
MONTREAL: The Floralies Rose Garden
NIAGARA: The Canadian Horticultural Society Rose Garden
ONTARIO
Hamilton: The Ontario Royal Botanic Gardens
Waterdown: Hortico, Inc. (Rosenschule)
Pickering: Pickering Nurseries
OTTAWA: The Dominium Arboretum and Botanic Gardens

NEUSEELAND

AUCKLAND: The Parnell Rose Gardens (mit Nancy Steen's Rose Garden)
AUCKLAND: Bell's Roses (Rosenschule)
CHRISTCHURCH: Mona Vale Rose Gardens
CHRISTCHURCH: Gethsemane Gardens (im Sommer)
HAMILTON: Hamilton Gardens
HASTINGS: Frimley Rose Gardens
INVERCARGILL: The City Gardens
MOTUEKA: Tasman Bay Roses (Rosenschule und Schaugarten)
NAPIER: The Kennedy Park Rose Gardens
OPOTIKI: The Rose Gardens
PALMERSTONE NORTH: The Rose Trial Gardens
RANGIORA (nahe Christchurch): Lyddington (Sally Allison's Garten)
ROTORUA: The Murray Linton Rose Gardens
TAUPO: The Rose Gardens
TE AWAMUTO: The Rose Gardens
TIMARU: Trevor Griffiths Roses (Rosenschule und Schaugarten)
WAIKATO: The Rose Gardens
WELLINGTON: The Lady Norwood Rose Gardens

NIEDERLANDE

AMSTERDAM: Amstelpark Rosarium
DEN HAAG: Westbroekpark Rosarium

NORWEGEN

VOLLEBEKK: Agricultural College

ÖSTERREICH

BADEN: Österreichisches Rosarium
LINZ: Rosengarten
WIEN: Donaupark

PAKISTAN

QUETTA: Department of Agriculture, Baluchistan

SCHWEDEN

NORRKOPING: Horticultural College
GOTEBORG: neu angelegter Rosengarten

SCHWEIZ

DOTTIKON: Richard Huber AG (Rosenschule)

GENF: Parc de la Grange
ST. GALLEN: Rapperswill Gärten
SCHAFFHAUSEN: Neuhausen am Rheinfall, Garten

SPANIEN
MADRID: Parque de Oeste

SÜDAFRIKA
JOHANNESBURG: The Botanical Gardens
SWELLENDAM: Western Cape Province

TSCHECHIEN
PRAG: Rosium Akademie der Wissenschaften
ZVOLEN: Rosarium Forstwirtschaftsschule, Rosarium Hlavne

USA
COLORADO: Longmont Memorial Rose Garden, Longmont
CONNECTICUT: The Elizabeth Park Rose Gardens, Hartford, Norwich
DISTRICT OF COLUMBIA: Washington, D.C.: United States Botanic Gardens
Washington, D.C.: Dumbarton Oaks
FLORIDA: Giles Rose Nursery, Okeechobee
GEORGIA: Rose Test Garden, Thomasville
ILLINOIS
Chicago Botanic Gardens
Springfield: Washington Park Rose Gardens
INDIANA
Fort Wayne: The Lakeside Rose Garden
Middlebury: Krider Nurseries Inc.
Richmond: Richmond Rose Gardens
IOWA
Davenport: Vander Veer Park Rose Gardens
Des Moines: Greenwood Park Rose Gardens
KALIFORNIEN
Berkley: The Rose Gardens
Diamond Springs: The Rose Acres Nursery
La Canada: Descanso Gardens
Los Angeles: The Exposition Park Rose Gardens
Oakland: The Municipal Rose Garden
Pasadena: The Tournament House and Wrigley Gardens
San José: Ligett's Rose Nursery
San José: The Municipal Rose Garden
San Marino: The Huntington Botanical Gardens
San Mateo: Mills Avenue (Garten von Barbara Worl)
Santa Cruz: Garten von Kleine Lettunich, Amesti Road, Corralitos
Santa Rosa: Sonoma Mountin (Garten von Michael Bates)
Somis: Armstrong's Roses (Rosenschule)
Visalia: Moore's Miniature Roses (Rosenschule)
Watsonville: Roses of Yesterday and Today
Whittier: The Pageant of Roses Garden
KANSAS: The Rose and Trial Gardens, Topeka
KENTUCKY: The Memorial Rose Garden, Louisville
LOUISIANA
Shreveport: The American Rose Center (American Rose Society)
Many: Hodges Gardens
MAINE: The Rose Circle, Portland
MARYLAND: Rosehill Farm Nursery, Galena
MASSACHUSETTS
Boston: The James P Kelleher Rose Gardens
Jamaica Plain: The Arnold Arboretum
Rowley: Nor-East Miniatures (Rosenschule)
MICHIGAN: The Frances Park Memorial Rose Garden, Lansing
MINNESOTA: The Lyndale Park Rose Gardens, Minneapolis
MISSOURI
Cape Girardeau: The Capana Park Rose Display Gardens
Kansas City: The Municipal Rose Gardens
St Louis: The Missouri Botanic Gardens
NEBRASKA: The Memorial Park Rose Gardens, Omaha
NEVADA: Municipal Rose Gardens, Reno
NEW HAMPSHIRE
Nashua: Lowe's Rose Gardens
North Hampton: Fuller Gardens Rose Gardens
NEW JERSEY
East Millstone: The Rudolf van der Goot Rose Gardens, Colonial Park Arboretum
Tenafly: The Jack D Lissemore Rose Gardens
NEW YORK
The Cranford Rose Garden
Brooklyn Botanic Gardens
Dansville: Kelly Bros Nurseries
Madoo, Sagaponack, Long Island
The New York Botanical Gardens
Flushing: The Queens Botanic Gardens
Rochester: The Maplewood Park Rose Gardens
Central Park Rose Garden
The Bronx: The Peggy Rockefeller Rose Garden
NORTH CAROLINA: Raleigh Municipal Rose Gardens
OHIO
Columbus: The Park of Roses
Wooster: The Michael H. Hovath Garden of Legend and Romance
OKLAHOMA
Tulsa: The Municipal Rose Garden
Oklahoma City: Charles E. Sparks Rose Garden
OREGON
Beaustrom: Oregon Miniature Roses (Rosenschule)
Eugene: Owen Memorial Rose Garden
Medford: Jackson & Perkins (Rosenschule)
Portland: The International Rose Test Garden
St. Paul: Heirloom Old Garden Roses (Rosenschule)
PENNSYLVANIA
Hershey: The Rose Gardens
Longwood: The Gardens, Kennett Square
Philadelphia: The Marion W. Reamus Rose Garden (im Arboretum)
West Grove: Robert Pyle Memorial Gardens
SOUTH CAROLINA
Hodges: Wayside Gardens (Rosenschule)
Orangeburg: Edisto Gardens
TENNESSEE: The Municipal Rose Gardens, Memphis
TEXAS
Tyler: The Municipal Rose Garden
Brenham: Antique Rose Emporium (Rosenschule)
Fort Worth Botanic Gardens
Dallas: Samuell-Grand Municipal Rose Garden
Houston Municipal Rose Garden
WASHINGTON: The Manito Gardens, Spokane
Seattle: Woodland Park Rose Garden
WEST VIRGINIA: The Ritter Park Gardens, Huntington
WISCONSIN: The Boerner Botanical Gardens, Hales Corner

ANHANG E
Rosenzüchter und -händler in aller Welt

Die mit einem * gekennzeichneten Firmen haben sich auf Alte Rosen spezialisiert

AUSTRALIEN
Rainbow Roses, Ferntree Gulley, Victoria 3156
Reliable Roses, Silvan, Victoria 3795
*Ross Roses, Willunga, South Australia 5172
Swane's Nursery, Dural, New South Wales 2158
Treloar Roses, Pty Ltd, Portland, Victoria 3305
*Walter Duncan Roses, Watervale, South Australia

BELGIEN
Pepinières Louis Lens, Mechelbaan 147 B2860, Onze-Lieve-Vrouw-Waver

BERMUDA
Aberfeldy Nurseries, Box 237, Warwick WK BX

DÄNEMARK
*Lykkes Rosen, Soby, Horslet
Poulsen Roses, Hillderodvej

DEUTSCHLAND
W. Kordes' Söhne, D-25365 Klein Offenseth-Sparrieshoop
Ingwer J. Jensen GmbH, Am Schlosspark 2b, D-24960 Glucksberg
Rosen von Schultheis, Rosenhof, D-6350 Bad Nauheim-Steinfurth
Tantau Roses, Uetersen, Hamburg

FRANKREICH
Bernard Boureau, Grisy, Suyisnes
George Delbard, Paris Cedex
La Vallée Blonde, L'Hotellère, Lisieux
*Les Roses anciennes de André Eve, Morailles, 45300 Pithiviers-le-Vieil
Meilland Richardier, Tassu-la-Demi-Lune, Cedex
Meilland et Cie, 06601 Antibes
Pépinières Jean Rey, 83250 La Londe, Var
*Roseraie de Berty, 07110 Largentière, Ardèche
Roseraie Laperrière, La Verpillière, Cedex
Roseraies Gaujard, Feyzm Isère

GROSSBRITANNIEN
*David Austin Roses, Albrighton, Wolverhampton WV7 3HB
*Peter Beales Roses, Attleborough, Norfolk NR17 1AY
Bentley's Roses, Loughborough, Leicestershire
Cants Roses, Colchester, Essex CO4 5EB
James Cocker & Sons, Whitemyres, Aberdeen AB9 2XH
Dickson Nurseries Ltd, Newtownards, Northern Ireland BT23 4SS
Fryer's Nurseries Ltd, Knutsford, Cheshire WA16 0SX
Gandy's Roses, Lutterworth, Leicestershire LE17 6HZ
Hillier's Nurseries Ltd, Ampfield, Romsey, Hampshire SO51 9PA
R. Harkness and Co., Hitchin, Hertfordshire SG4 0JT
C. & K. Jones, Tarvin, Cheshire CH3 8JF
Bill LeGrice Roses, North Walsham, Norfolk NR28 0DR
John Mattock Ltd, Nuneham Courtney, Oxfordshire OX44 9PY
Rearsby Roses Ltd, Rearsby, Leicestershire LE7 8YP
*Cottage Roses, Stafford
Wheatcroft Ltd, Edwalton, Nottingham NG12 4DE
Warley Rose Gardens, Brentwood, Essex CM13 3JH
*Trevor White, Norwich, Norfolk NR10 4AB

INDIEN
Friends Rosery, Mahamaga, Lucknow
K. S. Gopalas Wamiengar Son, Chamarajpet, Bangalore

ISRAEL
Ruben Fischel, Schadmot, Drona

ITALIEN
Barni Nursery, Pistoria 4
Maria Giulia Cimarelli, Florenz
Mini Arboretum Guido Piacenza, Pollone, Biella
Centro Botanico, Via Dell'Orso, Mailand

JAPAN
Hirakata Nurseries, Hirakata-shi, Osaka
Itami Rose Nursery Ltd, Itami-shi, Hyogo-Ken
Kersei Rose Nurseries, Yachiyo-shi, Tokio
Komaba Rose Nursery, Meguroko, Tokio
Kowa Creative Art Co., Tokio

KANADA
Aubin Nurseries Ltd, Carman, Manitoba R0G 090
Carl Pallek & Son, Virgil, Ontario L0S 1T0
Hortico Inc., Waterdown, Ontario L0R 2H0
Morden Nurseries, Manitoba R0G 1J0
*Pickering Nurseries Inc., Pickering, Ontario L1V 1A6
Walter le Mire Roses, Oldcastle, Ontario N0R 1L0

NEUSEELAND
Avenue Roses, Levin
Egmont Roses, New Plymouth
Frank Mason & Sons Ltd, Fielding
Roselyn Nurseries, Whenuapai, Auckland
*Tasman Bay Roses, Motueka, near Nelson
*Trevor Griffiths Nurseries, Timaru

NIEDERLANDE
J. D. Maarse & Zonen, Aalsmeer
Buisman, Heerde
De Ruiter, Hazers Woode
*Rosenkwekerij de Wilde, Bussum

SCHWEIZ
Roseraies Hauser Vaumarcus, Neuchâtel
Richard Huber AG, 5605 Dottikon AG

SÜDAFRIKA
Ludwigs Roses, Pretoria

USA

*The Antique Rose Emporium, Brenham, Texas 77833

Armstrong's Roses, Somis, California 93066

Carroll Gardens, Westminster, Maryland 21157

Conrad-Pyle Co., West Grove, Pennsylvania 19390–0904

Donovan's Roses, Shreveport, Louisiana 71133–7800

Farmer Seed and Nursery Co., Fairbault, Minnesota 55021

Forestfarm, Williams, Oregon 97544

Fred Edmunds Inc., Wilsonville, Oregon 97070

Gloria Dee Nursery, High Falls, New York 12440

Hastings, Atlanta, Georgia 30302– 4274

*Heirloom Old Garden Roses, St Paul, Oregon

*Heritage Rose Gardens, Branscomb, California 95417

High Country Rosarium, Denver, Colorado 80218

*Historical Roses Inc., Painsville, Ohio 44077

Interstate Nursery, Hamburg, Iowa 51640–0208

Jackson & Perkins, Medford, Oregon 9751

Justice Miniature Roses, Wilsonville, Oregon 97070

Kelly Brothers Nurseries Inc., Dansville, Kentucky 14437

Lamb Nurseries, Spokane, Washington 99202

Liggett's Rose Nursery, San José, California 95125

*Limberlost Roses, Van Nuys, California 91406

*Lowe's Own Root Roses, Nashua, New Hampshire 03062

McDaniel's Miniature Roses, Lemon Grove, California 92045

Mellinger's, North Lima, Ohio 44452–9731

Miller Nurseries, Cananadaigua, New York 14424

Nor-East Miniature Roses, Rowley, Massachusetts 10969

North Creek Farm, Sebasco Estates, Maine 04565

Richard Owen Nurseries, Bloomington, Illinois

Ros-Equus, Branscomb, California 95417

The Rose Ranch, Salinas, California 93912

Roseway Nurseries Inc., Woodland, Washington WA 98674

Sequoia Nurseries, Visalia, California 93277

Stocking Rose Nurseries, San José, California 95133

P. O. Tate Nursery, Tyler, Texas 75708

Thomasville Nurseries, Thomasville, Georgia 31799

Vintage Gardens, Sebastopol, California 95472

Glossar

In dem gesamten Buch habe ich, zu Recht oder nicht, nur ein Minimum an botanischen und technischen Fachausdrücken verwendet. Im Interesse der Klarheit ließ es sich jedoch nicht ganz vermeiden.

Auge	Der Teil einer Pflanze, der beim Veredeln in eine andere Pflanze eingeführt wird
Ausläufer	Ein Trieb, der sich von den Wurzeln der Unterlage einer veredelten Pflanze aus entwickelt
Blattachsel	Die Verbindungsstelle eines Blattes mit dem Stengel
Blütenstand	Eine Gruppe von Blüten an einem Trieb
Büschel	Eine Gruppe von Blüten, die einen Blütenstand bilden
Dolde	Ein flacher Blütenstand
Doldentraube	Blütenstand mit Stengeln unterschiedlicher Länge
Fruchtboden	Der Teil der Blüte, der den Samen aufnimmt und sich später zur Hagebutte entwickelt
Glatt	Ohne Härchen oder Drüsen
Hochblatt	Ein nur teilweise entwickeltes blattähnliches Gebilde, meist an einem Blütenstengel
Kambiumschicht	Die Wachstumszellen zwischen Rinde und Holz eines Triebes
Kelch	Der blattähnliche äußere Schutz einer Blüte
Kelchblatt	Die einzelnen, blattähnlichen Teile des Kelches
Klon	Ein identischer Abkömmling, durch vegetative Vermehrung produziert
Knoten	Die Stelle an einem Trieb, an der sich ein Blatt oder ein Auge befindet
Lanzettförmig	(Bei Blättern) Lang und zugespitzt, an der Basis breiter
Narbe	Der Teil des Stempels, der bei der Befruchtung den Pollen aufnimmt
Remontierend	Öfterblühend oder wiederholt blühend
Rispe	Verzweigter Blütenstand
Seitentrieb	Ein Trieb, der seitlich von einem Haupttrieb abzweigt
Staubbeutel	Der Teil der männlichen Teile der Blüte, der den Pollen trägt
Staubgefäße	Die männlichen Teile der Blüte
Stempel	Der weibliche Teil der Blüte
Unterlage	Eine Pflanze, auf die eine andere veredelt wird
vegetative Vermehrung	Die Vermehrung auf anderem Wege als durch Samen, z. B. durch Stecklinge, Pfropfen, Okulieren etc.

Literaturverzeichnis

Nachfolgend einige empfehlenswerte Bücher über Rosen und ihre Kultur, die noch im Fachbuchhandel, bei den Autoren oder in Büchereien erhältlich sein müßten. Viele davon habe ich beim Verfassen dieses Buches zu Rate gezogen.

Allison, S., *Climbing and Rambling Roses*, Moa Beckett, Neuseeland, 1993

Austin, D. *English Roses*, Conran Octopus, London, 1993

Austin, D., *The Heritage of Roses*, Antique Collectors' Club, London, 1986 und Antique Collectors' Club, Ithaca, N.Y., 1988

Beales, A., *Old Fashioned Roses*, Cassell, London, 1990, und Globe Pequot Press, Chester, CT, 1990

Beales, P., *Classic Roses*, Collins Harvill, London, und Henry Holt & Co., New York, 1985

Beales, P., *Roses*, Harvill, London, 1992

Beales, P., *Twentieth-Century Roses*, Collins Harvill, London, und Harper & Row, New York, 1988

Beales, P., *Visions of Roses*, Little Brown, London, und Bulfinch, New York, 1996

De Raedt, E., *Rozen*, Roularta Books, Belgien, 1995

Dickerson, B.C., *The Old Rose Advisor*, Timber Press, Portland, OR, 1992

Dobson, B./Schneider,P., *Hard To Find Roses And Where To Find Them*, Combined Rose List (erscheint jährlich), PO Box 677, Mantua, OH 44255 USA

Druit, L., /Shoup, M., *Landscaping With Antique Roses*, The Taunton Press, USA, 1992

D'Ursal, N., *Roses des Jardins de Hex*, Lannoo, Belgien, 1995

Fagan, G., *Roses of the Cape of Good Hope*, Eigenverlag, limitierte Auflage, 1988

Fearnley-Whittingstall, J., *Rose Gardens*, Chatto & Windus, London, 1989

Find That Rose (erscheint jährlich), British Rose Growers' Association, Colchester

Fisher, J., *The Companion to Roses*, Viking, London, 1986

Garnett, T.R., *Man of Roses*, Kangaroo Press, Australien, 1990

Gault, S. M./ Synge, P. M., *The Dictionary of Roses in Colour*, Michael Joseph & Ebury Press, London, 1970

Gibson, M., *Growing Roses*, Croom Helm, London, 1985 und Timber Press, Portland, OR, 1984

Gibson, M., *The Rose Gardens of England*, HarperCollins, London, 1988, und Globe Pequot Press, Chester, CT, 1988

Griffiths, T., *My World of Old Roses* (Bände I und II), Whitcoulls, Christchurch/Neuseeland, 1983 und 1986

Griffiths, T., *The Best of Modern Roses*, Pacific, Auckland/ Neuseeland, 1987

Griffiths, T. A., *Celebration of Roses*, Viking Pacific, Christchurch/ Neuseeland, 1988

Haglund, G., *Rosen Blommornas Drotting*, Haglund, Göteborg, 1986

Harkness, J. *Roses*, J. M. Dent & Sons, London, 1978

Harkness, J., *The Makers of Heavenly Roses*, Souvenir Press, London, 1985

Harkness, J., *Modern Roses*, Century Hutchinson, London, 1987, und in den USA als *Modern Garden Roses*, Globe Pequot Press, Chester, CT, 1988

Hessayon, D.C., *The New Rose Expert*, PBI Publications, London, 1996

Hessayon, D., *The Rose Expert*, PBI Publications, London, 1981

Krüssmann, G., *Roses*, Batsford, London, 1982 und Timber Press, Portland, OR, 1981 (englische Ausgabe von *Rosen, Rosen, Rosen*, Parey, 1974)

LeGrice, E. B., *Rose Growing Complete* (rev. Ausgabe), Faber & Faber, London, 1976

Le Rougetel, H., *A Heritage of Roses*, Unwin Hyman, London, 1989 und Stemmer House, Owing Mills, MD, 1988

Le Rougetel, H., *A Little Book of Roses*, Appletree, London, 1994

McCann, S., *Miniature Roses for Home and Garden*, David & Charles, London, 1985

Modern Roses 8: *The International Checklist of Roses*, (Hg. C. E. Meikle), McFarland, Harrisburg, 1980

Modern Roses 9: *The International Checklist of Roses*, (Hg. P.A. Haring), The American Rose Society, Shreveport, 1986

Modern Roses 10: *The Comprehensive List of Roses*, (Hg. Th. Cairns), The American Rose Society, Shreveport, 1993

Money, K., *The Bedside Book of Old-Fashioned Roses*, Degamo, London, 1986

Nottle, T., *Growing Old-Fashioned Roses in Australia and New Zealand*, Kangaroo Press, Kenthurst, 1983

Phillips, R./ Rix, M., *Roses*, Pan Books, London, 1988, und Random House, New York, 1988

Pratt, N., *Old Garden Roses in Summer*, General Printing Services, Neuseeland, 1993

Rose, G./ King, P./ Squire, D., *The Love of Roses*, Quiller Press, London, 1990

Ross, D., *Rose Growing for Pleasure*, Lothian, Adelaide, 1985

Ross, D., *A Manual of Roses*, Eigenverlag, 1989

Ross, D., *Guide to Rose Growing*, Lothian, Australien, 1990

Scanniello, S., *Easy Care Roses*, Brooklyn Botanic, New York, 1995

Scanniello, S., *A Year of Roses*, Henry Holt, New York, 1996

Scanniello, S./ Bayard, T., *Climbing Roses*, Prentice Hall, New York, 1992

Scanniello, S. / Bayard, T., *Roses of America*, Henry Holt, New York, 1990

Swain, V., *The Australian Rose Book*, Angus & Robertson, Sydney, 1983

Swim, H.C., *Roses from Dreams to Reality*, Stump, USA, 1988

Taylor, Lee B., *Old Fashioned Roses*, David Bateman, Neuseeland, 1993

Taylor, Lee B., *Growing Old Fashioned Roses*, David Bateman, Neuseeland, 1996

Testu, C., *Les Roses Anciennes,* Flammarion, Paris, 1984

Thomas, A. S., *Growing Roses in Australia,* Nelson, Sydney, 1983

Thomas, C., *In Search of Lost Roses*, Summit, New York, 1989

Thomas, G. S., *An English Rose Garden*, Michael Joseph, London, 1991, und in den USA als *The Art of Gardening with Roses,* Henry Holt & Co., New York, 1991

Thomas, G. S., *Climbing Roses Old and New*, J.M. Dent & Sons, London, 1979

Thomas, G. S., *Shrub Roses of Today,* J. M. Dent & Sons, London, 1974

Thomas, G. S., *The Graham Stuart Thomas Rose Book,* John Murray, London, 1994

Thomas, G. S., *The Old Shrub Roses*, J. M. Dent & Sons, London, 1978

Verrier, S., *Rosa Gallica*, Capability's Books, USA, 1996

Walpole, J., *Roses in a Suffolk Garden*, Images, Woolpit, Suffolk, 1990

Warner, C., *Climbing Roses*, Century Hutchinson, London, 1987

ALLGEMEINE TITEL

Einige Bücher über Botanik und Gartenbau mit wertvollen Informationen über die Gattung *Rosa*.

Bean, W. J., *Trees and Shrubs Hardy in the British Isles*, John Murray, London, [8]1980

Hillier's Manual of Trees and Shrubs, Hillier, Winchester, [4]1974

Keble Martin, W., *The Concise British Flora*, Ebury Press and Michael Joseph, London, 1965

RHS Dictionary of Gardening, Royal Horticultural Society, Wisley, 1956

RHS Garden Encyclopaedia of Plants and Flowers, Royal Horticultural Society, Wisley, 1989

WEITERFÜHRENDE LITERATUR FÜR KENNER

Einige Titel für wahre Rosenkenner sollten im Antiquariat oder in speziellen Gartenbibliotheken erhältlich sein.

Andersen, F. J., *An Illustrated Treasury of Redouté Roses*, Crown, USA 1979

Beales, P. / Money, K., *Georgian and Regency Roses*, Jarrolds 1978

Beales, P. / Money, K., *Early Victorian Roses,* Jarrolds 1978

Beales, P. / Money, K., *Late Victorian Roses,* Jarrolds 1978

Beales, P. / Money, K., *Edwardian Roses,* Jarrolds 1978

Blunt, W. / Russel, J., *Old Garden Roses.* Part II, George Rainbird, London, 1957

Buist, Robert, *The Rose Manual*, New York, 1844, Faksimile Nachdruck Coleman, New York, 1978

Bunyard, A. E., *Old Garden Roses*, Collingridge 1936, Facsimile Nachdruck Coleman, New York, 1978

Curtis, Henry, *Beauties of the Rose*, Faksimile Nachdruck, Sweetbrier Press, New York, 1981

Dodds, F. W., *Practical Rose Growing in all Forms,* Verlag unbekannt, um 1908

Fitch, C.M., *The Complete Book of Miniature Roses*, Hawthorn, London, 1977

Foster, M. A., *The Book of the Rose,* Macmillan, London, 1864

Genders, R., *The Rose. A Complete Handbook,* Robert Hale, London, 1965

Gibson, M., *Shrub Roses for Every Garden*, William Collins, London, 1973

Gibson, M., *The Book of the Rose*, Macdonald General Books, London, 1980

Goor, A., *The History of the Rose in Holy Lands Throughout the Ages,* Abteilung für landwirtschaftliche Veröffentlichungen, Staat Israel, 1969, engl. Ausgabe 1981

Gore, C. F., *The Book of Roses or The Rose Fancier's Manual*, Originalausgabe 1838, Faksimile Nachdruck Heyden, London, 1978 und Coleman, New York, 1978

Hellyer, A. G. L., *Simple Rose Growing*, W. H. & L. Collingridge, London, ca. 1930

Henslow, T. G. W., *The Rose Encyclopaedia*, C. Arthur Pearson, London, um 1922

Hole, S. Reynolds, *A Book about Roses*, William Blackwood, London, 1869

Jäger, August, *Rosenlexikon*, (Nachdruck der Ausgabe von 1936), Zentralantiquariat, Leipzig, 1960

Jekyll, G. / Mawley, E., *Roses for English Gardens Country Life*, London, 1902 und Ayar Company Publishers, Salem, 1984

Keays, Ethelyn E., *Old Roses*, New York, 1935, Faksimile Nachdruck Coleman, New York, 1978

Kingsley, R. G., *Roses and Rose Growing*, Whittaker & Co., New York, 1908

Kordes, W., *Roses*, Studio Vista, London, 1964

Macself, A. J., *The Rose Grower's Treasury*, Collingridge, London, 1934

Mansfield, T. C., *Roses in Colour and Cultivation,* William Collins, London, 1947

Mayhew, A. / Pollard, M., *The Rose, Myth, Folklore and Legend*, New English Library, London, 1979

McFarland, J. H., *The Rose in America*, Macmillan, New York, 1923

McFarland, J. H., *Roses of the World in Colour*, Cassell & Co. 1936

Park, B. Collins, *Guide to Roses*, Collins, London, 1965

Parkman, Francis, *The Book of Roses*, J.E. Tilton & Co., Boston, 1866
Parsons, S. B., *Parsons on the Rose,* Orange Judd Co, New York, 1888
Paul, W., *A Shilling Book of Roses,* Simpkin, Marshall, Hamilton, Kent & Co., London, ca. 1880
Paul, W., *The Rose Garden*, Simpkin, Marshall, Hamilton, Kent & Co, London, [10]1903. Faksimile Nachdruck der Ausgabe von 1848, Coleman, New York, 1978
Poulsen, S., *Poulsen on the Rose*, MacGibbon & Kee, London, 1955
Redouté, P. J., *Roses, Books One and Two* (Faksimile Nachdruck) Ariel Press, London, 1954 und 1956
Ridge, A., *For the Love of A Rose*, Faber & Faber, London, 1965
Rigg, C. H., *Roses of Quality*, Ernest Benn Ltd , London, 1933
Rivers, T., *The Rose Amateur's Guide,* Longman Green, London, 1837
Rose Annuals, The National Rose Society, St Albans, ab 1911
Rose Annuals American Rose Society, Shreveport, 1917
Ross, D., *Shrub Roses in Australia*, Dean Ross, Adelaide, 1981
Rossi, B. V,. *Modern Roses in Australia,* Mitchell & Casey, Sydney, 1930
Royal Horticultural Society, *Journals,* zahlreiche verschiedene zurückliegende Ausgaben
Sanders, T. W., *Roses and their Cultivation*, W. H. & L. Collingridge, London, 1938
Shepherd, R., *History of the Rose*, Macmillan, New York 1954, Faksimile Nachdruck Coleman, New York, 1978
Sitwell, S. / Russell, J., *Old Garden Roses*, Part I, George Rainbird, London, 1955
Steen, N., *The Charm of Old Roses*, Herbert Jenkins, Wellington, Neuseeland, 1966
»The Rose« Vierteljahrsschrift der RNRS, verschiedene Ausgaben aus den 1950er und 1960er Jahren
Thomas, H. H., *The Rose Book,* Cassell, London, 1913
Weathers, J., *Beautiful Roses,* Simpkin, Marshall, Hamilton, Kent & Co, London, 1903
Wright, W. P., *Roses and Rose Gardens,* Headley, London, 1911

INFORMATIVE ROSENKATALOGE, BESONDERS KLASSISCHE ROSEN

David Austin, Bowling Green Lane, Albrighton, Wolverhampton WV7 3HB, England
Antique Rose Emporium, Brenham, Texas 77833, USA
Peter Beales, London Road, Attleborough, Norfolk NB17 1AY, England
André Eve, Morailles, 45300 Pithiviers-le-Vieil, Frankreich
Heirloom Roses, St Paul, Oregon, USA
Roseraie de Berty, 07110 Largentière, Frankreich
Ross Roses, Willunga, Adelaide, South Australia 5172, Australien
Tasman Bay Roses, Motueka, Nelson, Neuseeland
Trevor Griffiths, Timaru, Neuseeland

NEUERE ENGLISCHSPRACHIGE WERKE

Modern Roses XI: The World Encyclopedia of Roses, (Hg. Th. Cairns), The American Rose Society, Shreveport, 1993
Rondeau, Anne-Sophie, *The Grand Rose Family*, Rustica Editions, Paris, 1998

NEUERE DEUTSCHSPRACHIGE WERKE

Austin, David, *Alte Rosen & Englische Rosen*, DuMont, Köln, 1993
Austin, David, *Strauchrosen & Kletterrosen*, DuMont, Köln, 1995
Austin, David, *Englische Rosen*, DuMont, Köln, 1994
Austin, David, *Vom Zauber Englischer Rosen*, BLV, München, [2]2000
Baker, C. und Lacy, A., *Die Welt der Rose*, DuMont, Köln, 1991
Beales, Peter, *Klassische Rosen*, DuMont, Köln, [1]1992
Beales, Peter, *Moderne Rosen*, DuMont, Köln, 1996
Coggiatti, S., *Berühmte Rosen und ihre Geschichte*, Amber 1987
Coggiatti, S., *Rosen,* Delphin 1986
de l'Aigle, A., *Begegnung mit Rosen,* [1]1957, Frick, Moos [2]1977
DuMont's Gartenhandbuch Rosen, (deutsche Ausgabe von *RHS Plant Guides Roses),* DuMont, Köln 1997
Europa-Rosarium Sangerhausen, *Rosenverzeichnis,* [5]1998
Jacob, A., Grimm, H., Grimm, W., Müller, B., *Alte Rosen und Wildrosen,* Ulmer 1990 (mit ausführlicher Bibliographie)
Hillier, Malcolm, *Rosen*, DuMont 1992
McCann, Sean, *Miniatur-Rosen*, DuMont, Köln, 1997
Meile, C. und Meile, H.-G., *»… ich habe die Lust zu reisen gegen einen Rosenstrauch eingetauscht«*, Stadler, 1987
Mießler's Rosenlexikon, 2 Bände, Hg. Herbert Mießler, Delitzsch, Verlag Rosenfreundschaft, Weinheim, [2]1996
Nissen, G., *Alte Rosen,* Boyens & Co, [4]1986
Rosenjahrbuch, ab 1990 Verein Deutscher Rosenfreunde
Scarman, John, *Gärtner mit Alten Rosen,* Christian, München, 1997
Schultheis, Heinrich, Rosen, *Die besten Arten und Sorten für den Garten*, Stuttgart, Ulmer, [2]1996
Schultheis, Heinrich/Urban, Helga & Klaus, *Rosenlexikon* [auf CD-ROM], Eigenverlag, Bad Nauheim-Steinfurt und Frankfurt/M, [2]2000
Westrich, J. (Hg.), *Die Rose*, DuMont, Köln, 1989

INFORMATIVE ROSENKATALOGE, BESONDERS KLASSISCHE ROSEN

Rosen von Schultheis, 61231 Bad Nauheim-Steinfurth
Rosengärtnerei Kalbus, Hagenhauserner Hauptstr.112, 90518 Altdorf

Allgemeines Register

Abschneiden der Krone 464
Abschneiden verwelkter Blüten 446
Absenken 455
Alba-Rosen (Formen und Hybriden) 185–188
  Geschichte der 10–11
Allen, E. F., *A Simplified Rose Classification* 93f.
Allison, Sally und Bey 17
Alte Kletterrosen
  für Bäume 72–74
  für Hecken 63–66
  für Pergolen, Klettergerüste, Säulen und Bögen 67–71
Alte Rosen für Blumenarrangements 75–76
  für Parks 58–59
  für Terrassen und Höfe 66–67
  für Waldgelände, Wildgarten und Halbschatten 60–61
  in bestehenden Gärten 52–54
  mit Laubfärbung 79–80
  mit Wasser 61–62
  und ihr Duft 81–82
  unter Glas 77–78
  zwischen Büschen 55–56
American Rose Society 94, 97; Rosenklassen 98
Annals of Horticulture, The 1844/5 9f.; 1846 16f.
Austin, David 39, 94, 410
Austin, Robert 22
Austrian Briars *siehe* Pimpinellifoliae; *R. pimpinellifolia*
Ayrshire-Rosen (Formen und Hybriden) 241–242
  Geschichte der 27–29

Begleiter für Alte Rosen und Strauchrosen 85–92:
  Kletterrosen 88
  Küchenkräuter 89–90
  Obst und Gemüse 90
  Sommerblumen 89
  Wildblumen 91
  Zwiebel- und Knollengewächse 88–9
Blütenverkleben *siehe* Mißbildung der Blüten
Banksianae 108–110
Barbier 30, 45
Barton Marjorie, 76
Baumkrebs 460
Bennett, Charles 34
Bennett, Henry 33–34
Bentall, J. A. 25
Bermuda, Rosengesellschaft 19–20, 391
Bermuda Roses *siehe* Geheimnisvolle Rosen in Bermuda

Bide 46
Bibernell-Rosen *siehe* Pimpinellifoliae; *R. pimpinellifolia*
Blasenfuß 458
Blattläuse 456
Blattrollwespe 457
Blattwanzen 456
Blumenarrangements, Alte Rosen 75–77
Bodendeckerrosen *siehe* Niederliegende Rosen
Boden und Bodenvorbereitung 440
Bourbon-Rosen 363–370
  Geschichte der 14–15
Boursault-Rosen (Formen und Hybriden) 211–13
Bracteatae 114–116
British Association Representing Breeders (BARB) 93f., 97–99
  Rosenklassen 98
British National Rose Society 33
British Rose Growers' Association 94, 437
Brownell 30
Burdett, Ruth 34
Büschelblütige Rosen *siehe* Floribunda-Rosen

Caninae 183–198
Krebs *siehe* Baumkrebs
Cant, B. R. 46
Carolinae 199–202
Cassiorhodon 203–239
Champneys, John 15, 44
China-Rosen (Formen und Hybriden) 353–362
  Geschichte der 11–12
Chinensis 351–436
Climbing Roses Old and New (Thomas, 1979) 45
Container 438

Damascena-Rosen (Formen und Hybriden) 169–174
  Geschichte der 8
De Vink 42
Dickson & Brown 22
Dickson, Patrick 35
Dickson's 35
Dünger 440

Echter Mehltau 459
Edelrosen *siehe* Teehybriden
Einschlagen von Pflanzen 439
Englische Rosen 39, 410–419
Eurosa (*Rosa* subgenus) 93, 108–436

Falscher Mehltau 460
Floribunda-Rosen 305–314
  Geschichte der 36–37

Fortune, Robert 18

Gallicanae 135–182
Gallica-Rosen (Formen und Hybriden) 137–148
  Geschichte der 8–9
Geheimnisvolle Rosen in Bermuda 391–393
  Geschichte der 19–20
Geschwind, Rudolf 31
Gesellschaft der Freunde Alter Rosen Australiens 32
Gewerbliche Vermehrung von Rosen 463–465
Grant, William 31, 223
  Wiederentdeckte Rosen 31–32
Griffiths, Trevor 15, 94, 112
Großblütige Kletterrosen, *siehe* Kletternde Teehybriden
Guillot, Jean-Baptiste 33

Hagebutten 78–79
Harkness Jack 94, 99
Hecken 63–66
Hesperhodos (*Rosa* subgenus) 93, 104–5
Hundsrosen *siehe* Caninae
Hulthemia (Untergattung *Rosa*) 93, 101–103
Hulthemia persica (Formen und Hybriden) 101, 102
× *Hulthemosa* (Formen und Hybriden) 101, 102
Hurst, Dr. C. V. 7f.
Hybriden der China-Rosen 353f.

Immergrüne Rosen *siehe* Sempervirens-Rosen

Jackson & Perkins 30
Jekyll, Gertrude 28, 45, 49, 70
Josephine, Kaiserin 13, 30–31

Kaninchen und Wild 458
Kennedy 31
Klassifikation der Gattung *Rosa* 93
Klassifikationssysteme 97–100
Kletterrosen, Geschichte der 44–45
  für karge Böden 52
  als Hochstämme 83–84
  siehe auch Moderne Kletterrosen;
Kletternde Bourbon-Rosen 371–372
Kletternde Floribunda-Rosen 315–316
Kletternde Teehybriden 428–436
Kohlrosen *siehe* Zentifolien
Kompakte Floribunda-Rosen *siehe* Miniaturrosen und Ratio-Rosen
Kordes, Wilhelm 24

Kordesii *siehe R. kordesii*
Kronengalle 458–459
Kuckucksspeichel 457
Laevigatae 111–113
Lambert, Peter 25
Lee & Kennedy 22
Lee 24
LeGrice, Edward Burton 14, 25
Le Rougetel, Hazel 12
Lindsey 42
Lowe, Malcolm (Mike) 440, 452

MacGregor IV., John C. 12f.
Mikrovermehrung 454–455
Mißbildungen der Blüten 462–463
Malmaison, Schloss, Rosengarten 30
Manda 45
Manners, Malcolm 461
Rosen-Mosaik Virus-Krankheit 461–462
McGredy, Samuel 35
McGredy's 35
McQueen, Janet 29
Meier, Margaret 34
Mercer, Bill 20, 391
Mercer, Lorna 20f., 391f.
  Geheimnisvolle Rosen in Bermuda 391–393
Mineralienmangel 461
Miniaturrosen und Patio-Rosen 317–320
  Geschichte der 41–44, 57
Moderne Kletterrosen 273–286
  als Hecken 63–6
  Bodenverwendung 84
  Geschichte der 44–48
  Verwendung 70–71
Modern Roses 10 (American Rose Society) 94, 97
Moderne Strauchrosen 287–301
  Geschichte der 38–39
Money, Keith 34
Moosrosen (Formen und Hybriden) 156–168
  Geschichte der 7
Moschata-Hybriden, 255–262
  Geschichte der 25
Moschus-Rosen (Formen und Hybriden) 249–252
Mulch 440
Multiflora Rambler 263–272
  Geschichte der 27
Murrell, Hilda 47

Niederliegende Rosen 321–333
Niederhaken 22, 84–85
Noisette-Rosen 373–378
  Geschichte der 15–18

Okulieren 449–452, 464
Ostindische Kompanie 11, 18

Parks, John 18
Patio-Rosen *siehe* Miniaturrosen und Patio-Rosen
Paul, William 7, 15, 16, 27, 34, 46, 47, 83
Pemberton, Joseph 25, 38, 46
Penzance-Rosen 24, 38
　Geschichte der 24
　siehe auch Strauchrosen
Pernet-Ducher, Joseph 34
Pernetiana-Rosen 35
Pflanzen, Das 439–442
　Beet- Strauch- und Alte Rosen 441
　Boden und Bodenvorbereitung 440
　in Containern 441–442
　in Töpfen 442
　Kletterrosen 442
　Rosenmüdigkeit 441
　von Solitärsträuchern auf Rasen 442
　von Hochstämmen 442
　Winterschutz 440
Pfropfen 448–449
Pimpinellifoliae (Schottische Rosen) 117–134
　Geschichte der 22–24
Platyrhodon (Untergattung von *Rosa*) 93, 106–107
Polyantha-Rosen 302–304
　Geschichte der 36–37
Polypompon-Rosen, Geschichte der 36
Portland-Rosen (Formen und Hybriden) 175–181
　Geschichte der 12–14
Poulsen-Rosen 37
'Provence Rose' *siehe* Zentifolien
R. agrestis 185
R. arvensis siehe Ayrshire-Rosen
R. banksiae (Formen und Hybriden) 109–110
R. biebersteinii 188
R. bracteata (und Hybriden) 115–116
R. britzensis 188
R. brunonii (und Hybriden) 243–244
R. canina (und Hybriden), 189–190
R. carolina (Formen und Hybriden) 200–201
R. centifolia siehe Zentifolien
R. chinensis siehe China-Rosen
R. damascena siehe Damascena-Rosen
R. ecae (Formen und Hybriden) 119
R. filipes (Formen und Hybriden) 245–246
R. foetida (Formen und Hybriden) 120–122
R. gallica siehe Gallica-Rosen
R. gigantea (und Hybriden) 352
R. glauca (Formen und Hybriden) 196–198
R. helenae (und Hybriden) 247–248
R. hugonis (Formen und Hybriden) 123
R. kordesii (Formen und Hybriden) 207–210
R. laevigata (Formen und Hybriden) 112–113
R. macrantha (Formen und Hybriden) 181–182
R. macrophylla (Formen und Hybriden) 214–216
R. moschata siehe Moschata-Rosen
R. moyesii (Formen und Hybriden) 217–220
R. multibracteata (Formen und Hybriden) 221
R. multiflora (Formen und Hybriden) 253–254
R. nutkana (Formen und Hybriden) 222–223
R. pimpinellifolia (Schottische Rosen) (Formen und Hybriden) 124–130
R. roxburghii (Formen) 107
R. rubrifolia siehe R. glauca
R. rugosa siehe Rugosa-Rosen
R. sempervirens (Formen und Hybriden) 334–335
R. sericea (Formen und Hybriden) 131–132
R. setigera (und Hybriden) 336–337
R. sinowilsonii (und Hybriden) 338
R. soulieana (und Hybriden) 339–340
R. stellata (Formen) 105
R. virginiana (Formen und Hybriden) 202
R. wichuraiana (und Hybriden) 341–350
　siehe auch Wichuraiana-Rosen
R. xanthina (Formen und Hybriden) 133
Rambler, Geschichte der 45–46
Raupen 457
Redouté, Pierre Joseph 30
Remontant-Rosen 394–409
　Geschichte der 20–22
Réunion-Rose 15
Rivers, 7, 16f. 34
Rosen auswählen und kaufen 437–439
Rosenin 438
Rosenkultur auf der nördlichen und westlichen Halbkugel 96
Rosen-Mosaik Virus-Krankheit 461–462
Rosenmüdigkeit 441
Rosenrost 460
Rosenunterlagen 438–439
Roses for English Gardens (Jekyll and Mawley, 1902) 28, 70
Roses of America (Scanniello and Bayard, 1990) 24
Ross, Deane 34
Rote Spinne 457–458
Roulet 42
Royal National Rose Society 33, 93f., 98, 125
Rückschnitt 442–447
Rugosa-Rosen (Formen und Hybriden) 224–239
Russell, James 12
Rustling 31–32
Ruston, David 47

Samen, Vermehrung durch 455–456
Schmidt 46
Schmitt 46
Schoener, George 148, 223
Schottische Rosen *siehe Pimpinellifoliae*; *R. pimpinellifolia*
Scrambler, Geschichte der 46–48
Sempervirens-Rosen (Immergrüne), Geschichte der 29, 47
　siehe auch R. sempervirens
Shepherd, Roy 24
Shoup, Mike und Jean 452
Strauchrosen 38–39, 52–64
　als Hochstamm 84
　für nährstoffarme Böden 52
　in einem bestehenden Garten 52–54
Simplicifoliae 101–103
Steckholz, Vermehrung durch 452–454
Steen, Nancy 15, 32
Sternrußtau 458
Sweet, Robert 42
Sweet Briar-Rosen (Formen und Hybriden) 191–195
　Geschichte der 24
Synstylae 240–350

Teehybriden 420–427
　Geschichte der 33–35
Teilen 455
Thomas, Graham Stuart 7f., 45, 49, 94, 341f.
Thory, Claude Antoine 30
Turbat 46

Unkrautbekämpfung 447–448

Van Fleet, Walter 45
Walsh 46
Weltklimakarte 467
Weiße Rosen *siehe* Alba-Rosen
Wichuraiana-Rosen 28, 45
　Geschichte der 30
Wildrosen, Verbreitung 2–6
　Amerika 3
　Europa 2–3
　Mittlerer Osten 5–6
　Orient und Asien 4–5
Winterschutz 440
Wucherung 462–463
Wyatt, Arthur 366f.

Zentifolien (Formen und Hybriden) 149–155
　Geschichte der 6–7
Züchtung neuer Sorten 465–466

Rosenregister

Die *kursiven* Seitenzahlen weisen auf Abbildungen hin. Die Farbtabellen und die Seiten 469–483 sind nicht berücksichtigt.

Abbotswood 63, 189
Abraham Darby 411, *411*
Abunancia *siehe* Mary Hayley Bell
Adam 379, *380*
Adam Messerich 363, *363*
Adélaïde d'Orléans 29, *29*, 334
Adèle Pradel *siehe* Mme Bravy
Admired Miranda 411
A Feuilles de Chanvre 185
Agatha *136*, 137
Agatha Christie 273
Agathe Incarnata 137
Aglaia 25, 45, 263
Agnes 65, 225, *226*
Agrippina *siehe* Cramoisi Supérieur
Aimée Vibert 17, 72, 373, *374*
Alain Blanchard 90, 138, *139*
Alba Maxima *siehe* Maxima
Alba Meidiland 322
Alba Semi-plena *siehe* Semi-plena
Alba Suavolens *siehe* Semi-plena
Albéric Barbier 30, 45, 69, 72, 84, 341, *342*
Albert Edwards 126
Albertine 5, 30, 45, 69, 80, 84, 341
Alchymist 273, *274*
Alexande 287, *287*
Alexander Girault 341
Alexander Hill Gray 379
Alexandre Laquement 138
Alfred Colomb 394, *395*
Alfred de Dalmas 56, 66, 156, *157*
Alida Lovett 342, *342*
Alister Stella Gray 17, 69, 373, *374*
Allen Chandler 428, *428*
Allgold 305, Climbing 315, *315*
Aloha 71, 273, *274*
A longues pédoncules 156
Alpine Rose *siehe* R. pendulina
Altissimo *272*, 273
Amadis 212, *213*
Amanda *siehe* Red Ace
Amazone 379
Amber Queen 305, *306*
Ambridge Rose 411
Ambroise Paré 138
Amelia 185
America 273
American Beauty 394
American Pillar 342
Améthyste 342

Amruda *siehe* Red Ace
Amy Robsart 191
Anaïs Ségalas 138, *139*
Andersonii 189, *190*
André *siehe* Calocarpa
Andrewsii 126
Anemone Rose 112, *112*
Angèle Pernet 420
Angelina 287, *288*
Angélique Quetier 156
Angelita *siehe* Snowball
Anna de Diesbach 394
Anna Olivier 20, 379, *380*
Anna Pavlova 81, 420, *420*
Anna Zinkeisen 287, *287*
Anneliese Rothenberger *siehe* Miss Harp
Anne-Maria de Montravel 302
Anne of Geierstein 64, 191, *192*
Antike '89/Antique 275
Antoine Ducher 35
Antoine Rivoire 34, 78
Antonia d'Ormois 138
Apfelrose *siehe* R. villosa
Apotheker-Rose *siehe* R. gallica officinalis
Apple Blossom 263
Apple Rose *siehe* R. villosa
Applejack 288
Apricot Parfait *siehe* Evelyn
Archduke/Archiduc Charles 20, 353
Archiduc Joseph 78, 379, *380*
Archiduchesse Elizabeth d'Autriche 394
Ardoisée de Lyon 394
Ards Rover 395
Arethusa 20, 354, *354*
Armada 288
Armosa *siehe* Hermosa
Arrillaga 395
Arthur Bell Climbing 6, 315
Arthur de Sansal 175, *175*
Arthur Hillier 214
Aschermittwoch/Ash Wednesday 275, *275*
Aspen *siehe* Gwent
Assemblage des Beautés 139, *139*
Asso di Cuori *siehe* Ace of Hearts
Astra Desmond *262*, 263
August Seebauer 305, *306*
Auguste Gervais 342
Auguste Roussel 214, *215*
Aurora 255
Austrian Briar *siehe* R. foetida
Austrian Copper *siehe* R. foetida bicolor
Austrian Yellow *siehe* R. foetida
Autumnalis 249
Autumn Bouquet 288
Autumn Damask *siehe* Quatre Saisons

Autumn Delight 255, *255*
Autumn Fire *siehe* Herbstfeuer
Autumn Sunlight 275
Autumn Sunset 288, *288*
Aviateur Blériot 5, 343
Avon 322
Awakening 343, *343*
Ayrshire Queen, 241
Ayrshire Splendens *siehe* Splendens

Baby Carnaval *siehe* Baby Masquerade
Baby Darling 317
Baby Faurax 302
Baby Masquerade 317, *317*
Baby Mermaid *siehe* Happenstance
Ballerina 25, 56, 66, *66*, 67, 84, 255
Baltimore Belle 336, *337*
Bantry Bay 30, 71, 275, *275*
Baron de Bonstetten 395
Baron de Wassenaer 156
Baroness Rothschild 22, 56, 395, *395*
Baron Girod de l'Ain 395
Baronne Adolphe de Rothschild *siehe* Baroness Rothschild
Baronne Henriette de Snoy 380, *380*
Baronne Prévost *21*, 22, 56, 395, *396*
Bassimo *siehe* Suffolk
Beau Narcisse 139
Beauty of Glazenwood *siehe* Fortune's Double Yellow
Beauty of Rosemawr 354, *354*
Beauty of the Prairies *siehe* Queen of the Prairies
Belinda 255, 256
Bellard 139
Belle Amour 63, 169, *170*
Belle de Crécy 82, 139
Belle des Jardins *siehe* Village Maid
Belle Isis 139
Belle Lyonnaise 380
Belle of Portugal *siehe* Belle Portugaise
Belle Poitevine 65, 226, *226*
Belle Portugaise 352
Bellert *siehe* Bellard
Belle sans Flatterie 139
Belle Story 411
Belle Vichyssoise 373
Belvedere *siehe* Ethel; Princesse de Marie
Bengal Rose *siehe* R. chinensis
Bennett's Seedling 241
Bérénice 140
Berkshire 322
Berlin 288
Bettina Climbing 428
Betty Uprichard 35

Bibi Maizoon 411
Biddulph Grange 288
Bishop Darlington 256, *256*
Black Jack *siehe* Tour de Malakoff
Black Prince 396
Blackberry Rose *siehe* R. rubus
Blairii No. 1 371
Blairii No. 2 371, *371*
Blanc de Vibert 175
Blanc Double de Coubert 5, 65, 226, *227*
Blanche de Belgique, 185
Blanchefleur 149
Blanche Moreau 157, *157*
Blanche Superbe *siehe* Blanche de Belgique
Blanc Pur 373
Blaze 343
Blessings 421
Blessings Climbing 428
Bleu Magenta 263, *264*
Bloomfield Abundance 354
Bloomfield Dainty 256, *256*
Blue Rose *siehe* Veilchenblau
Blush Boursault 212
Blush Damask 169, *169*
Blush Hip 186
Blush Maman Cochet *siehe* William R. Smith
Blush Noisette 16, *16*, 17, 373
Blush Rambler 46, 68, 263, *264*
Bobbie James 47, 74, 265, *265*
Bon Silène 380
Bonica '82 *83*, 288, *289*
Bonn 289
Bonnie Prince Charlie's Rose *siehe* Maxima
Botzaris 169, *170*
Boule de Nanteuil 140
Boule de Neige 363
Bouquet de la Mariée *siehe* Aimée Vibert
Bouquet d'Or 17, 78, 374, *374*
Bourbon Queen 15, 64, 364
Bourbon Rose *siehe* R. × borboniana
Breath of Life 275, *276*
Bredon 411
Breeze Hill 343, *343*
Brenda Colvin 246
Brennus 355, *355*
Briarcliffe 78
Brightside Cream 20, 392, *392*
Broadlands 322
Brother Cadfael 411
Buffalo Bill *siehe* Regensberg
Buff Beauty 25, 65, 66, 84, 256, *256*
Bullata 149
Burgundian Rose *siehe* Pompon de Bourgogne
Burnet Double White *siehe* Double White
Burnet Rose *siehe*

R. pimpinellifolia
Burning Sky *siehe* Paradise
Burr Rose *siehe R. roxburghii*
Butterfly Wings 289
Butterscotch 275

Cadenza *70*, 343, *344*
Callisto 256
Calocarpa 227
Calypso *siehe* Blush Boursault
Camaieux 140, *140*
Cambridgeshire 322
Camellia Rose 355
Cameo 302, *303*
Canary Bird 55, 84, *133*, 133
Candeur Lyonnaise 396
Candy Rose 322
Canina Abbotswood *siehe* Abbotswood
Cantab 222
Cantabrigiensis 117, *122*, 123
Canterbury 289
Capitaine Basroger 157, *157*
Capitaine John Ingram 158
Captain Christy Climbing 70, 428, *429*
Captain Hayward 33
Captain Hayward Climbing 396
Cardinal de Richelieu 140, *140*
Cardinal Hume *289*, 290
Carefree Beauty 322
Carmen 227
Carmenetta 196
Carnation 392
Casino 275, *276*
Caterpillar *siehe* Pink Drift
Catherine de Wurtemberg 158
Catherine Guillot *siehe* Michel Bonnet
Catherine Mermet 78, 381
Catherine Seyton 192
Catinat 140
Cécile Brunner/Brünner 52, 67, 355, *355*, Climbing *54*, 356
Cécile Brunner White 356
Celeste *siehe* Celestial
Celestial 56, 61, 80, *81*, 82, 186
Célina 158, *158*
Céline Forestier 17, 69, 374, *374*
Celsiana 56, 170
Centenaire de Lourdes 305, *307*
Centfeuilles des Peintres *siehe* Rose des Peintres
Cerise Bouquet 63, *63*, 221, *221*
Champion of the World 396
Champlain 207
Champneys' Pink Cluster 16f., *16*, 374
Chanelle 305, *306*
Chapeau de Napoléon 90, 158, *158*
Chaplin's Pink/Climber 69, 74, 343
Chaplin's Pink Companion 344
Charles Austin 411
Charles de Mills 82, 140, *141*
Charles Dingee *siehe* William R. Smith
Charles Gater 396

Charles Lawson 364
Charles Lefèbvre 396, *396*
Charles Rennie Mackintosh 411
Charmain 412
Château de Clos Vougeot Climbing 429
Château de La Juvenie 276
Chatsworth 322
Chaucer 412
Cherokee Rose *siehe R. laevigata*
Cheshire Rose *siehe* Maxima
Chestnut Rose *siehe R. roxburghii*
Chevy Chase 339, *339*
Chianti 39, *39*, 181
Chilterns 322
China Rose *siehe R. chinensis*
Chinatown *36*, 37, 306
Chloris 186
Christine Climbing 429
Chromatella *siehe* Cloth of Gold
Chrysler Imperial 421
Cinderella 42, 318
Cinnamon Rose *siehe R. majalis*
City Girl 276
City of London 290
City of York *276*, 277
Clair Matin 277
Claire Jacquier 374
Claire Rose 412
Clementina Carbonieri 381, *381*
Clementine *siehe* Janet's Pride
Clifton Moss *siehe* White Bath
Climbing: *Dieser Zusatz wird im Register immer nachgestellt. Sie finden die Rosen unter ihrem »zweiten Namen«.*
Clio 396
Cloth of Gold 78, 375
Clotilde Soupert 302
Clytemnestra 257
Cocktail 290, *290*
Colcestria 277
Columbia Climber 429, *429*
Commandant Beaurepaire 66, 364
Common Monthly *siehe* Old Blush
Common Moss *8*, 159
Communis *siehe* Common Moss
Compassion 277, *277*
Complicata 61, *73*, 141
Comte de Chambord *13*, 14, 66, 67, 90, 175, *176*
Comtesse Cécile de Chabrillant 396
Comtesse d'Oxford *siehe* Countess of Oxford
Comtesse de Labarthe *siehe* Duchesse de Brabant
Comtesse de Murinais 158
Comtesse de Turin *siehe* Mme Wagram
Comtesse du Cayla 356, *356*
Comtesse Ouwaroff *siehe* Duchesse de Brabant
Comtesse Vandal 421, Climbing 429

Conditorum 141
Conrad Ferdinand Meyer 82, 227, *227*
Constance Spry *39*, 277, *277*
Cooper's Burmese 113, *113*
Copenhagen 56, 290
Coquette des Blanches 364
Coral Creeper 277
Coral Dawn 30, 278
Coralie 170
Cornelia 25, 66, 257, *257*
Coryana *siehe R. × coryana*
Corylus 56, 80, 227, *228*
Cosimo Ridolfi 141
Cottage Rose 412
Countess of Oxford 397
Country Dancer 290
Country Living 412
Country Music 290
Coupe d'Hébé 364
Cramoisi Picoté 141
Cramoisi Supérieur 12, 19, *58*, 356, *357*
Cramoisi Supérieur Climbing 356
Crépuscule 375, *375*
Cressida 412
Crested Jewel 158
Crested Moss *siehe* Chapeau de Napoléon
Crimson Blush 188
Crimson Boursault *siehe* Amadis
Crimson Conquest 70, 72, 429
Crimson Globe 159
Crimson Glory 421
Crimson Glory Climbing 429
Crimson Rambler 46, 265
Crimson Showers 344
Cristata *siehe* Chapeau de Napoléon
Crown Prince 397
Cuisse de Nymphe *siehe* Maiden's Blush, Great
Cuisse de Nymphe Émue 10, 186
Culverbrae 227
Cupid 429 *430*
Cuthbert Grant 290, *291*
Cymbeline 290

D'Aguesseau 141, *141*
Daily Mail Rose Climbing *siehe* Mme Édouard Herriot Climbing
Dainty Bess 421, *421*
Dainty Maid 306
Daisy Hill 75, 181
Dame Edith Helen 35, 421, *421*
Danaë 25, *26*, 257
Danse de Feu 278
Danse des Sylphes 278, *278*
Daphne (Hybrid Musk) 257
Daphné (Gallica) 141
Dapple Dawn 291
Dark Lady 412
Daybreak 257
Dean Hole 381
Debutante 344
De la Grifferaie 27, *27*, 265

De la Maître d'Ecole 141, *141*
Delambre 176
Delge *siehe* Centenaire de Lourdes
Delicata 227
Della Balfour 278
Dembrowski 397
Dentelle de Malines 291
Deschamps 375, *375*
Desprez à Fleurs Jaunes 70, 375, *375*
Deuil de Paul Fontaine 159, *159*
Devoniensis 78, 381
Diamond Jubilee 422, *422*
Dianthiflora *siehe* Fimbriata
Dick Koster 303
Direktor Benschop *siehe* City of York
Dixieland Linda 278, *278*
Doncasterii 214, *215*
Don Juan 278
Dorothy Perkins 37, 84, 344, *344*
Dorothy Wheatcroft 291
Dortmund 207, *208*
Double Delight 422
Double Marbled Pink 125
Double Pennsylvanian Rose *siehe R. carolina plena*
Double Pink 125
Double White 64, 90, 125, *125*
Double Yellow Forms 125
Doubloons 336
Dove 412
Dr Andry 397, *397*
Dreaming Spires 278
Dr Eckener *227*, 229
Dresden Doll 159
Dr Grill 78, 381, *381*
Dr Huey 344
Dr Jackson 291
Dr W. Van Fleet 30, 45, 344
Dublin Bay 71, 279, *279*
Duc d'Angoulême *siehe* Duchesse d'Angoulême
Duc de Fitzjames 142, *142*
Duc de Guiche 142, *142*
Duc de Rohan *siehe* Duchesse de Rohan
Duchesse d'Angoulême 142, *143*
Duchesse d'Auerstädt 78, 376, *376*
Duchesse de Brabant 381
Duchesse de Buccleugh 143
Duchesse de Montebello 143, *143*
Duchesse de Rohan 149
Duchesse de Verneuil 159
Duchesse d'Istrie *siehe* William Lobb
Duchess of Portland, 12, 66, 176, *177*
Duftwolke Climbing *siehe* Fragrant Cloud Climbing
Duftzauber '84 *siehe* Royal William
Duke of Edinburgh 397, *397*
Duke of Wellington 397
Duke of York 357
Dundee Rambler 241

Dunwich Rose 75, *75*, 117, 126
Dupontii *siehe* R. dupontii
Dupuy Jamain 22, 397, *397*
Dusky Maiden 307, *308*
Düsterlohe 242

Earldomensis, 123
Easlea's Golden Rambler 344, *345*
Éclair 398
Eddie's Crimson 218
Eddie's Jewel 56, *78*, *79*, *217*, 218
Eden Rose Climbing 430
Eden Rose '88, 279, *279*
Edith Bellenden 192
Eglantine Rose *siehe* R. eglanteria
Elegance 345
Elisa Boelle 398
Elizabeth of Glamis 307
Ellen 412
Ellen Poulsen 37
Ellen Willmott 422
Elmshorn 56, 291, *291*
Else Poulsen 37
Emanuel 412
Emily Gray 5, 69, 72, 84, 345, *345*
Empereur/Emperor du Maroc 398
Empress Josephine 30, 56, 82, 90, 137, 143
Ena Harkness 422, Climbing 430
Enchantress 381
Enfant de France 398, *398*
Engineer's Rose *siehe* Crimson Rambler
English Elegance 412
English Garden 413, *413*
Eos 218, *218*
Erfurt 56, 291, *292*
Erinnerung an Brod 336
Escapade 307, *308*
Essex 323
Essig-Rose Rose *siehe* R. gallica
Etendard *279*, 280
Ethel 346
Etoile de Hollande 422, Climbing 70, 82, 430, *430*
Etoile de Lyon 382
Etude 280
Eugène E. Marlitt 365
Eugène Fürst 398
Eugénie Guinoisseau 159, *160*
Euphrates 102, *102*
Euphrosine 265
Eva 257
Evangeline 346
Evelyn 413
Everest 398
Eyeopener 323
Excelsa 30, 69, *83*, 84, 346, *347*
Exception *siehe* Märchenland

Fabvier 357
Fair Bianca 413
Fairy Changeling 323
Fairy Damsel 323, *323*
Fairyland 323, *323*

Fairy Lights *siehe* Avon
Fairy Moss 160
Fairy Rose *siehe* Minima
Falkland 126
Fantin-Latour *51*, 82, 150, *150*
Fashion Climbing 315
Fée des Neiges *siehe* Iceberg
Feldrose *siehe* R. arvensis
Felicia 66, 84, 257, *257*
Félicité Bohain 160
Félicité Perpétue 29, *29*, 69, 72, 84, 334
Félicité Parmentier 66, 186, *186*
Fellemberg 357, *357*
Ferdinand de Lesseps 398
Ferdinand Pichard 398, *399*
Ferdy 323
Field Rose *siehe* R. arvensis
Fiery Sunsation *siehe* Chilterns
Fimbriata 229, *229*
Financial Times Centenary 413
Fiona 56, 323
Fisher and Holmes *siehe* Fisher Holmes
Fisher Holmes 399
Fisherman's Friend 413, *413*
F. J. Grootendorst 229, *229*
Flamingo Meidiland 324
Flora 334
Flora McIvor 192
Flower Carpet 324
Fortuné Besson *siehe* Georg Arends
Fortune's Double Yellow 18, 382, *382*
For You *siehe* Pour Toi
Fountain 291, *292*
Fragrant Cloud Climbing 430
Francesca 25, 258, *258*
Francine Austin 324
Francis Dubreuil 382, *382*
Francis E. Lester 265, *266*
François Juranville *69*, 84, *86*, 346
Frank Naylor 291
Frau Dagmar Hartopp *siehe* Fru Dagmar Hastrup
Frau Karl Druschki 22, 85, 399, Climbing 22, 399
Fräulein Octavia Hesse 346
Freckles 292
Fred Loads 292, *293*
Fred Streeter 219
Freiherr von Marschall 382
Frensham 308
Fresia *siehe* Korresia
Friesia *siehe* Korresia
Fritz Nobis 56, 292
Fru Dagmar Hartopp/ Hastrup 5, 63, 75, 229, *229*
Frühlingsanfang 126, *126*
Frühlingsduft 126
Frühlingsgold 24, 55, 127, *127*
Frühlingsmorgen 24, 127
Frühlingsschnee 63, 127, *127*
Frühlingstag 127
Frühlingszauber 127
Fugue 280
Fulgens *364*, 365

Gabriel Noyelle 160
Galway Bay 280
Gardenia 346 *348*
Gartenarchitekt Günther Schulze *siehe* The Pilgrim
Gefüllte Essig-Rose *siehe* R. gallica officinalis
Gelbe Dagmar Hastrup *siehe* Yellow Dagmar Hastrup
Général Galliéni 382
General Jack/Général Jacqueminot 399
Général Kléber 82, 160, *160*
General MacArthur Climbing 430
Général Schablikine 78, 382, *383*
Georg Arends 56, 399, *399*
George IV *siehe* Rivers George IV.
George Will 229
Georges Vibert 143
Geranium 79, *218*, 219
Gerbe Rose 346
Gertrude Jekyll 413, *413*
Ghislaine de Féligonde 46, 266, *266*
Gioia *siehe* Gloria Dei
Gipsy Boy 56, 365, *365*
Giuletta 365
Glamis Castle 413
Gloire de Bruxelles 399
Gloire de Chédane-Guinoisseau 399
Gloire de Dijon 44, *45*, 82, 382, *383*
Gloire de Ducher 399, *400*
Gloire de France 143
Gloire de Guilan 171, *171*
Gloire de l'Exposition *siehe* Gloire de Bruxelles
Gloire de Paris *siehe* Anna de Diesbach
Gloire des Mousseux 82, 160, *161*
Gloire des Rosomanes 358
Gloire d'un Enfant d'Hiram 400
Gloire Lyonnaise 400, *400*
Gloria Dei 35, 425, *425*
Gloria Mundi 42, 303, *303*
Glory of Edzell 127
Goethe 160
Goldbusch 192, *193*
Golden Chersonese *118*, 119
Golden Dawn Climbing 431
Golden Glow 84, 346
Golden Melody 422, *422*
Golden Moss 161
Golden Rambler *siehe* Alister Stella Gray
Golden Rose of China *siehe* R. hugonis
Golden Salmon Superior 303
Golden Sceptre *siehe* Spek's Yellow Climbing
Golden Showers 280, *280*
Golden Wings 24, 56, 128
Goldfinch 266, *266*
Gold Magic Carpet *siehe* Gwent
Gold of Ophir *siehe*

Fortune's Double Yellow
Grace Darling 423
Graham Thomas 56, 414, *414*
Grand Duc Héritier de Luxembourg *siehe* Mlle Franziska Krüger
Grand Hotel 280
Grandmaster 293
Grandmère Jenny Climbing 431
Grandpa Dickson 35, 422
Great Double White *siehe* Maxima
Great Western 365
Green Rose *siehe* Viridiflora
Greenmantle 61, 192
Grootendorsts *siehe* Pink, Red und White Grootendorst
Grootendorst Supreme 230
Gros Choux d'Hollande 365
Grouse 324, *324*
Gruß an Aachen 56, 67, 308, *309*
Gruß an Coburg 383
Gruß an Teplitz 31, 358
Gruß an Heidelberg 293
Guinée 82, 431, *431*
Gwent 324

Händel 71, 281, *281*
Hamburger Phoenix 56, 207, *208*
Hampshire 324
Handel *siehe* Händel
Hansa 230, *230*
Hans Mackart 401
Happenstance 115
Harison's Yellow *siehe* R. harisonii
Harry Maasz 75, 181
Harvest Fayre 318, *318*
Hawkeye Belle 293
Headleyensis 123
Heather Muir 132, *132*
Hebe's Lip 171
Heidekönigin *siehe* Pheasant
Heidelberg *siehe* Gruß an Heidelberg
Heidepark *siehe* Flamingo Meidiland
Heideröslein Nozomi *siehe* Nozomi
Heidetraum *siehe* Flower Carpet
Heinrich Münch 401
Heinrich Schultheis 401, *401*
Helen Knight *118*, 119
Helen Traubel 423, *423*
Helmut Schmidt *siehe* Simba
Henri Foucquier 143, *143*
Henri Martin 161, *161*
Henry Kelsey 207, *208*
Henry Nevard 401
Herbstfeuer 61, 65, 192, *193*
Heritage 414, *414*
Her Majesty 401
Hermosa 358, *358*
Hero 414
Hertfordshire 324
Hiawatha 46, 266, *266*
Hidcote Gold 132, *132*

Hidcote Yellow siehe
 Lawrence Johnston
Highdownensis 79, 219, *219*
Highfield 281
Hilda Murrell 414
Hillieri 219, *219*
Hippolyte *134*, 143
Holy Rose siehe R. richardii
Home Sweet Home
 Climbing 431
Homère 20, 383, *383*
Hon. Lady Lindsay 293
Honorine de Brabant 56, 365
Horace Vernet 401
Horatio Nelson 293, *293*
Horstmann's Rosenresli 308, *309*
Hudson Bay Rose siehe
 R. blanda
Hugh Dickson 35, *35*, 82,
 85, 401
Hulthemia persica 102
× *Hulthemosa hardii* 102
Hume's Blush Tea-scented
 China 18, *17*, 384
Humpty Dumpty 42
Hundsrose siehe R. canina
Hunslett Moss 161
Hunter *230*, 231

Iceberg 50, 308
Iceberg Climbing 316, *316*
Ilse Krohn Superior 281
Immensee siehe Grouse
Imperatrice Josephine siehe
 Empress Josephine
Incarnata siehe
 Maiden's Blush, Great
Indigo 176
Intervilles 281, *281*
Ipsilanté 144, *144*
Irene Churruca siehe
 Golden Melody
Irene of/von Denmark 308
Irène Watts 308, *310*
Irish Beauty siehe
 Elizabeth of Glamis
Irish Elegance 35
Irish Fireflame Climbing 431
Irish Gold siehe
 Grandpa Dickson
Isabella Sprunt 384
Iskra siehe Sparkling Scarlet
Isphahan 56, 171, *171*

Jack Rose siehe
 Général Jacqueminot
Jacobite Rose siehe Maxima
Jacqueline du Pré 294, *294*
Jacques Cartier 14, 66, 67,
 176, 177
James Bourgault 401, *402*
James Mason 13, 144, *144*
James Mitchell 162
James Veitch 162, *162*
Janet B. Wood 29, 242
Janet's Pride 193
Japonica siehe
 Mousseux du Japon
Jaune Desprez siehe
 Desprez à Fleurs Jaunes

Jayne Austin 294
Jean Bodin 162
Jean Ducher 384
Jeanette Heller siehe
 William R. Smith
Jean Lafitte 337
Jean Mermoz 303
Jean Rosenkrantz 401
Jeanne d'Arc 187
Jeanne de Montfort 162, *162*
Jenny Duval 144
Jens Munk 231, *231*
Jersey Beauty 346
Jiminy Cricket 310, *310*
Joanna Hill 423
John Cabot 56, 208, *209*
John Franklin 294
John Grooms 281, *282*
John Hopper 402, *402*
Josephine Bruce Climbing 431
Joseph's Coat 294
Jules Margottin 402
Julia Mannering 193
Juliet 402
Juno 150, *151*
Just Joey 423

Kaiserin Auguste Viktoria 402
Karen Poulsen 37
Karl Förster 61, 128, *128*
Karlsruhe 209, *209*
Kassel 295, *295*
Katharina Zeimet 303
Kathleen 258, *258*
Kathleen Ferrier 56, 295, *295*
Kathleen Harrop 371, *372*
Kathryn Morley 414
Kazanlik 82, 135, 172, *172*
Kent 324
Kew Rambler 74, 339, *339*
Kiese 190, *190*
Kiftsgate 47, 61, 62, 74, *245*, 246
Kiki Rose siehe Pink Drift
Kirsten Poulsen 37
Kohlrose siehe R. centifolia
Köln am Rhein 281
Königin von Dänemark 66,
 82, 187, *186*
Korona Climbing 316
Korresia 310
Kronprinzessin Viktoria 365

La Belle Distinguée 193, *193*
La Belle Marseillaise siehe
 Fellemberg
La Belle Sultane 145, *145*
Labrador Rose siehe R. blanda
L'Abundance 376
Lady Banks Rose siehe
 R. banksiae lutea
Lady Curzon 63, 75, 231
Lady Emily Peel 376
Lady Hillingdon 32, 78, 384, *384*,
 Climbing 384
Lady Mary Fitzwilliam
 33, 34, 423
Lady Penzance 61, 193, *194*
Lady Plymouth 385
Lady Roberts 385
Lady Sonia 295

Lady Sylvia Climbing 431, *431*
Lady Waterlow 70, 431
La Follette siehe
 Sénateur La Follette
La France 33, *33*, 34, 423
Lafter 295, *295*
Lais siehe Leys Perpetual
Lamarque *frontispiece* 17, 18,
 78, 376, *376*
La Mortola 73, 74, 80, 243, *244*
Laneii 163, *163*
Lane's Moss siehe Laneii
La Noblesse 150, *151*
La Petite Duchesse siehe
 La Belle Distinguée
La Plus Belle des Ponctuées 145
La Reine 402
La Reine Victoria *Innencover*,
 15, 365, *366*
La Rosière siehe Prince
 Camille de Rohan
La Royale siehe Maiden's
 Blush, Great
La Rubanée siehe Village Maid
La Séduisante siehe
 Maiden's Blush, Great
La Sevillana 56, 295
Laura Ashley 326
Laura Ford 281
Laura Louise 209, *209*
Lauré Davoust 267
Lavender Lassie 258, *259*
La Ville de Bruxelles 172
Lavinia 282
La Virginale siehe
 Maiden's Blush, Great
Lawinia siehe Lavinia
Lawrence Johnston 121
Laxa siehe R. coriifolia froebelii
L. D. Braithwaite 414
Leander 414
Leaping Salmon 282
Leda 172, *172*, 379
Lee's Crimson Perpetual
 siehe Rose du Roi
Le Havre 402
Lemon Blush 188
Lens Pink siehe
 Dentelle de Malines
Léonie Lamesch 310
Léon Lecomte 172
Léontine Gervais 346
Le Rêve 121, *121*
Lettuce-leaved Rose siehe
 Bullata
Leuchtstern 267
Leverkusen 52, 71, 210, *210*
Le Vésuve 358
Lewison Gower 366
Leys Perpetual 376
Lichtkönigin Lucia 295, *296*
Lilac Charm 310, *311*
Lilian Austin 414
Little Buckaroo 318
Little Flirt 3, 318, *318*
Little Gem 163, *163*
Little White Pet siehe White Pet
Long John Silver 337, *337*
Lord Penzance 193
L'Oréal Trophy 296

Lorraine Lee 352
L'Ouche 358
Louis Gimard 163
Louis Philippe 359
Louis XIV. 359, *359*
Louise d'Arzens 377
Louise Odier 15, 66, 82, *82*,
 366, *366*
Lucetta 415
Lucy Ashton 194
Lutea siehe
 R. pimpinellifolia lutea
Lyda Rose 296
Lykkefund 247

Mabel Morrison 402, *403*
Macartney Rose siehe
 R. bracteata
Macrantha Raubritter siehe
 Raubritter
Madeleine Selzer 3, 267, *267*
Magenta 296, *296*
Magic Carpet 326
Magna Charta 402, *403*
Magnifica 64, 194, *195*
Magnolia Rose siehe
 Devoniensis
Maiden's Blush, Great 10, *10*,
 54, 56, 61, 80, 82, 187
Maigold 52, 71, 128, *128*
Maitland White 392
Maître d'Ecole siehe De la
 Maître d'Ecole
Major siehe Rose des Peintres
Malaga 282, *282*
Malandrone siehe Don Juan
Malcolm Sargent 296
Malmaison Rouge siehe
 Lewison Gower
Maltese Rose siehe
 Cécile Brunner
Malton siehe Fulgens
Maman Cochet 20, 385, *387*
Manettii 377
Manning's Blush 24, 194, *195*
Many Happy Returns 296, *296*
Ma Ponctuée 163
Marbrée 56, 177
Marcel Bourgouin 145, *145*
Märchenland 296
Marchioness of
 Londonderry 403
Marchioness of Salisbury 423
Maréchal Davoust 163, *164*
Maréchal Niel, *Innencover*, 78,
 377, *378*
Margaret McGredy 35
Margaret Merril 311, *311*
Margo Koster 303
Marguerite Guillard 403, *404*
Marguerite Hilling 65, 219, *220*
Marie Bugnet 231
Marie de Blois 163
Marie-Jeanne 311
Marie Lambert siehe Snowflake
Marie Louise 172
Marie van Houtte 385
Marjorie Fair 84, 297
Marjorie W. Lester siehe
 Lauré Davoust

Marquise Boccella *siehe* Jacques Cartier
Martha 372
Martin Frobisher 231, *231*
Mary Hayley Bell 297
Mary Manners 231
Mary Queen of Scots 128, *128*
Mary Rose 56, 415, *415*
Mary Wallace 348
Masquerade 311
Masquerade Climbing 316
Master Hugh 78, 79, 215, *215*
Mateo's Silk Butterflies 359
Maurice Bernadin *siehe* Ferdinand de Lesseps
Max Graf 5, 75, 231
Maxima, 10, 56, 64, *184*, 187
May Queen 45, 348
McGredy's Yellow 35, *36*
Meadow Rose *siehe* R. blanda
Mechtilde von Neuerburg 194
Meg 432, *433*
Meg Merrilies 24, 61, 64, 194, *195*
Mélanie Lemaire *siehe* Hermosa
Mermaid 47, *47*, 72, 115, *116*
Merveille de Lyon 403
Mevrouw Nathalie Nypels *siehe* Nathalie Nypels
Michel Bonnet 366
Michèle Meilland 423
Micrugosa *siehe* R. × micrugosa
Mignon *siehe* Cécile Brunner
Mignonette 303
Mildred Scheel *siehe* Deep Secret
Minima 42, 359
Minnehaha 84, 348, *348*
Mirato *siehe* Chatsworth
Mirifica 105, *105*
Miss Atwood 20, 392, *392*
Miss Edith Cavell 304, *304*
Miss Lawrance's Rose *siehe* Minima
Miss Lowe's Rose *siehe* Sanguinea
Mlle Franziska Krüger 385, *386*
Mme A. Meilland *siehe* Peace
Mme Abel Chatenay 34, *35*, 432, Climbing 432
Mme Alfred Carrière 17, 52, 70, 72, 377, *377*
Mme Alice Garnier 348
Mme Antoine Mari 385
Mme Bérard 385
Mme Berkeley 385
Mme Bravy 78, 385
Mme Bruel 403
Mme Butterfly Climbing 432
Mme Caroline Testout 34, Climbing 34, 82, 432, *432*
Mme d'Arblay 45, 267
Mme de la Roche-Lambert 163, *164*
Mme de Sancy de Parabère 212, *212*
Mme de Sertot *siehe* Mme Bravy

Mme de Tartas 20, 386
Mme de Watteville 386
Mme Driout 377
Mme Dubost 367
Mme Edouard Herriot Climbing 432
Mme Ernst Calvat 367
Mme Eugène Marlitt *siehe* Eugène E. Marlitt
Mme Ferdinand Jamin *siehe* American Beauty
Mme François Bruel *siehe* Mme Bruel
Mme Gabriel Luizet 404
Mme Georges Bruant 232, *232*
Mme Grégoire Staechelin Innencover, 70, 72, 79, 432, *433*
Mme Hardy *8*, 50, 56, 82, 173, *173*
Mme Hébert *siehe* Président de Sèze
Mme Henri Guillot Climbing 432
Mme Isaac Pereire 15, 56, 82, 367, *367*
Mme Joseph Schwartz 386
Mme Jules Gravereaux *385*, 386
Mme Knorr 177
Mme Laurette Messimy 359, *359*
Mme Lauriol de Barny 367
Mme Legras de St Germain 187, *187*
Mme Lombard 386
Mme Louis Laperrière 424, *424*
Mme Louis Lévêque 164, *164*
Mme Neumann *siehe* Hermosa
Mme Norbert Levavasseur 37
Mme Pierre Oger 15, 367, *367*
Mme Plantier 187, *187*
Mme Scipion Cochet 404
Mme Victor Verdier 404
Mme Wagram 386, *386*
Mme Zoëtmans 173
Mogador *siehe* Rose du Roi à Fleurs Pourpres
Moje Hammarberg 232
Monique 424
Mons. Paul Lédé *siehe* Paul Lédé Climbing
Mons. Tillier 78, 386
Monsieur Pélisson *siehe* Pélisson
Monthly Rose *siehe* Old Blush
Moonlight 25, 258, *259*
Morlettii 80, 212, *212*
Morning Blush 188
Morning Jewel 282
Morning Mist 187
Mountbatten 297, *297*
Mousseline *siehe* Alfred de Dalmas
Mousseux/Moussu du Japon *164*, 165
Mozart 259
Mr Bluebird 318, *319*
Mrs Aaron Ward Climbing 433
Mrs Anthony Waterer 232
Mrs B. R. Cant 387

Mrs Campbell Hall 387
Mrs Colville *128*, 129
Mrs de Graw *siehe* Champion of the World
Mrs Doreen Pike 232
Mrs Dudley Cross 387
Mrs Foley Hobbs 387
Mrs F. W. Flight 267, *267*
Mrs G. A. van Rossem Climbing 433
Mrs Harkness *siehe* Paul's Early Blush
Mrs Henry Morse 35
Mrs Herbert Stevens Climbing 35, 82, 434
Mrs John Laing 333, 404, *404*
Mrs Jones *siehe* Centenaire de Lourdes
Mrs Oakley Fisher 424, *424*
Mrs Paul 367, *367*
Mrs Sam McGredy 424, Climbing 70, 434
Mrs William Paul 165, *165*
Mrs W. J. Grant 35
Musk Rose *siehe* R. moschata
Mutabilis 359, *360*
My Choice 6
Myrrh-scented Rose *siehe* Splendens

Nanette 145
Narrow Water 250, *250*
Nathalie Nypels 312, *312*
Néron 145
Nestor 145
Nevada 55, 65, 219, *220*
New Dawn 5, 30, 44, 45, 69, 71, 348, *349*
New Dawn Rouge *siehe* Etendard
Nigel Hawthorne 103
Night Light 283
Niphetos *77*, 78, 387
Nivea *siehe* Aimée Vibert
Noella Nabonnand Climbing 387
Noisette 16
Norfolk *325*, 326
Northamptonshire 326
Norwich Castle 312, *312*
Norwich Gold 283
Norwich Pink 283
Norwich Salmon 283
Norwich Union 312
Nova Zembla 232, *232*
Nozomi 84, 326, *326*
Nuits de Young 165, *165*
Nur Mahal 259, *259*
Nymphenburg 56, 297, *297*
Nyveldt's White 232, *232*

Odorata *siehe* Hume's Blush Tea-scented China
Oeillet Flamand 145
Oeillet Parfait 146
Ohio 340
Ohl 146, *146*
Old Black *siehe* Nuits de Young
Old Blush 10, 11, 12, 14, 15, 44, 360
Old Crimson China *siehe* Slater's Crimson China
Old Pink Moss *siehe* Common Moss
Old Spanish Rose *siehe* Russelliana
Old Velvet Moss *siehe* William Lobb
Old Velvet Rose *siehe* Tuscany
Old Yellow Scotch 125, *125*
Omar Khayyam 173, *173*
Ombrée Parfaite 146
Ophelia 424, *424*, Climbing 434
Orangefield Rose *siehe* Janet B. Wood
Orange Meillandina *siehe* Orange Sunblaze
Orange Sunblaze 318
Orléans Rose 37
Ormiston Roy 129
Orpheline de Juillet 146, *146*
Othello *415*, 416

Pacific 392
Painted Damask *siehe* Leda
Palissade Rose *siehe* Pheasant
Pallida *siehe* Old Blush
Panachée de Lyon 177
Papa Gontier 387, *387*
Papa Hémeray 360
Papa Meilland 425
Papillon 360, *360*
Para Ti *siehe* Pour Toi
Parade 283, *283*
Parfum de l'Hay *siehe* Rose à Parfum de l'Hay
Parkdirektor Riggers 52, 71, 210, *210*
Parkjewel/Parkjuwel 297
Parks' Yellow Tea-scented China 18, *18*, 387
Parkzierde 367, *368*
Parson's Pink *siehe* Old Blush
Partridge 326
Parvifolia *siehe* Pompon de Bourgogne
Pat Austin 416
Paulii 75, 203, 326
Paulii Rosea 75, 203, 326
Paul Lédé Climbing 434, *434*
Paul Neyron 22, 56, 404, *404*
Paul Ricault 405
Paul's Early Blush 405
Paul's Himalayan Musk 52, 251
Paul's Lemon Pillar 70, 434, *434*
Paul's Perpetual White 251, *251*
Paul's Scarlet 72, 267, *268*
Paul's Single White *siehe* Paul's Perpetual White
Paul Transon 348
Paul Verdier 367
Pax 25, 65, 259
Peace *siehe* Gloria Dei
Peach Blossom 297
Pearl Drift 327, *327*
Pearl Meidiland 327
Pélisson 166
Penelope 25, 259, *260*

Peon 42, 319
Perdita 416
Pergolèse 177
Perla de Montserrat 319
Perle des Jardins 9, 388, *388*
Perle d'Or 56, 67, *360*, 361
Persian Musk Rose siehe
  R. moschata nastarana
Persian Yellow siehe
  R. foetida persiana
Petite (Junon) de Hollande
  151, *152*
Petite Lisette 151, *151*
Petite Orléanaise 153
Pfander/Pfander's Canina 190
Pheasant 327
Phoebe's Frilled Pink
  siehe Fimbriata
Phyllis Bide 46, 267
Picasso 313
Piccadilly 35
Picture 35,
  Climbing 434
Pierre de Ronsard siehe
  Eden Rose '88
Pierre Notting 405
Pike's Peak 298
Pinata 283
Pink Bells 327, *328*
Pink Chimo 327
Pink Drift 327
Pink Form siehe
  R. moyesii Pink Form
Pink Grootendorst 66, 233, *233*
Pinkie 304
Pinkie Climbing 283
Pink La Sevillana 298
Pink Leda 173
Pink Meidiland 328
Pink Parfait 313, *313*
Pink Perpétue 30, 71, 283, *284*
Pink Prosperity 259
Pink Sensation siehe Berkshire
Pink Wave, 328
Pinta 425, *425*
Pleine de Grâce 298
Plentiful 313, *313*
Pomifera Duplex 63
Pompon Blanc Parfait 188
Pompon de Bourgogne 153
Pompon de Paris Climbing 361
Pompon des Dames siehe
  Petite de Hollande
Pompon Panachée 146
Portland Rose siehe
  Duchess of Portland
Portland Trailblazer
  siehe Big Chief
Potter & Moore 416
Poulsen's Yellow 37
Poulsen's Park Rose 298
Pour Toi 319
Prairie Belle siehe
  Queen of the Prairies
Prairie Breeze 298
Prairie Flower 298
Prairie Lass 298
Prairie Princess 298
Prairie Rose siehe *R. setigera*
Président de Sèze 144–145, 146

President William Smith
  siehe William R. Smith
Prestige 298
Pretty Jessica 416
Primevère/Primrose 349
Prince Camille de Rohan
  405, *405*
Prince Charles 56, 368, *368*
Princesse Adélaïde 166
Princesse de Lamballe 188
Princesse de Nassau siehe
  Princess of Nassau
Princesse Louise 334
Princesse Marie 335, *335*
Princess of Nassau 251, *251*
Probuzini siehe Awakening
Prolifera de Redouté 153
Prosperity 25, 66, 260, *260*
Prospero 416
Provence Rose siehe
  R. centifolia
Provins-Rose siehe
  R. gallica officinalis
Pumila 361
Purity 349

Quatre Saisons 8, 12, 14, 135,
  173, *173*
Quatre Saisons Blanc
  Mousseux 174
Queen Elizabeth (Rose) 313
Queen Elizabeth Climbing 316
Queen Mab 361
Queen Mother
  (niederliegend) 328
Queen Mother (Floribunda)
  siehe August Seebauer
Queen Nefertiti 416
Queen of Beauty and Fragrance siehe Souvenir de la
  Malmaison
Queen of Bedders 368
Queen of Bourbons siehe
  Bourbon Queen
Queen of Denmark siehe
  Königin von Dänemark
Queen of the Belgians 242, *242*
Queen of the Prairies 337
Queen of the Violets siehe
  Reine des Violettes

R. acicularis 203, 204
R. acicularis nipponensis
  203, 204, *204*
R. agrestis 183, 185
R. alba 10, 11, 183, 185
R. alba cimbaefolia siehe
  A Feuilles de Chanvre
R. alba 'Maxima' siehe
  Maxima
R. alba nivea siehe Semi-plena
R. alba suaveolens siehe
  Semi-plena
R. alpina siehe *R. pendulina*
R. altaica 79, 80
R. amblyotis 203, 204
R. anemoneflora 240, 241
R. × anemonoides siehe
  Anemone Rose
R. arkansana 203, 204

R. arvensis 2, *3*, 5, 27, 47, 61,
  240, 241, *242*
R. banksiae 4, 80, 241
R. banksiae alba plena
  108, 109, *109*
R. banksiae banksiae siehe
  R. banksiae alba plena
R. banksiae lutea 78, 108,
  109, *109*
R. banksiae lutescens
  108, 109, *110*
R. banksiae normalis 108, 110
R. banksiopsis 203, 204
R. beggeriana 203, 204
R. bella 203, 204
R. berberifolia siehe
  Hulthemia persica
R. biebersteinii 183, 188, *188*
R. blanda 3, 203, 204, *205*
R. × borboniana 351, 363
R. bracteata 4, *4*, 114, 115
R. britzensis 183, 188
R. brunonii 5, 61, 80, 240,
  243, *243*
R. burgundica siehe Pompon
  de Bourgogne
R. californica 203, 205
R. californica plena 61, 203,
  205, *205*
R. × calocarpa siehe Calocarpa
R. canina 1, 2, *2*, 7, 10, 183,
  189, *189*
R. canina inermis 189
R. canina 'Pfander' siehe
  Pfander
R. cannobina siehe
  A Feuilles de Chanvre
R. × cantabrigiensis siehe
  Cantabrigiensis
R. carolina 3, 199, 200
R. carolina alba 199, 200
R. carolina plena 199, 200
R. caudata 203, 205
R. centifolia 6, *6*, 7, 82, 135, 149
R. centifolia alba siehe
  White Provence
R. centifolia bullata
  siehe Bullata
R. centifolia 'Major' siehe
  Rose des Peintres
R. centifolia muscosa 135, 156
R. centifolia 'Parvifolia' 66, 90
R. centifolia variegata
  siehe Village Maid
R. chinensis 4, 11, 12, 15, 17,
  36, 42, 44, 351, 353
R. chinensis minima
  siehe Minima
R. chinensis spontanea 353
R. cinnamomea siehe
  R. majalis
R. cinnamomea plena siehe
  R. majalis plena
R. × collina 183, 190
R. cooperi siehe
  Cooper's Burmese
R. coriifolia froebelii 203, 205,
  448
R. × coryana 61, 203, 205
R. corymbifera 183, 190

R. corymbulosa 203, 205
R. cymosa 108, 110
R. damascena 6, 7, 10, 135
R. damascena bifera siehe
  Quatre Saisons
R. damascena trigintipetala
  siehe Kazanlik
R. damascena versicolor siehe
  York and Lancaster
R. davidii 79, 203, 206
R. davurica 203, 206
R. doncasterii siehe Doncasterii
R. × dumalis 183, 190
R. dumetorum laxa siehe
  R. coriifolia froebelii
R. dunwichensis siehe
  Dunwich Rose
R. dupontii 61, 64, 240, 243, *243*
R. earldomensis siehe
  Earldomensis
R. ecae 117, 119, *119*
R. eglanteria 2, *2*, 24, 52, 61,
  82, 183, 191, *191*
R. elegantula-persetosa
  63, 80, 203, 206
R. fargesii 203, 220
R. farreri persetosa siehe
  R. elegantula-persetosa
R. fedtschenkoana
  80, 203, 206, *206*
R. filipes 5, 47, 240, 245
R. filipes 'Kiftsgate'
  siehe Kiftsgate
R. foetida 5, 6, 24, 117, 120, *120*
R. foetida bicolor 5, 117, 120, *120*
R. foetida persiana 5, *5*, 35,
  117, 120
R. foliolosa 3, 199, *200*, 201
R. forrestiana 203, 206
R. × fortuniana 108, 110, *110*
R. × francofurtana siehe
  Empress Josephine
R. × francofurtana agatha
  siehe Agatha
R. gallica 2, 7, 9f., 10, 135, 137
R. gallica officinalis 8, 9, 12, 13,
  66, 90, 137, *138*
R. gallica versicolor
  8, 9, 66, 90, 137
R. gallica violacea siehe
  La Belle Sultane
R. gentiliana 47, 61, 240,
  246, *246*
R. gigantea 3, 17, 44, *45*, 351, *352*
R. glauca 64, 80, 183, 196, *196*
R. glutinosa siehe
  R. pulverulenta
R. gracilis siehe *R. × involuta*
R. graveolens siehe *R. inodora*
R. gymnocarpa 3, 61, 203, 206
R. × hardii
  siehe × Hulthemosa hardii
R. × harisonii 23, 24, 125
R. headleyensis siehe
  Headleyensis
R. helenae 47, 61, 62, 74,
  240, 247, *247*
R. hemisphaerica 5, 117,
  122, *122*
R. hemsleyana 203, 206

R. henryi 240, 247
R. × hibernica 64, 117, 129, *130*
R. holodonta 203, 220
R. horrida siehe R. biebersteinii
R. hugonis 117, 122, 123
R. indica siehe R. chinensis
R. indica odorata siehe
 Hume's Blush
R. inermis morlettii
 siehe Morlettii
R. inodora 183, 197
R. × involuta 117, 123
R. jundzillii 183, 197
R. × kamtchatica 203, 206
R. × kochiana 80, *80*, 199, 201, *201*
R. kordesii 203, 207, *207*
R. koreana 117, 123
R. laevigata 3, 4, 111–112, *112*
R. latibracteata 203, 210
R. × l'heritierana 203, 211, *211*
R. longicuspis 240, 247
R. luciae 30, 45, 240, 247, 341f.
R. lutea siehe R. foetida
R. lutea punicea siehe
 R. foetida bicolor
R. macounii siehe R. woodsii
R. macrantha 61, 135, *180*, 181
R. macrophylla 203, 214, *214*
R. macrophylla rubricaulis
 siehe Rubricaulis
R. majalis 203, 215
R. majalis plena 215
R. marginata siehe R. jundzillii
R. × mariae-graebnerae 199, 201
R. marretii 203, 215
R. maximowicziana 203, 216
R. melina 203, 216, *216*
R. micrantha 183, 197
R. microcarpa siehe R. cymosa
R. microphylla siehe
 R. roxburghii
R. × micrugosa 80, 203, 216
R. × micrugosa alba
 203, 216, *216*
R. mohavensis 203, 216
R. mollis 183, 197
R. moschata 3, 7, 15, 25, 36,
 44, 47, 240, 249, *250*
R. moschata 'Autumnalis'
 siehe Autumnalis
R. moschata floribunda 249
R. moschata grandiflora 249
R. moschata nastarana
 240, 249, *250*
R. moschata nepalensis
 siehe R. brunonii
R. moyesii 5, *5*, 55, 61, 203, 217
R. moyesii 'Geranium'
 siehe Geranium
R. moyesii 'Pink Form' 217
R. mulliganii *50*, 61, 74, 240,
 252, *252*
R. multibracteata 203, 221
R. multiflora 3, 4, 25, 27, *27*,
 36, 44, 45, 46, 47, 240, 253
R. multiflora carnea 240, 253
R. multiflora cathayensis
 240, 253
R. multiflora grevillei siehe
 R. multiflora platyphylla
R. multiflora platyphylla
 240, 253, *254*
R. multiflora watsoniana
 240, 254
R. multiflora wilsonii 240, 254
R. murielae 203, 221
R. myriadenia siehe
 R. yainacensis
R. nankiniensis siehe
 R. chinensis
R. nanothamnus 203, 221
R. nitida 3, 80, 199, 201, *201*
R. noisettiana manettii
 siehe Manettii
R. nutkana 61, 203, 222, *222*
R. obtusifolia siehe R. inodora
R. × odorata siehe Hume's
 Blush Tea-scented China
R. × odorata ochroleuca siehe
 Parks' Yellow Tea-scented
 China
R. omeiensis siehe R. sericea
R. omissa siehe R. sherardii
R. orientalis 183, 197
R. palustris 3, 199, 201
R. paulii siehe Paulii
R. paulii rosea siehe Paulii Rosea
R. pendulina 203, 223, *223*
R. pendulina plena
 siehe Morlettii
R. persica siehe
 Hulthemia persica
R. phoenicia 6, 7, 240, 333
R. pimpinellifolia 2, *3*, 24, 52,
 55, 59, 79, 117, 124
R. pimpinellifolia 'Altaica'
 23, 124
R. pimpinellifolia andrewsii
 siehe Andrewsii
R. pimpinellifolia hispida 124
R. pimpinellifolia lutea 124
R. pimpinellifolia 'Nana' 124
R. pisocarpa 203, 223
R. × polliniana 240, 333
R. polyantha grandiflora siehe
 R. gentiliana
R. pomifera siehe R. villosa
R. pomifera duplex siehe
 R. villosa duplex
R. portlandica siehe
 Duchess of Portland
R. prattii 203, 223
R. primula 82, 117, 130
R. pruhoniciana hillieri
 siehe Hillieri
R. × pteragonis 117, 130
R. pteragonis cantabrigiensis
 siehe Cantabrigiensis
R. pulverulenta 183, 197
R. pyrifera 203, 223
R. × reversa 117, 130
R. richardii 135, 182, *182*
R. rouletii siehe Rouletii
R. roxburghii 106, 107
R. roxburghii normalis 106, 107
R. roxburghii plena
 106, 107, *107*
R. roxburghii roxburghii siehe
 R. roxburghii plena

R. rubella siehe R. × involuta
R. rubiginosa siehe
 R. eglanteria
R. rubra siehe R. gallica
R. rubrifolia siehe R. glauca
R. rubus 240, 333
R. × ruga siehe Ruga
R. rugosa 5, 52, 55, 59, 203,
 224, *224*
R. rugosa alba 65, 79, 80, 203,
 225, *225*
R. rugosa atropurpurea siehe
 R. rugosa rubra
R. rugosa repens alba
 siehe Paulii
R. rugosa rubra 203, 225
R. rugosa rugosa siehe
 R. rugosa typica
R. rugosa typica 203, 225
R. × sabinii 117, 130
R. sancta siehe R. richardii
R. semperflorens siehe
 Slater's Crimson China
R. sempervirens 29, 47, 240, 334
R. serafinii 183, 197
R. sericea 1, 117, 131
R. sericea chrysocarpa 131
R. sericea pteracantha
 80, 131, *131*
R. sericea pteracantha
 atrosanguinea 131
R. sertata 203, 237
R. setigera 240, 336, *336*
R. setipoda 203, 237, *237*
R. sherardii 183, 197
R. sicula 183, 198
R. sinica siehe R. chinensis
R. sinowilsonii 240, 338
R. sorbiflora siehe R. cymosa
R. soulieana 240, 339, *339*
R. spaldingii 203, 237, *237*
R. spinosissima siehe
 R. pimpinellifolia
R. spinosissima 'Altaica' siehe
 R. pimpinellifolia 'Altaica'
R. spinosissima nana siehe
 R. pimpinellifolia 'Nana'
R. stellata 104–105
R. stellata 'Mirifica'
 siehe Mirifica
R. stylosa 183, 198
R. suffulta 203, 237, *237*
R. sweginzowii macrocarpa
 79, *79*, 203, 238, *238*
R. tomentosa 183, 198
R. triphylla siehe
 R. anemoneflora
R. turkistanica siehe Mutabilis
R. ultramontana 203, 238
R. ventenatiana siehe
 R. × kamtchatica
R. villosa 2, 79, 183, 198, *198*
R. villosa duplex 183, 198, *198*
R. virginiana xii, 3, 58, 61, 65,
 80, 199, 202, *202*
R. virginiana alba siehe
 R. carolina alba
R. virginiana plena siehe
 Rose d'Amour
R. viridiflora siehe Viridiflora

R. × waitziana 183, 198
R. wardii 203, 238
R. webbiana 203, 238, *238*
R. wichuraiana 5, 30, 41, 44, 45,
 59, *61*, 63, 75, *100*, 240, 341
R. willmottiae 63, 203, 239, *239*
R. wilsonii siehe R. × involuta
R. woodsii 203, 239
R. woodsii fendleri 59, *59*, 61,
 203, *238*, 239
R. xanthina 117, 133
R. xanthina lindleyii 133, *133*
R. xanthina spontanea
 siehe Canary Bird
R. yainacensis 203, 239
Rachel Bowes Lyon 298
Radio Times 416
Radway Sunrise 298
Ragged Robin siehe
 Gloire des Rosomanes
Rambling Rector 46, *46*, *51*,
 72, *72*, 74, 268, *268*
Ramira siehe Agatha Christie
Ramona 113, *113*
Raubritter 75, *75*, 181, *182*
Raymond Chenault 210
Red Ace 319
Red Bells 328
Red Blanket 328, *329*
Red Cherokee siehe Ramona
Red Coat 299
Red Damask siehe
 R. gallica officinalis
Red Dorothy Perkins
 siehe Excelsa
Red Druschki siehe
 Ruhm von Steinfurth
Red Grootendoorst 66
Red Max Graf 328, *329*
Red Moss siehe Henri Martin
Red New Dawn siehe Etendard
Red Riding Hood 37
Red Robin siehe
 Gloire des Rosomanes
Red Star 37
Red Trail 329
Red Wing 132
Regensberg 319
Reine Blanche (Moss) 166
 Reine Blanche (Damask)
 siehe Hebe's Lip
Reine des Centfeuilles 153
Reine des Français siehe
 La Reine
Reine des Iles Bourbon siehe
 Bourbon Queen
Reine des Neiges siehe
 Frau Karl Druschki
Reine des Violettes
 21, 22, 56, 82, 405
Reine Marguerite siehe
 Tricolore
Reine Marie Henriette 434
Reine Olga de Wurtemberg 377
Rembrandt 178
René André 350
René d'Anjou 166
Repens Meidiland 329
Rêve d'Or 25, 378, *378*
Réveil Dijonnais 435, *435*

Reverend H. d'Ombrain 368
Reynolds Hole 405
Rhonda 283
Richmond 37,
　Climbing 435
Ritter von Barmstede 3, 284
Rival de Paestum 388
Rivers George IV. 368
Robert le Diable 153, *153*
Robert Léopold 166, *166*
Robin Hood 260, *260*
Robin Redbreast 319, *320*
Robusta (Bourbon) 368
Robusta (Rugosa) 233
Roger Lambelin 405, *406*
Roi des Pourpres siehe Rose
　du Roi à Fleurs Pourpres
Rosa Mundi siehe
　R. gallica versicolor
Rosarium siehe Uetersen
Rose à Parfum de l'Hay
　82, 233, *233*
Rose Bradwardine 194
Rose d'Amour 202, *202*
Rose de l'Isle siehe
　Blush Boursault
Rose de Meaux 66, 67, 90,
　153, *153*
Rose de Meaux White 153
Rose de Rescht 66, 178, *178*
Rose des Maures siehe
　Sissinghurst Castle
Rose des Peintres 154
Rose d'Hivers 174
Rose d'Isfahan siehe Isphahan
Rose d'Orsay 202
Rose du Maître d'Ecole siehe
　De la Maître d'Ecole
Rosé du Matin siehe Chloris
Rose du Roi 13, 178, *178*
Rose du Roi à Fleurs Pourpres,
　178, *179*
Rose du Saint Sacrement siehe
　R. majalis plena
Rose Edouard/Edouard
　15, 368
Rose Lelieur 13
Rose Marie Viaud 234, 268
Rose of Provins siehe
　R. gallica officinalis
Rosée du Matin siehe Chloris
Rosemary Rose *313*, 314
Roseraie de l'Hay 5, 65, *65*, 66,
　79, *80*, 82, 233, *234*
Rosette Delizy 388, *388*
Rosier de Philippe Noisette
　siehe Noisette
Rosy Carpet 329
Rosy Cushion 329
Rosy La Sevillana siehe
　Pink La Sevillana
Rosy Mantle 30, 284, *285*
Rote Max Graf siehe
　Red Max Graf
Rote Rose von Lancaster siehe
　R. gallica officinalis
Rouge Eblouissante siehe
　Assemblage des Beautés
Rouletii 42, *43*, 319
Roundelay (Moderner
　Strauch) 299, *299*
Roundelay (Kletternde
　Teehybride) 435
Royal Blush 188
Royal Gold 284, *285*
Royal William 425
Rubens 388
Rubricaulis 215
Rubrotincta siehe Hebe's Lip
Ruga 242
Ruhm von Steinfurth 406
Ruskin 233, *235*
Russell's Cottage Rose siehe
　Russelliana
Russelliana 268
Rustica '91 siehe
　Yellow Dagmar Hastrup
Rusticana siehe Poppy Flash
Ruth 146
Rutland 329

Sacramento Rose
　siehe Mirifica
Sadler's Wells 261, *262*
Safrano 20, 388, *388*
Saint Prist de Breuze 361
Salet 166, *166*
Sally Holmes 299, *299*
Sanders White 30, 84, 350, *350*
Sanders White Rambler siehe
　Sanders White
Sanguinea 20, 361, *361*
San Rafael Rose siehe
　Fortune's Double Yellow
Sarah Van Fleet 233, *234*
Scabrosa 65, 79, *79*, 235, *235*
Scarlet Fire siehe Scharlachglut
Scarlet Grevillei siehe
　Russelliana
Scarlet Meidiland 330
Scarlet Sweetbriar siehe
　La Belle Distinguée
Scepter'd Isle 416
Scharlachglut 13, 56, 61, *74*,
　78, 147, *147*
Schloß Heidegg siehe
　Pink Meidiland
Schloß Glücksburg siehe
　English Garden
Schneelicht 235, *236*
Schneekind siehe Perestroika
Schneewittchen siehe Iceberg
Schneewittchen Climbing
　siehe Iceberg Climbing
Schneezwerg 235, *236*
Schoener's Nutkana 223
Schoolgirl 284, *285*
Schwanensee 71, 284, *286*
Scintillation 182
Scotch Briar siehe
　R. pimpinellifolia
Scotch Double Pink
　siehe Double Pink
Scotch Double White
　siehe Double White
Scotch Rose siehe
　R. pimpinellifolia
Sea Foam 330
Seagull 47, *68*, *74*, 269
Sealing Wax 220
Semi-plena 61, *64*, 188
Semperflorens siehe
　Slater's Crimson China
Sénateur Amic 352, *352*
Sénateur La Follette 352
Seven Sisters Rose siehe
　R. multiflora platyphylla
Shafter siehe Dr Huey
Shailer's White Moss 166
Sharifa Asma 416
Shell siehe
　Duchesse de Brabant
Shot Silk 35, 426,
　Climbing 435
Shropshire Lass 299
Sidonie 406
Silver Jubilee *425*, 426
Silver Moon 113, *113*
Simon Robinson 330, *330*
Single Cherry 129, *129*
Sir Cedric Morris 196, *197*
Sir Edward Elgar 417
Sir Frederick Ashton 426, *426*
Sir Joseph Paxton 368
Sir Thomas Lipton 235
Sir Walter Raleigh 416, *417*
Sissinghurst Castle *147*, 148
Skyrocket siehe Wilhelm
Slater's Crimson China
　11, 12, 20, 361
Small Maiden's Blush 188
Smarty 330
Smith's Parish 20, 392, *393*
Smooth Rose siehe *R. blanda*
Snowball 320
Snow Carpet 330
Snowdon 235
Snowdrift 350
Snow Dwarf siehe Schneezwerg
Snowflake 388
Snow Queen siehe
　Frau Karl Druschki
Soldier Boy 285
Soleil d'Or 35, 426
Solfatare/Solfaterre 389
Sombreuil Climbing 78, 82,
　389, *389*
Sommermärchen
　siehe Berkshire
Sommerwind siehe Surrey
Sonnenkind siehe Perestroika
Sonnenschirm siehe
　Broadlands
Sophie's Perpetual 361, *362*
Soupert et Notting 167
Sourire d'Orchidée 285, *285*
Souvenir d'Alphonse Lavallée
　406, *406*
Souvenir de Brod siehe
　Erinnerung an Brod
Souvenir de Claudius
　Denoyel 435
Souvenir de Jeanne
　Balandreau 407
Souvenir de la Malmaison
　14, 15, 78, 82, 369, *369*,
　Climbing 82, 372
Souvenir de la Princesse de
　Lamballe siehe Bourbon
　Queen
Souvenir d'Elise Vardon 389
Souvenir de Mme Auguste
　Charles 369, *370*
Souvenir de Mme Léonie
　Viennot Climbing 389
Souvenir de Philémon
　Cochet 235
Souvenir de Pierre Vibert 167
Souvenir de St Anne's 370, *370*
Souvenir du Docteur Jamain
　82, *82*, 407, *407*
Souvenir d'un Ami 389
Spanish Beauty siehe
　Mme Grégoire Staechelin
Sparkling Scarlet 286
Sparrieshoop 299
Spectabilis 335
Spectacular siehe Danse de Feu
Spek's Yellow Climbing 435
Spencer 407, *407*
Spice 392
Splendens 28, *28*, 242
Spong 154, *154*
Spray Cécile Brunner siehe
　Bloomfield Abundance
Stanwell Perpetual 24, 129, *129*
Star of Persia 121
Star of Waltham 407
St Davids 20
St Mark's Rose siehe
　Rose d'Amour
St Nicholas 174, *174*
Striped Moss 167, *167*
Suffolk 330, *330*
Sulphur Rose siehe
　R. hemisphaerica
Suma 330
Summer Blush 188
Summer Sunrise 330, *331*
Summer Sunset *331*, 332
Summer Wind (moderner
　Strauch) 299
Summerwind (niederliegender
　Strauch) siehe Surrey
Summer Wine 286
Sumpfrose siehe *R. palustris*
Suncover siehe Gwent
Sunnyside siehe Avon
Sunsprite siehe Korresia
Surpasse Tout *147*, 148
Surpassing Beauty 82, 407
Surrey 332, *332*
Sussex 332
Sutter's Gold 427,
　Climbing 435
Swamp Rose siehe *R. palustris*
Swan 417
Swan Lake siehe Schwanensee
Swany 332, *333*
Sweet Briar siehe *R. eglanteria*
Sweet Dream 320
Sweetheart Rose siehe
　Cécile Brunner
Sweet Juliet 417, *417*
Sympathie 286
Symphony 417, *417*

Talisman Climbing 436
Tall Story 332
Tanbakede siehe
　Baby Masquerade

Tausendschön 269
Tea Rambler 46, *46*, 269
Temple Bells 332
Tempo 286
Thalia 45, 269, *269*
The Alexander Rose 188
The Bishop 155
The Bride 78, 389, *390*
The Countryman 417
The Doctor 427
The Fairy 25, *26*, 56, 67, 84, 304
The Garland 47, 252, *252*
Thelma 350
The Miller 417
The Nun 417
The Pilgrim 418
The President *siehe* Adam
The Prince 418
The Prioress 418
The Reeve 418
Thérèse Bugnet 235, *236*
The Squire 418
The Yeoman 418
Thisbe 261
Thoresbyana *siehe* Bennett's Seedling
Thousand Beauties *siehe* Tausendschön
Threepenny Bit Rose *siehe* R. elegantula-persetosa
Tigris 103
Till Uhlenspiegel 299
Tipo Ideale *siehe* Mutabilis
Tipsy Imperial Concubine 12, 390, *390*
Toby Tristram 269, *270*
Tom Thumb *siehe* Peon
Topaz Jewel *siehe* Yellow Dagmar Hastrup
Tour de Malakoff 155
Tradescant 418
Trevor Griffiths 418
Treasure Trove 246, *246*
Tricolore 148
Tricolore de Flandre 148, *148*
Trier 25, 269
Trigintipetala *siehe* Kazanlik
Trinity 20, 393
Triomphe de Laffay 362

Triomphe de Luxembourg, 390, *390*
Troilus 418
Turner's Crimson *siehe* Crimson Rambler
Tuscany 148
Tuscany Superb 90, 148
Twenty-Fifth *40*, 320

Uetersen 300, *300*
Ulrich Brunner/Ulrich Brunner Fils 22, 407
Uncle Walter 300, *300*
Unique Blanche *siehe* White Provence

Vanguard 236
Vanity 25, 261, *261*
Variegata di Bologna 370
Veilchenblau 46, 69, 84, 269, *271*
Velutinaeflora 148
Venusta Pendula 242
Vick's Caprice 409, *408*
Vicomtesse Pierre du Fou 436, *436*
Victor Hugo 409
Victor Verdier 409
Vierge de Cléry *siehe* White Provence
Village Maid 83, *154*, 155
Vincent Godsiff 393
Violette 270, *270*
Violinista Costa *426*, 427
Viridiflora 362, *362*
Vivid 370

Warm Welcome 286
Warwick Castle *418*, 419
Warwickshire 332
Wedding Day 74, 338, *338*
Weihrauchrose *siehe* R. primula
Weiße Immensee *siehe* Partridge
Weiße Max Graf 332
Wendy *siehe* Pour Toi
Wenlock 419
Westerland 56
Whisky Mac Climbing 436

White American Beauty *siehe* Frau Karl Druschki
White Baby Rambler *siehe* Katharina Zeimet
White Bath 167, *167*
White Bells 332
White Blush 188
White Cécile Brunner 356
White Cockade 30, 286, *286*
White Cover *siehe* Kent
White Flight *siehe* Astra Desmond
White Grootendorst 66, 236
White Hermosa *siehe* Snowflake
White Maman Cochet 20
White Max Graf *siehe* Weiße Max Graf
White Meidiland 332
White Moss *siehe* White Bath
White Pet 66, 67, 84, 314, *314*
White Provence 135, *154*, 155
White Rambler *siehe* Thalia
White Rose of York *siehe* Maxima und R. alba
White Spray 301, *301*
White Wings 427, *427*
Whitsuntide Rose *siehe* R. majalis plena
Wickmoss 350
Wickwar 340, *340*
Wife of Bath 419
Wild Flower 301
Wilhelm 261
Will Alderman 236
William Allen Richardson 18, 78, 378, *378*
William and Mary 301, *301*
William Baffin 56, *57*, 210
William Grant 148
William Lobb 167, *168*
William R. Smith 390, *390*
Williams' Double Yellow 125
William Shakespeare 419, *419*
William III 129
Will Scarlet 261, *261*
Wiltshire 333
Winchester Cathedral 419
Wind Chimes 270

Windermere 350, *350*
Windrush 301
Wintoniensis 220
Wise Portia 419
Wolly Dodd's Rose *siehe* R. villosa duplex
Woolverstone Church Rose *siehe* Surpassing Beauty
Wretham Rose 155, *155*

Xavier Olibo *408*, 409
Xerxes 103

Yellow Banksia *siehe* R. banksiae lutea
Yellow Button 419
Yellow Cécile Brunner *siehe* Perle d'Or
Yellow Charles Austin 419
Yellow Cochet *siehe* Alexander Hill Gray
Yellow Dagmar Hastrup 236, *236*
Yellow Doll 320
Yellow Maman Cochet *siehe* Alexander Hill Gray
Yellow Rambler *siehe* Aglaia
Yellow Rose of Texas *siehe* R. × harisonii
Yellow Tausendschön *siehe* Madeleine Selzer
Yesterday 84, 301, *301*
Yolande d'Aragon 409, *409*
York and Lancaster 174
Young Mistress *siehe* Regensberg
Yvonne Rabier 67, 84, 314

Zenith *siehe* Uetersen
Zenobia 167
Zéphirine Drouhin 15, 44, 70, 82, 372, *372*
Zigeunerknabe *siehe* Gipsy Boy
Zoé 168
Zwergkönig *siehe* Dwarfking
Zimtrose *siehe* R. majalis
Zwergpolyantha-Rosen 36